Hans-Alexander Kneider
GLOBETROTTER, ABENTEURER, GOLDGRÄBER

Meinen Eltern
und
meiner Großtante Thea
gewidmet

Hans-Alexander Kneider

Globetrotter
Abenteurer
Goldgräber

Auf deutschen Spuren im alten Korea

Mit einem Abriss zur Geschichte der Yi-Dynastie und der
deutsch-koreanischen Beziehungen bis 1910

iudicium

 Eine Publikation der OAG Deutsche Gesellschaft für Natur- und Völkerkunde Ostasiens (Tōkyō) im IUDICIUM Verlag.

**Bibliografische Information
der Deutschen Nationalbibliothek**

Die Deutsche Nationalbibliothek verzeichnet diese Publikation in der
Deutschen Nationalbibliografie; detaillierte bibliografische Daten sind
im Internet über http://dnb.d-nb.de abrufbar.
ISBN 978-3-89129-565-6

© IUDICIUM Verlag GmbH München 2009
Alle Rechte vorbehalten
Druck: Ludwig Auer GmbH, Donauwörth
Printed in Germany
www.iudicium.de

Inhaltsverzeichnis

I. Einleitung — 7

II. Die Yi-Dynastie: Einflüsse im Innern, Auswirkungen von außen — 12
   1. Chosons Beziehungen zur Außenwelt bis zum Ende des 16. Jh. — 12
   2. Koreas Weg zur „hermetischen Abriegelung" — 20

III. Korea am Vorabend seiner Landesöffnung — 26
   1. Der Regent Daewon-gun und seine Isolationspolitik — 26
   2. Frühe Kontakte Koreas zum Westen — 34
   3. Westliche Barbaren an Koreas Pforte — 41

IV. Die deutsch-koreanischen Beziehungen von ihren Anfängen bis 1910 — 58
   1. Die „Öffnung" des Landes — 58
   2. Erste Begegnungen zwischen Deutschen und Koreanern — 65
   3. Die deutsch-koreanischen Verträge — 89

V. Verdienstvolle Deutsche im Lande der Morgenstille — 100
   1. Baron Paul Georg von Möllendorff (穆麟德 Mok-in-deok), Vizeminister der koreanischen Regierung — 100
   2. Carl Andreas Wolter (華爾德 Hwa-i-deok) und die deutsche Handelsfirma H. C. Eduard Meyer & Co. (世昌洋行 Sechang yanghaeng) — 116
   3. Johannes Bolljahn (佛耶安 Bul-ya-an), Direktor der Kaiserlich Deutschen Schule — 136
   4. Franz Eckert (埃巨多 Ae-geo-da), kaiserlich-koreanischer Musikkapellmeister — 145
   5. Dr. med. Richard Wunsch (富彦士 Bu-eon-sa), Hofarzt Kaiser Gojongs — 158
   6. Antoinette Sontag (孫擇 Son-taek), Zeremonienmeisterin am Kaiserhof — 167
   7. Die Benediktiner auf Missionspfaden in Korea — 180

VI. Das Ende des koreanischen Kaiserreichs — 190
   1. Der Kampf um die Vorherrschaft in Korea — 190
   2. Japanisches Protektorat und die Annexion Koreas — 205

VII. Deutsche in Korea bis zum Jahre 1910 222
    1. Diplomaten und andere Konsulats- und Botschaftsangehörige 225
    2. Deutsche in koreanischen Diensten 251
    3. Militär und Adel 273
    4. Kaufleute, Ingenieure und Bergleute 306
    5. Professoren, Dozenten und Wissenschaftler 323
    6. Weltgeistliche, Ordensgeistliche und Ordensbrüder 339
    7. Abenteurer, Reisende, Schriftsteller 353
    8. Besatzung ziviler Schiffe 367
    9. Andere 371
    10. Familienmitglieder 380

VIII. Abkürzungsverzeichnis 388

IX. Literaturverzeichnis 390

X. Appendix 1 417

XI. Appendix 2 425

XII. Sachglossar 427

XIII. Glossar asiatischer Ortsnamen 430

XIV. Namensindex 440

XV. Bild-Quellen 449

I. Einleitung

Am 26. November 1883 wurde der deutsch-koreanische Handels-, Freundschafts- und Schifffahrtsvertrag in Hanseong[1], der Hauptstadt von Choson unter der Yi-Dynastie (1392–1910), in einer feierlichen Zeremonie unterzeichnet. Damit nahmen die Beziehungen zwischen dem Deutschen Reich und dem Königreich Korea (Choson) offiziell ihren Lauf.

In der vorliegenden Arbeit sollen dem interessierten Leser zunächst ein kurzer Rückblick in vergangene Tage gegeben und noch einmal die Umstände und Begebenheiten geschildert werden, die zu diesem historischen Ereignis führten. Zum besseren Verständnis der allgemeinen Situation des Königreichs im ausgehenden 19. Jh. ist es indes erforderlich, geschichtlich ein wenig weiter auszuholen und die Ausführungen mit der Gründung von Choson im Jahre 1392 beginnen zu lassen. Dabei soll sowohl für den Koreakenner als auch für den Laien eine kurze geschichtliche Exkursion unternommen werden, die vor allem Koreas Verhältnis zu seinen Nachbarn schildern, und die daraus resultierende Isolation des Landes darstellen soll.

Eine Liste deutscher Staatsangehörige, die bis zum Jahre 1910 das König- bzw. spätere Kaiserreich betreten haben, bildet den Kern dieser Arbeit und stellt gleichzeitig das Ergebnis einer nahezu 25-jährigen Forschung zu diesem Thema dar. Dabei werden nicht nur die Namen der Betroffenen angegeben. Der Verfasser war vielmehr bemüht, zu jeder einzelnen Person eine kurze Biographie zusammenzustellen, sofern dies aufgrund der Quellenlage möglich war. Über Menschen, die einen gewissen Bekanntheitsgrad, Popularität oder gar Berühmtheit erlangt haben, wird in der Regel berichtet. So ist es nicht verwunderlich, dass

---

[1] Von 1308 bis 1395 Hanyang, ab 1395 Hanseong und seit 1945 Seoul genannt. Vgl.: *Guksa daesajeon* 國史大事典, Yi Hong-jik 李弘稙 (Komp.), Seoul 1981 (im Folgenden: *Guksa daesajeon* 國史大事典): , 서울 – *Seoul*', S. 711.
Die Transkription des Koreanischen erfolgte allgemein nach dem revidierten System von McCune-Reischauer, das im Juli 2000 vom koreanischen Ministerium für Kultur und Tourismus offiziell bekanntgegeben wurde. Davon ausgenommen sind Namen moderner Autoren, die Familiennamen „Kim", „Yi" und „Pak", die Schreibweise der Hafenstädte „Chemulpo" und „Pusan" sowie die Namen der koreanischen Dynastien „Choson" (조선 朝鮮) und „Koryo" (고려 高麗) aufgrund ihrer Häufigkeit und Popularität in zahlreichen Quellen.

über einige berühmte, aber auch berüchtigte Personen zahlreiche Materialien vorhanden sind, wohingegen relativ unbekannte Personen im Dunkel der vergangenen Tage verbleiben müssen. Daher liegt es in der Natur der Sache, dass manche Personen ausführlicher beschrieben werden, bei anderen indes lediglich Name und Zeit des Aufenthaltes in Korea genannt werden konnten.

Eine Forschung dieser Art sollte nach Meinung des Autors zeitlich, aber auch territorial eingeschränkt sein und einen gewissen Rahmen nicht überschreiten, da sonst kein Ende abzusehen ist. Aus diesem Grunde sind in der Liste lediglich Angehörige Preußens, des Norddeutschen Bundes sowie des Deutschen Reiches berücksichtigt worden. Von einer weiteren Untersuchung zu Bürgern der Donau-Monarchie Österreich-Ungarn oder auch der Schweiz ist abgesehen worden. Der Beginn des Jahres 1910 wurde als zeitliches Limit gewählt, da das Kaiserreich Korea zu diesem Zeitpunkt faktisch keine Eigenstaatlichkeit mehr besaß, sondern mit dem japanischen Annexionsvertrag im August 1910 seine Autonomie verlor und der Name des Landes von den Landkarten verschwand.

Sollte man die Absicht haben, heutzutage eine Liste von Fremden zusammenstellen zu wollen, die ein Land besucht haben, so ist dies relativ einfach realisierbar. Schließlich wird jeder Besucher oder Residierende sowohl bei der Ein- als auch Ausreise computertechnisch erfasst, so dass Personalien und Aufenthaltsdauer bekannt sind. Allerdings wird automatisch die Frage nach dem Sinn einer solchen Zusammenstellung aufkommen müssen. Die Welt ist bekanntlich durch technische Entwicklungen wie Autos und vor allem Flugzeuge sehr klein geworden, was gleichzeitig die Anzahl der reinen „Touristen" in einem Lande enorm erhöht. „Alle Welt fliegt", wie man zu sagen pflegt, so dass eine Reise in ein fremdes Land, die Durchquerung eines Kontinents oder gar eine Reise um die Welt in der heutigen Zeit keine Besonderheiten mehr darstellen. Anders hingegen in vergangenen Jahrhunderten, in denen die Pioniere unter Einsatz ihres Lebens in monate-, häufig sogar jahrelangen Unternehmungen die Welt erforschten. Noch im 18. Jh. nahm eine Schiffsreise von Europa beispielsweise nach Batavia[2], dem heutigen Jakarta, zur niederländischen Kolonialzeit etliche Wochen in Anspruch und stellte gleichzeitig ein Abenteuer dar. So ist allein der Umstand, dass sich Europäer nach einer derart abenteuer-

---

[2] 1619 nahm die Niederländische Ostindien-Kompanie unter Leitung von Generalgouverneur Jan Pieterszoon Coen (1587–1629) die Hafenstadt in Besitz und machte sie zu dessen Hauptsitz.

lichen und anfänglich ohne Zweifel auch gefährlichen Fahrt im „Fernen Osten" aufhielten, mehr als nur erwähnenswert. Ihre Motivationen waren dabei sicherlich von unterschiedlicher Natur. Kommerz zählte zu den ersten und vornehmlichsten Beweggründen, doch kamen bald auch andere Motive hinzu wie Forschung, Religion, Politik, aber auch Eroberung und persönlicher Profit.

Im Falle des kleinen und etwa 250 Jahre hermetisch abgeschotteten Königreichs Korea hatten Preußen und später das Deutsche Kaiserreich (1871–1918) keinerlei Ambitionen. Kommerziell und politisch orientierte man sich anfänglich in geringem Maße eher nach China und Japan, da diese Länder machtpolitisch in Ostasien eine bedeutende Rolle spielten und im Mittelpunkt rivalisierender westlicher Mächte standen. Preußen entsandte daher 1859 eine Handelsexpedition unter Führung von Friedrich Albrecht Graf zu Eulenburg (1815–1881)[3] nach China, Japan und Siam, um die Chancen zu neuen Absatzmärkten gegenüber den anderen westlichen Ländern nicht gänzlich zu verpassen. Doch blieb diese Expedition eine vornehmlich kommerzielle. Auch der religiöse Aspekt, der zu Beginn der Glaubensverbreitung im Fernen Osten eher den Portugiesen und später den Franzosen vorbehalten war, spielte zunächst für das Kaiserreich Deutschland keinerlei Rolle. Erst mit dem Auftreten der Benediktiner aus St. Ottilien auf der Bühne koreanischer Missionen Ende 1909 änderte sich das geringfügig.

Reichskanzler Otto von Bismarck (1815–1898) war lange Zeit ein ausgesprochener Gegner von Kolonialpolitik. Erst unter Druck des deutschen Kolonialvereins, der sich 1882 etabliert hatte, musste er seine Haltung diesbezüglich ändern, was in den Jahren 1884/85 zu Erwerbungen sog. deutscher Schutzgebiete vornehmlich in Afrika und Neu-Guinea führte. In den deutschen Kolonien sah Bismarck indes keine Erweiterung des deutschen Herrschaftsgebietes oder gar militärische Stützpunkte, sondern vielmehr Basen für einen deutschen Handel, die den deutschen Kaufleuten einen Rückhalt im überseeischen Konkurrenzkampf bieten sollten. Erst nach seiner Entlassung 1890 durch Kaiser Wilhelm II. änderten sich der Gedanke und die Intention deutscher Kolonialpolitik. Korea blieb aber auch in dieser Beziehung für das Deutsche Reich von keinerlei Interesse. So blieb es quasi nur wenigen Kaufleuten vorbehalten, ihr Glück im „Lande der Morgenstille" zu

---

[3] Friedrich Albrecht Graf zu Eulenburg 1815–1881), preußischer Staatsmann. Eine ausführliche Berichterstattung der preußischen Expedition wird u. a. gegeben von Albert Berg: *Die preußische Expedition nach Ost-Asien. Nach amtlichen Quellen*, 4 Bde., Berlin 1867–1873.

versuchen. Indes war in Korea gelegentlich deutsches Know-how gefragt, so dass Fachleute in koreanischen Diensten Anstellung fanden. Forscher und Reiseschriftsteller trieb eher die Neugier auf Unbekanntes in das Land, und die in China benachbarte spätere deutsche Kolonie in Kiautschou (P Jiaozhou; 1897–1914)[4] entsandte hin und wieder ein Kriegsschiff nach Korea, in den meisten Fällen aus Höflichkeitsgründen, um den Eindruck nicht zu erwecken, die wenigen deutschen Reichsangehörigen in diesem Land gänzlich vergessen zu haben.

So blieb die Anzahl der Deutschen in Korea vor allem im Vergleich zu anderen, mehr ambitionierten Ländern wie Amerika, England und Frankreich, relativ gering. Einige Persönlichkeiten unter ihnen haben zweifellos Vieles geleistet, andere weniger. Doch sind alle es mehr als wert, nicht nur erwähnt zu werden. Es sollte vielmehr ihre Leistung anerkannt und für die Nachwelt festgehalten werden, da sie alle individuell einen gewissen Beitrag geleistet haben, die Geschichte der deutsch-koreanischen Beziehungen zu formen. Dabei spielt es weniger eine Rolle, was der Betreffende von Beruf war, ob Diplomat, Kaufmann, Ingenieur, Pater oder einfacher Marinesoldat. Kurt Meissner gibt den Grund für sein Buch mit dem Titel *„Deutsche in Japan 1639–1960"* sehr treffend wie folgt an:

> „Daher soll in diesem Buche auch der Kaufmann und der Ingenieur den Platz einnehmen, der ihm im Rahmen einer Geschichte der Deutschen in Japan gebührt. Dabei soll der deutsche Wissenschaftler, Künstler und Diplomat nicht zu kurz kommen. Politische, wirtschaftliche und kulturelle Beziehungen sind miteinander verwoben und aufeinander angewiesen. Wer das nicht einsieht und nur seinen eigenen Beruf wichtig nimmt, versteht nichts von Auslandskunde. Es muß unser Bestreben sein, den Deutschen aller Berufe, die in den letzten dreihundert Jahren Japans Boden betreten haben, gerecht zu werden."[5]

In obigem Sinne möchte der Autor mit der vorliegenden Arbeit dazu beitragen, auch das Andenken der Deutschen in Korea zu bewahren und ihre Namen und Taten für die Nachwelt zu erhalten.

Alle Zitate entsprechen in ihrer Rechtschreibung dem Original. Eventuelle Zusätze sind vom Autor durch eckige Klammern gekenn-

---

[4] Zu Angaben ostasiatischer Orte siehe den Ortsindex am Ende dieser Arbeit.
[5] Meissner, Kurt: *Deutsche in Japan 1639–1960. Mitteilungen der Deutschen Gesellschaft für Natur- und Völkerkunde Ostasiens*, Supplementband XXVI, Tōkyō 1961, S. 3.

zeichnet worden. Im übrigen Text wird bei chinesischen Namen mit Ausnahme von Peking (P Beijing), Tsingtau (P Qingdao), Kiautschou (P Jiaozhou), Schantung (P Shandong) und Kanton (die Stadt Guangzhou bzw. die Provinz Guangdong) die heute übliche Pinyin-Umschrift verwendet. Alte deutsche Schreibweisen stehen dahinter in Klammern. Ein WG vor einem chinesischen Wort weist auf dessen Schreibweise in der bis Anfang der 1960er Jahre üblichen Wade-Giles-Umschrift hin. Ein P vor einem Wort in Klammern weist auf die Pinyin-Schreibweise hin. Tōkyō wird außer in Zitaten durchgehend Tōkyō und nicht etwa Tokio geschrieben.

II. Die Yi-Dynastie: Einflüsse im Innern, Auswirkungen von aussen

II.1. Chosons Beziehungen zur Außenwelt bis zum Ende des 16. Jh.

Abb. 1: Yi Seong-gye

Mit der Gründung der Yi-Dynastie (1392–1910) durch Yi Seong-gye (1335–1408)[6] im Jahre 1392 werden zwei bedeutende Aspekte der koreanischen Geschichte verbunden: Erstens die Anerkennung der Oberhoheit Chinas über Korea und zweitens die Konfuzianisierung des Landes.

Sich an die größere und militärisch stärkere Macht Chinas zu binden ist eine Praxis, die besonders nach der Gründung der Ming-Dynastie (1368–1644)[7] von den letzten Herrschern Koryos (918–1392) im Rahmen ihrer Außenpolitik wahrgenommen wird.[8] Dies führt einerseits zu einem formalen Abhängigkeitsverhältnis zu China, verfolgt aber andererseits das Ziel, Machtergreifungen durch gewaltsame Aktionen gegen die alte Regierung zu legitimieren, und sich die Billigung und Unterstützung des mächtigen Nachbarn zu sichern. Durch ein solches Abhängigkeitsverhältnis, das einer Art „Vertrag" gleichkommt, verpflichtet sich der „kleinere" Staat zu Tributzahlungen an den „größeren", und man sichert sich gegenseitige militärische Hilfeleistungen bei Angriffen von außen, aber auch bei inneren Rebellionen zu.

---

[6] Yi Seong-gye, in der koreanischen Geschichtsschreibung als Taejo (太祖) kanonisiert, regierte von 1392–1398. Vgl: *Guksa daesajeon* 國史大事典: ‚태조' *taejo'*, S. 1597f.

[7] Die Ming-Dynastie (明朝 ming chao) herrschte von 1368 bis 1644 im Kaiserreich China, löste dabei die mongolische Fremdherrschaft der Yuan-Dynastie (元朝 yuan chao) in China ab und endete im 17. Jh. mit der Qing-Dynastie (清朝 qing chao.)

[8] Vergl. hierzu und zum Folgenden: Joe, Wanne J.: *Traditional Korea. A Cultural History*. Seoul 1972, S. 309–312. – Lee, Ki-baik: *A New History of Korea*. Translated by Edward W. Wagner with Edward J. Shultz. Seoul 1984, S. 189. – Nahm, Andrew C.: *Korea. Tradition and Transformation. A History of the Korean People*. New Jersey, Seoul 1988, S. 94f.

Abb. 2: Karte von Korea aus der 2. Hälfte des 18. Jh.

Abb. 3: Kaiser Hongwu, Porträt aus dem 14. Jh.

Aufgrund derartiger Motive greift auch Yi Seong-gye zu dieser Praxis und schickt einen Gesandten an den Hof von Nanjing (Nanking)[9] mit der höflichen Bitte, der Ming-Kaiser möge die neue Dynastie anerkennen. Darüber hinaus bittet er den Kaiser, dem Königreich einen neuen Namen zu verleihen. Zur Auswahl stehen „Choson", der Name des ältesten koreanischen Reiches[10], und „Hwaryeong"[11], der Name der

---

[9] 1421 wurde die Hauptstadt Chinas durch den 3. Ming-Kaiser Yongle (1360–1424, Reg. 1403–1424) von Nanjing (früher deutsch: Nanking) nach Peking (P Beijing) verlegt. Vgl. hierzu: Wiethoff, Bodo: *Grundzüge der älteren chinesischen Geschichte.* Darmstadt 1971 (= Wissenschaftliche Buchgesellschaft Darmstadt: *Grundzüge,* Bd. 20), S. 135.

[10] (朝鮮 Choson) Frühe Choson-Periode: von der mythischen Gründung des Reiches durch Dan-gun ca. 2333 v. Chr. bis 108 v. Chr., dem Ende der Wiman-Zeit (kor. 衛滿朝鮮 *Wiman joseon,* ca. 194–108 v. Chr.).

[11] (Hwaryeong 和寧) Vgl. hierzu und zum folgenden: Joe, Wanne J.: a. a. O., S. 311; – *Guksa daesajeon* 國史大事典 : ‚화령 *hwaryeong'*, S. 1767. – Han, Woo-Keun: *The History of Korea.* Seoul 1981, S. 204.

Geburtsstadt von Yi Seong-gye. Die Wahl Kaiser Hongwus (Reg. 1368–1398)[12], des Gründers der Ming-Dynastie, fällt auf Choson, und Yi Seong-gye gibt am 15. Feb. 1393 diesen Namen für das neue koreanische Reich offiziell bekannt.

Abb. 4: Percival Lowell: *Choson, the Land of the Morning Calm: A Sketch of Korea*. Boston 1885.

Mit dem Namen „Choson" erwirbt sich Korea einen Beinamen, der bis heute bekannt geblieben ist. Übersetzt lautet der Name in etwa „Land der Morgenstille", was viele Autoren des 19. und 20. Jh. dazu verleitet, Korea mit „The Land of the Morning Calm" zu betiteln. Nach dem Koreakrieg und der Teilung des Landes in Nord und Süd, wählt der Norden den Namen „Choson" als seinen offiziellen Staatsnamen.

Mit der Bitte an den chinesischen Kaiser um eine neue Namensgebung für sein Reich ist Yi Seong-gye bemüht, ein Ming-freundliches Verhältnis anzustreben, um aus einer engeren Bindung an China politischen Nutzen für sich selbst ziehen zu können.[13] Im Gegensatz zu dieser engen Beziehung zu China unterhält Korea zu Japan eine Verbindung, die mit dem Terminus *kyorin* (Umgang mit einem Nachbarn) beschrieben wird.[14] Diese nachbarschaftliche Beziehung äußert sich in erster Linie durch einen sehr beschränkten Handel mit den Territorialherren (Daimyō)[15] Westjapans, doch vorwiegend über den Daimyō von Tsushima. Zu diesem Zweck sind in den drei Häfen Naeipo, Busanpo und Yeompo[16] an der Südküste Koreas permanente Handelsstationen (kor. *waegwan*,

---

[12] Hongwu (1328–1398), Geburtsname: Zhu Yuanzhang, Tempelname Taizu. Vgl: Wiethoff, Bodo: a. a. O., S. 131–133. – en.wikipedia.org/wiki/Hongwu_Emperor.

[13] Lee, Ki-baik, a. a. O., S. 189. – Deuchler, Martina: *Confucian Gentlemen and Barbarian Envoys. The Opening of Korea, 1875–1885*. Seattle, London 1977, S. 3.

[14] Die Schriftzeichen von *kyorin* 交隣 bedeuten „Umgang mit den Nachbarn". Deuchler, Martina: a. a. O., S. 3.

[15] Daimyō 大名 (wörtlich „Großer Name, Besitzer von viel Namensfeldern) schwertadeliger Territorialherrscher.

[16] Genannt „*sampo*" (三浦 = drei Häfen). 1) Naeipo oder Jepo: Changwon-gun, Ungcheon, östlich von Jinhae; 2) Busanpo: Dongnae, ein nördlicher Bezirk des heutigen Pusan; 3) Yeompo: Stadtteil des heutigen Ulsan zwischen Jangsaengpo und Bangeojin, im Osten der Stadt. Vgl: *Guksa daesajeon* 國史大事典 : ‚삼포 *sampo*', S. 682.

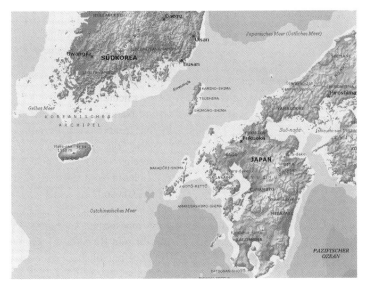

Abb. 5: Kyūshū, Tsushima und die koreanische Südküste.

jap. *wakan*)[17] eingerichtet, die es den Japanern ermöglichen sollen, ihren Geschäften nachzukommen. In besonderem Maße üben diese Handelsmissionen jedoch eine Kontrollfunktion aus, da sie ständig durch koreanisches Militär bewacht sind, und ihr Betreten nur durch besondere Papiere und Siegel genehmigt wird.

Die Beziehung zu Japan bleibt in dieser Form bis zur ersten japanischen Invasion im Jahre 1592 bestehen, wird aber immer wieder durch ausgedehnte Überfälle (1544, 1555, 1589) japanischer Piraten[18], die von ihren Basen auf Kyūshū und kleineren Inseln, wegen ihrer strategischen Lage aber besonders von Tsushima aus, operieren, gestört. Ständige Zwistigkeiten und Kriege zwischen den einzelnen Fürstentümern auf dem japanischen Festland (jap. *Sengoku jidai*)[19] und der

---

[17] *Waegwan* 倭館 (jap. *wakan*) waren kleine den Japanern vorbehaltene Viertel in denen ihre Handelsstation und ihre Wohnhäuser lagen.

[18] Japanische Piraten (倭寇 kor. *waegu*, jap. *wakō*) waren damals an den Küsten Japans, Koreas, Chinas, ja sogar in Südostasien aktiv.

[19] Die *Sengoku-jidai* 戰國時代, zu Deutsch „Zeit der streitenden Reiche", ist eine der bewegtesten Zeiten in der japanischen Geschichte und dauert von 1467 bis 1568/1590.

Niedergang des Ashikaga-Shōgunates (1336–1573)[20] bewirken einen hohen Zuwachs an Piraten durch herrenlose Samurai, die ihre Raubzüge mit Unterstützung vieler Daimyōs nach Korea ausdehnen. Erst mit der Einigung Japans im Jahre 1590 unter Toyotomi Hideyoshi (1536–1598)[21] findet die Seeräuberei ein Ende. Bis zur Meiji-Restauration 1868 (jap. *Meiji-ishin*)[22] werden die Beziehungen in geregelter Weise fortgeführt, nach den japanischen Invasionen (1592 und 1597) lediglich von koreanischer Seite aus noch weiter eingeschränkt.

Abb. 6: Toyotomi Hideyoshi.

Neben den mehr oder weniger politisch bedeutenden Beziehungen zu China und Japan unterhält Choson auch zu anderen Völkern Kontakt, der jedoch von geringerer Bedeutung ist und mehr auf einer Handelsbasis beruht.

Eine territoriale Expansion bis zu den Flüssen Yalu (kor. Amnok-gang) und Tumen (kor. Tuman-gang) im Norden des Landes bringt Korea in Konflikt mit dem dort ansässigen tungusischen Volksstamm der Jurchen[23] (P Nuzhen). Halb vom Ackerbau und halb von der Jagd lebend, sind sie auf Nahrungsmittel, Kleider sowie auf landwirtschaftliche Geräte angewiesen, die sie von Korea beziehen müssen. Die Vertreibung aus ihren Gebieten zwingt sie dazu, in koreanisches Territorium einzudringen, um sich die Nahrung und Güter, die sie zum Leben benötigen, gewaltsam zu beschaffen.

Die Regierung von Choson, bestrebt ihre nördlichen Landesgrenzen an den beiden Flüssen nicht nur zu halten, sondern auch zu befestigen, geht daher zunächst militärisch gegen die Jurchen vor und verfolgt sie sogar – gelegentlich in Gemeinschaftsaktionen mit den Ming – bis über

---

[20] Ashikaga Takauji (1305–1358), der im Kyōtoer Stadtbezirk Muromachi residierte, wurde 1338 zum Shōgun ernannt und begründete dadurch das Muromachi- bzw. Ashikaga-Shōgunat.

[21] Toyotomi Hideyoshi (1537–1598), japanischer Feldherr und Politiker, der entscheidend zur Einigung des neuzeitlichen Japans beitrug. Er wurde abgelöst von Tokugawa Ieyasu (1543–1616), der die Tokugawa-Dynastie der Shōgune begründete.

[22] Meiji-Restauration 明治維新 (jap. *Meiji-ishin*), bezeichnet den politischen Umbruch im Jahr 1868 und die Reformen nach dem Ende des Shōgunates im Kaiserreich Japan.

[23] Die Jurchen 女眞 (P Nuzhen) sind die Vorfahren der Mandschu.

den Tumen hinaus. Im Rahmen einer späteren Befriedungspolitik wird jedoch ein freundschaftliches Verhältnis zu ihnen angestrebt, und Märkte in den beiden Städten Gyeongwon und Gyeongseong südlich des Tumen werden für einen Handel mit ihnen geöffnet. Darüber hinaus wird aus taktischen Gründen eine Politik angewendet, die aus kriegerischen Stämmen friedliche Landesbewohner macht. Stammeshäuptlinge, die sich freiwillig in ein tributäres Verhältnis zu Korea begeben, oder sich zu Gefolgschaft verpflichten, werden in einen offiziellen Rang erhoben und mit Nahrung, Kleidern, landwirtschaftlichem Gerät und Häusern versorgt. Auf diese Weise wird das nördliche Gebiet an den Grenzflüssen auch von den Jurchen neu besiedelt.[24]

Im Gegensatz zu den Jurchen ist Koreas Beziehung zu den Bewohnern des Ryūkyū-Archipels (jap. Ryūkyū-*rettō*) durch eine rein freundschaftliche Natur gekennzeichnet. Diese Inselkette, südöstlich Koreas und südwestlich Japans gelegen, bildet ein eigenständiges, wenn auch häufig sowohl durch China als auch durch Japan dominiertes Königreich, das regen Handel mit den südostasiatischen Ländern betreibt. Erst im Jahre 1879 werden die Inseln von Japan annektiert und dadurch zum Hoheitsgebiet Japans gemacht.

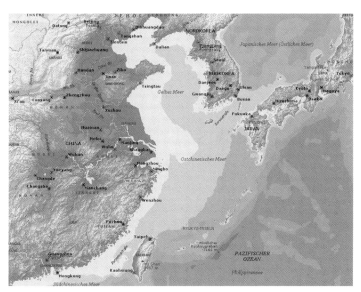

Abb. 7: Ostasien und die Ryūkyū-Inseln.

---

[24] Joe, Wanne J.: a. a. O., S. 312–314. – Lee, Ki-baik: a. a. O., S. 189–191.

Offizielle Beziehungen Koreas zum Königreich Ryūkyū lassen sich bis zur ausgehenden Koryo-Dynastie zurückverfolgen. Nach Gründung von Choson unter der Yi-Dynastie intensivieren sich die Kontakte beider Länder zueinander. Jedes Jahr wird regelmäßig ein Tributschiff nach Korea entsandt, das seltene Hölzer und Gewürze, Zucker, Wasserbüffel-Horn und andere Waren aus Südostasien geladen hat. Koreaner, die auf den Ryūkyū-Inseln Schiffbruch erleiden oder von japanischen Piraten dort ausgesetzt werden, erhalten auf Wunsch die Erlaubnis zu bleiben, und die Gesandten Ryūkyūs werden am koreanischen Hof freundlich empfangen und gelegentlich mit Ehrenämtern versehen.

Neben diesen Beziehungen wird ebenso von einem Warenaustausch berichtet, der zwischen Korea und Siam und Korea und Java stattfindet. Beides sind Länder, die in Korea nur vage bekannt sind und deren Handelsschiffe derart selten die Halbinsel erreichen, dass man hier kaum von einer „Beziehung" reden kann. Handelsgüter wie exotische Aromastoffe, Pfeffer, Parfüm, indische Textilien und Pfaue finden auf diese Weise ihren Weg nach Korea. Diese Luxusgüter haben indes keine nachhaltige Wirkung auf den allgemeinen Handel und werden wiederum nur von der reicheren Adelsklasse konsumiert. Koreas Außenbeziehungen in der Choson-Zeit lassen sich wie folgt zusammenfassen:

Während Choson zum chinesischen Ming-Reich und zu den Qing (kor. Cheong, 1644–1911)[25], den Mandschu (P Manzhou), in einem tributären Abhängigkeitsverhältnis steht, orientieren sich seine Beziehungen zu anderen Ländern und Völkern mehr an einem Gleichheitsprinzip auf der Basis eines nachbarlich freundschaftlichen Verhältnisses. Teils aus politischen, teils aus Profitgründen gelten diese Beziehungen zunächst ausschließlich dem Handel, der jedoch unter dem Deckmantel von „Tribut" und „Austausch von Geschenken" betrieben wird und in der naturalwirtschaftlich organisierten Bevölkerung der damaligen Zeit keinesfalls als ein kapitalistischer Handel im heutigen Sinne verstanden werden darf. Durch eine Bodenreform Yi Seong-gyes wird den Bauern zwar mehr Land zugeteilt, doch bleiben sie von dieser Art Handel vollkommen ausgeschlossen, so dass er keinerlei sozialökonomische Veränderungen für die Bevölkerung mit sich bringt. Den alleinigen Nutzen davon trägt lediglich der betuchtere Adel, die soge-

---

[25] Die Qing-Dynastie 清朝 mandschurisch: daicing gurun, chin. Qing chao (Quing 清 wird kor. Cheong gesprochen), auch Mandschu-Dynastie genannt, wurde 1616 von den Mandschu (P Manzhou) unter Nurhaci gegründet und herrschte von 1644 im Kaiserreich China. Sie löste die Ming-Dynastie ab und endete 1911 mit der Errichtung der Republik China am 1. Januar 1912.

Abb. 8: Koreanische *yangban*.

nannte *yangban*-Klasse[26], für den die Luxusgüter eine willkommene Alternative zur einheimischen Produktion darstellen.

Mit Übernahme des Konfuzianismus als neue Staatsethik hegt Choson wie China eine konfuzianische Abneigung gegen jeglichen Handel, so dass er von vornherein eher geduldet als gebilligt wird. Wenn auch in einigen Fällen aus taktisch-politischen Gründen erforderlich, so werden dennoch keine Bemühungen unterlassen, den offiziellen Handel gesetzlich so gering wie nur möglich zu halten, und

---

[26] Die Bezeichnung *yangban* (兩班 = „zwei Gruppen") lässt sich bis zur Koryo-Epoche zurückverfolgen. Das zu dieser Zeit geltende Prüfungssystem unterteilte die Beamtenschaft in zwei Kategorien: die Zivil- (*munban* 文班) und die Militärbeamten (*muban* 武班), wobei das Zeichen „*pan*" (班) „Gruppe" oder „Klasse" bedeutet. „*yangban*" (兩班) ist also ursprünglich eine Bezeichnung für diejenigen Personen, die einer der „beiden Gruppen" angehörten. Während der Yi-Dynastie wurde der Begriff jedoch zum Synonym der herrschenden oder aristokratischen Klasse. Vgl: *Guksa daesajeon* 國史大事典:, 양반 *yangban*', S. 896.

den privaten gänzlich zu verbieten. Neben der generellen Abneigung versucht die konfuzianisch orientierte Regierung durch ein offizielles Verbot des Privathandels ebenfalls, Auslandsreisen ihrer Untertanen – mit Ausnahme der jährlichen Gesandtschaften nach China – zu verhindern, da sie befürchtet, diese könnten korrupt werden oder sogar ihr Land verraten.[27]

Mit dieser Haltung der Regierung ist bereits der Weg zu einer Abschließungspolitik Koreas, wie sie nach den japanischen und mandschurischen Invasionen intensiv betrieben wird, zu Beginn von Choson vorgezeichnet.

II.2. Koreas Weg zur „hermetischen Abriegelung"

Der Begriff „Hermit Nation" wird erstmals von William E. Griffis schriftlich verwendet und findet durch die Publikation seines Buches „Corea, the Hermit Nation", New York 1882, weite Verbreitung. Zahlreiche westliche Autoren greifen diese prägende Bezeichnung Koreas auf, wobei ebenso Begriffe wie „Hermit Kingdom", „Verschlossenes Paradies" usw. als Varianten Anwendung finden. Wie es zu diesen Titulierungen kam, soll im Folgenden erläutert werden.

Abb. 9: Oda Nobunaga.

Das 16. und 17. Jh. werden in der koreanischen Geschichtsschreibung gekennzeichnet durch massives Eindringen seiner Nachbarvölker. Der ohnehin nur geringe Handel mit Japan wird durch Überfälle japanischer Piraten[28] gestört, die besonders die südlichen Küstenstreifen der Provinzen Jeolla und Gyeongsang heimsuchen. Diesem Treiben wird erst Einhalt geboten, als Oda Nobunaga (1534–1582)[29] beginnt, Japan unter seiner Herrschaft zu

---

[27] Han, Woo-Keun: a. a. O., S. 227.
[28] Japanische Piraten (倭寇 kor. waegu, jap. wakō), waren damals an der koreanischen, chinesischen, japanischen Küste sowie in Südostasien aktiv.
[29] Oda Nobunaga (1534–1582) war einer der stärksten Kriegsherren (Daimyō) während der Sengoku-jidai, der Bürgerkriegszeit der streitenden Reiche in Japan.

einigen. Bevor er sein Ziel erreichen kann, wird er jedoch von Akechi Mitsuhide (1526–1582), einem seiner Generäle, während eines Aufstandes in Kyōto getötet. Erst seinem Nachfolger Toyotomi Hideyoshi (1536–1598) gelingt das ehrgeizige Vorhaben schließlich im Jahre 1590.[30]

Um die einmal gewonnene Einheit und den politischen Frieden durch die Rastlosigkeit und den Hunger seiner Daimyōs nach weiteren Belohnungen nicht zu gefährden, fasst Hideyoshi den Plan, das chinesische Ming-Reich zu erobern. Im Jahre 1589 hatte erneut ein groß angelegter Überfall japanischer Piraten auf Korea stattgefunden. Hideyoshi setzt diesem Unwesen ein Ende nicht zuletzt mit der Intention, zunächst das durch die Piraten gestörte Verhältnis zu Korea zu normalisieren, um anschließend weiter nach China vordringen zu können. Zu diesem Zweck schickt er Gesandtschaften mit einem offiziellen Gesuch um die Wiederaufnahme von Handelsbeziehungen an den koreanischen Hof. Gleichzeitig bittet Hideyoshi, Waffenhilfe und freien Durchzug seiner Truppen für die Eroberung Chinas zu gewährleisten. Als die koreanische Regierung dies ablehnt, landet am 14. April 1592 ein japanisches Heer von etwa 160.000 Mann in Pusan zu einer ersten Invasion des Landes.

Abb. 10:
Landung japanischer Invasionstruppen in Pusan.
Gemälde aus dem 17. Jh.

---

[30] Hierzu und zum Folgenden: Han, Woo-Keun: a. a. O., S. 268–273; – Hulbert, Homer B.: *The Passing of Korea.* Reprint, Seoul 1969, S. 94–102; – Joe, Wanne J.: a. a. O., S. 359–371; – *Guksa daesajeon* 國史大事典 : , 임진왜란 *Imjin waeran*', S. 1281–1284; – Lee, Ki-baik: a. a. O., S. 209–213; – Rutt, Richard: *James Scarth Gale and his History of the Korean People.* 2. Aufl., Seoul 1982, S. 259–264; – Sohn Pow-key [et al.]: *The History of Korea.* Seoul 1982, S. 145f; – Dettmer, Hans A.: *Grundzüge der Geschichte Japans.* Darmstadt 1985, S. 67–74; – Hall, John Whitney: *Das Japanische Kaiserreich.* Fischer Weltgeschichte Bd. 20, Frankfurt 1968, S. 143–160; – Lewin, Bruno: Geschichte Koreas. In: Barloewen, Wolf-D. v. (Hrsg.): *Abriss der Geschichte außereuropäischer Kulturen*, Bd. 2, München, Wien 1964, S. 225f.

Abb. 11: Admiral Yi Sun-sin.

Innerhalb kürzester Zeit ist die Hauptstadt eingenommen und der koreanische König geflohen. Die Invasion läuft also zunächst für Hideyoshi wunschgemäß. Ein gemeinsames Vorgehen chinesischer und koreanischer Truppen sowie große Erfolge zur See durch den koreanischen Admiral Yi Sun-sin (1545–1598)[31] fügen den Japanern aber bald erhebliche Verluste zu. 1597 entsendet Hideyoshi ein zweites Invasionsheer in einer Stärke von ca. 140.000 Soldaten nach Korea. Diesmal verlaufen die Kriegsoperationen jedoch entgegen den japanischen Hoffnungen, da sowohl Korea als auch die Ming inzwischen auf einen erneuten Angriff vorbereitet sind. Gemeinsame Aktionen ihrer Truppen, Yi Sun-sins wiederholte Erfolge zur See, Versorgungs- und Finanzprobleme sowie Krankheiten innerhalb der japanischen Armee zwingen Toyotomi Hideyoshi schließlich im August 1598, kurz vor seinem Tode am 18. September 1598, den Koreafeldzug endgültig zu beenden.[32]

Zu dieser Zeit gestaltet sich das Verhältnis Koreas zu den Volksstämmen an der Nordgrenze des Landes sehr bedrohlich. Die tungusischen Stämme der Jurchen, die lange Zeit in Abhängigkeit des Ming-Reiches gelebt haben, nutzen die Entsendung von Hilfstruppen der Chinesen während der japanischen Invasion nach Korea aus und greifen unter Führung des mandschurischen Stammesfürsten Nurhaci (1559–1626)[33] die Nordprovinzen Chinas an.

---

[31] *Guksa daesajeon* 國史大事典:, 이순신 Yi Sun-sin', S. 1154f.

[32] Zu einem ausführlichen Überblick der japanischen Invasionen vgl: Jones, G. H.: „The Japanese Invasion". In: *The Korean Repository*, Vol. 1, S. 10–16, 46–50, 116–121, 147–152, 182–188, 217–222, 308–311.

[33] Nurhaci (1559–1626) vereinigte die Mandschuren zu einem Volk, das 1644 unter der Qing-Dynastie die Herrschaft über das Kaiserreich China an sich riss.

Die Koreaner verhalten sich zunächst neutral, da Nurhaci sie im Kampf gegen die Japaner unterstützt hatte. Nachdem die Mandschu erfolgreich durch das im Jahre 1616 gegründete Spätere Jin-Reich[34] zur Eigenstaatlichkeit gelangt sind, entsendet die koreanische Regierung auf Ersuchen der Ming zwei Jahre später jedoch ein Heer von etwa 13.000 Soldaten, um gemeinsam mit den chinesischen Truppen gegen die Mandschu vorzugehen. Aufgrund der überlegenen Feldherrenkunst Nurhacis scheitert die Expedition, doch bleibt Korea vorerst unbehelligt. Mit einem Regierungswechsel in Seoul kommt eine pro-Ming-Partei an die Macht, die sich offen gegen die Mandschu ausspricht.

Abb. 12: Nurhaci.

Nachdem Versuche, Korea auf diplomatischem Wege auf die Seite der Mandschu zu bringen, scheitern, greift Nurhacis Nachfolger, sein Sohn Huang Taiji (1592–1643)[35], auch Abahai genannt, in den Jahren 1627 und 1636 Korea an. 1637 muss König Injo (Reg. 1623–1649) kapitulieren und die Oberhoheit der Mandschu anerkennen. Damit fällt Korea in eine tributäre Abhängigkeit zum Mandschu-Reich, das kurze Zeit darauf (1644) die Nachfolge auf dem chinesischen Kaiserthron antritt und gleichzeitig die Qing-Dynastie (1644–1911) proklamiert. Dieses Vasallenverhältnis bleibt bis zum Frieden von Shimonoseki im Jahre 1895 nach dem Chinesisch-Japanischen Krieg bestehen.[36]

---

[34] Die Jurchen, die das Reich der Späteren Jin (後金 P Hou Jin) gründeten, nahmen 1635 den Namen Mandschu (P *Manzhou*) an.

[35] Huang Taiji (1592–1643), häufig Abahai genannt, war der achte Sohn und Nachfolger Nurhacis. Er erweiterte das Mandschureich und starb kurz vor der Übernahme der Macht (1644) in Peking.

[36] Zu diesem und zum folgenden Abschnitt der Geschichte vgl: Eichhorn, Werner: „Geschichte Chinas." In: Barloewen, Wolf-D. v. (Hrsg.): *Abriss der Geschichte außereuropäischer Kulturen*, Bd. 2, München, Wien 1964, S. 137f; – Wiethoff, Bodo: a. a. O., S. 138f; – *Guksa daesajeon* 國史大事典: ‚정묘호란 (丁卯胡亂) *jeongmyo horan*', S. 1348; – *Guksa daesajeon* 國史大事典: ‚병자호란 (丙子胡亂) *byeongja horan*', S. 588f; – Deuchler, Martina: a. a. O., S. 4; – Lewin, Bruno: a. a. O., S. 230; – Cho, Ki-Jun: „The Impact of the Opening of Korea on Its Commerce and Industry". In: *Korea Journal*, Bd. 16, Nr. 2 (Feb. 1976), S. 27–44; – „Korean Relations with Japan. Special Envoys". In: *The Korea Review*, Bd. 3 (Nov. 1903), S. 492–497.

Abb. 13:
Huang Taiji – Abahai.

Als unmittelbare Folge der japanischen und mandschurischen Invasionen betreibt die koreanische Regierung jahrhundertelang eine Politik strikter Abschließung. Es tritt ein neues Gesetz in Kraft, wonach es der Bevölkerung bei Todesstrafe verboten ist, das Land auf dem See- oder Landweg zu verlassen. Unterbrochen wird diese Isolation lediglich durch alljährliche Gesandtschaften nach Peking sowie durch die chinesischen Gegengesandtschaften nach Seoul. Auf die Initiative Japans hin normalisiert sich das diplomatische Verhältnis zu Korea nach den Invasionen insofern, als dass in Pusan im Jahre 1606 wiederum eine Handelsstation errichtet wird, in der die Japaner, wenn auch durch Korea nach wie vor stark beschränkt und kontrolliert, Handel treiben können, um auf diese Weise eine koreanische Version der chinesischen Kultur in ihr Land zu holen.[37] Aus Anlass wichtiger Ereignisse wie Inthronisierungen oder Begräbnisse hochrangiger Persönlichkeiten werden gelegentliche Delegationen (kor. *tongsinsa*)[38] an die Höfe der Herrscher gesandt.

Abb. 14: Koreanische Delegation (*tongsinsa*) nach Japan, Gemälde eines unbekannten Künstlers aus dem 17. Jh.

---

[37] Sohn, Pow-key: a. a. O., S. 147. – Han, Woo-Keun: a. a. O., S. 274f. – Hulbert, Homer B.: a. a. O., S. 101f. – Lewin, Bruno: a. a. O., S. 226. – Lee, Ki-baik: a. a. O., S. 214f.
[38] *Tongsinsa* 通信使, wörtlich: „Nachrichtenüberbringer" waren Sondergesandte (Sondergesandtschaften).

Auf diese Weise wird Korea quasi von seiner Außenwelt hermetisch abgeschlossen, und die so begonnene Isolationspolitik wird zu einer Tradition, die erst zweieinhalb Jahrhunderte später ein gewaltsames Ende finden soll.

III. KOREA AM VORABEND SEINER LANDESÖFFNUNG

III.1. Der Regent Daewon-gun und seine Isolationspolitik

Abb. 15: König Cheoljong.

Durch die Einführung des Konfuzianismus als Staatsethik bedingt, hatten sich zahlreiche konfuzianische Bildungsstätten und Privatschulen (kor. *seowon*)[39] im ganzen Land und auf den Gütern der Beamten gebildet. Dieser Umstand führt indes zur Bildung einer neuen konfuzianischen Gruppe, die in den Provinzen ihre Basen hat und mit dem Terminus „Neo-Konfuzianer"[40] bezeichnet wird. Unter dem Vorwand von Meinungsverschiedenheiten bei der Auslegung konfuzianischer Prinzipien entstehen verschieden Gruppierungen, doch verbergen sich hinter ihren Streitigkeiten eher Macht- und Besitzinteresse. Damit entstehen Fraktionskämpfe im ganzen Land, die das innenpolitische Geschehen von Choson bestimmen.

Mit dem Tod König Cheoljongs (Reg. 1849–1863) im Dezember 1863 setzt ein erneuter Machtkampf am Hofe ein, da der König keinen männlichen Erben hinterlassen hat. Die Wahl fällt auf den zweiten Sohn Yi Ha-eungs (1820–1898), eines Ururenkels von König Yeongjo (Reg. 1724–1776)[41], namens Myeong-bok (1852–1919). Da der Junge, kano-

---

[39] Der Name *seowon* 書院 (wörtlich: Schreibinstitut) weist auf eine wichtige Aufgabe dieser Schulen hin, nämlich die Unterweisung in den Schriften der alten Philosophen und Staatslehrer.

[40] Die koreanischen Bezeichnungen für diese Neokonfuzianer lauten 士林 *sarim* oder 儒林 *yurim*.

[41] König Yeongjo (1694–1776), 21. Herrscher der Choson-Dynastie.

nisiert als Gojong (Reg. 1864–1907), erst zwölf Jahre alt ist, stellt er vorerst keinen politischen Faktor dar. Diese kluge Taktik dient dem Zweck, die Autorität des Herrschers zu schwächen und gleichzeitig die eigene Macht zu monopolisieren. Der zweite Grund für diese Entscheidung ist Yi Ha-eung selbst. Als Angehöriger der Königsfamilie hat er zwar im Alter von 20 Jahren den ehrenvollen Titel Heungseon-*gun* (Prinz Heungseon) erhalten, ist aber völlig verarmt und hat politisch nicht den geringsten Einfluss, zumal er keinerlei Partei angehört.[42] Seine Ernennung zum Regenten dient daher dem Zweck, ihn entsprechend den Ambitionen der führenden Fraktion am Hof zu benutzen. Deren Plan geht indes nicht auf, da er sich zu einer der machtvollsten Persönlichkeiten Chosons entwickelt und mit ihm ein neuer Abschnitt der koreanischen Geschichte beginnt.

Der Titel *Daewon-gun*, der den Vätern von minderjährigen Königen verliehen wird und mit dem europäischen Titel „Prinzregent" vergleichbar ist, wird gerade aufgrund seines politischen Talents und seiner persönlichen Autorität von koreanischen Historikern mit Yi Ha-eung assoziiert, so dass er auch heute noch unter dem Namen „Daewon-gun" bekannt geblieben ist.

Abb. 16: Yi Ha-eung 1869.

In seiner Funktion als Regent ist er zunächst bestrebt, die Monarchie zu stärken und seine eigene Position zu kräftigen. Seine eigene Erfahrung hat ihn gelehrt, dass die politische Macht in den Händen einer einzelnen Familie schädigende Auswirkungen auf die Staatsführung und somit auch auf die gesamte Bevölkerung ausübt. Als überzeugter Konfuzianist hegt er darüber hinaus eine tiefe Abneigung gegen korrupte und ausbeutende Beamte und Aristokraten. Resolute Reformen sollen daher für eine effiziente Bürokratie und eine solide Zentralregierung sorgen, die mit starker Hand des Monarchen geführt werden soll. Um die Macht des führenden Kim-Clans zu brechen und sich gleichzeitig eine gewisse Loyalität zu sichern, beruft er verdienstvolle Mitglieder aller vier existierenden Hauptfraktionen (kor.

---

[42] *Guksa daesajeon* 國史大事典: ‚흥선대원군 *heungseon daewon-gun*', S. 1812f. – Lee, Sun-keun: „Some lesser-known facts about Taewongun and his foreign policy". In: *TKBRAS*, Bd. 39 (Dec. 1962), S. 23–46.

sasaek)⁴³ auf hohe Posten, ohne dabei eine Partei zu bevorzugen. Regionalität, soziale Stellung oder Klassenzugehörigkeit bleiben bei seiner Auswahl unbeachtet. Die Sympathie des Volkes gewinnt er sich dadurch, dass er die militärische Tuchsteuer, die bisher allein den Bürgern aufgebürdet worden ist, in eine Haushaltssteuer umwandelt, die nun erstmals auch von den *yangban* und Aristokraten entrichtet werden muss. Korrupte Lokalbeamte, die sich auf Kosten der Bauern und des Staates bereichert hatten, werden verbannt oder gar zum Tode verurteilt und ihr Besitz wird konfisziert. Alte Verwaltungsorgane, die unter der Herrschaft einzelner Gruppierungen außer Kraft gesetzt worden sind, insbesondere der Staatsrat⁴⁴ (kor. *uijeongbu*), werden wieder eingerichtet. Um das Ansehen des Königshauses zu heben, der neuen Führung Würde und Autorität zu verleihen, und nicht zuletzt um seine Macht zu demonstrieren, ordnet Daewon-gun 1865 trotz großer finanzieller Knappheit im Staatshaushalt den Wiederaufbau des Gyeongbok-Palastes (Gyeongbok-gung)⁴⁵ an, der während der japanischen Invasion durch Feuer zerstört worden ist. Die enormen Kosten, die für den Bau erforderlich sind, werden teilweise durch neue Steuern oder erzwungene Abgaben gedeckt, die ungeachtet der sozialen Stellung oder Klasse von jedermann zu entrichten sind. So müssen Grundbesitzer z. B. eine zusätzliche Landsteuer (*gyeoldujeon*)⁴⁶ entrichten, und es wird eine sogenannte „Tor-Steuer" für alle Waren erhoben, die die Tore der Hauptstadt passieren. Die Zwangsabgaben, die Daewon-gun von jedermann erpresst, bezeichnet er mit „freiwilligen Spenden".⁴⁷ Eine zusätzliche Kapitalbeschaffungsmaßnahme ist die Prägung der 100-Cash-Münze (kor. *dangbaekjeon*)⁴⁸, deren Wert weit über ihrer eigentlichen Kaufkraft angesetzt wird, so dass es zu plötzlichen Preiserhöhungen und somit zu wirtschaftlichen Unruhen kommt. Als Ergebnis dieser Finanzpolitik steht die Regierung bei Fertigstellung des Palastbaus im Jahre 1867 kurz vor dem Bankrott.

---

[43] Die vier Hauptfraktionen (kor. 四色 *sasaek,* wörtlich: „*vier Farben*") heißen: 1. *noron* (老論, ‚alte Doktrin'); 2. *soron* (少論, ‚junge Doktrin'); 3. die Südler (南人 *nam-in*) und 4. die Nordlern (北人 *bug-in*). Vgl: *Guksa daesajeon* 國史大事典: ‚사색 sasaek', S. 650.

[44] Kor. 議政府 uijeongbu.

[45] Zur näheren Geschichte und Beschreibung des Gyeongbok-Palastes siehe: Clark, Allen D. und Clark, Donald N.: *Seoul – Past and Present – A Guide To Yi T'aejo's Capital*. Seoul 1969, S. 75–85.

[46] Diese Landsteuer heißt auf Koreanisch 結頭錢 *gyeoldujeon.*

[47] Lee, Ki-baik: a. a. O., S. 261f. – Han, Woo-Keun: a. a. O., S. 363f.

[48] Die 100-Cash-Münze heißt auf Koreanisch 當百錢 *dangbaekjeon.*

Abb. 17: Gyeongbok-Palast 1915.

Trotz der Entwicklung dieser monetären Probleme sind die Reformen Daewon-guns von positiven Intentionen geprägt. Ihr Ziel ist es, eine neue und feste Basis der Regierung zu schaffen, die Macht Einzelner zu brechen, den Parteienstreit zu beenden und damit schließlich die Autorität des Monarchen zu sichern und zu festigen. Nach altem konfuzianischem Prinzip sollen Beamte ohne Vorzug lediglich nach ihren Verdiensten berufen werden. Auf diese Weise erhalten Angehörige der Mittelschicht[49] erneut die Chance, in die gehobene *yangban*-Klasse der Gesellschaft aufzusteigen, was aber gleichzeitig auch ihre Loyalität zum Herrscher garantieren soll.

Der jahrhundertelange Fraktionskampf hatte inzwischen nahezu 700 private konfuzianische Akademien (kor. *seowon*) im ganzen Land entstehen lassen.[50] Die meisten von ihnen sind mit großen Ländereien und Leibeigenen versehen und besitzen das Privileg der Steuer- und Abgabenfreiheit. Damit stellen sie nicht nur ein wirtschaftliches Hindernis für den Staat dar, sondern bedeuten aufgrund ihrer Unkontrollierbarkeit auch eine politische Gefahr. Die Existenz dieser zahlreichen *seowon* verhindert demnach den Aufbau einer soliden administrativen Hierarchie unter der hoheitlichen Autorität des Thrones. Dazu kommt, dass ihr unmittelbarer Einfluss auf die Bevölkerung deren Integration in die neue Ordnung verhindert. Bereits 1864 verbietet Daewon-gun daher die Gründung von neuen, nicht autorisierten Akademien und ordnet vier Jahre später ihre Besteuerung an. 1871 schließlich lässt er in einer außerordentlichen Aktion bis auf 47 *seowon*, deren Schreine bedeutenden Neo-Konfuzianern gewidmet sind, alle privaten Akademien schließen und deren Besitztümer verstaatlichen, um auf diese Weise

---

[49] Mittelschicht heißt auf Koreanisch „die Menschen in der Mitte", 中人 *chungin*.
[50] Lee, Sun-keun: a. a. O., S. 25.

auch zukünftig eine neue Machtkonstellation zu verhindern, die dem Herrscherhaus hätte gefährlich werden können.⁵¹

Abb. 18: Daewon-gun.

Durch seine Reformen und verschiedenen Maßnahmen zur Festigung der Monarchie und Gründung einer neuen und rein konfuzianisch orientierten Gesellschaftsordnung schafft Daewon-gun einen Staat, der nahezu unabhängig und selbstbewusst ist.⁵²

Seit dem frühen 19. Jh. erreichen Schiffe westlicher Nationen in zunehmender Häufigkeit die Küsten der Halbinsel, um mit Korea Handelskontakte aufzunehmen. Das Erscheinen dieser Fremden wird indes von der Regierung, die mit genug innerpolitischen Konflikten belastet ist, nur als zusätzliche Bedrohung von außen interpretiert. Das Schicksal Chinas, das der Qing-Dynastie durch wiederholte Konfrontationen mit dem Westen widerfahren ist, bleibt der koreanischen Führung ebenfalls nicht verborgen. Der englisch-chinesische Opiumkrieg von 1839–1842, der sogenannte „Zweite Opiumkrieg" von 1856–1860 und der gemeinsame Vormarsch der Engländer und Franzosen 1860 auf Peking sind für Korea deutliche Warnungen, sich nicht mit ausländischen Mächten einzulassen⁵³. Die schockierenden Meldungen von der Zerstörung des Sommerpalastes (chin. Yuanmingyuan) und der Flucht des Kaisers aus der Hauptstadt lassen erkennen, dass wenige „westliche Barbaren" ausreichen, das mächtig geglaubte Nachbarreich in die Knie zu zwingen. Viele Beamte der Seouler Zentralregierung schlagen daraufhin besorgt vor, sich für eventuelle Angriffe zu rüsten, da sie befürchten, dass der chinesische Kaiser nach Korea fliehen und von ausländischen Truppen verfolgt werden könnte.⁵⁴

---

⁵¹ Dieser Vorfall trägt im Koreanischen die Bezeichnung „*seowon cheolpye*" (書院撤廢). Jones gibt die Anzahl der weiterhin autorisierten *seowon* mit 48 an. Vgl: Jones, Heber Geo.: „The Taiwon Gun". In: *The Korean Repository*, Vol. 5, No. 7 (July 1898), S. 245.

⁵² Kang, Thomas Hosuck: „Confucian Behavior toward the Modernization of Korea, 1864–1910". In: *KJ*, Bd. 13, Nr. 7 (July 1973), S. 4–15.

⁵³ Der Zweite Opiumkrieg oder „Arrow-Krieg" Großbritanniens und Frankreichs gegen das Kaiserreich China währte von 1856 bis 1860. Hierzu: Wiethoff, Bodo: a. a. O., S. 214f. – Eichhorn, Werner: a. a. O., S. 145, 147.

⁵⁴ Lee, Ki-baik: a. a. O., S. 263.

Um dem Land die gleiche Demütigung, die China durch den Westen erfahren muss, zu ersparen, sucht der Regent Daewon-gun nach Möglichkeiten, dem Vordringen der Fremden, insbesondere dem russischen Expansionsdrang in den Süden, Einhalt zu gebieten. In der Zwischenzeit hat die katholische Kirche in Korea durch rege Missionstätigkeiten von zwölf französischen Priestern, die während der relativ ruhigen Regierungszeit König Cheoljongs (1831–1863) heimlich ins Land gekommen sind, große Erfolge zu verzeichnen. Einflussreiche Angehörige der fremdenfeindlichen Regierungspartei sorgen jedoch dafür, dass sich Daewon-gun gegen die Christen stellt. Auf Rat des ersten Staatskanzlers, Jo Du-sun (1796–1870), und um eine weitere Infiltration westlicher Ideen zu verhindern, befiehlt er zu Beginn des Jahres 1866 eine groß angelegte Verfolgung sämtlicher Christen und entschließt sich zu einer Politik strikter Abschließung.[55]

Abb. 19: Ein Teil des zerstörten Sommerpalastes.

Im Verlauf dieses Christenmassakers und in den folgenden Jahren müssen annähernd 8.000 Gläubige ihr Leben lassen, worunter sich auch neun der zwölf französischen Missionare befinden.[56] Den restlichen drei Patres[57], Félix Clair Ridel (1830–1884), Stanislas Féron (1827–?) und Adolph Nicolas Calais, gelingt die Flucht nach China, wo sie von den tragischen Ereignissen in Korea Bericht erstatten. Als Resultat und unmittelbare Konsequenz der Christenverfolgung sieht sich Daewon-gun einer Reihe von Konfrontationen mit dem Westen gegenüber, die zum Teil militärisch ausgetragen werden. Die allzu inkonsequenten und

---

[55] In der koreanischen Geschichte wird diese Abschließungspolitik als *swaeguk jeongchaek* 鎖國政策 bezeichnet. Vgl. hierzu und zum Folgenden: Lee, Ki-baik: a. a. O., S. 264; Han, Woo-Keun: a. a. O., S. 364; Grayson, James Huntley: *Early Buddhism and Christianity in Korea*. Leiden 1985, S. 80f. – *Guksa daesajeon* 國史大事典: , 쇄국정책 *swaeguk jeongchaek*', S. 780.

[56] Bischof Siméon-François Berneux (1814–1866); Bernard-Louis Beaulieu (1840–1866); Just Ranfer de Bretenières (1838–1866); Pierre-Henri Dorie (1839–1866); Charles Pouthié (?–1866); Michel-Alexandre Petitnicolas (1828–1866); Bischof Antoine-Marie-Nicolas Daveluy (1818–1866); Pierre Aumaître (1838–1866); Martin-Luc Huin (1836–1866).

[57] Ein Pater (lat. für Vater; Plural Patres) ist ein zum Priester geweihtes Mitglied eines Ordens.

mehr dilettantisch organisierten und durchgeführten Angriffe westlicher Mächte ermöglichen aber einen leichten Sieg der Regierungstruppen, so dass sich Daewon-gun irrtümlicherweise in seinem eingeschlagenen Kurs bestätigt sieht und als Symbol seiner Entschlossenheit und überzeugten Stärke im April 1871 im ganzen Land Mahnmäler[58] (kor. *cheokhwabi*) mit den Worten errichten lässt:

> „Westliche Barbaren sind in unser Land eingedrungen. Wenn wir nicht gegen sie kämpfen, bleibt uns nur Versöhnung. Doch wer auf einer Versöhnung besteht, verkauft damit sein Land. Dies soll für unsere kommenden 10.000 Generationen eine Warnung sein. Dekret erlassen im Jahre byeongin [1866], errichtet im Jahre sinmi [1871]."[59]

Während sich Korea auf diese Weise von der Außenwelt abkapselt, nimmt die Entwicklung des Nachbarreichs Japan einen völlig entgegengesetzten Verlauf. Nachdem die Holländer, denen es als einzige westliche Nation seit 1641 gestattet ist, auf der vor Nagasaki gelagerten künstlichen Insel Deshima (auch: Dejima) eine Handelsstation zu unterhalten, 1851 die Öffnung des Landes gefordert hatten, wird vom Shōgunat eine entsprechende Maßnahme in ernsthafte Erwägung gezogen, führt jedoch vorerst zu keinem Resultat.

Abb. 20: Deshima in der Bucht von Nagasaki, Ölbild von 1820.

Kurz darauf erscheinen der amerikanische Commodore Matthew Calbraith Perry (1794–1858)[60] am 8. Juli 1853 mit einem Geschwader vor

---

[58] Solche Mahnmäler heißen auf Koreanisch *cheokhwabi* 斥和碑.

[59] Der chinesische Text ist entnommen aus: *Han-guk geun-hyeondaesa sajeon* 한국근현대사사전. 1860–1990. *Han-guksa sajeon pyeonchanhoe pyeon* 한국사사전편찬회 편 (Komp.). Seoul 1990, S. 34: ‚ 척화비 - *cheokhwabi*'. Die Übersetzung ins Deutsche erfolgte nach der koreanischen Vorlage daselbst.

[60] Matthew Calbraith Perry 1794–1858), US-amerikanischer Seeoffizier, zuletzt im Range eines Commodore. Zu Perrys Japan-Mission vgl: Roberts, John G.: *Black Ships and Rising Sun; the Opening of Japan to the West*. New York 1971.

Uraga und der russische Vizeadmiral Graf Jewfimi Wassiljewitsch Putjatin (1803–1883)[61] am 22. August desselben Jahres vor Nagasaki, um den Wunsch ihrer Regierungen nach Handelsbeziehungen mit Japan an das Shōgunat zu übermitteln. Als Commodore Perry im Februar 1854 mit einem verstärkten Geschwader seinen Forderungen erneut Nachdruck verleiht, kommt es schließlich am 31. März 1854 zum Vertrag von Kanagawa[62] und der Öffnung der Häfen Shimoda und Hakodate.

Im Anschluss daran schließen auch andere westliche Nationen wie Großbritannien, Russland, Frankreich, Holland und Preußen (24. Jan. 1861), Freundschafts- und Handelsverträge mit Japan ab. Besonders nach der erfolgreich durchgeführten Meiji-Restauration von 1868 greift die japanische Regierung zu einer Politik, die ihre wirtschaftliche und militärische Stärke begünstigen soll. Dies wird vor allem dadurch realisiert, dass die Japaner bewusst die materiellen Neuheiten der westlichen Zivilisation übernehmen und sie zu ihrem Vorteil nutzen.

Abb. 21: Matthew Calbraith Perry um 1856.

Daewon-gun, der diese Entwicklungen mit Besorgnis zur Kenntnis nimmt, verstärkt daraufhin seine Isolationspolitik nicht nur gegen die westlichen Annäherungsversuche, sondern richtet sie ebenso gegen Japan. Die neue japanische Regierung ihrerseits ist bestrebt, mit Korea einen Vertrag zu schließen und damit ihre diplomatischen Beziehungen zum Nachbarn neu zu verankern. Die Annahme eines entsprechenden Schreibens, in dem Japan um einen Austausch von Delegationen nachsucht, wird jedoch vom Daewon-gun verweigert. Seine abweisende Haltung Japan gegenüber führt schließlich soweit, dass er 1873 eine Blockade der japanischen Faktorei in der Nähe von

---

[61] Jewfimi Wassiljewitsch Putjatin (1803–1883), russischer Admiral, Staatsmann und Diplomat. 1855 unterzeichnete er den ersten Freundschaft- und Handelsvertrag zwischen Russland und Japan.
[62] Auch: Konvention von Kanagawa (jap. 神奈川条約 *Kanagawa jōyaku*, oder 日米和親条約 *Nichibei Washin* jōyaku) genannt.

Pusan anordnet und die Behörden in Dongnae heimlich unterweist, sämtliche Bewegungen der in dem Handelsquartier ansässigen Japaner genauestens zu kontrollieren. Verärgert und gleichzeitig provoziert durch diese Geheimdirektiven beruft die Meiji-Regierung eine Sitzung ein, auf der erstmals Stimmen laut werden, die eine Eroberung Koreas befürworteten.

Das Verhältnis zu China wird andererseits in alter Manier beibehalten. Ungeachtet der entscheidenden Veränderungen, die durch westliche Mächte hervorgerufen worden sind und den weiteren Verlauf der Geschichte Ostasiens bestimmen sollten, berichtet Korea nach wie vor alle wichtigen Vorkommnisse nach Peking und sucht den Rat und die Unterstützung der Qing, ohne die Tatsache zu erkennen, dass der chinesische Hof selbst seit 1860 hilflos ist. Durch ihre Ignoranz und Unfähigkeit, die Bedeutung des Westens im politischen Geschehen Ostasiens wahrzunehmen und die strikte Weigerung, einen ähnlichen Kurs wie Japan einzuschlagen, um aus der neuen Situation eigene Vorteile zu ziehen, bestimmt die koreanische Führung mit ihrem Verhalten gleichzeitig ihr eigenes unausweichliches Schicksal.

III.2. Frühe Kontakte Koreas zum Westen

Die wenigen Begegnungen, die Korea seit Ende des 16. Jh. mit sogenannten „Westlern" auf eigenem Boden erfährt, sind zwar von nur geringer Konsequenz geprägt, doch wert, an dieser Stelle eine eigene, kurze Würdigung zu erhalten.

Gregorio de Céspedes (1550–1611)
Der nachweislich erste Europäer, der das koreanische Festland betritt, ist ein spanischer Jesuit der portugiesischen Mission in Japan namens Gregorio de Céspedes. Nachdem der portugiesische Handelsreisende Fernao Mendes Pinto (ca. 1509–1583)[63] durch Schiffbruch im Jahre 1543 auf der südjapanischen Insel Tanegashima landete, fassen bald auch portugiesische und spanische Missionare in Japan Fuß.

---

[63] Fernao Mendes Pinto 1510/1514–1583), portugiesischer Entdecker und Schriftsteller. Im Zuge seiner Reisen besuchte er den Mittleren und Fernen Osten, Äthiopien, das Arabische Meer, China, Indien und Japan. Seine Abenteuer wurden durch die postume Veröffentlichung seiner Memoiren Pilgerreise (Portugiesisch: Peregrinação) im Jahr 1614 bekannt.

Abb. 22: Fernao Mendes Pinto.

1549 wird durch den Spanier Franz Xaver (auch: Francisco de Xavier, Francisco de Jaso y Azpilcueta 1506–1552)[64], den Mitbegründer des Jesuitenordens, die missionarische Tätigkeit in Kagoshima aufgenommen und findet zunächst großen Anklang bei den Japanern, vornehmlich im Westen des Landes.

Abb. 23: Der christliche General Konishi Yukinaga.

Als Toyotomi Hideyoshi im Mai 1592 die erste Korea-Invasion befiehlt, befinden sich bereits etliche Christen unter seinen Truppen, einschließlich des Generals Konishi Yukinaga (1555–1600)[65], eines seiner drei Heerführer.

Um diese japanischen Christen seelsorgerisch zu betreuen, wird Pater Gregorio de Céspedes, der seit dem 4. Juli 1577 in Japan tätig ist, auf Verlangen Yukinagas nach Korea entsandt. In Begleitung des japanischen Ordensbruders Foucan Eion trifft Céspedes am 27. Dezember 1593 dort ein und hält sich bis April 1594 hauptsächlich in den Lagern der Invasionstruppen in der Umgebung von Pusan, im Süden der koreanischen Halbinsel auf. Aufgrund der koreanischen Politik, die Japaner durch Evakuierung der Bevölkerung in der Nähe ihrer Lager zu isolieren, kommt Céspedes während dieser Zeit lediglich mit Flüchtlingen und gefangenen Koreanern in Berührung, die als Sklaven nach Japan deportiert werden sollen. Sein Versuch, diesen Gefangenen das Christentum zu vermitteln, scheitert verständlicherweise an deren Ressentiments den Japanern gegenüber.[66]

---

[64] Der Jesuit Francisco de Xavier (auch: Francisco de Gassu y Javier, oder: Francisco de Jassu y Azpilcueta; 1506–1552, auf der Insel Sanzian bei Kanton in China gestorben), im deutschsprachigen Raum bekannt als der Heilige Franz Xaver, war einer der Pioniere christlicher Mission in Asien und Mitbegründer der Gesellschaft Jesu.

[65] Christlicher Name: Dom Agostinho Tsunikamidono, auch: Augustin Arimadono.

[66] Hierzu und zur Geschichte des Christentums in Korea: Chon, Clemens-Stephanus: *Geschichte der katholischen Kirche in Korea*. Waegwan, Seoul 1989, S. 11. – Cory, Ralph M.: „Some Notes on Father Gregorio de Cespedes, Korea's First European Visitor". In: *TKBRAS*, Vol. 27 (1937), S. 4, 9f, 15f. – Dallet, Charles: *Histoire de l'Église de Corée*. Paris 1874, 2 Bde., Reprint: Seoul 1975, S. 2f. – Gompertz, G. St. G. M.: „Some Notes on the

Ein Streit zwischen dem jungen und progressiven christlichen General Konishi Yukinaga und dem älteren und konservativen Feldherrn Katō Kiyomasa (1562–1611)[67], einem glühenden Anhänger des Buddhismus, der den Christen feindlich gesinnt ist, bewirkt die Entlassung von Céspedes und seinem Begleiter nach Japan. Obwohl das japanische Expeditionsheer über weitere drei Jahre in Korea verbleibt, hat Céspedes aufgrund dieses Disputes keine Gelegenheit mehr, ein zweites Mal die Halbinsel zu betreten.[68]

Abb. 24: Katō Kiyomasa.

Von den insgesamt etwa 300.000 nach Japan verschleppten und dort als Sklaven verkauften Koreanern werden später ca. 300 von den Jesuiten in Nagasaki erzogen und getauft. Unter ihnen befinden sich einige, die namentlich in der Literatur Erwähnung finden. Ein 13-jähriger koreanischer Junge, der Céspedes anvertraut wird, erhält auf diese Weise eine Erziehung der Jesuiten, wird auf den Namen Vincent Gwon (1581–1626) getauft und in den Jesuitenorden aufgenommen. In den Jahren zwischen 1614 und 1626 versucht er mehrere Male vergebens, in sein Heimatland zurückzukehren, um dort das Evangelium zu ver-

---

Earliest Western Contacts with Korea". In: *TKBRAS*, Vol. 33 (1957), S. 41. – Choi, Suk-woo: „Korean Catholicism Yesterday and Today". In: *KJ*, Bd. 24, Nr. 8 (Aug. 1984), S. 4–13. – Lee, Grant S.: „Persecution and Success of Roman Catholic Church in Korea". In: *KJ*, Vol. 28, No. 1 (Jan. 1988), S. 16–27. – Graf, Olaf: „Die Anfänge des Christentums in Korea". In: Renner, Frumentius (Hrsg.): *Der fünfarmige Leuchter*. St. Ottilien 1971, Bd. 2, S. S. 377–379. – Grayson, James Huntly: a. a. O., S. 70.

[67] Katō Kiyomasa (1562–1611), japanischer Daimyō und General.
[68] Cory, Ralph M.: a. a. O., S. 17–19. – Grayson, James Huntley: a. a. O., S. 70.

breiten. Am 20. Juni 1626 erleidet er in Nagasaki im Rahmen einer Christenverfolgung den Märtyrertod durch Verbrennen. Ein zweiter Koreaner, auf den Namen Thomas getauft, wird zur Erziehung zu den Dominikanern nach Manila geschickt. Der Florentiner Kaufmann Francesco Carletti (1573?–1636)[69], der sich 1597–1598 in Japan aufhält, kauft fünf koreanische Sklaven frei und bringt sie nach Goa. Einer von ihnen, Antonio Corea (ca. 1578–1626), der besonders sprachbegabt ist, begleitet ihn nach Europa, wo er zunächst in Holland im Jahre 1606 ankommt. Es wird vermutet, dass er als erster Koreaner in Europa Modell zu einer Zeichnung von Peter Paul Rubens (1577–1640) aus dem Jahre 1617 gestanden hat, auf dem ein Mann in koreanischer Kleidung abgebildet ist. Nachgewiesen ist dies jedoch nicht. 1910 bekommt Corea vom Vatikan den Auftrag, über die Mandschurei nach Korea zurückzukehren, um dort die christliche Lehre weiter zu verbreiten, doch diese Mission scheitert. Sein weiteres Leben verbringt Corea in Rom und schließlich in Albi, in der Region Kalabrien, wo er seinen Lebensabend verbringt.[70]

Abb. 25: Rubens: Mann in koreanischer Kleidung, 1617.

Jan Janse Weltevree (ca. 1595–1670?)

Am 16. Juli 1626 kapert das holländische Schiff „Ouwerkerck" eine chinesische Dschunke, die sich auf dem Weg nach Xiamen (Amoy) befindet. Dieser Akt der Piraterie führt dazu, dass 16 Besatzungsmitglieder der „Ouwerkerck" vom Kapitän des Seglers beauftragt werden, die Dschunke nach Taiwan (Formosa) zu bringen. Dort kommt sie jedoch nie an, sondern wird aufgrund eines Sturms abgetrieben und erleidet zu Beginn des Jahres 1627 an der Südküste der koreanischen Provinz Gyeongsang (Distrikt der Stadt Gyeongju) Schiffbruch. Die

---

[69] Francesco Carletti (1573?–1636), Florentiner Kaufmann, Reisender und Chronist. Im Alter von 21 Jahren machte er sich mit seinem Vater zu einer kurzen Reise in Sachen Sklavenhandel zu den Kapverdischen Inseln auf, aus der eine 8-jährige Reise (1594–1602) mit einer Weltumsegelung wurde. Erst 1606 kehrte er, beinahe mittellos, nach Florenz zurück.

[70] Hübinette, Tobias: „Koreans in Europe". In: www.orient.su.se/korean/koreans.html. – Grayson, James Huntley: *Korea: A Religious History*. Revised Edition, London 2002, S. 140. – Savenije, Henny: „In the Wake of the Portuguese". In: www.hendrick-hamel.henny-savenije.pe.kr/holland3.htm.

„Ouwerkerck" selbst wird einige Monate nach diesem Akt von einem portugiesischen Schiff gekapert und in Macao (P Aomen, port. Macau) verbrannt.[71]

Abb. 26: Statue von Jan Janse Weltevree in De Rijp, Holland.

Unter den überlebenden „Piraten" der Dschunke befinden sich drei Holländer: Jan Janse Weltevree aus Vlaardingen im Süden der Niederlande, Theodoric Gerards aus Rijp im Norden Hollands und Jan Pieters aus Amsterdam.[72] Aufgrund ihrer militärtechnischen Kenntnisse werden sie zunächst als Waffenschmiede zur Herstellung von Musketen und Kanonen eingesetzt und dienen als Soldaten im koreanischen Heer. Im Verlauf von Kämpfen gegen die Mandschus im Jahre 1636 finden die beiden Begleiter Weltevrees den Tod. Er selbst lebt in Korea unter dem Namen Pak Yeon weiter, heiratet eine Koreanerin und hat mit ihr einen Sohn und eine Tochter.[73] Im Jahre 1648 besteht er mit weiteren 94 Koreanern das Militärexamen und dient als Offizier im Stab von Gu In-hu (1578–1658), einem hochrangigen und einflussreichen General während der Regierungszeiten der Könige Injo (Reg. 1623–1649) und Hyojong (Reg. 1649–1659). Neben seinen militärischen Aufgaben ist er für sämtliche Schiffbrüchige, die an Koreas Küsten verschlagen werden, inklusive Japaner und Chinesen, verantwortlich. Aufgrund seines langen Aufenthaltes und seiner Anpassung betrachten ihn die Koreaner als einen der Ihren und bringen ihm großes Vertrauen entgegen. Nicht allein aus diesen Gründen, sondern sicherlich auch deshalb, weil er als ausländischer Barbar im konfuzianischen Königreich als Kuriosität galt, sind einige koreanische Quellen überliefert, die von ihm berichten und auch sein äußeres Erscheinungsbild beschreiben. So heißt es beispielsweise in einem Bericht von Jeong Jae-ryun (1648–1723):

---

[71] Ledyard, Gari: *The Dutch Come to Korea*. Seoul 1971, S. 36–37.
[72] Hamel, Hendrick: „An Account of the Shipwreck of a Dutch Vessel on the Coast of the Isle of Quelpaert, together with the Description of the Kingdom of Corea". In: *TKBRAS*, Vol. 9 (1918), S. 107. – Savenije, Henny: „Jan Janse Weltevree". In: Internet: www.hendrick-hamel.henny-savenije.pe.kr/holland14.htm.
[73] Hierzu und zum Folgenden: Ledyard, Gari: a. a. O., S. 26f, 29, 35.

"As a man, he was much taller than average. He was intelligent and serious, and in the things he talked about he was always the equal of eminent men." An einer anderen Stelle derselben Quelle heißt es: "Yeon was tall of body and his limbs were fat. He had blue eyes and a white face, and his blond beard hung down to his stomach. Everyone who saw him thought him odd. He married a Korean woman who bore him a son and a daughter."[74]

In einer anderen Quelle von Yun Haeng-im (1762–1801), einem Mitglied des königlichen Archivs (Gyujanggak), ist zu lesen:

"The Court assigned him to the Training Bureau and put him in command of surrendered Japanese and castaway Chinese." And "He was an expert in military writings and was skilled in manufacturing cannons, which were very finely crafted."[75]

Im Rahmen seiner Verantwortung für alle Schiffbrüchigen trifft Weltevree am 29. Oktober 1653 Hendrick Hamel und seine Begleiter auf der südlichen Insel Jeju-do und kommt somit nach 26 Jahren zum ersten Mal wieder in Berührung mit einigen Landsleuten.

Hendrick Hamel (ca. 1630–1692)

Seitdem in der zweiten Hälfte des 16. Jh. der europäische Schiffsverkehr in ostasiatischen Gewässern recht bedeutend geworden ist – sowohl China als auch Japan werden regelmäßig angelaufen – geraten hin und wieder Schiffbrüchige nach Korea. Zum Teil werden sie über den Landweg Richtung China zurückgeschickt, zum Teil bleiben sie verschollen. So ergibt sich der bedeutendste Kontakt dieser Art, als das Handelsschiff der Niederländischen Ost-Indien Kompanie „Sperwer" auf seiner Fahrt von Taiwan nach Deshima, einer kleinen, im Hafen von Nagasaki angelegten künstlichen Insel, die den Holländern als Handelsdepot dient, in einen Sturm gerät und am 16. August 1653 an der Küste der Insel Jeju-do (in alten europäischen Quellen Quelpaert genannt) Schiffbruch erleidet. Von der ursprünglich 64 Mann starken Besatzung überleben 36 das Unglück und werden in Korea festgehalten. Unter ihnen befindet sich der Sekretär des Schiffes, Hendrick Hamel aus

---

[74] Jeong Jae-ryun 鄭載崙 : *Han-geo mannok* 閑居漫錄 , zitiert in: Yi Byeong-do 李丙燾 : *Hamel pyoryu-gi* 하멜 漂流記 . Seoul 1954, S. 95; Englische Übersetzung übernommen von: Ledyard, Gari: a. a. O., S. 27 und 29.

[75] Yun Haeng-im 尹行恁 : *Seokjae-go* 碩齋藁 , *gwon* 권 9, zitiert in: Yi Byeong-do 李丙燾 : a. a. O., S. 98; Englische Übersetzung übernommen von: Ledyard, Gari: a. a. O., S. 30.

Gorcum[76], der nach seiner Flucht während seines späteren Aufenthaltes auf Deshima vom 14. September 1666 bis 23. Oktober 1667 einen offiziellen Bericht über seinen 13-jährigen Aufenthalt in Korea verfasst. Dieser Bericht erscheint im 17. und 18. Jh. in übersetzten Versionen in vielen europäischen Ländern und stellt gleichzeitig die erste umfangreiche, wenn auch subjektive, Kunde über Korea, seine Bewohner, Kultur, Sitten etc. in Buchform dar.[77]

Abb. 27: Nachbau von Hamels Schiff „Sperwer".

Nach dem Schiffbruch wird die Besatzung der „Sperwer" nach fast einem Jahr Aufenthalt auf Jeju-do zunächst nach Seoul geschickt, wo sie hauptsächlich als Musketiere in der königlichen Wache Verwendung finden. Als Konsequenz eines gescheiterten Fluchtversuchs werden sie zu Beginn des Jahres 1656 in Garnisonen der Provinz Jeolla deportiert, wo sie die meiste Zeit ihres Zwangsaufenthaltes ein mehr oder weniger armseliges und unterdrücktes Dasein fristen.[78]

---

[76] Heutiges Gorinchem, oft auch nach der Aussprache Gorkum oder Gorcum geschrieben, ist eine Stadt und Gemeinde in den Niederlanden, Provinz Südholland.

[77] Ein ausführlicher Bericht über den Schiffbruch der „Sperwer" und die Abenteuer ihrer Besatzung wird gegeben von Gari Ledyard in seinem Buch: *The Dutch Come to Korea*, Seoul 1971. Als repräsentative Übersetzung ins Englische von Hamels Bericht soll hingewiesen sein auf: John Churchill: „An Account of the Shipwreck of a Dutch Vessel on the Coast of the Isle of Quelpaert, Together with the Description of the Kingdom of Corea". Als Appendix 1 wiedergegeben bei: Ledyard, Gari: a. a. O., S. 169–226. Ebenfalls erschienen in: *TKBRAS*, Bd. 9 (1918), S. 91–148. – Eine detaillierte Dokumentation zu Hendrick Hamel wird gegeben von Henny Savenije auf seiner Webseite: www.henny-savenije.pe.kr/index.html.

[78] Ledyard, Gari: a. a. O., S. 65–74.

Nach 13 Jahren gelingt schließlich acht der verbliebenen 16 Mann unter Führung von Hamel am 4. September 1666 die Flucht nach Japan. Aufgrund der daraufhin folgenden Intervention Japans, und um einem diplomatischen Konflikt mit dem Westen aus dem Wege zu gehen, werden auch die restlichen Holländer von der koreanischen Regierung nach Nagasaki geschickt, wo sie fast auf den Tag genau zwei Jahre nach Hamel ankommen. Die erste Gruppe erreicht bereits am 20. Juli 1668 ihre europäische Heimat, während die zweite Nagasaki im Oktober 1668 verlässt und voraussichtlich im Laufe des folgenden Jahres holländischen Boden betritt. Hamel selbst kehrt erst nach längerem Aufenthalt in Batavia im Jahre 1670 in die Niederlande zurück.[79]

Abb. 28: Bild von Nagasaki und Deshima. Nagasaki Municipal Museum.

III.3. Westliche Barbaren an Koreas Pforte

In der darauf folgenden Zeit bleibt Korea rund 200 Jahre lang von westlichen „Eingriffen" unbehelligt. Bei gelegentlichen Schiffbrüchen an den Küsten des Landes werden keine „Westler" dokumentiert, und die Grenzen des Landes sind weiterhin geschlossen. Ihren Höhepunkt findet die hermetische Abschottung des Königreiches in der Mitte des 19. Jh., zu einem Zeitpunkt also, als verschiedene westliche Nationen teils zögernd, teils mit Nachdruck an die Pforte Koreas klopfen, um Einlass zu erbitten. In dieser Zeit kommt es schließlich zu Annäherungsversuchen, die politische Konsequenzen nach sich ziehen sollten.

Seit Ende des 18. Jh. beginnen europäische Schiffe, die koreanischen Küsten näher zu erforschen. Der erste in der Reihe von Entdeckern,

---

[79] Ledyard, Gari: a. a. O., S. 96f, 129.

Abb. 29: Jean-François de Galaup, comte de La Pérouse.

Kartographen und Abenteurern ist der französische Marine-Offizier *Jean-François de Galoup, comte de La Pérouse* (1741–1788), der mit den Fregatten „Astrolabe" und „Boussole" am 21. Mai 1787 auf seiner Entdeckungsfahrt Jeju-do (Quelpaert) sichtet und eine Karte von der Insel anfertigt. Sechs Tage später, am 27. Mai, entdeckt der Astronom Joseph Lepaute Dagelet (1751–1788) auf der „Boussole" die etwa 130 km östlich des koreanischen Festlandes gelegene Insel Ulleung-do. La Pérouse gibt daraufhin der Insel den Namen „Dagelet-Island".[80]

Im Februar 1795 verlässt Kapitän *William Robert Broughton* (1762–1821)[81] auf H. M. S. „Providence" die britische Hafenstadt Plymouth, um den Pazifik zu überqueren und das Gelbe Meer sowie Küstenstriche Koreas und Japans zu erforschen. Im Jahre 1797 „entdeckt" er dabei die Ostkorea-Bucht, die seitdem seinen Namen trägt.[82] Einen Bericht seiner Entdeckungsreise veröffentlicht Broughton in London im Jahre 1804 unter dem Titel: *„A Voyage of Discovery to the North Pacific Ocean. Performed in His Majesty's Sloop Providence, and her Tender, in the Years 1795, 1796, 1797, 1798 by William Robert Broughton."*[83]

Am 9. Februar 1816 verlässt die britische Fregatte H. M. S. „Alceste" mit Kapitän *Murray Maxwell* (1775–1831) als Kommandant, bestückt mit 46 Kanonen, England in Richtung Osten.

Ihr folgt die bewaffnete Brigg H. M. S. „Lyra" mit *Basil Hall* (1788–1844)[84] als Kapitän. An Bord der „Alceste" befindet sich der außerordentliche Gesandte des britischen Königs Georg III. (1738–

---

[80] Die angefertigten Karten der Inseln Jeju-do (Quelpaert) und Ulleung-do sowie eine ausführlichere Darstellung der Expedition können eingesehen werden auf Henny Savenijes Seite: www.cartography.henny-savenije.pe.kr/degaloupe.htm.

[81] William Robert Broughton (1762–1821), britischer Offizier der Royal Navy. Zu seiner Biographie siehe: www.famousamericans.net/williamrobertbroughton/.

[82] „Broughton-Bay"; Bucht vor der Nordkoreanischen Hafenstadt Wonsan. – Allen, Horace N.: *A Chronological Index.* Seoul 1901, S. 4.

[83] Auszüge aus diesem Bericht sind zu lesen auf der Internetseite von Henny Savenije: www.british.henny-savenije.pe.kr/.

[84] Basil Hall (1788–1844 Portsmouth) war ein britischer Marine-Offizier aus Schottland, Forschungsreisender und Wissenschaftler.

Abb. 30: William Robert Broughton. Ölgemälde eines unbekannten Malers um 1800.

Abb. 31: Sir Murray Maxwell.

1820)[85], Lord William Pitt Amherst (1773–1857)[86], in besonderer Mission an den Kaiserhof nach Peking. Dort soll er versuchen, eine reguläre Handelsbeziehung mit China zu etablieren und die Beziehungen zwischen dem Reich der Mitte und Großbritannien zu verbessern.

Ihre Ankunft in China im Sommer 1816 wird gleichzeitig als Gelegenheit genutzt, das Gelbe Meer und die nähere Umgebung zu erkunden. Gegen Ende des Jahres 1816 gelangen auf diese Weise die beiden Fregatten in koreanische und japanische Gewässer. Ihre Untersuchungen konzentrieren sich dabei hauptsächlich auf die Ryūkyū-Inseln und die Südwestküste Koreas mit ihren zahlreichen vorgelagerten Inseln. Am 1. September 1816 ankern die beiden Schiffe bei einer dieser Inselgruppen und werden von der einheimischen Bevölkerung freundlich empfangen.

Basil Hall lässt bei diesen Begegnungen einige Zeichnungen anfertigen, auf denen verschiedene Gruppen von Koreanern abgebildet sind, denen er begegnet. Auf seiner Rückreise nach Europa stattet er Napo-

---

[85] Georg III. Wilhelm Friedrich (engl. George William Frederick; 1738–1820), von 1760 bis 1801 König von Großbritannien und Irland, danach bis zu seinem Tode König des Vereinigten Königreichs von Großbritannien und Irland, gleichzeitig Herzog von Braunschweig-Lüneburg, Kurfürst von Braunschweig-Lüneburg und ab 1815 König von Hannover.

[86] William Pitt Amherst, 1. Earl Amherst (1773–1857), britischer Politiker und Staatsmann sowie von August 1823 bis Februar 1828 Generalgouverneur von Indien.

leon Bonaparte (1769–1821)[87] auf der Insel St. Helena am 11. August 1817 einen Besuch ab und zeigt ihm bei dieser Gelegenheit die in Korea gemachten Zeichnungen, die Napoleon aufmerksam betrachtet.[88]

Abb. 32: Lord William Pitt Amherst.

Abb. 33: Basil Hall.

Die Forschungsreise der beiden Schiffe „Lyra" und „Alceste" in Ostasien wird in zwei Berichten ausführlich geschildert. Der erste stammt aus der Feder von John McLeod, Arzt auf der „Alceste", und erscheint 1817 in London unter dem Titel: *„Narrative of a Voyage, in His Majesty's Late Ship Alceste, to the Yellow Sea, Along the Coast of Corea and Through its Numerous Hitherto Undiscovered Islands, to the Island of Lewchew; with an Account of Her Shipwreck in the Straits of Gaspar, by John M'Leod, Surgeon, of the Alceste."*

Der zweite Bericht wird verfasst von Basil Hall und wird 1818 ebenfalls in London veröffentlicht unter dem Titel: *„Account of a voyage of discovery to the west coast of Corea, and the great Loo-Choo Island; with an appendix, containing charts, and various hydrographical and scientific notices. By Captain Basil Hall. And a vocabulary of the Loo-Choo languages, by H. J. Clifford."*[89]

Abb. 34: Zeichnung von Basil Hall 1816.

1832 wird die H. M. S. „Lord Amherst" von der englischen East

---

[87] Napoleon Bonaparte, Kaiser Napoleon I. (geb. 1769 Ajaccio auf Korsika als Napoleone Buonaparte; gest. 1821 in Longwood House auf St. Helena im Süd-Atlantik), französischer General, Staatsmann und Kaiser.

[88] Rutt, Richard: a. a. O., S. 299f.

[89] Ein Reprint unter dem gleichen Titel erschien 1990 in Seoul im Rahmen der Reprint-Serien der Royal Asiatic Society, Korea Branch. – Eine deutsche Übersetzung von Friedrich Christian Rührs (1781–1820) erschien 1819 in Weimar unter dem Titel: *„Entdeckungsreise nach der Westküste von Korea und der grossen Lutschu-Insel von dem Capitän Basil Hall"*.

India Company beauftragt, die nördlichen Küstenprovinzen Chinas sowie Korea, Japan und die Ryūkyū-Inseln zu erforschen und dabei neue Gebiete für den englischen Markt zu erschließen. Mit dieser Aufgabe wird der britische Kaufmann **Hugh Hamilton Lindsay** (1802–1881) beauftragt, der daraufhin mit dem Schiff Macao verlässt, um zunächst entlang der chinesischen Küste Richtung Norden zu segeln. In seiner Begleitung befindet sich der deutsche Freimissionar **Carl Friedrich August Gützlaff** (1803–1851)[90], der aufgrund seiner Sprachbegabung vornehmlich als Dolmetscher, aber auch als Arzt und Prediger fungiert.

Abb. 35: Carl Friedrich August Gützlaff.

Als sie in China keinerlei Erfolg haben, segelt die „Lord Amherst" nach Korea und erreicht im Juli 1832 die Westküste der Halbinsel in der Provinz Chungcheong-namdo. Während eines Aufenthaltes von etwa einem Monat versuchen Lindsay und Gützlaff vergebens, mit Korea in eine Handelsbeziehung zu treten. Gützlaff, der damit als nachweislich erster Deutscher koreanischen Boden betritt, verteilt in dieser Zeit verschiedene Bücher, Medizin, Getreide und christliche Traktate in chinesischer Übersetzung, pflanzt Kartoffeln an und erklärt ihre Kultivierung.[91] Ihren ersten Bericht zu dieser Expedition legen Lindsay und Gützlaff dem englischen Parlament im Jahre 1833 vor unter dem Titel: *„Report of proceedings on a voyage to the Northern ports of China, in the ship Lord Amherst".*

Gützlaff selbst verfasst über seine Reisen ein separates Buch, das 1834 in London unter folgendem Titel erscheint: *„Journal of three voyages along the coast of China, in 1831, 1832, & 1833, with notices of Siam, Corea, and the Loo-choo islands. To which is prefixed, an introductory essay on the policy, religion, etc. of China, by the Rev. W. Ellis, author of ‚Polynesian Researches, etc.'"*

Nachdem Kapitän **Edward Belcher** (1799–1877)[92] im Jahre 1843 den Auftrag der britischen Regierung zu kartographischen Aufnahmen der Küsten von Borneo und Japan erhalten hat, hält er sich mit seinem Schiff H. M. S. „Samarang" 1845 mehr als einen Monat in koreanischen Gewässern auf und erkundet vor allem das mit zahlreichen Inseln

---

[90] Zu Gützlaff siehe die ausführlichere Beschreibung in Kapitel 4, Abschnitt 2. „Erste Begegnungen zwischen Deutschen und Koreanern".
[91] Allen, Horace N.: a. a. O., S. 5.
[92] Sir Edward Belcher (1799–1877 London), britischer Seefahrer und Polarforscher, umsegelte in den Jahren 1836–1842 die Welt.

durchsetzte Gebiet zwischen Jeju-do und dem südlichen Festland. Einen Bericht dazu veröffentlicht Belcher 1848 in London unter dem Titel: *"Narrative of the Voyage of H. M. S. Samarang, During the Years 1843–40; Employed Surveying the Islands of the Eastern Archipelago; accompanied by a Brief Vocabulary of the Principle Languages. Published under the Authority of the Lords Commissioners of the Admiralty. By Captain Sir Edward Belcher. In Two Volumes."*

1836 und 1837 gelingt es den drei französischen Missionaren **Pierre-Philibert Maubant** (1803–1839, im Januar 1836), **Jacques-Honoré Chastan** (1803–1839, am 25. Dezember 1836) und **Laurent-Joseph-Marius Imbert** (1796–1839, am 18. Dezember 1837) heimlich über die

Abb. 36: Pierre-Philibert Maubant.

Abb. 37: Jacques-Honoré Chastan.

Abb. 38: Laurent-Joseph-Marius Imbert.

Nordgrenze in Korea einzudringen. Nach anfänglich erfolgreichen missionarischen Tätigkeiten erleiden sie jedoch in der Hauptstadt Seoul am 21. September 1839 den Märtyrertod. Aufgrund der Abgeschlossenheit des Landes dringt die Kunde davon erst einige Jahre später über die Grenzen nach China.

Abb. 39: Jean-Baptiste Thomas Médée Cécille.

Im August 1846 erscheint als Resultat ein französisches Geschwader von drei Kriegsschiffen unter dem Kommando von Konteradmiral **Jean-Baptiste Thomas Médée Cécille** (1787–1873) vor der Insel Oeyeon-do, vor Hongju in der Provinz Chungcheongnamdo. Nachdem der Admiral den Behörden einen offiziellen Brief für den Hof in Seoul, in dem von der koreanischen Regierung Rechenschaft wegen der Ermordung der Missionare gefordert wird, überreicht hat, segelt das Geschwader wieder ab.

Ein Jahr später, im Sommer 1847, werden zwei französische Kriegsschiffe, die Fregatte „La Gloire" und die Korvette „La Victorieuse", unter dem Kommando von Kapitän **Lapierre** von China aus nach Korea entsandt, um die Westküste zu erkunden und auf eine Antwort der koreanischen Regierung zu warten. Dabei laufen beide Schiffe an der Küste der Provinz Jeolla auf Grund und werden völlig zerstört. Die Besatzung bleibt unbehelligt und wird von der koreanischen Bevölkerung mit allem Nötigen versorgt, bis sie von einem von Shanghai aus entsandten englischen Schiff geborgen wird. Der Ausbruch der französischen Revolution im Jahre 1848 verhindert zunächst ein weiteres Vorgehen Frankreichs. Die Antwortnote, die schließlich in Peking von einer koreanischen Gesandtschaft überreicht wird, stellt die erste diplomatische Note an eine westliche Macht dar. In ihr beruft sich die koreanische Regierung auf ihre Landesgesetze und verweist die Westmächte an den chinesischen Kaiserhof, der für koreanische auswärtige Angelegenheiten zuständig sei.[93]

Der erste offizielle Kontakt zwischen Amerika und Korea datiert vom 28. Januar 1853, als das amerikanische Kanonenboot USS „South America" (mit Heimatbasis Hawaii) in den Hafen von Pusan segelt auf seinem Weg nach Japan, um zwei schiffbrüchige japanische Matrosen in ihre Heimat zurückzubringen. Es bleibt unklar, aus welchen Gründen das Schiff den Umweg über Pusan nach Japan nimmt, doch bewirtet der US-Kapitän auf seinem Schiff Vertreter lokaler Behörden und ankert für mehrere Tage im Hafen, ohne dass es zu Zwischenfällen kommt.[94]

Im Jahre 1854 befahren zum ersten Mal zwei russische Kriegsschiffe die koreanische Ostküste der Provinz Hamgyeong. Eins davon ist die Fregatte „Pallada" unter Vizeadmiral ***Jewfimi Wassiljewitsch Putjatin*** (1803–1883), der vor der Hafenstadt Wonsan in der „Broughton-Bay" ankert und der Stadt den Namen „Port Lazarev" gibt. Persönliche Kontakte der Mannschaft mit der koreanischen Bevölkerung verlaufen zunächst friedlich, bis es zu einer bewaffneten Auseinandersetzung in einer der besuchten Ortschaften kommt, in deren Verlauf einige Koreaner verwundet zurückgelassen werden. Während seines Aufenthaltes an der koreanischen Ostküste sendet Putjatin eigenmächtig ein offizielles Schreiben an den Königshof mit der Aufforderung zur Auf-

---

[93] Lewin, Bruno: a. a. O., S. 231. – Grayson, James Huntley: *Early Buddhism and Christianity in Korea*: a. a. O., S. 78. – Woo, Chul-Koo: „Centenary of Korean-French Relations". In: *KJ*, Vol. 26, No. 6 (June 1986), S. 5. – Hulbert, Homer B.: a. a. O., S. 110–112.

[94] Kim, Young-Sik: *A Brief History of the US-Korea Relations Prior to 1945*. A Paper Presented at the University of Oregon, May 15, 2003, Chapter V: „The Early US-Korea Relations".

Abb. 40: Russische Fregatte Pallada.

Abb. 41: Jewfimi Wassiljewitsch Putjatin.

nahme von freien Handelsbeziehungen. Der Ausbruch des Krimkrieges (1853–1856) hindert Putjatin daran, nach Korea zurückzukehren, um eine Antwort entgegenzunehmen. Doch macht er die russische Admiralität auf die Dringlichkeit aufmerksam, bei nächster Gelegenheit die Verhandlungen mit Korea wieder aufzunehmen.[95]

Im Vertrag von Peking von 1860 zwischen Russland und China werden die Grenzen an der chinesisch-russischen Ostgrenze entlang der Flüsse Amur, Ussuri und Sungacha neu festgelegt, so dass das russische Hoheitsgebiet auf etwa 10 km Breite am Unterlauf des Tumen mit Korea eine gemeinsame Grenze erhält. In den Jahren 1864 und 1866 werfen daraufhin russische Kriegsschiffe vor Gyeongheung in der Provinz Hamgyeong erneut die Frage nach einem gemeinsamen Handel auf, doch werden sie zurückgewiesen mit dem Argument, dass Korea ein Vasall Chinas sei und als solcher ohne Genehmigung von Peking keine Beziehungen mit fremden Ländern eingehen dürfe.[96]

Sind Schiffbrüche und Erkundungsfahrten entlang Koreas Küsten sowie erste Kontaktaufnahmen wegen Handelbeziehungen bisher sehr sporadisch und zum größten Teil folgenlos, so soll das Jahr 1866 eine Vielzahl von Ereignissen erleben, die für das isolierte Königreich nicht gänzlich ohne Konsequenzen verlaufen.

Am 11. Januar 1866 gerät der amerikanische Segler „Surprise" in einen Sturm und läuft an der Nordwestküste Koreas in der Provinz Pyeongan auf Grund. Die Küstenbewohner retten die Schiffbrüchigen, versorgen sie mit Proviant und Kleidung und schicken sie zu Pferde

---

[95] Lensen, Georg Alexander: *Balance of Intrigue. International Rivalry in Korea & Manchuria, 1884–1899.* Tallahassee 1983, Vol. 1, S. 8.

[96] Lensen, Georg Alexander: a. a. O., S. 8. – Lewin, Bruno: a. a. O., S. 231.

über den Landweg nach China. Das Wrack der „Surprise" wird von den Koreanern verbrannt, ihre Metallteile werden verwertet.

Im März und im August 1866 versucht der deutsche Kaufmann in Shanghai **Ernst Jacob Oppert** (1832–1903) durch zwei Expeditionen vergeblich, mit der koreanischen Regierung in Kontakt zu treten, um Handelsbeziehungen zu knüpfen.[97]

Am 18. August 1866 läuft der bewaffnete amerikanische Schoner „General Sherman"[98] in die Mündung des Daedong-gang in Richtung Pyeongyang, dessen Wasserstand aufgrund von heftigen Regenfällen gestiegen war. An Bord befinden sich der amerikanische Kaufmann W. B. Preston als Leiter der Expedition, Kommandant Kapitän Page und sein erster Offizier Wilson, beides Amerikaner, der Brite George Hogarth, dreizehn Chinesen und drei Malaien sowie der britische Missionar Robert J. Thomas (1840–1866), der von einigen koreanischen Katholiken in Chefoo, dem heutigen Yantai, ein paar Worte Koreanisch gelernt hatte, Chinesisch spricht und somit als Dolmetscher Prestons fungiert. Die Aufforderungen der koreanischen Beamten umzukehren wiederholt missachtend, dampft das Schiff unbeirrt weiter Richtung Pyeongyang. Preston weigert sich mit den lokalen Behörden zu kooperieren und verlangt die sofortige Einstellung der Christenverfolgung. Als der Wasserstand des Flusses wieder sinkt, strandet das schwere Schiff und wird zur Zielscheibe der aufgebrachten Bevölkerung. Preston sendet daraufhin bewaffnete Matrosen aus, um Proviant und Geiseln zu beschaffen. In dieser Situation kommt es zu blutigen Auseinandersetzungen. Nachdem Pak Gyu-su (1807–1876), Gouverneur der Provinz Pyeongyan, den Befehl erlas-

Abb. 42: USS „General Sherman" (Prinzess Royal) 1862.

---

[97] Zu einem ausführlicheren Bericht über Opperts Expeditionen siehe Kapitel 4, Abschnitt 2: „Erste Begegnungen zwischen Deutschen und Koreanern."
[98] Vormals britisches dann amerikanisches Schiff „Princess Royal". Zu einer ausführlichen Geschichte des Schiffes siehe Wikipedia: en.wikipedia.org/wiki/USS_Princess_Royal_(1863).

sen hat, das Schiff zu zerstören, wird es verbrannt und die Besatzung getötet.

Abb. 43:
Pierre-Gustave Roze um 1866.

Als Russland in den Jahren 1864 und 1866 durch Flottendemonstrationen vor Gyeongheung gewaltsam versucht, Korea zur Aufnahme von Handelsbeziehungen zu bewegen, unterbreiten koreanische Christen den gutgemeinten Vorschlag, dem Drängen der Russen durch Verträge mit Frankreich und England entgegenzuwirken.[99] Nicht zuletzt aus diesem Grunde löst dieses Anerbieten im Jahre 1866 eine große Christenverfolgung aus, in deren Verlauf neun der bereits erwähnten zwölf französischen Missionare[100] sowie Tausende von einheimischen Christen den Märtyrertod erleiden.

Einem der drei überlebenden Missionare, Bischof Félix-Clair Ridel (1830–1884), gelingt Ende Juni 1866 die Flucht mit einem Fischerboot nach Tianjin (Tientsin) in China, wo er Anfang Juli anlangt und die Kunde der blutigen Verfolgung der Christen verbreitet. Auf Veranlassung des französischen Geschäftsträgers in China, Henri de Bellenot, soll daraufhin unter dem Kommando von Admiral **Pierre-Gustave Roze** (1812–1882), dem Kommandanten des französischen Ostasiengeschwaders, eine Flotte nach Korea entsandt werden, um Genugtuung und eine Entschädigung zu fordern.

Um vor der eigentlichen Strafexpedition genügend Kenntnisse über die Gewässer in der Nähe der Mündung des Han-gang zu erlangen, segeln zunächst drei französische Kriegsschiffe zu Erkundungen vom 18. September bis zum 3. Oktober 1866 an die koreanische Westküste. Admiral Roze kommt dabei zu der Erkenntnis, dass man den Han-gang mit den Kriegsschiffen nicht bis nach Seoul hinauffahren kann. Er entschließt sich daher, stattdessen die Insel Ganghwa-do zu besetzen, um somit den Wasserweg zur Hauptstadt zu versperren und zu kontrollieren. Mit diesem Plan verlässt Roze am 11. Oktober 1866 zum zweiten Mal China. Seine Flotte setzt sich dabei aus folgenden sechs Schiffen zusammen: aus der Fregatte „La Guerrière", den zwei Avisos „Kien–Chan" und „Déroulède", den zwei Kanonenbooten „Brethon" und „Tardif" und der Korvette „Pimauguet".

Dazu stoßen noch rund 300 französische Soldaten aus Yokohama, so dass sich die gesamte Truppenstärke auf etwa 800 Mann beläuft. Am

---

[99] Lewin, Bruno: a. a. O., S. 231.
[100] Siehe Kapitel 3, Abschnitt 1, Anmerkung 11.

Abb. 44: Die Französische Fregatte „La Guerrière" 1865 im Hafen von Nagasaki.

16. Oktober landen 170 Soldaten auf Ganghwa-do und nehmen die Festung ein, die den Han-gang-Fluß kontrolliert. Während der Belagerung kommt es zu mehreren Gefechten sowohl auf der Insel als auch auf dem Festland. Briefe mit Forderungen von Admiral Roze bleiben unbeantwortet, hingegen nimmt der koreanische Widerstand zu. Mit Herannahen des Winters und der wachsenden Stärke koreanischer Truppen, fällt Roze die Entscheidung zum Rückzug. Somit ist am 12. November 1866 der französische Feldzug gegen Korea beendet. Zurück bleiben die eingeäscherte Stadt Ganghwa und ein siegesbewusster koreanischer Regent, der die Isolation des Landes noch strikter vorantreibt.[101]

Abb. 45: Admiral Roze mit der Besatzung der Fregatte „La Guerrière" um 1865.

---

[101] Zur Expedition von Admiral Roze vgl: Kim, Jang-Soo: *Korea und der „Westen" von 1860 bis 1900*. Frankfurt a. M. [et al.], S. 6–10. – Lewin, Bruno: a. a. O., S. 231. – Woo, Chul-Koo: A. a. O., S. 5–7. – Lee, Ki-baik: a. a. O., S. 264. – Hulbert, Homer B.: a. a. O., S. 117f. – Nelson, M. Frederick: *Korea and the old Orders in East Asia*. New York 1945, S. 115–119.

Abb. 46: Robert Wilson Shufeldt.

Abb. 47: USS „Wachusett".

Die Kunde vom Schicksal der USS „General Sherman" und ihrer Besatzung erreicht das US-amerikanische Asien-Geschwader im Herbst 1866. Konteradmiral Henry H. Bell (1808–1868) entsendet daraufhin Kommodore **Robert Wilson Shufeldt** (1822–1895) auf der USS „Wachusett" nach Korea, um diesen Vorfall näher zu untersuchen und eventuelle Überlebende zu bergen.

Das Schiff erreicht am 23. Januar 1867 die Mündung des Daedonggang. Unfähig, den Fluss weiter hinaufzudampfen, setzt sich Shufeldt mit den lokalen Beamten in Verbindung, doch bekommt er von diesen keinerlei Informationen und dampft aufgrund schlechter Wetterverhältnisse unter Androhung einer Rückkehr mit Verstärkung unverrichteter Dinge nach China zurück.

Noch im gleichen Jahr wird das Wrack der „General Sherman" von den Koreanern gehoben, zu einer Schiffswerft am Han-gang transportiert, vollständig überholt, mit Kanonen bestückt und schließlich als erstes Kriegsschiff westlichen Typs in die koreanische Flotte eingereiht. Nachdem Shufeldt davon erfährt, richtet er eine offizielle Protestnote an den Hof in Peking, und unter Druck der chinesischen Regierung wird das Schiff von Korea freigegeben und wieder nach Amerika überführt, wo es schließlich am 10. Januar 1874 in der Nähe von Wilmington, North Carolina, in einem Sturm sinkt.[102]

---

[102] Zum Fall „General Sherman" vgl: Kim, Young-Sik: a. a. O., *The General Sherman Incident*. – Nahm, Andrew C.: „Korean-American Relations, 1866–1978; A Critical Examination". In: *KJ*, Vol. 18, No. 12 (Dez. 1978); S. 14f. – Yi Gyu-tae 李圭泰 : *Daedonggang-ui mi-guk bae* 대동강의 미국 배 . In: *Joseon ilbo, daewae gwan-gye* 조선일보, 대외광계, Seoul, 30. Okt. 2002. – Appenzeller, H. G.: „The Opening of Korea: Admiral Shufeldt's Account of it". In: *The Korean Repository*, Vol. 1, No. 2 (Feb. 1892), S. 57–60.

Abb. 49: USS „Shenandoah".

Abb. 48: Stephen Clegg Rowan.

Mit der Untersuchung des Schicksals der Besatzung der „General Sherman" alles andere als zufrieden, sendet der Nachfolger Bells, Admiral Stephen Clegg Rowan (1808–1890), im März 1868 die Fregatte USS „Shenandoah" unter Kapitän *John Carson Febiger* (1821–1898) erneut an die Westküste Koreas. An der Mündung des Daedong-gang angekommen, versucht er, Näheres über die „General Sherman" zu erfahren und stellt gleichzeitig Forderungen nach Reparation. In einem offiziellen Antwortschreiben der koreanischen Behörden wird der Tod der gesamten Besatzung eingestanden. Gleichzeitig wird in dem Schreiben an Febiger die Frage gestellt, warum die Amerikaner von so weit her gekommen seien und auf eine Handelbeziehung bestehen würden. Es heißt weiter:

> „Seit 4.000 Jahren haben wir ohne irgendeinen Vertrag mit euch gelebt. Wir können keinen Grund sehen, warum wir dies nicht auch weiterhin tun sollten."[103]

In der Zwischenzeit haben auch die beiden anderen französischen Missionare, die mit ihrem Leben bei der groß angelegten Christenverfolgung von 1866 davon gekommen sind, ihren Weg nach China gefunden. Einer von ihnen, **Stanislas Féron** von den Missions Étrangères de Paris, wendet sich an **Ernst Oppert** und ersinnt mit ihm zusammen den Plan, durch den Raub der Gebeine des Vaters des Regenten Daewon-gun die koreanische Regierung zu zwingen, einerseits die Christenverfolgungen

---

[103] Text übernommen von: Kim, Young-Sik: a. a. O., *The General Sherman Incident*.

einzustellen, andererseits das Land für den Handel zu öffnen. Zu diesen Zwecken reist Oppert im Jahre **1868** zum dritten Mal nach Korea, muss aber auch diesmal erfolglos den Rückzug antreten.[104]

Der Fall „General Sherman" ist indes für die amerikanische Regierung immer noch nicht ad acta gelegt. Die fehlgeschlagenen Missionen des Kanonenbootes USS „Wachusett" und der Fregatte USS „Shenandoah" bewirken vielmehr, dass das US State Department im April 1870 seinen Vertreter in Peking, den Gesandten ***Frederick Ferdinand Low*** (1828–1894), anweist, einen Vertrag mit der koreanischen Führung auszuhandeln, der sowohl allen amerikanischen Schiffbrüchigen ihre Sicherheit garantiert, als auch das Land für den Handel mit dieser westlichen Macht öffnet.

Abb. 50: Frederick Ferdinand Low.

Darüber hinaus sollen noch einmal genaue Nachforschungen über das Schicksal der „General Sherman" und ihrer Besatzung angestellt werden. Mit diesen Direktiven ausgestattet, beginnt im Mai 1871 die amerikanische Expedition gegen Korea[105]. Diese diplomatische Mission wird Admiral ***John Rogers*** (1812–1882) übertragen, dem Kommandanten der US-Flotte in Asien mit Basis in Japan, der daraufhin mit fünf Kriegsschiffen, den Kanonenbooten USS „Monocacy", USS „Palos", USS „Benicia", USS „Alaska" und USS „Colorado" und etwa 1.230 Marinesoldaten nach Korea ausläuft.

Abb. 51: Admiral John Rogers bei der Lagebesprechung zur Expedition gegen Korea 1871.

---

[104] Opperts dritte Expedition wird ausführlicher dargestellt in Kapitel 4, Abschnitt 2: „Erste Begegnungen zwischen Deutschen und Koreanern."

[105] In der koreanischen Geschichtsschreibung bekannt unter dem Begriff: (辛未洋擾 *sinmiyangyo*), literarisch: *Western Disturbance in the Year Shinmi (1871)*.

In der Zwischenzeit ist der Regent Daewon-gun nicht untätig und lässt die Festungen auf der Insel Ganghwa-do wieder aufbauen und verstärken. Als sich das fremde Geschwader nähert, wird sofort das Feuer eröffnet, doch haben die koreanischen Soldaten den mit modernsten Feuerwaffen bestückten Kriegsschiffen und Marinesoldaten vorerst nichts entgegen zu setzen. Im Nu sind zwei Festungen von den Amerikanern eingenommen, erst bei der dritten, der Festung Gwangseong, stoßen die „Blaujacken" auf härteren Widerstand. Ein koordinierter Angriff der Soldaten nach einem vorherigen Artilleriebeschuss besonders durch die „Monocacy" bringt die letzte Festung schließlich auch zu Fall und hinterlässt 350 tote Koreaner auf der einen, und lediglich drei tote Amerikaner auf der anderen Seite. Ein weiteres Vordringen amerikanischer Truppen Richtung Seoul stößt auf heftige Gegenwehr, zumal die koreanische Verteidigung inzwischen durch berühmte Tigerjäger und reguläre Truppen mit moderneren Waffen verstärkt wird. Admiral Rogers entschließt sich daraufhin am 3. Juli 1871 zum Rückzug nach China mit dem Hinweis, dass

Abb. 52: Gefallene Koreaner 1871.

Abb. 53: Kriegsgefangene Koreaner an Bord der „Colorado" 1871.

der getöteten Besatzung der „General Sherman" nun wohl Genüge getan sei.[106]

Abb. 54: Regent Daewon-gun.

Rein taktisch betrachtet tragen die Amerikaner damit zwar einen Sieg davon, doch haben sie diplomatisch verloren. Korea hat nach wie vor sein Land nicht dem Handel geöffnet und keinerlei Verträge unterschrieben. Durch sämtliche Fehlschläge der Westmächte gestärkt, treibt Daewon-gun seine Politik, die sich gegen alles Fremde richtet, verschärft fort. In Seoul lässt er sofort nach der amerikanischen Expedition im Zentrum ein Monument errichten, in das Anathemata gegen jeden eingemeißelt sind, der es wagen sollte, jemals Frieden mit den westlichen Mächten vorzuschlagen.[107]

Innenpolitisch stößt er jedoch immer mehr auf Widerstand. Da er die meisten konfuzianischen Akademien, die seit Beginn des 16. Jh. bestehen und die eigentlichen Kulturzentren des Landes darstellen, schließen lässt, zieht er den Hass und erbitterten Widerstand der konfuzianischen Kreise auf sich. Dem allgemeinen inneren Druck weichend, entsagt er schließlich der aktiven Politik, als im Jahre 1873 sein Sohn Yi Myeong-bok (1852–1919) die Volljährigkeit erreicht. Dieser besteigt als König Gojong (Reg. 1864–1907)[108] den Thron und verhilft somit den Min, aus deren Familie seine Gemahlin stammt, unbewusst zur Macht. Die Min-Partei weiß durch Intrigen und Korruption ihre neue Position geschickt auszunutzen. Dadurch

---

[106] Zur amerikanischen Mission von 1871 siehe: Kim, Jand-Soo: a. a. O., S. 16–18. – Nelson, M. Frederick: a. a. O., S. 119–126. – Lee, Ki-baik: a. a. O., S. 264–266. – Hulbert, Homer B.: a. a. O., S. 118f. – Eine ausführliche Beschreibung der Ereignisse wird ebenfalls gegeben auf der Webseite von Thomas Duvernay: www.shinmiyangyo.org/.

[107] Hulbert, Homer B.: a. a. O., S. 119.

[108] Yi Myeong-bok (1852–1919): König Gojong (Reg. 1864–1907), 26. König der Yi- bzw. Choson-Dynastie (*Choson wangjo*); Kaiser Gwangmu, erster Kaiser des von ihm 1897 proklamierten koreanischen Kaiserreichs (*Daehan cheguk*).

vollzieht sich in der bisherigen Außenpolitik Koreas ein Kurswechsel, und zum ersten Mal werden auch Stimmen von Befürwortern einer Landesöffnung laut.

Abb. 55: König Gojong, Gemälde von Hubert Vos 1898.

IV. DIE DEUTSCH-KOREANISCHEN BEZIEHUNGEN VON IHREN ANFÄNGEN BIS 1910

IV.1. Die „Öffnung" des Landes

Abb. 56: Otto von Bismarck 1873.

Im Jahre 1873 vollzieht sich in Korea eine bedeutende politische Veränderung. Der bis dahin noch minderjährige Sohn des Prinzregenten besteigt als König Gojong den Thron und übernimmt die Regierung des Landes. Damit verliert der fremdenfeindliche Daewon-gun einen Großteil seiner Macht, die in die Hände der Familie von Königin Min übergeht. Gleichzeitig kommen erstmals Befürworter einer Landesöffnung zu Wort. Ein Jahr später werden Gerüchte um eine weltoffenere Haltung Koreas von deutschen Diplomaten in Ostasien zum Anlass zu dem Versuch genommen, Berlin zum ersten Mal zu bewegen, offizielle Schritte hinsichtlich eines deutsch-koreanischen Vertrages im Interesse der europäischen Mächte zu unternehmen. Der Engländer Francis P. Knight, deutscher Vizekonsul in Niuzhuang (Newchang), geht sogar soweit, Reichskanzler Otto von Bismarck den Vorschlag zu unterbreiten, das Deutsche Reich solle durch eine Flottendemonstration Korea zwingen, seine Häfen zu öffnen und somit diejenige Rolle zu übernehmen, die die Amerikaner durch Commodore Perry 1854 in Japan gespielt hatten.[109] Der deutsche Diplomat in Japan Max von Brandt (1835–1920) macht ähnliche Vorschläge. Ohne jedoch eine Waffengewalt zu befürworten, weist er darauf hin, dass eine seiner Meinung nach „unvermeidliche Absorption" Koreas durch Russland nur durch eine Öffnung koreanischer Häfen für den Verkehr mit dem Westen verhindert werden könne. Bismarck reagiert auf diese Vorschläge mit völ-

---

[109] AA, Korea I, Bd. 1: ‚Schreiben von Francis P. Knight aus Shanghai vom 19. März 1874 an das Auswärtige Amt in Berlin.'

liger Ablehnung.[110] In einem Antwortschreiben Bismarcks an Vizekonsul Knight vom 10. Mai 1874 aus Berlin wird dieser sogar mit den Worten zurechtgewiesen:

„... Was ferner die Verhältnisse von Korea betrifft, so haben dieselben für die deutsche Regierung keineswegs das Interesse, welches Sie voraussetzen, und ich möchte Sie auf das Bestimmteste ersuchen, alle Gerüchte über angebliche deutsche Absichten in Bezug auf dieses Land als müssige Erfindungen zu bezeichnen."

Auch Max von Brandt in Japan erhält einen ablehnenden Bescheid Berlins in Form einer Verfügung vom 27. Juni 1874:

„An den Ministerresidenten von Brandt, Yedo: Unter Bezug auf Bericht Nr. 73 vom 30. März bemerke ich, dass für Deutschland kein Interesse vorliegt, ein Vertragsverhältnis mit Korea herzustellen. Am wenigsten halten wir uns für berufen, Korea vor der von Ihnen als unvermeidlich bezeichneten Absorption durch Russland zu ‚schützen'."

Abb. 57: Max von Brandt um 1868.

Bismarcks außenpolitische Grundkonzeption geht von der Situation aus, dass Deutschland in der Mitte Europas von allen Großmächten umschlossen ist. Als konsequente Vorsichtsmaßnahme daraus entwickelt er als Reichskanzler eine Politik, die darauf ausgerichtet ist, den Erzfeind Frankreich zu isolieren, eine Mächtekoalition gegen die europäische Mitte zu verhindern und die Gegensätze der Großmächte an die Peripherie abzuleiten. Daraus ergibt sich schon fast zwangsläufig eine gewisse Annäherung an und Abhängigkeit von Russland. Einerseits

---

[110] AA, Korea I, Bd. 1: ‚Schreiben von Max von Brandt aus Yedo [Tōkyō] vom 30. März 1874 an das Auswärtige Amt in Berlin.'

Abb. 58: Zar Alexander II.

wird dadurch die Isolationspolitik gegenüber Frankreich unterstützt, andererseits gilt eine dauerhafte Beziehung zum Zarenreich als Schutz vor einer Zweifrontengegnerschaft. Die Erwartung, dass sich die Gegensätze der Großmächte außerhalb Europas konzentrieren würden, stützt sich auf die politische Rivalität zwischen Großbritannien und Russland, zumal sich Zar Alexander II. Nikolajewitsch (1818–1881) – nach dem Krimkrieg aufgrund des Pariser Friedens von 1856 an seiner südosteuropäischen Grenze geschwächt – in seiner Ausdehnung nach Asien orientiert.

Dies muss aber wiederum einen erneuten Interessenkonflikt mit England heraufbeschwören. Um einem ernsthaften europäischen Zwiespalt aus dem Wege zu gehen, ist Bismarck daher durch seine Politik bemüht, den Nachbarn Deutschlands glaubhaft zu machen, dass der junge Nationalstaat keine politischen Ambitionen bezüglich etwaiger Expansionen hat. Nicht zuletzt aus diesen Gründen verweist er 1887 das Reich öffentlich auf die Saturiertheit und hebt hervor, dass das Deutsche Reich keinerlei territoriale Ziele oder offene Hegemonialpolitik verfolge. Aus diesem Grunde ist es keineswegs verwunderlich, dass sich das Interesse Berlins in Ostasien lediglich auf den ökonomischen Bereich konzentriert und sich dabei auch nur am allgemeinen Interesse der europäischen Mächte orientiert. Bismarck, und somit das Auswärtige Amt, will keinesfalls die deutsche Politik von einem speziellen Vorhaben einer einzelnen Macht abhängig machen.[111]

Nach der Meiji-Restauration in Japan von 1868 bricht die koreanische Regierung unter dem Prinzregenten Daewon-gun sämtliche Beziehungen zu ihrem Nachbarn Japan ab, da man in der westlich

---

[111] Zühlke, Herbert: *Die Rolle des Fernen Ostens in den politischen Beziehungen der Mächte 1895–1905*. Berlin 1929, S. 41f. – Stoecker, Helmuth: „Zur Politik Bismarcks in der englisch-russischen Krise". In: *ZfG*, Jg. 4 (1956), S. 1187–1202. – Schieder, Theodor: „Das europäische Staatensystem als Regulator der Weltpolitik": In: Schieder, Theodor (Hrsg.): *Handbuch der europäischen Geschichte. Bd. 6: Europa im Zeitalter der Nationalstaaten und Europäischen Weltpolitik bis zum Ersten Weltkrieg*. Stuttgart 1968, S. 53–78.

orientierten japanischen Reformbewegung eine Gefahr für das eigene Land sieht. Das mittlerweile erstarkte Japan beginnt daraufhin, zu einer aktiven diplomatischen Tätigkeit überzugehen, um Korea zur Öffnung für den internationalen Handel und zu einer Reform im Innern zu bewegen. Entsprechende Bemühungen werden jedoch in Korea strikt zurückgewiesen. Aufgrund der unfreundlichen Behandlung japanischer Gesandter in Korea werden in Japan erstmals Stimmen von Befürwortern eines bewaffneten Eingreifens laut. Sogar ein Krieg mit Korea wird in Erwägung gezogen, aus innenpolitischen Gründen und wegen Finanzknappheit vorerst jedoch nicht realisiert.[112]

Abb. 59: Inoue Yoshika.

Im Jahre 1875 schließlich provoziert Japan einen militärischen Zwischenfall. Anfang September wird das Kanonenboot „Unyō-kan" (kor. „Unyang-ho") nach Korea entsandt, um neue Seerouten zwischen Korea und Japan zu vermessen. So lautet der offizielle Auftrag, doch die wirkliche Absicht ist eine andere. Vor seiner Abfahrt erhält der Kapitän des Schiffes, Inoue Yoshika (1845–1929)[113], von Tōkyō den geheimen Auftrag, in Korea einen Konflikt zu provozieren, was ein anschließendes militärisches Eingreifen rechtfertigen würde. Mit diesen Direktiven ausgestattet, dampft Inoue zur südlich von Ganghwa gelegenen kleinen Insel Yeongjong und setzt von dort aus am 20. September 1875 nach Ganghwa-do über, um angeblich nach frischem Wasser zu suchen. Die koreanischen Soldaten der Festung Choji(-jin) – die Angriffe der „westlichen Barbaren" noch deutlich in Erinnerung – eröffnen sofort das Feuer in der Meinung, erneut ausländische Eindringlinge vor sich zu haben. Die Japaner ziehen sich unter Erwiderung des Feuers zurück, doch hat Inoue genau mit dieser Reaktion gerechnet. Lee Ki-baik beschreibt die Situation sehr treffend: „In short, the Unyō Incident was a drama played out in exact conformance with a scenario scripted by Japan."[114]

---

[112] Han, Woo-Keun: a. a. O., S. 372. – Lee, Ki-baik: a. a. O., S. 266.
[113] Konteradmiral Viscount Inoue Yoshika (1845–1929), Offizier in der Kaiserlich-Japanischen Marine während der Meiji-Zeit (1868–1912).
[114] Lee, Ki-baik: a. a. O., S. 268. Dieser militärische Konflikt wird im Koreanischen mit 雲揚號事件 *Unyang-ho sa-geon* und im Japanischen als 江華島事件 *Kōkatō-jiken* bezeichnet.

Abb. 60: Landung japanischer Soldaten der „Unyō-kan" auf Kanghwa 1875. Holzschnitt 1877.

Damit erhält Tōkyō einen willkommenen Vorwand, nun in das politische Geschehen Koreas eingreifen zu können. Ein Sonderbevollmächtigter wird nach Peking entsandt, um die Stellung der Chinesen in einem Konflikt mit Korea zu sondieren. China verweist zwar auch dieses Mal auf die formale Abhängigkeit Koreas, doch sieht Japan, das sich vom traditionellen Staatsdenken Ostasiens gelöst hat, in Korea nach internationalem Recht einen unabhängigen und somit selbständigen Staat. Nach einer Flottendemonstration im darauffolgenden Jahr mit zwei Kriegsschiffen und drei Truppentransportern mit etwa 400 Soldaten an Bord muss die koreanische Regierung ihren Widerstand schließlich aufgeben, und es kommt am 27. Februar 1876 zwischen Korea und Japan zum sogenannten „Vertrag von Ganghwa", der das erste koreanische Abkommen dieser Art mit einer fremden Nation darstellt. Japan erkennt darin Koreas Souveränität an, und Korea verpflichtet sich zur Einrichtung einer japanischen Gesandtschaft in Seoul sowie japanischer Konsulate mit eigenen Gerichtsbarkeiten in Pusan und zwei weiteren geöffneten Vertragshäfen.[115]

Das Erstarken Japans und der daraus resultierende Vertrag von Ganghwa lösen gleichzeitig ein Ringen um die koreanische Halbinsel aus, das den weiteren Verlauf der ostasiatischen Geschichte bis zur endgültigen Annexion Koreas im Jahre 1910 bestimmen wird. Einerseits wird dadurch die traditionelle Vormachtstellung Chinas angegriffen, andererseits erwächst den europäischen Mächten durch Japan ein

---

[115] Lee, Ki-baik: a. a. O., S. 268f. – Deuchler, Martina: a. a. O., S. 23–25. – Kim, Jang-soo: a. a. O., S. 22–28. – Han, Woo-Keun: a. a. O., S. 372f.

Konkurrent in ihren Expansionsbestrebungen in Ostasien. Hiervon wird in erster Linie Russland betroffen. Die westliche Reaktion auf den Vertrag ist zwar positiv, doch verhält man sich zunächst abwartend. Japan seinerseits befürchtet eine Konkurrenz gerade derjenigen Mächte, deren Beispiel es in Korea gefolgt ist. Als daher eine aggressive Politik Russlands, die auf die Mandschurei und Korea gerichtet ist, deutlich wird, regt Japan sogar an, dass weitere Großmächte, inklusive Deutschland, mit Korea Verträge abschließen sollten, um damit bei einem Konflikt mit Moskau nicht allein zu stehen.

Unter diesen neu entstandenen Voraussetzungen ergreift schließlich Amerika zuerst die Initiative und beauftragt Commodore Robert Wilson Shufeldt, unter Zuhilfenahme japanischer Vermittlung entsprechende Schritte zu unternehmen. Korea ist aufgrund seiner negativen Erfahrungen mit dem Westen noch nicht bereit, sich gänzlich zu öffnen und reagiert auf die amerikanische Annäherung von 1880 vorerst ablehnend, zumal es den Verdacht hegt, dass dahinter weitere japanische Absichten stecken. Shufeldt gibt sein Vorhaben aber nicht auf, sondern bittet dieses Mal China um Hilfe.

Abb. 61: Karl von Eisendecher um 1900 als Gesandter in Karlsruhe.

Das allgemeine Interesse europäischer Mächte richtet sich nun ebenfalls wieder auf Korea, teils aus politisch-strategischen, teils aus wirtschaftlichen Gründen. Deutschland ist davon nicht ausgeschlossen, doch teilt es die britische Befürchtung einer erneuten Zurückweisung. Während des amerikanischen Annäherungsversuchs in Korea schreibt der deutsche Ministerresident in Japan, Karl von Eisendecher (1841–1934)[116], an das Auswärtige Amt in Berlin, dass es für Deutschland empfehlenswert sei, sich völlig zurückzuhalten und vorläufig nur abzuwarten. Sollte ein gewaltloses Vorgehen der USA Erfolg verspre-

---

[116] Karl von Eisendecher (1841–1934), deutscher Marineoffizier und Diplomat. Zu Eisendecher siehe auch: Pantzer, Peter; Saaler, Sven: *Japanische Impressionen eines Kaiserlichen Gesandten. Karl von Eisendecher im Japan der Meiji-Zeit.* München, Tōkyō 2007.

chen, könnte auch ein deutscher Versuch nahegelegt werden. Im Falle feindlicher Zusammenstöße sollte man hingegen im Interesse späterer deutsch-koreanischer Beziehungen Neutralität wahren.[117] Diese Zurückhaltung erklärt sich ebenfalls aus den nüchternen Einschätzungen deutscher Vertreter und Kaufleute vor Ort, die aus dem koreanisch-japanischen Handelsvolumen den Schluss ziehen, dass der koreanische Markt von keinerlei Bedeutung für deutsche Kaufleute und schon gar nicht für die Wirtschaft Deutschlands sei. Nicht zuletzt aufgrund dieser Beobachtungen bleibt Berlin also vorerst bei seiner Devise, die Öffnung Koreas anderen Mächten mit einem größeren Interesse an dieser Frage zu überlassen.

Fortlaufende russische Expansionsbestrebungen geben schließlich den Anlass zu einer chinesischen Intervention. Angeregt durch den britischen Vertreter in Peking, Sir Thomas Francis Wade (1818–1895)[118], dessen Regierung die Bewegungen Moskaus aufgrund ihrer

Abb. 62: Sir Thomas Francis Wade.   Abb. 63: Li Hongzhang 1892.

---

[117] AA, Korea I, Bd. 1: ‚Schreiben von Eisendecher aus Tokio an Bismarck vom 23. Juni 1880 und vom 22. Juli 1880.' – Deuchler, Martina: a. a. O., S. 110, 123.

[118] Sir Thomas Francis Wade (1818–1895), britischer Diplomat und Sinologe. Nach seiner und Herbert Allen Giles' (1845–1935) Methode entstand 1892 das Wade-Giles-Romanisierungssystem für das Mandarinchinesisch. Wades chinesischer Name war 威妥瑪 Wei Tuoma.

politischen Rivalität genauestens beobachtet, geht China davon aus, dass die Bindung westlicher Länder an Korea durch das internationale Recht eine gewisse Garantie sowohl gegen ein aggressives Vordringen Russlands, als auch gegen eine alleinige Vorherrschaft Japans in Korea darstellen würde. Weitere Überlegungen gehen dahin, dass die geographische Entfernung zu Europa keine anderen als Handelsinteressen an Korea möglich machen. In diesem Sinne wirkt der führende chinesische Staatsmann seiner Zeit, Li Hongzhang (WG Li Hung-chang, 1823–1901)[119], Generalgouverneur der Provinz Zhili, auf die koreanische Regierung ein, und es kommt schließlich am 22. Mai 1882 in Chemulpo (heute ein Stadtteil der Hafenstadt Incheon) durch Commodore Robert Wilson Shufeldt zum Abschluss eines amerikanisch-koreanischen Vertrages.[120]

IV.2. *Erste Begegnungen zwischen Deutschen und Koreanern*

Vor Aufnahme der offiziellen Beziehungen zwischen Deutschland und Korea im Jahre 1883 gibt es bereits einige Begegnungen zwischen Deutschen und Koreanern, die zwar historisch betrachtet in den meisten Fällen nur von geringer Bedeutung sind, jedoch durchaus erwähnenswert scheinen, weil sie nicht nur in einem gewissen Maß mit dazu beigetragen haben, die deutsch-koreanischen Beziehungen zu formen, sondern einen festen Bestandteil derselben darstellen.

Johann Adam Schall von Bell
(1.5.1592 Köln – 15.8.1666 Peking)

Die nachweislich erste Begegnung zwischen einem Deutschen und einem Koreaner fällt in die bereits erwähnte anfängliche Isolationsphase in der Mitte des 17. Jh. Nachdem die Mandschu 1637 Korea endgültig unterworfen und zum Vasallen gemacht haben, muss König Injo

---

[119] Li Honzhang (WG Li Hung-chang; 1823–1901), chinesischer General, der mehrere größere Rebellionen beendete und führender Staatsmann des China der Qing-Dynastie. In verschiedenen hohen Positionen am Pekinger Hof, war er ebenfalls ab 1870 als Generalgouverneur der Provinz Zhili (WG Chihli) einer der acht Vizekönige des Reiches. Für die chinesische Außenpolitik verantwortlich, zählte er zu den fortschrittlichsten Politikern, die auf eine Modernisierung Chinas drängten.

[120] Reischauer, Edwin O.; Fairbanks, John K.: *East Asia – The Great Tradition*. London 1965, S. 377. – Deuchler, Martina: a. a. O., S. 120–122.

Abb. 64: Johann Adam Schall von Bell.

(Reg. 1623–1649) ihnen zum Zeichen seiner Unterwerfung und Loyalität zwei Söhne als Geiseln stellen. Der älteste von ihnen, Kronprinz Sohyeon (Sohyeon *seja,* 1612–1645), trifft im Jahre 1644 in Peking auf den deutschen Jesuitenpater Johann Adam Schall von Bell (1592–1666)[121], der seit 1622 als Missionar, Astronom und Naturwissenschaftler am Beijinger Kaiserhof eine einflussreiche Stellung in hohen Positionen einnimmt. Adam Schall, der zahlreiche Bücher über Astronomie, Mathematik und Theologie ins Chinesische übersetzt hat, nutzt die Bekanntschaft mit dem koreanischen Prinzen, um ihm einige dieser Schriften religiöser und auch wissenschaftlicher Art als Geschenke zu überreichen. Als Kronprinz Sohyeon im Frühjahr 1645 nach Korea zurückkehrt, sorgt Adam Schall dafür, dass er von fünf chinesischen Christen und einigen christlichen Hofdamen begleitet wird. Zwei Monate nach seiner Rückkehr stirbt der Kronprinz jedoch auf mysteriöse Weise. Es ist nicht mehr nachzuvollziehen, inwieweit der christliche Glaube und damit die fremde Religion eine Rolle gespielt hat, doch werden unmittelbar nach dem Tode des Kronprinzen seine christlichen Begleiter aus China in ihre Heimat zurückgeschickt und sämtliche Schriften von Adam Schall verbrannt. Diese erste Begegnung hat zwar für Korea keinerlei unmittelbare Folgen, doch sorgen die mitgebrachten Schriften zumindest für ein anfängliches Interesse koreanischer Gelehrter an der westlichen Wissenschaft.[122]

Durch die alljährlichen Gesandtschaften an den chinesischen Hof kommt es in der Folgezeit mehrfach zu derartigen Begegnungen. So trifft der koreanische Gesandte Yi I-myeong (1658–1722) im Jahre 1720 in Peking auf den deutschen Jesuitenpater ***Ignatius Kögler*** (1680–

---

[121] Johann Adam Schall von Bell (chin. 湯若望 Tang Ruowang; 1592?–1666 Peking), Jesuit, Wissenschaftler und Missionar.

[122] Sohyeon seja 소현세자 . In: Han-guk go-jung sesa sajeon. Guseokgi-1860 한국고중세사사전 . 구석기 -1860. Han-guksa sajeon pyeonchanhoe 한국사사전편찬회 (Komp.). Seoul 1995, S. 500. – Choe Jong-go 최종고 : Handok gyoseopsa 韓獨交涉史 . Geschichte der deutsch-koreanischen Beziehungen. Seoul 1983, S. 19–24. – Kleiner, Jürgen: *Korea. Betrachtungen über ein fernliegendes Land.* Frankfurt a. M. 1980, S. 279. – Kuh, K. S.: „100 Jahre deutsch-koreanische Beziehungen". In: Kuh, K. S. (Hrsg.): 한 (Han) Korea. Kulturmagazin, Jg. 1983, H. 3, S. 13.

1746)[123], der ihm einige Schriften über Astronomie, Kalenderwesen und Theologie in chinesischer Übersetzung zum Geschenk macht. Nach Korea zurückgekehrt, stellt er besonders die Werke über westliche Wissenschaften seinen Gelehrten-Freunden vor, doch fällt Yi I-myeong bald dem tobenden Parteienstreit zum Opfer und verliert 1722 sein Leben.[124]

Auch die Jesuitenpatres ***August Ferdinand Haller von Hallerstein*** (1703–1774)[125] und ***Anton Gogeisl*** (1701–1771)[126] kommen auf diese Weise mit einigen der koreanischen Delegierten in Gespräche. Doch auch in diesen Fällen ziehen lediglich die von den Patres überreichten Instrumente und Bücher einiges Interesse in Korea auf sich. So hat Hong Dae-yong (1731–1783) als Begleiter einer koreanischen Delegation nach Peking 1766 die Gelegenheit, August von Hallerstein kennenzulernen, von dem er in der Wissenschaft der Astronomie und ihrer Instrumente wie Kompass und Teleskop unterrichtet wird. Diese Begegnung ist zwar relativ kurz, doch von prägender Natur und soll den weiteren Lebensweg von Hong Dae-yong bestimmen. Nach Korea zurückgekehrt, widmet er sich bis zu seinem Tode den Studien der Astronomie und der Mathematik und ist der erste, der in Korea die Theorie verbreitet, dass sich die Erde um die Sonne dreht.[127]

Philipp Franz von Siebold
(17.2.1796 Würzburg – 18.10.1866 München)

Anfang des 19. Jh. hat der deutsche Arzt und Naturforscher Philipp Franz von Siebold (1796–1866)[128] in Japan mehrere Gelegenheiten, mit koreanischen Schiffbrüchigen in Kontakt zu kommen. Im Rahmen seiner vielseitigen Interessengebiete widmet sich Siebold einer intensiveren Studie bezüglich koreanischer Kultur, Sitten, Gebräuche, Sprache und vielem

---

[123] Ignaz / Ignatius Kögler (1680–1746), Jesuit, Mathematiker und Astronom in Peking.
[124] Kuh, K. S.: a. a. O., S. 14. – *Guksa daesajeon* 國史大事典 : ‚이이명 *Yi I-myeong*', S. 1198.
[125] August(in) Ferdinand Haller von Hallerstein (chin. 劉松齡 Liu Songling; 1703–1774), deutsch-österreichischer Jesuit und Missionar.
[126] Anton Gogeisl (chin. 鮑友管 Bao Youguan; 1701–1771 Peking), deutscher Jesuit und Missionar in Peking.
[127] Kuh, K. S.: a. a. O., S. 14. – *Guksa daesajeon* 國史大事典 : ‚홍대용 *Hong Dae-yong*', S. 1745.
[128] Philipp Franz Balthasar von Siebold (1796–1866 München), deutscher Arzt, Japan- und Naturforscher, Ethnologe, Pflanzensammler und Botaniker. Er lebte von 1823 bis 1829 sowie von 1859 bis 1862 in Japan.

mehr. Obwohl sein Kontakt auf einfache Seeleute beschränkt bleibt, ist die Begegnung mit ihnen doch insofern bedeutsam, als das die Ergebnisse seiner Studien durch die Veröffentlichung seines berühmten Werkes „*Nippon. Archiv zur Beschreibung von Japan und dessen Neben- und Schutzländern*" (Leiden 1832–1852) detailliertere und objektivere Beschreibungen Koreas und seiner Bewohner in Europa bekannt machen.

Abb. 65: Philipp Franz von Siebold.

Hamels Bericht (s. o. S. 40) über seine Gefangennahme und seinen 13-jährigen Aufenthalt in Korea wird in Europa in vielerlei Sprachen übersetzt und veröffentlicht. Die eurozentrische Haltung vieler Europäer seiner Zeit führt dazu, nichtchristliche Länder als barbarisch zu beurteilen. Hamels Beschreibung Koreas und besonders der Koreaner selbst ist durch diese Einstellung ebenso geprägt, wie durch seine negativen Erlebnisse aufgrund seiner Gefangenschaft. Der ausführliche Bericht über das Land trägt zwar dazu bei, die geringe Kenntnis über Korea zu erweitern, doch bewirkt der Mangel an Objektivität und die simple Beschreibung des Erlebten und Gesehenen unter der Prämisse eines Zwangsaufenthaltes ein negatives Koreabild in der westlichen Welt, das lange Zeit vorherrschend ist. Aus diesem Grunde sorgen gerade die detaillierten und unter wissenschaftlichem Aspekt zusammengetragenen Fakten Siebolds für eine Revision dieses Negativbildes und tragen zumindest in wissenschaftlichen Kreisen für eine positive Darstellung des Landes und seiner Bewohner bei.

Carl Friedrich August Gützlaff
(8.7.1803 Pyritz [Pommern] – 9.8.1851 Hongkong)

Der erste Deutsche, der nachweislich koreanischen Boden betritt, ist Carl Friedrich August Gützlaff, der auch als erster deutscher lutheranischer Missionar in China aktiv ist. Carl Gützlaff wird am 8. Juli 1803 in Pyritz, einer kleinen Stadt in Pommern südöstlich von Stettin, als Sohn eines armen Schneiders geboren. Die Verhältnisse innerhalb der Familie stehen nicht zum Besten: Sein Vater ist brustkrank, und als der Junge vier Jahre alt ist, stirbt auch seine Mutter, die bald darauf durch eine Stiefmutter ersetzt wird. Schon zu Beginn seiner Schulzeit auf der städtischen Bürgerschule entwickelt Gützlaff ein besonderes Interesse für Geographie und vor allem für Sprachen. Sein Talent diesbezüglich wird erkannt, doch lehnt Gützlaff eine finanzielle Unterstützung zu weiteren Studienzwecken ab und macht zunächst eine Lehre als Gürtelmacher in Stettin. Dort kommt er in Berührung mit dem *Baseler Missions-Magazin*, der derzeit in Deutschland einzigen Missionszeitschrift, die sein Interesse am Missionieren erweckt. Die Mittel seines Vaters für ein entsprechendes Studium reichen aber bei weitem nicht aus. In dieser Situation kommt ihm das Schicksal in Person keines Geringeren als des Königs von Preußen, Friedrich Wilhelm III. (1770–1840), entgegen, der im Jahre 1820 anlässlich einer Truppenschau die Stadt besucht. Bei dieser Gelegenheit überreicht Gützlaff dem König ein selbst verfasstes Huldigungsgedicht, das dem Monarchen derart gefällt, dass er Gützlaff zu helfen verspricht. Diese Hilfe kommt schließlich zu Ostern 1821 durch ein Stipendium und die Aufnahme in die Berliner Missionsschule des Predigers Johannes Jänicke (1748–1827)[129]. Jänicke hatte die erste deutsche Missionsschule am 1. Dezember 1800 gegründet, um hauptsächlich

Abb. 66: Friedrich Wilhelm III., König von Preußen.

für englische und holländische Gesellschaften missionarischen Nachwuchs auszubilden. Von 1823 bis 1826 setzt Gützlaff seine Ausbildung daher in Rotterdam fort, wo er aufgrund seines Interesses an Sprachen Niederländisch und Malaiisch lernt, sich aber auch mit Türkisch und Arabisch beschäftigt. Als preußisches Mitglied der Niederländischen Missionsgesellschaft (Nederlandse Zendelings-Genootschap) segelt er am 11. Dezember 1826 schließlich von Rotterdam nach Batavia, wo er sich mit Begeisterung nicht nur der dort ansässigen Chinesen, sondern auch ihrer Sprache annimmt.

Nachdem die Gesellschaft ihre Arbeit unter den Chinesen als aussichtslos aufgibt, wird Gützlaff im Jahre 1828 Freimissionar. Daraufhin ist er zunächst in Bangkok als Prediger und Arzt unter den dort ansässigen Chinesen tätig. In Malakka heiratet er 1829 eine Engländerin namens Mary Newell, die erste Missionarin Ostasiens, die von der London Missionary Society ausgesandt worden war. Mit ihr kehrt Gützlaff im Februar 1830 nach Bangkok zurück, doch wird er bereits zu Beginn des Jahres 1831 durch den frühen Tod seiner Frau zum Witwer:

---

[129] Johannes Jaenicke, (auch: Jänicke; Jännecke, Johann; Jenjk, Johann) (1748–1827), Prediger und Gründer der ersten Missionsschule in Deutschland, in Berlin.

Sie stirbt an den Folgen der Geburt von Zwillingen, die ihrer Mutter bald darauf in den Tod folgen.[130]

Abb. 67: Carl Friedrich August Gützlaff.

Mitte 1831 verlässt er Siam, um seine umfangreiche Missionsarbeit in eigener Regie von Macao aus in China fortzusetzen, was ihm teils die Hinterlassenschaft seiner Frau teils aber auch seine medizinischen Kenntnisse und die damit verbundenen Einnahmen ermöglichen. In der Zwischenzeit hatte Gützlaff nicht nur diverse chinesische Dialekte wie Mandarin[131], Kantonesisch[132] und Fujian, die Umgangssprache der gleichnamigen Seeprovinz im Südosten Chinas, wie kein Zweiter erlernt, sondern auch Sitten sowie Kleidung der Chinesen zu seinen Eigenen gemacht. Um sich eine noch größere Bewegungsfreiheit zu gewährleisten, geht er sogar soweit, sich durch Adoption zu naturalisieren.[133]

Nachdem die englische Ostindische Kompanie 1813 ihr Handelsmonopol mit Indien verloren hat, sucht sie nach neuen Handelspartnern. Gützlaff, der bereits 1831 mit einer chinesischen Dschunke von Siam aus verschiedene Hafenstädte an der Ostküste Chinas bis nach Tianjin angelaufen hatte, kennt den Wunsch der chinesischen Kaufleute nach mehr Handel. So regt er an, eine Expedition in den Norden

---

[130] Schlyter, Hermann: *Karl Gützlaff als Missionar in China*. Lund, Copenhagen 1946, S. 53–55.

[131] Die Nordchinesischen Dialekte (chin. 北方話 *Beifanghua*) gehören zu den chinesischen Sprachen und bilden die Grundlage für das moderne, standardisierte Hochchinesisch. Eine weitere Bezeichnung ist 官話 *Guanhua*, wörtlich „Amtssprache". Im Englischen wird als allgemeiner Begriff für die nördlichen Dialekte der Begriff „Mandarin" verwendet.

[132] Die kantonesische Sprache (chin. 廣東話 *Guangdonghua*) oder das Yue (chin. 粵語 *Yueyu*), ist eine Sprache, die vor allem im Süden Chinas, in der autonomen Provinz Guangxi, Wuzhou und in vielen Gebieten der Provinz Guangdong (ehemals Kanton, daher Kantonesisch) gesprochen wird. In den beiden Sonderverwaltungszonen Hongkong und Macao findet ebenfalls Kantonesisch Verwendung.

[133] Gützlaff, Karl Friedrich August. In: *ADB*, Bd. 10 (1879), S. 236f. – Bautz, Friedrich Wilhelm: Gützlaff, Karl. In: *BBKL*, Bd. 2 (1990), Spalten 389f.

des Reiches zwecks möglicher Erschließung neuer Handelsverbindungen zu unternehmen. Er schließt sich selbst als Dolmetscher und Arzt dem Unternehmen an. Unter Leitung des britischen Kaufmanns Hugh Hamilton Lindsay verlässt die Expedition Ende Februar 1832 auf der „Lord Amherst" Macao. Das Schiff hat britische Kleidung und indische Baumwollballen sowie Laternen und diverse nützliche Gegenstände für den Haushalt zum Handeln einerseits und christliche Traktate zur Missionierung andererseits an Bord. Lindsays Aufgabe besteht vornehmlich darin, der Ostindischen Kompanie über eventuelle neue Absatzmöglichkeiten für britische sowie indische Stoffe, aber auch für Opium zu berichten und gleichzeitig Ausschau zu halten nach alternativen Lokalitäten zur Beschaffung von Tee. Gützlaffs Intension hingegen ist einzig und allein der Wunsch nach der Verbreitung des christlichen Glaubens. Dass dabei auch ein Urteil über die politische und militärische Situation ihrer einzelnen Stationen berichtet werden sollte, ist für Lindsay eine Pflicht, für Gützlaff wohl eher ein unangenehmes Beiwerk. Ihr erstes Ziel sind die nördlichen Küstenstreifen Chinas, und sie können zunächst problemlos die Städte Xiamen (Amoy), Fuzhou und Shanghai anlaufen. Doch ihre Mission hat letztendlich keinen Erfolg, da es der Bevölkerung verboten ist, mit „Westlern" in Kontakt zu treten. Hermann Schlyter beschreibt ihre Situation wie folgt:

> „Überall, wo sie landeten, wurden sie von der Bevölkerung freundlich empfangen, und Gützlaff hatte viele Gelegenheiten seine ärztliche Kunst auszuüben, Schriften zu verteilen und sich mit der Bevölkerung zu unterhalten, während dagegen die chinesischen Zivil- und Militärbehörden ihnen Schwierigkeiten bereiteten. An einigen Orten wurden sie mit Kriegsschiffen und Oberbefehlshabern bedroht, wenn sie nicht sogleich ihre Reise fortsetzten."[134]

In der Hoffnung, im benachbarten Königreich Korea, ihrem Endziel, mehr Erfolg zu haben, erreicht die „Lord Amherst" dessen Westküste am 17. Juli 1832 und wirft zum ersten Mal Anker vor einer Insel namens „Chwang-shan" in der Nähe von Jangsan-got in der Provinz Hwanghaedo im Bezirk Yongyeon-myeon, „… 12 miles north of the northernmost islands of Sir James Hall group".[135] Damit betritt Carl Gützlaff nachweislich nicht nur als erster Deutscher, sondern auch als erster luthera-

---

[134] Schlyter, Hermann: *Karl Gützlaff als Missionar in China.* A. a. O., S. 71f.
[135] King, John W.: *The China Pilot.* London 1861, S. 254.

nischer Missionar koreanischen Boden.[136] Zusammen mit einer Bittschrift, Handel treiben zu dürfen, sendet Gützlaff einige Exemplare der Bibel und anderer christlicher Traktate in chinesischer Übersetzung an den Hof nach Seoul. Während das Schiff auf eine offizielle Antwort des Hofes wartend an verschiedenen Orten der Westküste ankert, hat Gützlaff zahlreiche Gelegenheiten, an Land zu gehen und unter der Bevölkerung religiöse Schriften zu verteilen. Gleichzeitig pflanzt er hier und da Kartoffeln an und erklärt der Bevölkerung ihren Nutzen und die Methode ihrer Kultivierung.[137] Am 9. August erhalten sie schließlich eine offizielle Antwort auf ihre Petition, die jedoch nicht positiv beschieden ist. Der Abgesandte des königlichen Hofes erklärt:

„To receive your letter and presents is illegal; we ought to ascribe the mistake to the great age of the two mandarins whom you charged with this business; but as it is illegal, we cannot represent your affaires to his majesty, and accordingly returned all to you. Our Kingdom is a dependent state of China; we can do nothing without the imperial decree; this is our law. Hitherto we have had no intercourse with foreigners; how could we venture to commence it now?"[138]

Damit scheitert auch diese Expedition letztendlich an dem strengen Verbot, mit Ausländern in Kontakt zu treten, so dass die „Lord Amherst" einen Monat nach ihrer Ankunft am 17. August 1832 erfolglos die Heimreise nach Macao antreten muss. In seinem späteren Bericht über diese Reise schlägt Gützlaff indes vor, auf der Insel Jejudo (Quelpaert), die er auf seiner Rückreise am 17. August noch anläuft und inspiziert, eine Missionsstation zu errichten, solange Japan und Korea für Ausländer verschlossen blieben, in der Annahme, dass diese Insel vom koreanischen Festland aufgrund ihrer Entfernung keiner größeren Kontrolle unterläge.

Gützlaffs Sprachbegabung und sein Interesse an ostasiatischen Sprachen veranlassen ihn, sich während seiner Begegnung mit den Korea-

---

[136] Auch die Annalen von König Sunjo (Reg. 1800–1834) geben einen Bericht über die Ankunft der „Lord Amherst" und ihrer Passagiere sowie ihrer Ladung wieder. Siehe hierzu: *Sunjo sillok* 純祖實錄 : 32 권 (*gwon*), 32 년 (*nyeon*) 1832 道光 (*do-gwang*) 12 년 (*nyeon*). Einzusehen auf der Webseite: sillok.history.go.kr/inspection/inspection.jsp?mTree=0&id=kwa.

[137] Gutzlaff, Charles: *Journal of Three Voyages along the Coast of China, in 1831, 1832, & 1833, with Notices of Siam, Corea, and the Loo-Choo Islands.* London 1834. Reprint: New York o. J., S. 341.

[138] Gutzlaff, Charles: a. a. O., S. 349.

Abb. 68: Der sog. Gützlaff Signalturm am Bund in Shanghai 1928.

nern einigen persönlichen Studien zum Koreanischen zu widmen. Das Ergebnis dieser Arbeit wird im November 1832 in der Zeitschrift „The Asiatic Journal", Bd. 11, veröffentlicht.[139]

Ernst Jacob Oppert
(5.12.1832 Hamburg – 19.9.1903 Hamburg)
Die nächste Begegnung mit einem Deutschen hinterlässt alles andere als eine positive Einstellung der Koreaner zu Deutschland, bzw. zu den westlichen Nationen. Sie trägt vielmehr dazu bei, ihre Ansicht, die Fremden seien barbarisch und unkultiviert zu bekräftigen und veranlasst die Regierung gleichzeitig zu einer Intensivierung ihrer Isolationspolitik.

Von allen asiatischen Ländern war Korea stets das verschlossenste und somit geheimnisvollste Land, ein Umstand, der viele Abenteurer unterschiedlicher Herkunft dazu verleitete, hinter den Grenzen Koreas

---

[139] Näheres zu Gützlaffs Reisen siehe: Schlyter, Herman: *Der China-Missionar Karl Gützlaff und seine Heimatbasis.* Lund 1976. – Klein, Thoralf; Zöllner, Reinhard: *Karl Gützlaff (1803–1851) und das Christentum in Ostasien: Ein Missionar zwischen den Kulturen.* Nettetal 2005. – Gutzlaff, Charles: a. a. O., London 1834. Reprint: New York o. J.

Schätze und andere wertvolle Dinge zu vermuten. Die allgemeine Tendenz solcher Vermutungen ging dahin, dass das abgeschirmte Königreich große Mengen an Gold bergen müsse. Einer solchen irrigen Annahme erliegt auch der deutsche Kaufmann in Shanghai, Ernst Jacob Oppert, der gleich dreimal zum Versuch ansetzt, auf mehr oder weniger räuberische Art mit Korea in eine Handelsbeziehung zu treten. Doch bevor auf seine Abenteuer detaillierter eingegangen wird, soll zunächst der Akteur selbst an dieser Stelle etwas näher beleuchtet werden.

Ernst Jacob Oppert wird am 5. Dezember 1832 in Hamburg als sechster Sohn von insgesamt zwölf Kindern von Julius Eduard Oppert (1793–1874) und seiner Ehefrau Henriette geb. Gans (1800–1875) geboren, zu einem Zeitpunkt also, als Carl Gützlaff als erster Deutscher von seiner Expedition nach Korea bereits wieder nach Macao zurückgekehrt ist. Niemand hätte zu diesem Zeitpunk auch nur ahnen können, dass Oppert 34 Jahre später ebenfalls dieses ferne Land im Osten betreten und sich aufgrund seiner drei abenteuerlichen Reisen dorthin einen festen Platz in den Annalen Koreas sichern würde. Im Gegensatz zu Gützlaff sollte Oppert allerdings nicht als freundlicher, Geschenke verteilender Missionar in den Geschichtsbüchern zu einer gewissen Berühmtheit gelangen, sondern vielmehr als berüchtigter Grabräuber.

Nach einer Ausbildung als Kaufmann reist Oppert zunächst 1851 in die britische Kolonie Hongkong, die sich zu diesem Zeitpunkt als Wirtschaftszentrum entwickelt. Drei Jahre später wechselt er jedoch nach Shanghai über, wo er sein eigenes Handelshaus „Oppert & Co." gründet. Schon bald erhält er bei seiner Arbeit Unterstützung durch zwei seiner jüngeren Brüder: Hermann David (1841–?) und Emil David (1843–?). Während eines Aufenthaltes in der Heimat vermählt sich Ernst Oppert am 10. Juni 1863 mit Olga Bunsen (1839–1907), der evangelischen Tochter eines deutschen Kaufmanns in Moskau. Nach Shanghai zurückgekehrt, wird ihm dort am 17. September 1865 sein erstes Kind geboren, ein Töchterchen namens Alma Elisabeth Gertrud.[140]

Nachdem Oppert bereits wenige Jahre nach der Öffnung japanischer Häfen (1854) erfolgreich von einer Reise dorthin zurückgekehrt ist, wird sein Interesse an Korea durch die Ausführungen chinesischer Kaufleute über die angeblichen Produktionsfähigkeiten des Landes und

---

[140] Hauschild-Thiessen, Renate: Ernst Oppert (1832–1903). Ein Hamburger beschreibt Korea. In: *Hamburgische Geschichts- und Heimatblätter. Verein für Hamburgische Geschichte.* Hamburg 1988/92, Bd. 12 (Oktober), S. 99–101. – *The Jewish Encyclopedia*, Bd. 9, S. 419.

die damit verbundenen Handelsmöglichkeiten geweckt. Auf der Suche nach einer entsprechenden Finanzierung seines Vorhabens wendet er sich an James Whittall, den Chef eines der führenden englischen Handelshäuser in Shanghai, Jardine Matheson & Co., der in Opperts Plan ebenfalls Möglichkeiten sieht, seine Geschäfte auf das Nachbarreich Korea ausdehnen zu können. Whittall ist im Gegensatz zu Oppert jedoch ein realistischerer und demzufolge vorsichtigerer Mann. Da es zu der Zeit keine zuverlässigen Karten gibt und auch die Lage der koreanischen Hauptstadt nicht genau bekannt ist, gibt Whittall dem Kapitän des zur Verfügung gestellten Dampfers „Rona", James Morrison, zunächst die Anweisungen, innerhalb von fünf Tagen lediglich die Küste zu erforschen, die Mündung des Han-gang ausfindig zu machen sowie die Lage der Hauptstadt zu erkunden, um für eine zweite und somit vielversprechendere Expedition besser vorbereitet zu sein.[141]

Abb. 69: Firma Jardine Matheson & Co. in Shanghai 1928.

Im März 1866 erreicht Oppert in der Nähe der Insel Ganghwa-do das erste Mal die koreanische Westküste und unternimmt mehrere vergebliche Versuche, die Beamten zu einer Handelsbeziehung zu bewegen. Als der deutsche Kaufmann daraufhin eine Exkursion ins Landesinnere

---

[141] Hierzu und zum Folgenden: Oppert, Ernst: *Ein verschlossenes Land. Reisen nach Corea.* Leipzig 1880, S. 160–188.

unternehmen will und von den Koreanern am Weitergehen gehindert wird, bedroht er sie mit Pistolen. Durch diesen Misserfolg lässt sich Oppert jedoch nicht abschrecken. Da die Fünf-Tage-Frist, die ihnen Whittall gewährt hatte, verstrichen ist, beabsichtigt er, sich an Land ein Haus zu nehmen, um direkt in Korea auf die Rückkehr der „Rona" zu warten. Der Gouverneur, der von diesem Plan in Kenntnis gesetzt wird und um seinen eigenen Kopf bangt, weist Oppert mit Nachdruck auf die Politik des Landes hin, mit fremden Staaten keinerlei Handel zu treiben und fordert ihn unmissverständlich auf, unverzüglich das Land zu verlassen.

Nach Shanghai zurückgekehrt gibt Oppert sein Vorhaben indes nicht auf und rüstet unverzüglich zu einer zweiten Reise nach Korea. Dieses Mal kann er allerdings nicht mehr mit der Unterstützung Whittalls rechnen, da dieser mittlerweile von der Undurchführbarkeit des Vorhabens überzeugt ist, zumal die Kunde von der Ermordung der französischen Missionare in Korea mittlerweile nach Shanghai gedrungen ist. Allein auf sich gestellt ist Oppert gezwungen, eine große finanzielle Investition zu tätigen, um den britischen Raddampfer „Emperor", der von Kapitän James kommandiert und mehr für Flussfahrten als für längere Seereisen konzipiert ist, zu erwerben und dessen Besatzung anzuheuern. Die Idee, Korea gewaltsam zu zwingen, sein Anliegen zu akzeptieren, muss wohl schon zu diesem Zeitpunkt in Oppert gekeimt haben, da er das Schiff mit genügend Waffen bestücken lässt und seiner Hoffnung Ausdruck verleiht, damit Korea dem Handel eröffnen zu können.[142]

Im August 1866 bricht er mit sechs Europäern, fünfzehn malaiischen und chinesischen Matrosen sowie vier chinesischen Kaufleuten und Dolmetschern zu seiner zweiten Expedition auf, die ihn zunächst an den Ort seiner ersten Reise führt. Dort stößt er jedoch auf die gleiche ablehnende Haltung seitens der koreanischen Beamten.

Während seines Aufenthaltes wird ihm von einem koreanischen Christen ein Brief des französischen Missionars Félix Clair Ridel überreicht mit der Bitte um Hilfe. Es stellt sich indes bald heraus, dass der Brief schon einige Monate alt ist und Pater Ridel das Land bereits heimlich auf einem kleinen koreanischen Schiff verlassen konnte. Stattdessen nimmt Oppert drei koreanische Christen an Bord, die sich auf der Flucht befinden und ihm den Brief Pater Ridels überbracht hatten. Einer von ihnen hatte Oppert vorher ein Schreiben in lateinischer Sprache zukommen lassen – ein durchaus überraschender Umstand – mit folgendem Inhalt:

---

[142] Hierzu und zum Folgenden: Oppert, Ernst: a. a. O., S. 189–264.

„Ego, Philippus, alumnus coreensis, secundum pactum cum duobus nautis beri ante mediam noctem veni in hunc destinatum locum et tota nocte hic vigilavimus – in hac nocte post tenebras navicula veniret optimum erit, nunc etiam hic sumus."

„Ich, Philippus, ein koreanischer Schüler, bin nach Übereinkunft mit zwei Fischern gestern vor Mitternacht in diesem unserem Bestimmungsorte angekommen, und wir haben die ganze Nacht hindurch auf der Wacht gestanden. Es wäre gut, wenn ein kleines Boot heute Abend nach Einbruch der Dunkelheit kommen und uns aufnehmen könnte – wir werden uns alsdann hier einstellen."[143]

Nach tagelanger Suche und mit Hilfe der drei aufgenommenen Koreaner findet er schließlich die Mündung des Han-gang und dringt bis zur Insel Ganghwa-do vor. Aber auch die von Seoul entsandten Beamten machen ihm lediglich noch einmal die Grundprinzipien der Regierung klar und greifen bei ihren Unterredungen zu einer Verzögerungstaktik, die nicht nur auf Oppert zermürbend wirkt, sondern auch dazu beiträgt, den Kohlevorrat des Dampfschiffes drastisch zu reduzieren, so dass sich der Deutsche gezwungen sieht, erneut unverrichteter Dinge die Rückkehr nach China anzutreten.

Die Firma Oppert & Co., die anfänglich große Einnahmen zu verzeichnen hat und 1859 sogar im Begriffe war, in einer der für den westlichen Handel neu geöffneten Hafenstädte in Japan eine Filiale zu errichten, hatte in der Zwischenzeit große Verluste hinzunehmen. Dieser Umstand und die enormen Investitionen Opperts in seine zweite Koreareise führen im Jahre 1867 zum Konkurs seines Handelshauses, so dass sich Opperts Schulden 1868 auf eine Summe von 180.000 Taels belaufen.[144] Nach den beiden Misserfolgen in Korea und dem Bankrott seiner Firma bietet sich dem frustrierten Kaufmann, der sicherlich auch nach Wegen sucht, seinen finanziellen Verlust wett zu machen, eine Gelegenheit, seine koreanischen Absichten erneut zu einem positiven Ende zu bringen und somit Profit zu machen. Hätten sich seine Bemühungen auf die ersten beiden Versuche beschränkt, wäre seine Person zweifellos unter den Westlern, die entsprechende Annäherungen an Korea gemacht haben, nicht weiter von Bedeutung oder Interesse gewesen. Doch gerade seine dritte Expedition sollte Anlass geben, in allen Korea-bezogenen Geschichtswerken der Nachwelt als „Piratenstück"

---

[143] Oppert, Ernst: a. a. O., S. 202f.
[144] Hauschild-Thiessen, Renate: a. a. O., S. 102.

festgehalten zu werden, das sich besonders negativ auf die Haltung der Regierung sowie auf die koreanischen Christen auswirkte.

Wie bereits erwähnt, erleiden während der großen Christenverfolgung von 1866 neun von zwölf französischen Missionaren in Korea den Märtyrertod. Den restlichen drei Patres gelingt erfolgreich die Flucht nach China. Einer von ihnen ist Stanislas Féron, Provikar der französischen Jesuiten, der bereits länger als zehn Jahre in Korea missioniert hatte. Féron wendet sich in dieser Situation an den deutschen Kaufmann um Hilfe, da dieser bereits zweimal nach Korea gereist ist und somit das Land zu kennen scheint. Gemeinsam entwickeln sie den Plan, die Gebeine des Vaters des Prinzregenten Daewon-gun zu rauben, um so ein Druckmittel gegen die koreanische Regierung in der Hand zu haben. Féron bezweckt damit, die Einstellung der Christenverfolgungen zu bewirken, und Oppert, das Königreich zum Öffnen seiner Häfen zu zwingen. Doch nicht nur in den Augen der Koreaner, sondern der gesamten konfuzianischen Welt, deren höchstes Prinzip die Ahnenverehrung ist, musste diese Tat als äußerst frevlerisch gelten.

Um Geldgeber zu finden und ein geeignetes Schiff für seine dritte Expedition zu chartern, wendet sich Oppert an Rudolph Heinsen, der seit Ende 1864 hamburgischer Honorarkonsul in Shanghai und gleichzeitig Vertreter der Firma Siemssen & Co. ist. Ein Chartervertrag, der das Risiko für das Handelshaus gering hält, doch den eventuellen Gewinn hoch ansetzt, ist schnell ausgehandelt. Zwar ist die Methode Opperts, sein Vorhaben in Korea zum Erfolg zu bringen, der Firma im Groben bekannt, doch schiebt Heinsen auch die geringsten Skrupel mit den Worten beiseite:

„Gelingt es den Leuten, den Vertrag, wie sie wünschen, abzuschließen, so wird wahrscheinlich von den Koreanern eine bedeutende Entschädigungssumme für die im letzten Jahr ermordeten Missionare bezahlt werden."[145]

Da der Dampfer „China" als 648-Tonner zu groß ist, um einen koreanischen Fluss hinauffahren zu können, muss noch ein kleineres Schiff gefunden werden. Oppert hat Glück, da gerade zu der Zeit der kleine Dampfer „Greta" unbeschäftigt in Shanghai liegt. Das Schiff, das der Firma J. C. Godeffroy & Sohn gehört, steht der 1845 gegründeten Firma Wm. Pustau & Co., dem ältesten deutschen Handelshaus in China, zur Verfügung und wird Oppert von ihrem Vertreter, Probst, nach Abschluss eines entsprechenden Chartervertrags übergeben.

---

[145] Hauschild-Thiessen, Renate: a. a. O., S. 103.

Mit diesen beiden Dampfern und einem bereits von ihm persönlich entworfenen Vertrag für den Regenten zwecks Landesöffnung und Handel[146] ausgestattet, verlässt Oppert am 28. April 1868 unter der Flagge des Norddeutschen Bundes den Hafen von Shanghai in Richtung Korea. An Bord geladen sind Geschenke für die Koreaner wie Spiegel, Bleistifte, Zigarren, Streichhölzer, alkoholische Getränke aber auch leere Flaschen und andere Kleinigkeiten. Außer Oppert und Féron sind noch mit von der Partie: Acht europäische Seeleute – vier Deutsche, zwei Schweden und zwei Italiener –, 21 Philippinos, etwa 120 chinesische Kulis sowie der Amerikaner Jenkins, der sich als Kaufmann sowohl finanziell an diesem Unternehmen beteiligt, als auch als Dolmetscher fungiert, da er „das Chinesische beinahe besser als ein Chinese" spricht, wie Oppert berichtet.[147]

Abb. 70: Flagge des Norddeutschen Bundes.

Nachdem sie in Nagasaki während einem Zwischenhalt noch diverse Waffen wie Säbel, Musketen und Revolver eingekauft haben, die von Jenkins finanziert werden, dampft die „China" mit der „Greta" im Schlepptau der koreanischen Küste entgegen. Doch Planung und Ausführung sind oftmals zwei verschiedene Dinge. Auch bei dieser Operation läuft alles entgegen Opperts Erwartungen. Die Überfahrt dauert zunächst länger als geplant, und die Grabstätte ist weiter entfernt, als Féron es angegeben hat. Erst nach einem Marsch von sechs Stunden ins Landesinnere erreichen sie die Grabstelle, doch die Plünderung scheitert letztendlich an der simplen Tatsache, dass die mitgebrachten Werkzeuge nicht geeignet sind, die steinerne Grabkammer zu öffnen. Damit aber nicht genug, fährt Oppert erneut nach Ganghwa, wo er persönlich seine Freveltat bekanntgibt und dem Prinzregenten obendrein noch einen Drohbrief schreibt. Bei einem weiteren Versuch, ins Landesinnere vorzudringen, kommt es schließlich zu bewaffneten Auseinandersetzungen, bei denen die koreanischen Soldaten die Oberhand behalten, zwei Philippinos ihr Leben verlieren und ein deutscher Seemann verwundet wird, so dass Oppert und seine internationale Truppe endgültig den Rückzug antreten müssen.[148]

---

[146] Dieser Vertrag ist wiedergegeben bei: Oppert, Ernst: a. a. O., S. 293–298.
[147] Oppert, Ernst: a. a. O., S. 276. – Hauschild-Thiessen, Renate: a. a. O., S. 103f.
[148] Hierzu siehe: Oppert, Ernst: a. a. O., S. 276–292.

In den Augen des streng orthodox-konfuzianischen Daewon-gun hätte der Deutsche wohl kein größeres Verbrechen begehen können. Entgegen Opperts und Férons Hoffnungen ordnet der Prinzregent unverzüglich eine Intensivierung der Christenverfolgungen an und verstärkt seine Abschließungspolitik, um ein weiteres Eindringen westlicher „Barbaren" zu verhindern. Sämtliche Chancen, in Zukunft mit Korea auf freundschaftlicher Basis in Handelsbeziehungen zu treten, sind damit endgültig vertan, und sicherlich ist die Vorgehensweise Opperts dem Ansehen der Westler auch in China nicht gerade förderlich.

Abb. 71: Ernst Oppert – Ein verschlossenes Land. Reisen nach Corea. Leipzig 1880.

Der deutsche Kaufmann selbst kehrt bald nach seinem letzten Korea-Abenteuer nach Deutschland zurück, wo ihn in Hamburg ein Prozess vor dem Oberlandesgericht erwartet, nachdem sich der Amerikaner Jenkins bereits in Shanghai vor einem U. S.-Konsulatsgericht verantworten musste. Oppert wird schließlich für seine Taten in Korea und dem daraus resultierenden Schaden in Shanghai sowohl zu einer Gefängnisstrafe als auch zu einer hohen Geldbuße verurteilt. Nach Verbüßung seiner Strafe im Sommer 1869 lebt Oppert ein unauffälliges, bürgerliches Leben in Hamburg.[149] Seine koreanischen Abenteuer veröffentlicht er sowohl in englischer Sprache 1878 in London unter dem Titel „A Forbidden Land" als auch 1880 in Leipzig auf Deutsch in einem Buch mit dem Titel „Ein verschlossenes Land. Reisen nach Corea". Sein Werk stellt gleichzeitig die erste Monographie dar, die ein Deutscher ausschließlich über Korea geschrieben hat.

---

[149] Hauschild-Thiessen, Renate: a. a. O., S. 108.

Richthofen, Ferdinand Freiherr von
(5.5.1833 Carlsruhe [Schlesien] – 6.10.1906 Berlin)

Abb. 72: Eine Marktszene im Jahr 1907.

Die nächste deutsch-koreanische Begegnung verläuft jedoch harmloser und zieht weder Folgen nach sich, noch ist sie von großer Bedeutung. Eine seiner zahlreichen Forschungsreisen ins Landesinnere führt den Geologen und Chinaforscher Baron Ferdinand von Richthofen im Juni 1869 auch an die Nordgrenze Koreas. Dort ist es den Koreanern an zwei Orten dreimal im Jahr erlaubt, mit den Chinesen Handel zu treiben. Richthofen und seinem belgischen Dolmetscher gelingt der Zutritt zu dieser Art neutraler Zone am Yalu nur aus dem Grunde, da gerade zu ihrer Ankunft am 9. Juni ein größerer Markthandel stattfindet und die chinesischen Wächter, die nur äußerst selten mit den Bewohnern ihres Nachbarlandes in Berührung kommen, sie aufgrund ihrer Verkleidung für Koreaner halten. Seine interessanten Beobachtungen und Gespräche mit koreanischen Kaufleuten während seines kurzen Aufenthaltes im Grenzgebiet werden unter dem Titel

Abb. 73: Ferdinand Freiherr von Richthofen.

„Schreiben des Freiherrn von Richthofen über seine Reise zur Grenze von Korea und in der Provinz Hu-nan" am 23. November 1869 in der *Zeitschrift der Gesellschaft für Erdkunde zu Berlin*, Jg. 5 (1870), wiedergegeben.[150]

Brandt, Max August Scipio von
(8.10.1835 Berlin – 24.3.1920 Weimar)

Abb. 74: Max von Brandt: Die Zukunft Ostasiens. Stuttgart 1903.

Der wohl bedeutendste Zeuge vor der Zeit, in der Korea beginnt, sich dem Westen zu öffnen, ist der deutsche Diplomat Max August Scipio von Brandt, der bereits an der preußischen Eulenburg-Mission nach Ostasien teilnimmt und ab 1862 als erster deutscher Konsul in Japan residiert. Seine ausgesprochen lange Dienstzeit als Diplomat in Japan und China beschreibt er in seinem dreibändigen Werk *„Dreiunddreissig Jahre in Ost-Asien"* (Leipzig 1900–1902). Daneben widmet er sich ebenfalls in zahlreichen Publikationen der koreanischen Frage.

Das vereinte Korea, Choson (1392–1910), steht seit dem 17. Jh. in einem Vasallenverhältnis zu China und unterhält zu Japan nur eingeschränkte Handelsbeziehungen. Den Japanern ist es gestattet, in Pusan eine kleine Faktorei zu unterhalten, die jedoch strengen Regulierungen seitens der koreanischen Behörde unterworfen ist. Lediglich dem Daimyō von Tsushima ist es erlaubt, eine bestimmte Anzahl japanischer Schiffe vor Pusan ankern zu lassen. Koreas Verhältnis zu China wird entsprechend von China dominiert, wohingegen dasjenige zu Japan eindeutig von Korea bestimmt wird. In Sachen innenpolitischer Angelegenheiten ist Korea traditionsgemäß jedoch unabhängig. Als die westlichen Mächte beginnen, eine aktive Fernostpolitik zu betreiben, gelingt es China unter diesen Umständen nicht, sein Verhältnis zu Korea eindeutig im Sinne des internationalen Rechts zu definieren. China betont zwar die tributäre Abhängigkeit Koreas, verneint aber sämtliche Möglichkeiten, in die inneren Angelegenheiten des Landes eingreifen zu können. Die Japaner selbst betrachten ihr Verhältnis zu Korea allerdings

---

[150] Schreiben des Freiherrn von Richthofen über seine Reise zur Grenze von Korea und in der Provinz Hu-nan. In: *Zeitschrift der Gesellschaft für Erdkunde zu Berlin*, Jg. 5 (1870), S. 317–331.

nicht in der Weise, wie es den Tatsachen entspricht, sondern betonen eine eher gleichberechtigte Stellung.

Für den deutschen Diplomaten Max von Brandt ist die Beziehung beider Länder zueinander derart unklar, dass er 1870 zu dem Entschluss kommt, sich durch eigenen Augenschein von der wahren Stellung Japans in Korea ein Urteil zu bilden. Sollte Japan in seiner Darstellung nicht übertrieben haben, hofft er

Abb. 75: S. M. S. „Hertha".

durch seine Reise zur japanischen Faktorei in Pusan gleichzeitig die Gelegenheit zu haben, durch Einfluss und Vermittlung der dort ansässigen japanischen Kaufleute eventuell eine Handelsbeziehung zwischen Korea und Preußen herstellen zu können. Kurz nachdem er mit der deutschen Korvette S. M. S. „Hertha" vor Pusan geankert hat und an Land gegangen ist, macht ihm die Reaktion der Koreaner allerdings nur allzu deutlich, wie es tatsächlich um die japanische Position in Korea bestellt ist. Unmittelbar nach seiner Ankunft werden koreanische Beamte bei den Japanern vorstellig und drohen an, sämtlichen Handel für die Dauer des Aufenthaltes der Fremden zu verbieten, sollte das westliche Schiff nicht unverzüglich mit seiner Besatzung wieder absegeln. Den Eindruck, den Brandt dadurch erhält, und den Schluss, den er daraus zieht, beschreibt der begleitende Marineprediger Cramer wie folgt:

> „Als wir dort an Land kamen, wunderten wir uns, eine kleine, vollkommen japanisch gebaute Stadt zu finden. Niemals aber habe ich so den Eindruck einer „verwunschenen" Stadt bekommen wie dort. Zur Erklärung mag Ihnen dienen, dass dort nicht eine Frau, nicht ein Kind, nicht ein Hausthier zu finden ist. Die Japaner haben ihren ganzen Einfluss, den sie früher in Korea hatten, verloren. Sie halten nur dieses Stück Erde fest, und werden dort in einer Abhängigkeit erhalten, wie etwa früher die Holländer auf Desima."[151]

---

[151] Cramer: „Über die Reise der kaiserlichen Corvette ‚Hertha', insbesondere nach Korea". (Sitzungsbericht vom 15. Feb. 1873). In: *ZEV*, Jg. 5 (1873), S. 53.

Kapitän Schölke, Kapitän Köhler, Marineprediger Cramer
Ende Mai 1871 segelt Kapitän Schölke den deutschen Schoner „Chusan" aus dem Hafen von Chefoo, um seine Fracht zu einem russischen Hafen in der Possiétbucht zu transportieren. Seine Mannschaft besteht aus chinesischen Matrosen und europäischen Offizieren, und sein Schiff ist leicht bewaffnet, um sich gegen eventuelle Piraten, die zu dieser Zeit immer häufiger an der chinesische Küste ihr Unwesen treiben, verteidigen zu können. Die Gewässer rund um die Halbinsel Korea sind berüchtigt für starke Strömungen, schlechte Wetterverhältnisse, dichten Nebel und vor allem für plötzlich auftretende Stürme. Aus diesem Grund müssen Schiffe, die aus dem Golf von Beizhili (Pechihli, WG Pei chihli) durch das Gelbe Meer und um die Westküste Koreas in Richtung Wladiwostok laufen, höhere Versicherungsprämien bezahlen. Abgesehen von diesen Mehrkosten ist es dennoch äußerst lukrativ, Waren an diese Küstenprovinz Russlands zu liefern, da sich diese Region in einem massiven wirtschaftlichen Aufbau befindet.[152]

Abb. 76: Golf von Bohai und das Gelbe Meer

---

[152] Hierzu und zum Folgenden: „Ein deutscher Conflict mit Korea". In: *Allgemeine Zeitung* Augsburg, München 1871, Beilage vom 7. Sep. 1871, S. 4393f. – Neff, Robert: „The Wreck of the Schooner Chusan. An early German encounter in Korea". Published 2007-11-10 in: english.ohmynews.com.

Bei dem Versuch, die koreanische Westküste entlang die Halbinsel zu umschiffen, gerät die „Chusan" durch plötzlich einsetzenden dichten Nebel und eine starke Strömung in Seenot und läuft an der felsigen Küste einer kleinen Insel in der Nähe der Sir James Hall Inseln (vor dem heutigen Hafen Incheon gelegene Gruppe von drei Inseln) auf Grund. Die Mannschaft bleibt relativ unversehrt, doch durch den heftigen Ruck und die große Verwirrung, die an Bord des Schiffes durch den Schiffbruch herrscht, löst sich versehentlich beim Herablassen der beiden hölzernen Rettungsboote ein Geschütz und zerschmettert Kapitän Schölke einige Finger, die später amputiert werden müssen. Während die meisten chinesischen Seeleute das Angebot der Koreaner, über den Landweg nach China zurückgebracht zu werden, akzeptieren, ziehen Schölke und seine europäischen Offiziere es vor, mit den zwei Rettungsbooten des Schoners eine Durchschiffung des Gelben Meeres zu wagen. Sobald sie losgefahren sind, werden die beiden Boote auf See voneinander getrennt. Während eins der Boote unversehrt die chinesische Küste erreicht, wird befürchtet, dass Kapitän Schölke mit seinem Boot aufgrund des hohen Seegangs auf offener See verloren gegangen sei. Der Verlust der „Chusan" und das Geschehene werden unverzüglich dem deutschen Konsul und der englischen Versicherungsgesellschaft, die den Schoner versichert hatte, gemeldet. Um einen Teil des Verlustes wettzumachen, wird schnellstens eine Auktion organisiert und das Wrack der „Chusan" von der Versicherungsgesellschaft für 80 Pfund Sterling an einen Schotten namens Starich und an Herrn Campbell, einen Engländer aus Malta, versteigert.

Während die neuen Besitzer Vorbereitungen treffen, ihr ersteigertes Wrack und dessen Ladung zu bergen, versucht die deutsche Vertretung in China das vermisste Boot mit Kapitän Schölke ausfindig zu machen. Zu diesem Zweck wird im Juni 1871 die deutsche Korvette (Schraubenfregatte) S. M. S. „Hertha" mit Kapitän Köhler Richtung Korea gesandt, um

Abb. 77: S. M. S. „Hertha".

einerseits Nachforschungen nach den Vermissten anzustellen, andererseits aber auch, um „Flagge" zu zeigen. An der Westküste angelangt, ankert die „Hertha" an einer kleinen Insel namens „San Fernando", zugehörig einer Inselgruppe westlich von Ganghwa, unweit der Mün-

85

dung des Han-gang. Genau zu diesem Zeitpunkt sind die Amerikaner unter Admiral John Rogers mit den Koreanern auf der Insel Ganghwado in ein Gefecht verwickelt, so dass die Beatzung der „Hertha" aus relativ naher Entfernung einige Schiffe der amerikanischen Flotte bei ihren Manövern beobachten kann.

Bewaffnete deutsche Matrosen werden an Land geschickt, um nach dem Wrack der „Chusan" zu suchen und sind nicht wenig überrascht, als sie von freundlichen Koreanern begrüßt werden, die ihnen dabei helfen, ihr Boot auf den Strand zu ziehen. Als bald darauf ein koreanischer Beamter erscheint, ziehen sich diese von den Matrosen zurück und beobachten den weiteren Verlauf aus einiger Entfernung. Nachdem der Beamte die Deutschen nach Herkunft, Namen und Grund ihres Kommens gefragt hat, erhalten sie von ihm die Auskunft, dass das Boot mit Kapitän Schölke von einem koreanischen Kriegsschiff aufgegriffen und die Besatzung in Sicherheit gebracht worden sei. Erstaunlicherweise gibt sich der Kommandant der S. M. S. „Hertha", Kapitän Köhler, mit dieser Auskunft zufrieden und segelt – einen herannahenden Taifun fürchtend – nach China zurück, ohne weitere Nachforschungen über die vermisste Besatzung oder das Wrack der „Chusan" selbst anzustellen. Den Grund hierfür gibt Herr Cramer, der Marineprediger auf der „Hertha", wie folgt an:

> „Zu weiteren Reisen dort an der Küste, speciell zu weiteren Bemühungen um das Schicksal des deutschen Schooners „Tschusang" waren wir weder verpflichtet noch berechtigt, …… Ich bemerke, dass nach dem Verlassen des Schiffes „Tschusang" das Wrack nicht mehr den deutschen Rhedern, sondern den englischen Versicherungsgesellschaften gehörte."[153]

Einige Zeit später tauchen Kapitän Schölke und die restliche Besatzung tatsächlich in Chefoo auf. Die USS „Palos" hatte das zweite Rettungsboot der „Chusan" auf ihrem Rückweg von der amerikanischen Strafexpedition gegen Korea im Gelben Meer buchstäblich aufgefischt. Die erschöpfte deutsche Besatzung wird von den Amerikanern mit Medizin versorgt und war soweit unversehrt. Die zerquetschten Finger von Kapitän Schölke allerdings mussten noch auf dem Schiff vom Arzt der „Palos" amputiert werden.

---

[153] Cramer: a. a. O., S. 51.

Brinckmann und *Luis Hassenpflug*
(1.12.1831 Kassel – 11.10.1878 Malta)

Nachdem das Wrack des deutschen Schoners „Chusan" in Chefoo an die Herren Starich und Campbell versteigert ist, treffen diese alle Vorbereitungen für eine Bergung des gestrandeten Schiffes und von dessen Fracht. Zur Unterstützung dieser Aktion engagieren sie Herrn Brinckmann, einen deutschen Kaufmann aus Chefoo, mit seinem chinesischen Dolmetscher. Mit einer entsprechenden Ausrüstung und Werkzeugen ausgestattet verlässt die Mannschaft auf einer gecharterten chinesischen Dschunke am 6. Juni 1871 den Hafen von Chefoo und segelt zu der kleinen Insel in der Nähe von Ganghwa-do, an deren Küste die „Chusan" gestrandet ist.[154]

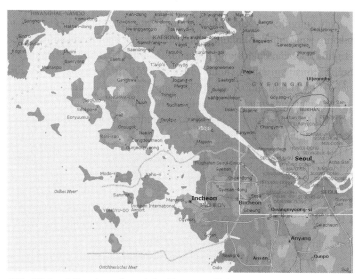

Abb. 78: Insel Ganghwa-do und das Han-gang-Delta.

Fast ein ganzer Monat vergeht, ohne dass es Neuigkeiten von dieser Expedition und den neuen Besitzern der „Chusan" gibt. Zunächst fällt es nicht weiter auf, zumal der amerikanisch-koreanische Konflikt sämtliche Aufmerksamkeit auf sich zieht. Als dieser jedoch vorüber ist und

---

[154] Hierzu und zum Folgenden: „Aus Korea." In: *Allgemeine Zeitung* Augsburg, München 1871, Nr. 280, Beilage vom 7. Okt. 1871, S. 4937f. – Neff, Robert: „The Wreck of the German Schooner Chusan. Part 2: The murder of Mr. Brinkmann". Published 2007–11–16 in: english.ohmynews.com.

sich die Situation wieder einigermaßen normalisiert hat, werden erste Fragen nach dem Verbleib der Europäer gestellt.

Anfang Juli segelt eine chinesische Dschunke in einen kleinen Hafen, der etwa 60 Meilen von Chefoo entfernten liegt. Da täglich viele Dschunken diesen Hafen anlaufen, ohne Beachtung zu finden, wäre normalerweise nichts weiter geschehen. Doch diesmal erregt eine dieser Dschunken die Aufmerksamkeit der Zollbehörde. Bei näherer Untersuchung werden an Bord europäische Kleidungsstücke sowie andere Gegenstände aus Europa entdeckt, ohne dass sich ein „Westler" auf der Dschunke befunden hätte. Das Schlimmste befürchtend, wird der Navigator des Schiffes von den Behörden festgenommen und am 5. Juli 1871 nach Chefoo zum Verhör gebracht. Bei der Befragung teilt er mit, dass sein Schiff tatsächlich von den drei Europäern gechartert worden war, um nach Korea zu segeln. In Korea angekommen, wären die drei Ausländer, ihr Dolmetscher und drei chinesische Matrosen an Land gegangen, doch sofort von Koreanern umstellt, gebunden und ins Landesinnere abtransportiert worden. Sie selbst seien aufgefordert worden, unverzüglich nach China zurückzukehren. Falls sie dieser Anweisung nicht Folge leisten sollten, würden sie Gefahr laufen, getötet und ihr Schiff angesteckt zu werden. Daraufhin hätten sie nichts anderes unternehmen können, als nach China zurückzusegeln.

Abb. 79: H. M. S. „Ringdove".

Nachdem der britische Konsul Mayers unmittelbar nach dem Verhör über die Situation informiert ist, beordert er den Kapitän des britischen Kriegsschiffes H. M. S. „Ringdove", ihn zum Wrack der „Chusan" nach Korea zu bringen, um Nachforschungen über die vermissten Personen anstellen zu können und sie – falls sie noch am Leben seien – zu befreien. S. M. S. „Hertha" war soeben aus Korea von ihrer Untersuchung des Falls „Chusan" nach Chefoo zurückgekehrt und hatte erklärt, dass das Wrack kein Eigentum Deutschlands mehr sei. Da es sich indes bei Herrn Brinckmann um einen deutschen Landsmann handelt, wird Leutnant zur See Luis Hassenpflug von der „Hertha" beauftragt, zu weiteren Untersuchungen mit der „Ringdove" nach Korea zu segeln.

In Korea am besagten Unfallort angekommen, stellen sie fest, dass die „Chusan" in der Zwischenzeit ausgeräumt und verbrannt worden ist. Sofort begeben sich Konsul Mayers und Leutnant Hassenpflug mit einer Eskorte an Land und werden wider Erwarten von freundlichen

Koreanern empfangen, die ihnen die Herren Campbell und Starich unversehrt übergeben. Brinckmann jedoch bleibt verschollen, und auch die Koreaner können nichts über seinen Verbleib sagen. Weiterhin erklären die Koreaner, dass sie das deutsche Schiff auf Befehl des Regenten verbrannt, die Fracht aber vorher geborgen hätten. Da es ihnen absolut verboten sei, auch nur die geringste Kleinigkeit davon anzunehmen, sollte nun alles von der „Ringdove" aufgeladen und nach China transportiert werden. Da die gesamte Fracht auf dem britischen Schiff keinen Platz findet, wird der Rest vor den Europäern aufgetürmt und anschließend von den Koreanern verbrannt. Nachdem Konsul Mayers sich für die gute Behandlung der beiden Briten bei den Koreanern bedankt hat, lichtet die „Ringdove" ihre Anker und segelt Richtung China davon in der Absicht, das Schicksal von Herrn Brinckmann herauszufinden.

Eine Antwort auf alle Fragen wird schließlich vom Schreiber des chinesischen Dolmetschers von Brinckmann gegeben. Seiner Aussage entsprechend findet die Geschichte folgenden Verlauf: Nach Ankunft in Korea gehen lediglich die beiden Briten mit einigen chinesischen Matrosen an Land, während Brinckmann und sein Dolmetscher an Bord bleiben. Als die Europäer gefangen und die Chinesen aufgefordert sind, unverzüglich nach China zurückzukehren, zwingen sie Brinckmann, der Aufforderung Folge zu leisten und verlassen die koreanische Küste. Auf dem Weg nach China befürchten sie, zur Verantwortung dafür gezogen zu werden, die beiden Briten ohne einen Versuch der Rettung den Koreanern überlassen zu haben. Aus diesem Grunde fassen sie den Entschluss, Brinckmann und seinen Dolmetscher zu berauben, umzubringen, über Bord zu werfen und später einheitlich zu erzählen, dass auch der Deutsche von den Koreanern gefangen worden sei.

Der Fall „Chusan" und die daraus entstehenden Verwicklungen beschreiben die letzte Begegnung von Deutschen mit Koreanern vor der durch Japan erzwungenen Landesöffnung, die am 27. Februar 1876 durch den Vertrag von Ganghwa zwischen Korea und Japan manifestiert wird.

IV.3. Die deutsch-koreanischen Verträge

Nach dem amerikanischen Erfolg durch Commodore Shufeldt vom 22. Mai 1882 geben jetzt auch die europäischen Nationen ihre abwartende Haltung auf und werden ihrerseits aktiv. Da sich Shufeldt lediglich bemüht hat, unter allen Umständen den ersten Vertrag eines westlichen

Staates mit Korea herzustellen, befürchtet England, dass seine zukünftigen Aussichten auf einen profitablen britischen Handel in Korea nur gering seien. Eisendecher in Japan hingegen äußert diesbezüglich keinerlei Besorgnis, betrachtet ein deutsches Engagement in Korea indes als politisches Prestige.[155] Bereits am 6. Juni 1882 folgt Großbritannien dem amerikanischen Beispiel und kann ebenfalls unter Zuhilfenahme chinesischer Vermittlung durch den Kommandanten der britischen Flotte in China Vizeadmiral Georg O. Willis einen identischen Handelsvertrag mit der koreanischen Regierung zum Abschluss bringen.

Abb. 80: S. M. S. „Stosch".

Max von Brandt, mittlerweile zum kaiserlichen Gesandten in Peking avanciert, hatte die Ereignisse um Korea stets mit großer Aufmerksamkeit verfolgt und bemüht sich nun seinerseits, erneut für das Deutsche Reich in Korea tätig zu werden. Nach Rücksprache mit dem deutschen Geschwaderchef Kommodore Louis von Blanc (1832–1903) in Shanghai und mit den notwendigen Vollmachten ausgestattet, begibt er sich zunächst nach Tianjin. Da Li Hongzhang wegen einer schweren Erkrankung seiner Mutter beurlaubt ist, trifft Brandt mit dessen Vertreter Zhang Juzheng (WG Zhang Susheng; 1824–1884) zusammen. Zhang erteilt sein Einverständnis, stellt aber zwei Bedingungen: Erstens sollte sich der Vertrag mit Korea nicht von denen mit Amerika und England unterscheiden, und zweitens sollten die Verhandlungen unter Hinzuziehung chinesischer Berater stattfinden.[156]

Abb. 81: S. M. S. „Wolf".

Entsprechend ausgerüstet begibt sich von Brandt am 16. Juni zunächst nach Chefoo und segelt zwei Tage später auf der Korvette „Stosch" und dem Kanonenboot „Wolf" in Richtung Korea. In seiner Begleitung befinden sich außer Kommodore von Blanc der Dolmetscher der deutschen

---

[155] AA, Korea 1, Bd. 1: ‚Schreiben von Eisendecher aus Tokio an Bismarck vom 27. Apr. 1882.' – Deuchler, Martina: a. a. O., S. 123f.

[156] Brandt, Max von: *Dreiunddreissig Jahre in Ost-Asien. Erinnerungen eines deutschen Diplomaten.* 3 Bde., Leipzig 1900–1901. Hier: Bd. 3, Leipzig 1901, S. 236.

Gesandtschaft in Peking, Carl Arendt (1838–1903), und der Dolmetscherschüler Freiherr Clemens August von Ketteler (1853–1900), der am 19. Juni 1900 auf so tragische Weise in Peking durch den Boxeraufstand ums Leben kommen wird. Die Überfahrt an die Westküste Koreas wird zunächst am frühen Morgen des 20. Juni durch dichten Nebel unterbrochen, kann aber nachmittags fortgesetzt werden. Durch diese Wetterlage bedingt geht es nur langsam voran, so dass die Schiffe erst am 21. Juni, nachmittags gegen zwei Uhr an der Roze-Island (kor. Wolmi-do), einer kleinen, dem Hafen Chemulpo vorgelagerten Insel, ihre endgültige Position erreichen. Bevor die Verhandlungen beginnen können, müssen sie indes nicht nur auf die chinesischen Vertreter Ma Jianzhong (WG Ma Chien-chung; 1845–1900)[157] und Ding Ruchang (WG Ting Ju-ch'ang; 1836–1895)[158] warten, die erst am folgenden Tag eintreffen, sondern auch auf die koreanischen Bevollmächtigten Kim Hong-jip (1842–1896) und Jo Yeong-ha

Abb. 82: Clemens August Freiherr von Ketteler.

Abb. 83: Chemulpo und die vorgelagerte Insel Wolmi-do im Winter um 1894.

---

[157] Ma Jianzhong (auch als Ma Kié-Tschong im Französischen bekannt; 1845–1900), chinesischer Beamter und Gelehrter der Qing-Dynastie.
[158] Ding Ruchang (1836–1895). Während des Chinesisch-Japanischen Krieges kommandierte er als Admiral die chinesische Beiyang-Flotte. Als diese im Februar 1895 vor der völligen Vernichtung durch die japanische Flotte stand, beging er Selbstmord.

Abb. 84:　　　　　　　　Abb. 85:　　　　　　　　Abb. 86:
Ma Jianzhong.　　　　　Ding Ruchang.　　　　　Kim Hong-jip.

(1845–1884), die in Begleitung von Ma Jianzhong schließlich am 27. Juni in Chemulpo anlangen. Die Kommunikation fällt schwer und beschränkt sich nur auf eine Verständigung durch geschriebene chinesische Zeichen, die von allen drei Parteien verstanden werden. Andererseits sind umfangreiche Verhandlungen auch nicht erforderlich, da die Texte der Verträge mit Amerika und England zu Grunde liegen.[159]

Nach einer Verhandlungsdauer von nur drei Tagen wird der erste deutsch-koreanische Freundschafts- und Handelsvertrag zur Zufriedenheit beider Parteien am 30. Juni 1882 in Chemulpo in einem zu diesem Anlass hergerichteten Festzelt unterzeichnet. Die Stimmung, die zu dieser feierlichen Stunde besteht, beschreibt Brandt wie folgt:

> „Nach einer halben Stunde kamen wir an ein großes Zelt, das innen und außen mit Fahnen geschmückt war und vor dem eine deutsche und eine chinesische Ehrenwache standen. Im Zelt selbst waren die koreanischen Bevollmächtigten mit einem zahlreichen Gefolge, sowie Ma und Ting und eine ganze Schar chinesischer Offiziere, die mit unseren Offizieren zusammen eine bunte Menge bildeten, die zu dem orientalischen Anstrich des Ganzen passte. Im letzten Augenblick drohte der ganze Vertrag an der Frage der Stelle, wo die Bevollmächtigten zu unterzeichnen hätten, zu scheitern. Der erste koreanische Bevollmächtigte, ein Vetter der Königin, lang und dürr, Don Quichote, war der Krakehler, während der zweite, kurz und dick, Sancho Pansa, die gemütliche Seite der koreanischen Kultur vertrat; schließlich gelang es den Bemühungen Mas, den langen

---

[159] Hierzu und zum Folgenden: Brandt, Max von: a. a. O., S. 237f. – Deuchler, Martina: a. a. O., S. 125.

Herren zu überzeugen, dass seine Ansprüche weder seinen Rechten noch dem allgemeinen Gebrauch entsprächen, die verschiedenen Exemplare des Vertrags, sechs, wurden unterzeichnet und untersiegelt, die Ehrenwachen präsentierten, der Stosch durch Winken einer Postenkette benachrichtigt, salutierte, und damit der Feierlichkeit nichts fehlte, wurde der neue Freundschaftsbund in schlechtem Champagner gefeiert und der Zahlmeister Riemers des Stosch nahm verschiedene Bilder auf."[160]

Abb. 87: Max von Brandt und der erste deutsch-koreanische Vertrag am 30.6.1882. Stich nach einer Aufnahme von Gustaf Adolph Riemer, Zahlmeister der „Stosch". *Von links*: Die chinesischen Vertreter Ma Jianzhong und Ding Ruchang, die koreanischen Bevollmächtigten Kim Hong-jip und Jo Yeong-ha, Kommodore Louis von Blanc, Max von Brandt und ein Offizier von S. M. S. „Stosch".

Nach erfolgreichem Abschluss dieses Vertrages will Brandt nicht nach China zurückkehren, ohne vorher einen Besuch auf Ganghwa-do zu machen, der Insel, die durch die zahlreichen Annäherungsversuche der Ausländer an Korea in aller Munde ist. Nach einer intensiven Besichtigung der historischen Orte der Insel am 1. Juli, geht es schließlich am Tag darauf zurück nach China, wo sie am Nachmittag des 3. Juli in den Hafen von Chefoo einlaufen.

---

[160] Brandt, Max von: a. a. O., S. 243.

Abb. 88: Blick auf Chefoo um 1885.

Bei dem ersten deutsch-koreanischen Vertrag gelingt es Max von Brandt, zwei Neuerungen einzuschließen. Zum einen wird ein dritter Vertragstext in französischer Sprache hinzugefügt, der in Streitfällen ausschlaggebend sein soll, zum anderen gewährt der Vertrag Deutschland und seinen Staatsangehörigen bereits sofort nach der Unterzeichnung alle Vorteile und Rechte der Übereinkünfte, ohne erst die Ratifizierung durch den Reichstag abwarten zu müssen.

Abb. 89: Sir Harry Smith Parkes um 1870.

Nach Aussage Brandts ist Berlin zwar mit dem Ergebnis seiner Bemühungen äußerst zufrieden, doch wird der Vertrag letztendlich nicht ratifiziert.[161] Auch China ist im Oktober 1882 in eine offizielle Handelsbeziehung zu Korea getreten. In ihrem Abkommen werden indes die chinesischen Kaufleute gegenüber ihren europäischen Kollegen mit derartigen Vorrechten ausgestattet, dass England nicht nur unverzüglich Protest dagegen anmeldet, sondern gleichzeitig auch die deutsche Regierung dringend darum ersucht, ihren Vertrag ebenfalls nicht zu ratifizieren. Deutschland, das zwar lediglich um sein politisches Prestige bemüht ist und den kommerziellen Aspekt nur als sekundär betrachtet, schließt sich dennoch den britischen Argumenten an, dass die Zollbedingungen allzu restriktiv seien. Da zudem lediglich der Landesgrenzhandel und weniger der

---

[161] Brandt, Max von: a. a. O., S. 239.

See- und Landverkehr in den Verträgen Berücksichtigung findet, kommt man zu dem Schluss, erneut mit Korea in Verhandlungen treten zu müssen. Dieses Mal will Deutschland jedoch in Kooperation mit England vorgehen. London beauftragt zu diesem Zweck seinen Vertreter in Tōkyō, Sir Harry Smith Parkes (1828–1885), und Berlin den Generalkonsul in Yokohama, Carl Eduard Zappe (1843–1888), als Unterhändler nach Korea, der mit folgender Vollmacht von Kaiser Wilhelm ausgestattet wird:

Abb. 90: Eduard Zappe.

„Wir, Wilhelm, von Gottes Gnaden Deutscher Kaiser, König von Preußen, etc. etc. etc., thuen kund und fügen hiermit zu wissen, dass Wir, von dem Wunsche beseelt, im Namen des Deutschen Reiches einen Freundschafts-, Handels- und Schiffahrtsvertrag mit dem Königreich Korea abzuschließen und zu unterzeichen, Unseren Generalkonsul in Yokohama, Eduard Zappe, dazu ausersehen haben, über einen solchen Vertrag mit dem oder den Bevollmächtigten Seiner Königlichern Majestät des Königs von Korea zu unterhandeln.

Wir versprechen Alles dasjenige gutzuheißen und die Verpflichtungen gewissenhaft zu erfüllen, welche Unser Bevollmächtigter in Gemäßheit der gegenwärtigen Vollmacht und in Übereinstimmung mit seinen Instruktionen eingehen wird.

Zu Urkund dessen haben Wir diese Vollmacht mit Unserer Allerhöchsteigenhändigen Unterschrift und beigedrücktem Kaiserlichen Insiegel versehen.

Gegeben zu Berlin, den 31.ten August 1883.
Gez. Wilhelm"[162]

Am 21. Oktober verlässt Zappe daraufhin auf S. M. Gedeckter Korvette „Leipzig", Kommandant Otto Herbig (1848–1909), Nagasaki und

---

[162] Text entnommen aus: *Gu han-guk oegyo munseo* 舊韓國外交文書, *deogan* 德案 1, Nr. 9, S. 6f.

erreicht drei Tage später den Hafen von Chemulpo. Sir Harry Parkes trifft am 26. Oktober von Shanghai kommend ein. Am frühen Morgen des 27. Oktober begibt sich Zappe an Land und reist in Begleitung von Prof. Paul Mayet (1846–1920), Berater am Landwirtschafts- und Handelsministerium in Tōkyō, dem Dolmetscher des deutschen Konsulats in Yokohama, Hermann Budler (1846–1893), und den beiden Obermatrosen der „Leipzig" Hess und Fluder als Ordonanzen in die Hauptstadt.[163]

Abb. 91: S. M. S. „Leipzig".

In Seoul arbeiten Parkes und Zappe gemeinsam die letzten Details zu einem Entwurf des gewünschten Vertrages aus und legen diesen am 3. November dem koreanischen Amt für Auswärtige Angelegenheiten vor. Die Verhandlungen auf koreanischer Seite werden geführt von Kim Hong-jip, der bereits bei dem ersten Vertrag mit Max von Brandt Bevollmächtigter war, Yi Jo-yeon (1843–1884) und dem Deutschen Paul Georg von Möllendorff (1847–1901), Berater des Monarchen und Vizeminister des koreanischen Amtes für Auswärtige Angelegenheiten. Zu den Hauptpunkten des Übereinkommens wird schnell eine Einigung erzielt, doch unterschiedliche Positionen in Bezug auf Handelsbestimmungs- und Zollfragen belasten immer wieder den weiteren Verlauf der Verhandlungen. Nach vierwöchigen zähen Gesprächen werden jedoch auch die letzten Hürden am 24. November geklärt.

„Seine Majestät der Deutsche Kaiser, König von Preußen, im Namen des Deutschen Reichs einerseits, und Seine Majestät der König von Korea andererseits, von dem Wunsche geleitet, die Beziehungen zwischen den beiden Reichen dauernd freundschaftlich zu gestalten und den Handelsverkehr zwischen den beiderseitigen Staatsangehörigen zu erleichtern, haben den Entschluß gefaßt, zur Erreichung dieser Zwecke einen Vertrag abzuschließen und haben zu diesem Ende zu Ihren Bevollmächtigten ernannt:
Seine Majestät der Deutsche Kaiser, König von Preußen, Allerhöchstihren Generalkonsul in Yokohama, Eduard Zappe,
Seine Majestät der König von Korea, Allerhöchstihren Präsidenten des Auswärtigen Amtes, Würdenträger des ersten Ranges, Ersten

---

[163] Mayet, Paul: „Ein Besuch in Korea im October 1883". In: *MOAG*, Bd. 4, Heft 3 (Sep. 1884), S. 18–28.

Vizepräsidenten des Staatsraths, Mitglied des Königlichen Geheimen Raths und zweiten Vormund des Kronprinzen, Min Jŏng Mok, welche, nachdem sie sich ihre Vollmachten gegenseitig mitgetheilt und solche in guter und gehöriger Form befunden haben, über nachstehende Artikel übereingekommen sind."[164]

Mit diesen Worten erfolgen schließlich am 26. November 1883 der Abschluss und die Unterzeichnung der beiden Handels-, Freundschafts- und Schifffahrtsverträge durch Eduard Zappe und Sir Harry Parkes einerseits und den Präsidenten des koreanischen Amtes für Auswärtige Angelegenheiten Min Yeong-mok (1826–1884) andererseits. Beide Texte sind gleichlautend und erklären in Artikel 1 ewigen Frieden und Freundschaft zwischen dem Königreich Korea und dem Deutschen Reich bzw. Großbritannien. Weiterhin vereinbaren sie geringere Zollsätze und haben eine Meistbegünstigungsklausel. Dieser Vertragstext

Abb. 92: Deutsch-koreanischer Vertrag in deutscher Ausfertigung mit Unterschrift von Zappe.

Abb. 93: Deutsch-koreanischer Vertrag in chinesischer Ausfertigung.

---

[164] Gesamter Vertragstext einzusehen in: *Stenographische Berichte über die Verhandlungen des Deutschen Reichstags*. (Im Folgenden: *Stenographische Berichte*) 5. Legislaturperiode, 4. Session. 1884: Bd. 4, Anlagen zu den Verhandlungen des Reichstages: Aktenstück Nr. 171: „Handel-, Freundschafts- und Schifffahrtsvertrag zwischen dem Reich und dem Königreich Korea. Vom 26. November 1883", S. 1303–1322.

dient dann auch als Modell für die nachfolgenden Abkommen anderer Westmächte mit Korea – Italien: 26. Juni 1884; Russland: 7. Juli 1884; Frankreich: 4. Juli 1886; Österreich-Ungarn: 23. Juni 1892; Belgien: 23. März 1901; Dänemark: 15. Juli 1902.

Abb. 94: Akte betr. deutsch-koreanischer Vertrag von 1883.

Am 28. Juni 1884 wird der deutsch-koreanische Vertrag im Berliner Reichstag in allen Punkten von der Mehrheit angenommen. Eine kleine Resolution wird allerdings noch angehängt. Sie besagt, dass im Vertragstext nach den Worten „zu kaufen" – es handelt sich hierbei um Grundstücke, die von deutschen Reichsangehörigen in Korea erworben werden können – die Worte „zu verkaufen" hinzugefügt werden sollen.[165] Die Ratifikationsurkunden werden daraufhin am 18. November 1884 mit dem Amtsantritt des ersten deutschen Generalkonsuls in Korea, Kapitän zur See Otto Zembsch (1841–1911), in Seoul ausgetauscht.

Trotz des Vertrages bleibt das Interesse Deutschlands an Korea weiterhin gering. Anlässlich der Ratifizierungsdebatte im Reichstag vom 26. und 28. Juni wird eine Grundsatzdiskussion zur deutschen Kolonialpolitik geführt. Dabei kommt u. a. zum Ausdruck, dass man zwar die Interessen deutscher Kaufleute schützen, keinesfalls jedoch Kolonien erwerben will. Es sollen lediglich deutsche Handelsinteressen gegen eine ausschließende Kolonialpolitik anderer Weltmächte geschützt werden. Bismarck vertritt zudem die Meinung, dass entsprechende Initiativen weder von Politikern noch vom Auswärtigen Amt, sondern von den Kaufleuten selbst ausgehen müss-

Abb. 95: Otto von Bismarck um 1895.

---

[165] Stenographische Berichte, 5. Legislaturperiode, 42. Session. 1884: Bd. 76, S. 1084–1086.

ten.[166] Diese Zurückhaltung sollte im Hinblick auf Korea auch dann noch bewahrt werden, als Bismarck 1890 von Kaiser Wilhelm II. als Reichskanzler entlassen wird und dieser auch in Ostasien koloniale Ansprüche anmeldet, die sich aber lediglich auf Erwerbungen in China konzentrieren.

---

[166] Stenographische Berichte, 5. Legislaturperiode, 42. Session. 1884: Bd. 76, S. 1049ff.

V. Verdienstvolle Deutsche im Lande der Morgenstille

Die Liste deutscher Staatsangehöriger in Korea bis 1910 ist relativ lang und umfasst annähernd 300 Personen, soweit sich das bis heute nachprüfen ließ. Wie sich aus der Anzahl schon vermuten lässt, sind sicherlich nicht alle wirklich bedeutend, zumal ihre Motivationen hinsichtlich eines Koreaaufenthaltes unterschiedlicher Natur sind. Haben ein längerer Aufenthalt oder ein kürzerer Besuch der meisten von ihnen auch keinerlei – oder lediglich sehr geringe – nachhaltige Wirkungen auf die politischen oder wirtschaftlichen Beziehungen zwischen dem Deutschen Reich und Korea, so muss doch den wenigen, die das deutsche Prestige in Korea durch ihre einflussreichen Posten nicht nur gefördert, sondern vielmehr bis in die heutige Zeit geprägt haben, besondere Aufmerksamkeit geschenkt werden.

V.1. Baron Paul Georg von Möllendorff (穆麟德 Mok-indeok), Vizeminister der koreanischen Regierung

Abb. 96:
Li Hongzhang.

Durch den ersten Vertrag mit einer westlichen Macht bedingt, hat Korea indessen 1882 in seiner Hauptstadt zwangsläufig ein Amt für Auswärtige Angelegenheiten errichtet, ist aber nach wie vor in außenpolitischen Belangen aufgrund seiner annähernd 250-jährigen Isolation völlig unerfahren und hilflos. In dieser Situation wendet sich König Gojong an China mit der Bitte um einen Berater in Sachen Außenpolitik, Diplomatie, Seezoll und innenpolitischer Reformen. Li Hongzhang, nicht nur Gouverneur und Vizekönig der Provinz Zhili mit Amtssitz in Tianjin, sondern auch von seiner Regierung mit der Wahrnehmung koreanischer Angelegenheiten beauftragt, entsendet daraufhin überraschenderweise 1882 den deutschen Juristen und Sinologen Baron Paul Georg von Möllendorff, der sich als Privatsekretär in seinen Diensten befindet, nach Korea.

Damit ist der Deutsche Möllendorff nicht nur der erste westliche Berater am Hofe König Gojongs in hoher Position, sondern wird gerade aufgrund dieser von anderen westlichen Mächten viel beneideten Stellung und seiner Reformbestrebungen in Korea, aber auch seiner politischen Aktivitäten zum Objekt intensiver Diskussionen, internationaler Seminare und wissenschaftlicher Untersuchungen, obwohl sich sein Aufenthalt und seine Aktivitäten in Korea auf lediglich drei Jahre beschränken. Daher soll auch an dieser Stelle kurz auf seine Herkunft und seinen Werdegang eingegangen werden.

Möllendorff kommt am 17. Februar 1847 in Zedenik in der Provinz Brandenburg als Sohn des preußischen Ökonomiekommissionsrats Georg Heinrich von Möllendorff (1811–1861) und seiner Ehefrau Emma geb. Meyer (?–1872) zur Welt. Nach Versetzung des Vaters in die sächsische Stadt Görlitz, besuchen Paul Georg und sein jüngerer Bruder Otto Franz (1848–1903) die dortige Volksschule und das Gymnasium. Schon sehr früh entwickelt Paul Georg von Möllendorff ein großes Interesse an orientalischen Sprachen. Nach seinem Abitur im Frühjahr 1865 studiert Möllendorff Jura, Philologie und Orientalistik an

Abb. 97:
Paul Georg von Möllendorff.

der Universität in Halle an der Saale und widmet sich dabei intensiven Studien des Hebräischen. Von 1867 bis 1868 verrichtet er im Thüringer Infanterie-Regiment Nr. 86 seinen Militärdienst. Ein Jahr später, 1869, beendet er seine juristischen Studien mit einer angeblich auf Wunsch des Vaters erfolgten Promotion zum Dr. jur., doch ist dies nicht mehr nachweisbar.[167] Nach seinem Studium trägt er sich mit dem Gedanken, in den Konsulardienst des Norddeutschen Bundes einzutreten. Doch soll es dazu nicht kommen. Durch Vermittlung von Ludwig von Gersdorff (?–1870), einem engen Freund der Familie Möllendorff aus Görlitz und Personalreferent in Berlin, erhält er das Angebot, nach China zu gehen, wo der Engländer Sir Robert Hart (1835–1911) Mitarbeiter für den Aufbau eines Seezolldienstes sucht. Nach reiflicher Überlegung gibt Möllendorff seinen ursprünglichen Plan zunächst auf, zumal sein

---

[167] P. G. von Möllendorff †. In: *OL*, Jg. 15, 26. April 1901, S. 352. – Choe Jong-go 최종고 : a. a. O., S. 110.

Abb. 98: Sir Robert Hart.

Vater bereits 1861 verstorben war und er durch die relativ gut dotierte Stellung seine Familie finanziell unterstützen kann.[168]

Nachdem Möllendorff Anfang September 1869 in Berlin mit den nötigen Papieren und Reisegeld ausgestattet ist, fährt er zunächst nach Triest. Von dort geht seine Reise auf verschiedenen Schiffen weiter nach Shanghai, wo er zwei Monaten später anlangt. Am 1. November 1869 tritt Möllendorff seinen Posten an, wird aber bereits am 14. Dezember nach Hankou (Hankow) versetzt, wo er alsbald mit intensiven Studien der chinesischen Sprache beginnt. Die eintönige Büroarbeit im chinesischen Seezolldienst füllt ihn indes nicht aus.

Abb. 99: Otto Franz von Möllendorff.

Als im Jahre 1873 sein Bruder Otto Franz von Möllendorff (1848–1903) als Dolmetscherschüler nach China kommt, entschließt er sich, seinen früheren Plan in die Tat umzusetzen und ebenfalls in das neu geschaffene Auswärtige Amt des Deutschen Reiches einzutreten. Nachdem er Mitte 1874 aus dem chinesischen Seezolldienst ausgeschieden ist, versieht er seinen Dienst als Dolmetscher in verschiedenen deutschen Konsulaten und in der deutschen Gesandtschaft in Peking. Während eines Heimaturlaubs vermählt er sich im Sommer 1877 mit Rosalie Holthausen (1848–1943), der Tochter eines evangelischen Pastors aus dem heutigen Essen-Werden in Nordrhein-Westfalen.[169] Nach seiner Rückkehr aus Deutschland im Jahre 1879 nach Tianjin versetzt, lernt er Li Hongzhang kennen, den wohl bedeutendsten chinesischen Politiker der ausgehenden Mandschu- (Qing) Dynastie (1644–1828), den Sir John Pope Hennessy (1834–1891), britischer Politiker und achter Gouverneur von Hongkong, auch als den „Bismarck Asiens"[170] bezeichnete und in deren Dienste er drei Jahre später eintreten sollte.

---

[168] Hierzu und zum Folgenden: Moellendorff, Rosalie von: *P. G. von Moellendorff. Ein Lebensbild.* Leipzig 1930, S. 3–27.

[169] Leifer, Walter: „Paul-Georg von Möllendorff – Gelehrter und Staatsmann in einer Übergangszeit". In: Leifer, Walter (Hrsg.): 묄렌도르프 (P. G. von Möllendorff). Seoul 1983, S. 75.

[170] Siehe auch: Ehlers, Otto E.: *Im Osten Asiens.* Berlin 1896, S. 120.

„Niemand, der mit dem Verstorbenen in nähere Berührung kam, konnte sich dem Zauber seines gewinnenden Wesens entziehen. Auf allen Gebieten des Wissens zu Hause wusste seine Unterhaltung den Zuhörer stets mächtig zu fesseln. Sein kerndeutsches, offenes Wesen, die Abwesenheit jeden Standeshochmuths gewannen ihm überall Freunde. …"[171]

So ist in einem Nekrolog über Möllendorff im *Ostasiatischen Lloyd*[172] am 26. April 1901 zu lesen. Tatsächlich ist Möllendorff bei den „Westlern" in China, aber vor allem auch bei den Chinesen ein sehr beliebter und gern gesehener Mann. Das sollte sich erst durch seine einflussreiche Position in Korea ändern. Die Öffnung Koreas durch die Japaner 1876 und der erste Vertrag mit Amerika, einer westlichen Macht, im Mai 1882 resultieren in einem rivalisierenden Ringen um die Vormachtstellung in Korea. Jede Nation ist auf ihren eigenen Vorteil bedacht, und so ist es nicht verwunderlich, dass Möllendorffs Position in Korea Missgunst und Neid nach sich zieht. Doch bereits seit seiner Einstellung im Auswärtigen Amt und damit lange Jahre vor seiner Entsendung an den koreanischen Hof gibt es eine Person, die ihm alles andere als gesonnen ist und ihm immer wieder Steine in seinen beruflichen Weg legt: Der Gesandte und sein Vorgesetzter in Peking, Max von Brandt.

Die Differenzen dieser beiden Persönlichkeiten im Fernen Osten sind nicht nur in den diplomatischen Akten des Auswärtigen Amtes belegt, sondern auch in zahlreichen Publikationen über Möllendorff. So heißt es z. B. im Ostasiatischen Lloyd:

„Misshelligkeiten mit dem Gesandten Herrn von Brandt veranlassten ihn [Möllendorff] aber aus dem Staatsdienst auszuscheiden und wieder zum Zollamt zurückzukehren."[173]

Auf die berechtigte Forderung des Auswärtigen Amtes nach einer Rückzahlung gewisser Gelder[174] und ein Begleitschrei-

Abb. 100: *Der Ostasiatische Lloyd.*

---

[171] „P. G. von Möllendorff †". In: *OL*, Jg. 15, 26. April 1901, S. 352.
[172] Älteste deutschsprachige Zeitung in China.
[173] „P. G. von Möllendorff †". In: OL, a. a. O., S. 352.
[174] Siehe hierzu: Kleiner, Jürgen: „Paul Georg von Möllendorff. Ein Preuße in koreanischen Diensten". In: *ZDMG*, Bd. 133, H. 2 (1983), S. 396–399.

ben des Gesandten, in dem von Brandt gegen den Eintritt Möllendorffs in den chinesischen Dienst protestiert, schreibt Möllendorff in sein Tagebuch:

„Ich habe die Nacht vor Ärger nicht schlafen können. Heute Nachmittag kam Wang Yung-ho, der Direktor der Telegraphen, vom Tautai geschickt und zeigte mir den Brief des Jamens[175], dem eine Kopie eines Schreibens des Gesandten beigefügt war. Welche Lügen! Um mich zu ruinieren!" Und Rosalie von Moellendorff fährt fort: „Aber es war nicht das letzte Mal, dass Herr v. B. Moellendorff bei den Chinesen zu schaden und seine Stellung zu untergraben suchte."[176]

Abb. 101: Max von Brandt.

Ein noch deutlicheres Beispiel gibt Max von Brandt selbst. Seine gesamte Karriere und Lebenszeit, die er in Ostasien verbracht hat, und alle diplomatischen, aber auch persönlichen Ereignisse beschreibt Brandt in allen Einzelheiten in seinem dreibändigen Werk mit dem Titel *„Dreiunddreissig Jahre in Ost-Asien. Erinnerungen eines deutschen Diplomaten"*, erschienen in Leipzig in den Jahren 1900 bis 1901, doch wird der Name Möllendorff darin nicht ein einziges Mal erwähnt.

Es kann nur reinen Spekulationen überlassen bleiben, was die Zwistigkeiten zwischen Möllendorff und Brandt verursacht haben und ob sie rein beruflichen oder eher privaten Ursprungs waren. Doch eines bleibt eine Tatsache: Wäre das Verhältnis zwischen beiden ein freundschaftliches gewesen, hätte Möllendorff seinen Posten im Auswärtigen Amt nicht so ohne weiteres verlassen und hätte sicherlich zufriedener seinen Dienst im Auswärtigen Amt des Deutschen Reiches versehen. So muss der deutsche Wissenschaftler, der vielleicht mit einem gewissen Stolz seinen Landsmann zum Objekt seiner Forschungen gemacht hat, Max von Brandt für seine Abneigung

---

[175] Staatssekretariat bzw. Amtssitz eines siegelberechtigten hohen Beamten.
[176] Moellendorff, Rosalie von: a. a. O., S. 34.

gegen Möllendorff in einem gewissen Sinne sogar dankbar sein. Denn ohne diese wäre zweifellos kein Deutscher als erster westlicher Berater an den Hof nach Seoul entsandt worden. Und gerade diese Stellung ist es, die Möllendorff ins Rampenlicht der damaligen, aber auch noch der heutigen koreanischen Öffentlichkeit stellt.

So geben schließlich ständige Versetzungen, das Ausbleiben der längst überfälligen Ernennung zum Konsul und vor allem die persönlichen Differenzen zwischen dem deutschen Gesandten in Peking, Max von Brandt, und ihm im September 1882 den Ausschlag zu Möllendorffs Ausscheiden aus dem diplomatischen Dienst.[177]

Abb. 102: Sir Robert Hart.

Schon kurze Zeit nach seiner Anstellung bei Li Hongzhang wird davon geredet, ihn als Berater an den koreanischen Hof zu entsenden. Durch intensives Studium der koreanischen Sprache versucht sich Möllendorff daraufhin, auf seine neue und vielversprechende Aufgabe vorzubereiten. Die Amerikaner, Engländer und Japaner, die von diesem Plan erfahren, versuchen unverzüglich, Möllendorff durch eigene Landsleute zu ersetzen, da sie sich von dieser einzigartigen Stellung im bisher so hermetisch abgeschlossenen Korea sowohl politische als auch ökonomische Vorteile erhoffen. Sir Robert Hart, der frühere Vorgesetzte Möllendorffs im chinesischen Seezolldienst, geht dabei sogar soweit, sich offen gegen Möllendorff zu stellen und den Chinesen anzubieten, einen Engländer unentgeltlich nach Korea zu schicken. Sämtliche Bemühungen bleiben jedoch vergebens, und Paul Georg von Möllendorff wird von Li Hongzhang zum Ratgeber des koreanischen Königs ernannt, was am 18. November 1882 mit einem Vertrag besiegelt wird.[178]

Abb. 103: Kim Yun-sik.

Die Wahl Möllendorffs als geeigneter Kandidat für die schwierige Aufgabe in Korea begründet Li dem derzeit in Tianjin weilenden koreanischen Gesandten Kim Yun-sik (1835–1922), einem hochrangigen und einflussreichen Beamten am Seouler Königshof, u. a. wie folgt:

---

[177] Moellendorff, Rosalie von: a. a. O., S. 29–32.
[178] Moellendorff, Rosalie von: a. a. O., S. 35–39.

„Die Deutschen flößen den Japanern Achtung ein. Möllendorff ist ein Deutscher. Bisher haben die Japaner ihren Willen ohne Rücksicht auf die koreanische Meinung durchgesetzt. Nach meiner Ansicht kann Möllendorff in Zukunft die Japaner hindern, in Korea ihren Übermut spielen zu lassen. ..."[179]

Am 4. Dezember verlässt Möllendorff Tianjin, um zunächst nach Chefoo zu segeln. Von dort geht es am 6. an Bord der „Hingshin" weiter in Richtung Korea. In seiner Begleitung befinden sich neben einer koreanischen Gesandtschaft unter Leitung von Jo Yeong-ha (1845–1884), einem Mitglied der königlichen Familie, Kim Yun-sik, einige chinesische Würdenträger, zwei vor kurzem aus den USA zurückgekehrte chinesische Studenten sowie die zwei britischen Ingenieure R. R. Burnett und G. A. Butler von der „Kaiping Mining and Engineering Company" in der südchinesischen Provinz Kanton.[180] Am 8. Dezember erreicht das Schiff die Westküste Koreas und ankert zwischen den vor Chemulpo liegenden Inseln. Einen Tag später, am 9. Dezember 1882, betritt Möllendorff zum ersten Mal auf der Insel Wolmi-do koreanischen Boden, ohne zu ahnen, dass ihm gerade diese Insel später vom Monarchen Koreas zum Geschenk gemacht werden sollte. *Der Ostasiatische Lloyd* schreibt dazu:

Abb. 104: Insel Wolmi-do vor Chemulpo um 1900.

---

[179] Text entnommen aus: Kim, Jang-soo: a. a. O., S. 58
[180] Hierzu und zum Folgenden: Deuchler, Martina: a. a. O., S. 161. – Moellendorff, Rosalie von: a. a. O., S. 41f.

„Vor vielen Jahren bot der Kaiser von Korea aus Dankbarkeit dem kürzlich verstorbenen Herrn P. G. von Möllendorff diese Insel (Roze-Island von den Fremden genannt) als Geschenk an; bescheidener Weise aber schlug Möllendorff sie damals aus."[181]

In der Hauptstadt Seoul trifft Möllendorff schließlich am 13. Dezember ein und hat seine erste Begegnung mit dem Monarchen des Landes, als dieser ihn am 26. Dezember in Audienz empfängt.[182]

Möllendorff, der damit der erste Westler ist, der König Gojong gegenübersteht, hatte sich auf dieses Treffen vorbereitet und weiß sehr wohl, wie man sich als „nicht konfuzianisch erzogener Barbar" zu benehmen hat: In Frack und mit seinen Orden versehen verbeugt er sich dreimal vor dem König, nachdem er vorher entsprechend der Sitte seine Brille abgesetzt hat, und sagt folgenden einstudierten Satz auf Koreanisch:[183]

Abb. 105: Audienzhalle im Gyeongbok-Palast.

„ 신이 귀국에 와 불러 보시니 감축하와, 갈력진심 하올 것이니, 군주께서도 강신을 신임 하옵 시기를 바람나이다."
[Sini gwigug-e wa bulleo bosini gamchukha-wa, gallyeok jinsim haol geosini, gunju-kkeseodo gangsin-eul sinim haop sigi-reul baramnaida.]

Ins moderne Koreanisch übertragen und ins Deutsche übersetzt lautet dieser Satz:

„ 신하를 귀하의 나라에 불러주시니 감사하며 , 최선을 다할 것 이니 왕께서도 신하를 신임하시기 바랍니다 ."
[Sinha-reul gwiha-ui nara-e bulleojusini gamsahamyeo, choeseon-eul dahal geosini wang-kkeseodo sinha-reul sinim hasigi baramnida.]

---

[181] OL, Jg. 15, 31. Mai 1901, S. 455: „Koreanisches".
[182] Lee, Yur-Bok: *West goes East. Paul Georg von Möllendorff and Great Power Imperialism in Late Yi Korea.* Honolulu 1988, S. 47.
[183] Ins Koreanische übertragen nach: Moellendorff, Rosalie von: a. a. O., S. 48.

„Ich danke Eurer Majestät, dass Sie mich in Euer Land gerufen haben, und indem ich mein Bestes geben werde, bitte ich Eure Majestät, auch mir Vertrauen zu schenken."

Dem König scheint das Verhalten des Fremden sehr zu gefallen. Er bittet Möllendorff, seine Brille wieder aufzusetzen und fragt ihn nach seiner Familie. Seine Frau Rosalie, die vorerst in Tianjin geblieben ist, da sie ein Kind erwartet, sollte ihrem Mann erst nach Korea folgen, nachdem dieser Arrangements für eine Unterkunft getroffen hatte. Auch Möllendorff ist in gleicher Weise von dem Monarchen und seiner Freundlichkeit ihm gegenüber angetan. Unmittelbar nach dieser Audienz wird er zum Berater des neu eingerichteten Amtes für Auswärtige Angelegenheiten ernannt.[184]

Abb. 106: Paul Georg von Möllendorff in koreanischer Tracht.

Aufgrund seiner langjährigen Erfahrung auf diplomatischem Gebiet und auch im chinesischen Seezollamt, besteht Möllendorffs Aufgabe in Korea vornehmlich darin, ein Seezollwesen nach chinesischem Muster aufzubauen, aber auch in Angelegenheiten der Außenpolitik in beratender Funktion tätig zu sein. Im koreanischen Amt für Auswärtige Angelegenheiten bekleidet er den Rang eines *champan*[185] (Beamter zweiten Grades), was heutzutage mit der Stellung eines Vizeministers vergleichbar ist. Um eine erfolgversprechende Arbeit in Korea leisten zu können und auch von seinen koreanischen Kollegen akzeptiert zu werden, übernimmt Möllendorff bis zu einem gewissen Grad die koreanischen Sitten und kleidet sich auf Wunsch des Königs stets in traditioneller koreanischer Amtstracht. Er nimmt den koreanischen Namen Mok In-deok an und ist daher in Verbindung mit seinem Rang bei jedermann als Mok Champan bekannt.[186] Dieser Umstand trägt zweifellos dazu bei, dass er sich den Koreanern weiter annähert als irgendein anderer Westler vor und nach ihm.

---

[184] Moellendorff, Rosalie von: a. a. O., S. 48f. – Lee, Yur-Bok: a. a. O., S. 48.
[185] *Champan* 參判 bedeutet etwa (königlicher) Rat(sherr).
[186] Moellendorff, Rosalie von: a. a. O., S. 49.

Vom 7. Februar bis zum 10. April 1884 begibt sich Möllendorff nach China, um in Shanghai und Tianjin nicht nur um finanzielle Unterstützung seiner Koreaprojekte zu ersuchen, sondern auch um die personelle Frage für den Aufbau des koreanischen Seezollwesens zu klären, da er erfahrene europäische und amerikanische Mitarbeiter für diese Aufgabe braucht. Weiterhin versucht er, Handelshäuser und Kaufleute für Korea zu interessieren; es werden Verträge zu Schiffsverkehr, Handelsverbindungen und Konzessionen geschlossen, über eine Kabelverbindung zwischen Shanghai und Seoul sowie eine Landlinie zwischen Seoul und Wladiwostok verhandelt, Gespräche zur Verbesserung der koreanischen Seidenkultur geführt und vieles mehr.[187]

Zwei Tage nach seiner Rückkehr macht König Gojong Möllendorff ein Anwesen in Bak-dong, dem heutigen Seouler Bezirk Susong-dong in unmittelbarer Nähe des Gyeongbok-Palastes, zum Geschenk, das eher einem kleinen Palast gleicht und sowohl als Residenz der Familie Möllendorff als auch als offizieller Amtssitz fungiert. Möllendorff beschreibt es wie folgt:

„Zwar ganz koreanisch ist das Gebäude, doch großartig und sehr bequem. Alles neu beklebt, der Fußboden mit grünem Wollstoff anstatt der Teppiche belegt, die vielen Pfeiler mit Sinnsprüchen auf rotem mit Gold betupftem Papier verziert. An den Wänden große koreanische Gemälde, vor den vielen Papierfenstern lila Gardinen. Die innere Einrichtung ist für unsere Begriffe ziemlich wunderlich und schwer zu beschreiben, doch lässt es sich mit europäischen Möbeln überall behaglich machen. … Vor dem Haupthaus, das eigentlich aus zwei Häusern besteht, ist ein großer freier Platz, aus dem später ein Tennisplatz und großer Garten entstand. Außer dem Wohnhaus, in dessen nächster Nähe Vorratshäuser, Küchen- und Dienerwohnungen waren, gehörte zu dem Grundbesitz ein zweiter, dritter und vierter Hof, je mit Wohn-, Küchen- und Dienerhäusern."[188]

Nachdem Möllendorff Ende 1885 Korea verlassen hat, zieht zunächst 1886 das deutsche Konsulat, das bis dahin in der Nähe des Südtores (kor. Namdae-mun bzw. Sungye-mun) zu finden war, vorübergehend in das Anwesen.[189] Erst später bezieht das Konsulat ein eigenes Haus am

---

[187] Moellendorff, Rosalie von: a. a. O., S. 52–54.
[188] Moellendorff, Rosalie von: a. a. O., S. 54f.
[189] Kraus, Friedrich: „Das Königreich Korea". In: *Unsere Zeit*, Bd. 1 (1889), S. 73.

Abb. 107: Beamte des Auswärtigen Amtes vor Möllendorffs Haus 1884.

Fuße des Südberges (kor. Namsan) zwischen den Bezirken Hoehyeon-dong und Sang-dong. Konsul Dr. Heinrich Weipert weiht das neue Konsulatsgebäude am 14. Juni 1902 mit einer großen Feier ein.

Während seines relativ kurzen Aufenthaltes in Korea von Ende 1882 bis 1885 spielt Möllendorff dennoch eine bedeutende Rolle im Modernisierungsprozess des Landes, zumal er großen Einfluss auf den König hat, da dieser ihn sehr schätzt und ihm uneingeschränktes Vertrauen entgegenbringt. In seiner Eigenschaft als Generalzolldirektor kommt er nicht nur seiner Hauptaufgabe nach, sondern wirkt daneben auch als Berater auf vielerlei Gebieten wie im Finanz-, Justiz- und Militärwesen sowie in Landwirtschaft, Handwerk und Industrie. Ebenso bemüht er sich um die Schaffung eines modernen Schulwesens, die Vermittlung technischer Kenntnisse und den Aufbau einer koreanischen Industrie, die sich an das traditionelle Kunsthandwerk anlehnen soll. In kurzer Zeit bekleidet der deutsche Baron hohe koreanische Adelspositionen innerhalb der Regierung, angefangen vom Posten eines Vizeministers im Amt für Auswärtige Angelegenheiten, des Ministeriums für Arbeit und des Kriegsministeriums, bis hin zum Direktor der neuen staatlichen Münze. In seiner beratenden Funktion bezüglich der Außenpolitik ist Möllendorff nicht nur maßgeblich und persönlich an den Verhandlungen des amerikanisch-koreanischen Vertrages beteiligt, sondern anschließend auch an beiden Verträgen mit Deutschland und England sowie den folgenden mit Italien und Russland. Sein persönliches Engagement gilt diesbezüglich ganz allein der wirtschaftlichen und politischen Entwicklung des Landes. Möllendorff ist der festen Überzeugung, dass die Beziehungen Koreas zu möglichst vielen Ländern letztendlich die Unabhängigkeit des Königreichs garantieren könnten. Dabei richten sich seine Bemühungen nicht nur gegen den immer stärker werdenden Einfluss Japans, sondern auch gegen den traditionsgebundenen Machtanspruch Chinas an Korea. Die Chinesen, die ihn nicht uneigennützig nach Korea entsandt haben, müssen daher bald feststellen, dass Möllendorff auch entgegen ihren Interessen handelt.[190]

Zur Verwirklichung seiner ehrgeizigen Reformziele holt der „deutsche Koreaner" etliche Fachleute unterschiedlicher Nationalität ins Land, wobei eine gewisse Bevorzugung von Landsleuten nicht abzuleugnen ist, was Möllendorff auch später seitens der rivalisierenden Großmächte zum Vorwurf gemacht wird.[191] Neben einer Anzahl deutscher Mitarbeiter im Seezolldienst lädt er z. B. 1883 den deutschen Geologen Carl Christian Gottsche (1855–1909) zur Untersuchung der geologischen Bodenverhältnisse nach Korea ein. Nach einem kurzen Besuch noch im gleichen Jahr, hält sich Gottsche 1884 insgesamt acht Monate in Korea auf und unternimmt zwei ausgiebige Forschungsreisen durch alle acht Provinzen des Landes. In den Jahren 1884 und 1885 holt Möllendorff weitere Experten in das Königreich: Der Deutsch-Amerikaner Joseph Rosenbaum soll aus dem Sand des Han-gang-Flusses eine Glasproduktion aufbauen. Das Projekt muss jedoch aufgegeben werden, da die Beschaffenheit des Sandes für das Vorhaben nicht geeignet ist. Rosenbaum versucht daraufhin, eine Streichholzfabrik in Gang zu setzen, hat damit aber ebenfalls keinen Erfolg. August H. Maertens aus Shanghai wird für eine Seidenraupenzucht engagiert, der in Japan lebende Kniffler für den Ausbau der koreanischen Tabakkultur

---

[190] Hierzu und zum Folgenden: Deuchler, Martina: a. a. O., S. 162–164. – Leifer, Walter: a. a. O., S. 79–82. – Park, Chan Il: „Thesen zur Wirtschaftspolitik und zum Wirtschaftskonzept Möllendorffs". In: Leifer, Walter (Hrsg.): 묄렌도르프 (P. G. von Möllendorff). Seoul 1983, S. 244–253. – 최종고 (Choe Jong-go): a. a. O., S. 116–118. – Kleiner, Jürgen: *Paul Georg von Möllendorff*. A. a. O., S. 409–412.
[191] Deuchler, Martina: a. a. O., S. 163.

und der Landwirt Paul Helm zwecks Kultivierung eines größeren Guts nach deutschem Muster. Alle drei Projekte scheitern letztendlich an mangelnder Investitionsbereitschaft der koreanischen Behörden. Das permanente finanzielle Problem gedenkt Möllendorff durch die Errichtung einer neuen Münze in Griff zu bekommen, zu deren Direktor er im März 1884 ernannt wird. Dieses Mal lässt er nicht nur drei Ingenieure aus Deutschland kommen (Friedrich Kraus, Claus Diedricht und C. Riedt), sondern bestellt dort ebenso die nötigen Maschinen, die von der einzigen deutschen Handelsfirma in Korea, H. C. Eduard Meyer & Co., importiert werden.

Abb. 108: Li Hongzhang.

Von Möllendorff, der nicht zuletzt von Li Hongzhang nach Korea empfohlen worden ist, um auch als Gegenspieler der Japaner aufzutreten, unterliegt am Ende den Intrigen und dem Ränkespiel rivalisierender Mächte im Kampf um die Vorherrschaft auf der koreanischen Halbinsel. In seinen Bemühungen um ein sicheres Fortbestehen der Selbständigkeit des Königreichs wendet sich Möllendorff eigenmächtig an Russland. Mit Wissen Gojongs, aber ohne Autorisation des koreanischen Kabinetts tritt er in geheime Verhandlungen mit dem russischen Gesandten in Tōkyō Alexis de Speyer (Aleksej Nikolajewitsch Speier) zwecks Anwerbung russischer Militärinstrukteure und bittet ihn um Hilfe für den Fall eines chinesisch-japanischen Konflikts. Gleichzeitig sendet König Gojong zum selben Zweck Kim Yong-won (1842–?) in geheimer Mission nach Wladiwostok. Als Gegenleistung fordert Russland die leihweise Abtretung der Yeongheung-man-Bucht vor Wonsan. Als Folge dieser Verhandlungen kommt es im Juni 1885 zu einem russisch-koreanischen Geheimabkommen. Damit übertritt Möllendorff jedoch seine Kompetenzen und löst gleichzeitig einen Sturm der Entrüstung nicht nur bei den fremden Mächten aus. Auch die koreanischen Minister, insbesondere Außenminister Kim Yun-sik, lehnen das Abkommen nicht nur vehement ab, sondern kritisieren das eigenständige Handeln Möllendorffs, aber auch des Monarchen in aller Form. Am 27. Juli 1885 wird Möllendorff als Folge seiner Eigenmächtigkeit aus dem Amt für Auswärtige Angelegenheiten entlassen und verliert noch im selben Jahr, am 4. September, im Seezollamt und am 17. Oktober in der Münze seinen Direktorenposten. Daraufhin kehrt er am 5. Dezember 1885 nach China zurück und verbleibt zunächst als Privatsekretär in den Diensten Li Hongzhangs.[192]

Abb. 109: Owen Nickerson Denny.

Trotz von Möllendorffs Entlassung geben weder König Gojong noch Li Hongzhang die Idee auf, einen westlichen Berater am Hofe Koreas einzustellen. Dieses Mal sollen jedoch die Befugnisse insofern eingeschränkt bleiben, dass der koreanische Seezolldienst und die Beraterstelle im Amt für Auswärtige Angelegenheiten von zwei verschiedenen Personen besetzt wer-

Abb. 110: Yuan Shikai.

den. Für den ersten Posten findet Li Hongzhang in dem Amerikaner Henry Ferdinand Merrill einen Mann, der bereits im chinesischen Seezolldienst unter Robert Hart tätig ist und willig seinen Anweisungen folgt. Als Nachfolger von Möllendorffs im Amt für Auswärtige Angelegenheiten wird der Friedensrichter aus Oregon Owen Nickerson Denny (1838–1900)[193] berufen, seit 1880 amerikanischer Generalkonsul in Shanghai. Auf ähnliche Weise wie Möllendorff versucht Denny indes, sich für eine koreanische Unabhängigkeit einzusetzen und handelt damit ebenfalls entgegen chinesischen Interessen. Diese werden wahrgenommen vom chinesischen Vertreter in Korea, Yuan Shikai (1859–

---

[192] Nahm, Andrew C.: „Korea and Tsarist Russia: Russian Interest, Policy, and Involvement in Korea, 1884–1904". In: *KJ*, Bd. 22, Nr. 6 (Juni 1982), S. 6f. – Kim, Jang-soo: a. a. O., S. 61–65. – Yi Gwang-rin 李光麟: *Han-guksa gangjwa. Geundae-pyeon* 韓國史講座. 近代篇, Bd. 5, Seoul 1986, S. 201–205. – Moellendorff, Rosalie von: a. a. O., S. 81–84. – Deuchler, Martina: a. a. O., S. 163f. – Kleiner, Jürgen: *Paul Georg von Möllendorff*. A. a. O., S. 419–424.

[193] Owen Nickerson Denny (1838–1900): ab 1877 amerikanischer Konsul in Tianjin, ab 1880 Generalkonsul in Shanghai. Vom 28. Mai 1886 bis zum 28. Mai 1890 Berater König Gojongs und Direktor für auswärtige Angelegenheiten im Amt für Auswärtige Angelegenheiten. Seine Stelle als Berater des Königs wurde im April. 1890 von dem Amerikaner Charles W. Legendre übernommen. Siehe: Swartout, Robert R.: Mandarins, *Gunboats, and Power Politics: Owen Nickerson Denny and the International Rivalries in Korea*. Hawaii 1980.

1916)[194], der von 1885 bis 1894 sowohl als Generalresident als auch als Oberbefehlshaber der in Korea stationierten chinesischen Truppen fungiert. Yuan lässt nichts unversucht, China den Sieg im Kampf um die koreanische Vormachtstellung zu sichern. Politische Konspirationen, Intrigen und die chinesische Opposition bezüglich seiner Korea-Politik erschweren die Lage für Denny erheblich, so dass er sich Anfang 1888 zur Aufgabe seines Postens entschließt.[195]

In dieser Situation entsendet Li Hongzhang Paul Georg von Möllendorff in einer vorläufig diskreten Mission zum zweiten Mal nach Korea, um die Chancen für eine eventuelle Wiedereinstellung seines Mitarbeiters in seine frühere Stellung als Berater des Königs zu sondieren. Möllendorffs Auftauchen in Korea bewirkt alsbald eine Welle von Protesten. Die Vertreter rivalisierender Mächte erheben Einspruch gegen die Wiedereinstellung Möllendorffs und setzen König Gojong derart unter Druck, dass dieser Möllendorff zunächst nicht empfangen will. Erst nach langem Warten sieht sich der König gezwungen, Möllendorff einen negativen Bescheid zukommen zu lassen. Auch Max von Brandt, der deutsche Gesandte in Peking, beteiligt sich an dieser Aktion. Er legt nicht nur persönlich Einspruch bei Li Hongzhang gegen Möllendorffs Einstellung ein, sondern schickt gleichzeitig ein Telegramm an Konsul Ferdinand Krien in Seoul mit der Anweisung, die Tätigkeiten Möllendorffs in Korea zu unterbinden. Bereits als Möllendorffs Absicht, erneut nach Seoul zu kommen, bekannt wird, bedrängen Vertreter westlicher Mächte, insbesondere Russland, Owen Denny dermaßen, dass dieser noch am Tage der Ankunft Möllendorffs in der

---

[194] Yuan Shikai (1859–1916), Militärführer und Politiker während der späten Qing-Dynastie und der Republik China. Er baute eine moderne Armee auf und zwang mit ihrer Hilfe 1912 die Qing-Dynastie zur Abdankung. 1913 wurde Yuan zum ersten Staatspräsidenten der Republik China gewählt. Sein Versuch, 1915 eine neue Monarchie mit ihm als Kaiser zu gründen, scheiterte aufgrund innerpolitischer Oppositionen, so dass er am 21. März 1916 auf den Kaiserthron verzichtete. Kurze Zeit darauf starb Yuan am 6. Juni 1916 an Nierenversagen.

[195] Swartout, Robert R.: Mandarins, *Gunboats, and Power Politics: Owen Nickerson Denny and the International Rivalries in Korea*. University of Hawaii Press (November 1980), S. 42–44, 103–122. – Moellendorff, Rosalie von: a. a. O., S. 84f. – Choe Jong-go 최종고 : a. a. O., S. 120f. – Koh, Byong-ik: „The Role of Westerners Employed by the Korean Government in the Late Yi Dynasty". In: *International Conference on the Problems of Modernization in Asia, June 28 – July 7. 1965*, Seoul, Korea University, S. 254. – Morse, Hosea Ballou: *The International Relations of the Chinese Empire. Vol. 3: The Period of Subjection 1894–1911*, S. 12–15.

Hauptstadt am 14. Mai 1888 seinen Vertrag um weitere zwei Jahre verlängert.[196]

Damit sind Möllendorffs Hoffnungen, noch einmal in und für Korea tätig zu werden, endgültig begraben. Mitte Juli 1888 wird er nach China zurückbeordert und tritt zunächst wieder als Privatsekretär in die Dienste Li Hongzhangs. 1889 geht er indes auf Anerbieten von Sir Robert Hart in den chinesischen Zolldienst zurück und tritt seinen ersten Posten in

Abb. 111: Reichspostdampfer „Prinz Heinrich" des Norddeutschen Lloyd.

Shanghai als stellvertretender Bevollmächtigter des Statistischen Amtes an. Im Jahre 1897 schließlich wird er zum Bevollmächtigten ernannt, doch ist diese Beförderung mit einer Versetzung nach Ningbo (WG Ningpo) in der Provinz Zhejiang (Chekiang), gekoppelt, einer Hafenstadt mit nur sehr wenigen Europäern. Aus diesem Grund sieht sich Möllendorff gezwungen, seine Frau mit seinen drei Töchtern am 13. September 1899 mit dem Reichspostdampfer „Preußen" des Norddeutschen Lloyd von Shanghai aus zur schulischen Ausbildung nach Deutschland zu schicken. Da er selbst seit 1877 nicht mehr in der Heimat war, plant er, baldmöglichst einen Urlaub zu beantragen, um seine Familie zu besuchen. Immer wieder werden seine Urlaubspläne indes verzögert, so dass es ihm erst 1901 gelingt, eine Passage auf dem Reichspostdampfer „Prinz Heinrich" des Norddeutschen Lloyd zu reservieren. Doch sollte ihm das Schicksal auch diesmal nicht gesonnen sein. Nachdem er seiner Familie telegraphisch seine baldige Ankunft mitgeteilt hat, erleidet er am selben Abend eine schwere Kolik. Auch seine schlimmsten Befürchtungen bezüglich einer japanischen Vormachstellung in Korea erlebt er dadurch nicht mehr. Am 20. April 1901, vier Jahre vor der japanischen Annexion, stirbt Paul Georg von Möllendorff im Alter von 54 Jahren in Ningbo und wird auf dem dortigen Friedhof beigesetzt.[197]

---

[196] AA, Korea I, Bd. 9: ‚Schreiben von Konsul Krien aus Seoul vom 30. Mai 1888.' – Moellendorff, Rosalie von: a. a. O., S. 85f, 88, 92f.
[197] „P. G. von Möllendorff †". In: *OL*, a. a. O., S. 353. – Moellendorff, Rosalie von: a. a. O., S. 109, 117f.

V.2. Carl Andreas Wolter (華爾德 Hwa-i-deok) und die deutsche Handelsfirma **H. C. Eduard Meyer & Co.** (世昌洋行 Sechang yanghaeng)

Abb. 112: Hausflagge der Firma Meyer & Co.

Abb. 113: Heinrich Constantin Eduard Meyer.

Die Handelsfirma Meyer & Co., Sechang yanghaeng, ist die erste und auf lange Jahre auch einzige deutsche Firma in Korea. Ihr Chef, der Hamburger Kaufmann Heinrich Constantin Eduard Meyer (1841–1926), unterhält außer in London noch Niederlassungen in Tianjin, Hongkong, Shanghai und Hankou, durch die er lange Jahre hindurch in Ostasien erfolgreich tätig ist. Kurz nachdem Paul Georg von Möllendorff auf seinen Posten an den koreanischen Hof berufen ist, kann er in Shanghai die am 1. Juli 1832 in Kanton von Dr. William Jardine (1784–1843) und James Matheson (1796–1878) gegründete Firma Jardine, Matheson & Co[198], eines der ältesten britischen Handelshäuser in China, für Korea interessieren. In Tianjin richtet er sich aber auch an das deutsche Haus Meyer & Co. und regt an, in Chemulpo ebenfalls eine Filiale zu eröffnen. Die Gelegenheit, in einem Lande, das gerade erst dabei ist, sich dem Westen zu öffnen, wirtschaftlich Fuß zu fassen, lässt sich Meyer nicht entgehen und beauftragt 1883 den Hamburger Kaufmann und Teilhaber **Carl Andreas Wolter** (1858–1916) mit dem Aufbau und der Leitung einer Handelsniederlassung in Korea.[199] H. C. Eduard Meyer selbst wird 1886 von der koreanischen Regierung zum ersten Honorarkonsul ernannt und vertritt damit offiziell in Hamburg die Interessen Koreas in Deutschland.

Die Existenz lediglich eines einzigen deutschen Handelshauses in Korea gibt dann auch während einer Debatte im Reichstag vom 4. März 1885, bei der es um die Bewilligung eines Konsulats oder Generalkonsulats geht, Anlass zu gewisser Heiterkeit seitens der liberalen Parlamentsmehrheit. Der Abgeordnete Richter führt dabei aus:

---

[198] Der koreanische Name der Firma lautet: 怡和洋行 Ihwa yanghaeng.

[199] Wolter, Carl: „Korea, einst und jetzt". In: *Mitteilungen der Geographischen Gesellschaft in Hamburg*, Bd. 17 (1901), S. 64.

„Nun ist weiter nichts nachgewiesen, als dass erst ein Meyer dort angesiedelt ist. Mir ist zweifelhaft, ob der Meyer selbst da ist; ich glaube, er hat nur einen Kommis da, er selbst ist in China, die Firma hat bloß eine Station, einen Vertreter in Korea, der auch in dieser Zeit in den öffentlichen Blättern genannt ist. Nun meine ich: wenn Sie überhaupt nicht im Stande sind, mehr wie ein deutsches Geschäft nachzuweisen, da wäre ein Konsul, dem man 24 000 Mark geben soll, vollständig ausreichend für das eine Geschäft. Mir ist zweifelhaft, ob das eine Geschäft 24 000 Mark für sich verdient, eine Summe verdient, die wir von Reichswegen zulegen sollen, um das eine Geschäft von Reichswegen zu schützen. Mir wird es sehr schwer, auch nur dieses eine Konsulat zu bewilligen; aber dass ich für den einen Meyer zu dem Konsul noch einen Generalkonsul hinsetzen soll, das geht mir doch über den Spaß."[200]

Dies zeigt doch allzu deutlich, welch geringe Bedeutung Korea beigemessen wird. Auch Reichskanzler Bismarck weist im Vergleich mit China zum wiederholten Male auf den geringen Stellenwert Koreas im Rahmen der deutschen Handelsinteressen in Ostasien hin, indem er in einer Aktennotiz festhält: „Ich wiederhole, dass in Korea kein Interesse für uns steckt, welches eine Schwächung unserer chinesischen Beziehungen werth wäre."[201]

Abb. 114: Otto von Bismarck um 1887.

Berlin behält zwar zunächst in Korea einen General- und Vizekonsul, sieht aber keine Veranlassung, den deutschen Vertreter in Seoul gegenüber seinen Amtskollegen anderer Nationen rangmäßig aufzuwerten. Der erste Generalkonsul Otto Zembsch und sein Nachfolger, Generalkonsul Peter Kempermann (1845–1900), der bereits 1887 abgelöst wird, bleiben dann auch über 16 Jahre hinweg die rangmäßig höchsten deutschen Beamten in Korea. Von 1887 bis 1903 amtiert in Seoul als Vertreter des Deutschen Reichs lediglich ein Konsul, zeitweise sogar nur ein Vizekonsul (Konsul Ferdinand Krien: 1887–1898; Vizekonsul Felix Reinsdorf: 1898–1900; Konsul Heinrich Weipert: 1900–1903). Erst nachdem etliche Reichsangehörige mit Rang und

---

[200] Stenographische Berichte, 6. Legislaturperiode, 1. Session, 1884–85: Bd. 3, 58. Sitzung, 4. März 1885, S. 1570.
[201] AA, Korea 1, Bd. 6: ‚Aktennotiz Bismarcks vom 20. Juli 1885'.

Namen im Anschluss an ihren Koreabesuch dem Auswärtigen Amt berichtet haben, welche Nachteile dem deutschen Konsul und dem deutschen Handelshaus Meyer & Co. in Konkurrenz mit den anderen Firmen um koreanische Konzessionen oftmals aufgrund mangelnden Einflusses entstehen würden, gibt Berlin seine desinteressierte Haltung auf. So schreibt z. B. Prinz Heinrich von Preußen (1862–1929) anlässlich seines Besuches in Korea am 29. Juni 1899 aus Yokohama an Kaiser Wilhelm II.:

Abb. 115: Prinz Heinrich von Preußen.

„Korea ist ein Land, dem im Allgemeinen wenig Beachtung geschenkt wird, oder aber über welches verhältnismässig wenig bekannt ist; neben anderen Gründen, dürfte es diesen Umstands zuzuschreiben sein, dass das deutsche Reich nur durch ein Konsulat vertreten ist. Nach meinen jetzt empfangenen Eindrücken, würde ich die Schaffung einer Ministerresidentur, als den koreanischen Verhältnissen und der Würde des deutschen Reiches entsprechend, für wünschenswerth halten. – Der König soll wiederholt nach dieser Richtung hingehende Wünsche geäussert haben. Bemerkt darf noch werden, dass weder das deutsche Konsulatsgebäude, noch der Umstand, dass der Konsul für längere Zeit durch einen Vizekonsul vertreten wird, dem Ansehen des Reiches dienlich sind."[202]

Als Bruder des Kaisers hat Prinz Heinrich damit zweifellos eine gewichtige Stimme, doch soll es noch weitere drei Jahre dauern, bis sein Appell in die Tat umgesetzt wird. Mit der Ernennung Conrad von Salderns (1847–1908) zum Ministerresidenten in Seoul am 31. März 1903 wird die Vertretung zwar aufgewertet, repräsentiert wird das Deutsche Reich hingegen schon ab Dezember 1905 wieder nur durch einen Vize- (Dr. Gottfried Ney: 1905–1907) und anschließend durch einen Generalkonsul (Dr. Friedrich Krüger: 1907–1914).[203]

Seitens der deutschen Handelshäuser in Ostasien zeigt in der Tat nur die in Tianjin ansässige Firma Meyer & Co. Interesse am Koreage-

---

[202] AA, Korea I, Bd. 27: ‚Bericht von Prinz Heinrich an Kaiser Wilhelm II. vom 29. Juni 1899 aus Yokohama.'

[203] Kneider, Hans-Alexander: „Deutsche Botschafts- und Konsulatsangehörige in Korea bis zum Jahre 1910". In: *Han-guk oegug-eo daehakgyo nonmunjip* 한국외국어대학교 논문집, 제 33 집 (Bd. 33), Seoul 2001, S. 575–598.

schäft. Nachdem sich Carl Wolter 1883 auf einer kurzen Reise nach Europa auf seine kommenden Aufgaben vorbereitet hat, reist er im Mai 1884 von Shanghai auf dem Dampfer der Firma Jardine, Matheson & Co. „Nanzing" (kor. „Namseung-ho")[204] nach Chemulpo. Dort angekommen, steht er vor der schwierigen Aufgabe, in der noch völlig unentwickelten Hafenstadt Chemulpo, die mehr einem Fischerdorf gleicht, eine Zweigniederlassung des Hauses Meyer & Co. aufzubauen. Den Zustand, in dem sich Chemulpo zu derzeit befindet, beschreibt Wolter wie folgt:

> „Chemulpo machte damals einen wenig einladenden Eindruck. – Von einer Landungsbrücke war noch nicht die Rede. Man wurde in einem kleinen schmutzigen Sampan an den schlammigen Ebbestrand gesetzt und musste von einem Stein zum anderen springend das feste Land, so gut es eben ging, zu erreichen suchen. Am Lande standen noch die ärmlichen Fischerhütten, die früher das Dorf Chemulpo gebildet hatten, zu denen sich bald, da die ankommenden Fremden Kulis gebrauchten, immer mehr Lehmbuden hinzugesellten, deren weiteren Anbau auf dem zur Fremdenniederlassung gehörigen Lande zu verhindern später große Mühe machte."[205]

Zur Zeit von Wolters Ankunft in Chemulpo befinden sich dort nur sehr wenige Europäer. Neben dem deutschen Hafenmeister Kapitän F. W. Schulze, in dessen Holzhaus Wolter zunächst Unterkunft findet, und einer „handvoll" anderer im Seezollamt angestellten Westler, hat sich auch der aus Galizien stammende Österreicher Isaak Steinbeck in Chemulpo niedergelassen. Anfang 1884 beginnt er zunächst einen kleinen Handel, 1886 jedoch errichtet er ein Hotel mit dem Namen „Hôtel de Corée", das sich allgemeiner Beliebtheit erfreut und besonders bei in Chemulpo ankommenden Korea-Besuchern sehr willkommen ist.[206]

„Aller Anfang ist schwer", wie es heißt, und auch Wolter wird mit diesem Sprichwort beim Aufbau der Firma konfrontiert. Eines der ersten Probleme manifestiert sich in Form des Zahlungsmittels: Der Dollar ist nahezu unbekannt, die landesübliche Währung sind korea-

---

[204] Han-guk haesa-munje yeon-guso 한국해사문제연구소 (Hrsg.): Ireobeorin hangjeok: Daehan hae-gun gongsa-ui 40 nyeon 1950–1988 잃어버린 航跡: 大韓海運公社의 40 年 1950–1988. Seoul 2001, S. 28.
[205] Wolter, Carl: a. a. O., S. 64.
[206] Wolter, Carl: a. a. O., S. 64. – Benko, Jerolim Freiherr von: *Die Reise S. M. Schiffes „Zrinyi" nach Ost-Asien 1890–1891.* Wien 1894, S. 328, 344. – D&C: 1887.

Abb. 116: Chemulpo 1897.

Abb. 117: Ein Teil von Chemulpo um 1890.

nische Kupfermünzen. 500 dieser relativ großen und entsprechend schweren Münzen kommen auf einen Dollar. Dadurch entsteht eine Situation, die Wolter wie folgt beschreibt:

„Ich weiß noch sehr wohl, wie es mir erging, als ich im Beginn meiner koreanischen Laufbahn so leichtsinnig gewesen war, für etwa $ 2000 Waaren auf solche Weise zu verkaufen. Kuli nach Kuli kam keuchend unter seiner Last in mein Comptoir, und ich sah mit Entsetzen, wie sich der Fussboden desselben langsam mit einem fast 2 Fuss hohen Stapel von Münzen füllte."[207]

So beschränkt sich das Geschäft anfänglich eher auf einen reinen Tauschhandel. In Korea gefragte Kuhhäute werden gegen Reis und Bohnen, aber auch gegen Gold getauscht. Aus England werden vornehmlich Baumwollwaren und aus Deutschland in geringer Quantität Nadeln und Farben importiert. „Koreanische Grosskaufleute hat es nie gegeben, und im Jahre 1884 beschränkte sich der Handel zum grössten Theil auf die Versorgung der Hauptstadt Söul." Ein weiteres Problem ist das Fehlen einer europäischen Bank. Die einzige in Chemulpo existierende Bank ist ein japanisches Kreditinstitut, das hauptsächlich an die eigenen Landsleute Gelder mit einem monatlichen Zinssatz von 2 % vergibt. Europäern wird misstraut, da sie „wohl mit Recht als wachsende und gefährliche Konkurrenten betrachtet" werden.[208]

Abb. 118: Geschäftiges Treiben am Pier von Chemulpo 1904.

---
[207] Wolter, Carl: a. a. O., S. 65.
[208] Wolter, Carl: a. a. O., S. 66.

Abb. 119: Holme, Ringer & Co. in Chemulpo um 1895.

Zwar dominieren westliche Handelshäuser anfangs lediglich in den Bereichen Küstenschifffahrt und Industrie, werden aber auch in diesen Sektoren allmählich von ihren übermächtigen japanischen und chinesischen Konkurrenten abgelöst. So lässt die deutsche Firma z. B. im Jahr 1885 den kleinen deutschen Dampfer „Hever" (kor. „Huihwa-seon")[209] zweimal monatlich die Strecke Shanghai-Nagasaki-Pusan-Chemulpo und zurück fahren, doch muss das Unternehmen nach sechs Monaten aus Rentabilitätsgründen wieder eingestellt werden. Zu dieser schon schwierigen Situation kommt noch der Umstand hinzu, dass die allgemeinen Kosten westlicher Häuser mehr als zehnmal so viel betragen, wie diejenigen der zahlreichen asiatischen Firmen.[210] Aus diesem Grund ist es nicht verwunderlich, dass im Jahre 1910 neben der deutschen Firma lediglich noch sechs weitere westliche Häuser in Chemulpo existieren: Die zwei britischen Häuser Walter Georg Bennett & Co. und Holme, Ringer & Co.; die US-Firmen W. D. Townsend & Co. und E. D. Steward & Co.; die französische Handelsfirma Rondon, Plaisant & Cie sowie die deutsch-japanische Gesellschaft Siemens-Schuckert Kankoku Denkei Gomei Kaisha, mit deren Management die Firma Meyer, bzw. Wolter beauftragt ist.[211]

Im Jahre 1890 lässt Carl Wolter auf einem Hügel in Chemulpo ein Gebäude errichten, das nicht nur das erste Haus europäischen Stils in Chemulpo darstellt, sondern seiner Zeit entsprechend mehr die Ausmaße eines palastähnlichen Gebäudes mit großer Parkanlage einnimmt. Dieses Haus wird von einem chinesischen Zimmermann erbaut und dient in erster Linie als Unterkunft für die derzeit drei europäischen

---

[209] *Han-guk haesa-munje yeon-guso* 한국해사문제연구소 (Hrsg.): a. a. O., S. 28.
[210] „Aus Korea". In: *Kölnische Zeitung* Nr. 205 von Sonntag, dem 26. Juli 1885. – AA, Korea I, Bd. 6: ‚Kommentar von Hatzfeld vom 31. Juli 1885 den Artikel aus der Kölnischen Zeitung vom 26. Juli 1885 betreffend.' – Wolter, Carl: a. a. O., S. 76.
[211] Choe Seong-yeon 崔聖淵 : *Incheon hyangto-saryo. Gaehang-gwa yanggwallyeokjeong* 仁川鄕土史料．開港과 洋館歷程 . Incheon 1959, S. 35, 78, 84. – D&C: 1910.

Mitarbeiter der Firma: Carl Wolter, Carl Otto Lührs und P. Rautenkrantz.[212] Viele europäische Koreabesucher, die das Haus bei ihrer Ankunft in der Hafenstadt schon von Ferne erblicken, halten es daher nicht selten für das deutsche Generalkonsulat, den Sommerpalast des koreanischen Königs oder die Residenz des Provinzgouverneurs. So schreibt z. B. der österreichische Reiseschriftsteller Ernst von Hesse-Wartegg in seinem Buch mit dem Titel *„Korea. Eine Sommerreise nach dem Lande der Morgenruhe 1894"*:

> „… Hinter ihnen erhebt sich eine dritte Anhöhe, gekrönt von einem ansehnlichen Gebäude mit festem viereckigen Thurme und umgeben von einem hübschen, gut gehaltenen Garten. Eine breite Steintreppe führt aus der Stadt dort hinauf. Ich vermuthete, dass dies wohl die Wohnung des koreanischen Stadt- oder Provinzgouverneurs sei; als ich aber den Kapitän meines Schiffes darüber befragte, lächelte er und meinte: ‚Hier haben die Koreaner nichts zu befehlen, und es giebt auch keine koreanischen Behörden. Das schöne Haus, das Sie dort oben sehen, gehört Herrn Meyer."[213]

Abb. 120: Foreign Settlement in Chemulpo mit der Villa der Firma Meyer & Co. auf dem Hügel 1902.

---

[212] Choe Seong-yeon 崔聖淵 : a. a. O., S. 72.
[213] Hesse-Wartegg, Ernst von: *Korea. Eine Sommerreise nach dem Lande der Morgenruhe 1894.* Dresden, Leipzig 1895, S. 29.

Der Korrespondent und Reiseschriftsteller Siegfried Genthe (1870–1904), der im Sommer 1901 Korea bereist und als erster „Westler" den 1.950 Meter hohen Berg Halla-san auf der südlichen Insel Jeju-do besteigt, gibt den Eindruck bei seiner Einfahrt in den Hafen von Chemulpo wieder:

> „Man traut seinen Augen kaum: man sieht auf hübschen grünen Hügeln zahlreiche, europäische Häuser, eine richtige Kirche mit hohem spitzen Turm, ein paar japanische und englische Flaggen, und hoch oben, auf einem alles beherrschenden Hügel, wie ein Wahrzeichen der Stadt auf einem stattlichen Hause die Farben schwarz-weiß-rot!"[214]

Und etwas weiter fährt er fort:

> „Das schöne Haus hoch oben auf dem Berge aber mit der deutschen Flagge ist die Wohnung des Chefs des Hamburger Hauses E. Meyer & Co., der einzigen namhaften europäischen Firma, die in Korea Handel im großen Stil treibt. ... Ein prachtvoller Park, den Herr Karl Wolter, der Chef und Gründer des hiesigen Geschäfts, bei der Eröffnung des Hafens hier oben angelegt hat, bedeckt jetzt den ganzen Hügel, ..."[215]

Abb. 121: Blick auf das Foreign Settlement in Chemulpo mit der Villa Johnston links und der Villa der Firma Meyer & Co. rechts auf dem Hügel um 1908.

Der Forschungsreisende Otto Ehrenfried Ehlers (1855–1895) schließlich, der im Oktober 1892 auf einer Reise nach Korea in Chemulpo ankommt, beschreibt die Aussicht von diesem Haus auf die Hafenstadt wie folgt:

> „Herrlich war der Blick von der großen, säulengetragenen Veranda des Hauses auf die von keinem Windhauch gekräuselten Wasser der

---

[214] Genthe, Siegfried: *Korea. Reiseschilderungen.* Berlin 1905, S. 70.
[215] Genthe, Siegfried: a. a. O., S. 72.

Abb. 122: Blick auf den Hafen von Chemulpo 1904.

Bucht mit ihren malerischen Inseln und vor Anker liegenden Schiffen, auf die Stadt und die hier und da hervorleuchtenden Gärten und Reisfelder, zu denen die kahlen, im Westen das Bild abschließenden Berge einen wirkungsvollen Hintergrund bildeten."[216]

Als die Familie Wolter im Jahre 1908 nach Deutschland zurückkehrt, übernimmt Paul Schirbaum die Leitung der Firma und die Residenz, die so manchem europäischen Reisenden eine willkommene Unterkunft in gastfreundschaftlicher Atmosphäre bietet. Doch soll das Haus nicht in deutschem Besitz bleiben. Sechs Jahre nach der Einverleibung Koreas durch Japan im Jahre 1910 wird das Gebäude von den Japanern 1916 konfisziert und dient bis zum Ende des Zweiten Weltkriegs als Bibliothek. Nach der Befreiung Koreas benutzt die koreanische Regierung das

---

[216] Ehlers, Otto E.: *Im Osten Asiens*. Berlin 1896, S. 326.

Abb. 123: Blick auf den Hafen von Chemulpo um 1904

Haus als Museum für koreanische Gemälde. In der Zeit nach 1945 plant der jüngste Sohn von Paul Schirbaum, Hermann Schirbaum, das in der Zwischenzeit in Mitleidenschaft gezogene Bauwerk einer gründlichen und nötigen Renovierung zu unterziehen. Diese Pläne werden allerdings durch den Ausbruch des Koreakrieges 1950 vereitelt. Hermann Schirbaum selbst wird als überzeugter Antikommunist von Nordkoreanischen Soldaten in den Norden des Landes verschleppt und bleibt verschollen. Sein Schicksal bleibt ungewiss, doch muss davon ausgegangen werden, dass er seine Gefangenschaft in Nordkorea nicht überlebt hat. Zu einer Renovierung des „Wolterschen Palastes" kommt es dann auch nicht mehr. Eine Bombe, die in den Kriegswirren am 15. September 1950 das Haus trifft, legt es in Schutt und Asche. Übrig bleibt lediglich das Grundstück und der parkähnliche Garten, und daran hat sich bis auf den heutigen Tag nichts geändert, da dieses Gelände ein Teil des heutigen „Freiheitsparks" (kor. Jayu-gongwon) der Stadt Incheon ist, von dem man immer noch einen schönen Blick auf die Küste genießen kann wie seinerzeit die europäischen Reisenden, die in aller Gastfreundschaft nicht nur eine angenehme und komfortable Unterkunft, sondern auch ein Stück Heimat im Haus von Carl Wolter gefunden haben.[217]

Aber nicht nur das stattliche Gebäude der Firma Meyer & Co. zieht das Augenmerk auf die in Chemulpo landenden fremden Besucher auf sich. Auch ein anderer Umstand bewirkt bei der Konkurrenz westlicher Häuser große Anerkennung, Bewunderung und sicherlich auch eine ordentliche Portion Neid: Die koreanischen Sprachkenntnisse der deutschen Angestellten. Nicht zuletzt aus diesem Grunde ist der Erfolg der deutschen Firma in Korea mit zu begründen. Sprache ist nicht nur ein Mittel der simplen Kommunikation, sondern dient auch zur Überbrückung kultureller Unterschiede und fungiert damit ebenfalls als Basis von Vertrauen. Dies ist jedem geläufig, der eine Fremdsprache beherrscht. In besonderem Maße mag dies in einem konfuzianischen

---

[217] Choe Seong-yeon 崔聖淵 : a. a. O., S. 71, 75, 95.

Land gelten, das eine derart lange Zeit von der Außenwelt isoliert war und die „Westler" an sich aufgrund ihrer mangelnden konfuzianischen Erziehung als „Barbaren" betrachtet. Doch keine andere Firma außer der deutschen weiß, sich diesen Sprachvorteil zu Eigen zu machen. Das erkennt auch im Jahre 1899 der britische Vizekonsul in Chemulpo H. Goffe, indem er äußert:

> „Die Deutschen, stets praktischer als wir, erkannten diese Tatsache schnell, und derzeit wird es ein Ausnahmefall sein, wenn eine deutsche Handelsfirma in Asien nicht mindestens einen Mann hat, der mit den Einheimischen Geschäftsgespräche in ihren Dialekten halten kann. Es gibt eine britische und eine deutsche Firma in Korea; es ist beinahe überflüssig zu sagen, dass die deutsche Firma einen Deutschen hat, der Koreanisch reden kann, und dass das englische Haus keinen Koreanisch sprechenden Engländer hat."[218]

Diese Praxis der „Vertrauensbildung" soll sich auch in den kommenden Jahren nicht ändern und findet gelegentliche Aufmerksamkeit auch bei westlichen Besuchern des Landes. So berichtet z. B. der britische Korrespondent der *New York Evening Sun*, Angus Hamilton (1874–1913), im Jahre 1904 anerkennend:

> „… Dagegen befindet sich in Tschemulpo ein bedeutendes deutsches Handelshaus mit einer Filiale in Söul. Diese Firma zeichnet sich dadurch aus, dass sie sowohl in Tschemulpo als auch in Söul Deutsche angestellt hat, die die koreanische Sprache vollständig beherrschen. Das wird bei weiterer Entwicklung des Landes von großem Nutzen sein und zeigt überdies in augenscheinlichster Weise, auf welchen Grundsätzen sich der deutsche Handel im fernen Asien aufbaut."[219]

Zu Beginn des wirtschaftlichen Engagements der Deutschen in Korea kann die Handelsfirma Meyer & Co. zudem mit bevorzugten Aufträgen seitens der koreanischen Regierung rechnen, da Paul Georg von Möllendorff sein eigenes „Kind", das er aus der Taufe gehoben hatte, nicht sich selbst überlassen will. So schließt Möllendorff 1884 mit Wolter z. B. einen Vertrag ab, nach dem über die deutsche Firma Prägemaschinen und andere Instrumente, die für die neu einzurichtende Münze

---

[218] Zitat aus: Kim, Kwang-Soo: *Der Außenhandel Japans und Koreas unter besonderer Berücksichtigung Deutschlands 1890–1914*. Heidelberg 1968, S. 160.
[219] Hamilton, Angus: *Korea. Das Land des Morgenrots*. Leipzig 1904, S. 162.

Abb. 124: Belegschaft der Firma Meyer & Co. um 1907. Carl Wolter: 8. Person von links.

erforderlich sind, aus Deutschland importiert werden sollen.[220] Auch die Lieferung verschiedener Waffen wird über Meyer & Co. abgewickelt[221] sowie die Lieferung der nötigen Materialien für die Telegraphenlinie Seoul-Pusan.

Nach Möllendorffs Fall gegen Ende des Jahres 1885, der nicht zuletzt auf die Ursache von Neid und Missgunst der anderen Westmächte, aber auch auf politische Gründe zurückzuführen ist, kann sich das deutsche Haus aufgrund seiner erworbenen Grundlage weiterhin behaupten. Im Jahre 1887 liefert die Firma der koreanischen Regierung zwei deutsche Dampfer, die „Deutschland" (kor. „Joyang-ho") und die „Signal" (kor. „Changryong-ho") sowie einen kleineren Flussdampfer. Da die koreanische Regierung indes die Kaufsumme nicht entrichten

---

[220] Kim, Zae-Quan: „Möllendorff und die Industrialisierung Koreas". In: Leifer, Walter (Hrsg.): P. G. von Möllendorff. Seoul 1983, S. 284f. – Won, Yu-han: „A study on the introduction of German coinage techniques to Korea". In: *KJ*, Bd. 14, Nr. 11, Seoul 1974, S. 7f.
[221] AA, Korea 1, Bd. 23: ‚Brief der Firma Meyer & Co. aus Chemulpo vom 6. Juni 1896.'

kann, laufen die beiden Dampfer „Deutschland" und „Signal" zunächst einige Jahre unter deutscher Flagge.²²²

Auch das deutsche Generalkonsulat setzt sich für die einzige deutsche Handelsfirma ein, zumal das geringe deutsche Interesse an Korea lediglich den Schutz deutscher Staatsangehöriger sowie die Wahrnehmung ihrer Handelsinteressen zulässt. Das Engagement des deutschen Vertreters in Seoul orientiert sich dabei allerdings mehr oder weniger an seinem persönlichen Verhältnis zu Carl Wolter.

Nach dem Ausscheiden Möllendorffs aus dem koreanischen Dienst entbrennt ein permanentes Ringen westlicher und asiatischer Nationen um den Erwerb von Regierungskonzessionen. Auch die deutsche Firma bemüht sich z. B. um die Konzession zum Bau einer Eisenbahnstrecke von Seoul nach Chemulpo (im heutigen Incheon), doch wird sie dabei von der koreanischen Regierung ausgeschlossen, was eine Protestnote Konsul Kriens zur Folge hat:

Abb. 125: Veranda und Turm der Villa Meyer Co. in Chemulpo.

„Ich darf hier nochmals hervorheben, dass die deutschen Interessen dadurch, dass die genannte deutsche Firma zu einer Konkurrenz um den Bau der Eisenbahn nicht eingeladen worden ist, schwer geschädigt worden sind."²²³

Seit Ende 1895 ist Wolter ebenfalls engagiert, eine Konzession für eine Mine im Bezirk Eunsan in der Provinz Pyeongan-namdo im heutigen Nordkorea zu erlangen, doch wird auch diese wie bereits die Eisenbahnkonzession an die Amerikaner vergeben. Am 17. April 1897 gelingt es der deutschen Firma schließlich durch energischen Einsatz des deutschen Vertreters in Seoul, Konsul Ferdiand Krien, sich ebenfalls eine Goldminenkonzession für einen anderen Ort zu sichern. Das Gebiet, etwa 180 km nordöstlich von Seoul gelegen und Danggogae genannt, umfasst ca. 650 qkm und liegt in der Provinz Gangwon-do, im Bezirk Gimhwa-gun, in der Nähe des Dorfes Danghyeon-li im heutigen Nord-

---

²²² *Han-guk haesa-munje yeon-guso* 한국해사문제연구소 (Hrsg.): a. a. O., S. 32.
²²³ Gu han-guk oegyo munseo 舊韓國外交文書 , deogan 德案 1, Nr. 1637.

Abb. 126: Koreanische Tigerjäger um 1899.

korea.[224] Für dieses Unternehmen hatte sich bereits vorher in Deutschland unter der Führung der Bank für Bergbau und Industrie in Düsseldorf ein Syndikat gebildet mit Beteiligung zahlreicher namhafter deutscher Firmen. Laut Konzession ist es den Deutschen erlaubt, das gepachtete Gebiet unter einer Abgabe von 25 % des Reingewinns an die Regierung zu ihren Zwecken zu nutzen.[225] Bevor man jedoch zur Arbeit schreiten kann, kommt es mit den einheimischen Bergleuten zu heftigen Auseinandersetzungen, da diese ihre Einnahmen und damit ihre Existenz nicht einfach aufgeben wollen, was mehr als verständlich ist. Erst, nachdem durch den deutschen Konsul Krien und Carl Wolter, die extra zu diesem Zweck nach Danggogae reisen, eine Vereinbarung mit ihnen getroffen ist, nach der sie ein weiteres Jahr den Betrieb ihrer Minen fortführen können, ist die Feindseligkeit zunächst besänftigt[226], und Louis Bauer (1861–1905) kann seine Arbeit als Direktor der deutschen Goldmine Ende 1898 aufnehmen. Doch schon im Jahre 1900 kommt es erneut zu handgreiflichen Auseinandersetzungen, so dass die Regierung Truppen nach Danggogae entsenden muss, zumal die Gegenseite die gefürchteten koreanischen Tigerjäger für ihre Sache gewinnen können, die für ihre Treffsicherheit aus weiter Entfernung bekannt sind. In dieser bedenklichen Lage fordert die Firma Meyer aus Deutschland 25 Mauser Repetiergewehre mit einer entsprechenden

---

[224] Yi Bae-yong 李培鎔: Guhanmal dogil-ui gwangsan i-gwon-gwa danghyeon-geumgwang 舊韓末 獨逸의 鑛山利權과 當峴金鑛. In: Ihwa sahak yeongu, Bd. 12 梨花史學研究 12 권, Seoul 1981, S. 13–22. – Gojong sillok 高宗實錄: 37 卷 (gwon), 35 年 (nyeon) 1898, 光武 2 年 (gwangmu 2 nyeon).
[225] *Gu han-guk oegyo munseo* 舊韓國外交文書, *deogan* 德案 2, Nr. 1935. – Wolter, Carl: a. a. O., S. 72. – Genthe, Siegfried: a. a. O., S. 133. – AA, Korea I, Bd. 27: „Bericht der Firma Meyer & Co. vom August 1898.' – „Foreign Interests in Korea". In: *The Japan Daily Mail*, Yokohama, Tuesday, April 3, 1900.
[226] Hierzu und zum Folgenden: Hamilton, Angus: a. a. O., S. 214. – Genthe, Siegfried: a. a. O., S. 133–135. – AA, Korea I, Bd. 29: ‚Brief von H. C. Meyer aus Hamburg an Graf von Bülow vom 18. Okt. 1900.'

Menge an Munition an, um für eine Bewaffnung der europäischen Angestellten und damit für ihren Schutz zu sorgen.

Schon bald stellt sich indes heraus, dass die Mine kaum ertragreich ist, zumal die deutschen Ingenieure 1901 entdecken, dass von koreanischer Seite aus heimlich Goldstücke in das Erdreich der Mine geschmuggelt und sogar in das Gestein gesprengt worden sind, um diese gewinnträchtiger erscheinen zu lassen und die Deutsachen zu Landkäufen zu bewegen.[227] Schließlich wird die Goldmine aus Mangel an Rentabilität im Dezember 1903 aufgegeben. Zu dieser Zeit sind neun Europäer, dreizehn Japaner und etwa 300 Koreaner in der deutschen Mine beschäftigt.[228] Ministerresident Conrad von Saldern setzt sich daraufhin für einen Minenersatz bei der koreanischen Regierung ein, doch wird dieser nicht vor März 1907 erteilt. Das neue Gelände in der Provinz Pyeongan-bukdo im Bezirk Seoncheon-gun, an der Bahnstrecke Seoul-Uiju gelegen, besteht aus fünf verschiedenen Schürfplätzen und umfasst insgesamt etwa 670 qkm.[229] Kurz nach der Erteilung der Konzession sind bereits zwei deutsche Mineningenieure und einige deutsche Obersteiger in der neuen Goldmine in Seoncheon tätig, die sich dann auch als ergiebiger als seinerzeit Danggogae erweist. Doch hat das deutsche Korea-Syndikat, dessen Vertreter die Firma Meyer, bzw. Wolter & Co. ist, auch dieses Mal das Nachsehen. Aufgrund der im Jahre 1910 erfolgten Okkupation des Landes geht die deutsche Minenkonzession breits kurze Zeit danach an Japan über.[230]

Der Einsatz Wolters ist dennoch von Erfolg gekrönt, da er 1905 fast die gesamte Einfuhr europäischer Waren abwickelt. Die deutschen Exportgüter, die im Vergleich zu denen nach China und Japan gering ausfallen, sind für die sich entwickelnde koreanische Industrie von einiger Bedeutung. Deutschland liefert hauptsächlich Chemikalien, Farben, Eisenwaren, Instrumente, Maschinen, Fahrzeuge, Sprengstoffe, Holz-, Woll- und Papierwaren sowie Erzeugnisse landwirtschaftlicher Nebengewerbe. Im Ganzen betrachtet ist der deutsche Koreahandel jedoch nahezu unbedeutend. Bis 1905 übersteigt der Export nach Korea

---

[227] AA, Korea I, Bd. 32: ‚Militärpolitischer Bericht von Vizeadmiral Bendemann aus Nagasaki vom 7. Okt. 1901.'

[228] Hamilton, Angus: a. a. O., S. 214.

[229] Brunhuber, Robert: „Korea und Deutschland. Die wirtschaftliche Lage". In: *Frankfurter Allgemeine Zeitung* vom 8. Aug. 1907. – Ein deutsches Goldbergwerk in Korea. In: *OL*, Jg. 21, 15. März 1907, S. 457.

[230] Das deutsche Korea-Syndikat für die Minen in Seoncheon wird im *D&C* bis 1911 gelistet.

Abb. 127: Bergingenieur Kegel und Obersteiger Paul auf Bärenjagd in Danggogae im Dezember 1902.

nie die 0,003%–Marke des Gesamtexports Deutschlands, und der Import fällt noch geringer aus.[231]

Am 1. Oktober 1907 übernimmt Carl Wolter die Firma Meyer & Co. und lässt sie in Hamburg auf seinen Namen registrieren. Am 1. Januar 1908 löst Heinrich Constantin Eduard Meyer seine Mitbeteiligung an der Niederlassung in Chemulpo auf, um sich ganz seinen nordchinesischen Interessen zu widmen. Carl Wolter benennt daraufhin das Handelshaus in Carl Wolter & Co. um.[232] Durch die Gründung einer Zweigstelle in Pusan im Jahre 1908 dehnt Wolter seinen Geschäftsbereich noch weiter aus. Doch muss diese Filiale bereits nach der Okkupation Koreas durch Japan im Jahre 1910 wieder geschlossen werden.[233]

Nicht zuletzt aufgrund der kontinuierlichen Tätigkeit von Carl Wolter, seinen Teilhabern und Mitarbeitern ist die Firma Carl Wolter & Co. im Jahre 1910 das größte europäische Handelshaus in Chemulpo mit sechs deutschen Mitarbeitern und Teilhabern: Paul Schirbaum, Paul Friedrich Baumann, Hermann Henkel, Otto Henschel, G. Meyer, R. Heckscher sowie den Japanern K. Naito, H. Tanaka und dem Chinesen

---

[231] Kim, Kwang-Soo: a. a. O., S. 131, 151f, 156.
[232] Handelsregister Hamburg.
[233] *D&C*: 1908–1910.

S. Chiu. Von der Firma werden weiterhin geleitet: Das deutsche Korea-Syndikat mit ihren Goldminen in Seoncheon sowie die Firma Siemens-Schuckert Kankoku Denki Gomei Kaisha. Für folgende Banken und Firmen fungiert Wolter & Co. als Agent:[234]

Abb. 128: Paul Schirbaum (links) und Paul Baumann vor der Firma Wolter & Co. um 1910.

- Deutsch-Asiatische Bank, Shanghai
- Chartered Bank of India, Australia and China
- Dresdner Bank, Dresden
- Banque de Commerce de St. Petersburg
- Hamburg-Amerika Linie, Hamburg
- Russian East Asiatic Steamship Co., Ltd.
- Norddeutscher Lloyd, Bremen
- Austrian Lloyd, Trieste
- United States & China-Japan S. S. Co.
- Indra Line
- Indo-China Steam Navigation Co., Ltd.
- Glen Line

---

[234] *D&C*: 1910.

- Dampfschiffs Rhederei „Union" A. G., Hamburg
- Java-China-Japan Lijn
- British India Steam Navigation Co., Ltd.
- Loyd's
- Yangtsze Insurance Association, Ltd.
- Verein Hamburger Assecuradeure
- The North British and Mercantile Insurance Co., London
- The Liverpool, London, Globe Insurance Co., London
- Albingia Feuer Versicherung, Hamburg
- Friedrich Krupp Grusonverk, Magdeburg
- A. Borsig Tegel, Berlin
- Duisburger Maschinenbau-Actien Gesellschaft, vormals Bechem & Keetmann
- Central Agency Ltd., Glasgow
- United Alkali Co., Ltd., Liverpool
- Dynamit Actien Gesellschaft, vormals A. Nobel, Hamburg
- Vereinigte Köln-Rottweiler Pulverfabriken
- Chemische Fabriken, vormals Weiler-ter Meer, Uerdingen
- C. F. Boehringer & Soehne, Mannheim
- Henkell & Co., Mainz
- Heidsieck & Co., Reims

Neben Paul Georg von Möllendorff, der durch seinen Einsatz nicht nur ein modernes Zollwesen in Korea aufgebaut, sondern auch den Grundstein zu Neuerungen im ökonomischen, politischen, verwaltungstechnischen und schulischen Bereich gelegt hat, muss Carl Andreas Wolter ebenfalls zu denjenigen Deutschen gezählt werden, durch die das Ansehen Deutschlands bei den Koreanern positiv geprägt wurde. Wolter kehrt nach 24-jähriger Tätigkeit im Jahre 1908, gefolgt von seiner Frau und seinen acht Kindern, nach Hamburg zurück und übergibt die deutsche Handelsfirma seinem Teilhaber Paul Henri Theodor Schirbaum (1874–1965), der die Geschäfte noch bis zum Ausbruch des Koreakrieges 1950 weiterführt.[235]

Persönliche Daten von Carl Andreas Wolter:[236]
- Geb. 18. Februar 1858 in Hamburg, gest. 10. November 1916 in Partenkirchen.

---

[235] „Korean Taste of Western Music Traces Back to 1901". In: *The Korea Times*, 13. Aug. 1982, S. 5.

[236] Taufzeugnis von Carl Andreas Wolter. – Heiratsurkunde von Carl Andreas Wolter und Jane Erving Hannay Johnston. – Aufenthaltsbescheinigung der

- Vater: Johann Heinrich Wolter, Bild- und Steinhauer aus Köln am Rhein.
- Mutter: Henriette Pauline Elisabeth, geb. Schacht, aus Hamburg.
- Ehefrau: Jane Erving Hannay Wolter, geb. Johnston. Geboren in Glasgow, England, am 19. Juli 1871. Tochter einer reichen Kaufmannsfamilie mit Handelsfirma in Shanghai.
- Kinder:
  1. Jean Clara Johnston (Zwilling), geb. 30. März 1896 in Shanghai
  2. Marion Pauline Harriet (Zwilling), geb. 30. März 1896 in Shanghai
  3. Clara Rosalinde, geb. 18. Juni 1898 in Chemulpo
  4. James Carl, geb. 8. März 1900 in Chemulpo
  5. Elsa Alice, geb. 3. März 1902 in Chemulpo
  6. Carl Constantin Anton, geb. 13. Dezember 1903 in Chemulpo
  7. Gladys Ida, geb. 7. Dezember 1905 in Chemulpo
  8. Ada Maud, geb. 14. August 1907 in Chemulpo
- Nach seiner Rückkehr nach Deutschland ab dem 10. März 1908 gemeldet in Hamburg, An der Alster 23; ab dem 30. Juli 1908 wohnhaft in Hamburg, Auguststr. 12.

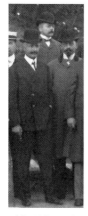

Abb. 129: Carl Wolter, Paul Schirbaum und Paul Baumann um 1907.

Auszug
aus dem Taufregister

der evangelisch-lutherischen Kirche St. Jakobi in Hamburg

Jahrgang 1858 Nr. 392 Seite

Täufling: Carl Andreas Wolter
Geboren am: 18. Februar 1858
Getauft am: 20. Juni 1858
Vor- und Zuname des Vaters: Johann Heinrich Wolter
Geburtsort: Cöln am Rhein
Wohnung und Gewerbe: Alter Wandrahm Nr. 46
Bild u. Steinhauer
Vor- und Geburtsname der Mutter: Henriette Pauline Elisabeth
geb. Schacht
Geburtsort: Hamburg
Ort und Tag der Trauung der Eltern: Hamburg, den 3. Mai 1857
Paten: Carl René
Fr. Charlotte Katharina Möller
Andreas Seidenberg
Beischreibung:

Die Übereinstimmung mit dem Original wird beglaubigt.
Hamburg, den 11. August 1993
Das Staatsarchiv

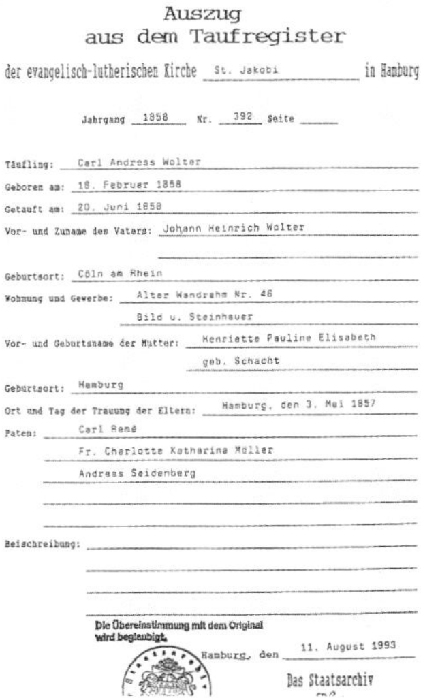

Abb. 130: Taufzeugnis von Carl Wolter von 1858.

Freien und Hansestadt Hamburg von Carl Andreas Wolter und seiner Familie. – Geburtsurkunden der Kinder der Familie Wolter. – Sterbeurkunde von Carl Andreas Wolter.

V.3. Johannes Bolljahn (佛耶安 Bul-ya-an), Direktor der Kaiserlich Deutschen Schule

„On the 22nd inst. I received a communication from our Educational Department which states as follows:
„Among the schools that are under the immediate control of this Department there are already established English, American, Russian, French, Japanese and Chinese Schools, but there is still wanting a school for teaching the German language. Such a School we propose establishing to be opened on the 1st day of January of next year. But as regards a German teacher there does not seem to be any one obtainable here who would suit our purpose. I have therefore to request your Department to write to the Representative for Germany and ask him to give us his kind assistance in obtaining an educated German, preferably from China or Japan to fill the post of German Teacher in the new school. ..."
„... I therefore beg to ask you to be so good as to obtain for us the services of a Scholar of your honorable country from China or Japan who will be able to arrive in time."[237]

Am 23. September 1897 sendet der koreanische Minister für Auswärtige Angelegenheiten Min Jong-muk dieses Schreiben an den deutschen Vertreter in Seoul, Konsul Ferdinand Krien. In der Tat gibt es zu diesem Zeitpunkt bereits fünf Sprachenschulen in der koreanischen Hauptstadt: Die japanische (1891), englische (1894), französische (1895), russische (1896) und chinesische (1897). Durch den Brief des koreanischen Ministers soll auch bald eine deutsche Schule eröffnet werden, doch gilt es zunächst, einen geeigneten Lehrer für diesen Posten zu finden. Nachdem Ferdinand Krien diesbezüglich in China und Japan Nachforschungen angestellt hat, kann er am 27. Februar 1898 eine Erfolgsmeldung an den Reichskanzler Fürsten zu Hohenlohe-Schillingsfürst nach Berlin schicken:

„Im Herbst vorigen Jahres beschloß die koreanische Regierung, am 1. Januar des Jahres in Seoul eine deutsche Sprachschule zu eröffnen, und ersuchte mich, einen geeigneten, womöglich mit ostasiatischen Verhältnissen bereits vertrauten Lehrer auszusuchen. Ich wandte mich in Folge dessen an die kaiserlichen Gesandtschaften zu

---

[237] AA, Korea: *Das Unterrichtswesen in Korea*, Bd. 1: Anlage Nr. 64, Abschrift: Mr. Min, Minister for Foreign Affairs to Mr. Krien, German Consul, vom 23. Sep. 1897.

Peking und Tokio und erhielt von der letzteren Gesandtschaft zur Antwort, dass der Lehrer an der dortigen höheren Mittelschule, Herr Johannes Bolljahn, bereit wäre, die Stellung anzunehmen, dass er indes wegen seiner Verpflichtung gegen die japanische Regierung den Posten erst am 1. Juli des Jahres antreten könnte. Auf meine Mitteilung davon erklärte sich die hiesige Regierung damit einverstanden.

Herr Bolljahn, der von dem Herrn Geschäftsträger von Treutler warm empfohlen wird, ist zur Zeit in Tokio Lehrer für die deutsche Sprache und verschiedener anderer Fächer. Er ist im Jahre 1862 geboren und auf dem königlichen Seminar in Kammin zum Lehrer ausgebildet worden. Er war zuerst ein Jahr lang als Lehrer an einer Landschule, dann über 3 Jahre an der Stadtschule in Usedom und danach 4 ½ Jahre an der „German High School" in Manchester. Hierauf ging er nach Paris, wo er sich 4 Monate lang im Französischen ausbildete, bestand dann sein Mittelschullehrerexamen in Deutschland und wurde Lehrer an der Mittelschule in Angermünde.

Von dort ging er vor 8 Jahren nach Tokio, leitete daselbst zuerst eine Knabenschule und lehrte gleichzeitig die deutsche Sprache an der landwirtschaftlichen Akademie. Dann war er während

Abb. 131: Johannes Bolljahn 1907.

eines Jahres Lehrer der deutschen Sprache an der Kriegsschule zu Tokio und später drei Jahre lang an der höheren Mittelschule. ..."[238]

Im Rahmen der Schulreform, die Möllendorff initiiert, wird bereits 1883 die erste Fremdsprachenschule in Korea gegründet. Als Englischlehrer engagiert Möllendorff persönlich den Briten T. E. Hallifax, der seine Tätigkeit im Sommer desselben Jahres aufnimmt. Nach dem Fall des deutschen Beraters am koreanischen Hof wird diese Schule zwar

---

[238] AA, Korea: *Das Unterrichtswesen in Korea*, Bd. 1: ‚Schreiben von Krien aus Seoul vom 27. Feb. 1898 an Reichskanzler Hohenlohe-Schillingsfürst.'

wieder geschlossen, doch ist der Grundstein für die Eröffnung einer rein englischen Sprachenschule im November 1894 gelegt. Knapp ein Jahr später, im Oktober 1895, wird der Franzose Emile Martel (1874–1949) als Leiter der geplanten französischen Sprachenschule engagiert, die am 6. Januar 1896 eröffnet wird.[239] 10 Jahre später, am 7. Februar 1905, heiratet Martel in Seoul Amalie Eckert (1876–1959), die älteste Tochter des Musikdirektors Franz Eckert.

Durch die Initiative des koreanischen Unterrichtsministeriums und auch durch das persönliche Engagement von Konsul Ferdinand Krien, dem von 1887 bis 1898 am längsten amtierenden Vertreter des Deutschen Reichs in Seoul, findet schließlich am 15. September 1898 die Einweihung der Kaiserlich Deutschen Sprachschule in Seoul statt. Johannes Bolljahn berichtet dazu:

> „Am 15. September v. J. wurde die deutsch-koreanische Sprachschule mit über 40 Schülern feierlichst eröffnet. Der damalige Unterrichtsminister wies in seiner Eröffnungsrede auf die Bedeutung der deutschen Sprache hin. Herr Konsul Krien, der mit großer Energie und Ausdauer für das Zustandekommen dieser Schule gewirkt hatte, sprach in seiner Begrüßungsrede zunächst seine Freude darüber aus, daß eine so stattliche Anzahl junger Koreaner sich dem Studium der deutschen Sprache widmen wolle. Er betonte dann die Wichtigkeit der deutschen Sprache für das Studium, erwähnte, daß alljährlich Tausende von Ausländern nach Deutschland gehen, um Künste und Wissenschaften zu studieren, daß jeder gebildete Ausländer des Deutschen kundig sei, daß von sämtlichen Bewohnern der Erde jeder zehnte deutsch spreche, und schloß mit einem Hoch auf den Herrscher des Landes. …"[240]

Der aus Pommern stammende Johannes Bolljahn reist 1890 zunächst als Hauslehrer der Familie Eckert nach Japan und ist dort knapp zehn Jahre lang neben der Deutschen Missionsschule an verschiedenen höheren Mittelschulen sowie der Kadettenanstalt und der Kriegsschule in Tōkyō als Deutschlehrer tätig.[241] Im Jahre 1898 entschließt er sich,

---

[239] Allen, Horace N.: A. a. O., S. 31.
[240] Bolljahn, Johannes: „Das koreanische Schulwesen". In: *Deutsche Zeitschrift für Ausländisches Unterrichtswesen*. Leipzig, Jg. 5, H. 3 (April 1900), S. 200. – Paske, J.: „Das koreanische Schulwesen". In: *Der ferne Osten*. Shanghai, Bd. 2 (1903), S. 70.
[241] Persönlicher Brief von Frau Dorit Pertz-Eckert, Enkelin von Franz Eckert, vom 29. März 1984.

den Posten als Direktor und Lehrer der ersten deutschen Sprachschule in Seoul zu übernehmen, nicht zuletzt weil es ihn reizt, der erste Deutsche mit einer derartigen Aufgabe im jungen Kaiserreich Korea zu sein.[242] Die Anzahl der Schüler variiert zu Beginn zwischen 40 und 70, und das Alter zwischen 16 und 25. Johannes Bolljahn selbst reduziert aufgrund der hohen Anzahl die Schülerzahl auf maximal 40 und nimmt nur einmal pro Jahr neue Schüler auf im Gegensatz zu den anderen Sprachschulen, die zweimal im Jahr neue Eleven zulassen.[243]

Abb. 132: Johannes Bolljahn mit seinen Schülern vor der Deutschen Schule um 1900.

Die folgende Tabelle gibt einen Überblick über die Anzahl der aufgenommen Schüler in den Jahren 1897 bis 1910 in den Fremdsprachenschulen:[244]

Schule	1897	1898	1899	1900	1901	1902
jap.	–	–	10	8	20	16
engl.	50	30	20	47	58	53
franz.	42	62	73	81	98	100
chin.	120	150	141	82	70	52
deut.	–	50	–	–	40	20

---

[242] Bolljahn, Johannes: a. a. O., S. 200.
[243] Bolljahn, Johannes: „Das Schulwesen in Korea". In: *Zeitschrift für Philosophie und Pädagogik*. Langensalzen, April 1899, S. 127.
[244] Kim Hyo-jeon 김효진 (金孝全): *Guhanmal-ui gwallip dogeo hakgyo.* 구한말의 관립 독어학교 , 2000.11.30. (o. O.) – Choe Jong-go 최종고 : a. a. O., S. 163.

Schule	1903	1906	1907	1908	1909	1910
jap.	14	46	201	250	174	138
engl.	62	67	97	94	96	106
franz.	90	30	25	3	9	21
chin.	34	47	27	12	17	36
deut.	20	20	30	18	10	17

Über die Probleme, mit denen Bolljahn zu Anfang konfrontiert ist, gibt Genthe Aufschluss:

„Die Schwierigkeiten, die er anfangs zu überwinden hatte, waren gewaltig. Schüler im Alter von 15 bis 30 Jahren, meist schon Familienväter, ohne einheitliche Vorbildung, teils mit chinesischen, teils nur koreanischen Vorkenntnissen, und die Hilfslehrer und Dolmetscher ohne die Kenntnis eines einzigen deutschen Wortes!"[245]

Das Gebäude der deutschen Schule wird von Johannes Bolljahn persönlich nicht nur ausgesucht, sondern er leitet auch die nötigen Umbauten. Das Gebäude, ein „hochgelegenes, schönes koreanisches Haus, von wo aus man einen herrlichen Blick über die achtthorige Stadt und auf die umliegenden Berge hat"[246], wird von Siegfried Genthe wie folgt näher beschrieben:

„Das Gebäude der deutschen Schule liegt sehr hübsch auf einem Hügel hinter dem sogenannten Hochzeitspalast des Thronfolgers. Augenscheinlich war es früher eine Beamtenwohnung; man hat aber alles drinnen unverändert gelassen, nur die Bänke in den Schulzimmern und die Landkarten an den Wänden lassen den neuen Zweck erkennen."[247]

Yi Kwang-rin konkretisiert weiter: Das Gebäude der Kaiserlich Deutschen Schule lag im alten Bezirk Soan-dong, dem heutigen Anguk-dong, direkt neben der Deokseong-Mädchen-Mittelschule[248], unmittelbar östlich des Gyeongbok-Palastes.

---

[245] Genthe, Siegfried: a. a. O., S. 244.
[246] Bolljahn, Johannes: *Das koreanische Schulwesen*, a. a. O., S. 200.
[247] Genthe, Siegfried: a. a. O., S. 245.
[248] Auf Koreanisch heißt diese Schule 德城女中學敎 Deokseong-yeo-junghak-gyo.
Yi Gwang-rin 李光麟: *Han-guk gaehwasa yeon-gu* 韓國開化史研究. Seoul 1969, S. 128.

Abb. 133: Johannes Bolljahn mit Schülern vor der deutschen Schule in Seoul um 1900.

Die deutsche Schule ist keineswegs nur eine reine Sprachschule. Neben Konversation, Lesen, Schreiben, Grammatik, Diktat und Aufsatz in deutscher Sprache wird ebenso Unterricht erteilt in den Fächern Geographie, Mathematik, Physik, Geschichte sowie Turnen, und es werden Übungen gemacht in Buchführung und Übersetzungen in den höheren Klassen.[249] Laut Yi Kwang-rin sind die Absolventen der Schule jedoch alles andere als zahlreich. So findet die erste Abschlussprüfung erst knapp zehn Jahre nach Gründung der Schule im Mai 1908 statt, und bis 1910 gibt es in drei Jahrgängen lediglich fünf Absolventen. Im krassen Gegensatz dazu beträgt die Anzahl der Absolventen in der englischen Schule mit acht Jahrgängen 79 und in der französischen Schule mit sechs Jahrgängen immerhin 26.[250] Andererseits berichtet Siegfried Genthe vom Werdegang „älterer Schüler, die bereits abgegangen sind", Folgendes:

> „Der eine ist auf dem deutschen Goldbergwerk in Tangkogä (Danggogae) angestellt, ein anderer im Palast als Hilfsdolmetscher. Ein dritter (Baek U-yeong) hilft dem neuangestellten königlich preußischen Kapellmeister (Franz Eckert) beim schwierigen Werk des

---

[249] Paske, J.: a. a. O., S. 70f. – Genthe, Siegfried: a. a. O., S. 246. – Bolljahn, Johannes: *Das koreanische Schulwesen*, a. a. O., S. 201.

[250] Yi Gwang-rin 李光麟 : *Han-guk gaehwasa yeon-gu* 韓國開化史研究 , a. a. O., S. 124.

musikalischen Unterrichts in einem Lande, wo man noch keine Notenschrift kennt, und ein vierter, der besonders begabte Hyen Hong Sik, hat es trotz seiner Jugend schon zum Legationssekretär bei der kürzlich errichteten koreanischen Gesandtschaft in Berlin gebracht."[251]

Daneben hat die deutsche Schule selbst um 1903 drei koreanische Hilfslehrer angestellt, die ebenfalls ehemalige Schüler sind und „fließend deutsch sprechen".[252] Auch werden Dr. Richard Wunsch (1869–1911), Leibarzt des koreanischen Kaisers, gleich drei ehemalige Schüler der Schule zur Unterstützung seiner medizinischen Arbeit am Hofe zur Seite gestellt. Johannes Below, seinerzeit Schulleiter der Deutschen Schule Seoul, zitiert einen Eintrag in den Akten des deutschen Auswärtigen Amtes mit dem Titel: *„Die Entsendung koreanischer Missionen nach Europa und Amerika vom 1.1.1889 – Dez. 1905"*, der eher den Schluss zulässt, dass es bereits vor 1908 offiziell Absolventen der Schule Bolljahns gegeben hat:

> „Als erster Sekretär der Gesandtschaft für Berlin und Wien ist der erste Graduierte der hiesigen deutschen Schule, Herr Hong Him sik ernannt, ein intelligenter und gewandter junger Mann, der verhältnismäßig gut Deutsch spricht und bisher als Übersetzer im Palast angestellt war."[253]

Neben seiner Lehrtätigkeit an der deutschen Sprachschule wird sowohl Bolljahn als auch seinem französischer Kollegen Martel im April 1901 der Auftrag erteilt, ebenfalls an der Kaiserlichen Militärakademie die Sprachen Deutsch respektive Französisch zu unterrichten.[254] Als Japan im Jahre 1905 die Souveränität Koreas immer mehr beschneidet und auf dem besten Weg ist, das Kaiserreich zu einem Protektorat zu machen, trägt sich Bolljahn mit dem Gedanken, nach Deutschland in den preußischen Schulbetrieb zurückzukehren, da es nicht klar ist, ob Einrichtungen wie die ausländischen Sprachschulen aufrecht erhalten bleiben. Neben der charakterlichen Beschreibung Bolljahns ist die Meinung von Ministerresident Conrad von Saldern, des deutschen Vertreters in Seoul,

---

[251] Genthe, Siegfried: a. a. O., S. 249. – „Korean Taste of Western Music Traces Back to 1901". In: *The Korea Times*, 13. Aug. 1982, S. 5.
[252] Paske, J.: a. a. O., S. 70.
[253] Below, Johannes: „1898–1911: die erste deutsche Sprachschule in Seoul". In: Below, Johannes (Hrsg.): *Deutsche Schulen in Korea*. Waegwan 1998, S. 54.
[254] *The Korea Review*, Vol. 1, No. 4 (April 1901): News Calendar, S. 172.

derart repräsentativ für die allgemeine deutsche Haltung bezüglich politischer Interessen in Korea, dass sein langer Bericht im Folgenden wiedergegeben werden soll:

> „… Wie Eure Exzellenz aus meiner Berichterstattung wissen, nehmen die Japaner jetzt das koreanische Regierungswesen in die Hand, und es scheint zweifelhaft, wie sie sich zu dem Fortbestehen dieser Einrichtungen [den Fremdsprachenschulen, der Verf.] stellen werden. Sie lassen die Schulen durch Japaner inspizieren und haben den Schülern, welche bisher Schreibutensilien und anderes Zubehör aus Regierungsmitteln geliefert erhielten, diesen Vorteil entzogen, so daß diese, durchwegs ganz arme junge Leute, sich diese Sachen jetzt selbst beschaffen müssen. Da die Schule sich aus Freiwilligen rekrutiert, so besteht Befürchtung, daß sie nach und nach zurückgehen wird und dies umso mehr, als die Koreaner, welche sämtlich nach einem Regierungsamte drängen, wenn sie Japanisch oder Englisch lernen, viel bessere Aussichten haben, als bei Erlernung der deutschen Sprache. Auch ein Kaufmann, selbst ein Deutscher, kann viel besser einen Koreaner gebrauchen, der Englisch oder Japanisch kann, als einen deutschsprechenden. So entsteht Gefahr, daß die Anstalt nach und nach zurückgehen wird. Gegenwärtig hat die Schule ungefähr 25 Schüler.
> Der Vorstand, der preußische Staatsangehörige Herr Johannes Bolljahn, …, hat mir nun die Frage näher gelegt, ob wir ein erhebliches Interesse am Fortbestehen dieser deutsch-koreanischen Schule haben. Umformen werden die Japaner sie jedenfalls, wie sie das tun werden, ist noch nicht zu übersehen.
> Herr Bolljahn hat den lebhaften Wunsch, in nicht zu langer Frist nach Deutschland zurückzukehren und dort angestellt zu werden, erklärt sich aber bereit, falls wir die Schule zu erhalten versuchen wollen, noch einige Zeit hier zu bleiben. … Der genannte Herr Bolljahn … würde sich außerordentlich gern der königlich preußischen Schulverwaltung wieder zur Verfügung stellen und strebt danach, in Preußen Seminarlehrer zu werden. Ohne mir ein Urteil darüber anzumaßen, ob dieses an und für sich möglich ist, bin ich doch der Meinung, daß es nur nützlich sein kann, … besonders auch da der genannte Lehrer in menschlicher und sittlicher Beziehung nicht nur vollkommen einwandfrei, sondern auch als hervorragend zuverlässig und tüchtig bezeichnet werden kann.
> Indem ich diese empfehlenden Worte für die Zukunft meines lieben Bekannten und Freundes Bolljahn niederschreibe, möchte ich Eure

Exzellenz bitten, in geneigte Erwägung zu ziehen, wie wir uns hier zum Fortbestehen der deutschen Schule stellen wollen? Meines gehorsamen Erachtens liegt kein erhebliches nationales Interesse dafür vor, daß wir uns besonders aktiv dafür verwenden, wenn ich auch gerade nicht vorschlagen würde, daß wir auf ihre Aufhebung hinwirken sollen. Ich meine, wir lassen die Sache laufen, wie sie will, und sorgen dafür, daß, falls die Koreaner diese Einrichtung erhalten wollen und wenn Herr Bolljahn nach Deutschland geht, eine andere geeignete Persönlichkeit an seiner Stelle herauskommt. Wenn ich oben gesagt habe, daß ein besonderes nationales Interesse hier nicht in Frage kommt, so meine ich damit, daß das Bestehen dieser Schule dem Deutschtum hier nicht erheblich genützt hat. bei den geringen Interessen, die wir in Korea haben und die doch wesentlich nur kommerzieller Natur sein sollen, bin ich der Meinung, daß das, was wir in Korea wünschen, nur durch die Tätigkeit des Kaufmanns erobert werden kann. Immerhin gehören solche Einrichtungen, wie diese, mit zu den Imponderabilien, welche nicht ohne Weiteres missachtet werden dürfen.
Eure Exzellenz geneigten Äußerungen über die Zukunftsmöglichkeiten des Lehrers Bolljahn und darüber, wie ich mich der deutschkoreanischen Schule gegenüber zu verhalten habe, darf ich gehorsamst entgegensehen. ..."[255]

Wie immer die Antwort aus Berlin ausgefallen sein mag, und was immer Bolljahn dazu bewogen hat, doch nicht in den preußischen Schuldienst zurückzukehren, sondern weiterhin Leiter und Lehrer der deutschen Sprachschule in Seoul zu bleiben, ist nicht mehr nachzuvollziehen. Nach der endgültigen Einverleibung Koreas werden sämtliche staatliche Fremdsprachenschulen geschlossen und der Sprachunterricht im Rahmen der japanischen Kolonisationspolitik ab dem 1. November 1911 in normale Oberschulen integriert. Bis zu diesem Zeitpunkt ist die Schülerzahl der deutschen Schule auf lediglich drei gesunken.

Johannes Bolljahn tritt zwar am 11. April 1911 einen Heimaturlaub an[256], kehrt aber wieder nach Korea zurück, wo er sich in Seoul seinen Lebensunterhalt teilweise mit Privatunterricht verdient, den er u. a. den

---

[255] AA, Korea: *Akten betreffend das Unterrichtswesen in Korea*, Bd. 1: ‚Schreiben von Conrad von Saldern aus Seoul vom 15. März 1905 an den Reichskanzler Graf von Bülow'.
[256] *OL*, Jg. 25, 21.4.1911, S. 377: PN.

Abb. 134: Johannes Bolljahn und seine Schüler 1907.

Enkeln von Franz Eckert erteilt.[257] Als Bolljahn schließlich 1920 in Begleitung der Witwe von Franz Eckert, Mathilde Eckert, wieder nach Deutschland zurückkehrt, kann er dennoch auf eine langjährige und teilweise erfolgreiche, wenn auch seinen Wünschen und Hoffnungen nicht entsprechende Arbeit zurückblicken.

In Deutschland trifft er am Baltischen Meer im Pommerschen Swinemünde Ida Gorschalki, die Witwe des in Seoul verstorbenen deutschen Kaufmanns A. F. Gorschalki, die er etwas später heiratet. Kurz vor Ausbruch des Zweiten Weltkrieges stirbt Johannes Bolljahn, der einstige Direktor der deutschen Sprachenschule in Seoul.[258]

V.4. Franz Eckert (埃巨多 Ae-geo-da), kaiserlich-koreanischer Musikkapellmeister

Herr Minister!
Euer Excellenz sehr gefälliges Schreiben vom 29. v. M., mit welchem Sie mir mitteilen, daß seine Majestät gnädigst geruht habe, dem Deutschen Reichsangehörigen Musikdirektor F. Eckert in

---

[257] Brief von Schwester Immaculata (Enkelin von Franz Eckert) aus Daegu vom 5. April 1984. – Brief von Dorit Pertz-Eckert (Enkelin von Franz Eckert) aus Ballrechten-Dottingen vom 29. März 1984. –
[258] Persönliche Auskunft von Charles Martel und Dorit Pertz-Eckert, Enkel und Enkelin von Franz Eckert.

Anerkennung seiner Verdienste um die Komposition der koreanischen Nationalhymne und den hiesigen Musikunterricht die 3te Klasse des Tai keuk Ordens zu verleihen, habe ich zu erhalten die Ehre gehabt. Herr Eckert, dem ich die mitübersandte Dekoration und das Patent alsbald übermittelt habe, hat mich ersucht, Eure Excellenz zu bitten, Seiner Majestät seinen tiefgefühlten und ehrfurchtsvollen Dank für die ihm gnädigst verliehene hohe Auszeichnung gefälligst zum Ausdruck bringen zu wollen.

Indem ich diesem Wunsche Folge leiste und mich beehre auch meinerseits meine Gefühle lebhafter Freude und Genugthuung anläßlich der einem Deutschen Reichsangehörigen erwiesenen Ehre auszusprechen, benutze ich diesen Anlaß Eurer Excellenz die Versicherung meiner ausgezeichneten Hochachtung zu erneuern.

H. Weipert

Abb. 135: Franz Eckert.

Am 6. Januar 1903 richtete der deutsche Konsul in Seoul, Dr. jur. Heinrich Weipert, diesen Brief an den koreanischen Außenminister, Jo Byeong-sik, um sich im Namen von Franz Eckert für seine erhaltene Auszeichnung zu bedanken.[259] Doch wer genau war dieser soeben ausgezeichnete „Deutsche Reichsangehörige"? Obwohl Franz Eckert über 35 Jahre in Ostasien tätig war, gibt es nur sehr wenig Überliefertes über sein Leben und Wirken im Fernen Osten.

Franz Eckert wird als Sohn eines Gerichtsbeamten am 5. April 1852 in Neurode bei Waldenburg (Schlesien), dem heutigen Nowa Ruda in Polen, geboren. Seine Schulzeit verbringt er auf verschiedenen Schulen, wobei er besonders das Musikinstitut mit Erfolg besucht. Nach Absolvierung der Konservatorien in Breslau und Dresden versieht er zunächst seinen Militärdienst als Musiker in Neisse, Schlesien. Noch während dieser Zeit bekommt er einen Ruf als Marine-Kapellmeister nach Wilhelmshaven. Aber auch hier soll er nicht lange tätig sein. Die deutsche

---

[259] Gu han-guk oegyo munseo 舊韓國外交文書, deogan 德案 2, Nr. 2819.

Marine-Musik-Verwaltung steht vor der Aufgabe, als Nachfolger des Iren John William Fenton (1828–?) einen Kapellmeister für die japanische Marine zur Verfügung zu stellen. Das Los trifft auf Eckert, und so erreicht er 27-jährig im März 1879 Tōkyō.[260]

Die westliche Musik ist zur Zeit seiner Ankunft in Japan nahezu unbekannt, und es gilt daher, den Japanern die fremden Töne, fremden Melodien und fremden Instrumente näherzubringen. Auf diesem Gebiet muss Franz Eckert zweifellos als „Pionier" bezeichnet werden. Im April 1879 erhält Eckert zunächst einen Zwei-Jahres-Vertrag und fungiert als Leiter der Marinekapelle. Seine Aufgabe besteht vornehmlich darin, deutsche Militärmusik in Japan einzuführen und bekanntzumachen. Von Februar 1883 bis März 1886 ist er ebenfalls in pädagogischer Hinsicht tätig. Im Musikprüfungsausschuss des Erziehungsministeriums für Blas- und Streichmusik ist er für Kompositions- und Harmonielehre zuständig. Nach seiner Entlassung als hauptamtlicher Leiter der Marinekapelle wechselt Eckert im März 1888 zur Abteilung für klassische Musik des kaiserlichen Haus- und Hofministeriums über und beschäftigt sich mit zeremonieller Musik. Auf der im Jahre 1873 gegründeten Heeresschule Toyama[261], in der Präfektur Toyama in Westjapan gelegen, arbeitet er von 1892 bis 1894 als Lehrer für deutsche Militärmusik bei der dortigen Militärkapelle. Gleichzeitig gründet er das Orchester des kaiserlichen Haushalts in Tōkyō und ist in einer Nebentätigkeit ebenfalls vom März 1897 bis zum März 1899 Leiter der Marinekapelle. Eine seiner wichtigsten Aufgaben ist jedoch die Mitwirkung im Kultusministerium bei der Herausgabe des 2. und 3. Bandes eines Liederbuches für Grundschulen. Im Januar 1898 komponiert er anlässlich der Beerdigung der Kaiserinmutter Kujō Asako (1834–1898)[262], postumer Titel Eishō Kōteigō, das Lied

---

[260] Hierzu und zum Folgenden: Eckardt, Andre: „Unserem Mitgliede Franz Eckert, dem Pionier deutscher Musik in Japan zum Gedächtnis". In: *MOAG*, Bd. 21 (1927), zwischen Heft D und E. – Zoe, Cincaid: Composer of Japan's National Anthem Organized Bands Here. In: *The Japan Advertiser*, Tōkyō, 7. Dez. 1926, S. 10. – Yi Mae-rang 李每浪): *Han-guk eumaksa* 韓國音樂史. Seoul 1985, S. 422, 549, 550. – „Franz Eckert". In: *Nihon rekishi daijiten* 日本歴史大事典, Bd. 19, S. 290. – Nōmura Kōichi 野村光一: *Franz Eckert. Ongaku kouiku no suising* フランツ・エッケルト – 音樂教育の推進. In: *Ongaku oyatoi gaikokujin* 音樂お雇い外国人, Bd. 10, Tokio 1971, S. 143–161.

[261] Der japanische Name der Schule lautet: 陸軍富山学校 Rikugun Toyama Gakkō.

[262] Kujō Asako (1834–1898), Witwe von Kaiser Kōmei (1831–1867), 121. Kaiser Japans.

„*Kanashimi no kiwami*" („der unermessliche Schmerz")[263], das von dieser Zeit an bei Trauerfeierlichkeiten bei Hofe gespielt wird.

Zu Eckerts größten und nachhaltigsten Werken in Japan zählt indes die japanische Nationalhymne. Im Jahre 1880, bereits ein Jahr nach seiner Ankunft in Japan, wird er vom japanischen Marine-Ministerium aufgefordert, eine Nationalhymne zu komponieren. Jeder andere Musiker hätte sich nun bemüht, etwas Eigenes und Dauerhaftes zu schaffen. Nicht so Franz Eckert, entgegen mancher Aussage, er wäre der „Komponist" der japanischen Nationalhymne. Doch lassen wir Eckert persönlich von der Entstehung der Nationalhymne berichten:

> „Vor einiger Zeit wurde ich vom Marine-Ministerium aufgefordert, eine Nationalhymne zu componieren, da eine vom Staate angenommene nicht existire. Auf mein Verlangen wurden mir mehrere japanische Melodien vorgelegt, von welchen ich die im folgenden mitgetheilte wählte, harmonisierte und für europäische Instrumente arrangirte."[264]

Abb. 136: Noten und Text zum Kimigayo.

In der Tat hatte bereits der Japaner Hayashi Hiromori (1831–1896), Musiker für klassische japanische Musik und Komponist im Hofministerium, eine geeignete Melodie für die Hymne aus der klassischen Musik ausgewählt. Eckert schreibt die Noten um und arrangiert die Melodie speziell für europäische Blasinstrumente. Das sogenannte „*Kimi ga yo*"[265] wird am 3. November 1880 anlässlich des Geburtstages des Tennōs im Kaiserpalast uraufgeführt.[266] Der Text zur Hymne

---

[263] Auf Japanisch 悲しみの極み.
[264] Eckert, Franz: „Die japanische Nationalhymne". In: *MOAG*, Bd. 3, H. 23 (März 1881), S. 131.
[265] Auf Japanisch 君が代.
[266] Nōmura Kōichi 野村光一: a. a. O., S. 149f.

stammt aus der japanischen Gedichtsammlung „*Kokin Wakashū*"[267], allgemein bekannt unter der kürzeren Bezeichnung „*Kokinshū*"[268] und lautet in der Übersetzung:[269]

> „Bis zum Fels der Stein geworden,
> Übergrünt von Moosgeflecht,
> Tausend, abertausend Jahre,
> Blühe, kaiserlich Geschlecht. Bis zum Fels der Stein geworden,
> Übergrünt von Moosgeflecht,
> Tausend, abertausend Jahre,
> Blühe, kaiserlich Geschlecht."

Im Jahre 1888 wird die Partitur der japanischen Nationalhymne vom Marine-Ministerium herausgegeben und im Ausland bekannt gemacht.

Über den Erfolg seiner langjährigen Tätigkeit in Japan und über seine Arbeitsmoral soll dem Leser der folgende kurze Auszug von Prof. Andre Eckardt aus seinem Artikel über Franz Eckert in den *Mitteilungen der Deutschen Gesellschaft für Natur- und Völkerkunde* mit dem Titel: „Unserem Mitgliede FRANZ ECKERT, dem Pionier deutscher Musik in Japan zum Gedächtnis", Aufschluss erteilen:[270]

Abb. 137: Aquarell von Curt Netto. Vorentwurf zum Umschlag der Noten zu Eckerts japanischer Nationalhymne.

„Einfach und unbekümmert um Menschenlob und Menschentadel arbeitete Franz Eckert bis in die Nacht hinein, schrieb Noten und ersann neue Melodien und in der Frühe, oft schon um 4 Uhr, begann er von neuem sein Tagewerk. Unmöglich konnte er anfangs

---

[267] Japanisch 古今和歌集 .
[268] Japanisch 古今集
[269] Deutsche Übersetzung zitiert aus: Eckardt, Andre: a. a. O., Bd. 21 (1927), S. 4.
[270] Eckardt, Andre: a. a. O., S. 3f.

mit schweren Stücken vorankommen, so war er genötigt, die Begleitungen neu zu schreiben und andere Stücke für Militärmusik zu arrangieren. Eine Menge von Liederpotpourris und Märschen, Tänzen und Hymnen floß aus seiner Feder. Daß dabei deutsche Melodien eine große Rolle spielen, ist selbstverständlich. Wenn heute so manches deutsche Lied zum Gemeingut des japanischen Volkes geworden ist, so ist dies sicher zum großen Teil sein Verdienst.
In den 80er und 90er Jahren komponierte er auch verschiedene japanische Lieder oder er übertrug japanische Melodien in moderne Notenschrift, harmonisierte und arrangierte sie für europäische Instrumente. Besonders zu nennen sind:
Harusame (Erwachen des Frühlings),
Mariuta hitots'to ya (Ballspiel),
Echigo jishi,
Kappore (humoristischer Tanz),
Rokudan (für Koto)."
Daneben komponiert Eckert verschiedene Märsche wie z. B. den *Port Arthur-Marsch, Kiautschou-Marsch, Defilier-Marsch*, den Marsch „*Souvenir de Tokyo*" usw.[271]

Am 31. März 1899 tritt Franz Eckert wegen gesundheitlicher Gründe von seiner Position im kaiserlichen Haus- und Hofministerium zurück und begibt sich nach 20-jähriger Abwesenheit wieder in die Heimat.[272] Dort erhält er alsbald den Titel eines königlich preußischen Musikdirektors. Aber er soll nicht lange in Deutschland verweilen und schon bald einem Ruf nach Korea folgen.

Über die Art und Weise, wie sich europäische Herrscher feiern lassen, erfährt König Gojong das erste Mal von Min Yeong-hwan (1861–1905), der als koreanischer Abgesandter im Mai 1896 an den Krönungsfeierlichkeiten von Zar Nikolaus II.[273] in St. Petersburg teilnimmt und anschließend weitere acht europäische Länder bereist. Da ihm die Militärmusik besonders imponiert, berichtet er nach seiner Rückkehr dem König davon und empfiehlt ihm, ebenfalls eine derartige europäische Musikkapelle am Seouler Hof einzurichten. Daraufhin wird das deutsche Konsulat kontaktiert mit der Bitte, Franz Eckert nach Korea zu holen, da sein Ruf bereits von Japan nach Korea gedrungen

---

[271] Brief von Dorit Pertz-Eckert vom 26. Feb. 1984.
[272] Nōmura Kōichi 野村光一: a. a. O., S. 148. – *Ongaku jiten* 音樂事典, Tōkyō, Bd. 1, S. 253.
[273] Zar Nikolaus II., gebürtig: Nikolaj Alexandrowitsch Romanow, 1868–1918), von 1894 bis 1917 Zar des Russischen Reiches.

Abb. 138: Min Yeong-hwan.

war.[274] So lautet eine Version, das Ersuchen Koreas nach einem deutschen Musiker zu erklären.

Eine zweite mögliche Theorie wäre folgende: Am Abend des 26. November 1883 gibt die stattliche Marinekapelle der Korvette S. M. S. „Hertha", die den Generalkonsul Eduard Zappe aus Japan zwecks Vertragsverhandlungen nach Korea gebracht hat, anlässlich eines Banketts zum deutsch-koreanischen Vertragsabschluss in Seoul ein musikalisches Intermezzo. Welche Reaktion dies bei den Koreanern, die ihr Leben lang noch keine derartige Musik gehört haben, verursacht, beschreibt Rosalie von Möllendorff:

„Kapitän Herbig hatte zu diesen Feierlichkeiten die Musikkapelle der Leipzig nach Seoul geschickt. Sie spielte zuerst im Jamen zu Beginn des Diners. Alle Gäste hatten ihre Plätze eingenommen und

---

[274] Yi Yu-seon 李有善 : *Han-guk yangak palsimnyeonsa* 韓國洋樂八十年史 . Seoul 1968, S. 195. – „Der Deutsche, der Nationalhymnen für Asien schrieb". In: *Ost-Dienst*. Beilage: Korea-Dienst, Nr. 143 (Mai 1983).

warteten auf die Speisen, die aufgetragen werden sollten. Endlich ging mein Mann hinaus, um sich nach dem Grund der Verzögerung umzusehen, da standen die koreanischen Diener mit den dampfenden Tellern und Schüsseln in den Händen, vor Erstaunen wie festgebannt, und lauschten der Musik, darüber hatten sie vergessen zu servieren.

Am anderen Tag spielte die Kapelle in unserem großen Hof in Paktong, da saßen die Koreaner in ihren bunten Gewändern rings um unser Haus auf den Dächern ihrer niedrigen Häuser, in Staunen und Verwunderung über dies neue Wunder der Fremden fast erstarrt."[275]

Die Frage jedoch, ob diese Aufführungen bei den koreanischen Beamten einen entsprechenden Eindruck hinterlassen haben, um einen deutschen Dirigenten zu engagieren, muss unbeantwortet bleiben. Fest steht indes, dass sich die koreanische Regierung entschließt, am Hofe eine Musikkapelle nach europäischem Muster zu halten. Die Wahl ihres Leiters fällt auf den Oboen-Virtuosen und hervorragenden Kenner der Musiktheorie Franz Eckert, dessen Ruf durch seine langjährige Tätigkeit in Japan und durch Auszeichnungen verschiedener Länder (darunter japanische und deutsche Orden) sicherlich auch nach Korea gedrungen ist. So erhält Eckert in Deutschland bald durch die Vermittlung des deutschen Vertreters in Seoul, Konsul Dr. Heinrich Weipert, die Aufforderung des koreanischen Kaisers, eine Hofkapelle aufzubauen und sie an europäischen Instrumenten auszubilden. Diesem erneuten Ruf gleich nach seiner Genesung durch intensive Kuren in den Bädern Soden und Reinerz folgend, kommt Eckert zunächst ohne seine Familie, aber mit 50 Holz- und Blechblasinstrumenten am 19. Februar 1901 in der koreanischen Hauptstadt an und wird einen Monat später, am 19. März von Kaiser Gojong in Audienz empfangen und willkommen geheißen.[276]

---

[275] Moellendorff, Rosalie von: a. a. O., S. 66.
[276] Hierzu und zum Folgenden: Allen, Horace N.: a. a. O., S. 44. – Yi Yu-seon 李宥善 : a. a. O., S. 194–197. – Jang Sa-hun 張師勛 . Y*eo-myeong-ui dongseo eumak* 黎明의 東西音樂 . Seoul 1974, S. 189–199. – NamGung-Yo-yeol 南宮堯悅 : *Guhanmal irae ‚yangak 80 nyeonsa' jeongni.* 舊韓末이래 , 洋樂 80 年史 ' 정리 . In: *Han-guk ilbo* 한국일보 , Seoul, 14.7.1982. – Jeon Seong-hwan 전성환 : *Hwangje-ui myeong-eul bada minyeonghwan-i gasa-reul jieun Eckert-ui <daehan je-guk ae-gukga>* 황제의 명을 받아 민영환이 가사를 지은 에케르트의 < 대한제국 애국가 >. In: *Eumak donga* 음악동아 , Seoul, Jan. 1986, S. 102–104. – *The Korea Review*, Vol. 1, No. 2 (Feb. 1901), S. 74: „News Calendar – Korean Taste of Western Music Traces Back to 1901": a. a. O.

Abb. 139: Straße in Seoul mit der Kathedrale in Myeong-dong im Hintergrund, 1902.

Vor Eckerts Eintreffen hatte die koreanische Regierung bereits den stellvertretenden Befehlshaber des Heeres Yi Yun-yong (1854–1939) zum provisorischen Militär-Kapellmeister bestimmt, damit dieser entsprechende Vorbereitungen für den Aufbau einer Kapelle wie z. B. ihre Besetzung usw. treffen kann.

Eckerts Aufgabe ist indes keinesfalls leicht, da in dem lange Jahrhunderte hermetisch abgeschlossenen Reich bislang die westliche Musik nahezu unbekannt geblieben ist und er seine Arbeit, wie seinerzeit in Tōkyō, von der Basis an beginnen muss. So wählt er zunächst aus etwa hundert gewöhnlichen Soldaten 30 Mann aus, die ein einigermaßen musikalisches Gehör zeigen. Aber durch seine japanischen Erfahrungen geschult, durch viel Mühe und Geduld und durch Auswechseln mancher Kandidaten hat er bereits nach sechs Monaten eine Hofkapelle von stolzen 50 koreanischen Musikern aufgebaut und an europäischen Instrumenten ausgebildet. In den darauffolgenden Jahren kann er die Anzahl seiner Musiker sogar zeitweise bis auf 70 steigern.[277]

---

[277] Eckardt, Andre: a. a. O., S. 5.

Abb. 140: Franz Eckert mit Militärkapelle im Pagoda-Park.

Eckerts Erfolge bei der Ausbildung seiner Hofkapelle sind derart groß, dass er nicht nur regelmäßig bei offiziellen Anlässen bei Hofe auftritt, sondern auch jeden Donnerstag zur Freude aller ansässigen Europäer im Pagoda-Park in Seoul Konzerte veranstaltet. Dabei gibt er sowohl selbstkomponierte Marschmusik als auch Wagner-Ouvertüren zum Besten.[278]

Gleich zu Beginn seiner Tätigkeit in Seoul erhält Eckert den Auftrag, eine koreanische Nationalhymne zu komponieren, da bis dahin keine existierte. Auch dieses Mal geht Eckert ähnlich wie in Japan vor und wählt aus verschiedenen koreanischen Volksliedern eines aus, dessen Melodie er für europäische Instrumente harmonisiert und arrangiert. Die so entstandene erste koreanische Nationalhymne, (kor. *Daehanjeguk ae-gukga*), wird dem Hof am 1. Juli 1902 präsentiert und im Rahmen der Feierlichkeiten zum Geburtstag Kaiser Gojongs am 9. September 1902 zum ersten Mal öffentlich uraufgeführt. Der Text zur Hymne lautet in deutscher Übersetzung:

„Gott beschütze unseren Kaiser.
Dass sich Seine Jahre mehren,
Zahllos wie der Sand am Strande,
Der sich hoch zur Düne häufet.
Dass Sein Ruhm sich leuchtend breite,
Weithin über alle Welten.
Und das Glück des Herrschers,
Tausend und zehntausend Jahre,
Neu mit jedem Tag erblühe."

Die Komposition dieser Nationalhymne stellt sich allerdings als zu schwierig heraus, zumal sie wegen der hohen und tiefen Töne auch schlecht zum Singen geeignet ist. Obendrein wird sie nach der Annexion Japans durch das „*Kimi ga yo*" ersetzt. Im Dezember 1902 erhält

---

[278] Kroebel, Emma: *Wie ich an den Koreanischen Kaiserhof kam.* Berlin 1909, S. 147f.

Eckert aufgrund dieser Komposition und wegen seiner großen Erfolge bei der Ausbildung der Hofkapelle von Kaiser Gojong den Verdienstorden 3. Klasse verliehen.[279]

Im März 1902, ein Jahr nach seiner eigenen Ankunft in Korea, fährt Franz Eckert nach Japan, um seine aus Deutschland kommende Familie dort in Empfang zu nehmen und sie nach Korea zu bringen. Von seinen sechs Kindern begleiten nur die drei Töchter ihre Mutter nach Korea. Alle drei Söhne befinden sich in Deutschland in Internaten.[280]

Abb. 141: Kaiserlich Koreanische Nationalhymne von Franz Eckert.

Über Eckerts Wohnung und „Lebensweise" gibt uns Dr. Richard Wunsch, Leibarzt des koreanischen Kaisers, in humorvoller Weise Auskunft:

„Hoch über der Stadt, am bewaldeten Südberge (Namsan) wohnt der deutsche Musikdirektor Eckert. Eckert ist auf dem Lande bei Neurode zu Hause und hat daher ländliche Allüren. Er hatte sich eine kleine Schweinezucht zugelegt, um in Abwesenheit seiner Familie wenigstens etwas Lebendiges um sich zu haben. Drei von den Schweinen sind, eines nach dem anderen, gestohlen worden, als sie bereits einen gewissen Grad von Fettigkeit erreicht hatten. Das vierte ist dann aber auf allgemeinen Beschluß noch rechtzeitig geschlachtet worden, und so haben wenigstens Eckert, der deutsche Lehrer Bolljahn und ich jeder noch etwas Wellfleisch und Schinken bekommen. Die Wurst ist leider auch noch im letzten Augenblick gestohlen worden. Ich habe zu dem Wellfleischessen schöne passende Lieder gedichtet."[281]

Als Eckert im Februar 1901 nach Korea kommt, wohnt er allerdings noch nicht am Südberg, sondern ganz in der Nähe des Deoksu-Palastes

---

[279] Yi Yu-seon 李有善 : a. a. O., S. 196. – *Gu han-guk woegyo munseo* 舊韓國 外交文書 , *deogan* 德案 2, Nr. 2819.

[280] Claussen-Wunsch, Gertrud (Hrsg.): *Dr. med. Richard Wunsch. Arzt in Ostasien*. Büsingen/Hochrhein 1976, S. 98.

[281] Claussen-Wunsch, Gertrud: a. a. O., S. 98.

Abb. 142: Bezirk an der Taepyeong-no-Straße mit dem Südtor im Hintergrund um 1895.

(Deoksu-gung) im heutigen Distrikt Jung-gu, in der Nähe der Taepyeong-no-Straße. Erst später zieht er um und wohnt in einem eigenen Haus am Südberg im heutigen Bezirk Hoehyeon-dong".[282]

Neben seiner Tätigkeit als Kapellmeister und Komponist widmet sich Franz Eckert ebenfalls Studien zur Erforschung traditioneller koreanischer Musik und ist in der Behörde für klassische Musik als Mitarbeiter tätig. Auch entwickelt er ein Interesse an koreanischen Volksliedern, nach deren Melodie er eigene Kompositionen erschafft, sowie an lyrischen Langgedichten[283], mit denen er sich beschäftigt, wann immer er Zeit dazu findet.

Beim Einsatz der Hofkapelle während festlicher Anlässe oder bei Promenadenkonzerten im öffentlichen Park in Seoul erntet Eckert von jedermann Anerkennung und ist deshalb sowohl bei den in Korea lebenden Europäern als auch bei den Koreanern selbst ein sehr beliebter Mann. Prof. Andre Eckardt (1884–1974), der 1909 als Benediktiner-Pater nach Korea kommt und 1950 am Ostasiatischen Seminar in München die deutsche Koreanistik begründet, lernt Franz Eckert ebenfalls kennen und schätzen:

„Bald wurde ich auch mit dem deutschen Kapellmeister Franz Eckert, dem Schöpfer der japanischen und koreanischen Nationalhymne, bekannt, der in Seoul die Militärkapelle leitet. Gerne folgte ich seiner freundlichen Einladung zu einem Musikabend und war erstaunt, in welch kurzer Zeit mein Landsmann eine Blechmusikka-

---

[282] Hierzu und zum Folgenden: Yi Yu-seon: a. a. O., S. 196.
[283] Diese Langgedichte heißen im Koreanischen 歌詞 *gasa*.

pelle von 45 Mann ausgebildet hatte. Ein Potpourri deutscher Volkslieder war bei Bläsern wie Hörern besonders beliebt. Der Vortrag von Kompositionen von Verdi, Bizet und Richard Wagner hätte auch jeder deutschen Kapelle Ehre gemacht. In achtjährigem Unterricht hatte Franz Eckert einen Koreaner, Pak sonsäng, als seinen stellvertretenden Kapellmeister und Nachfolger ausgebildet."[284]

Während des ersten Weltkrieges stehen Eckert nicht mehr die nötige Freiheit und die Mittel zur Verfügung, um seine relativ große Kapelle aufrechtzuerhalten. Am 12. Dezember 1915 ist er aus gesundheitlichen Gründen gezwungen, die Leitung der Kapelle, die er fast 15 Jahre lang innehatte, seinem ersten Flötenspieler, den er vorher selbst zum Kapellmeister ausgebildet hat, zu übergeben.[285]

Franz Eckert stirbt am 6. August 1916 gegen 21 Uhr abends in seinem Haus in Hoehyeon-dong im Alter von 64 Jahren an Magenkrebs. Trotz der Kriegszeiten und der damit verbundenen Feindschaft zwischen Deutschland und Japan, entsendet die japanische Regierung offizielle Vertreter zur Trauerfeier, die am 8. August in der Kathedrale in Myeong-dong stattfindet. Unter allen Ehren sowohl seitens der Koreaner als auch der Japaner, die seine langjährige Tätigkeit in Japan nicht vergessen haben, wird Franz Eckert schließlich auf dem Ausländerfriedhof Yanghwajin-oeinmyoji[286] in Seoul, im Distrikt Mapo-gu, Bezirk Hapjeong-dong beigesetzt. Ohne Zweifel hat Eckert durch sein großes Engagement mit dazu beigetragen, dass die deutsche Musik auch heute noch einen nicht gerade unbedeutenden Stellenwert in Korea einnimmt.[287]

Franz Eckerts Frau kehrt erst im Jahre 1920 in Begleitung von Johannes Bolljahn nach Deutschland, nach Trachkirchen in Oberschlesien zurück. Außer seiner aus Falkenau in Schlesien (dem heutigen Sokolov in der Tschechischen Republik) stammenden Frau Mathilde (1852–1934), geb. Huch, hinterlässt Franz Eckert sechs Kinder:

1. Amalie Eckert (1876–1959), heiratet 1905 in Seoul den Direktor der französischen Sprachschule und Kollegen von Johannes Bolljahn, Emile Martel (1874–1949).
2. Franz Eckert (geb. 1879), heiratet Hedwig Puder (geb. 1880), wird Ingenieur und wirkt 25 Jahre in Japan.

---

[284] Eckardt, Andre: *Wie ich Korea erlebte*. Frankfurt/Main und Bonn 1950, S. 47
[285] Jang Sa-hun 張師勛 : a. a. O., S. 198.
[286] Auf Koreanisch 楊花津 外人墓地 .
[287] Jang Sa-hun 張師勛 : a. a. O., S. 198f.

3. Karl Eckert, heiratet Hedwig Bottig und wird Oberlehrer in Schlesien.
4. Anna-Irene Eckert, heiratet 1904 in Seoul den Belgier Adhémar Delcoigne, Berater des Kaiserlich Koreanischen Innenministeriums und späteren Geschäftsträger in Jugoslawien und Albanien.
5. Georg Eckert, wird Oberpostinspektor in Schlesien.
6. Elisabeth Eckert, heiratet 1907 Otto Mensing, Kapitän der „Hamburg-Amerikanische Packetfahrt-Actien Gesellschaft (HAPAG)".

V.5. Dr. med. Richard Wunsch (富彦士 Bu-eon-sa), Hofarzt Kaiser Gojongs

Abb. 143: Titelbild von Siebolds Flora Japonica.

Der nächste in der Liste verdienstvoller Deutscher in Korea ist der Schlesier Dr. med. Richard Wunsch, der von November 1901 bis zum April 1905 als Leibarzt des koreanischen Kaisers in Seoul fungiert. Allzu oft haben lediglich diejenigen Entdecker, Forschungsreisenden oder Wissenschaftler in der westlichen Welt Berühmtheit erlangt, die als erste Kunde fremder und entfernter Welten nach Hause getragen haben. Nicht anders verhält es sich bei den deutschen Ärzten in Ostasien. So hat z. B. Engelbert Kämpfer (1651–1716) aufgrund seines Aufenthalts in Japan von 1690 bis 1692 das Bild dieses ostasiatischen Staates in Deutschland bis ins 19. Jh. geprägt. Philipp Franz von Siebold (1796–1866) – und nach ihm seine Söhne Heinrich (1852–1908) und Alexander (1846–1911) – Arzt und Polyhistor aus Würzburg, 1823 bis 1830 und 1859 bis 1862 in Japan tätig, hinterlässt durch sein umfassendes Werk *„Nippon: Archiv zur Beschreibung von Japan und dessen Neben- und Schutzländern. Leyden 1832"* sowie anderer wissenschaftlicher Arbeiten eine detaillierte Studie dieses Weltteils bezüglich seiner Länder, Kulturen, Sitten und Bräuche, Flora und Fauna, Sprachen und vielem mehr.

Der württembergische Mediziner Erwin Otto Eduard von Bälz (1849–1913), der in den Jahren 1876 bis 1905 als kaiserlicher Leibarzt in Tōkyō wirkt, hinterlässt einen nachhaltigen Einfluss auf die Entwicklung der japanischen Medizin und widmet sich bahnbrechenden Forschungen auf dem Gebiet der Anthropologie in Ostasien.[288]

Abb. 144: Erwin von Baelz um 1895.

Richard Wunsch gehört zu den vielen deutschen Ärzten, die diesen Pionieren nach Ostasien gefolgt und doch allzu schnell in Vergessenheit geraten sind. Durch seine Tagebücher und Aufzeichnungen, die seine Tochter Gertrud Claussen-Wunsch 1976 unter dem Titel „*Dr. med. Richard Wunsch. Arzt in Ostasien*" teilweise veröffentlicht, wird der Nachwelt indes ein zeithistorisches Dokument von besonderem Wert hinterlassen, das auf lebendige Weise die Geschichte Ostasiens in ihrer Übergangsphase vom 19. ins 20. Jh. schildert. Richard Wunsch ist von 1901 bis zu seinem Tode im Jahre 1911 in Korea, Japan und China tätig und muss daher ebenfalls zu denjenigen gezählt werden, die die deutsche Medizin in Ostasien bis auf den heutigen Tag gefestigt haben.

Geboren wird Richard Wunsch am 4. August 1869 in Hirschberg, Niederschlesien, dem heutigen Jelenia Gora in Polen. Sein Vater, Friedrich Wunsch, ist gelernter Papiermacher und macht sich 1894 durch den Kauf einer Papierfabrik in der Nähe von Hirschberg selbständig. Im selben Jahr schließt Richard Wunsch seine medizinischen Studien in Greifswald (Mecklenburg-Vorpommern) ab und promoviert bald darauf mit dem Thema: „*Zur Casuistik der Lymphangiome am Thorax nebst Mitteilung eines neuen durch Operation geheilten Falles.*"[289]

Abb. 145: Dr. med. Richard Wunsch.

---

[288] Vianden, Hermann Heinrich: *Die Einführung der deutschen Medizin im Japan der Meiji-Zeit.* Düsseldorf 1985, S. 134–137.

[289] Hierzu und zum Folgenden: Claussen-Wunsch, Gertrud: a. a. O., S. VII–IIX, 1–41. – *The Korea Review*, Vol. 1, No. 11 (Nov. 1901), S. 503: „News Calendar".

Nach einem kurzen Militärdienst arbeitet er zunächst als Assistenzarzt seines Mentors an der Universitätsklinik in Greifswald, Prof. Dr. Heinrich Helferich (1851–1945), mit dem er Zeit seines Lebens eng verbunden bleibt. Eine tuberkulöse Erkrankung zwingt ihn aber schon bald in die Schweiz, nach Arosa und Davos, wo er ebenfalls in verschiedenen Privatsanatorien als Assistent tätig ist. In Davos lernt er seine spätere Frau, Marie Scholl, kennen, die aus Offenburg stammt und eine Freundin in die Schweiz begleitet hatte. 1899 geht Richard Wunsch für einige Monate an das „German Hospital" in London, das 1845 speziell für deutsche Emigranten errichtet wurde und hauptsächlich auf Spenden und freiwilliger Mitarbeit angewiesen ist. Dort erwächst in ihm die Idee, nach weiteren Studien zu einem späteren Zeitpunkt in London eine Praxis zu eröffnen. Doch zunächst geht er nach Berlin, um dort während des Wintersemesters 1899/1900 als Volontär-Assistent des berühmten Prof. Dr. Rudolf Virchow (1821–1902), des Gründers der Zellular-Pathologie, zu hospitieren. Von April 1900 bis Ende März 1901 arbeitet er in Königsberg, Preußen (heute Kaliningrad in Russland), an der Universitäts-Frauenklinik bei Prof. Dr. Georg Winter (1856–1932), einer der führenden Persönlichkeiten auf dem Gebiet der Gynäkologie. Mitte 1901 will er schließlich seinen alten Plan einer eigenen Praxis umsetzen und begibt sich zurück nach London. Während seiner Vorbereitungen für das englische Examen, das er noch benötigt, lernte er Prof. Dr. Erwin Bälz kennen. Durch Bälz wird ihm die Stellung als Leibarzt des koreanischen Kaisers angeboten, und Wunsch nimmt kurz entschlossen an.

Abb. 146: Hapag-Reichspostdampfer „Kiautschou".

Am 1. Juni 1901 wird ein Anstellungsvertrag zwischen Richard Wunsch und der koreanischen Regierung in Hamburg unterzeichnet. Die koreanische Seite wird dabei vertreten durch den ersten kaiserlich-koreanischen Honorarkonsul Heinrich Constantin Eduard Meyer (1841–1926), der das bedeutendste Handelshaus in Korea unterhält. Mit dem Reichspostdampfer „Kiautschou" der Hapag tritt Wunsch am 3. September 1901 von Bremen aus die Reise nach Korea an, erreicht am 2. November die Hafenstadt Chemulpo und zwei Tage später die Hauptstadt Seoul.[290]

In Korea angekommen muss Wunsch bald feststellen, dass sein winziges Büro innerhalb der Palastmauern bei weitem nicht seinen Vorstellungen von einer Arztpraxis entspricht, zumal er dort aufgrund des beschränkten Zugangs kaum Patienten empfangen darf. Außerdem stellt sich bald heraus, dass sein Posten als Leibarzt wohl eher dem Prestige des Kaiserhauses gilt als der tatsächlichen medizinischen Betreuung des Monarchen selbst.

Seine anfängliche Enttäuschung bezüglich seiner Position weicht jedoch bald, da er in der kostenlosen Behandlung armer Menschen eine neue Erfüllung und Aufgabe findet. Aufgrund seines Rufes als hervorragender Arzt wird er bald auch von den ansässigen Europäern regelmäßig konsultiert und führt im amerikanischen Hospital Operationen durch.[291] 1902 bricht eine schwere Choleraepidemie aus, und Richard Wunsch legt dem koreanischen Innenministerium umfangreiche Verbesserungsvorschläge vor. Damit übt er einen großen Einfluss auf die Entwicklung der Gesundheitspolitik und der Seuchenbekämpfung des Landes aus. Der folgende Eintrag in seinem Tagebuch beschreibt ebenfalls seinen persönlichen Einsatz:

„… und ich habe auch öfter persönlich in den dreckigsten und übelsten Stadtteilen eingreifen müssen, obgleich mir der Kaiser das verboten hatte, aus Angst, ich könne ihm die Krankheit in den Palast einschleppen."[292]

Einen Monat nach seiner Ankunft mietet sich Richard Wunsch ein Haus, das er wie folgt beschreibt:

„Seit dem 3. des Monats [Dezember] bin ich hier in einem gemieteten Haus. … Schließlich habe ich von der amerikanischen Mission ein größeres Grundstück gemietet, mitten in der Stadt auf einem Hügel gelegen, mit zwei Häusern, umgeben von einem wunderbaren großen Garten mit vielen Erdbeerbeeten, Zwergobstbäumen, Weinstöcken etc. … Zwei amerikanische Missionarinnen haben es bis vor kurzem bewohnt. Von ihnen habe ich auch die ganze Dienerschaft übernommen. Sie besteht aus: 1. einem Torwärter, 2. einem Kiero

---

[290] Claussen-Wunsch, Gertrud: a. a. O., S. 42, 79. – Allen, Horace N.: a. a. O., Supplement, S. 7.
[291] Claussen-Wunsch, Gertrud: a. a. O., S. 92.
[292] Claussen-Wunsch, Gertrud: a. a. O., S. 121–124, 133.

(eine Art Leibwächter), 3. einem Koch und 4. einem Boy, der die Stelle des Stubenmädchens und Dieners vertritt. ... Einen offiziellen Dolmetscher hatte ich auch schon zugewiesen bekommen und als ich mich eben etwas an seinen Kohlgeruch gewöhnt hatte ..., da wurde mir der arme Kerl verhaftet. Angeblich soll er revolutionäre Ideen haben. Mit ihm zur gleichen Zeit auch zwei andere Schüler der deutschen Sprachschule."[293]

Doch soll er nicht lange in diesem Haus wohnen. Schon ein Jahr später kauft sich Wunsch ein anderes Grundstück und berichtet am 2. März 1903:

„Gestern abend hörte ich im Club, daß General Mi Jung Non das Strebitskysche Grundstück nicht gekauft habe. Colonel Strelbitsky war 7 Jahre russischer Militärattaché in Korea und geht jetzt nach Hause. Waeber sagte mir beim Abendessen, daß der Preis etwa 3750 Yen sei. Ich beshloß, am folgenden Tag zu Strelbitsky zu gehen und kaufte heute nachmittag das Grundstück. Großer, hoch und gut gelegener Garten vor dem kleinen Westtor mit zwei Häusern und einem Pferdestall. ... Meine Gesichtspunkte für den Kauf waren der

Abb. 147: Richard Wunsch mit Bediensteten vor seinem Haus um 1903.

---

[293] Claussen-Wunsch, Gertrud: a. a. O., S. 83f.

Wunsch nach Unabhängigkeit von Koreanern und Missionaren und mein Interesse, ein Stück Land und ein Haus zu besitzen."[294]

Im Jahre 1902 besteht die deutsche Gemeinde in Seoul lediglich aus sieben Personen: Konsul Ferdinand Krien und sein Kanzlist Robert Brinckmeier, Johannes Bolljahn, Franz Eckert, der Kolonialwarenhändler A. F. Gorschalki, Frl. Antoinette Sontag, Haushofmeisterin der kaiserlichen Familie, und Dr. Richard Wunsch. Aus diesem Grunde ist es nicht verwunderlich, dass man sich über jeden neuen deutschen „Zuwachs" freut. Liest man das Tagebuch von Richard Wunsch diesbezüglich mit einer gewissen Aufmerksamkeit, so kann man sich des Eindrucks nicht erwehren, dass Wunsch besonders die drei Töchter Franz Eckerts nach ihrer Ankunft zumindest anfänglich recht genau beobachtet, zumal er ein Junggeselle im besten Alter ist und sich mit Hochzeitsplänen trägt. So teilt er uns seine Gedanken unverblümt mit:

„29.3.1902: Abends bei Bolljahn Diner für Eckerts angekommene Familie. Mädchen ganz nett, sehr gebildet? Jedenfalls ohne Kinderstube." (S. 103)

„17.5.1902: Eckerts Mädchen doch etwas zu naiv." (S. 115)

„16.8.1902: Mein Haus habe ich im Innern mit Hilfe von Fräulein A. Eckert mächtig umgeändert, eine der drei Töchter des Musikdirektors, ein nettes und gefälliges Mädchen." (S. 124)

Hier erfährt der Leser zum ersten Mal, dass sich sein Augenmerk auf die älteste Tochter von Franz Eckert, Amalie, genannt Malchen, gerichtet hat. Doch entscheidet er sich letztendlich gegen sie aus folgenden Gründen:

„15.6.1903: Ich habe nun auch eine Stellung, ein Haus, einen großen Garten und ein Einkommen, mit dem ich evtl. eine Frau ernähren könnte. Aber so geht es einem, wenn es Brei regnet, hat man keinen Löffel. Hier sind keine heiratsfähigen Mädchen, wenigstens keine Auswahl. Ich war nahe daran, mich mit einer der Töchter des Musikdirektors zu verloben, habe es aber als vorsichtiger Mann gelassen, wenn es mir auch sehr schwer geworden ist. Ich habe das Mädchen riesig gern. Ich habe dafür gesorgt, daß sie eine Stellung hier am Hofe bekam mit monatlich 200 Mark Gehalt, dazu freie Wohnung und Station. Sie ist auch gescheit und wirtschaftlich, spricht japanisch, koreanisch, englisch, französisch und deutsch fließend. Sie

---

[294] Claussen-Wunsch, Gertrud: a. a. O., S. 138f.

spielt famos Klavier, kurz, sie hat viele gute Seiten. Aber sie wird nie eine Dame werden, wie ich sie mir jetzt für meine Repräsentationspflichten vorstelle." (S. 147f)

Frau Claussen-Wunsch erläutert weiter:

„In seinem Tagebuch setzte er sich seitenlang mit seiner Neigung zu Amalie Eckert auseinander. Immer wieder überlegte er sich, ob er sie heiraten soll und kann. Er schlägt sich noch auf einigen Seiten des Tagebuchs mit dem Für und Wider dieser Eheschließung herum und beendet dann dieses Kapitel mit dem Spruch:
Ich will nicht mehr als Andere sein
und weiß, ich bin das doch in manchen Dingen.
Man braucht sich nicht zur Heuchelei zu zwingen,
kann stolz und doch bescheiden sein." (S. 148)

Abb. 148: Tagebuch von Amalie Martel (Eckert).

Sein Eheglück soll Richard Wunsch schließlich in seiner seit 1899 andauernden langjährigen Freundschaft mit Marie Scholl (1870–1927) finden, der er schon aus Korea regelmäßig schreibt und die er dann auch am 13. Juli 1907 standesamtlich in Mailand heiratet. Auch Amalie Eckert findet ihren Lebenspartner in dem französischen Kollegen von Johannes Bolljahn, dem Lehrer an der französischen Schule Emile Martel (1874–1949). Ihre standesamtliche Trauung findet am 7. Februar 1905 in Seoul in der französischen Legation statt und sie lebt auch weiterhin mit ihrem Mann in Korea. Emile Martel stirbt am 19. September 1949 in Seoul und wird auf dem Ausländerfriedhof neben seinem Schwiegervater Franz Eckert beerdigt. Amalie Martel verbringt den Koreakrieg in nordkoreanischer Gefangenschaft und reist nach ihrer Befreiung im Frühjahr 1953 zunächst nach Frankreich und von dort schließlich 1955 in die USA, wo sie in Portland, Oregon, ihren Lebensabend verbringt. Über ihr Leben hinterlässt sie ein bisher unveröffentlichtes Tagebuch, das der Autor zu einem späteren Zeitpunkt kommentiert herausgeben wird.

Bereits kurz nach seiner Ankunft beantragt Richard Wunsch bei den koreanischen Behörden die nötigen Mittel zur Eröffnung einer eigenen Klinik, um seine Patienten nicht nur ambulant behandeln zu können. Doch der Hospitalplan misslingt aufgrund verschiedener Intrigen, nicht zuletzt hervorgerufen durch den Konkurrenzkampf westlicher Nationen um Konzessionen jeglicher Art. Gerade das Misslingen seiner Hospitalpläne beeinträchtigt dann auch die ganze Laufbahn Richard Wunschs in Korea erheblich, so dass er im April 1905 einem Ruf von Erwin Bälz, der einen würdigen Nachfolger für sich selbst sucht, nach Japan folgt.[295]

Die Situation in Japan ist für Richard Wunsch entgegen seinem ersten Eindruck nicht ganz so positiv. Der Wechsel von Seoul, einer zwar großen aber eher verträumten Stadt, nach Tōkyō, einer Weltstadt, die sich von den Einflüssen fremder Nationen zu distanzieren sucht, bringt einige Probleme mit sich. Von den zahlreichen Posten, die Prof. Bälz während seines 29-jährigen Aufenthalts in Japan innehat, bleibt Wunsch lediglich die Position als Arzt der englischen Gesandtschaft. Ein Umstand, der nicht nur in der britischen Presse, sondern auch im Unterhaus für einige Diskussionen und Entrüstungen sorgt. Die Stellung als Arzt an der deutschen Botschaft wird nur schlecht bezahlt und kann daher als eine rein ehrenamtliche betrachtet werden, die mehr gesellschaftlichen Zwecken dient.[296]

Während eines Heimaturlaubs im Frühjahr 1907 stirbt sein Vater am 25. April. Nach der Beisetzung reist Richard Wunsch nach Berlin und London, um über das Fortbestehen seiner Position als englischer Botschaftsarzt in Tōkyō Näheres zu erfahren. Am 13. Juli 1907 heiratet er Marie Scholl in Mailand und reist mit ihr am 31. Juli von Neapel aus nach Japan zurück. In London hat man ihn zwar seiner Stellung in der englischen Gesandtschaft weiterhin versichert, doch legt man ihm nahe, mit einem englischen Arzt eine Art Partnerschaft einzugehen. Sowohl Unsicherheit als auch Unzufriedenheit und nicht zuletzt die Tatsache, dass Japan mittlerweile genug eigene gute Ärzte hervorgebracht hat, lassen Richard Wunsch schließlich das Angebot von Dr. med. Edmund Dipper (1871–1933), Sanitätsrat und Mitbegründer des „Deutschen Hospitals" in Peking, als dessen Partner nach Tsingtau zu kommen, annehmen. Am 9. April 1908 teilt Wunsch seinen Entschluss dem deutschen Botschafter in Tōkyō, Philipp Alfons Freiherr Mumm von Schwarzenstein (1859–1924), zunächst mündlich und am 15 Mai nochmals in schriftlicher Form mit. Bevor er mit seiner Frau das Land verlässt, wird der Familie Wunsch am 26. April 1908 ein Töchterchen geboren. Am 5. Juni gehen sie in Yokohama an Bord des Dampfers

---

[295] Claussen-Wunsch, Gertrud: a. a. O., S. 104, 110.
[296] Hierzu und zum Folgenden: „The British Legation at Tokyo and its Medical Officer". In: *The General Press* Cutting Ass. Ltd., 13. April 1906, S. 255. – Vianden, Hermann Heinrich: a. a. O., S. 208f. – Claussen-Wunsch, Gertrud: a. a. O., S. 301–309.

„Prinz Heinrich" und treten schließlich am folgenden Tag die Ausreise nach China an.

In Tsingtau, der Hauptstadt von Kiautschou, dem sogenannten „Deutschen Schutzgebiet" (1897–1914) in China, findet Dr. Wunsch schließlich seine Erfüllung als Arzt. An wesentlich weniger zeitaufwendige gesellschaftliche Verpflichtungen gebunden ist er neben seiner Haupttätigkeit im Faber-Hospital ebenfalls in anderen Krankenhäusern aktiv und unterhält daneben eine eigene kleine Praxis. Nachdem Dr. Dipper bereits im Juli 1908 eine längere Europareise angetreten hat, obliegt Wunsch der weitere Ausbau und die Verwaltung des Faber-Hospitals. Sein medizinisches Wirken in Tsingtau ist von Vielseitigkeit geprägt: Von Infektions-, Kinder-, Frauen- und Tropenkrankheiten über Geburtshilfe und chirurgische Eingriffe bis hin zu Nervenleiden.[297]

Ende Februar 1911 infiziert sich Richard Wunsch bei seinen Patienten im chinesischen Hospital mit Fleckentyphus, einer Krankheit, die zur damaligen Zeit nur äußerst schwer zu heilen ist. Am 13. März 1911 stirbt er im jungen Alter von 41 Jahren und wird drei Tage später eingeäschert.

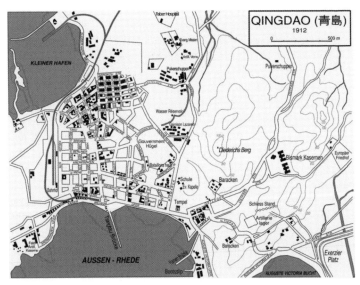

Abb. 149: Tsingtau 1912 mit Lage des Faber-Hospitals.

---

[297] Hierzu und zum Folgenden: Claussen-Wunsch, Gertrud: a. a. O., S. 318–348. – Ein Nachruf für Dr. Wunsch. In: *OL*, Jg. 25, 31. März 1911, S. 314.

V.6. Antoinette Sontag (孫擇 Son-taek), Zeremonienmeisterin am Kaiserhof

Am 23. Juni 1884 segelt der russische Konsul aus Tientsin Carl Iwanowitsch Waeber (1841–?) auf der Korvette „Skobeleff" in die Bucht von Chemulpo ein. Sein Auftrag lautet, mit der koreanischen Regierung einen Handels-, Schifffahrts- und Freundschaftsvertrag zu schließen. Seine Aufgabe ist keineswegs schwer, da im Rahmen

Abb. 150: Foreign Settlement in Tianjin (Tientsin) um 1887.

der Öffnung des Landes bereits Verträge mit Amerika, England, Deutschland und Italien abgeschlossen sind. So werden die bereits existierenden Verträge als Vorlage benutz, und es kommt am 7. Juli 1884 in Seoul zum Abschluss des russisch-koreanischen Vertrages.[298]

Ein Jahr und drei Monate später, am 3. Oktober 1885 landet Waeber erneut in Chemulpo. Diesmal kommt er in Eigenschaft als Geschäftsträger und Generalkonsul nach Korea, um am 16. Oktober den Austausch der Ratifikationsurkunden in Seoul mit Kim Yun-sik vorzunehmen und dort als erster Vertreter des Zarenreichs seinen Dienst anzutreten. In seiner Begleitung befindet sich seine deutsche Frau, eine geborene Sontag aus Straßburg in Elsass-Lothringen, und deren Schwester, Antoinette Sontag. Beide Schwestern sind zwar in einer Zeit geboren, als das Elsass noch zum französischen Hoheitsgebiet gehört, doch durch den Deutsch-Französischen Krieg von 1870/71 und die Abtretung des Gebietes an das deutsche Kaiserreich werden sie zu deutschen Reichsbürgern.

Wie es dazu kam, dass ein russischer Konsul in China eine Deutsche aus dem Elsass geheiratet hat, ist nicht mehr nachzuvollziehen, und auch die Frage, aus welchen Gründen Antoinette Sontag ihre Schwester nach Korea begleitet, muss unbeantwortet bleiben. Doch ist es gerade die Schwester, die in der Hauptstadt des Königreichs einen besonderen Werdegang erleben und zu einer einflussreichen, geschäftsbewussten und couragierten Dame aufsteigt und dadurch nicht nur in zahlreichen

---

[298] Hierzu und zum Folgenden: Lensen, Georg Alexander: *Balance of Intrigue*. a. a. O., Bd. 1, S. 70f.

Reiseberichten Anerkennung findet, sondern auch in den diplomatischen Akten des Auswärtigen Amtes ihren festen Platz einnimmt. Dennoch ist über Antoinette Sontag – von jedermann ehrfurchtsvoll nur Fräulein Sontag genannt – kaum etwas bekannt, da sie meist im Hintergrund wirkt, aber auch nichts Schriftliches hinterlassen hat; und das, was über sie berichtet wird, in der Regel Wiederholungen des bereits Gesagten darstellt. So ist der Autor bemüht, die verschiedenen Informationen zusammenzutragen, um zu versuchen, damit ein abgerundetes Bild dieser Dame wiederzugeben.

Abb. 151: Russische Gesandtschaft in Seoul um 1895.

Bei ihrer Ankunft in Korea führt Antoinette Sontag zunächst den Haushalt ihres Schwagers Carl Waeber in dessen stattlicher Residenz. Neben ihrer Schwester und Rosalie von Möllendorff, der Frau von Paul Georg von Möllendorff, befinden sich damit im Jahre 1885 bereits drei deutsche Damen in der koreanischen Hauptstadt. Allerdings dauert dieser Zustand nicht lange an, da Möllendorff am 5. Dezember 1885 mit seiner Familie das Land wieder verlassen muss. Es muss eine Vermutung bleiben, ob dieser Umstand dazu beiträgt, für Antoinette Sontag der erste Schritt zur Annäherung an das Königspaar am Hofe zu sein, doch wäre es durchaus denkbar.

Abb. 152: Porträt von Königin Myeongseong.

Das plötzliche und ungewohnte Auftreten ausländischer Diplomaten am Hofe bringt einige Schwierigkeiten sowohl für den König als auch die Königin mit sich. Unsicherheit macht sich breit, da man anfangs nicht genau weiß, wie man sich den Fremden gegenüber verhalten soll. In einer solchen Situation wendet man sich in der Regel an diejenigen Westler, die zur Verfügung stehen. So hatte z. B. Königin Myeongseong-hwanghu (1851–1895) – zu ihren Lebzeiten Königin Minbi genannt – Rosalie von Möllendorff in solchen Angelegenheiten kontaktiert. Da diese jetzt nicht mehr zur Verfügung steht, wendet sich die Königin an Antoinette Sontag, nachdem Carl Waeber sie persönlich als Köchin und Empfangsdame für den Hof vorgeschlagen hatte. Die derzeit etwa 40-jährige macht in ihrer ganzen Haltung und in ihrem Verhalten auf die Königin einen sehr positiven Eindruck. Aus diesem Grunde bittet sie Frl. Sontag, die zuständigen Hofbeamten bei der Vorbereitung von Empfängen ausländischer Delegationen zu unterstützen und entsprechende Anweisungen zu geben. Daneben zeigt sich die Königin sehr wissbegierig, was Sitten, Gebräuche, Gewohnheiten, Kunst, Musik, Küche usw. aus dem Westen angeht.[299]

Antoinette Sontag werden immer mehr Aufträge dieser Art am Hofe zugewiesen. So stattet sie alle für einen Empfang vorgesehenen Vorzimmer des Changdeok-Palastes (Changdeok-gung) westlich aus, führt die westliche Küche ein und macht das Königspaar mit Kaffee bekannt, der von da an von beiden gern getrunken wird. Auch serviert sie dem Königspaar häufig Gebäck und andere selbst zubereitete Speisen. Auf diese Weise gewinnt sie das Vertrauen des Monarchen und seiner Gemahlin. Damit aber nicht genug: Hochrangige Minister und andere Beamte aus der Adelsklasse, die dem westlichen Trend folgen wollen, wenden sich ebenfalls um Hilfe an Frl. Sontag, um zumindest einen Raum ihrer Häuser westlich dekorieren zu lassen und Ratschläge bei der Auswahl von westlichem Geschirr zu erbeten.

Abb. 153: Changdeok-Palast 1910.

Nicht nur aus reiner Sympathie, sondern vielmehr um seine Dankbarkeit auszudrücken, schenkt König Gojong Frl. Sontag 1895 ein Grundstück in der Größe von rund 3.900 m² mit einem traditionellen korea-

---

[299] Hierzu und zum Folgenden: Choe Jong-go 최종고 : a. a. O., S. 193f.

nischen Haus als ihre Residenz.[300] Die Adresse lautet: Jeong-dong, Legation Street Nr. 29. Das Grundstück befindet sich direkt hinter dem Gyeongun-Palast (Gyeongun-gung), dem jetzigen Deoksu-Palast, etwa an der Stelle, an der heute die Ewha-Mädchen-Oberschule[301] (kor. Ihwa yeoja godeung hakgyo) steht.

Abb. 154: Gyeongun-Palast in Jeong-dong.

Zu dieser Zeit ist Jeong-dong ein Bezirk mit vielen ausländischen Legationen, Residenzen von Regierungsmitgliedern und Missionaren sowie etlichen westlichen Restaurants. 1894 wird der sogenannte Jeongdong Club[302] gegründet, dessen Mitglieder sich aus westlichen Diplomaten und Missionaren, aber auch aus koreanischen Kabinettsmitgliedern wie Min Yeong-hwan (1861–1905), Yun Chi-ho (1865–1945), Yi Sang-jae (1850–1927) und anderen zusammensetzten. Progressive, westlich orientierte koreanische Reformisten, die sich für Koreas Unabhängigkeit einsetzen, pflegen sich gerade in diesem Bezirk regelmäßig zu treffen, um auch mit den Mitgliedern des Jeongdong Clubs zu diskutieren. Selbst das Kaiserpaar sucht Rat bei den Clubmitgliedern gegen den ständig wachsenden Druck seitens der Japaner. Häufiger Treffpunkt ist die Residenz von Fräulein Sontag, die ihren Gästen eine angenehme Atmosphäre bietet und sie bewirtet. Einer der Reformisten, der engen Kontakt zum Jeongdong Club unterhält und daher oft als Gast von Frl. Sontag empfangen wird, ist Seo Jae-pil (1864–1951), auch bekannt unter seinem amerikanischen Namen Philip

---

[300] Nach Angaben von Prof. Jang Gyu-sik, Yonsei University, Forschungsinstitut für altkoreanische Literatur.
[301] Auf Koreanisch heißt die Schule: 梨花女子高等學校 Ihwa yeoja godeung hakgyo
[302] Der Clubname lautet auf Koreanisch 貞洞俱樂部 Jeongdong gurakbu.

Jaisohn. Am 7. April 1896 bring Seo Jae-pil die erste Ausgabe einer Zeitung mit dem Titel „*The Independent* – 독립신문 (*Dongnip sinmun*)" in rein koreanischer Schrift, *Hangeul* (Hangul), und in Englisch heraus. Damit will er nicht nur die koreanische Bevölkerung auf die politischen, sozialen und wirtschaftlichen Missstände im Land aufmerksam machen, sondern auch den Ausländern helfen, die koreanische Situation besser zu verstehen. Am 2. Juli 1896 wird auf seine Initiative hin der Independence Club[303] gegründet, eine politisch-soziale Gruppe von Koreanern, die die Souveränität des Landes proklamieren und für innere Reformen eintreten.

Abb. 155: Blick auf Seoul von der russischen Legation. Fotographie von William Henry Jackson 1895.

Im Jahre 1902 lässt Antoinette Sontag ihre koreanische Residenz vom russischen Architekten Afanasi Ivanowitsch (Aleksej) Seredin-Sabatin, der seit 1884 insgesamt 20 Jahre in Korea lebt und viele historische Gebäude in der Hauptstadt erbaut, ein zweistöckiges Haus westlichen Stils errichten. In dieser Villa, die 1903 fertig gestellt ist, unterhält sie eine Pension speziell für junge Leute (in der Regel junge Männer), die keinen eigenen Haushalt haben, oder auch für Reisende, die kurzfristig eine europäische Unterkunft benötigen. Der obere Stock ist dann auch für Adelige oder hochrangige Besucher gedacht, während das Erdgeschoss „normalen" Gästen Räumlichkeiten zur Verfügung stellt wie

---

[303] Der koreanische Name des Clubs lautet 獨立協會 Dongnip hyeophoe.

Abb. 156: Die Pension von Frl. Sontag.

Schlafzimmer, Restaurant und Seminarraum. Auch ihre eigene Wohnung befindet sich in dieser Etage. Ihre Pension ist gleichzeitig das erste rein westlich orientierte Hotel in Seoul.[304]

Abb. 157: Fürst Itō Hirobumi.

Unter den zahlreichen Gästen, die sie im Laufe ihrer langen Zeit in Korea dort empfängt und bewirtet, befinden sich z. B. auch Oskar von Truppel (1854–1931), der Gouverneur der deutschen Kolonie Kiautschou, Dr. Richard Wunsch, Dr. Erwin von Baelz, etliche Vertreter diplomatischer Missionen, hochrangige koreanische Politiker, Offiziere, Wissenschaftler, Journalisten und zahlreiche Würdenträger aus aller Welt. Auch der erste japanische Generalresident Fürst Itō Hirobumi (1841–1909)[305] findet in den Jahren 1904 bis 1905 hier Unterkunft. So ist das Hotel Sontag nicht nur eine komfortable Bleibe für Junggesellen und Koreabesucher, sondern dient gleichzeitig auch als Treffpunkt für unterhaltsame Stunden, aber auch als Ort für politisches Ränkespiel und als Schmiede von Palastintrigen.

Nach dem Chinesisch-Japanischen Krieg von 1894/95, aus dem die Japaner siegreich hervorgehen, büßt Peking endgültig seinen Einfluss in Korea ein, so dass der Weg für die beiden noch verbliebenen Kontrahenten, Russland und Japan, um die Vorherrschaft auf der Halbinsel

---

[304] Choe Jong-go 최종고 : a. a. O., S. 195.
[305] Prinz Itō Hirobumi (1841–1909), japanischer Politiker, erster Premierminister von Japan, erster Generalresident in Seoul, wurde 1909 vom koreanischen Nationalisten An Jung-geun (1879–1910) in Harbin (Mandschurei) erschossen.

offen ist. Auch der koreanische Hof ist unterdessen in zwei Lager gespalten. Die pro-japanisch eingestellte Partei steht der pro-russischen Gruppe um Königin Min gegenüber. Nachdem der Königin Gerüchte um ein Komplott gegen sie zu Ohren gekommen sind, versteht sie es, die gegnerische Partei aus ihren Stellungen zu vertreiben. Die Japaner, die alles daran setzten, den sich ständig ausdehnenden Einfluss Russlands zu verhindern, greifen in dieser Lage zu einer Maßnahme, die nur als eine Art „Verzweiflungstat" in der Geschichte zu rechtfertigen ist: Sie autorisieren ein Attentat auf die Königin, das am 8. Oktober 1895 durchgeführt wird. Kurz nach der Ermordung der Königin gelingt es dem König, als Hofdame verkleidet unerkannt in die russische Gesandtschaft zu fliehen, die sich ebenso wie die Residenz von Antoinette Sontag im Bezirk Jeong befindet. Dort verbringt er ein Jahr, bis sich die Wirren legen und er wieder in seinen Palast zurückkehren kann.[306]

Abb. 158: Die Mörder von Königin Min 1895.

Abb. 159: Gojongs Räumlichkeiten in der russischen Gesandtschaft.

Bisher hatte Frl. Sontag nur sporadisch am Hofe ausgeholfen, ohne in einem festen Dienstverhältnis zu stehen. In der Zeit seines Aufenthaltes in der russischen Gesandtschaft lernt Gojong nun die Fürsorge von Antoinette Sontag derart schätzen, dass er sie nach seiner Rückkehr in den Palast zur Hofzeremonienmeisterin ernennt. In dieser Funktion ist sie nicht nur für den gesamten Haushalt des Hofes zuständig, sondern trägt auch die Verantwortung für Empfänge und Bankette, die zu Ehren ausländischer Diplomaten und Würdenträger veranstaltet werden. Ganz zu schweigen von König Gojong selbst, beschränkt sich ihr Einfluss nicht nur auf administrative Angelegenheiten hinsichtlich des königlichen und später kaiserlichen Haushalts, sondern dehnt sich in geringerem Maße auch auf die Architektur Seouls sowie verschiedene Bräuche und Sitten in der Hauptstadt aus. Diplomaten aller Nationen suchen

---

[306] Han, Woo-Keun: a. a. O., S. 430–434. – Hulbert, Homer B.: a. a. O., S. 129–147.

nicht selten die Hilfe von Fräulein Sontag, um ihre Ziele bei der Regierung durchzusetzen, so dass das Intrigenspiel am Hof floriert. Frau Claussen-Wunsch führt weiter aus:

„Fräulein Sontag hatte sogar Einfluß auf die Architektur Seouls. Auch beim Bau des neuen Kaiserpalastes und der Neuanlagen der kaiserlichen Gärten machte sich ihr – nicht immer kultivierter – Geschmack bemerkbar. Vom Standpunkt der Freunde des alten Korea war es ebenfalls zu bedauern, daß durch ihren Einfluß die einheimischen Gebräuche verdrängt wurden. Die Festessen für ausländische Diplomaten wurden ganz nach französischem Geschmack arrangiert. Man sagt, Fräulein Sontags ökonomische Fähigkeiten hätten dem Hof viel Geld erspart. Alle Empfänge wurden von ihr inszeniert und dabei habe ihre feste Hand der Korruption Einhalt geboten."[307]

Wie unterschiedlich die Ansichten über ihren „französischen Geschmack" sind, zeigt uns die Meinung von Alexander von Claer (1862–1946), dem ersten deutschen Militärattaché in Korea, die im krassen Gegensatz zum oben zitierten Text von Claussen-Wunsch steht:

„Mit dem angeborenen kulinarischen Talent einer echten Strassburgerin stellte sie für so exotische Verhältnisse recht annehmbare Menüs zusammen und schwang, um mit ihnen Ehre einzulegen, höchstselbst den Kochlöffel, inmitten des weissbeschürzten koreanischen Küchenpersonals, das sie sich herangezogen hatte. Später präsidierte sie dann in grosser Aufmachung am Kopf der Gästetafel dem selbst bereiteten Mahle, erhob sich, als der Champagner gereicht wurde, mit dem Sektkelche in der Hand feierlich von ihrem Sitz und sprach die Worte: ‚His Majesty the Emperor!'"[308]

Als äußerst tüchtige Geschäftsfrau besitz Antoinette Sontag in Seoul nicht nur ihre Pension, sondern insgesamt drei verschiedene Häuser, die sie für gutes Geld vermietet. Dazu schreibt Emma Kroebel:

„In ihren für dortige Verhältnisse komfortabel eingerichteten drei Häusern gewährte sie den garçons der internationalen Diplomatie gastliche Aufnahme – selbstverständlich gegen entsprechende Bezahlung."[309] Kroebel fährt fort, den politischen Einfluss zu beschreiben,

---

[307] Claussen-Wunsch, Gertrud: a. a. O., S. 75.
[308] Claer, Alexander von: Bericht aus dem Jahre 1904. Unveröffentlichtes Manuskript.
[309] Kroebel, Emma: a. a. O., S. 136.

den Frl. Sontag durch ihre Stellung am Hofe und bei König, bzw. Kaiser Gojong genießt und der ihr den Beinamen „ungekrönte Kaiserin von Korea" einbringt:

> „Daß unter solchen Umständen die Beziehungen der auswärtigen Staaten durch Fräulein Sontag eine gewisse Kontrolle zuließen, kann nicht geleugnet werden. In jedem Falle verstärkte sich infolgedessen der Einfluß der zwar schon alten, aber durchaus noch geistig frischen Dame. Wer wert darauf legte, Zugeständnisse irgend welcher Art, wie Konzessionen etc. von der koreanischen Regierung schnell und sicher zu erreichen, wandte sich an sie und konnte sicher sein, daß ihre Intervention den gewünschten Erfolg hatte. Wehe aber denen, die sich ihre Gunst verscherzten! Denn sie allein war das Medium im Verkehr mit dem Kaiser, wie überhaupt mit dem koreanischen Hofe und der Regierung."[310]

Eine weitere Charakterstudie wird uns von Claussen-Wunsch gegeben:

> „Wenn Fräulein Sontag auch keine hochkultivierte Dame im damaligen Sinne war, so war sie doch bestimmt eine mit beiden Beinen auf dieser Erde stehende, praktische, umsichtige Frau, an die sich nach Seoul verschlagene Europäer wenden konnten und Rat fanden, wenn die Betreffenden ihre Gunst genossen."[311]

Und Alexander von Claer ergänzt:

> „Herr von Saldern führte mich gleich in den ersten Tagen [Februar 1904, der Verfasser] zu ihr. Ich traf eine behäbige würdige Dame, hohe Fünfzigerin, die die Unterhaltung mit uns im unverfälschten „Alemannisch" ihrer Heimat führte. Ihre gemütliche natürliche Art, ihr Mutterwitz nahmen für sie ein; gelegentlich verfiel sie in melancholische Betrachtungen über das Schicksal ihres kaiserlichen Gönners. Ihrem Hass gegen die Japaner liess sie vor uns Landsleuten frei die Zügel schiessen."[312]

Ihre Ressentiments gegen die Japaner sind es dann auch, die sie ihren langen Aufenthalt in Korea beenden lassen, als sich eine endgültige Okkupation Koreas durch Japan abzeichnet. Zeugnis davon legt ein Bericht von Vizekonsul Dr. Fritz Wendschuch (1873–?) aus Seoul vom

---

[310] Kroebel, Emma: a. a. O., S. 136f.
[311] Claussen-Wunsch, Gertud: a. a. O., S. 75.
[312] Claer, Alexander von: Bericht aus dem Jahre 1904. Unveröffentlichtes Manuskript.

3. April 1909 an den Reichkanzler Fürst Bernhard von Bülow (1849–1929)[313] ab:

> „Obwohl ihr Vertrag noch bis zum 13. Mai 1914 läuft, hat das Ministerium des Kaiserlichen Hauses mit Rücksicht darauf, dass ihre Dienste zufolge der veränderten Verhältnisse nur noch selten in Anspruch genommen zu werden brauchen, im Februar d. Js. die Absicht zu erkennen gegeben, den Vertrag mit ihr zu lösen. Da Fräulein Sontag in den letzten Jahren viel unter dem chikanösen Verhalten missgünstiger japanischer und auch koreanischer Hofbeamten zu leiden gehabt hat, so entsprach die alsbaldige Lösung des Vertrages zu angemessenen Bedingungen völlig ihren Wünschen, um so mehr, als sie 70 Jahre alt ist und den Rest ihres Lebens in Europa verleben möchte."[314]

Die genannten „angemessenen Bedingungen" werden dann auch durch die Vermittlung der deutschen Vertretung mit der japanischen Generalresidentur verhandelt und lauten zur Befriedigung beider Parteien, dass:

1. „Fräulein Sontag in Anerkennung ihrer dem Hofe treu geleisteten Dienste den Betrag von 30.000 Yen (= 63.000,– M), einschliesslich Gratifikation und Reisespesen, beim Verlassen Koreas ausbezahlt erhält,
2. ihr zum grössten Teile auf Kaiserlicher Schenkung beruhender Grundbesitz in Seoul als ihr unbestrittenes Eigentum anerkannt wird und
3. gegenseitig keinerlei Ansprüche aus dem Anstellungsvertrage und dessen Lösung in Zukunft geltend gemacht werden."[315]

Was das in diesem Schreiben von Wendschuch erwähnte Alter von Antoinette Sontag angeht, so gibt es hierzu die Aussagen von zwei weiteren Zeitzeugen, die die Angabe bestätigen. Emma Kroebel, die im Jahre 1905 für ein knappes Jahr die Vertretung von Fräulein Sontag am Kaiserhof übernimmt, schreibt in ihrem Bericht aus dem Jahre 1909 mit dem Titel: *„Wie ich an den koreanischen Kaiserhof kam. Reise-Eindrücke und Erinnerungen"* auf Seite 111:

---

[313] Bernhard Heinrich Martin Karl von Bülow 1849–1929 Rom), seit 1899 Graf, seit 1905 Fürst, deutscher Politiker und Staatsmann, 1900–1909 Kanzler des Deutschen Kaiserreichs.

[314] AA, Korea I, Bd. 38: ‚Bericht von Vizekonsul Dr. Fritz Wendschuch aus Seoul vom 3 April 1909 an Reichkanzler von Bülow.'

[315] ibid.

Abb. 160: Antoinette Sontag (oben rechts) und Emma Kroebel (unten rechts) 1905.

„..., und auch die Häuser einer am Kaiserhof von Korea überaus einflußreichen, ja dominierenden Dame, des jetzt [gemeint ist 1909, der Autor] bereits siebzigjährigen Fräuleins Sontag, die eine Elsässerin von Geburt ist, weisen eine moderne Architektur und europäischen Stil auf."

Auch Richard Wunsch beschreibt die deutsche Haushofmeisterin und macht Angaben zu ihrem Alter. So schreibt Frau Gertrud Claussen-Wunsch in ihrem 1976 erschienen Buch *„Dr. med. Richard Wunsch. Arzt in Ostasien"* auf Seite 74f: „Fräulein Sontag wird zur Zeit R. W.s als eine sehr gesunde Frau Mitte der 60 geschildert."

Sind diese Angaben der drei Zeitzeugen, die unabhängig voneinander gemacht worden sind, korrekt, so ist Antoinette Sontag etwa im Jahre 1839 geboren. Eine dazu stark abweichende Aussage wird allerdings von Professor Dr. Choi Chongko gemacht, der seine intensiven Forschungen über die deutsch-koreanischen Beziehungen 1983 in Seoul in seinem Buch „Geschichte der deutsch-koreanischen Beziehungen"[316] auf Koreanisch veröffentlichte. Darin ist auf Seite 194 zu lesen:

„Am 28. August 1885 kam Waeber als Generalkonsul mit seiner Familie und in Begleitung von Fräulein Sontag nach Seoul. Damals war sie 32 Jahre alt. Sie hatte ein hübsches Aussehen, ein sanftes Auftreten und Begabung für Musik und Kunst und war unter den ausländischen Diplomaten in Seoul sehr beliebt."

Auf Seite 196 heißt es weiter:

„Ihr einziger Bruder fiel im ersten Weltkrieg. Ob sie aus Einsamkeit ihre verbliebene Schwester, die Frau von Carl Waeber, aufsuchte, ist

---

[316] Der koreanische Titel lautet: 韓獨交涉史 *Han-deok gyoseopsa.*

nicht mehr nachzuvollziehen, doch ging sie nach Russland und starb dort im Alter von 71 Jahren."

Den Angaben von Prof. Choi zufolge wäre Antoinette Sontag allerdings im Jahre 1853 oder 1854 geboren und erst 56 oder 57 Jahre alt gewesen, als sie 1909 Korea verließ. Als deutsche Reichsangehörige war sie andererseits ohne Zweifel am deutschen Konsulat registriert, so wie es auch heute für sog. „Expats" üblich ist. Ein Vizekonsul, der einen Bericht über eine bestimmte Person an den Reichskanzler schreibt, wird in der Regel vorher Erkundigungen über diese Person einziehen, um nichts Falsches zu berichten. Richard Wunsch, der während seiner 3 ½ Jahre Aufenthalt in Korea als Junggeselle sehr häufig zu Gast bei Fräulein Sontag war, wird sie wohl gut genug gekannt haben, um sich ein Urteil über ihr Alter zu erlauben. Auch Emma Kroebel, die mit Fräulein Sontag eine Weile eng zusammengearbeitet hat, wird sich informiert haben. Aus diesem Grunde ist es eher unwahrscheinlich, dass sich die drei Zeitzeugen derart geirrt haben, was das Alter von Antoinette Sontag angeht. Wenn man sich zu guter Letzt die wenigen Fotos anschaut, die es von der Haushofmeisterin gibt, so neigt der Betrachter sicherlich dazu, die Aussagen von Dr. Wendschuch, Dr. Richard Wunsch und Emma Kroebel als korrekt anzunehmen. Anlässlich des Besuchs von Gouverneur Oskar von Truppel aus Kiautschou in Seoul im Jahre 1904 wird z. B. ein Gruppenfoto auf den Stufen zur Pension von Fräulein Sontag gemacht, auf der sie ebenfalls zu sehen ist. Dem Betrachter fällt es sicherlich nicht leicht zu glauben, dass sie zu diesem Zeitpunkt lediglich 51 Jahre alt sein soll.

Nach einem Aufenthalt in Korea von annähernd 25 Jahren bereitet sich Antoinette Sontag im September 1909 auf die Heimreise vor. Ihre Pension verkauft sie an den Franzosen J. Boher, der die Pension am 3. August 1909 übernimmt und in „Sontag Hotel" umbenennt. Bis zu diesem Zeitpunkt war das Anwesen unter der Bezeichnung „Imperial Household, privat Hotel", bei den Koreanern aber auch unter verschiedenen anderen Namen[317] bekannt.

Dem Direktor der deutschen Schule in Seoul, Johannes Bolljahn, wird von der Regierung der Auftrag erteilt, die altgediente Dame bis nach Shanghai zu begleiten, von wo aus sie schließlich auf einem

---

[317] Die koreanischen Namen des Hotels lauten: Hanseong bin-gwan 漢城賓館 Hanseong Hotel, Sontaekbuin ga 孫擇夫人家 Haus von Madame Sontag und Sontaekyang jeo 孫擇孃邸 Residenz von Fräulein Sontag.

Abb. 161: Gouverneur Truppel zu Besuch bei Frl. Sontag im November 1904. *Von links*: Stender, Conrad von Saldern. *Obere Reihe von links*: Hauptmann Ernst Kroebel, Paul Schirbaum, Hauptmann Müller, Strauss. *In der Mitte*: Antoinette Sontag, Oskar von Truppel, Amalie Eckert. *Unten rechts*: Dr. Gottfried Ney.

Abb. 162: Reklame von J. Boher für sein übernommenes Sontag Hotel.

französischen Dampfer in Begleitung ihres koreanischen Sekretärs als wohlhabende Frau die Heimreise antritt.[318]

Ihre Reise führt sie zunächst nach Cannes, Südfrankreich, wo sie sich eine kleine Villa erbauen lässt mit der Absicht, ihren Lebensabend dort zu verbringen. Ihre Ersparnisse hat sie unter dem Namen ihrer Schwester, Frau Waeber, zunächst bei einer russischen Bank angelegt und später in ein russisches Unternehmen investiert. Bei Ausbruch der kommunistischen Revolution im Jahre 1917 wird dieses Unternehmen verstaatlicht und somit ihr gesamtes Vermögen konfisziert, so dass sie als mittellose Frau ihr Dasein fristen muss. Ihr einziger Bruder fällt im Ersten Weltkrieg, und sie entscheidet sich daraufhin, zu ihrer verbliebenen Schwester

---

[318] Fräulein Antoinette Sontag. In: *OL*, Jg. 23, 24. Sep. 1909, S. 625.

nach Russland zu ziehen, wo sie schließlich 1925 in einem recht hohen Alter von 86 Jahren stirbt. So endet das Leben der einst einflussreichen und wohlhabenden „ungekrönten Kaiserin von Korea".

Das Hotel Sontag besteht bis 1917 und wird anschließend an die von den USA verwaltete Ewha Schule[319] für eine Gesamtsumme von 23.060 US Dollar verkauft und als Wohnheim für die Schülerinnen benutzt. Im Oktober 1922 wird das alte Haus abgerissen und ein neues Ziegelgebäude, Frey Hall, errichtet. Nach seiner Fertigstellung im Jahre 1923 fungiert es als Wohnheim für 150 Schülerinnen und als eine Art Fachschule unter dem Namen Ewha Hochschule.[320] Es hat zehn Klassenräume, drei Labore, einen Versammlungsraum und ein Restaurant. Nachdem die Schule 1935 in einen anderen Bezirk von Seoul umgezogen ist, wird das Gebäude von der Ewha Mittelschule für Mädchen[321] übernommen. Aber auch diese Lehranstalt zieht einige Jahre später in ein anderes Gebäude um. Zwischen 1971 und 1975 wird das Haus vom Seoul Kunstgymnasium[322] genutzt. Am 12. Mai 1975 brennt das Gebäude nieder. Nachdem das Seoul Kunstgymnasium in den Bezirk Pyeongchang im Norden von Seoul umgezogen ist und auch die Ruinen des niedergebrannten Gebäudes beseitigt sind, bleibt lediglich eine kleine Gedenktafel als Hinweis darauf zurück, dass an dieser Stelle vor langer Zeit das erste westliche Hotel in Seoul gestanden hat, das den Namen „Sontag Hotel" trug.[323]

V.7. Die Benediktiner auf Missionspfaden in Korea

Ein weiterer Platz in der Reihe verdienstvoller Deutscher gebührt nicht zuletzt auch den Benediktinermönchen aus St. Ottilien in Oberbayern, die im Jahre 1909 ihre Tätigkeit in Seoul beginnen, und heute noch ein Kloster in Waegwan, in der Nähe von Daegu, als Missionszentrale unterhalten[324], das im Februar 1964 durch ein römisches Reskript zur Abtei erhoben worden ist.

---

[319] kor. 梨花學當 Ihwa hakdang.
[320] kor. 梨花 專門學敎 Ihwa jeonmunhakgyo.
[321] kor. 梨花女中 Ihwa yeojung.
[322] kor. 서울 藝高 Seoul Yego.
[323] Choe Jong-go 최종고 : a. a. O., S. 196.
[324] 성 베네딕도회 왜관 수도원 *Seong Benedikdohoe Waegwan Sudowon*, Order of St. Benedict Waegwan Abbey. Adresse: 慶尙北道 漆谷郡 倭館邑 倭館里 134–1 (*Gyeongsang-bukdo Chilgok-gun Waegwan-eup Waegwan-ri*).

Im Jahre 1884 gründet der gebürtige Schweizer Pater Andreas Amrhein (1844–1927) im oberpfälzischen Reichenbach die erste Missionsgesellschaft der Benediktiner, was am 29. Juni 1884 von Rom bestätigt wird. Doch scheitert das Vorhaben in Reichenbach vorerst. Den nächsten Gründungsversuch verlegt er nach Emming, einem kleinen Ort rund sechs Kilometer nordöstlich des Ammersees, unweit von Freiburg im Breisgau. Hier beginnt Pater Amrhein am 6. Januar 1887, das erste Missionshaus der Benediktinerkongregation in Deutschland zu errichten.

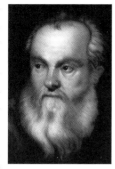

Abb. 163: Pater Andreas Amrhein.

„Als Odilia (660–720), auch Ottilia oder Ottlilie genannt, eine Tochter des elsässischen Herzogs Athich, blind zur Welt kommt, empfindet ihr Vater diese Behinderung seiner Tochter als Schande für sein stolzes Geschlecht und will sie ermorden lassen. Doch die Mutter, Bereswinda, rettet sie, indem sie das kleine Mädchen in die Hände einer Amme im Kloster Baume-les-Dames zur weiteren Erziehung gibt. Bei der Taufe durch den Bischof Ehrhard von Regensburg erhält Odilia als junges Mädchen durch ein Wunder ihr Augenlicht. Später wird sie von ihrem Bruder aus dem Kloster geholt und auf die elterliche Burg gebracht. Um ihrer geplanten Vermählung zu entkommen, muss sie indes vor ihrem Vater erneut fliehen. Auf der Flucht öffnet sich bei Emming ein Felsspalt, in dem sich Odilia verstecken kann. Der Vater wird durch herabstürzende Felsbrocken verwundet. Viele Jahre später sucht Odilia erneut ihren Vater auf, als dieser alt und krank ist. Zur Versöhnung schenkt ihr der Vater die Hohenburg südlich von Straßburg, wo Odilie im Jahr 690 ein Frauenkloster gründet und dessen erste Äbtissin wird."

Von dieser Legende ist Pater Andreas Amrhein derart angetan, dass er den Ort Emming in „St. Ottilien" umbenennt und das Benediktinerkloster fortan diesen Namen trägt.[325]

Seit 1887 ist St. Ottilien also der Hauptsitz der sich rasch vergrößernden Genossenschaft, die neben einer Männergemeinschaft auch einen Schwesternzweig umfasst. Schon kurz nach der Gründung werden die ersten Missionsbenediktiner als Missionare entsandt. Doch als

---

[325] Zur Gründungsgeschichte des Benediktinerklosters St. Ottilien vgl: http://www.erzabtei.de/.

Abb. 164: Erzabtei St. Ottilien.

Andreas Amrhein endlich mit seinen Mönchen den Missionsdienst in Deutsch-Ostafrika, dem heutigen Tansania, aufnehmen darf, ist die Realität ernüchternd. Über die Hälfte der ausgesandten Missionsmönche fallen schon im ersten Jahr nach ihrem Eintreffen Krankheiten und Gewalttaten zum Opfer. Das erste Kloster dort wird 1889 zerstört, und 1891 sterben der erste Obere und dessen Nachfolger. Auch in der Folgezeit haben die Missionare durch Malaria und Aufstände der einheimischen Bevölkerung starke Verluste hinzunehmen. So fordert der Maji-Maji-Aufstand von 1904/05 z. B. zahlreiche Blutopfer unter den Patres und Brüdern der Benediktiner und ihre Missionen werden erneut in Schutt und Asche gelegt.[326]

Abb. 165: Bischof Gustave Charles Mutel.

Unter diesen Umständen ist es keineswegs verwunderlich, dass die von Rom angeregte schriftliche Bitte des Apostolischen Vikars von Seoul, Bischof Gustave Charles Mutel (1854–1933), um Mitarbeit in seinem weiten Missionsfeld in Korea wegen Personalmangels zunächst zurückgewiesen werden muss. Im Jahre 1908 verbleiben der Abtei St. Ottilien lediglich neun Patres[327]. Im Rahmen einer Reise nach Rom klopft Bischof Mutel im Herbst 1908 jedoch persönlich an die Pforten St. Ottiliens und bittet um die Mithilfe bei seiner Arbeit in Korea. Sein persönlicher Einsatz und die Schilderungen über Korea stimmen schließlich Erzabt Norbert Weber (1870–1956) um, und er entschließt sich, im fernen Korea die Gründung einer Benediktinermission zu wagen.

---

[326] Hierzu und zum Folgenden: Renner, Frumentius: Die Berufung der Benediktiner nach Korea und Manchukuo". In: Renner, Frumentius (Hrsg.): *Der fünfarmige Leuchter*. St. Ottilien 1971, S. 391–393.
[327] Siehe Anm. 57.

Im Frühjahr 1909 reisen daraufhin der Klaustralprior des Benediktinerkollegs in Dillingen, Bonifatius Sauer (1877–1950), und Dominikus Enshoff (1868–1939), bisher Cellerar des Mutterklosters, als Vorhut über Mailand, Genua, Colombo, Kanton und Japan nach Korea. Am 25. Februar 1909 erreichen sie Seoul.[328] Ihre Hauptaufgabe besteht vorerst darin, in der Hauptstadt ein geeignetes Grundstück für den Bau eines Klosters zu erwerben. Nach langer Suche gelingt ihnen dies schließlich, und das Grundstück, das sich noch innerhalb der alten Stadtmauer am Nordostrand der Hauptstadt im Bezirk Baek-dong, dem heutigen Bezirk Hyehwang-dong, in der Nähe des kleinen Osttores (kor. Hyehwa-mun) befindet, wird auf den Namen von Pater Bonifatius Sauer eingetragen.[329] So lautet die koreanische Adresse von St. Benedikt in Seoul auf Deutsch wie folgt:

> Hochwürden Pater Sauer, Oberer der Klostergesellschaft St. Benedikt, Seoul, im Bezirk Baek, innerhalb des kleinen Osttores[330]

Abb. 166: Kleines Osttor in Seoul 1907.

---

[328] Brief des P. Bonifazius Sauer von seiner Reise nach Korea. In: *Missions-Blätter*, Jg. 13, H. 7 (Apr. 1909), S. 109–111; H. 8 (Mai 1909), S. 118–121. – Renner, Frumentius: a. a. O., S. 393.

[329] Hierzu und zum Folgenden: Ro, Paul M.: „Zum 60jährigen Jubiläum des Benediktinerordens in Korea". In: Kaspar, Adelhard; Berger, Placidus: *Hwan Gab*. Münsterschwarzach 1973, S. 63. – Kugelmann, Willibald: „Gründungsbericht der Abtei St. Benedikt in Seoul, ihrer Verlegung nach Tokwon und Tätigkeit der Benediktiner im apost. Vikariat Wonsan". In: Kaspar, Adelhard; Berger, Placidus: *Hwan Gab*. Münsterschwarzach 1973, S. 80–84.

[330] Vgl. Renner, Frumentius: a. a. O., S. 397.

Damit ist die Aufgabe von Pater Dominikus Enshoff in Korea getan, und er reist am 8. August 1909 über Japan nach Deutschland zurück. Doch noch während die beiden Patres in Seoul über den Geländekauf verhandeln, werden in St. Ottilien bereits zwei weitere Patres und vier Brüder für eine Ausreise nach Korea bestimmt: Pater Cassian Niebauer (1882–1966), Pater André Eckardt (1884–1974) sowie die Brüder[331] Paschalis Fangauer (1882–1950), Ildefons Flötzinger (1879–1952), Martin Huber (1882–1910) und Columban Bauer (1887–1971). Bonifatius Sauer, am 13. Dezember 1909 zum Konventualprior des ersten deutschen Klosters mit Namen St. Benedikt erhoben, wird schließlich durch die am 28. Dezember 1909 in Chemulpo ankommenden Patres und Brüder unterstützt.[332]

Zur Zeit ihrer Ankunft befindet sich bereits ein kleines Kloster in Form eines einstöckigen Ziegelhauses im Rohbau, von einem chinesischen Bauunternehmer errichtet. Das Anfangskapital zu diesem Bauwerk stammt von einer „deutschen Wohltäterin"[333], die eine zu der Zeit enorme Summe von 10.000 Mark spendet. Es ist nicht mehr nachzuweisen, von wem dieses Geld stammt, doch lässt sich – die damalige Situation und Anzahl deutscher Damen in Korea betrachtet – stark vermuten, dass diese Summe von keiner Geringeren gespendet wurde als von Fräulein Antoinette Sontag, die zwar am 24. September 1909 Korea für immer verlässt, über das Projekt der Benediktiner allerdings genauestens informiert war und sicherlich auch mit den Patres Bonifatius Sauer und Dominikus Enshoff zusammentraf. Die Tatsache, dass Frl. Sontag durch den Verkauf ihrer Häuser und durch ihre anderen Geschäfte im Verlauf ihres langjährigen Aufenthaltes in Korea als sehr wohlhabende Dame das Land verlässt, untermauert die obige Vermutung. Aber auch andere deutsche Landsleute sind den strebsamen Benediktinern in ihrer Arbeit behilflich. So berichtet Pater Willibald Kugelmann, dass anlässlich eines Festes neben der Klosterfamilie der deutsche Generalkonsul Dr. Friedrich Krüger als ein besonderer Freund und Gönner des Klosters teilnimmt sowie auch die Damen und Herren der Familie Wolter-Henkel aus Chemulpo. Weiterhin berichtet er:

„Hausfreunde des Klosters waren Familie Martel, Herr Henkel mit Frau, die Herren Schierbaum und Baumann. Herr Henkel half immer

---

[331] Bruder nennt man ein Ordensmitglied, das keine Priesterweihe hat und in erster Linie praktische Arbeiten im Kloster verrichtet.
[332] Renner, Frumentius: a. a. O., S. 398. – Kugelmann, Willibald: a. a. O., S. 81.
[333] Kugelmann, Willibald: a. a. O., S. 81.

wieder mit einer Anleihe zu niedrigen Bankzinsen aus, wenn der Prior und später der Abt Bonifatius in Geldnot war, was eigentlich fast immer der Fall war."³³⁴

Abb. 167: Das Benediktinerkloster in Hyewha-dong um 1920.

Aufgrund der japanischen Kolonialpolitik ist es den Benediktinermönchen nicht erlaubt, ein Seminar zur Ausbildung von Schullehrern oder andere Einrichtungen für schulische Zwecke zu unterhalten. Daher konzentriert sich ihre Arbeit hauptsächlich auf die Ausbildung von Handwerkern, besonders in ihrer Schreinerei, die sich bald einen entsprechenden Ruf erwirbt. Die große, im neugotischen Stil erbaute Kanzel der Kathedrale zu Seoul legt heute noch ein Zeugnis vom Können koreanischer Schreiner ab, die von den Benediktinern in ihrer Gewerbeschule ausgebildet wurden. Die Arbeitsaufteilung der ersten Patres und Brüder beschreibt Kugelmann wie folgt:

„Für die wenigen drei Patres begann damit die Chorpflicht, von den neueingetroffenen Brüdern arbeitete Br. Ildefons als Schreiner an der Inneneinrichtung des Hauses, Br. Paschal legte als Gärtner einen ausgedehnten Gemüsegarten an, Br. Kolumban war Koch und Bäcker, bis er 1913 von Br. Basilius Hauser abgelöst wurde und von da ab die Hühnerfarm übernahm, die freilich später wieder aufgelassen werden musste, weil viele Tiere erkrankten und eingingen. Ersatz für sein Amt als Geflügelwart bot sich Br. Kolumban als Bienenzüchter in seinem Bienenstand."³³⁵

Unter den im Dezember 1909 angekommenen Patres befindet sich, wie bereits erwähnt, André Eckardt, der sich während seines fast 20-jäh-

---

³³⁴ Kugelmann, Willibald: a. a. O., S. 83.
³³⁵ Kugelmann, Willibald: a. a. O., S. 82.

Abb. 168:
André Eckardt.

rigen Aufenthalts in Korea intensiven koreanischen Studien widmet. Noch kurz vor dem Ersten Weltkrieg erscheint in Heidelberg eine von ihm erstellte koreanische Grammatik, die erste systematisch angelegte Arbeit dieser Art in Deutschland. Zur Jahreswende 1928/29 kehrt Eckardt in seine Heimat zurück und scheidet alsbald aus dem Orden aus, um sich ausschließlich seinem in Korea gesammelten umfangreichen Material zuzuwenden und es in zahlreichen Werken zu verarbeiten. 1930 promoviert er in Würzburg über das Thema „*Das Schulwesen in Korea*" und übernimmt 1950 einen Lehrauftrag für chinesische Literatur und Philosophie am Ostasiatischen Seminar der Universität München. Dort wirkt er bis kurz vor seinem Tode im Januar 1974. Zweifellos gehört André Eckardt zu denjenigen Persönlichkeiten, die sich große Verdienste bezüglich der Verbreitung der Kenntnisse über die koreanische Kultur nicht nur in Deutschland selbst, sondern im Westen allgemein erworben haben. Neben der japanischen und chinesischen Kultur war er stets bemüht, die koreanische als dritte große und eigenständige Kultur Ostasiens bekanntzumachen, und gilt daher als Gründungsvater der Koreanistik in Deutschland.[336]

Abb. 169:
Erzabt Norbert Weber.

Bereits im Jahre 1911 erhalten das Kloster und seine Mönche Unterstützung durch weitere acht Patres und Brüder, die in Begleitung von Erzabt Norbert Weber zu Anfang des Jahres nach Korea kommen. Über seine Reise und seinen Aufenthalt in Korea schreibt Norbert Weber ein Buch mit dem Titel „*Im Lande der Morgenstille. Reise-Erinnerungen an Korea*", das 1916 im Missionsverlag St. Ottilien erscheint.

Die Anfänge sind damit getan, doch ist Bonifatius Sauer mit der reinen Ausbildung von Handwerkern weniger zufrieden und sucht nach einer Gelegenheit, der ursprünglichen Bestimmung der Benediktiner aus St. Ottilien nachzukommen: dem Missionieren. Da ihm und

---

[336] Huwe, Albrecht: „André Eckardt. Deutschlands erster Koreanist". In: *Bilanz einer Freundschaft. Hundert Jahre deutsch-koreanische Beziehungen.* Herausgegeben vom Komitee 100 Jahre deutsch-koreanische Beziehungen. Bonn 1984, S. 39f.

seinen Patres eine solche Aufgabe in der Hauptstadt verwehrt bleibt, wendet er sich 1920 an Bischof Mutel in Seoul mit der Bitte zur Übernahme eines eigenen Missionsgebietes in Korea. Seiner Bitte soll auch bald stattgegeben werden. Nachdem die beiden Nordost-Provinzen Hamgyeong-namdo und Hamgyeon-bukdo zum Apostolischen Vikariat ernannt wurden, wird Bonifatius Sauer am 25. August 1920 von Rom per Dekret zu deren erstem Vikar bestellt und am 1. Mai 1921 in der Kathedrale in Seoul zum Bischof geweiht. Am 17. November 1927 findet daraufhin offiziell die Verlegung des Benediktinerklosters nach Deokwon statt, einem kleinen Ort in der Nähe der nordkoreanischen Hafenstadt Wonsan.

Abb. 170: Katholische Gemeinde in Deokwon um 1940. *Erste Reihe Mitte*: Abtbischof Bonifatius Sauer, *links neben ihm* Pater Ildefons Flötzinger.

Daneben wird den deutschen Benediktinern mit dem am 19. Juli 1928 zum Apostolischen Vikariat ernannten Gebiet um die Stadt Yanji (kor. Yeon-gil) in der Mandschurei, der heutigen nordöstlichen chinesischen Provinz Jilin, ein zweites Missionsgebiet zugesprochen. Neben einigen Schulen für Kinder, Meerstern-Schulen genannt, in denen ebenfalls Deutschunterricht erteilt wird, errichten die Patres auch ein Priesterseminar in Deokwon, dessen Schülerzahl 1943 auf über 100 steigt. 1925 wird die deutsche Benediktinergemeinschaft durch die Entsendung von etlichen Schwestern aus dem gleichen Orden verstärkt. Ihre Tätigkeit

Abb. 171: Bonifatius Sauer mit Benediktiner-Schwestern in Wonsan um 1930.

konzentriert sich hauptsächlich auf den schulischen- sowie krankendienstlichen Bereich.[337]

Mit der Proklamation der Republik Korea im Süden am 15. August 1948 und der Gründung der Koreanischen Demokratischen Volksrepublik im Norden am 2. September desselben Jahres ist bereits ein Ende der Benediktiner in Deokwon abzusehen. Nachdem sich die russischen Besatzungstruppen, zu denen die deutschen Patres und Schwestern ein relativ gutes Verhältnis unterhalten, aus Korea zurückgezogen haben, werden sie alle im Mai 1949 von nordkoreanischen Soldaten verhaftet, in Pyeongyang vor Gericht gestellt und wegen antikommunistischer Sabotage zu jahrelanger Zwangsarbeit verurteilt. Pater Olaf Graf beschreibt die Verhaftung und die Zeit danach auf sehr lebendige Weise:

„Um die Mitternachtsstunde drang ein Überfallkommando der einheimischen kommunistischen Polizei ins Kloster ein und entführte zunächst den greisen, von schweren Asthmaanfällen geplagten Bischof zusammen mit dem Prior, dem Subprior, dem Direktor des Priesterseminars und einigen weiteren Mitbrüdern in leitenden Stellungen. Zwei Tage später erfolgte die Verhaftung aller übrigen deutschen Patres und Brüder sowie der Schwestern in deren Wonsaner Konvent. Während diese zweite Gruppe alle ca. drei Monate

---

[337] Kugelmann, Willibald: a. a. O., S. 90f, 96, 108.

lang im Pyengyanger Zuchthaus gefangen gehalten wurden, auf engsten Raum zusammengepfercht, natürlich ohne jede Angabe von Gründen, um dann ihren Leidensweg in das Konzentrationslager eines abgelegenen Bergtals des Nordens nahe am Yalu-Flusse anzutreten für vier und ein halbes Jahr, öffnete sich für Bischof Bonifatius und die gleichzeitig mit ihm Verhafteten sogleich je eine einzelne Kerkerzelle, die sie – bald darauf in einem Scheinprozeßverfahren wegen antikommunistischer Sabotage zu jahrelanger schwerer Zwangsarbeit verurteilt – nie mehr lebend zurück in die Freiheit verlassen sollten."[338]

Während die meisten von den Patres, Brüdern und Schwestern in ein Konzentrationslager am Yalu deportiert werden, stirbt der Begründer der deutschen Benediktinermission in Korea, Abtbischof Bonifatius Sauer, am 7. Februar 1950 in einem Zuchthaus in Pyeongyang.

Abb. 172: Abtbischof Bonifatius Sauer mit Benediktinern in Deokwon um 1938.

Neben der Abtei in Waegwan und einem Priorat der Benediktinerinnen in Daegu bestehen heute ebenfalls Konvente in zahlreichen anderen Städten Südkoreas.[339]

---

[338] Graf, Olaf: „Abtbischof Bonifatius Sauer OSB. Lebensbild des Gründers der Benediktinermission in Korea". In: Kaspar, Adelhard; Berger, Placidus: *Hwan Gab*. Münsterschwarzach 1973, S. 77.
[339] Graf, Olaf: a. a. O., S. 77f.

VI. DAS ENDE DES KOREANISCHEN KAISERREICHS

VI.1. Der Kampf um die Vorherrschaft in Korea

Abb. 173: *Gu hanguk oegyo munseo, deokan* 1.

Die anfänglichen deutsch-koreanischen Verhältnisse sind auf beiden Seiten relativ gut. Der Schriftwechsel zwischen der deutschen Vertretung und dem koreanischen Hof in Seoul bezieht sich meist lediglich auf Angelegenheiten jeglicher Art, die deutsche Staatsangehörige in Korea betreffen. Grundstückserwerbungen und -verkäufe, Gehaltserhöhungen, Ordensverleihungen, Audienzanträge sowie auf deutsche Handelsinteressen bezogene Korrespondenz sind an der Tagesordnung. Gelegentlich vertrauensvolle Anfragen politischer Art seitens der koreanischen Regierung werden in der Regel von den deutschen Beamten zwar freundlich und wohlwollend, jedoch uninteressiert erwidert. Als z. B. die Engländer im April 1885, ein Vordringen ihres Erzrivalen Russland in Korea befürchtend, die kleine Insel Geomun-do (auch: Port Hamilton) im Süden der Provinz Jeolla-namdo, zwischen der Hafenstadt Yeosu und der Insel Jeju-do, besetzen, wendet sich die koreanische Regierung mit einem Vermittlungsgesuch an die ausländischen Vertreter. Generalkonsul Otto Zembsch bescheinigt zwar in seiner Stellungnahme[340], dass sich Korea Großbritannien gegenüber im Recht befände, handelt damit aber eigenmächtig und wird vom Auswärtigen Amt in Berlin in seine Schranken gewiesen.[341] Bismarck betont bei dieser Angelegenheit erneut, dass kein deutsches Interesse

---

[340] *Gu han-guk woegyo munseo* 舊韓國外交文書, *deogan* 德案 1: Nr. 117. – AA, Korea II, Bd. 2: ‚Schreiben von Zembsch aus Seoul an Bismarck vom 27. Juni 1885'.

[341] AA, Korea II, Bd. 2: ‚Schreiben von Hatzfeld aus Berlin an Zembsch vom 26. Aug. 1885'.

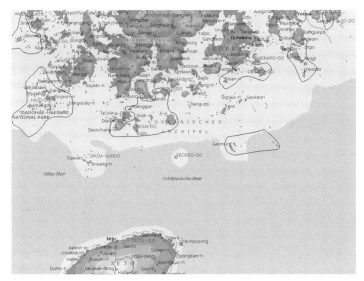

Abb. 174: Insel Geomun-do zwischen Yeosu und Jeju.

gegeben wäre, um vom koreanischen Gesuch überhaupt Notiz zu nehmen.[342]

Diese Einstellung gegenüber Korea verändert sich auch dann nicht, als das Deutsche Reich im Rahmen seines politischen Wandels zu Beginn der 90er Jahre des 19. Jh. Kolonialinteressen anmeldet und seinen Arm ebenfalls nach Ostasien ausstreckt. In dieser Hinsicht konzentrieren sich Deutschlands Bestrebungen lediglich auf Erwerbungen in China durch die Besitzergreifung von Kiautschou durch Admiral Otto von Diederichs am 14. November 1897. Korea bleibt nach wie vor unbedeutend, zumal sich der deutsche Handel auf der Halbinsel in keinster Weise zum Positiven entwickelt hat und man auch keine Besserung erwartet.

In der Zwischenzeit hat sich die von Choe Je-u (1824–1864) im Jahre 1860 gegründete *Donghak* („östliche Lehre")[343], zu einer starken

---

[342] AA, Korea II, Bd. 1: ‚Randbemerkung Bismarcks auf dem Schreiben von Schweinitz an Bismarck vom 8. Juli 1885'.

[343] Donghak 東學: Vgl. hierzu: Choi, Dong-hi: „Tonghak Movement and Chundo-gyo". In: *KJ*, Vol. 3, No. 5 (May 1963), S. 14–19. – Choi, Dong-hi: „The Life and Thought of Ch'oe Che-u". In: *KJ*, Vol. 11, No. 9 (Sep. 1974), S. 25–31. – Kim, Yong-choon: „An Analysis of Early Ch'eondogyo Thought". In: *KJ*, Vol. 17, No. 10 (Oct. 1977), S. 41–46.

sozial-religiösen Bewegung entwickelt, die sich in erster Linie gegen den Imperialismus fremder Mächte und deren Einfluss im Lande, aber auch gegen Korruption, horrende Steuern und andere Missstände innerhalb der koreanischen Regierung richtet. Aufgrund fremden Kapitals und billiger Importe durch die Vertragsmächte sind die koreanischen Bauern gezwungen, ihre Waren unter Normalpreis zu verkaufen. Besonders Japan sorgt dafür, dass Korea durch eine große Anzahl seiner Billigprodukte in eine tiefe Wirtschaftskrise gerät. Durch geschickte Manipulation kauft Japan die gesamte Ernte des Landes auf und entzieht Korea somit seine wichtigsten Grundnahrungsmittel wie Reis und Sojabohnen. Dadurch wird das Volk in eine große Hungersnot getrieben. Durch Revolten auf dem Land in den Jahren 1885, 1886 und 1889 gewinnt die *Donghak*-Bewegung daher immer mehr an Popularität und Zulauf. 1889 sieht sich die Regierung gezwungen, ein Gesetz zu erlassen, das die Ausfuhr von Getreide in fremde Länder verbietet.[344]

Die Unwissenheit koreanischer Bauern über modernes Verkaufsrecht und finanzielle Transaktionen nutzend, können sich die Fremden, in erster Linie Japaner, das Land der Bauern zu eigen machen und in den Vertragshäfen legal oder auch illegal Grundstücke und Ländereien zu Spottpreisen erwerben. Das schürt die Ausländerfeindlichkeit innerhalb des Volkes, und es kommt 1892 erneut zu Demonstrationen besonders in den südlichen Provinzen Jeolla und Chungcheong. Die Anhänger der Sekte fordern, ihren 1864 hingerichteten Gründer Choe Je-u postum zu rehabilitieren und die Unterdrückungen ihrer Anhänger seitens der Regierung einzustellen. Der neu ernannte Gouverneur von Chungcheong nutzt diese Proteste zu Verhaftungen und zu Konfiskationen von Grundstücken und Ländereien. Daraufhin beschließen 40 Führer der *Donghak*, ihr Anliegen dem König direkt vorzutragen und gehen im April 1893 nach Seoul. Dort knien sie drei Tage lang vor dem Palast des Monarchen, doch ihre Petition wird abgelehnt, und sie werden aufgefordert, in ihre Heimatstädte zurückzukehren. Zwar folgen die *Donghak*-Führer dieser Anordnung, doch bleibt in der Hauptstadt eine Art Panikstimmung zurück, zumal überall Anschläge erscheinen, die die Ausweisung der Ausländer und ein Verbot der christlichen Religion fordern. Als dazu noch ein Gerücht aufkommt, wonach die *Donghak*-Anhänger

---

[344] Hierzu und zum Folgenden: Nahm, Andrew C.: *Korea. A History of the Korean People*, a. a. O., S. 173–175. – Sohn, Pow-key [et al.]: a. a. O., S. 207–212. – Han, Woo-Keun: a. a. O., S. 403–415. – Lee, Ki-baek: a. a. O., S. 281–290. – Eckert, Carter J. [et al.]: a. a. O., S. 214–222. – Yi Gwang-rin 李光麟 : *Han-guksa gangjwa* 韓國史講座 : a. a. O., S. 275–313.

Abb. 175: Gwanghwa-mun, das Tor zum Gyeongbok-Palast, um 1895.

in großer Anzahl auf dem Wege zur Hauptstadt seien, um alle Fremden umzubringen, verschanzen sich die Ausländer nachts in ihren Häusern, und die Amerikaner, Russen und Franzosen postieren sogar Militär vor ihre Legationen, um sich vor Übergriffen zu schützen.

Ein Regierungsverbot der *Donghak*-Doktrin und weitere Ausbeutungen der Bauern durch skrupellose Beamte besonders in der südlichen Provinz Jeolla geben schließlich den letzten Anstoß zu einer großen Volkserhebung, die 1894 unter der Führung der *Donghak* in der Provinz Nord-Jeolla (Jeolla-bukdo) losbricht. Die örtliche Regierungstruppen sind der großen Überzahl gut organisierter Rebellen gegenüber hilflos, ausgesandte Truppen der Zentralregierung werden entweder vernichtend geschlagen oder auseinandergesprengt und Ermahnungen des Königs bleiben ohne Resonanz.

In dieser verzweifelten Situation richtet sich die Regierung an den chinesischen Vertreter in Seoul, Yuan Shikai, mit der Bitte um Entsendung von Truppen zur Unterstützung im Kampf gegen die Rebellion. China sieht in dem Aufruf König Gojongs eine willkommene Gelegenheit, in Korea wieder Position zu beziehen und schickt sofort Truppen nach Seoul. In einem Abkommen, das am 18. April 1885 in Tianjin zwischen Prinz Itō Hirobumi und Li Hongzhang getroffen worden war, hatten sich beide Länder verpflichtet, ihre Truppen aus Korea zurückzuziehen und sie erst nach Mitteilung an den Vertragspartner, wenn es die Situation erfordern sollte, wieder in Korea einrücken zu lassen. Aufgrund dieses Abkommens fühlt sich Japan nun hintergangen und entsendet seinerseits Marinesoldaten nach Chemulpo (im heutigen Incheon).

Die japanisch-chinesische Rivalität um die Vorherrschaft in Korea erreicht ihren Höhepunkt gerade in dieser Situation. Als beide Staaten sich weigern, ihre Truppen wieder abzuziehen, bemüht man sich in Peking um eine friedliche Beilegung des Konflikts und bittet Anfang Juli 1894 England, Russland und die USA um Vermittlung. Berlin lehnt zwar zunächst eine Einmischung in diese Angelegenheit kategorisch ab, deutet aber seine Bereitschaft zur Vermittlung an, als England und China wiederholt eine deutsche Beteiligung erbitten. Entsprechend werden die deutschen Gesandten in Peking und Tōkyō instruiert, sich bei einer gemeinsamen Aktion des Westens anzuschließen. Konsul Krien in Seoul erhält indes keinerlei Weisung, sich ebenfalls an der diplomatischen Vermittlung zu beteiligen, zumal seine Stellung nicht der entspricht, die seine Amtskollegen einnehmen.[345]

Die internationalen Bemühungen scheiterten jedoch an dem festen Entschluss Tōkyōs, das sich seiner Stärke durchaus bewusst ist, zu einer militärischen Auseinandersetzung. Die koreanische Regierung steht dem Geschehen völlig hilflos gegenüber, so dass die Japaner nun offen eine Dominanz in Korea anstreben. Am 23. Juli 1894 überwältigen japanische Soldaten die Garde des Gyeongbok-Palastes, bemächtigen sich der königlichen Familie, zwingen Gojong abzudanken, vertreiben die pro-chinesische Gruppe um Königin Min und setzen Daewon-gun erneut als Regenten ein. Unter militärischem Druck erwirken sie daraufhin die Vollmacht der koreanischen Regierung zur Vertreibung der Chinesen. Als die Japaner schließlich am 25. Juli 1894 den britischen Dampfer „Kowshing" (kor. „Goseung") versenken, der sich mit chinesischen Truppen an Bord auf dem Wege nach Korea befindet, bricht ein offener Krieg zwischen China und Japan aus.

Gleichzeitig zwingen japanische Truppen einen durch Japan provozierten zweiten großen Aufstand der *Donghak* im Süden des Landes nieder, nehmen deren Führer Jeon Bong-jun (1854–1895) gefangen und bringen ihn nach Seoul, wo er 1895 hingerichtet wird. Damit ist die

---

[345] AA, Korea I, Bd. 14: ‚Schreiben Hatzfelds an Caprivi vom 5. und 9. Juli 1894'; ‚Schreiben von Seckendorff aus Tientsin vom 10. Juli 1894'. – *Die Grosse Politik der Europäischen Kabinette 1871–1914.* Bd. 9: Nr. 2213, S. 241f.

Abb. 176: Versenkung des Transporters „Kowshing".

Donghak-Rebellion endgültig zerschlagen, doch führen einzelne Gruppen von unwegsamen Bergregionen aus noch jahrelang einen Partisanenkampf gegen die japanischen Okkupanten und deren koreanische Helfer.[346]

Nachdem am 1. August 1894 die Kriegserklärung Japans an China erfolgte, regt England eine gemeinsame westliche Intervention an, doch Deutschland bleibt dieses Mal neutral. Das bis dahin betont freundliche Verhältnis Deutschlands zu Japan ändert sich jedoch, als die Japaner nach ihrem Sieg der chinesischen Regierung in Peking umfangreiche Forderungen diktieren, die zum Teil mit Ansprüchen der Franzosen und

Abb. 177: Jeon Bong-jun auf dem Weg ins Gefängnis 1895.

[346] Han, Woo-Keun: a. a. O., S. 413. – Lewin, Bruno: a. a. O., S. 234.

Russen kollidieren. Deutschland hat in China nicht unerhebliche Wirtschaftsinteressen und befürchtet durch eine japanische Übermacht kommerzielle Einbußen. Dazu kommt, dass sich Berlin im Falle einer möglichen französisch-russischen Waffenbrüderschaft im Herzen Europas einer gewissen Gefahr ausgesetzt sieht. Um die Aufmerksamkeit Russlands nach Osten zu lenken und damit die Sicherheit des eigenen Landes zu gewährleisten, akzeptiert Berlin die von Petersburg angeregte russisch-französisch-deutsche Intervention, die Tōkyō durch die sogenannte Tripelintervention am 23. April 1895 in Shimonoseki zur Annahme mäßigerer Friedensbedingungen bewegt. Die plötzliche Aufgabe der deutschen Neutralität in Sachen Fernost hinterlässt in Japan indes einige Narben und soll einige Zeit später auch Auswirkungen auf die deutsch-koreanischen Beziehungen haben, die aus dem stetigen Anwachsen des japanischen Einflusses in Korea resultieren.[347]

Japans Sieg über China leitet gleichzeitig eine Neugruppierung der Mächte in Ostasien ein. England, bisher den Chinesen zugeneigt, schwenkt zum Schutz seiner eigenen Wirtschaftsinteressen auf die japa-

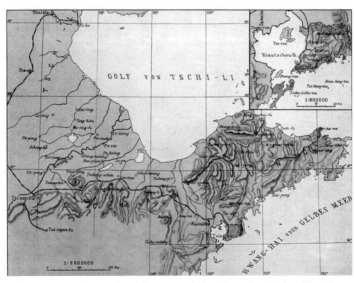

Abb. 178: Karte der Provinz Schantung mit dem deutschen Pachtgebiet Kiautschou und seiner Hauptstadt Tsingtau.

---

[347] *Die Grosse Politik der Europäischen Kabinette 1871–1914.* Bd. 9, S. 270. – Kim, Jang-Soo: a. a. O., S. 80f, 94f. – Stingl, Werner: *Der Ferne Osten in der deutschen Politik vor dem Ersten Weltkrieg (1902–1914).* Bd. 1, Frankfurt/Main 1978, S. 102–106.

nische Seite über, da China noch nicht einmal imstande ist, sich selbst zu schützen. Aufgrund der gemeinsamen Gegnerschaft zu Japan schließen China und Russland 1896 einen Pakt, der von russischer Seite aus obendrein durch seine Rivalität zu Großbritannien motiviert ist. Dieser Vertrag kann jedoch nicht verhindern, dass sich das Zarenreich im Rahmen seiner Expansionsbestrebungen 1897/98 die strategisch bedeutende Liaodong (Liaotung)-Halbinsel zu Eigen macht. Auch Frankreich, England und das Deutsche Reich erzwingen von China Gebietsabtretungen bzw. Territorialverpachtungen. Deutschland hat sich 1897 durch die gewaltsame Inbesitznahme von Kiautschou mit seiner Hauptstadt Tsingtau endgültig als aktives Mitglied an der Fernostpolitik beteiligt und seine ostasiatische Flotte im neuen Schutzgebiet stationiert.

Abb. 179: Inoue Kaoru.

Durch den Chinesisch-Japanischen Krieg wird zwar sowohl Japans als auch Russlands Augenmerk auf Korea eine gewisse Zeit abgelenkt, das Ringen um die Vorherrschaft entbrennt aber nach dem Ausscheiden Chinas aufs Neue. Im August 1894 hatte bereits das koreanische Kabinett unter Daewon-gun auf Drängen Japans die Unabhängigkeit von China erklärt, was China im Frieden von Shimonoseki akzeptieren muss. Damit ist das jahrhundertealte konfuzianische Verhältnis zwischen China und Korea beendet. Nach dem Krieg werden die einzelnen Ämter am Hofe Seouls nach japanischen Empfehlungen umgestaltet und erste Schritte zu einer Reformpolitik getan. So arbeitet der im November 1894 nach Korea entsandte japanische Minister Inoue Kaoru (1836–1915) zwanzig Reformempfehlungen aus. Daewon-gun, der diese ablehnt, wird zum Rücktritt gezwungen, doch König Gojong verpflichtet sich am 7. Januar 1895 im Chongmyo[348], dem Schrein der Könige von Choson, zur Einhaltung dieser Reformen. Diese sind in 14 Artikeln einer neuen Konstitution[349] manifestiert, stoßen aber auf starken Widerstand der anti-japanisch eingestellten Königin Min.[350] Nach Rückkehr Inoue's vertritt ab September 1895 Minister Miura Gorō (1847–1926) die Interessen Japans in Korea. Durch seine Anstiftung ermorden japanische Vertrauensleute (unter ihnen: Takahashi Genji, Kunitomo Shigeaki,

---

[348] kor. Chongmyo 宗廟 .
[349] kor. 洪範十四條 Hongbeom sipsajo.
[350] Han, Woo-Keun: a. a. O., S. 424. – Lewin, Bruno: a. a. O., S. 234.

Ieiri Kakitsu und Kikuchi Kenjō sowie koreanische Kollaborateure in den frühen Morgenstunden des 8. Oktober 1895 Königin Min[351] und zwei Hofdamen, die versuchen, die Königin zu schützen. Der Minister für Angelegenheiten des Königlichen Haushalts, Yi Gyeong-sik (?–1895), wird von zwei japanischen Polizisten ebenfalls ermordet. Daraufhin werden Miura Gorō und andere beteiligte Japaner zwar von ihrer Regierung wieder abberufen und in Hiroshima vor Gericht gestellt, aus Mangel an Beweisen werden indes alle 56 Angeklagten freigesprochen.[352] In Korea hingegen werden von 14 angeklagten Koreanern sieben hingerichtet.

Abb. 180: Miura Gorō.

Die Ermordung der Königin Min sorgt zunächst für eine Schwächung der japanischen Stellung am koreanischen Hof, zumal die Bevölkerung aufgebracht ist und sich starke anti-japanische Ressentiments verbreiten. Dadurch kommt auch die von Japan initiierte Reform zu einem frühen Ende. Als Gojong sich vom Schock der Ermordung der Königin erholt hat, beruft er als erstes ein Sondergericht und lässt die Mörder der Königin zum Tode verurteilen. Anschließend werden die Wachen im Palast verstärkt. Reformbestrebte Minister wie Kim Hong-jip (1842–1896) drängen Gojong, weitere Modernisierungen einzuführen. Am 26. Oktober 1895 wird daraufhin durch ein Edikt der gregorianische Kalender in Korea eingeführt, und am 30. Dezember erlässt Gojong eine Verordnung zur Einführung eines modernen Haarschnitts. Er selbst lässt sich den traditionellen Haarknoten abschneiden und fordert auch seine Minister und andere *yangban* dazu auf. Diese Verordnung ruft jedoch unmittelbar nach ihrer Verkündigung bei den strengen Konfuzianern starke Proteste hervor, und es kommt sogar zu gewalttätigen Ausschreitungen, in deren Verlauf viele Provinzbeamte von der aufgebrachten Menge gelyncht werden.[353]

---

[351] Die Ermordung der Königin Min wird in der koreanischen Geschichtsschreibung mit dem Terminus „Eulmi sa-byeon" (乙未事變) bezeichnet.
[352] Nahm, Andrew C.: *Korea. A History of the Korean People*, a. a. O., S. 182–184.
[353] Hierzu und zum Folgenden: Nahm, Andrew C.: *Korea. A History of the Korean People*, a. a. O., S. 183–188.

Die Befürchtung weiterer Ausschreitungen konservativer Konfuzianer auch auf die Hauptstadt aufgrund der Haar-Verordnung, starke antijapanische Bewegungen innerhalb Seouls und das Gerücht einer japanischen Verschwörung, nach der er gezwungen werden soll, seinen Thron zugunsten seines Neffen Yi Jun-yong (1870–1917), des Enkels von Daewon-gun, abzugeben, veranlassen König Gojong schließlich, am 2. Februar 1896 eine geheime Nachricht an den russischen Vertreter Carl Waeber zu schicken. Darin teilt er ihm mit, dass er von Verrätern umgeben sei und ein Plan bestünde, ihn und den Kronprinzen zu ermorden. Darum wolle er mit dem Kronprinzen in die russische Gesandtschaft fliehen. Ohne Rückendeckung seiner Regierung akzeptiert Waeber den Wunsch des Königs. Mit Hilfe pro-russischer Regierungsmitglieder und russischer Gesandtschaftsmitarbeiter gelingt es König Gojong und seinem Sohn, als koreanische Hofdamen verkleidet am frühen Morgen des 11. Februar 1896 aus dem Gyeongbok-Palast heimlich in die russische Gesandtschaft zu gelangen.[354]

Abb. 181: Russische Gesandtschaft in Jeong-dong 1896.

In der Zeit seines einjährigen Aufenthaltes in der Gesandtschaft vom 11. Februar 1896 bis zum 21. Februar 1897 nutzen die Russen die Situation zur Stärkung ihrer eigenen Position. Japan sieht seinen Einfluss immer mehr schwinden und sucht in Hinblick auf seine Interessen in Korea zunächst um eine Verständigung mit Russland nach. Zu diesem Zweck tritt der japanische Vertreter in Seoul, Marquis Komura Jutarō (1855–1911) an Waeber heran und verhandelt mit ihm in den Monaten Mai und April 1896 darüber, anti-japanische Minister von ihren Posten zu entfernen und einen Weg zu finden, den Monarchen wieder in den Palast zurückzubringen. Als Folge dieser Verhandlungen wird am 14. Mai

---

[354] Nahm, Andrew C.: *Korea. A History of the Korean People*, a. a. O., S. 185.

Abb. 182: Komura Jutarō.

Abb. 183: Yamagata Aritomo.

1896 das sogenannte „Komura-Waeber-Memorandum" unterzeichnet. Darin vereinbaren sie u. a., den König dahingehend zu beraten, liberale und moderate Minister ins Kabinett zu berufen und erst dann in den Palast zurückzukehren, wenn keine Zweifel über die Sicherheit seiner Person mehr bestünden. Außerdem sichern sich beide Seiten die gleiche Anzahl von Truppen in Korea zu, um auf diese Weise einen Kräfteausgleich zu wahren.

Weitere Vereinbarungen wie das Protokoll zwischen dem russischen Außenminister Aleksej Borisowitsch Lobanow-Rostowski (1824–1896) und dem japanischen General Prinz Yamagata Aritomo (1838–1922) vom 9. Juni 1896 und das Abkommen vom 25. April 1898 zwischen dem russischen Vertreter in Japan, Baron Roman Romanowitsch Rosen (1847–1921) und dem japanischen Außenminister Baron Nishi Tokujirō (1847–1912), legen eine russisch-japanische Balance auf der koreanischen Halbinsel fest, wobei sich beide Seiten zu einer Nichteinmischung in koreanische Angelegenheiten verpflichten. Russ-

Abb. 184: Roman Romanowitsch Rosen um 1882.

land sucht dadurch gleichzeitig ein Bündnis zwischen England und Japan zu verhindern, das bereits zur Diskussion steht.[355]

Am 21. Februar 1897 verlässt König Gojong die russische Gesandtschaft und zieht in den Gyeongun-Palast, dem heutigen Deoksu-Palast. Aufgrund ihrer neu erworbenen Stellung veranlassen die Russen den König zur Betonung der staatsrechtlichen Gleichstellung seines Landes mit China und Japan, den Kaisertitel anzunehmen. Gojong nimmt diesen Vorschlag an und ändert gleichzeitig bei einer feierlichen Krönungszeremonie am 12. Oktober 1897 die bisher geltende Staatsbezeichnung Choson in „Daehan jeguk" (Großes Han-Reich)[356] um.

Abb. 185: Gyeongun-Palast in Jeong-dong mit der russischen Legation im Hintergrund um 1904.

In Deutschland wird die Annahme des Kaisertitels mit arger Ironie begrüßt. Kaiser Wilhelm II vermerkt auf dem entsprechenden Telegramm von Konsul Krien aus Seoul: „Ach Ehre ein neuer Kollege" und „immer besser als ein Präsident einer Republik"[357]. Der neue Titel wird im Auswärtigen Amt in Übereinstimmung mit der russischen Praxis angewendet, wodurch man Russland gleichzeitig signalisiert, dass man Korea zur russischen Einflusssphäre rechnet. Darüber hinaus soll der

---

[355] Choi, Mun Hyung: „The Onslaught of Imperialist Powers and Its Influence in Korea". In: *KJ*, Vol. 24, No. 3 (March 1984), S. 15f.
[356] kor. *„Daehan jeguk"* (大韓帝國 Großes Han-Reich) nicht zu verwechseln mit dem chinesischen Han-Reich.
[357] AA, Korea I, Bd. 25: ‚Schreiben Kriens aus Seoul vom 14. Okt. 1897 (mit Marginalie Wilhelm II.)'.

deutsche Botschafter in St. Petersburg, Fürst Hugo von Radolin (1841–1917), versichern, dass Deutschland weit davon entfernt sei, dem Interesse Russlands in Korea im Wege zu stehen, da man lediglich wirtschaftliche Ziele verfolge. Gleichzeitig ist Berlin bestrebt, Japan von Deutschlands Neutralität zu überzeugen. Konsul Krien in Seoul wird entsprechend verpflichtet, strenge Neutralität zu wahren und allen Anschein einer Parteinahme zu vermeiden.[358]

Abb. 186: Kaiser Wilhelm II.

Japans Misstrauen gegenüber Deutschland wird jedoch durch den Besuch des Prinzen Heinrich von Preußen in Korea im Jahre 1899 noch geschürt, da die japanische Presse dahinter den unbegründeten Verdacht hegt, dass das Deutsche Reich nach seiner Übernahme von Kiautschou nun ebenfalls Ansprüche auf Korea stellen würde.[359] Dazu der *Ostasiatische Lloyd*:

> „Der Besuch des Prinzen Heinrich … hat die Japaner offenbar so nervös gemacht, dass sie sich berufen fühlen, Deutschland zu warnen, in Korea, „ihrer Interessensphäre", ein zweites Kiautschou zu suchen. Eine Probe des dabei zu Tage kommenden Unsinns giebt ein Artikel der „Japan Mail", der in Uebersetzung wie folgt lautet:
>
> Der „Nippon" ist sehr böse auf Deutschland. Er glaubt, dass Deutschland es auf einen Vorstoß in Korea abgesehen hat. Ueberdies sieht der „Nippon" in dem Besuch des Prinzen Heinrich … viel mehr als nur das Interesse eines Vergnügungsreisenden. Er vermuthet, dass Deutschland sich umsieht nach einem neuen Kiautschou in Korea und behauptet, dass die Beharrlichkeit, mit der der deutsche Konsul die Forderungen des Herrn Wolter auf Bergwerksprivilegien … betreibt, in Uebereinstimmung steht mit dieser neuen Agressions-Politik Deutschlands. …"[360]

Der Besuch des Prinzen als Kommandeur des Kreuzergeschwaders zielt indes lediglich darauf ab, den deutschen Koreahandel zu fördern, was

---

[358] AA, Korea I, Bd. 25: ‚Schreiben des AA vom 7. März 1898 an Radolin und Krien'.
[359] AA, Korea I, Bd. 27: ‚Schreiben Leydens an Bülow vom 10. Juli, 28. und 30. Aug., 5. Okt. 1899'.
[360] *OL*, Jg. 13, 9. Sep. 1899, S. 858: Uebersicht der Presse Ostasiens.

Abb. 187:
Prinz Heinrich von Preußen.

jedoch nicht erreicht wird. Als Japan schließlich durch seinen Botschafter in Berlin im August 1900 die Stellung Deutschlands im Falle einer japanischen Einverleibung Koreas sondiert, gibt man mehrfach zu verstehen, dass Deutschland in Korea rein kommerziell interessiert sei und daher in allen anderen Korea betreffenden Streitfragen absolute Neutralität wahren würde.[361]

1902 konstituiert sich schließlich eine neue Mächtekonstellation. Am 30. Januar kommt zunächst die von den Russen stets befürchtete britisch-japanische Allianz zustande, in der England Japans wirtschaftliche, industrielle und vor allem politische Interessen in Korea anerkennt. Japan verpflichtet sich andererseits, die Unabhängigkeit Koreas zu akzeptieren. Reichskanzler Bernhard von Bülow sieht das Deutsche Reich durch diesen Vertrag nicht berührt[362], doch hatte er vorher bereits den russischen Vorschlag abgelehnt, als Gegenmaßnahme zur britisch-japanischen Verbindung ihr Drei-Mächte-Abkommen von 1895 zu erneuern. Insgeheim vertritt Berlin dabei die Hoffnung, von einem japanisch-russischen Konflikt in Ostasien kommerziell profitieren und gleichzeitig die russisch-englischen Aggressionen aus Europa fernhalten zu können.[363]

Eine Serie von Ereignissen im Jahre 1903 sorgt für eine Beschleunigung des unausweichlichen Konflikts zwischen Japan und Russland. Am 6. Februar 1904 löst Japan seine diplomatischen Beziehungen zum Zarenreich, nachdem Korea bereits im Angesicht des kommenden Krieges am 21. Januar seine Neutralität bekundet hatte. In der Nacht des 8. Februar 1904 erfolgt schließlich der Angriff japanischer Kriegs-

---

[361] AA, Korea I, Bd. 29: ‚Telegramm von Bülow an Richthofen vom 9. Sep. 1900'. – Korea I, Bd. 30: ‚Schreiben des AA an Wedel in Tokio vom 9. Nov. 1900'. – Korea 10, Bd. 1: Schreiben Richthofens an Graf Arco in Tokio vom 27. Juni 1901.
[362] *GPEK*, Bd. 17, S. 147.
[363] AA, Korea 10, Bd. 2: ‚Promemoria vom 24. März 1902'. – Stingl, Werner: a. a. O., S. 358.

Abb. 188: Port Arthur 1907.

schiffe auf russische in Port Arthur (P Lushunkou) auf der Liaodong-Halbinsel.

Am folgenden Tag landen japanische Truppen in Chemulpo, marschieren nach Seoul und besetzen trotz koreanischer Neutralität die Hauptstadt.[364] Noch am gleichen Nachmittag beginnt eine Schlacht zwischen den japanischen und russischen Kriegsschiffen, die vor Chemulpo liegen. Die offizielle Kriegserklärung an Russland erfolgt

Abb. 189: Japanische Darstellung der Seeschlacht bei Tsushima.

---

[364] Nahm, Andrew C.: *Korea. A History of the Korean People*, a. a. O., S. 202f.

erst am 10. Februar, also zwei Tage nach den ersten Kriegshandlungen. Im Verlaufe des militärischen Konflikts können die Russen keine großen Schlachten für sich entscheiden. Ihre Flotte ist bereits im August 1904 geschlagen. Auch die russische Ostseeflotte, die um Afrika herum im Februar 1905 in Ostasien eintrifft, erleidet in der Schlacht von Tsushima eine vernichtende Niederlage.[365]

Auch während des Russisch-Japanischen Krieges von 1904/05 bewahrt Deutschland seine Neutralität, doch liegen die Sympathien eindeutig auf Seiten Russlands. Dies liegt nicht nur in der Tatsache begründet, dass Kaiser Wilhelm II eine freundschaftliche Beziehung zum Zaren unterhält, sondern auch darin, dass sich in ihm mittlerweile die fixe Idee einer „gelben Gefahr" gebildet hat, womit er in Deutschland jedoch weitgehend allein steht.

VI.2. Japanisches Protektorat und die Annexion Koreas

Die Anerkennung japanischer Vorrechte in Korea durch Amerika und England im Sommer und der russisch-japanische Friedensvertrag, der durch Vermittlung Theodore Roosevelts (1858–1919) am 5. September 1905 in Portsmouth (USA) zustande kommt, garantieren Japan nun endgültig freie Hand in Korea. Obwohl sich das Kriegsgeschehen außerhalb Koreas abgespielt hat, zeichnet sich durch die Besetzung der Hauptstadt Seoul bereits das Ende der koreanischen Unabhängigkeit ab. Am 17. November 1905 wird dem koreanischen Kabinett schließlich von Japan ein

Abb. 190:
Theodore Roosevelt.

Vertrag vorgelegt, der Korea in seinen folgenden fünf Artikeln offiziell zu einem japanischen Protektorat machen soll:[366]

1. Kontrolle und Leitung der auswärtigen Beziehungen Koreas obliegen in Zukunft der japanischen Regierung.
2. Die koreanische Regierung kann nur durch Vermittlung der japanischen Regierung internationale Verträge schließen.

---

[365] Zum Verlauf des Russisch-Japanischen Krieges siehe: Stingl, Werner: a. a. O., S. 458, 490ff. – Zühlke, Herbert: a. a. O., S. 262ff.
[366] Die Artikel sind zitiert nach: Kleiner, Jürgen: a. a. O, S. 76.

3. Ein japanischer Generalresident und ihm unterstellte Residenten vertreten hinfort Japan in Korea.
4. Frühere Abmachungen zwischen Japan und Korea bleiben nur insoweit gültig, als sie mit diesem Vertrag vereinbar sind.
5. Die japanische Regierung garantiert Sicherheit und Würde des koreanischen Kaisers.

Dabei ist die Vorgehensweise der Japaner, wie sie dem koreanischen Kabinett diesen Vertrag präsentieren, bezeichnend und charakteristisch für ihr weiteres Verhalten in Korea. Lee Ki-baek beschreibt die Situation wie folgt:

> „Japan sent its elder statesman, Itō Hirobumi, to conclude the protectorate treaty. Itō and the Japanese minister, Hayashi Gonsuke [1860–1939], entered the palace with an escort of Japanese troops, threatened the emperor and his ministers, and demanded that they accept the treaty draft Japan had drawn up. When the Korean officials refused to accede to this demand, the one who had expressed the most violent opposition, Han Kyu-sŏl [Han Gyu-seol, 1848–1930], the prime minister and a former Independence Club member, was dragged from the chamber by Japanese gendarmes. Japanese soldiers then went to the Foreign Ministry to bring the seal of the Minister of Foreign Affairs, which was affixed to the treaty by Japanese hands (November 17, 1905)."[367]

Von diesem Zeitpunkt an werden die Befugnisse des Kaisers vermindert, das koreanische Militär reduziert und die Polizeihoheit in japanische Hände gelegt. Nicht nur die Regierung steht jetzt unter japanischer Kontrolle, sondern auch das Fernmeldewesen, die Post sowie die Presse. Am 1. Februar 1906 wird eine Residentur in Seoul errichtet und als erster japanischer Generalresident Itō Hirobumi eingesetzt. Ermächtigt, direkte Verordnungen an die koreanische Regierung zu erlassen, erstreckt sich seine Kontrolle nicht nur auf interne, sondern auch auf ausländische Angelegenheiten. Koreanische Auslandsbeziehungen werden durch das japanische Außenministerium in Tōkyō geregelt, und die Innenpolitik des Landes liegt damit gänzlich in den Händen des japanischen Generalresidenten in Seoul.

Kaiser Gojong, der sich strikt weigert, den aufgezwungenen Protektoratsvertrag zu akzeptieren, bemüht sich vergebens bei den wenigen noch in Korea verbliebenen Westmächten um eine Intervention. Bereits

---

[367] Lee, Ki-baek: a. a. O., S. 310.

Abb. 191: Japanische Generalresidentur in Seoul um 1906.

vor der russisch-japanischen Auseinandersetzung hatte sich der Kaiser u. a. auch an Ministerresident Conrad von Saldern mit der dringenden Frage gewandt, ob er sich bei Gefahr in die deutsche Residenz flüchten könne. Die Antwort des Ministerresidenten fiel jedoch mit dem stets vorgebrachten Argument der deutschen Neutralität ablehnend aus. Als Gojong einige Zeit später ein persönliches Hilfegesuch an Kaiser Wilhelm II zu schicken beabsichtigt, wird ihm von Seiten Salderns dringend davon abgeraten.[368] Damit gibt das Deutsche Reich den Koreanern ganz offen zu verstehen, dass Deutschland in keinster Weise bereit ist, in die Unabhängigkeitsbemühungen Koreas hilfreich einzuschreiten. Es fungiert lediglich als unbeteiligter Beobachter am Rande des Geschehens.

Dennoch übermittelt der koreanische Gesandte in Berlin, Min Cheol-hun (1856–?), am 21. und 24. November 1905 zwei Schreiben Kaiser Gojongs an das Auswärtige Amt, in denen er um deutsche Unterstützung ersucht. Doch seine Bitte ist vergebens, und wie nicht anders zu erwarten, werden die beiden Schreiben schon bald zu den Akten gelegt.[369] Ebenso ergeht es einem dritten Hilfegesuch Gojongs, geschrieben im Januar 1906, das durch den französischen Berater am koreanischen Hof Alphonse Trémoulet (1845–?) Ende May an das deutsche Auswärtige Amt übermittelt wird. Das Schreiben, zwei Seiten

---

[368] AA, Japan 20, Bd. 2: ‚Schreiben von Saldern aus Seoul an Reichskanzler Bülow vom 15. März 1905'.

[369] AA, Korea 10, Bd. 4: ‚Schreiben von Min Cheol-hun vom 21. Nov. 1905 an das AA'. – AA, Japan 20, Bd. 3: ‚Schreiben von Min Cheol-hun vom 24. Nov. 1905 an das AA'.

Abb. 192: Privates Hilfegesuch Kaiser Gojongs an Kaiser Wilhelm II.

in einem Umschlag, adressiert in chinesischer Schrift mit den Worten: „An Ihre Majestät den Kaiser von Deutschland", beinhaltet auszugsweise folgenden Text in englischer Übersetzung:

> „Under increasing offensives from a neighboring power (Japan), we have finally been deprived of our diplomatic rights. Our independence is being threatened. Allow to explain to you the pain we are suffering. I beseech you to join efforts with other powers as protectors of weak nations and to guarantee our country independence."[370]

Auch dieses Schreiben wird jedoch nicht an Kaiser Wilhelm II. weitergeleitet. Warum sich der koreanische Monarch in seiner hilflosen Situation gerade an das Deutsche Reich wendet, kann nur spekulativ beantwortet werden. Amerika, England und Russland hatten bereits Japans Vorrechte in Korea anerkannt, so dass von diesen Nationen keine Hilfe mehr zu erwarten ist. Hat also gerade Deutschlands unbeteiligte Haltung und Neutralität dem koreanischen Kaiser Anlass zur Hoffnung gegeben? Oder hat vielleicht die Haushofmeisterin Fräulein Sontag den Kaiser aufgrund des Vertrauens, das dieser ihr entgegenbringt, veranlasst, sogar einen Privatbrief an Kaiser Wilhelm II zu schreiben? Im Grunde erscheint es müßig, diese Spekulationen weiter zu verfolgen, da die Hilfegesuche des koreanischen Monarchen offizieller sowie privater Art – wie nicht anders zu erwarten – auch dieses Mal mit Ablehnung beschieden sind und Kaiser Wilhelm II noch nicht einmal zur Kenntnisnahme vorgelegt werden mit der Begründung, dass „nach Lage der Dinge wir nicht den Wünschen des koreanischen Kaisers folgen können".[371]

---

[370] „Emperor Gojong's Letter to German Kaiser Unearthed". In: Internetseite: english.chosun.com, vom 21. Feb. 2008.

[371] AA, Korea 10, Bd. 5: ‚Notiz vom 19. Mai 1906'. – „Emperor Gojong's Letter to German Kaiser Unearthed". In: a. a. O.

Die Übernahme der diplomatischen Beziehungen Koreas zum Ausland durch Japan veranlasst auch das Deutsche Reich, am 2. Dezember 1905 seine diplomatischen Geschäfte an die Botschaft in Tōkyō zu überweisen. Gleichzeitig wird die Ministerresidentur in Seoul durch ein Vizekonsulat ersetzt.[372] Gemäß Artikel I des Protektoratsvertrages werden sämtliche koreanische Gesandte und Konsuln im Ausland zurückgezogen und deren Amtsgeschäfte auf entsprechende japanische Vertreter übertragen. Dies betrifft auch den mit der Vertretung koreanischer Interessen in Deutschland beauftragten koreanischen Ehrenkonsul H. C. Eduard Meyer in Hamburg, dessen Konsulat mit Wirkung vom 15. Dezember 1905 geschlossen wird.[373]

Abb. 193: Blick auf Seoul mit dem deutschen Konsulat rechts im Bild 1907.

Damit endet nach 22 Jahren die erste Phase der diplomatischen Beziehungen zwischen Deutschland und Korea, die im Wesentlichen durch Deutschlands Neutralität und passive politische Zurückhaltung gegenüber Korea gekennzeichnet ist. In der Existenz eines einzigen deutschen Handelshauses sieht Berlin ebenfalls keine Notwendigkeit gegeben, sich über die Maßen kommerziell zu engagieren, obwohl verschiedentlich Versuche in dieser Richtung unternommen wurden. Deutschlands Fernost-Interesse richtet sich allein auf China und seinen potentiellen Markt. Internationale Geschehnisse in und um Korea werden indes stets

---

[372] AA, Deutschland 135: ‚Schreiben des AA an Arco und Saldern vom 2. Dez. 1905.'
[373] AA, Korea 10, Bd. 4: ‚Schreiben Inouyes vom 12. und 18. Dez. 1905 an das AA in Berlin'.

aufs Genaueste verfolgt, da man die eigene Sicherheit in Europa garantiert wissen will. In diesem Sinne stellt Korea für Deutschland ein willkommenes Objekt dar, um die sich widerstreitenden Kräfte Europas nach Osten hin abzulenken.

Das Deutsche Reich gibt nach der Protektion seine beobachtende Stellung in Korea trotzdem nicht auf. Denn schon im April 1906 wird durch einen Reichstagsbeschluss das Vizekonsulat in Seoul zu einem Generalkonsulat erhoben, dessen Geschäfte bis 1907 Vizekonsul Gottfried Ney (1874–1952) und nach ihm bis 1914 Generalkonsul Dr. Friedrich Krüger (1857–1937) wahrnimmt.

Abb. 194: Deutsches Generalkonsulat in Seoul.

Reichskanzler Fürst von Bülow sieht die Erreichung der wirtschaftlichen Ziele Deutschlands in Ostasien nur dadurch garantiert, dass man den Frieden in dieser Region aufrecht erhält, die Integrität Chinas wahrt und das Prinzip einer offenen Tür verfolgt.[374] Letzteres aber schließt auch Korea ein. Die minimalen deutschen Wirtschaftsinteressen sollen in Korea zumindest gewahrt werden, solange man damit Japan in seiner politischen Ambition nicht in die Quere kommt. Tōkyō sichert dem Auswärtigen Amt sogar zu, das Prinzip der offenen Tür in Korea zu

---

[374] Stenographische Berichte, 9. Legislaturperiode, 1906. Bd. 128, 117. Sitzung, 14. Nov. 1906, S. 3628.

verfolgen, und japanische Kaufleute nicht bevorzugt zu behandeln. Angesichts der allzu geringen Anzahl verbliebener westlicher Kaufleute ist dieses Versprechen indes leicht zu geben und auch zu erfüllen. Daneben verknüpfen deutsche Beobachter mit dem japanischen Vorgehen auf der Halbinsel auch einige Hoffnungen. Erwartet wird dadurch eine wirtschaftliche Entwicklung des Landes, von der man, wenn auch nur indirekt und in geringem Umfang, profitieren kann. Ein strenger Verfechter dieser Ansicht ist der Ministerresident in Seoul Conrad von Saldern, der nicht gerade einen positiven Eindruck von koreanischen Beamten wiedergibt:

„Nicht zum Schaden des Landes werden die schläfrigen und gänzlich bestechlichen koreanischen Beamten, von denen man nie jemanden auf seiner Amtsstube anwesend fand, durch japanische fleißige Beamte ersetzt. Die ganze Polizei wird von Japan übernom-

Abb. 195: Mitglieder des diplomatischen Corps vor der amerikanischen Gesandtschaft in Seoul am 23. Mai 1905. *Von links*: Gordon Paddock (US Legationssekretär und Generalkonsul), Hauptmann Philipps (Kommandant der engl. Gesandtschaftsgarde), E. Hamilton Holmes und H. Porter (Assistenten im engl. Konsulat), Léon Vincart (belg. Generalkonsul), Sir John Newell Jordan (engl. Ministerresident), K. T. Tseng (Außerordentlicher Gesandter Chinas), Horace Newton Allen (US Minister), Victor Collin de Plancy (franz. Minister), Conrad von Saldern (deut. Ministerresident), unbekannter chin. Legationssekretär.

men. Das ist kein Schaden für das Land. In Willkür, Bestechung, Erpressung besteht die wesentlichste Beschäftigung der koreanischen Polizei. Wir Deutschen können ruhig zusehen und aus der Neuordnung der Dinge Nutzen ziehen."[375]

Abb. 196: Uibyeong 1906.

Wenn in Deutschland und den anderen Westmächten das japanische Protektorat über Korea mehr als willkommene Entwicklung für das Land betrachtet wird, stößt es bei der koreanischen Bevölkerung selbst naturgemäß auf heftige Gegenwehr. So kommt es nicht nur in der Hauptstadt zu Protesten und Demonstrationen, sondern im ganzen Lande finden Aktionen gegen die selbsternannte Schutzmacht statt. Soldaten der aufgelösten koreanischen Armee schließen sich mit anderen Widerstandskämpfern zur sogenannten „rechtschaffenen Armee"[376] zusammen und führen einen jahrelangen Partisanenkrieg gegen die Besatzungsmacht. Letztendlich können sie jedoch nichts gegen die modern ausgerüstete und disziplinierte japanische Truppe ausrichten. In Seoul selbst greifen etliche patriotische Beamte zum extremsten Weg des Protestes und nehmen sich das eigene Leben.[377] Doch keine dieser Aktionen führt zu einer veränderten Politik Japans oder kann auch nur eine einzige westliche Mächte umstimmen, sich für die Sache Koreas einzusetzen.

Nachdem sich Kaiser Gojong bereits in einem Schreiben, das am 1. Feb. 1906 in der *Daehan Maeil Sinbo*[378] (engl. „Korea Daily News") erscheint, öffentlich gegen den Protektoratsvertrag ausgesprochen und an einen gemeinsamen Schutz der Westmächte appelliert hat, unternimmt der Monarch einen letzten Versuch, die Souveränität seines Landes wiederzuerlangen. Aus Anlass der Zweiten Haager Friedenskonferenz im Juni 1907 entsendet er Yi Jun (1859–1907), Yi Sang-seol (1870–1917) und Yi Wi-jong (1877–?) als Gesandte in die Niederlande,

---

[375] AA, Japan 20, Bd. 1: ‚Schreiben Salderns aus Seoul vom 27. April 1905'.
[376] kor. 義兵 *uibyeong*
[377] Kleiner, Jürgen: a. a. O., S. 77. – Lee, Ki-baek: a. a. O., S. 311.
[378] kor. 大韓每日申報 („Korea Daily News").

Abb. 197: Yi Jun und die Mission zum Haag. *Von links*: Yi Jun, Yi Sang-seol und Yi Wi-jong.

um Gerechtigkeit für sein Land zu fordern.[379] Dort stoßen sie zwar auf eine gewisse Sympathie seitens einiger Journalisten, doch werden die Delegierten erst gar nicht zur Konferenz selbst zugelassen, ironischerweise aus gerade einem derjenigen Gründe, gegen die sie ankämpfen wollen: Verlust ihrer Autorität über auswärtige Angelegenheiten durch den Protektoratsvertrag Japans mit Korea.

Das Scheitern der Haager Mission liefert Japan einen Grund, seinen Griff um die koreanische Halbinsel noch zu verstärken. Am 19. Juli 1907 zwingt es Kaiser Gojong zur Abdankung und setzt gleichzeitig Kronprinz Sunjong (1874–1926) auf den Thron, der als willensschwacher und wenig gebildeter Herrscher zur Marionette der Japaner wird. Am 24. Juli 1907 wird eine Zusatzvereinbarung getroffen, in der festgelegt wird, dass der japanische Generalresident formelle Autorität über alle internen Angelegenheiten erhält. Damit kontrolliert Japan auch den koreanischen Verwaltungsapparat, und Korea ist nicht mehr in der Lage, ohne Genehmigung Gesetze, Verordnungen, Ernennungen oder Entlassungen von Beamten sowie Verwaltungsmaßnahmen selbständig durchzuführen.

Abb. 198: Kaiser Sunjong in Uniform 1909.

---

[379] Lee, Ki-baek: a. a. O., S. 311.

Auf Vorschlag des Generalresidenten geht die japanische Verwaltung sogar noch einen Schritt weiter und macht es zur Pflicht, zukünftig nur noch Japaner als koreanische Beamte einzusetzen. Proteste und Demonstrationen der aufgebrachten Bevölkerung als Folge dieser neuen Maßnahmen werden mit militärischer Gewalt beantwortet, so dass jeder Widerstand zwecklos ist.

Repräsentativ für die allgemeine Meinung des Deutschen Reiches in dieser Situation sei hier ein Auszug aus dem Schreiben des deutschen Vertreters in Japan, Botschafter Philipp Alfons Freiherr Mumm von Schwarzenstein, an Reichskanzler Fürst Bernhard von Bülow vom 26. Juli 1907 wiedergegeben:

> „In dem japanischen Programm hat, wie ich glaube, die Absetzung des Kaisers nur eine nebensächliche Rolle gespielt. Worauf es der japanischen Regierung ankommt, ist die tatsächliche Ausübung der Herrschaft in Korea. Wer nominell den koreanischen Kaiserthron einnimmt, ist für Japan ziemlich gleichgültig, sofern es nur in Zukunft dort die innere Haltung ebenso kontrolliert, wie schon bisher die äusseren Angelegenheiten. ...
> Soweit unsere deutschen Interessen in Frage kommen, glaube ich, dass wir gleichmütig dem Vorgehen Japans zuschauen können. Das Schicksal Koreas war durch den Ausgang des russisch-japanischen Krieges und durch die Konvention von November 1905 besiegelt. Was sich jetzt ereignet, sind lediglich Folgeerscheinungen jener Ereignisse. Mit der vollendeten Tatsache haben wir uns abzufinden. Gefühlspolitik zu treiben dürfte Euerer Durchlaucht Neigungen schwerlich entsprechen. Aber selbst Mitleid kann man kaum mit dem koreanischen Volke und seiner Dynastie haben. „Hilf Dir selbst und Gott wird Dir beistehen" ist ein Grundsatz, den jenes schwächliche Volk in der Gegenwart niemals auch nur ernstlich versucht hat in die Praxis zu übersetzen. Nachdem die Dinge einmal so weit gekommen sind, ist es, glaube ich besser, dass reiner Tisch gemacht wird, indem Japan die volle und ungeteilte Kontrolle über Korea und damit auch die volle Verantwortung für die Regierung dieses Landes übernimmt. Wir wissen dann wenigstens, an wen wir uns wegen unserer übrigens nur geringfügigen Handelsinteressen in Korea zu halten haben.
> Die Situation ist geklärt."[380]

---

[380] AA. Korea 1, Bd. 37: ‚Bericht von Mumm von Schwarzenstein an Reichskanzler Bülow vom 26. Juli 1907'.

Ein letztes Kapitel ist indes noch offen, das das koreanische mit dem Deutschen Reich zwar nicht in politischer oder wirtschaftlicher Hinsicht, sondern vielmehr in privater, wenn auch für Deutschland nicht rühmlicher Weise verbindet und hier wiedergegeben werden soll.

Nicht nur unter dem erhofften Wirtschaftsaspekt, sondern auch um Deutschlands Bereitwilligkeit zur Unterstützung Japans zu signalisieren, hatte Vizekonsul Dr. Gottfried Ney dem japanischen Generalresidenten, Prinz Itō Hirobumi, Ende 1906 durch den amerikanischen Berater des koreanischen Kaisers, Durham White Stevens (1851–1908)[381], von der Existenz eines Privatkontos Kaiser Gojongs in Deutschland in Kenntnis setzen lassen. (Heute würde man in diesem Fall von der Preisgabe eines Schweizer Nummernkontos reden). Kurze Zeit darauf tritt ein Ereignis ein, das den Deutschen zur Rechtfertigung ihres vielleicht doch schlechten Gewissens und als Eigenschutz gerade recht kommt. Dazu Generalkonsul Dr. Friedrich Kruger:

> „Dieser Schritt [die Preisgabe des Privatkontos] sollte sich bald als richtig erweisen, denn kurze Zeit darauf hinterbrachte ein in Ungnade gefallener koreanischer Palastbeamter dem Marquis Ito die Depotgeschichte, so dass letzterer deutscherseits schon vorher unterrichtet war, und der hiesigen Amtsstelle der mögliche Vorwurf erspart geblieben ist, mit dem Kaiser hinter dem Rücken der Japaner Durchstecker eien zu treiben."[382]

Das private Konto Kaiser Gojongs war in den Jahren 1903/04 durch Vermittlung des damaligen Ministerresidenten Conrad von Saldern und mit der Unterstützung des Direktors der Deutsch-Asiatischen Bank in Shanghai, Herrn Buse, bei der Diskonto Gesellschaft in Berlin eingerichtet worden, um einen Teil des kaiserlichen Privatvermögens sicher im Ausland anzulegen. Am 31. Dezember 1906 beträgt der nominelle Wert aller Depositen 518.800 Mark.[383]

---

[381] Durham White Stevens, 1851–1908, amerikanischer Diplomat, seit 1883 Angestellter des japanischen Außenministeriums und von 1904–1908 Berater des koreanischen Kaisers. Wird im März 1908 als japanischer Lobbyist von Jang In-hwan (1875–1930) und Jeon Myeong-un (1884–1947) in San Francisco erschossen.

[382] Hierzu und zum Folgenden: AA, Korea I, Bd. 37: ‚Schreiben Konsul Krügers aus Seoul an Botschafter Mumm von Schwarzenstein in Tokio vom 7. Okt. 1907'.

[383] AA, Korea I, Bd. 37: ‚Englische Übersetzung eines Schreibens von Krüger aus Seoul vom 17. Juli 1907 an Marquis Itō Hirobumi'.

Abb. 199: Deutsch-Asiatische Bank in Shanghai 1895.

Aber der koreanische Herrscher hatte nicht nur versucht, sein Vermögen auf einem ausländischen Konto vor dem unausweichlichen Zugriff der Japaner zu schützen. Er investiert ebenso in Immobilien, teils in Seoul, teils in Tsingtau, der Hauptstadt der deutschen Kolonie in China. So erwirbt er z. B. Ende 1906 Grund, Gebäude und Inventar des französischen Generalkonsulats in Seoul für einen Gesamtpreis von 250.000 Yen. Zwei vor dem großen Westtor[384] gelegene, in europäischem Stil erbaute Häuser, die an Europäer vermietet sind, gehören zwar ebenfalls zum Privateigentum des Ex-Kaisers, sind aber beide auf den Namen von Fräulein Sontag im Grundbuch eingetragen. Ein weiteres Grundstück versucht Gojong in Tsingtau zu erwerben, wird dabei aber von

Abb. 200: Tsingtau 1909.

---

[384] kor. 西大門 Seodaemun oder 敎義門 Donuimun.

dem deutschen Hauptmann a. D. Ernst Kroebel übers Ohr gehauen. Dazu Generalkonsul Krüger:

> „Als die bekannte Palastintendantin Fräulein Sontag vor ca. 2 Jahren für längere Zeit in Europa weilte, wurde sie auf ihrem hiesigen Posten durch die Ehefrau eines Hauptmanns a. D. Kroebel aus Tsingtau vertreten [1905–1906]. Hauptmann a. D. Kroebel selbst hielt sich auch wiederholt vorübergehend in Seoul auf. Er hat den Ex-Kaiser zu beschwatzen gewusst, ein angeblich Kroebel'sches Grundstück in Tsingtau käuflich zu erwerben. Zu besagtem Zweck soll p. Kroebel im ganzen 60.000 Yen bar erhalten und nach Tsingtau mitgenommen haben. Es war Weisung ergangen, das Grundstück auf Namen von Fräulein Sontag, die hiervon derzeit aber nichts wusste, einzutragen. Wie der im Frühjahr 1907 auf Urlaub in Seoul anwesende Kaiserliche Richter Dr. Lehmann aus Tsingtau, der zur Sache befragt wurde, an Fräulein Sontag geschrieben hat, war bis Ende Juni d. Js. die Überschreibung des fraglichen Grundstückes, über welches dem p. Kroebel übrigens durchaus kein Verfügungsrecht zusteht, nicht erfolgt. Auch heute ist noch nichts veranlasst. Um die 60.000 Yen wird der Ex-Kaiser wohl durch den edlen Hauptmann a. D. gebracht worden sein. Vielleicht hat die Affaire noch einmal ein kriminelles Nachspiel in Tsingtau, falls die Japaner erst dahinterkommen."[385]

Über ein Nachspiel dieser Affäre wird in den Akten des Auswärtigen Amtes allerdings nichts mehr erwähnt, so dass der Autor bezweifelt, dass es jemals dazu gekommen ist.

Die koreanische Deputation nach dem Haag bringt schließlich den Stein ins Rollen. Als eine unmittelbare Folge davon wird bald darauf Minister Hayashi Gonsuke von Tōkyō mit Spezialaufträgen nach Seoul entsandt. Da Marquis Itō davon ausgeht, das dessen Instruktionen ebenfalls die kaiserlichen Privatmittel und deren Verwendung umfasst, wendet er sich zwecks genauer Angaben über das Depot offiziell an den deutschen Vertreter Dr. Krüger. Kurze Zeit später ergeht von der Generalresidentur das Ersuchen um Rückführung der Gelder an das deutsche Konsulat. Das Auswärtige Amt in Berlin gibt dem Antrag auch bereitwillig statt und beauftragt das Generalskonsulat in Seoul mit dessen Ausführung. Indessen läuft diese Angelegenheit nicht völlig unproblematisch ab, da sich die deutsche Bank

---

[385] AA, Korea I, Bd. 37: ‚Schreiben Konsul Krügers aus Seoul an Botschafter Mumm von Schwarzenstein in Tokio vom 7. Okt. 1907'.

zunächst weigert, ohne schriftliche Kündigung des Depot-Inhabers, d. h. des Ex-Kaisers selbst, den Betrag auszuzahlen.[386] Unter Druck der Japaner ordnet Gojong schließlich durch eine schriftliche Rückzahlungsorder vom 14. November 1907 das Nötige an. Um Verluste aufgrund einer Krise auf dem europäischen Finanzmarkt zu vermeiden, verzögert die Deutsch-Asiatische Bank in Shanghai den Verkauf der Effekten bis zum August 1908 und überweist den Erlös an das Generalkonsulat in Seoul. Am 24. März und am 13. Juli 1908 wird schließlich nach Abzug der konsularischen Gebühren in zwei Raten eine Gesamtsumme von 249.767,28 Yen an das koreanische Hausministerium ausgezahlt. Damit wird auch diese Episode des entthronten Herrschers von Korea zu den Akten gelegt.[387]

In der Zwischenzeit werden in Tōkyō weitere Schritte unternommen, die unweigerlich in Richtung der seit langem geplanten Annexion Koreas gehen. Mit entsprechenden Weisungen wird zu diesem letzten Akt der Tragödie im Mai 1910 General Terauchi Masatake (1852–1919)[388] zum Generalresidenten ernannt.

Noch bevor er in Seoul seinen neuen Posten antritt, verstärkt er die japanische Polizeigewalt und befiehlt unmittelbar nach seiner Ankunft in der Hauptstadt die Einstellung sämtlicher koreanischer Presseorgane, um Informationen an die Bevölkerung über die nächsten Schritte zu verhindern. Der bisherige Widerstand gegen die japanische Herrschaft wird neben der „Rechtschaffenen Armee" hauptsächlich von Zeitungen, Schulen und Kirchen getragen und erreicht seinen Höhepunkt in der Ermordung des ersten japanischen Generalresidenten Itō Hirobumi am 26. Oktober 1909 auf dem Bahnhof der mandschurischen Stadt Harbin durch den koreanischen Nationalisten An Jung-geun (1879–1910). Doch wird auch dieser Widerstand von der effektiven japanischen Polizei rasch zerschlagen.

Bereits vor dem russisch-japanischen Konflikt hatte sich in Seoul eine Gruppe pro-Japan orientierter Koreaner gebildet, die sich am 8. August 1904 mit der Gründung der sogenannten „Iljinhoe" (Progressive

---

[386] AA, Korea I, Bd. 37: ‚Schreiben Konsul Krügers aus Seoul an Reichskanzler von Bülow vom 7. Okt. 1907'.
[387] AA, Korea, Bd. 37: ‚Schreiben Krügers an die Deutsch-Asiatische Bank in Shanghai vom 2. Nov. 1907'; ‚Schreiben Krügers an Bülow vom 15. Nov. 1907'; ‚Schreiben von Wendschuch an Bülow vom 18. Aug. 1908.'
[388] Graf Terauchi Masatake (1852–1919), Feldmarschall der Kaiserlich Japanischen Armee und 18. Premierminister Japans vom 9.10.1916 bis zum 29.9.1918.

Abb. 201:
Terauchi Masatake.

Abb. 202:
An Jung-geun.

Abb. 203:
Yi Yong-gu.

Partei)[389] durch den koreanischen Dolmetscher im Hauptquartier der japanischen Armee, Song Byeong-jun (1858–1925), und den Abtrünnigen der *Donghak*-Rebellion Yi Yong-gu (1868–1912) konstituiert.

Nach Ansicht ihrer Mitglieder ist eine Verbindung mit Japan eine dringende Notwendigkeit, um das Land nach einer derart langen Isolationspolitik wirtschaftlich zu entwickeln. Daher unterstützt diese Gruppe die japanische Armee bereits während ihres Krieges gegen Russland. Einer ihrer energischsten Verfechter ist Yi Wan-yong (1858–1926), der unter Generalresident Itō Hirobumi 1906 zum koreanischen Premierminister ernannt wird und ein Jahr später eine wichtige Rolle bei der erzwungenen Abdankung Kaiser Gojongs spielt.

Abb. 204:
Yi Wan-yong.

Als Instrument Japans tritt er nochmals 1910 als einer der Hauptakteure im inszenierten Theaterstück der koreanischen Tragödie auf, was ihm seitens der Japaner einen Orden und den Titel eines Grafen[390], später (1921) sogar Marquis[391], von koreanischer Seite hingegen Ächtung und die Verdammung als Landesverräter einbringt. Kurz nach dem Eintreffen Terauchi Masatakes als neuer Generalresident in Seoul, arbeitet er mit ihm die Bedingungen für den Annexionsvertrag aus und unterschreibt diesen als Premierminister Koreas am 22. August 1910. Damit übergibt er das Kaiserreich Korea offiziell an Japan und das Land

---

[389] kor. Iljinhoe 一進會.
[390] jap. 伯爵 *hakushaku*.
[391] jap. 侯爵 *kōshaku*.

verliert endgültig seine Souveränität. Am 29. August wird Kaiser Sunjong in einem letzten Akt gezwungen, in einer öffentlichen Proklamation seinem Thron zu entsagen und die Regierung des Landes in die Hände Japans zu legen.[392]

Abb. 205: Vertrag vom 22. August 1910, unterzeichnet von Yi Wan-yong und besiegelt von Kaiser Sunjong.

Mit dem Inkrafttreten des Annexionsvertrages am 29. August endet nach 419 Jahren Bestehens die Existenz Chosons. Sämtliche Verträge, die Seoul mit anderen Staaten geschlossen hatte, betrachtet Tōkyō als aufgehoben. Trotz geringer Sympathien für Japans Vorgehen in den europäischen Medien, verzichtet Berlin auf ein gemeinsames Vorgehen der Mächte und erhebt gegen die Annexion keinerlei Einwand, zumal man dort die Ansicht vertritt, dass deutsche Handelsinteressen aufgrund des geringen deutsch-koreanischen Handelsvolumens kaum beeinträchtigt würden. Eine formelle Anerkennung der Annexion Koreas durch Japan erfolgt von deutscher Seite jedoch nicht.[393]

Als die Kriegserklärung Japans an Deutschland erfolgt, muss Generalkonsul Dr. Krüger am 26. August 1914 die konsularische Vertretung in Korea schließen. Mit der Bitte um Wahrnehmung der Interessen

---

[392] Lee, Gi-baek: a. a. O., S. 309–312. – Kleiner, Jürgen: a. a. O., S. 77f. – Nahm, Andrew C.: *Korea. A History of the Korean People*, a. a. O., S. 214–219.

[393] AA, Japan, Bd. 22: ‚Schreiben des AA an seine Vertretungen in Tokio, Paris, London, Washington und Seoul vom 9. Nov. 1910'; ‚Schreiben Chindas an Staatssekretär Alfred von Kinderlen-Wächter vom 9. Dez. 1910'. – *GPEK*, Bd. 32, S. 145.

deutscher Staatsangehöriger in Korea richtet man sich zunächst an das amerikanische Generalkonsulat in Seoul. Die Niederlage Deutschlands im Jahre 1918 bedeutet gleichzeitig ein Ende seines wirtschaftlichen Engagements im Fernen Osten, zumal die Kolonie Kiautschou bereits zu Beginn des ersten Weltkrieges in die Hände der Japaner fällt. Schon kurze Zeit nach dem Versailler Vertrag (28. Juni 1919) nimmt Berlin mit Japan jedoch erneut diplomatische Beziehungen auf, so dass Wilhelm Solf (1862–1936) als erster deutscher Botschafter in Tōkyō die Geschäfte am 10. August 1920 aufnehmen kann. Damit kommt Deutschland wieder in indirekten Kontakt zu Korea, zumal Abt Bonifatius Sauer, der mit seinen Benediktiner-Brüdern weiterhin missionarisch und pädagogisch in der neuen japanischen Kolonie wirkt, daraufhin zwecks dienstlicher Angelegenheiten die deutsche Botschaft in Tōkyō kontaktiert. Auch die Einrichtung einer konsularischen Vertretung in Seoul selbst wird bereits 1921 von der Ostasienabteilung des Auswärtigen Amtes in Erwägung gezogen, jedoch erst am 13. Juni 1928 realisiert. Allerdings soll das deutsche Konsulat nicht lange in der koreanischen Hauptstadt bestehen bleiben. Im Frühjahr 1930 wird es wieder geschlossen und das Konsulat in Dalian (jap. Dairen, auf der Liaodong-Halbinsel) mit den koreanischen Angelegenheiten betraut. Die zweite Phase der offiziellen diplomatischen Beziehungen zwischen der Bundesrepublik Deutschland und der Republik Korea nimmt ihren Anfang, als Republik Korea (Südkorea) im Dezember 1955 zunächst in Remagen und die Bundesrepublik Deutschland am 8. August 1956 in Seoul Generalkonsulate einrichten, die kurze Zeit danach zu Botschaften aufgewertet werden.[394]

---

[394] Köllner, Patrick: „Die deutsch-koreanischen Beziehungen von 1945 bis zur Gegenwart". In: Below, Johannes (Hrsg.): a. a. O., S. 77.

VII. Deutsche in Korea bis zum Jahre 1910

Am Montag, den 26. November 1883 unterzeichnen der deutsche Generalkonsul Carl Eduard Zappe (1843–1888) einerseits und der Präsident des koreanischen Auswärtigen Amtes Min Yeong-mok (1826–1884) andererseits in Seoul den deutsch-koreanischen Handels-, Freundschafts- und Schifffahrtsvertrag. Mit diesem Akt beginnen die offiziellen diplomatischen Beziehungen zwischen dem Deutschen Reich und dem Königreich Korea. Am Freitag, den 17. November 1905, fast auf den Tag genau 22 Jahre später, enden sie bereits wieder durch den Protektoratsvertrag Japans. Kontakte zwischen Deutschen und Koreanern gab es allerdings schon, bevor sich die beiden Regierungen die Hand reichten, und Deutsche lebten und arbeiteten in Korea und besuchten das Land auch noch, nachdem die diplomatischen Beziehungen wieder aufgehoben waren. Durch die Proklamation vom 29. August 1910, in der Sunjong (1874–1926) als letzter Kaiser Koreas seinem Thron entsagt, wird der japanische Annexionsvertrag vom 22. August 1910 anerkannt. Damit verliert das Kaiserreich Korea seine Souveränität und wird gleichzeitig zu einer Kolonie Japans gemacht.

Abb. 206: Die koreanische Kaiserfamilie um 1918.
Von links: Kronprinz Uimin (Uimin Taeja, 1897–1970), 7. Sohn von Kaiser Gojong, als Kaiserlicher Prinz Yeong (Yeong Chinwang) letzter Kronprinz Koreas. **Sunjong** (1874–1926), 4. Sohn von Kaiser Gojong, als Kaiser Yunghui letzter Monarch des Landes. **Gojong, Kaiser Gwangmu** (1852–1919). **Sunheon hwanggwibi Eombi** (1854–1911), Kaiserliche Palastdame und Konkubine von Kaiser Gojong, Mutter von Prinz Yeong. **Prinzessin Deokhye Ongju** (1912–1989), 4. Tochter von Kaiser Gojong.

Von dem Augenblick an, als der erste Deutsche die Halbinsel Korea betrat, bis zum 1. Januar 1910, als das Kaiserreich quasi schon keine Eigenstaatlichkeit mehr besaß, haben annähernd 300 deutsche Reichsbürger das Land sowohl besucht, als auch dort gearbeitet und gelebt. Verglichen mit Amerika und England ist diese Anzahl zwar relativ gering, doch sind die Personen selbst es mehr als nur wert, an dieser

Stelle bedacht zu werden. Schließlich sind gerade sie es, die einen nicht unerheblichen Beitrag geleistet haben, die deutsch-koreanischen Beziehungen zu formen und zu prägen. Es bedarf keiner Frage, dass es bei der genannten Anzahl viele Personen gegeben hat, die diesbezüglich eine weniger bedeutende Rolle gespielt haben als andere. Dennoch soll auch der Unbedeutendste von ihnen hier Erwähnung finden.

Die Motivationen und Gründe der einzelnen Deutschen zu einem Besuch oder gar einem längeren Aufenthalt Koreas sind sehr verschieden, so wie auch ihre Herkunft unterschiedlich ist. Ordnet man die Liste nach Personen- bzw. Berufsgruppen, so ergeben sich folgende Kategorien:

VII.1. Diplomaten und andere Konsulats- und Botschaftsangehörige
VII.2. Deutsche in koreanischen Diensten
VII.3. Militär und Adel
VII.4. Kaufleute, Ingenieure & Bergleute
VII.5. Professoren, Dozenten & Wissenschaftler
VII.6. Weltgeistliche, Ordensgeistliche und Ordensbrüder
VII.7. Abenteurer, Reisende, Schriftsteller
VII.8. Besatzung ziviler Schiffe
VII.9. Andere
VII.10. Familienmitglieder

Die Liste selbst stellt das Ergebnis einer nahezu 25-jährigen Sammlung und Forschung zu diesem Thema dar. Dennoch erhebt sie in keiner Weise Anspruch auf Vollständigkeit. Doch kann der Autor guten Gewissens behaupten, die meisten Deutschen, die bis zum Jahre 1910 die Halbinsel Korea besucht oder dort gelebt und gearbeitet haben, in der Liste erfasst zu haben.

Aufnahme in die Liste haben allerdings nur diejenigen Personen gefunden, die in der Literatur namentlich erwähnt werden. Das schließt z. B. Besatzungen von deutschen Kriegsschiffen aus, die von Kiautschou in regelmäßigen Abständen in verschiedene koreanische Häfen dampften. Ebenso ausgeschlossen sind ehemalige deutsche Bürger, die aufgrund ihrer Auswanderung eine andere Staatsangehörigkeit erlangt haben, wie z. B. der Deutsch-Amerikaner Joseph Rosenbaum, der auf Geheiß Möllendorffs 1884/85 aus dem Sand des Han-gang-Flusses eine Glasfabrikation aufbauen soll.

Die Informationen zu den einzelnen Personen liegen in unterschiedlicher Quantität vor und beziehen sich in erster Linie auf die Zeit ihres Koreaaufenthaltes. Dabei war der Autor bemüht, auch biographische

Angaben zu machen, sofern die Quellenlage dies zuließ. Die Anzahl der Quellen zu den einzelnen Personen ist dabei weniger ein Indikator ihrer Popularität z. B. bei den Deutschen in Korea, als vielmehr ihres Bekanntheitsgrades außerhalb des Landes.

Chinesische Zeichen hinter den Namen vereinzelter Personen zeigen an, dass diesen Deutschen in koreanischer Literatur ein koreanischer Name gegeben worden ist.

Die militärischen Dienstgrade in Rubrik VII.3: „Militär & Adel" sind – soweit angegeben – die von den einzelnen Personen bei ihrem Ausscheiden aus dem aktiven Dienst erreichten Ränge. Falls der Dienstgrad nicht bekannt war, wurde lediglich die Bezeichnung „Marineoffizier" bzw. „Heeresoffizier" verwendet.

Um zukünftige Forschungen zu den einzelnen Personen für Interessierte zu vereinfachen, werden im Anschluss an die biographischen und Korea bezogenen Informationen ebenfalls bibliographische Angaben gemacht, die aber keinesfalls als vollständige Bibliographie verstanden sein wollen.

Zum Schluss sei noch vermerkt, dass der Autor bei der letzten Kategorie VII.10 „Familienangehörige" bis auf wenige Ausnahmen auf eine detailliertere Beschreibung der einzelnen Personen sowie auf bibliographische Angaben verzichtet und lediglich einen Bezug zu den „Hauptpersonen" hergestellt hat, da dort entsprechende Hinweise bereits gemacht worden sind.

Abb. 207: Gruppenfoto im Garten der japanischen Gesandtschaft am 6. Juni 1903. *Hintere Reihe von links*: Alexander Pavlow (russ. Minister), Frau Monaco (Ehefrau des ital. Ministerresidenten Attilio Monaco), Léon Vincart (belg. Generalkonsul), Gustavus Count de Stackelberg (russ. Admiral), Sir John Newell Jordan (engl. Ministerresident), Victor Collin de Plancy (franz. Minsister, äußerst rechts), de Raaben (russ. Oberst, vor Jordan und Plancy stehend). *Die Damen, sitzend von links*: Frl. Marie Vincart, Frau Marie Vincart, Frau de Raaben, Frau Pavlow, Frl. Elise Vincart. *Vorderste Reihe von links*: Hayashi Gonsuke (jap. Minister), Gordon Paddock (US Generalkonsul), Conrad von Saldern (deut. Ministerresident), S. Hagiwara (jap. Legationssekretär).

VII.1. a) Diplomaten und andere Konsulats- und Botschaftsangehörige mit Amtssitz innerhalb Koreas

Bern, Fritz Heinrich

In den Jahren 1903 bis 1910 zunächst als Hilfskanzlist, von 1910 bis 1914 als Sekretär im Konsulat in Seoul tätig. Nach Auflösung der deutschen Vertretungen in Japan und Korea reist er Ende August 1914 mit sämtlichen Beamten der deutschen Botschaft und des Konsulatsdienstes von Japan mit dem Dampfer „Minnesota" nach Amerika.

Ausgewählte Bibliographie:
– *D&C*: 1904–1914.
– „Deutsche Beamte in Japan". In: *OL*, Jg. 28, zweite Hälfte, Juli bis Dez. 1914, Nr. 36, S. 244.
– *JD*: 1911–1914.

Brinckmeier, Robert Hans Carl (卜隣美 Bong-nin-mi)
(Vgl. Kategorie VII.2.)
(1840 Wolfenbüttel – 1930 Incheon)

Vom 5. März 1897 bis zum Jahre 1910 ist Brinckmeier Kanzlist im deutschen Konsulat in Seoul. Nach seinem Ausscheiden aus dem Konsulardienst lebt er auch weiterhin in Korea mit seiner japanischen Frau Hatsu (gest. 1937 in Incheon) und seiner Tochter Theresa. Brinckmeier stirbt im hohen Alter von 90 Jahren und wird auf dem Ausländerfriedhof in Incheon beigesetzt.

Ausgewählte Bibliographie:
– Allen: S. 52.
– *D&C*: 1898–1910.
– Goosmann, Rudolf: „Es begann mit einem Telegramm". In: *Koreana*, Jg. 7, H. 3 (1976), S. 17–19.
– Grabstein Brinckmeiers auf dem Ausländerfriedhof in Incheon.
– *The Korea Review*, Vol. 3, No. 11 (Nov. 1903), S. 507–509: „News Calendar".
– *Meiklejohn's*: 1889, 1890.
– *Gu han-guk oegyo munseo* 舊韓國外交文書, *deogan* 德案 2: Nr. 1876, 1962, 1978, 2929.

Budler, Hermann (卜德樂 Bok-deok-ak)
(28.7.1846 Ahrensberg [Mecklenburg] – 28.11.1893 Kanton [China])

Auf einer Dienstreise vom 13. Oktober bis zum 9. Dezember 1883 begleitet er als Dolmetscher Generalkonsul Eduard Zappe aus Yokohama zu Vertragsverhandlungen nach Korea. Am 24. Oktober 1883 erreichen sie auf S. M. (Seiner Majestät) Gedeckter Korvette „Leipzig" den

Abb. 208: Hermann Budler (rechts) im Konsulat bei der Arbeit um 1885.

Hafen Chemulpo, und Budler nimmt an den Verhandlungen zum deutsch-koreanischen Vertrag in Seoul teil. Fünf Tage nach dem erfolgreichem Abschluss reisen die Unterhändler am 1. Dezember 1883 nach Japan zurück.

Budler betritt am 24. Juni 1884 als Vizekonsul in Chemulpo erneut koreanischen Boden und übernimmt die Amtsgeschäfte bis zur Ankunft von Generalkonsul Otto Zembsch zunächst in Chemulpo am 14. Oktober 1884. Vom 11. August 1885 bis zum 17. Mai 1886 wird er erneut mit der vertretungsweisen Leitung des Konsulats in Seoul beauftragt. Vizekonsul Budler wird durch Generalkonsul Peter Kempermann abgelöst. Am 18. Nov. 1893 begeht Budler in Kanton Selbstmord.

Ausgewählte Bibliographie:
- AA, Korea I, Bd. 3: Schreiben aus Chemulpo vom 18. Okt. 1884.
- AA, Korea I, Bd. 5: Notiz vom Mai 1885 betreffend den Kaiserlichen Dolmetscher Vizekonsul Hermann Budler.
- AA, Kurzbiographie „Hermann Budler".
- Allen: S. 15, 20, 52.
- „Aus Korea". In: *Kölnische Zeitung*, Nr. 205, 26. Juni 1885.
- *D&C*: 1885–1886.
- Deuchler, Martina: *Confucian Gentlemen and Barbarian Envoys. The Opening of Korea, 1875–1885*. Seattle, London 1977, S. 170, 272: Anm. 59, 284: Anm. 55.
- Kleiner, Jürgen: „Paul Georg von Möllendorff. Ein Preuße in koreanischen Diensten". In: *Zeitschrift der Deutschen Morgenländischen Gesellschaft*. Sonderdruck, Bd. 133, Heft 2, Wiesbaden 1983, S. 343–434.
- Kim, Dalchoong: *Korea's Quest for Reform and Diplomacy in the 1880's: with special reference to Chinese Intervention and Control*. Phil. Diss., Medford 1972, S. 335.
- „Korea". In: *Oesterreichische Monatsschrift für den Orient*, Jg. 11, Nr. 2, 15. Feb. 1885, S. 25–29, 56–61.
- Mayet, Paul: „Ein Besuch in Korea im October 1883". In: *MOAG*, Bd. 4, Heft 3 (Sept. 1884), S. 18–28.

- *Meiklejohn's*: 1886.
- *OL*, Jg. 6, 17.6.1892, S. 578: PN; Jg. 8, 1.12.1893, S. 141: PN.
- *Gu han-guk oegyo munseo* 舊韓國外交文書, *deogan* 德案 1, Nr. 23, 30, 32, 35, 39.

Claassen, H. (Vgl. Kategorie VII.2.)

Nachdem Claassen für einige Monate Dienst im koreanischen Zoll geleistet hat, wird er nach seiner Entlassung von Ende 1885 bis 1887 als Wachtmeister am deutschen Konsulat in Seoul engagiert.

Ausgewählte Bibliographie:
- AA, Korea I, Bd. 7: ‚Bericht Budlers aus Seoul an Bismarck vom 9. Dez. 1885.'
- „Aus Korea". In: *Kölnische Zeitung* vom 5. Jan. 1886.
- *D&C*: 1886–1887.
- *Meiklejohn's*: 1886.

Claer, Alexander Karl August von
(11.6.1862 Danzig – 11.8.1946 Tutzingen)

Wenige Wochen nach Ausbruch des Russisch-Japanischen Krieges im Februar 1904 wird Major von Claer unter Beibehaltung seiner Stellung als Militärattaché in China zum ersten deutschen militärischen Vertreter in Seoul ernannt. Diesen Posten hat er vom 4. März 1904 bis Mai 1905 inne. Vom 25. bis 27. November 1906 befindet sich von Claer zwecks einer Informationsreise erneut in Korea.

Ausgewählte Bibliographie:
- Claer, Alexander von: Militärbericht Nr. 16 aus Seoul vom 15. Mai 1904. Unveröffentlichtes Manuskript
- Claer, Alexander von: Bericht aus dem Jahre 1904. Unveröffentlichtes Manuskript.
- Claer, Alexander von: Bericht aus dem Jahre 1906. Unveröffentlichtes Manuskript.
- Claussen-Wunsch, Gertrud (Hrsg.): *Dr. med. Richard Wunsch. Arzt in Ostasien*. Büsingen/Hochrhein 1976, S. 174, 175.
- Goosmann, Rudolf: „Es begann mit einem Telegramm 1874". In: *Koreana*, Jg. 7, H. 3 (1976), S. 17–19.
- *OL*, Jg. 17, 17.7.1903, S. 98: PN; 25.9.1903, S. 479: Flotte und Heer; Jg. 18, 29.4.1904, S. 479: PN; Jg. 20, 9.11.1906, S. 884: PN; Jg. 21, 11.1.1907, S. 73: PN.
- Schmidt-Lermann, Hans: Alexander von Claer. Lebenslauf. München o. J. (unveröffentlicht).
- *Gu han-guk oegyo munseo* 舊韓國外交文書, *deogan* 德案 2, Nr. 2936f, 2943, 2950.

Domke, Max Julius (唐開 Dang-gae); (唐傑 Dang-geol)
(14.11.1857 Danzig – 14.11.1894 Seoul)

Am 1. Mai 1885 wird Domke probeweise beim Konsulat in Seoul als Amtsdiener eingestellt und zwei Monate später, am 1. Juli, als Kanzlist in den Auswärtigen Dienst übernommen. Diesen Posten hat er bis zu seinem Tode inne. Domke stirbt an seinem Geburtstag im Alter von 37 Jahren in Seoul an Lungenschwindsucht.

Ausgewählte Bibliographie:
– AA, Personalakte „Max Julius Domke".
– Allen: S. 18, 52.
– Benko, Jerolim Freiherr von: *Die Reise S. M. Schiffes „Zrinyi" nach Ost-Asien (Yangse-kiang und Gelbes Meer) 1890–1891.* Wien 1894, S. 340.
– *D&C:* 1886–1895.
– *Meiklejohn's:* 1886–1895
– Hesse-Wartegg, Ernst von: *Korea. Eine Sommerreise nach dem Lande der Morgenruhe 1894.* Dresden, Leipzig 1895, S. 185.
– Konsul Emil Brass: „Reise durch Korea". In: *Export,* Bd. 15, Nr. 11, Berlin 1893: Vereinsnachrichten, 4 Fortsetzungen.
– *The Korean Repository,* Vol. 2, No. 1 (Jan. 1895), S. 38: Obituary.
– *Gu han-guk oegyo munseo* 舊韓國外交文書 , *deogan* 德案 1, Nr. 1258.

Kalitzky, Friedrich August (賈利咨吉 Ga-ri-ja-gil)
(1866 Groß-Heidekrug [Ostpreußen] –? Incheon)

Vom 17. Dezember 1894 bis zum 10. Februar 1897 Kanzlist im deutschen Konsulat in Seoul. Nach seinem Ausscheiden aus dem Konsulatsdienst lebt Kalitzky auch weiterhin mit seiner Frau in Seoul, Jeongdong, nahe beim Westtor. Mitte 1903 reist er nach Europa und kommt Ende 1904 nach Korea zurück. Das Grab der Eheleute Kalitzky befindet sich auf dem Ausländerfriedhof in Incheon, Todesdaten sind jedoch unbekannt.

Abb. 209:
Tor zum deutschen Konsulat in Seoul um 1903.

Ausgewählte Bibliographie:
- AA, Kurzbiographie „Friedrich August Kalitzky".
- Allen: S. 30, 52.
- *D&C*: 1896, S. 81.
- *Gu han-guk oegyo munseo* 舊韓國外交文書 , *deogan* 德案 2, Nr. 2604.

Kempermann, Peter (景佰曼 Gyeong-baek-man)
(1.3.1845 Krefeld – 6.11.1900 Sydney)
Übernimmt am 17. Mai 1886 die Geschäfte in Seoul von Vizekonsul Hermann Budler. Damit ist Kempermann der erste ständig in Seoul residierende deutsche Generalkonsul. Am 22. Mai 1887 übergibt er das Seouler Konsulat an seinen Nachfolger Vizekonsul Ferdinand Krien. Er stirbt 1900 in Sydney.

Ausgewählte Werke:
- „Corea und dessen Einfluss auf die Bevölkerung Japans". In: *Verhandlungen der Berliner Gesellschaft für Anthropologie, Ethnologie und Urgeschichte*, Bd. 8 (1876), S. 78–83.

Ausgewählte Bibliographie:
- AA, Korea I, Bd. 5, R 18905, ,Schreiben von Zembsch aus Seoul vom 25. Mai 1885'.
- AA, Kurzbiographie „Peter Kempermann".
- Allen: S. 20, 52.
- Brandt, Max von: *Dreiunddreissig Jahre in Ost-Asien. Erinnerungen eines deutschen Diplomaten*. 3 Bde., Leipzig 1900–1901: Bd. 2, S. 146.
- Goosmann, Rudolf: „Es begann mit einem Telegramm 1874". In: Koreana, Jg. 7, H. 3 (1976), S. 17–19.
- OL, Jg. 6, 16.10.1891, S. 42: PN; 18.12., S. 182: PN; 25.12., S. 201: PN; 18.3.1892, S. 374: PN; OL, Jg. 10, 6.3.1896, S. 494: PN; OL, Jg. 11, 8.9.1897, S. 1546: PN.
- *Gu han-guk oegyo munseo* 舊韓國外交文書 , *deogan* 德案 1, Nr. 417, 478, 487, 513, 546.

Krien, Ferdinand (口麟 Gu-rin); (具麟 Gu-rin)
(31.1.1850 Notzendorf [Kreis Marienburg] – 7.3.1924 Berlin)
Nachdem Krien im Mai 1887 als Dolmetscher der Ministerresidentur in Tōkyō mit der Vertretung des Konsulats in Seoul beauftragt wurde, übernimmt er die Amtsgeschäfte am 22. Mai 1887 von Generalkonsul Peter Kempermann. Am 27. April 1889 wird Krien zum Konsul ernannt und steht dem Seouler Konsulat als solcher bis zur Übergabe an Vizekonsul Felix Reinsdorf am 5. Dezember 1898 vor. Mit elfeinhalbjähriger Dienstzeit ist Krien der am längsten amtierende deutsche Vertreter in Korea.

Ausgewählte Bibliographie:
- AA, Kurzbiographie „Ferdinand Krien".
- Allen: S. 21, 23, 25, 40, 52.
- Benko, Jerolim Freiherr von: *Die Reise S. M. Schiffes „Zrinyi" nach Ost-Asien (Yangse-kiang und Gelbes Meer) 1890–1891.* Wien 1894, S. 336ff.
- „Der Besuch des deutschen Geschwaders in Korea". In: *OL*, Jg. 11, 13. Aug. 1897, S. 1451f.
- Choi, Chong Ko: „Paul-Georg von Möllendorff und das koreanische Recht". In: Leifer, Walter (Hrsg.): 묄렌도르프 (P. G. von Möllendorff). Seoul 1983, S. 195.
- Claussen-Wunsch, Gertrud (Hrsg.): *Dr. med. Richard Wunsch. Arzt in Ostasien.* Büsingen/Hochrhein 1976, S. 212.
- *D&C*: 1889–1899.
- Genthe, Siegfried: *Korea. Reiseschilderungen.* Berlin 1905, S. 243.
- Hesse-Wartegg, Ernst von: *Korea. Eine Sommerreise nach dem Lande der Morgenruhe 1894.* Dresden, Leipzig 1895, S. 185.
- Kleiner, Jürgen: *Korea. Betrachtungen über ein fernliegendes Land.* Frankfurt a. M. 1980, S. 73, 283f.
- Korea. In: *OL*, Jg. 8 (1893&94), S. 25, 75.
- *The Korean Repository*, Vol. 1, March 1892, S. 100: Record of Events. Vol. 4, July 1897, S. 280: Notes and Comments; Sep. 1897, S. 358: Notes and Comments.
- Kroebel, Emma: *Wie ich an den koreanischen Kaiserhof kam. Reise-Eindrücke und Erinnerungen.* Berlin 1909, S. 142f.
- *OL*, Jg. 6, 30.10.1891, S. 73: PN; 11.3.1892, S. 358: PN; 25.3., S. 390: PN; Jg. 8, 13.10.1893, S. 25: Korea; 3.11., S. 75: Korea; Jg. 14, 16.2.1900, S. 120: PN; Jg. 17, 29.5.1903, S. 867: PN; 26.6., S. 1010: PN; Jg. 18, März 1904, S. 516: PN; Jg. 20, 15.6.1906, S. 1129: PN; 13.7., S. 81: PN; 31.8., S. 421: PN.
- *The Independent*, 독립신문 (*Dongnip sinmun*). Vol. 1, No. 25, 2. June 1896; No. 32, 18.6.; No. 64, 1.9.; No. 70, 15.9.; No. 73, 22.9.; No. 79, 6.10.; No. 87, 24.10.; No 105, 5.12.; No. 106, 8.12.: Brief Notice.
- *Gu han-guk oegyo munseo* 舊韓國外交文書, *deogan* 德案 1, Nr. 568, 863–865, 902, 927, 931, 933, 1188f; *deogan* 德案 2, Nr. 1870, 1982, 1989, 1992.

Krüger, Friedrich (Dr. jur.)
(11.1.1857 Kopenhagen – 30.6.1937 Rheinfeld [Holstein])

Nachdem Dr. Krüger am 26. November 1906 zum Generalkonsul in Seoul ernannt wurde, übernimmt er am 6. Juni 1907 die konsularischen Geschäfte in Seoul von Vizekonsul Dr. Gottfried Ney. Während seines Heimaturlaubs vom 18. Juli 1908 bis Mai 1909 wird er durch Vizekonsul Dr. Fritz Wendschuch vertreten. Im Jahre 1914 wird der amerikanische Generalkonsul in Seoul mit der Wahrnehmung der deutschen Interessen im okkupierten Korea beauftragt. Daraufhin übergibt Krüger am 26. Aug. 1914 die Geschäfte an seinen amerikanischen Kollegen und reist mit dem Personal des deutschen Generalkonsulats von Seoul

Abb. 210: Deutsches Generalkonsulat 1907.

nach Japan ab. Generalkonsul Dr. Krüger ist somit der letzte amtierende deutsche Vertreter in Korea bis zur Ernennung eines neuen konsularischen Vertreters 1928–1930 bzw. erneut 1955.

Ausgewählte Bibliographie:
- AA, Kurzbiographie „Friedrich Krüger".
- AA, Korea I, Bd. 38: ‚Schreiben aus Seoul vom 26. Apr. 1909'.
- „Ausflug nach Korea". In: *Shanghaier Nachrichten*, Beilage zu „*Der Ostasiatische Lloyd*", Jg. 23, Nr. 39, 24. Sep. 1909, S. 276–279.
- „Die Benediktinermission in Seoul". In: *OL*, Jg. 26, 6.9.1912, S. 15: Vermischte Nachrichten.
- Bockenheimer, Philipp: *Rund um Asien*. Leipzig 1909, S. 380.
- „Deutsche Beamte in Japan". In: *OL*, Jg. 28 (1914), S. 244.
- *OL*, Jg. 11, 17.9.1897, S. 1608: PN; Jg. 17, 3.4.1903, S. 558: PN; 18.12., S. 988: PN; Jg. 21, 18.1.1907, S. 118: PN; 3.5., S. 781: PN; 22.11., S. 951: PN; Jg. 22, 31.7.1908, S. 225: PN; 20.3., S. 548: PN.

Ney, Gottfried (Dr. jur.) (邢爾 Na-i)
(12.8.1874 Speyer – 16.11.1952 Starnberg)

Am 21. April 1904 wird Dr. Ney als Vizekonsul an die Ministerresidentur in Seoul beordert, wo er am 5. Mai 1904 ankommt. Nach Abreise des Ministerresidenten Conrad von Saldern am 4. Dezember 1905 übernimmt er die Amtsgeschäfte. Mit der Errichtung und Verwaltung eines Generalkonsulats in Seoul am 1. April 1906 beauftragt, übernimmt Ney gleichzeitig die Wahrnehmung der österreichisch-ungarischen Interessen. Nachdem er am 6. Juni 1907 die Geschäfte an Generalkonsul Dr. Friedrich Krüger übergeben hat, reist er am 26. Juli 1907 aus Korea ab.

Abb. 211: Hauptmann Sander – Vizekonsul Ney – Major von Etzel in Seoul 1906.

Ausgewählte Bibliographie:
- AA, Korea I, Bd. 37: ‚Schreiben Krügers aus Seoul vom 07. Okt. 1907'.
- AA, Kurzbiographie „Gottfried Ney".
- Claussen-Wunsch, Gertrud (Hrsg.): *Dr. med. Richard Wunsch. Arzt in Ostasien.* Büsingen/Hochrhein 1976, S. 166, 219, 251.
- *D&C*: 1905–1906.
- „Ein deutsches Bergwerk in Korea". In: *OL*, Jg. 21, 15.3.1907, S. 457.
- „Korea". In: *Deutsche Japanpost*, Nr. 37 (1905), S. 254.
- *OL*, Jg. 17, 18.12.1903, S. 988: PN; Jg. 18, 15.4.1904, S. 647; 29.4., S. 735: PN; Jg. 21, 8.2.1907, S. 238: PN; 2.8., S. 214: PN; Jg. 22, 1.5.1908, S. 827: PN; Jg. 25, Mai 1911, S. 489: PN; Jg. 26, 16.2.1912, S. 142: PN; Jg. 27, 14.2.1913, S. 165: PN.
- *Gu han-guk oegyo munseo* 舊韓國外交文書, *deogan* 德案 2, Nr. 2956, 2959, 2966, 2969, 2977, 2988, 3037.

Reinsdorf, Ludwig Wilhelm Felix (賴思德 Roe-sa-deok)
(3.8.1858 Leipzig – 16.4.1932 Bärenfels [Erzgebirge])

Abb. 212: Vizekonsul Felix Reinsdorf 1899.

Als Dolmetscherschüler in der deutschen Gesandtschaft in Peking wird Reinsdorf das erste Mal nach Korea entsandt, um vom 9. August 1885 bis zum 7. Oktober 1885 den beurlaubten Vizekonsul Hermann Budler zu vertreten. Nach weiteren konsularischen Vertretungen in Kanton und Hongkong (P Xianggang) wird er im September 1887 als Dolmetscher erneut nach Seoul geschickt und erreicht am 5. Oktober 1887 die koreanische Hauptstadt. Am 29. März 1888 wird er dort für das Auswärtige Amt vereidigt und ist vom 5. Februar 1892 bis zum 24. April 1896 als Vizekonsul tätig. Von April 1896 bis Juni 1898 übernimmt er vertretungsweise die konsularischen Geschäfte in Amoy und Taiwan (Formosa) bis er erneut am 15. Juli 1898 nach Seoul kommt, um zwei Tage später die Vertretung Konsul Kriens zu übernehmen. Am 5. Dezember 1898 löst er Konsul Krien als Vertreter der deutschen Interessen in Korea ab. Nach seiner Ernennung zum Konsul am 3. Januar 1900 übergibt er die Geschäfte in Seoul am 1. April 1900 an den vormaligen Dolmetscher der Gesandtschaft in Tōkyō, Dr. Heinrich Weipert.

Ausgewählte Bibliographie:
- AA, Personalakte „Felix Reinsdorf".
- Allen: S. 21, 23, 40, 42, 52.
- *D&C*: 1889–1900.
- Hesse-Wartegg, Ernst von: *Korea. Eine Sommerreise nach dem Lande der Morgenruhe 1894.* Dresden und Leipzig 1895, S. 83, 185.

- *The Independent,* 독립신문 (*Dongnip sinmun*). Vol. 1, No. 2, 9.4.1896; No. 6, 18.4.1896: Local Items.
- *The Korean Repository,* Vol. 5, July 1898, S. 280: Arrivals.
- *Meiklejohn's*: 1889–1900.
- *OL*, Jg. 10, 24.4.1896, S. 660: PN; Jg. 13, 23.9.1899, S. 894: Korea; Jg. 16, 23.5.1902, S. 421: PN; Jg. 20, 7.12.1906, S. 1064: PN; Jg. 21, 22.11.1907, S. 951: PN; Jg. 22, 20.3.1908, S. 548: PN; 17.7., S. 136: PN; Jg. 25, Juni 1911, S. 513: PN; 21.7., S. 54: PN; 18.8., S. 135: PN; 24.11., S. 444: PN.
- *Gu han-guk oegyo munseo* 舊韓國外交文書, *deogan* 德案 2, Nr. 1894, 1982.

Saldern, Conrad von (謝爾典 Sa-i-jeon)
(3.1.1847 Plattenburg – 8.6.1908 Berlin-Charlottenburg)

Am 9. Januar 1903 wird Conrad von Saldern als Ministerresident in außerordentlicher Mission an den Hof des Kaisers von Korea nach Seoul entsandt und gleichzeitig mit der Verwaltung des dortigen Konsulats beauftragt. Fast vier Monate später, am 24. April 1903, erreicht er die koreanische Hauptstadt und übernimmt am nächsten Tag die Amtsgeschäfte von Konsul Dr. Heinrich Weipert. Conrad von Saldern ist gleichzeitig der erste und auch letzte deutsche Vertreter im Range eines Ministerresidenten in Korea. Am 4. Dezember 1905 übergibt er die konsularischen Geschäfte in Seoul an Vizekonsul Dr. Gottfried Ney und reist am 19. Dezember 1905 aus Korea ab.

Abb. 213: Conrad von Saldern mit Pferden am Hintertor des deutschen Konsulats 1904. Im Hintergrund rechts das Südtor (Namdae-mun).

Ausgewählte Bibliographie:
- AA, Kurzbiographie „Conrad von Saldern".
- Claer, Alexander von: Bericht aus dem Jahre 1904. Unveröffentlichtes Manuskript.
- Claussen-Wunsch, Gertrud (Hrsg.): *Dr. med. Richard Wunsch. Arzt in Ostasien.* Büsingen/Hochrhein 1976, S. 142, 146, 152–154, 157, 160, 165, 167, 170, 175, 196, 198, 200–203, 206, 208f, 219, 254, 281f, 295.
- *D&C*: 1904–1906.
- Kleiner, Jürgen: *Korea. Betrachtungen über ein fernliegendes Land.* Frankfurt 1980, S. 282, 285.

- „Korea". In: *Deutsche Japanpost*, Nr. 37 (1905), S. 254.
- *The Korea Review*, Vol. 3, No. 5 (May 1903), S. 223; No. 11 (Nov. 1903), S. 508; Vol. 5, No. 9 (Sep. 1905), S. 354: News Calendar.
- *OL*, Jg. 13, 4.2.1899, S. 352: PN; Jg. 14, 9.2.1900, S. 101: PN; Jg. 15, 12.7.1901, S. 595: PN; Jg. 16, 16.5.1902, S. 399f: PN; 17, 20.2.1903, S. 316: PN; 20.3., S. 480: PN; 27.3., S. 519: PN; 1.5.1903, S. 714: PN; 29.5., S. 866: Korea; Jg. 18, Mai 1904, S. 923: PN; Jg. 19, April 1905, S. 670: PN; 1.9., S. 405: PN; Dez. 1905, S. 1052, 1101: PN; 29.12., S. 1188: PN; Jg. 22, 10.7.1908, S. 87.
- *Gu han-guk oegyo munseo* 舊韓國外交文書, *deogan* 德案 2, Nr. 2861–2863.

Schmidt, C. H.

Als erster Wachtmeister am deutschen Konsulat vermutlich von Ende 1884 bis 1885 in Chemulpo angestellt.

Ausgewählte Bibliographie:
- *D&C*: 1885.
- *Meiklejohn's*: 1886.

Weipert, Heinrich (Dr. jur.) (瓦以璧 Wa-i-byeok)
(12.6.1855 Hanau – 4.4.1905 Bordeaux, Frankreich)

Nachdem Weipert als Dolmetscher der deutschen Gesandtschaft in Tōkyō mit der Verwaltung des Konsulats in Seoul am 6. Jan. 1900 beauftragt wurde, übernimmt er die Geschäfte am 1. April 1900 von Konsul Felix Reinsdorf. Am 29. September 1900 wird er zum Konsul für Korea ernannt. In seiner Amtszeit erhält die deutsche Vertretung in Seoul ein neues Konsulatsgebäude, das Weipert am 14. Juni 1902 mit einer großen Feier einweiht. Das Gebäude selbst ist Eigentum der Firma Meyer & Co. Am 25. April 1903 übergibt Dr. Weipert die Geschäfte an den Ministerresidenten Conrad von Saldern und fährt Anfang Mai zu einem Heimaturlaub nach Deutschland.

Abb. 214: Die deutsche Flagge wird gehisst – Konsul Weipert am deutschen Konsulat 1902.

Ausgewählte Bibliographie:
- AA, Kurzbiographie „Heinrich Weipert".
- Allen: S. 42, 52.
- Claussen-Wunsch, Gertrud (Hrsg.): *Dr. med. Richard Wunsch. Arzt in Ostasien*. Büsingen/Hochrhein 1976, S. 81, 90, 96, 100–103, 112f, 115f, 119f, 128, 135, 139f, 146, 151, 156, 168, 187, 198, 232.
- *D&C*: 1901–1903.

- Genthe, Siegfried: *Korea. Reiseschilderungen.* Berlin 1905, S. 96, 233.
- *The Korea Review*, Vol. 1, No. 12 (Dec. 1901), S. 559; Vol. 3, No. 5 (May 1903), S. 223: „News Calendar".
- *OL*, Jg. 14, 16.2.1900, S. 120: PN; Jg. 16, 11.7.1902, S. 550: Korea; 14.11., S. 928: PN; Jg. 17, 1.5.1903, S. 714: PN; 29.5., S. 866: Korea; Jg. 19, Mai 1905, S. 926: Nachruf.
- „Vizeadmiral Bendemann in Port Arthur und Korea". In: *OL*, Jg. 15, 4.10.1901, S. 849.
- *Gu han-guk oegyo munseo* 舊韓國外交文書, *deogan* 德案 2, Nr. 2197, 2291, 2320, 2861, 2863, 2963, 2965, 3007.

Wendschuch, Fritz (Dr. jur.)
(9.2.1873 Dresden – 19?)

Vom 18. Juli 1908 bis Mai 1909 übernimmt Vizekonsul Wendschuch vertretungsweise die Geschäfte in Seoul für den beurlaubten Generalkonsul Dr. Friedrich Krüger.

Ausgewählte Bibliographie:
- AA, Kurzbiographie „Fritz Wendschuch".
- Claer, Alexander von: Bericht aus dem Jahre 1904. Unveröffentlichtes Manuskript.
- *D&C*: 1909.
- „Die Hungersnot in Korea". In: *OL*, Jg. 23, 12. März 1909, S. 532: Vermischte Nachrichten.
- *Kölnische Zeitung* vom 1. April 1909: Asien.
- *OL*, Jg. 16, 5.9.1902, S. 722: PN; 31.10., S. 891: PN; Jg. 17, 20.3.1903, S. 480: PN; 27.3., S. 519: PN; Jg. 20, 20.7.1906, S. 124: PN; Jg. 22, 31.7.1908, S. 225: PN; 18.12., S. 1195: PN; Jg. 23, 14.5.1909, S. 980: PN; Jg. 24, 7.10.1910, S. 349: PN; Jg. 26, 16.2.1912, S. 142: PN; 8.3., S. 211: PN; Jg. 27, 28.2.1913, S. 208: PN; 11.4., S. 355: PN; 25.7., S. 74: PN.

Zembsch, Otto (曾額德 Jeung-aek-deok)
(31.5.1841 Kempen [Posen] – 2.3.1911 Berlin)

Nach dem Zembsch im Jahre 1884 als erster Konsul Deutschlands mit der Wahrnehmung der deutschen Interessen in Korea beauftragt wurde, trifft er am 9. Oktober 1884 in Chemulpo ein und übernimmt dort die Geschäfte von Vizekonsul Hermann Budler. Während eines Urlaubs vom 25. Februar 1885 bis zum 15. Mai 1885 übernimmt Vizekonsul Hermann Budler seine Vertretung. Noch im gleichen Jahr wird Zembsch zum Konsul mit Charakter als Generalkonsul in Havanna ernannt. In einem Privatbrief vom 25. Mai 1885 empfiehlt er Konsul Peter Kempermann als seinen Nachfolger für Seoul. Am 11. August 1885 übergibt er die Geschäfte in Seoul an Vizekonsul Hermann Budler, der das Konsulat bis zur Übergabe an Kempermanns am 17. Mai 1886 leitet.

Ausgewählte Bibliographie:
- AA, Kurzbiographie „Otto Zembsch".
- AA, Korea I, Bd. 4: ‚Schreiben aus Seoul vom 9. Dez. 1884'.
- AA, Korea I, Bd. 5: ‚Notiz vom Mai 1885 betreffend den Kaiserlichen Dolmetscher Vizekonsul Hermann Budler' und ‚Brief von Zembsch aus Seoul vom 25. Mai 1885'.
- Allen: S. 15, 16, 20, 52.
- Deuchler, Martina: *Confucian Gentlemen and Barbarian Envoys. The Opening of Korea, 1875–1885.* Seattle, London 1977, S. 170, 208.
- Kleiner, Jürgen: *Korea. Betrachtungen über ein fernliegendes Land.* Frankfurt a. M. 1980, S. 282.
- „Korea". In: *Oesterreichische Monatsschrift für den Orient*, Wien, 15. Feb. 1885, Nr. 2, S. 25–29 (Teil1), S. 56–61 (Teil 2).
- Moellendorff, R[osalie]. von: *P. G. von Moellendorff. Ein Lebensbild.* Leipzig 1930, S. 70.
- *Gu han-guk oegyo munseo* 舊韓國外交文書, *deogan* 德案 1, Nr. 26f, 30, 83, 111, 197.

Abb. 215: Fotographie von Diplomaten im Garten der japanischen Gesandtschaft 1905.
Erste Reihe von links: Gordon Paddock (US Legationssekretär und Generalkonsul), Léon Vincart (belg. Generalkonsul), Attilio Monaco (ital. Ministerresident und Generalkonsul), Victor Collin de Plancy (franz. Minister), Hayashi Gonsuke (jap. Minister), Horace Newton Allen (US Minister), Sir John Newell Jordan (engl. Ministerresident), K. T. Tseng (Außerordentlicher Gesandter Chinas). *Mittlere Reihe von links*: S. Furuya (jap. Attachée), S. Kokubu (jap. Zweiter Sekretär), F. Berteaux (franz. Legationssekretär), L. Brown (Rang unbekannt), S. Hagiwara (jap. Legationssekretär), Conrad von Saldern (deut. Ministerresident). *Hinterste Reihe von links*: Durham White Stevens (amerik. Ratgeber für Japan im Kaiserl. Auswärtigen Amt), Douin (franz. Offizier), Baron Megata Tanetaro (jap. Finanzberater der kor. Regierung), K. Mimashi (jap. Konsul), E. Hamilton Holmes und H. Porter (Assistenten im engl. Konsulat), Dr. Gottfried Ney (deut. Vizekonsul).

VII.1. b) Diplomaten und andere Konsulats- und Botschaftsangehörige mit Amtssitz außerhalb Koreas

Arendt, Carl Hermann Julius Eduard (Prof. Dr. phil.)
(1.12.1838 Berlin – 30.1.1902 Berlin)
Dolmetscher, Professor für chinesische Sprache am Orientalischen Seminar in Berlin

Als Sekretär und Dolmetscher der deutschen Gesandtschaft in Peking begleitet er Max von Brandt zu den ersten Vertragsverhandlungen nach Korea, wo sie sich vom 21. Juni bis zum 2. Juli 1882 aufhalten.

Ausgewählte Werke:
– „Beiträge zur Kenntnis der neuesten chinesischen Literatur". In: *MOAG*, Bd. 1, H. 8, S. 37–39; Bd. 2, S. 25.
– *Bilder aus dem häuslichen und Familienleben der Chinesen.* Berlin 1888.
– „Chu-Hsü, der Usurpator von We. Aus dem Jahr 719 v. Chr.". In: *MOAG*, Bd. 2, Beilage 2.
– „Das schöne Mädchen von Pao. Eine Erzählung aus der Geschichte Chinas im 8. Jhd. v. Chr.". In: *MOAG*; Bd. 2, Beilage 1.
– „Der Kaiser in seinem Verhältnis zu den Vasallenfürsten nebst Andeutungen über die barbarischen (nicht chines.) Völkerschaften im jetzigen China. Zur Zeit der Chou-Dynastie". In: *MOAG*, Bd. 2, Beilage 22, S. 7ff.
– „Die Schlacht bei Hsüko (707 v. Chr.)". In *MOAG*, Bd. 2, Beilage 3, S. 259–267.
– *Einführung in die Nordchinesische Umgangssprache.* Stuttgart, Berlin 1894.
– *Handbuch der Nordchinesischen Umgangssprache.* Stuttgart, Berlin 1891.
– „Peking und die Westlichen Berge". In: *Mitteilungen der Geographischen Gesellschaft Hamburg*, Bd. 9 (1889–90), S. 57–96.

Ausgewählte Bibliographie:
– AA, Kurzbiographie „Carl Arendt".
– Brandt, Max von: *Dreiunddreissig Jahre in Ost-Asien.* Bd. 3, S. 237 ff.
– *BJDN*, Bd. 7 (1902), Totenliste 1902, S. 7.
– Matzat, Wilhelm: *Das „Sprachwunder". Emil Krebs (1867–1930). Dolmetscher in Peking und Tsingtau. Eine Lebensskizze.* Tsingtau.org, 2007, S. 3.
– Moellendorff, R[osalie]. von: *P. G. von Moellendorff. Ein Lebensbild.* Leipzig 1930, S. 27, 90.
– *OL*, Jg. 10, 29.11.1895, S. 182: PN.

Bohlen und Halbach, Gustav Georg Friedrich Maria von (Dr. jur.)
Seit 15.10.1906: ***Krupp von Bohlen und Halbach***
(7.8.1870 Den Haag, Holland – 16.1.1950 Blühnbach bei Salzburg, Österreich)
Jurist, Diplomat, Aufsichtsratsvorsitzender der Krupp AG

Abb. 216:
Gustav Krupp
von Bohlen und
Halbach 1918.

Im September 1901 auf der Durchreise in Seoul, nimmt der Legationssekretär der deutschen Gesandtschaft in Peking Bohlen und Halbach zusammen mit dem Chef des kaiserlichen Kreuzergeschwaders Vizeadmiral Felix Bendemann und anderen Offizieren am 24. September an einer Audienz beim Kaiser teil.

Durch seine Heirat mit der ältesten Tochter von Friedrich Alfred Krupp, Bertha, im Jahre 1906, ändert er seinen Namen in: Krupp von Bohlen und Halbach.

Ausgewählte Bibliographie:
– AA, Korea I, Bd. 32: ‚Schreiben Weiperts aus Seoul vom 27. Sep. 1901'.
– *NDB*, Bd. 13, S. 138–143.
– Schmidt, Vera: *Aufgabe und Einfluß der europäischen Berater in China: Gustav Detring (1842–1913) im Dienste Li Hung-changs*. Wiesbaden 1984, S. 132.

Brandt, Max August Scipio von (巴蘭德 Pa-ran-deok)
(8.10.1835 Berlin – 24.3.1920 Weimar)
Diplomat und Publizist

Abb. 217: Max von Brandt 1892.

In seiner 33-jährigen Zeit als Diplomat in Ostasien besucht Max von Brandt mehrere Male die Halbinsel Korea. Das erste Mal kommt er in Eigenschaft als Generalkonsul des Norddeutschen Bundes in Japan am 1. Juni 1870 zur japanischen Faktorei nach Pusan, um sich von der wahren Stellung der Japaner in Korea ein Bild zu machen und eventuell eine Handelsbeziehung zwischen Korea und Preußen herzustellen. Massive Proteste der Koreaner zwingen ihn aber, bereits am nächsten Tag seine Rückreise anzutreten.

Sein zweiter Besuch ist indes erfolgreicher. Mittlerweile zum kaiserlichen Gesandten in Peking avanciert, fährt er auf S. M. S. Gedeckter Korvette „Stosch" und begleitet von dem Kanonenboot „Wolf" am 18. Juni 1882 von Yantai (damals Chefoo) aus nach Korea. In seiner Begleitung befinden sich außer Kommodore Louis von Blanc, dem Kommandanten der Gedeckten Korvette S. M. S. „Stosch", der Dolmetscher der deutschen Gesandtschaft in Peking Carl Arendt und der Dolmetschereleve Clemens von Ketteler aus Kanton. Am 21. Juni 1882 erreicht der Konvoi die Insel „Roze-Island" (kor. Wolmi-do). Die Vertragsverhandlungen beginnen am 27. und kommen bereits drei Tage später durch Unterzeichnung zum erfolgreichen Abschluss. Am 2. Juli 1882 kehrt die deutsche Delegation nach China zurück.

Abb. 218: Hochzeit von Max von Brandt und Helen Maxima Heard am 15. April 1893 in Seoul.

Der dritte Koreaaufenthalt von Max von Brandt ist von privater Natur: Am 15. April 1893 heiratet er in Seoul Miss Helen Maxima Heard, die Tochter des amerikanischen Ministerresidenten und Generalkonsuls in Korea, Augustine Heard.

Ausgewählte Werke:

Artikel in: *Deutsche Revue*:
- „China und seine Beziehungen zu Hinterindien und den Vertragsmächten". Jg. 19 (Feb. 1894).
- „Das Cabinet Salisbury und die ostasiatische Frage". Jg. 20 (Aug. 1895).
- „Der französisch-siamesische Friedensschluß". Jg. 18 (1893).
- „Der kommende Kampf in Ostasien". Jg. 33 (1908).
- „Deutschland und Spanien". Jg. 32, Bd. 3 (1907).
- „Die Frauen in den Vereinigten Staaten". Jg. 32, Bd. 4 (1907).
- „Eine Armee des weißen Kreuzes gegen die Kriegshetze". Jg. 30, Bd. 3 (1905).
- „Eine deutsche Antwort auf einen englischen Brief". Jg. 30, Bd. 2 (1905).
- „Hat die Diplomatie Fortschritte oder Rückschritte seit Bismarck gemacht?" Jg. 28, Bd. 3 (1903).
- „Land der Morgenruhe". Jg. 18, Bd. 3 (1893), S. 57–64.
- „Li Hung Changs Weltreise und die chinesische Diplomatie". Jg. 21 (Nov. 2896).
- „Östliche Verfassungswehen". Jg. 34 (1909).
- „Vorzugsrechte". Jg. 33, Bd. 1 (1908).
- „Was in Ostasien geschehen muß". Jg. 20 (Nov. 1895).
- „Was verstehen wir von Kolonien?" Jg. 30, Bd. 4 (1905).

Artikel in: *Deutsche Rundschau*:
- „Der chinesisch-japanische Konflikt". Feb. 1895.
- „Die koreanische Frage". Bd. 81 (Sep. 1894).

- „Ein englischer Consul und Diplomat in Ostasien". Bd. 83 (1895), S. 257f.
- „Koreanische Frage". Bd. 80 (1893), S. 459–464.
- „Ostasiatische Probleme". Bd. 81 (1894), S. 241f.
- „Zur ostasiatischen Frage". Juli 1895.
- „Zwei asiatische Staatsmänner. Ito Hirobumi – Li Hung Chang". Bd. 87 (1896), S. 230f; Bd. 88 (1896), S. 30f.

Artikel in: *Die Gegenwart*:
- „China und seine politische Stellung zur Außenwelt". 1879, S. 129f, 149f, 179f.
- „Japan". 1873, S. 2f, 49f, 83f.

Artikel in: *MOAG*:
- „Chronologisches Verzeichnis der Kaiser und Siogune". Bd. 1, H. 1, S. 14–18.
- „Das Solfatarenfeld des Vulkans Komangatake und des Yesan bei Hakodate". Bd. 1, H. 3, S. 4f.
- „Der japanische Adel in seinen verschiedenen Classen. Eintheilungen, Titeln und Würden, I. vor 1868". Bd. 1, H. 6, S. 5–8.
- „Der Taifun vom 13. September 1874". Bd. 1, H. 6, S. 11–13.
- „Die Anfertigung des Krepppapiers". Bd. 1, H. 5, S. 5–7.
- „Die Entdeckung Japans und die Einführung des Christentums". Bd. 5 (1874), S. 28f.
- „Höhenbestimmungen". Bd. 1, H. 3, S. 10.
- „Stammtafel der Siogun Familien bis zu Iye Yasu". Bd. 1, H. 1, S. 19f.
- „The Discovery of Japan and the Introduction of Christianity". Bd. 1, H. 5, S. 28–33.
- „The Relations between the English and the Japanese from 1600 to 1854". Bd. 1, H. 5, S. 33–37.
- „Ueber den Farbendruck der Japaner". Bd. 1, H. 4, S. 2.
- „Ueber japanische Emailarbeiten". Bd. 1, H. 5, S. 1–3.

Monographien:
- *Aus dem Lande des Zopfes. Plaudereien eines alten Chinesen.* Leipzig 1893.
- *China und Japan jetzt und später.* Leipzig 1914.
- *China und seine Handelsbeziehungen zum Ausland mit besonderer Berücksichtigung der deutschen* (= Schriften der Centralstelle zur Vorbereitung von Handelsverträgen 5). Berlin 1899.
- *Colonien- und Flottenfrage* (Vortrag). Berlin 1897.
- *Der Chinese in der Öffentlichkeit und der Familie – Wie er sich selbst sieht und schildert – In 82 Zeichnungen nach chinesischen Originalen.* Berlin, ca. 1910.
- *Die chinesische Philosophie und der Staats-Confucianismus.* Stuttgart 1898.
- *Die englische Kolonialpolitik und Kolonialverwaltung.* Halle a. S. 1906.
- *Die politische und commercielle Entwicklung Ostasiens während der jüngsten Zeit*: Vortrag gehalten am 28. April 1898. Leipzig 1898.
- *Die Zukunft Ostasiens. Ein Beitrag zur Geschichte und zum Verständnis der ostasiatischen Frage.* Stuttgart 1895.
- *Drei Jahre ostasiatische Politik 1894–1897.* Stuttgart 1897.

- *Dreiunddreissig Jahre in Ost-Asien. Erinnerungen eines deutschen Diplomaten.* 3 Bde. Leipzig 1900–1901.
- George Bogle und Thomas Manning: *Aus dem Lande der lebenden Buddhas. Die Erzählungen von der Mission George Bogle's nach Tibet und Thomas Manning's Reise nach Lhasa (1774 und 1812)*. Aus dem Englischen des Mr. Clements R. Markham. Übersetzt und bearbeitet von Wirkl. Geh. Rat Max von Brandt. Hamburg 1909.
- *Japan: Erinnerungen eines deutschen Diplomaten. Braunschweig*, Hamburg, Berlin 1920.
- *Ostasiatische Fragen. China, Japan, Korea*. Berlin 1897.
- *Sittenbilder aus China – Mädchen und Frauen – Ein Beitrag zur Kenntnis des chinesischen Volkes*. Stuttgart 1895.
- *Sprache und Schrift der Chinesen*. Breslau, o. J. (ca. 1883).
- *Zeitfragen – die Krisis in Südafrika – China – Commerzielles und Politisches – Colonialfragen*. Berlin 1900

Ausgewählte Bibliographie:
- AA, Kurzbiographie „Max von Brandt".
- Allen: S. 7, 26.
- Choi, Chong Ko: „Paul-Georg von Möllendorff und das koreanische Recht". In: Leifer, Walter (Hrsg.): 묄렌도르프 (P. G. von Möllendorff). Seoul 1983, S. 195, 206–208.
- Cramer: „Über die Reise der kaiserlichen Corvette „Hertha", insbesondere nach Korea". (Sitzungsbericht vom 15. Feb. 1873). In: *ZEV*, Jg. 5 (1873), S. 49–57.
- „Der Freundschafts- und Handelsvertrag zwischen Deutschland und Korea". In: *Daheim*, zweite Daheim-Beilage zu Nr. 2, Leipzig 1883.
- Deuchler, Martina: *Confucian Gentlemen and Barbarian Envoys. The Opening of Korea, 1875–1885*. Seattle, London 1977, S. 26, 109, 125, 161.
- Ehlers, Otto E.: *Im Osten Asiens*. Berlin 1905. (Fünfte Auflage), S. 99f.
- Franke, Otto: *Erinnerungen aus zwei Welten: Randglossen zur eigenen Lebensgeschichte*. De Gruyter 1954, S. 46f.
- Hiyama, Masako: „Max von Brandt (1835–1920)". In: *Brückenbauer. Pioniere des japanisch-deutschen Kulturaustausches*. Iudicium, Berlin 2005.
- Lee, Hong-jik: *Die Handelsverträge Koreas mit den europäischen Staaten*. Aus: *Moderne koreanische Geschichte*. Bd. 1: *Die Regierungszeit der Bedrängnis (1863–1895)*. Aus dem Koreanischen von R. Andreas Domschke. In: 한 Kulturmagazin, Jg. 1982, H. 1, S. 134–155.
- Meissner, Kurt: *Deutsche in Japan 1639–1960*. Tōkyō 1961, S. 17, 20, 22f, 25f, 31f, 35, 50, 58f, 62.
- Moellendorff, R[osalie]. von: *P. G. von Moellendorff. Ein Lebensbild*. Leipzig 1930, S. 32, 34, 87–89, 92f.
- *NDB*, Bd. 2, S. 531.
- *OL*, Jg. 6, 17.6.1892, S. 578F: PN; Jg. 10, 15.11.1895, S. 133: PN; 29.11., S. 182: PN; 13.12., S. 231: PN; 20.12., S. 252: PN; 20.3.1896, S. 540: PN; 10.4., S. 611: PN; 17.4., S. 635: PN; 15.5., S. 732: PN; 29.5., S. 781: PN; 19.6., S. 860: PN.

- Puster, Aya: "Max von Brandt no hajimeteno Nippon taizai" („Der erste Japan-Aufenthalt von Max von Brandt"). In: *Ronja Nihon no yōgaku* (Studien über die europäische Wissenschaft in Japan), Ōsaka 1998.
- *The North China Herald*, 28.4.1903, S. 609.
- Wippich, Rolf-Harald: „Max von Brandt und die Gründung der OAG – Die erste deutsche wissenschaftliche Vereinigung in Ostasien". In: *Studien des Instituts für Kultur der deutschsprachigen Länder*, 1993, Nr. 11, S. 64–77.
- Wippich, Rolf-Harald: „*Strich und Mütze*" – *Max von Brandt und Japan – Diplomat, Publizist, Propagandist*. Tōkyō 1995.
- Wippich, Rolf-Harald: *Japan als Kolonie? Max von Brandts Hokkaido-Projekt 1865/67*. Hamburg 1997.
- Szippel, Richard: *Max von Brandt and German Imperialism in East Asia in the Late Nineteenth Century*. Phil. Diss. University of Notre Dame, Notre Dame, Indiana, USA, August 1989.
- *Gu han-guk oegyo munseo* 舊韓國外交文書, *deogan* 德案 1, Nr. 1.

Coates, Georg
(5.12.1853 Luckenwalde [Brandenburg] – 19.10.1924 Berlin)
Diplomat

Als Generalkonsul in Yokohama besucht er während eines Urlaubs vom 4. Oktober bis Ende November 1901 Korea und Wladiwostok. Auf seinem Rückweg besichtigt er verschiedene industrielle Unternehmungen in Ōsaka und trifft am 22. November wieder in Yokohama ein. In den Jahren 1906 bis 1907 fungiert Coates als erster deutscher Gesandter in Äthiopien, der sich dauerhaft in Addis Abeba aufhält.

Ausgewählte Bibliographie:
- *BHdAD*, Bd. 1, S. 379f.
- *OL*, Jg. 6, 1.4.1892, S. 404: PN; 26.8., S. 734: PN; Jg. 11, 9.7.1897, S. 1289: PN; Jg. 13, 11.3.1899, S. 415: PN; 2.6, S. 622: PN; Jg. 15, 18.10.1901, S. 888: PN; 22.11., S. 1002: PN; Jg. 16, 14.3.1902, S. 212f: PN; 25.4., S. 335: PN; Jg. 17, 20.2.1903, S. 316: PN; 12.6., S. 939: PN; Jg. 25, März 1911, S. 224: PN.

Etzel, Franz Hermann Günther von
(14.12.1862 Magdeburg – 21.1.1948 Wiesbaden)
General der Kavallerie = Feldzeugmeister, Diplomat

Zu Beginn des Jahres 1902 wird Major von Etzel zum Militärattaché in Japan ernannt und ist als solcher an der kaiserlichen Botschaft in Tōkyō vom 29. Mai 1902 bis zum 17. Dezember 1908 tätig. Während des Russisch-Japanischen Krieges (1904–1905) kommt er im Mai 1905 als Militärbeobachter auf seinem Weg von Japan zur Liaodong-Halbinsel zusammen mit Hauptmann Max Hoffmann das erste Mal nach Korea und hält sich für ein paar Tage in Chemulpo auf. Im September 1906 führt ihn eine Dienstreise erneut nach Korea.

Abb. 219: Major von Etzel (rechts) und Hauptmann Sander auf Sachalin 1906.

Ausgewählte Bibliographie:
- AA, Korea I, Bd. 36, ‚Schreiben von Dr. Ney aus Seoul vom 15. Okt. 1906'.
- Claer, Alexander von: Bericht aus dem Jahre 1904.
- Internet: www.geocities.com/veldes1/etzel.html.
- Internet: www.vonetzel.com.
- Montag, Reinhard: „Das Lexikon der deutschen Generale". In: Internet: www.lexikon-deutschegenerale.de.
- *OL*, Jg. 16, 25. Juli 1902, S. 592: PN.

Franke, Alwin Wilhelm Otto (Prof. Dr. phil.)
(27.9.1863 Gernrode [Harz] – 5.8.1946 Berlin)
Dolmetscher, Sinologe, Historiker

In den Jahren 1888 bis 1901 als Dolmetscher bei den deutschen Vertretungen in Peking, Tianjin und Shanghai tätig, führt er nicht nur ausgedehnte Reisen in China durch, sondern unternimmt ebenfalls im September 1899 eine mehrwöchige Urlaubsreise nach Korea. Dabei besichtigt er Seoul, die deutsche Goldmine in Danggogae und fährt am 26. September von dort aus weiter zum Diamantengebirge (kor. Geumgang-san) und nach Wonsan.

Abb. 220: Alwin Wilhelm Otto Franke.

Ausgewählte Werke:
- *Kêng Tschi t'u. Ackerbau und Seidengewinnung in China. Ein kaiserliches Lehr -und Mahnbuch, aus dem Chinesischen übersetzt und mit Erklärungen Versehen von O. Franke. Abhandlungen des Hamburgischen Kolonialinstituts*, Hamburg 1913.
- *Studien zur Geschichte des Konfuzianischen Dogmas und der Chinesischen Staatsreligion: Das Problem des Tsch'un-Ts'iu und Tung Tschung-schu's Tsch'un-Tsiu Fan Lu*. Hamburg 1920.
- *Erinnerungen aus zwei Welten: Randglossen zur eigenen Lebensgeschichte.* Berlin 1954.
- „In den Diamantenbergen Koreas". In: *OL*, Jg. 13, 9.12.1899.

Auch erschienen in: Lohmeyer, J.: *Auf weiter Fahrt. Selbsterlebnisse zur See und zu Lande*. Berlin 1910, Bd. 3, S. 150–165.

Ausgewählte Bibliographie:
- Jäger, Fritz: „Bibliographie der Schriften von Professor Dr. O. Franke". In: Schindler, Bruno (Hrsg.): *Festschrift „Otto Franke", Asia Major*, Bd. 9, Leipzig 1933, S. 3–20.
- Matzat, Wilhelm: *Das „Sprachwunder". Emil Krebs (1867–1930). Dolmetscher in Peking und Tsingtau. Eine Lebensskizze*. Tsingtau.org, 2007.
- *NDB*, Bd. 5, S. 346 f.
- *OL*, Jg. 8, 6.10.1893, S. 6: PN; 30.3.1894, S. 421: PN; 20.4., S. 475: PN; 7.9., S. 858: PN; Jg. 10, 22.5.1896, S. 756: PN; Jg. 11, 23.4.1897, S. 931: PN; 28.5., S. 1091: PN; 18.6., S. 1192: PN; 2.7., S. 1255: PN; Jg. 13, 6.5.1899, S. 548: PN; 9.9., S. 857: PN; 7.10., S. 938: PN; Jg. 14, 16.2.1900, S. 120: PN; Jg. 15, 19.4.1901, S. 325: PN; 26.7., S. 636: PN; Jg. 16, 8.8.1902, S. 637: PN; Jg. 22, 29.5.1908; s. 1025: PN; 20.11., S. 999: PN; Jg. 23, 23.6.1909, S. 185: PN.
- Schindler, Bruno (Hrsg.): *Festschrift „Otto Franke", Asia Major*, Bd. 9, Leipzig 1933.

Goltz, Conrad Freiherr von der

(7.3.1857 Koprieve [Posen] – 22.4.1917 Weißer Hirsch [Dresden])
Dolmetscher und Diplomat

Von 1890 bis 1900 étatmäßiger erster Dolmetscher an der deutschen Gesandtschaft in Peking. Am 2. Oktober 1900 tritt er in den diplomatischen Dienst, erhält den Titel Legationsrat und ist bis April 1906 als erster Sekretär an der Gesandtschaft in Peking tätig. Conrad von der Goltz nimmt als Zeuge an der Trauung von Max von Brandt mit Helen Maxima Heard am 15. April 1893 in Seoul teil.

Ausgewählte Bibliographie:
- *BHdAD*, Bd. 2, S. 67f.
- Matzat, Wilhelm: *Das „Sprachwunder" Emil Krebs (1867–1930), Dolmetscher in Peking und Tsingtau. Eine Lebensskizze*. Tsingtau.org 2007.
- *OL*, Jg. 13, 10.10.1898, S. 30f: PN.
- *The North China Herald*, 28.4.1893, S. 609.

Grünau, Curt Otto Werner Freiherr von

(10.2.1871 Kreuzwertheim [Unterfranken] – 2.12.1939 Berlin)
Heeresoffizier und Diplomat

Am 30. Januar 1896 erhält Grünau seine Kommandierung nach Peking. Vom 20. April 1896 bis zu seiner Abreise am 1. August 1897 fungiert Grünau im Range eines Leutnants als Militärattaché in der dortigen Gesandtschaft. In dieser Zeit unternimmt er im Mai und im August 1897 zwei ausgiebige Reisen durch Korea.

Ausgewählte Werke:
- „Ein Ritt quer durch Korea". In: *Globus*, Bd. 72, Nr. 10, 11. Sep. 1897, S. 149–151.

Ausgewählte Bibliographie:
- AA, Personalakte „Grünau".
- „Baron v. Grünaus zweiter Ritt durch Korea". In: *Globus*, Bd. 72, Nr. 20, 27. Nov. 1897: Aus allen Erdteilen, S. 322.
- *BHdAD*, Bd. 2, S. 119f.
- *OL*, Jg. 10, 27.3.1896, S. 565: PN; 10.4., S. 611: PN; Jg. 20, 16.3.1906, S. 506: PN.
- *The Korean Repository*, Bd. 4, June 1897, S. 240: Notes and Comments.
- *Gu han-guk oegyo munseo* 舊韓國外交文書 , *deogan* 德案 1, Nr. 1735 f, 1759; 德案 2, Nr. 3066.

Hatzfeld-Trachenberg, Alexander Maria Hermann Melchior Graf von

(10.2.1877 Berlin – 27.11.1953 Schloss Schönstein [Wissen, Rheinland-Pfalz])
Diplomat

Von Mitte Februar 1903 bis Mitte Februar 1905 ist Graf Hatzfeld-Trachenberg als Attaché der kaiserlich deutschen Gesandtschaft in Tōkyō zugeteilt. In dieser Zeit hält er sich Ende September/Anfang Oktober 1903 für eine Woche in Seoul auf, bevor er seinen Weg nach Port Arthur fortsetzt.

Ausgewählte Bibliographie:
- AA, Personalakte „Hatzfeld".
- Claussen-Wunsch, Gertrud (Hrsg.): *Dr. med. Richard Wunsch. Arzt in Ostasien*. Büsingen/Hochrhein 1976, S. 155, 156, 208, 325, 374.
- Internet: pages.prodigy.net/ptheroff/gotha/hatzfeld.html.
- *Gu han-guk oegyo munseo* 舊韓國外交文書 , *deogan* 德案 2, Nr. 2910.

Ketteler, Clemens August Freiherr von (克德拉 Geuk-deong-nap)

(22.11.1853 Potsdam – 20.6.1900 Peking)
Dolmetscher und Diplomat

Abb. 221: Clemens August Freiherr von Ketteler.

Als Dolmetschereleve in Kanton begleitet er Max von Brandt im Juni 1882 zu den Vertragsverhandlungen nach Korea. (Siehe **Max von Brandt**)

Nachdem von Ketteler nach einer kurzen militärischen Laufbahn 1879 in den diplomatischen Dienst wechselte, wird er 1881 nach China entsandt, wo er in Kanton, Peking und

Tianjin bis 1890 als Dolmetscher und Sekretär tätig ist. Nach weiteren Verwendungen in Washington als Legationssekretär und als Gesandter in Mexiko, wird er im Jahre 1899 zum Gesandten in Peking ernannt. Am 20. Juni 1900 wird er im Zuge des Boxeraufstandes auf offener Straße im Gesandtschaftsviertel erschossen.

Ausgewählte Bibliographie:
- Brandt, Max von: *Dreiunddreissig Jahre in Ost-Asien*, Bd. 3, S. 237–239.
- Berger, A.: *Aus einem verschlossenen Paradiese*. Berlin 1924, S. 68.
- *OL*, Jg. 6, 25.12.1891, S. 201: PN; 10.6.1892, S. 564: PN; 29.7., S. 673: PN; Jg. 8, 20.7.1894, S. 722: PN; Jg. 11. 20.11.1896, S. 217: PN; Jg. 13, 15.4.1899, S. 493: PN; 20.5., S. 584: PN; 27.5., S. 604: PN; 17.6., S. 653: PN; 24.6., S. 672: PN; Jg. 14, 2.3.1900, S. 158: PN; Jg. 16, 19.9.1902, S. 765: PN.
- „Baron Clemens von Ketteler †". In: *OL*, Jg. 14, 6.7.1900, S. 492f.
- „Die Ermordung des kaiserlichen Gesandten Freiherrn von Ketteler in Peking". In: *OL*, Jg. 14, 19.10.1900, S. 845–847.
- *DBE*, Bd. 5, S. 604.
- „Ketteler, Baron Clemens von Ketteler". In: *Seiyo jinmei jiten* 西洋人名字典, Tokio 1964, S. 14.
- Internet: www.deutsche-schutzgebiete.de/ketteler.htm.
- „Ueber das Abschiedsessen im ‚Deutschen Hause' in der Hauptstadt Mexico zu Ehren des Gesandten Freiherrn Clemens von Ketteler". In: *OL*; jg. 13, 15.7.1899, S. 722f.
- „Trauerfeier für Freiherrn von Ketteler". In: *OL*, Jg. 15, 28.6.1901, S. 552.
- „Errichtung eines Ehrengrabes für Freiherrn von Ketteler in Münster". In: *OL*; Jg. 16, 4.4.1902, S. 278.
- „Uebergabe des Ketterler-Denkmals in Peking". In: *OL*, Jg. 17, 28.1.1903, S. 195–197.
- „Totenfeierlichkeiten für den verstorbenen kaiserlichen Gesandten Freiherrn von Ketteler". In: *Nachrichten Aus Kiautschou*, Beiblatt zu „*Ostasiatischer Lloyd*", Nr. 32, 10.8.1900, S. 171f.
- *BJDN*, Bd. 5 (1900), Totenliste 1900, S. 100.
- *LDG*, S. 655.
- Gu han-guk oegyo munseo 舊韓國外交文書, *deogan* 德案 2, Nr. 2240, 2246.

Königsmarck, Hans Graf von

Heeresoffizier, Diplomat, Schriftsteller

Als Militärattaché der kaiserlich deutschen Gesandtschaft in Tōkyō reist er von Shimonoseki über Pusan und Chemulpo während des Russisch-Japanischen Kriegs 1904/05 nach Chefoo.

Ausgewählte Werke:
- Königsmarck, Hans von: *Japan und die Japaner. Skizzen aus dem Fernen Osten*. Anhang: Der russisch-japanische Krieg. Berlin 1905.
- *The Markhor. Sport in Cashmere*. Translated from the German by Norah Bashford. London 1910.

- *Sportliches und Nicht-Sportliches aus anderen Erdteilen. Reise-Erlebnisse.* Berlin 1894.
- *A German Staff Officer in India.* London 1910.

Meincke, Max
Heeresoffizier und Diplomat

Militärattaché im Range eines Oberleutnants an der deutschen Legation in Tōkyō, hat am 13. September 1896 mit Konsul Ferdinand Krien in Seoul eine Audienz bei König Gojong. Am 17. September fährt Meincke von Chemulpo aus zurück nach Japan.

Ausgewählte Bibliographie:
- *The Independent*, 독립신문 (*Dongnip sinmun*), Bd. 1, Nr. 70, 15. Sep. 1896: Brief Notice.
- *BHdAD*, Bd. 3, S. 313f.

Müller, Max
(4.12.1872 Stuttgart – 8.10.1948 Stuttgart)
Diplomat

Vom 6. Mai 1902 bis Januar 1910 als Vizekonsul im Generalkonsulat in Shanghai tätig, bricht Müller im Oktober 1908 zu einer Urlaubsreise auf, die ihn nach Korea, der Mandschurei und Nordchina führt.

Ausgewählte Bibliographie:
- *BHdAD*, Bd. 3, S. 313f.
- *OL*, Jg. 16, 21.3.1902, S. 237: PN; Jg. 21, 4.1.1907, S. 35: PN; Jg. 22, 9.10.1908, S. 703: PN; Jg. 24, 7.1.1910, S. 21: PN; Jg. 25, 5.51911, S. 420: PN; Jg. 28, 27.3.1914, S. 182: PN; 19.6., S. 558: PN.

Prittwitz und Gaffron, Wilhelm von (Dr. jur.)
(4.6.1866 Kawallen [Niederschlesien] – 11.1.1901 Konstantinopel)
Diplomat

Mitte 1896 bis 1900 Legationssekretär an der deutschen Gesandtschaft in Peking. Auf einer Urlaubsreise nach Korea erreicht er in Begleitung seiner Frau 24. September 1899 Seoul und gedenkt, von dort aus am 28. September zu Pferde der deutschen Goldmine in Danggogae einen Besuch abzustatten und am 10. Oktober zur Rückreise nach China wieder in Chemulpo einzutreffen. Er stirbt 1901 in Konstantinopel am Typhus.

Ausgewählte Bibliographie:
- *BHdAD*, Bd. 3, S. 521.
- *BJDN*, Bd. 6 (1901), S. 322.
- *OL*, Jg. 10, 1.5.1896, S. 683: PN; 5.6., S. 806: PN; Jg. 13, 7.10.1899, S. 938: PN; Jg. 14, 9.2.1900, S. 101: PN.

Sander, Hermann Gustav Theodor
(1868–1945)
Hauptmann

Abb. 222: Hermann Sander mit koreanischem Händler im September 1906.

Abb. 223: Hermann Sander, September 1906.

Am 6. Dezember 1905 erhält der Oberleutnant im Infanterie-Regiment von der Marwitz Nr. 61 Hermann Sander seine Ernennung zum Militärattaché an der deutschen Gesandtschaft in Tōkyō und reist daraufhin am 4. Januar 1906 von Hamburg nach Ostasien. Kurz nach seiner Ankunft in Japan wird er am 27. Januar zum Hauptmann befördert. Während seiner Dienstzeit in Japan vom Februar 1906 bis zum April 1907 sammelt er intensiv Materialien über den Russisch-Japanischen Krieg (1904–05) und unternimmt mehrere Reisen zu den Kriegsschauplätzen.

Zwei seiner Exkursionen führen ihn auch nach Korea: im September 1906 und im März 1907.

Auf seiner ersten Reise langt er am 10. September in Pusan an und besucht zunächst Masanpo, Wonsan und Seongjin im äußersten Nordosten des Landes. Am 24. geht es zurück in den Süden über Wonsan nach Pusan und von dort in die Hauptstadt. Nach einem 5-tägigen Aufenthalt in Seoul reist er am 3. Oktober über Chemulpo nach Mokpo und am 4. weiter nach Pusan und von dort nach Kōbe. Während seines zweiten Aufenthaltes in Korea besucht er vor allem die Hauptstadt Seoul mit ihrer nördlichen Stadtfestung Bukhan sanseong und Suwon. Am 21. März wird er von Kaiser Gojong in Audienz empfangen. Seine Reisen dokumentiert er mit Bildern und schriftlichen Berichten. Die Rückkehr nach Deutschland tritt er im Mai 1907 an und fährt mit der Transsibirischen Eisenbahn bis nach Berlin.

Ausgewählte Bibliographie:
- Hermann Sander. *Die Reisen des Deutschen Hermann Sander durch Korea, Mandschurei und Sachalin 1906–1907.* Eine Fotoausstellung. Gestiftet von seinem Enkel Stefan Sander. The National Folk Museum of Korea, Seoul 2006.

Trummler, Konrad
(16.1.1864–27.2.1936)
Marineoffizier

Nachdem Korvettenkapitän Trummler am 29. Juni 1902 von Kaiser Wilhelm zum Marineattaché in Japan bestimmt wurde, erreicht er am 16. Februar 1903 seinen neuen Posten an der deutschen Gesandtschaft in Tōkyō. Während des Chinesisch-Japanischen Krieges reist er im Juni 1904 mit einer japanischen Expedition für einige Tage nach Korea und hat zusammen mit seinem österreichischen Kollegen, Leutnant zur See Graf von Colloredo-Mannsfeld, am 25. Juni eine Audienz bei Kaiser Gojong. Am 4. Nov. 1905 wird der inzwischen zum Fregattenkapitän beförderte Trummler als Marineattaché in Japan durch Korvettenkapitän Richard Lange abgelöst.

Ausgewählte Bibliographie:
- AA, Personalakte „Trummler".
- Liste der Marineattachés des Deutschen Reiches. In: Wikipedia.
- *OL*, Jg. 16, 8.8.1902, S. 637: PN.
  Gu han-guk oegyo munseo 舊韓國外交文書, *deogan* 德案 2, Nr. 2968.

Truppel, Oskar von
(17.5.1854 Katzhütte [Türingen] – 20.8.1931)
Marineoffizier, Gouverneur von Kiautschou

Vom 7. Juni 1901 bis zum 19. August 1911 fungiert Oskar von Truppel als Kaiserlicher Gouverneur der deutschen Kolonie Kiautschou, Chef der Zivil- und Militärverwaltung sowie oberster Befehlshaber der Beatzungstruppen. Im November 1904 besucht er Korea und ist zu Gast bei Frl. Antoinette Sontag in Seoul.

Abb. 224: Oskar von Truppel.

Ausgewählte Bibliographie:
- Claussen-Wunsch, Gertrud (Hrsg.): *Dr. med. Richard Wunsch. Arzt in Ostasien*. Büsingen/Hochrhein 1976, S. 75, „Foto", 312, 317, 326, 335, 338, 340f, 347.
- Franzius, Georg: *Kiautschou. Deutschlands Erwerbung in Ostasien*. 2. Aufl., Berlin o. J., S. 133.
- Internet: biographien.tsingtau.org/index.php?tag=gouverneur
- Internet: de.wikipedia.org/wiki/Truppel
- *OL*, Jg. 15, 10.5.1901, S. 398: PN; 17.5., S. 419: PN; 7.6., S. 493: PN; Jg. 21, 27.9.1907, S. 574: PN; Jg. 25, 10.2.1911, S. 123: PN; Juni, S. 533: PN; 20.10., S. 338: PN.
- Oskar von Truppel. In: Wikipedia.
- *Wer ist's 1909*, S. 1441f.

Zappe, Carl Eduard (佐巴 Jwa-pa)
(26.2.1843 Koblenz-Ehrenbreitstein [Preußen] – 26.3.1888 Yokohama)
Marineoffizier, Diplomat

In Eigenschaft als deutscher Generalkonsul in Yokohama reist er im Oktober 1883 nach Korea, um einen deutsch-koreanischen Handelsvertrag auszuhandeln. Am 21. Oktober verlässt er auf S. M. Gedeckter Korvette „Leipzig", Kommandant Otto Herbig, Nagasaki und erreicht drei Tage später den Hafen von Chemulpo. Am Morgen des 27. Oktober begibt sich Zappe an Land und reist in Begleitung von Prof. Paul Mayet, Berater am Landwirtschafts- und Handelsministerium in Tōkyō, dem Dolmetscher des deutschen Konsulats in Yokohama, Hermann Budler, und den Obermatrosen Hess und Fluder als Ordonanzen nach Seoul. Nach einer Verhandlungsdauer von einigen Wochen, kommt es am 26. November durch Unterzeichnung zum Abschluss des deutsch-koreanischen Vertrages. Nach einer Audienz beim König am folgenden Tag und Abschiedsbesuchen in Seoul, kehrt die Delegation nach Chemulpo zurück und fährt mit der „Leipzig" am 1. Dezember über Pusan nach Nagasaki. Zappe stirbt 1888 in Yokohama.

Ausgewählte Bibliographie:
– AA, Kurzbiographie „Zappe".
– Allen, S. 13.
– „Die gegenwärtigen Zustände von Korea". In: *Globus*, Bd. 49, Nr. 9 (1886), S. 139–142; Bd. 10 (1886), S. 151–154.
– Kleiner, Jürgen: *Korea auf steinigem Pfad*. Berlin 1992, S. 283.
– Kleiner, Jürgen: *Korea. Betrachtungen über ein fernliegendes Land*. Frankfurt a. M. 1980, S. 282.
– Lane-Pool, Stanley: *The Life of Sir Harry Parkes*. London, New York 1894, S. 208–215.
– Mayet, P.: „Ein Besuch in Korea im October 1883". In: *MOAG*, Bd. 4, Heft 31 (Sep. 1884), S. 18–28; (Fortsetzung) „Ein Besuch in Korea". In: *MOAG*, Bd. 4, Heft 33 (Aug. 1885), S. 146–152.
– Meissner, Kurt: *Deutsche in Japan 1639–1960*. Tōkyō 1961, S. 25, 39.
– Moellendorff, R. von: *P. G. von Moellendorff. Ein Lebensbild*. Leipzig 1930, S. 65f, 92.
– *Gu han-guk oegyo munseo* 舊韓國外交文書, *deogan* 德案 1, Nr. 9, 10–22, 128.

VII.2. Deutsche in koreanischen Diensten

Ahrendts, F. L.
Angestellter im Zolldienst
1898 bis 1901 stellvertretender Leiter des koreanischen Zollamtes in Wonsan.

Ausgewählte Bibliographie:
– Allen: S. 59.
– *D&C*: 1898–1901.

Arnous, H. G.
Angestellter im Zolldienst, Publizist
Kommt als Mitarbeiter von Paul Georg von Möllendorff im Frühjahr 1883 nach Korea und ist zunächst als dessen Assistent im Bereich Zollwesen in Seoul tätig. Nach dem Ausscheiden Möllendorffs aus dem koreanischen Dienst Ende 1885, werden vier weitere Deutsche aus dem Regierungsdienst entlassen. Arnous ist einer davon, bekommt aber eine Abfindung in Höhe von sechs Monatsgehältern. Was er unmittelbar danach macht, ist nicht bekannt, doch taucht er ein paar Jahre später erneut im koreanischen Zolldienst auf. Vermutlich bereits von Ende 1888 bis Anfang 1900 ist er zunächst Zollinspektor in Pusan und wird am 1. April 1900 zum stellvertretenden Leiter des Zollamtes in Masanpo ernannt. Diesen Posten hat er bis 1903 inne. In den Jahren 1893 bis 1895 schreibt er mehrere Aufsätze über Korea und die Koreaner (Leben, Sitten, Kultur etc.) und veröffentlich sie in der Zeitschrift *Globus*.

Verfasste in der Zeitschrift *Globus*:
– „Der König von Korea und sein Hof". Bd. 66, Nr. 2 (Juli 1894), S. 26–29.
– „Die Frauen und das Eheleben in Korea". Bd. 66, Nr. 10 (Aug. 1894), S. 156–160.
– „Spiele und Feste der Koreaner". Bd. 66, Br. 15 (Sep. 1894), S. 239–241.
– „Charakter und Moral der Koreaner". Bd. 67, Nr. 24 (Juni 1895), S. 373–376.
– „Gewichte, Maße, Kompaß und Zeiteinteilung in Korea". Bd. 68, Nr. 24a (Dez. 1895), S. 381–383.

Monographie:
– *Korea. Märchen und Legenden nebst einer Einteilung über Land und Leute, Sitten und Gebräuche Koreas.* Leipzig 1893.

Ausgewählte Bibliographie:
– Allen: S. 12, 59.
– *Meiklejohn's*: 1889, 1890.
– *D&C*: 1884–1886, 1889–1903.
– AA, Korea I, Bd. 7: ‚Schreiben Budlers an Bismarck vom 9. Dez. 1885'.
– „Aus Korea". In: *Kölnische Zeitung* vom 5. Juni 1886.

Bielert, J.
Angestellter im Zolldienst
Von 1901 bis 1902 zunächst Zollinspektor in Chemulpo und im Jahre 1903 als solcher in Mokpo.

Ausgewählte Bibliographie:
D&C: 1901–1903.

Bolljahn, A. K. W.
Angestellter im Zolldienst
Jüngerer Bruder von Johannes Bolljahn, reist von Shanghai im August 1899 nach Korea und wird von 1900 bis 1908 im koreanischen Zollamt in Pusan als Assistent des Zollkommissars angestellt.

Ausgewählte Bibliographie:
– AA, Korea I, Bd. 32: ‚Schreiben von Korvettenkapitän Bauer von S. M. S. „Geier" aus Wusung vom 17. Sep. 1901'.
– AA, Korea I, Bd. 35: ‚Schreiben von Graf Arco-Valley aus Tokio vom 18. Sep. 1904'.
– Zabel, Rudolf: *Meine Hochzeitsreise durch Korea während des russisch-japanischen Krieges.* Altenburg 1906, S. 99f.
– Claussen-Wunsch, Gertrud (Hrsg.): *Dr. med. Richard Wunsch. Arzt in Ostasien.* Büsingen/Hochrhein 1976, S. 210f.
– *D&C*: 1901–1908.
– *Gu han-guk oegyo munseo* 舊韓國外交文書, *deogan* 德案 2, Nr. 2535f.

Bolljahn, Johannes (佛耶安 Bul-ya-an)
(1862 Pommern – um 1938/39)
Mittelschullehrer, Direktor der deutschen Schule in Seoul

Abb. 225:
Johannes Bolljahn 1907.

Zunächst seit 1890 als Hauslehrer der Familie von Franz Eckert und an verschiedenen Schulen in Tōkyō als Deutschlehrer tätig, übernimmt Bolljahn den Posten als Direktor der ersten deutschen Sprachschule in Seoul, die am 15. September 1898 eröffnet wird. In den Jahren 1901 und 1902 unterrichtet Bolljahn zusätzlich an der Kaiserlich Koreanischen Militärakademie. 1920 kehrt er mit der Witwe Mathilde Eckert nach Deutschland zurück.

(Zu einer ausführlicheren Darstellung Bolljahns und der deutschen Schule in Seoul siehe Kapitel V.3.)

Ausgewählte Werke:
- „Anfänge der protestantischen Mission und ihr gegenwärtiger Stand". In: *Zeitschrift für Missionskunde und Religionswissenschaft,* Jg. 15 (1900), S. 257–264.
- „Das koreanische Schulwesen". In: *Deutsche Zeitschrift für Ausländisches Unterrichtswesen.* Leipzig, Jg. 5, H. 3 (April 1900), S. 192–209.
- „Das Schulwesen in Korea". In: *Zeitschrift für Philosophie und Pädagogik.* Langensalzen, April 1899, S. 125–127.

„Leserbriefe" im OL unter den Titeln:
- „Der Tag der Witwen in Korea". *OL,* Jg. 27, 19.12.1913, S. 574.
- „Die Hauptschwierigkeit der Japaner in Korea". *OL,* Jg. 24, 25.2.1910, S. 198f
- „Die Verschwörung in Korea". Jg. 26, 28.6.1912, S. 553f.
- „Korea, Land und Leute". In: *Zeitschrift für Missionskunde und Religionswissenschaft,* Jg. 14 (1899), S. 353–360.
- „Koreanische Sitten und Gebräuche". In: *Zeitschrift für Missionskunde und Religionswissenschaft,* Jg. 15 (1900), S. 65–77.
- „Kurze Bemerkungen über Korea und koreanische Zustände". In: *Zeitschrift für Missionskunde und Religionswissenschaft,* Jg. 20 (1905), S. 205–211.

Ausgewählte Bibliographie:
- Allen: S. 38.
- „Besuch Seiner Koeniglichen Hoheit des Prinzen Heinrich in Seoul". In: *OL,* Jg. 13, 1. Juli 1899, S. 687f.
- Claussen-Wunsch, Gertrud (Hrsg.): *Dr. med. Richard Wunsch. Arzt in Ostasien.* Büsingen/Hochrhein 1976, S. 88, 93, 103, 115, 120, 137, 160, 165, 198, 200, 210.
- *D&C*: 1902–1911.
- Genthe, Siegfried: *Korea. Reiseschilderungen.* Berlin 1905, S. 244–250.
- „German in Korea wrote of old educational system". In: *The Korea Herald,* International Edition, Seoul, 18. July 1985, S. 4.
- Kroebel, Emma: *Wie ich an den koreanischen Kaiserhof kam. Reise-Eindrücke und Erinnerungen.* Berlin 1909, S. 142–145.
- *Meiklejohn's*: 1911.
- Persönliche Auskunft von Charles Martel und Dorit Pertz-Eckert, Enkel und Enkelin von Franz Eckert.
- *The Korea Review,* Vol. 1, No. 4 (Apr. 1901), S. 172; Vol. 2, No. 1 (Jan. 1902), S. 32: „News Calendar".
- *The Korean Review,* Bd. 1, April 1901, S. 172.
- „Vizeadmiral Bendemann in Port Arthur und Korea". In: *OL,* Jg. 15, 4. Okt. 1901, S. 849.
- Wertheimer, Fritz: „Seoul: Blicke in die Hauptstadt Koreas". In: *OL,* Jg. 24, Nr. 4, 28.1.1910, S. 106–108.
- Choe Jong-go 최종고: *Han-deok gyoseopsa* 韓獨交涉史. („Geschichte der deutsch-koreanischen Beziehungen"). Seoul 1983, S. 156–165.
- *Gu han-guk oegyo munseo* 舊韓國外交文書, *deogan* 德案 1, Nr. 1794; *deogan* 德案 2, Nr. 2093, 2255, 2876, 3060, 3063.
- Yi Gwang-rin 李光麟: *Han-guk gaehwasa yeon-gu* 韓國開化史研究, Seoul 1969, S. 124.

Brinckmeier, Robert Hans Carl (卜隣美 Bong-nin-mi)
(Vgl. Kategorie VII.1)
(1840 Wolfenbüttel – 1930 Incheon)
Angestellter im Zolldienst und am deutschen Konsulat
Nachdem er von 1886 bis 1888 als Offizier auf koreanischen Dampfern gefahren war, tritt er in den koreanischen Seezolldienst ein und fungiert von 1888 bis vermutlich Anfang 1897 zunächst als Zollinspektor in Chemulpo. Am 5. März 1897 wird Brinckmeier als Kanzlist des deutschen Konsulats in Seoul eingestellt, wo er bis zum Jahre 1910 tätig ist. Er stirbt 1930 in Incheon.

Ausgewählte Bibliographie:
– Allen: S. 35, 52.
– *D&C*: 1889–1896.
– *Meiklejohn's*: 1889, 1890.
– *The Korea Review*, Vol. 3, No. 11 (Nov. 1903), S. 507–509.
– *Gu han-guk oegyo munseo* 舊韓國外交文書 , *deogan* 德案 2, Nr. 2929.

Claassen, H. (Vgl. Kategorie VII.1)
Angestellter im Zolldienst und am deutschen Konsulat
Erst für kurze Zeit vermutlich seit Ende 1884 im koreanischen Seezolldienst tätig, wird er nach Ausscheiden von Möllendorffs zusammen mit drei weiteren Deutschen (Schulze, Kniffler und Arnous) aus dem koreanischen Dienst entlassen. Unmittelbar danach wird er als Wachtmeister für das deutsche Konsulat in Seoul engagiert.

Ausgewählte Bibliographie:
– AA, Korea I, Bd. 7: ‚Schreiben Budlers an Bismarck vom 9. Dez. 1885'.
– *D&C*: 1886–1887.
– *Kölnische Zeitung*, 5. Jan. 1886: „Aus Korea".
– *Meikeljohn's*: 1886, S. 119.

Diedricht, Claus (禮德立格 Rye-deong-nip-gyeok)
Maschinenbauingenieur

Kommt im April 1885 nach Korea, um gemeinsam mit Friedrich Kraus und C. Riedt im Auftrag der Regierung eine neue koreanische Münzprägeanlage in Seoul aufzubauen. Die dazu nötigen Maschinen werden im Auftrag von Möllendorff von der deutschen Firma Meyer & Co. aus Deutschland importiert. Die Arbeit ist Ende des Jahres 1887 beendet, und Diedricht kehrt Anfang des nächsten Jahres nach Deutschland zurück.

Ausgewählte Bibliographie:
– Allen: S. 17.
– *D&C*: 1887.

- Kim, Zae-Quan: „Möllendorff und die Industrialisierung Koreas". In: Leifer, Walter (Hrsg.): 묄렌도르프 (P. G. von Möllendorff). Seoul 1983, S. 211–238.
- Park, Chan Il: „Thesen zur Wirtschaftspolitik und zum Wirtschaftskonzept Möllendorffs". In: Leifer, Walter (Hrsg.): 묄렌도르프 (P. G. von Möllendorff). Seoul 1983, S. 250.
- Won, Yu-han: „A study on the introduction of German coinage techniques to Korea". In: *Korea Journal*, Vol. 14, N0. 11, Seoul 1974, S. 4–11.
- *Gu han-guk oegyo munseo* 舊韓國外交文書, *deogan* 德案 1, Nr. 264, 325, 333, 682.

Eckert, Franz (埃巨多 Ae-geo-da)
(5.4.1852 Neurode, Schlesien [heutiges Nowa Ruda in Polen] – 6.8.1916 Seoul)
Kapellmeister und Komponist

Zunächst seit Frühjahr 1879 in Japan als Marinekapellmeister in verschiedenen Ministerien und an der Militärakademie in Tōkyō tätig, wird der Königlich Preußische Musikdirektor Eckert Ende 1900 von der Kaiserlich Koreanischen Regierung als Hofkapellmeister in Seoul engagiert und trifft am 19. Februar 1901 in der koreanischen Hauptstadt ein. Nach einer langen erfolgreichen Tätigkeit stirbt er dort am 6. August 1916 im Alter von 64 Jahren an Magenkrebs und wird auf dem Ausländerfriedhof in Seoul beigesetzt.

Abb. 226: Franz Eckert.

(Zu einer ausführlichen Darstellung Eckerts Wirken in Japan und Korea siehe Kapitel V.4.)

Ausgewählte Werke:
- „Die japanische Nationalhymne". In: *MOAG*, Bd. 3, H. 23 (1881), S. 131.
- „Japanische Lieder". In: *MOAG*; Bd. 2, S. 423–428.

Ausgewählte Bibliographie:
- Allen: S. 44, Supplement: S. 3, 6, 11.
- Claer, Alexander von: Bericht aus dem Jahre 1904. Unveröffentlichtes Manuskript.
- Claussen-Wunsch, Gertrud (Hrsg.): *Dr. med. Richard Wunsch. Arzt in Ostasien*. Büsingen/Hochrhein 1976, S. 80, 89, 98, 101, 103, 115, 137, 147, 149, 154, 198, 200.
- *Curt Netto 1847–1909. Aquarelle und Zeichnungen aus Japan 1873–1885.* Ausstellung im japanischen Kulturinstitut Köln vom 6. bis 23. Mai 1980. (Ausstellungskatalog), Köln 1980, S. 26, 45.
- „Der Deutsche, der Nationalhymnen für Asien schrieb". In: *Ost-Dienst. Die unabhängige deutsche Ostkorrespondenz*, Hamburg. Beilage: Korea-Dienst, Nr. 143 (Mai 1983).

- Eckardt, Andre: „Unserem Mitgliede Franz Eckert dem Pionier deutscher Musik in Japan zum Gedächtnis". In: *MOAG*, Bd. 21 (1927), zwischen Heft D und Heft E.
- Kleiner, Jürgen: *Korea. Betrachtungen über ein fernliegendes Land*. Frankfurt a. M. 1980, S. 284f, 290.
- Kneider, Alexander: „Der Kgl. Preuß. Musikdirektor Franz Eckert als Kapellmeister am koreanischen Kaiserhof". In: Komitee 100 Jahre deutsch-koreanische Beziehungen (Hrsg.): *Bilanz einer Freundschaft. Hundert Jahre deutsch-koreanische Beziehungen*. Bonn 1984, S. 36–38.
- Kneider, Hans-Alexander: „Franz Eckert: Königlich Preußischer Musikdirektor am koreanischen Kaiserhof". In: *Daf-Szene Korea. Rundbrief der Lektoren-Vereinigung Korea*, Nr. 17: ‚Deutsches in Korea'. Seoul, Mai 2003, S. 18–21.
- Kroebel, Emma: *Wie ich an den koreanischen Kaiserhof kam. Reise-Eindrücke und Erinnerungen*. Berlin 1909, S. 142ff.
- Martel, Amalie: This is my life. (Unveröffentlichtes Tagebuch der ältesten Tochter von Franz Eckert).
- Meissner, Kurt: *Deutsche in Japan 1639–1960*. Tōkyō 1961, S. 57.
- Meissner, Kurt: „Unwissenschaftliches aus der „Gelehrtenkolonie" in Tokyo in den 89er Jahren". In: *Nachrichten der OAG*, Nr. 65.
- Namgung, Yo-Yol: „The German Bandmaster – Korean Task of Western Music Traces Back to 1901". In: *The Korea Times*, 13. Aug. 1982, S. 5.
- *OL*, Jg. 16, 17.1.1902, S. 51: Korea; 11.7., S. 550: Korea; 14.11., S. 928: PN.
- Schmidlin, Prof. Dr.: „Im Lande der Morgenstille" In: *OL*, Jg. 28, 20.6.1914, S. 591.
- *The Korea Review*, Bd. 1, S. 74, 412.
- *The Korea Review*, Vol. 1, No. 2 (Feb. 1901), S. 74; No. 9 (Sep. 1901), S. 412.
- *The Korea Review*, Vol. 2; No. 8 (Aug. 1902), S. 365; No. 12 (Dec. 1902), S. 557.
- Zoe, Cincaid: „Composer of Japan's National Anthem Organized Bands Here". In: *The Japan Advertiser*, Tōkyō, 7. Dez. 1926, S. 10.
- *Bullyeo jiji aneun <je 2(i)-ui ae-gukga> akbo bal-gyeon* 불려지지 않은 < 제 2 의 愛國歌 > 악보 발견 . In: *Joseon ilbo* 조선일보 (Choson Ilbo), Seoul, 1. Dez. 1985.
- *Ekereuteu-ui <daehan je-guk ae-gukga>* 에케르트의 < 대한제국애국가 >. In: *Eumak donga* 음악동아 , Seoul, Januar 1986, S. 102–104.
- *Gu han-guk oegyo munseo* 舊韓國外交文書 , *deogan* 德案 2, Nr. 239, 244, 266–270, 385, 387f, 459, 461, 506–508, 511, 2369, 2386, 2446f, 2698, 2702f, 2816, 2819, 2891, 2897.
- Jang Sa-hun 張師勛 . *Yeo-myeong-ui dongseo eumak* 黎明의 東西音樂 . Seoul 1974.
- Nōmura Kōichi 野村光一 : *Franz Eckert. Ongaku kouiku no suising* フランツ・エッケルト－音樂敎育の推進 . In: *Ongaku oyatoi gaikokujin* 音樂お雇い外国人 , Bd. 10. Tōkyō 1971, S. 143–161.

- Yi Mae-rang 李每浪 : *Han-guk eumaksa* 韓國音樂史 , Seoul 1985, S. 422, 549, 550.
- Yi Yu-seon 李宥善 : *Han-guk yangak palsimnyeonsa* 韓國洋樂八十年史 . Seoul 1968. (Bes. S. 129–143, 194–201).

Grundmann, W.
Angestellter im Zolldienst

1892 bis 1894 Assistent des Zollkommissars in Wonsan. Otto Ehlers begegnet ihm auf seiner Reise in Korea Ende Oktober 1892.

Ausgewählte Bibliographie:
- *D&C*: 1893–1894.
- Ehlers, Otto E.: *Im Osten Asiens*. Berlin 1896, S. 388.

Helm, Paul (赫爾瑪 Hyeok-i-ma), (惠林 Hye-rim)
Landwirt

Während eines Aufenthaltes in Japan im März 1885 überredet Paul Georg von Möllendorff den deutschen Landwirt Helm, moderne landwirtschaftliche Geräte zu erstehen, in Korea ein größeres Gut nach deutschem System zu kultivieren und auf diese Weise moderne Landwirtschaftstechniken einzuführen. Einen Monat später kommt Helm nach Korea, doch scheitert das Projekt daran, dass er kein Land für sein Agrarexperiment erwerben kann. Im frühen Herbst 1885 kehrt er daraufhin nach Japan zurück.

Ausgewählte Bibliographie:
- Deuchler, Martina: *Confucian Gentlemen and Barbarian Envoys. The Opening of Korea, 1875–1885*. Seattle and London 1977, S. 163, 270: Anm. 40.
- Kleiner, Jürgen: „Paul Georg von Möllendorff. Ein Preuße in koreanischen Diensten". In: *Zeitschrift der Deutschen Morgenländischen Gesellschaft*. Sonderdruck, Bd. 133, Heft 2, Wiesbaden 1983, S. 343–434.
- *Gu han-guk oegyo munseo* 舊韓國外交文書 , *deogan* 德案 1, Nr. 131, 137f, 153f, 157, 293, 298, 303, 307, 413, 429, 437f, 768, 785, 808, 877f.

Henschel, Otto F. E. (Vgl. Kategorie IV)
Angestellter im Zolldienst und bei Wolter & Co.

Von 1901 bis 1902 ist der gebürtige Berliner zunächst als Zollinspektor und ab 1903 bis 1908 als Zollrevisor in Pusan tätig. Noch im gleichen Jahr repräsentiert er ebenfalls die deutsche Firma aus Chemulpo, E. Meyer & Co., in der südlichen Hafenstadt. Nach seinem Ausscheiden aus dem koreanischen Zolldienst, wird Henschel ab 1909 Mitarbeiter der Firma Carl Wolter & Co. in Pusan und ab 1910 in Chemulpo (bis nachweislich 1915).

Ausgewählte Bibliographie:
- AA, Korea I, Bd. 35: ‚Schreiben von Graf Arco-Valley aus Tokio vom 18. Feb. 1904'; ‚Schreiben von Saldern aus Seoul vom 11. Feb. 1904'.
- *D&C*: 1901–1911.
- *JD*: 1911–1915.
- Zabel, Rudolf: *Meine Hochzeitsreise durch Korea während des russisch-japanischen Krieges*. Altenburg 1906, S. 98f.

Hintze, Julius F.
Angestellter im Zolldienst

Der aus Basedow in Deutschland stammende Julius Hintze ist voraussichtlich seit 1888 bis 1893 zunächst Zollinspektor in Wonsan und anschließend als solcher von 1894 bis 1896 in Chemulpo tätig. Davon, dass er in Korea verstorben ist, zeugt sein Grabstein auf dem Ausländerfriedhof in Seoul, doch werden weder Geburts-, noch Todesdatum angegeben.

Ausgewählte Bibliographie:
- *D&C*: 1889–1896.
- Internet: freepages.misc.rootsweb.com/~schipp/Memorials/hintze.html.
- *Meiklejohn's*: 1889, 1890.

Holz, J. C. A.
Angestellter im Zolldienst

Zollinspektor in Pusan nachweislich in den Jahren 1889 bis 1896. Der österreichische Reiseschriftsteller Ernst von Hesse-Wartegg trifft ihn auf seiner Reise durch Korea im Sommer 1894.

Ausgewählte Bibliographie:
- *D&C*: 1889–1896.
- Hesse-Wartegg, Ernst von: *Korea. Eine Sommerreise nach dem Lande der Morgenruhe 1894*. Dresden und Leipzig 1895, S. 8.
- *Meiklejohn's*: 1890.

Abb. 227: Angestellte im Seezollamt in Pusan 1890.

Kniffler (克立弗那 Geung-nip-bul-la)
Kaufmann

Vermutlich ein Verwandter von Louis Kniffler, dem Chef der von ihm am 1. Juli 1859 gegründeten deutschen Firma L. Kniffler & Co. aus Nagasaki, Japan, wird im Jahre 1884 von Möllendorff nach Korea geholt, um im Auftrag der Regierung die Bodenverhältnisse für einen groß angelegten Tabakanbau zwecks Exports in ostasiatische Länder zu untersuchen. Dieses Projekt scheitert jedoch aus Mangel an finanzieller Unterstützung. Mit dem Ausscheiden Möllendorffs aus dem koreanischen Dienst im Jahre 1885 wird auch Kniffler entlassen und kehrt unverrichteter Dinge nach Japan zurück.

Ausgewählte Bibliographie:
- AA, Korea I, Bd. 4: ‚Schreiben von Zembsch aus Seoul vom 4. Dez. 1884'.
- AA, Korea I, Bd. 7: ‚Schreiben Budlers aus Seoul an Bismarck vom 9. Dez. 1885'.
- Allen: S. 12.
- „Aus Korea". In: *Kölnische Zeitung* vom 5. Jan. 1886.
- „Baron von Möllendorff". In: *The Korea Review*, Vol. 1, No. 6 (June 1901), S. 249f.
- *Ostasiatischer Verein Hamburg-Bremen zum 60jährigen Bestehen*. Hamburg 1960, S. 201f.
- Park, Chan Il: „Thesen zur Wirtschaftspolitik und zum Wirtschaftskonzept Möllendorffs". In: Leifer, Walter (Hrsg.): 묄렌도르프 (P. G. von Möllendorff). Seoul 1983, S. 239–255.
- *Gu han-guk oegyo munseo* 舊韓國外交文書 , *deogan* 德案 1, Nr. 212, 214, 224, 226–229, 231, 249.

Kofoed, N. C.
Angestellter im Zolldienst

Kofoed ist einer der ersten zahlreichen Mitarbeiter Möllendorffs, die im Frühjahr 1883 nach Korea kommen und in der Anfangsphase mithelfen, das Zollwesen in Korea aufzubauen. Von Mitte 1883 bis 1886 ist er in Wonsan als stellvertretender Hafenmeister tätig. Zu seinen Aufgaben gehört es unter anderem, viermal täglich meteorologische Messungen vorzunehmen, die auch Carl Gottsche auf seiner Forschungsreise in Korea von großem Nutzen sind.

Ausgewählte Bibliographie:
- *D&C*: 1884–1886.
- Gottsche, C.: „Ueber Land und Leute in Korea" (Vortrag gehalten am 3. Okt. 1885) In: *Verhandlungen der Gesellschaft für Erdkunde zu Berlin*, Jg. 13 (1886), Nr. 5, S. 246–262.
- *Meiklejohn's*: 1886.

Kraus, Friedrich (格老斯 Gyeong-no-sa)
(?–1916 Darmstadt)
Direktor der koreanischen Münze

Kommt in Begleitung seiner Familie am 8. November 1885 in Chemulpo an und übernimmt von Möllendorff die Direktion der neuen koreanischen Münze, die er im Auftrag der Regierung zusammen mit Claus Diedricht und C. Riedt in Seoul aufbauen soll. Die Arbeit ist Ende 1887 beendet. Am 22. April 1888 reist Kraus von Korea nach Deutschland zurück.

Ausgewählte Werke:
- „Das Königreich Korea". In: *Unsere Zeit*, Bd. 1 (1889), S. 66–74.
- „Die Hauptstadt von Korea und ihre Bewohner". In: *OL*, 1887, Nr. 218, 257, 263.
- „Eine Reise nach Korea". In: *Deutsche Rundschau für Geographie und Statistik*, Jg. 11 (1889), S. 207–219.

Ausgewählte Bibliographie:
- Allen: S. 17.
- Won, Yu-han: „A study on the introduction of German coinage techniques to Korea". In: *KJ*, Vol. 14, No. 11, Seoul 1974, S. 4–11.
- Kim, Zae-Quan: „Möllendorff und die Industrialisierung Koreas". In: Leifer, Walter (Hrsg.): 묄렌도르프 (P. G. von Möllendorff). Seoul 1983, S. 272–289.
- *D&C*: 1887.
- *Gu han-guk oegyo munseo* 舊韓國外交文書 , *deogan* 德案 1, Nr. 318, 334, 679f, 715, 802, 804, 894, 910, 917, 920, 937, 940, 963, 968, 984, 989, 1007.

Krebs (Krebbs), C.
Angestellter im Zolldienst

Als einer der ersten Mitarbeiter Möllendorffs ist er als Assistent des Zollkommissars von Mitte 1883 zunächst in Chemulpo und 1885 in Pusan tätig.

Ausgewählte Bibliographie:
- Allen: S. 12.
- *D&C*: 1884–1885.

Kroebel, Emma
Vertretung von Frl. Sontag am Hofe

Ehefrau von Hauptmann Ernst Kroebel, der seiner Frau bereits 1897 nach China vorausreist, um die Leitung des Kantinenwesens der ostasiatischen Besatzungsbrigade in Tsingtau zu übernehmen. Emma Kroebel verlässt Deutschland im November 1901, um ihrem Ehemann nach China zu folgen. Insgesamt hält sie sich fünf Jahre in China, Japan und

Korea auf. Emma Kroebel reist im August 1905 von Tsingtau nach Korea und übernimmt durch die Vermittlung ihres Mannes für ein knappes Jahr die Vertretung von Frl. Sontag als Hofzeremonienmeisterin am koreanischen Kaiserhof.

Ausgewählte Werke:
– Kroebel, Emma: *Wie ich an den koreanischen Kaiserhof kam*. Berlin 1909.

Laucht, H. W.
Angestellter im Zolldienst

Abb. 228: Emma Kroebel.

Kommt im Gefolge Möllendorffs im Frühling 1883 oder kurze Zeit darauf nach Korea und ist einer der „Pioniere", die am Aufbau des Seezolldienstes beteiligt sind. Laucht ist zunächst von Ende 1883 bis 1884 als Zollprüfer im Hafenamt von Wonsan und anschließend von 1885 bis 1887 in gleicher Funktion in Pusan tätig.

Ausgewählte Bibliographie:
– Allen: S. 12.
– *Meiklejohn's*: 1886–1889.
– *D&C*: 1884–1887.

Lindholm, K. H. von
Angestellter im Zolldienst
Von 1894 bis 1896 Assistent des Zollkommissars in Pusan.

Ausgewählte Bibliographie:
– *D&C*: 1894–1896.

Lührss, G. F. W.
Angestellter im Zolldienst
Voraussichtlich seit 1891 bis 1892 Hafenmeister in Chemulpo.

Ausgewählte Bibliographie:
– *D&C*: 1892.

Maasberg, C. A.
Angestellter im Zolldienst
Von 1898 bis Ende 1899 fungiert Maasberg zunächst als Zollrevisor in Pusan. Ab dem 13. November 1899 übernimmt er die Leitung des Zollamtes in Masanpo. Ab dem 16. April 1900 ist er als leitender Assistent in Mokpo und von 1902 bis zum Jahre 1907 schließlich als Leiter des Zollamtes in Jinnampo tätig.

Ausgewählte Bibliographie:
- Allen: S. 59.
- *D&C*: 1898–1907.
- Obenheimer: „Ansteuerung des Hafens von Gensang; Ansteuerung des Hafens von Fusan; Ansteuerung der Masanpho-Föhrde; – aus dem Reisebericht S. M. S. ‚Irene'". In: *Annalen der Hydrographie und maritimen Meteorologie*, Bd. 28 (1900), S. 49–85.

Maertens, August H.
Fachmann für Seidenkultur

Zu Beginn des Jahres 1884 kommt der in Shanghai ansässige deutsche Experte für Seidenkultur Maertens mit dem Vorschlag nach Korea, unter bestimmten Bedingungen in großem Rahmen eine Seidenfabrikation zu gründen. Dieses Projekt wird anfänglich von der koreanischen Regierung abgelehnt, doch nach Intervention Möllendorffs doch noch akzeptiert. Nach seiner Berufung zum Direktor der „Korean Silk Association" im Oktober 1884, kehrt Maertens von Shanghai einen Monat später nach Korea zurück und startet sein Projekt Anfang Dezember desselben Jahres teilweise mit eigenem Kapital. Von Möllendorff lässt zu diesem Zweck 100.000 Maulbeerbäume durch die Firma E. Meyer & Co. aus China importieren, die Maertens sowohl in Seoul, als auch in Chemulpo anpflanzt. Dem eingezäunten Grundstück, einem Teil des Gyeonghui-Palastes innerhalb der Stadtmauer am Westtor, gibt er den Namen „Mulberry Palace".

Abb. 229: Mulberry Palace um 1899.

Für eine Seidenraupenzucht lässt er zwei Gebäude in Seoul errichten (Nähe des Westtores Seodae-mun und in Bupyeong, Chemulpo, und hat den Direktorenposten bis zum 6. Mai 1889 inne. Ein anschließender Streit, bei dem es um finanzielle Rückzahlungsansprüche seitens Maertens an die koreanische Regierung geht, zieht sich über Jahre hin und wird erst am 16. April 1891 endgültig geschlichtet.

Ausgewählte Bibliographie:
- AA, Korea I, Bd. 7: ‚Schreiben Budlers aus Seoul an Bismarck vom 8. März 1886'.
- Allen: S. 13.
- *D&C*: 1887–1890.
- Kim, Zae-Quan: „Möllendorff und die Industrialisierung Koreas". In: Leifer, Walter (Hrsg.): 묄렌도르프 (P. G. von Möllendorff). Seoul 1983, S. 281.
- Koh, Byong-ik: „The Role of Westerners Employed by the Korean Government in the Late Yi Dynasty". In: *International Conference on the Problems of Modernization in Asia, June 28 – July 7. 1965*, Seoul, Korea University, S. 249–257.
- *Meiklejohn's*: 1889–1890. – *D&C*: 1887–1890.
- Park, Chan Il: „Thesen zur Wirtschaftspolitik und zum Wirtschaftskonzept Möllendorffs". In: Leifer, Walter (Hrsg.): 묄렌도르프 (P. G. von Möllendorff). Seoul 1983, S. 250.
- *The Korean Repository*, Vol. 1 (Oct. 1892), S. 321.
- *Gu han-guk oegyo munseo* 舊韓國外交文書, *deogan* 德案 1, Nr. 841, 857, 862, 904, 924, 926, 951, 958, 965, 978, 993, 997, 999, 1018, 1026, 1030, 1035, 1046, 1048, 1058, 1066, 1068, 1073, 1082, 1084, 1098, 1100f, 1103f.

Mannheimer, P. E.
Angestellter im Zolldienst

Als einer der Pioniere und mit über 25-jähriger Dienstzeit ist Mannheimer wohl der am längsten im koreanischen Seezolldienst amtierende Deutsche. Bereits seit Ende 1884 bis 1901 ist er zunächst als Zollinspektor, dann ab 1902 bis 1910 als Leiter der Zollabteilung in Wonsan tätig.

Ausgewählte Bibliographie:
- *D&C*: 1885–1910.
- *Meiklejohn's*: 1886–1890.
- Zabel, Rudolf: *Meine Hochzeitsreise durch Korea während des russisch-japanischen Krieges*. Altenburg 1906, S. 156, 223.

Meyer, C. A.
Angestellter im Zolldienst

Von 1893 bis 1899 stellvertretender Leiter der Zollabteilung sowie Hafenmeister in Chemulpo.

Ausgewählte Bibliographie:
- *D&C*: 1893–1899.

Möllendorff, Paul Georg von (穆麟德 Mok-in-deok) (17.2.1847 Zehdenick [Kreis Templin, Brandenburg] – 20.4.1901 Ningbo, China)
Dolmetscher, Sinologe, Diplomat

Auf die Bitte König Gojongs wird Möllendorff im Jahre 1882 von Li Hongzhang als erster westlicher Berater der koreanischen Regierung nach Seoul entsandt und betritt am 8. Dezember zum ersten Mal koreanischen Boden. Neben seiner Tätigkeit als Berater in auswärtigen Angelegenheiten bekleidet Möllendorff verschiedene hochrangige Posten und organisiert als Generalzollinspektor das koreanische Zollwesen. Verhandlungen mit Russland bezüglich Militärinstrukteure für Korea bringen ihn schließlich aufgrund von Machtintrigen fremder Nationen zu Fall. Möllendorff wird sämtlicher Posten enthoben und reist am 5. Dezember 1885 nach China zurück.

Abb. 230: Paul Georg von Möllendorff.

Als sich von Möllendorffs Nachfolger im Außenministerium, der Amerikaner Owen Nickerson Denny (1838–1900), von seinem Posten zurückziehen will, entsendet Li Hongzhang von Möllendorff das zweite Mal nach Korea, doch wird eine erneute Einstellung Möllendorffs verhindert, so dass er Mitte 1888 von Li nach China zurückbeordert wird.

(Zu einer ausführlicheren biographischen Darstellung von Paul Georg von Möllendorff siehe Kapitel V.1.)

Abb. 231: Owen Nickerson Denny.

Ausgewählte Werke:
– *A Manchu Grammar: With Analysed Texts*. Shanghai 1892
– *Classification des dialectes chinois*. Ningpo 1899.
– *Das chinesische Familienrecht*. Schanghai 1895
– „Die Juden in China". In: *Monatsschrift für Geschichte und Wissenschaft des Judentums*. Bd. 1893–1895, S. 327–331.
– *Die Weltliteratur. Eine Liste mit Einleitung*. Schanghai 1894.
– „Essay on Manchu Literature". In: *Journal of the China Branch of the Royal Asiatic Society*, Bd. XXIV (1889), S. 1–45.
– *Manual of Chinese Bibliography, being a List of Works and Essays Relating to China* (in Zusammenarbeit mit seinem Bruder O. F. von Möllendorff). Shanghai, London, Görlitz 1876.
– *Ningpo Syllabary*. Shanghai 1901

- „On the Limitations of Comparative Philology". In: *Journal of the China Branch of the Royal Asiatic Society*. Bd. XXXI (1896/97), S. 1–21.
- *Praktische Anleitung zur Erlernung der hochchinesischen Sprache*. 4. Aufl., Schanghai 1906.

Ausgewählte Bibliographie:
- AA, Korea I, Bd. 4: ‚Brief von Zembsch aus Seoul vom 9. Dez. 1884'.
- AA, Kurzbiographie „Möllendorff".
- Allen: S. 12, 15, 16, 18, 19, 59.
- „Aus Korea". In: *Kölnische Zeitung*, drittes Blatt, Nr. 155, 5. Juni 1886.
- „Baron von Möllendorff". In: *The Korea Review*, Vol. 1 (1901), S. 245–252.
- *BJDN*, Bd. 6 (1901), S. 324.
- Choi, Chong Ko: „Paul-Georg von Möllendorff und das koreanische Recht". In: Leifer, Walter (Hrsg.): 묄렌도르프 (P. G. von Möllendorff). Seoul 1983, S. 191–210.
- Claussen-Wunsch, Gertrud (Hrsg.): *Dr. med. Richard Wunsch. Arzt in Ostasien*. Büsingen/Hochrhein 1976, S. 66f, 169.
- *D&C*: 1884–1885.
- *DBE*, Bd. 7, S. 139.
- „Die gegenwärtigen Zustände von Korea". In: *Globus*, Bd. 49, Nr. 9 (1886), S. 139–142; Bd. 10 (1886), S. 151–154.
- „Die jüngsten Ereignisse in Korea". In: *Das Ausland*, Bd. 57 (1885), S. 396–399, 413f.
- Go, Byong Ik: „Hintergründe der Einstellung von Paul-Georg von Möllendorff". In: Leifer, Walter (Hrsg.): 묄렌도르프 (P. G. von Möllendorff). Seoul 1983, S. 110–123.
- Gottsche, C.: „Ueber Land und Leute in Korea". (Vortrag gehalten am 3. Okt. 1885) In: *Verhandlungen der Gesellschaft für Erdkunde zu Berlin*, Jg. 13 (1886), Nr. 5, S. 246–262.
- Hellwald, Friedrich von: „Korea". In: *Oesterreichische Monatsschrift für den Orient*, Nr. 2, 15. Feb. 1887, S. 18.
- Hesse-Wartegg, Ernst von: *Korea. Eine Sommerreise nach dem Lande der Morgenruhe 1894*. Dresden und Leipzig 1895, S. 185f.
- Hollenbach, Thomas: „Möllendorffs Amtsantritt in Korea 1882/83 und die Politik der Mächte". In: 한 (*Han*) *Korea. Kulturmagazin*, Jg. 1983, H. 4, S. 94–109.
- Kleiner, Jürgen: „Paul Georg von Möllendorff. Ein Preuße in koreanischen Diensten". In: *ZDMG*, Bd. 133, H. 2 (1983), S. 343–434.
- Koh, Byong-ik: „The Role of Westerners Employed by the Korean Government in the Late Yi Dynasty". In: *International Conference on the Problems of Modernization in Asia, June 28 – July 7. 1965*, Seoul, Korea University, S. 249–257.
- „Korea". In: *Oesterreichische Monatsschrift für den Orient*, Jg. 11 (1885), S. 25–29, 56–61.
- Lee, Kwang-rin: „The Role of Foreign Military Instructors in the Later Period of the Yi Dynasty". In: *International Conference on the Problems of Moder-*

nization in Asia. June 28 – July 7, 1965. Asiatic Research Center, Korea University, Seoul 1965, S. 241–248.
- Lee, Yur-Bok: *West goes East. Paul Georg von Möllendorff and Great Power Imperialism in Late Yi Korea.* Honolulu 1988.
- Leifer, Walter (Hrsg.): 묄렌도르프 (P. G. von Möllendorff). Seoul 1983.
- Leifer, Walter: „Paul-Georg von Möllendorff – Gelehrter und Staatsmann in einer Übergangszeit". In: Leifer, Walter (Hrsg.): 묄렌도르프 (P. G. von Möllendorff). Seoul 1983, S. 57–91.
- Lie, Kwang-Sook: „Das Deutschlandbild in Koreas erster Zeitung in der Zeit Möllendorffs". In: Leifer, Walter (Hrsg.): 묄렌도르프 („P. G. von Möllendorff"). Seoul 1983, S. 309–350.
- Moellendorff, R. von: *P. G. von Moellendorff. Ein Lebensbild.* Leipzig 1930.
- „Moellendorff: First Western Official". In: *Korea Times*, 11. Apr. 1971.
- „Nachrichten über Möllendorff." In: *Kölnische Zeitung*, zweites Blatt, erste Abendausgabe, Nr. 246, 4. Sep. 1888.
- „Nachrichten über Möllendorff". In: *Kölnische Zeitung*, zweites Blatt, erste Abendausgabe, Nr. 246, 4. Sep. 1888.
- „P. G. von Möllendorff †". In: *OL*, Jg. 15, 26. Apr. 1901, S. 352f.
- Park, Chan Il: „Thesen zur Wirtschaftspolitik und zum Wirtschaftskonzept Möllendorffs". In: Leifer, Walter (Hrsg.): 묄렌도르프 (P. G. von Möllendorff). Seoul 1983, S. 239–255.
- Won, Yu-han: „A study on the introduction of German coinage techniques to Korea". In: *KJ*, Vol. 14, No. 11, Seoul 1974, S. 4–11.
- *Gu han-guk oegyo munseo* 舊韓國外交文書, *deogan* 德案 1, Nr. 63f, 105, 147, 213, 265, 272f, 278f, 282, 291, 316, 453, 499, 528, 530,

Mörsel, Ferdinand Heinrich (牟世乙, 毛世乙 Mo-se-eul)

(Vgl. Kategorie VII.4.)

(1844 Danzig – 1908 Tsingtau, China)

Angestellter im Zolldienst, Meteorologe, Kaufmann, Publizist

Durch ein Schreiben vom 27. April 1883 aus Seoul wird Mörsel, bisher auf dem Dampfer „Yungching" mit Wohnsitz in Shanghai tätig, von Paul Georg von Möllendorff zum Bootsführer im koreanischen Seezollamt in Chemulpo ernannt. Als einer der ersten zwanzig Mitarbeiter Möllendorffs, die beim Aufbau und der Organisation des Seezolldienstes Pionierarbeit leisten, kommt er daraufhin im Juni 1883 nach Korea. Neben regelmäßigen meteorologischen Messungen und Untersuchungen, die er durchführt, fungiert er zunächst als Lotse und Bootsführer im Range eines Kapitäns, ab 1887 als stellvertretender Leiter der Zollabteilung sowie als Hafenmeister in Chemulpo bis zum Jahre 1891. Nach seinem Austritt aus dem Seezolldienst gründet Mörsel im Jahre 1892 eine eigene Firma in Chemulpo und ist obendrein als Kommissionsagent, Makler, Auktionator und lizenzierter Lotse tätig. 1894 arbeitet er zusätzlich als Agent für die „Standard Life Insurance Company".

Während eines Heimaturlaubs vom Winter 1897 bis Juni 1898 wird er für seine verdienstvolle Arbeit besonders als Lotse, der viele russische Schiffe sicher in den Hafen leitete, vom Zaren mit einem goldenen Orden mit St. Stanislas-Band ausgezeichnet. Im Jahre 1903 setzt er sich im Alter von 59 Jahren in Chemulpo zur Ruhe und wird in den *Directories* bis 1909 als Rentner gelistet. Er stirbt in der Hauptstadt der deutschen Kolonie in China, Tsingtau, im Jahre 1908. Als Vermächtnis hinterlässt er die Ferdinand-Heinrich-Mörsel-Stiftung in Tsingtau für das dortige Krebsinstitut.

Verfasste in *The Korean Repository*:
- „Chinampo and Mokpo". Vol. 4 (Sep. 1897), S. 334–338.
- „Climatical Notes. Climatical Records for Chemulpo for the 2nd and 3rd Quarters, 1896". Vol. 3 (1896), S. 460f.
- „Climatical Notes". Vol. 4 (Feb. 1897), S. 76f.
- „Eventful Days of 1892, and Most Critical Days of the Present Century". Vol. 1 (March 1892), S. 86–88.
- „Events Leading to the Emeute of 1884". Vol. 4, (March 1897), S. 95–98; (April 1897), S. 135–140, (June 1897), S. 212–219.
- „Loss of the Idzumo-Maru". Vol. 1 (April 1892), S. 122–124.
- „Meteorological Report for February. Chemulpo". Vol. 2 (April 1895), S. 152.
- „Prospect of More Open Ports". Vol. 2 (July 1895), S. 249–251.
- „Quarterly Climatical Report". Vol. 3 (1896), S. 179.
- *Review of the Trade of Corea for 1891 in Comparison with that of 1890*. Vol. 1 (June 1892), S. 189–193.
- Seoul Main Customs (Hrsg.): *1885 Dispatches from Chemulpo*. Seoul 2007, S. 15.
- *Wölung Do*. Vol. 2 (Nov. 1895), S. 412f.

Ausgewählte Bibliographie:
- Allen: S. 12.
- *D&C*: 1884–1909.
- Dinklage, L. E.: „Beitrag zur Kenntnis des Klimas in Korea". In: *Annalen der Hydrographie und maritimen Meteorologie*, Hamburg, Jg. 19 (1891), S. 33–40.
- *Meiklejohn's*: 1886–1890.
- *OL*, Jg. 13, 7.10.1898, S. 935: Korea.
- *The Independent*, 독립신문 (*Dongnip sinmun*), Vol. 1, No. 12, 2. Mai 1896: Brief Notice; Nr. 97, 17. Nov. 1896: Local Items.
- *The Korea Review*, Vol. 1, No. 8 (Aug. 1901), S. 358; Vol. 2, No. 6 (June 1902), S. 266; Vol. 3, No. 1 (Jan. 1903), S. 31: News Calendar.
- *The Korean Repository*, Vol. 5 (June 1898), S. 239: Notes and Comments.
- *Gu han-guk oegyo munseo* 舊韓國外交文書, *deogan* 德案 1, Nr. 1004, 1010, 1016, 1037, 1041, 1043f, 1055, 1058, 1061, 1069, 1071, 1076f, 1079, 1083f, 1087, 1090, 1093, 1095, 1097, 1128f, 1279, 1292, 1296, 2277f, 2294, 2313, 2326, 2431.

Prahl, J.
Angestellter Im Zolldienst
Im Jahre 1898 arbeitet Prahl als Zollinspektor in Chemulpo.
Ausgewählte Bibliographie:
– *D&C*: 1898.

Reimers, W.
Angestellter im Zolldienst
Im Jahre 1903 ist Reimers als Zollinspektor in Pusan tätig.
Ausgewählte Bibliographie:
– *D&C*: 1903.

Riedt, C. (黎德 Ryeo-deok)
Chemiker
Kommt im April 1885 nach Korea, um gemeinsam mit Friedrich Kraus und Claus Diedricht im Auftrag der Regierung eine neue Münzprägeanstalt in Seoul zu errichten. Als Chemiker ist er für die Analyse und Prüfung für Gold und Silber verantwortlich. Die Arbeit ist Ende 1887 beendet, doch im Gegensatz zu Diedricht und Kraus verlängert Riedt seinen Vertrag und kehrt erst 1889 nach Deutschland zurück.
Ausgewählte Bibliographie:
– Allen: S. 17.
– *D&C*: 1887–1889.
– Kim, Zae-Quan: „Möllendorff und die Industrialisierung Koreas". In: Leifer, Walter (Hrsg.): 묄렌도르프 („P. G. von Möllendorff"). Seoul 1983, S. 211–238.
– Kleiner, Jürgen: „Paul Georg von Möllendorff. Ein Preuße in koreanischen Diensten". In: *Zeitschrift der Deutschen Morgenländischen Gesellschaft.* Sonderdruck, Bd. 133, H. 2, Wiesbaden 1983, S. 393ff.
– *Meiklejohn's*: 1889.
– Won, Yu-han: „A study on the introduction of German coinage techniques to Korea". In: *KJ*, Vol. 14, No. 11, Seoul 1974, S. 4–11.
– *Gu han-guk oegyo munseo* 舊韓國外交文書 , *deogan* 德案 1, Nr. 318, 729, 786, 793f, 799, 803.

Rosenbaum, S.
Angestellter im Zolldienst
Als einer der Pioniere im Seezolldienst kommt Rosenbaum im Frühjahr 1883 mit Möllendorff aus Shanghai nach Korea und ist bis 1886 als Assistent des Zollkommissars in Wonsan tätig.

Abb. 232: Blick auf den Hafen von Wonsan 1895.

Ausgewählte Bibliographie:
- Allen: S. 12.
- *D&C*: 1884–1886.
- *Meiklejohn's*: 1886.

Schmidt, W.
Angestellter im Zolldienst

Als einer der ersten Mitarbeiter im Seezolldienst ist Schmidt zunächst seit Ende 1883 als Zollrevisor in Wonsan und von 1885 bis 1886 als stellvertretender Hafenmeister und Zollinspektor in Pusan tätig.

Ausgewählte Bibliographie:
- *D&C*: 1884–1886.
- *Meiklejohn's*: 1886.

Schoenicke, J. F. (史納機 Sa-nap-gi)
Angestellter im Zolldienst

Am 4. Juni 1886 beginnt Schoenicke seinen Dienst zunächst als Leiter des Seezollamtes in Chemulpo. Drei Jahre später löst er den Amerikaner Henry F. Merrill ab und amtiert vom 11. November 1889 bis zum 11. November 1892 als Zolldirektor in Seoul.

Ausgewählte Bibliographie:
- Allen: S. 23, 59.
- *D&C*: 1887–1892.
- Ehlers, Otto E.: *Im Osten Asiens*. Berlin 1905. (5. Auflage), S. 371.
- Go, Byong Ik: „Hintergründe der Einstellung von Paul-Georg von Möllendorff". In: Leifer, Walter (Hrsg.): 묄렌도르프 (P. G. von Möllendorff), S. 120.
- Kim, Dalchoong: *Korea's Quest for Reform and Diplomacy in the 1880's: with special reference to Chinese Intervention and Controle*. Medford 1972, S. 436, 437, 447–449.
- Koh, Byong-ik: „The Role of Westerners Employed by the Korean Government in the Late Yi Dynasty". In: *International Conference on the Problems of Modernization in Asia, June 28 – July 7. 1965*, Seoul, Korea University, S. 251.
- *Meiklejohn's*: 1889–1890.
- Moellendorff, R[osalie]. von: *P. G. von Moellendorff. Ein Lebensbild*. Leipzig 1930, S. 113.

– *OL*, Jg. 9 (1894/95), 22.3.1895, S. 416: PN; Jg. 14, 13.4.1900, S. 262: PN; Jg. 17, 10.4.1903, S. 598: PN.
– *The Korean Repository*, Vol. 1 (Okt. 1892), S. 320: Editorial Comments.

Schulze, F. W. (蕭鬱詩 , 蕭鬱始 So-ul-si) (Vgl. Kategorie VII.8.)
Angestellter im Zolldienst
Durch ein Schreiben vom 27. April 1883 aus Seoul erhält F. W. Schulze in Shanghai von Paul Georg von Möllendorff eine offizielle Ernennung zum Hafenmeister von Chemulpo. Zu dieser Zeit ist Schulze noch Kapitän des Dampfers „Keelung" von der britischen Firma Butterfield & Swire in Shanghai. Mit dem Ernennungsschreiben wird Kapitän Schulze einer der Pioniere im koreanischen Seezolldienst und ist bis Ende 1885 zunächst als Hafenmeister in Chemulpo tätig. Nach Möllendorffs Ausscheiden fällt er zusammen mit den Deutschen Arnous, Kniffler und Claassen dem Personalabbau der in koreanischen Diensten stehenden Ausländer zum Opfer. Für seine geleisteten Dienste erhält er eine Abfindung, die sechs Monaten seines letzten Gehaltes entspricht. Was Schulze in den darauf folgenden Jahren macht und wo er lebt, ist nicht nachweisbar. Im Jahre 1890 taucht er in den Quellen wieder auf und ist als Kapitän des koreanischen Dampfers „Chackang" gelistet. Kurze Zeit darauf kehrt er nach Shanghai zurück und wird Mitglied des im Sommer 1892 von der Meteorological Society gegründeten Meteorological and Magnetical Observatory.

Ausgewählte Bibliographie:
– AA, Korea I, Bd. 7: ‚Schreiben Budlers aus Seoul an Bismarck vom 9. Sep. 1885'.
– Allen: S. 12.
– „Aus Korea". In: *Kölnische Zeitung* vom 26. Juli 1885.
– *D&C*: 1884–1886.
– Gottsche, C.: „Ueber Land und Leute in Korea". (Vortrag gehalten am 3. Okt. 1885) In: *Verhandlungen der Gesellschaft für Erdkunde zu Berlin*, Jg. 13 (1886), Nr. 5, S. 247.
– Kleiner, Jürgen: „Paul Georg von Möllendorff. Ein Preuße in koreanischen Diensten". In: *Zeitschrift der Deutschen Morgenländischen Gesellschaft.* Sonderdruck, Bd. 133, Heft 2, Wiesbaden 1983, S. 410, 427.
– *Meiklejohn's*: 1890.
– Seoul Main Customs (Hrsg.): *1885 Dispatches from Chemulpo*. Seoul 2007, S. 15.
– *The Korean Repository*, Vol. 1 (Aug. 1892), S. 266: Editorial Comments.
– Wolter, Carl: „Korea, einst und jetzt". In: *Mitteilungen der Geographischen Gesellschaft Hamburg*, Bd. 17 (1901), S. 65.
– *Gu han-guk oegyo munseo* 舊韓國外交文書 , *deogan* 德案 1, Nr. 164, 185f, 200, 203f, 230, 233, 236, 261, 271, 274.

Sontag, Antoinette (孫擇 Son-taek)
(ca. 1839–1925)
Angestellte des Kaiserlichen Haushalts

Schwägerin des russischen Ministerresidenten Carl Iwanowitsch Waeber aus Straßburg in Elsass-Lothringen. Kommt am 3. Oktober 1885 nach Korea, um zunächst den Haushalt von Herrn Waeber in Seoul zu führen. Neben ihrer einflussreichen Tätigkeit als Haushofmeisterin im Haushalt des Palastes unterhält sie auch eine Pension, die unter dem Namen „Sontag Hotel" bekannt wird. Am 24. September 1909 verlässt sie Korea und kehrt nach Europa zurück.

(Zu einer ausführlicheren Darstellung von Antoinette Sontag und ihrer Tätigkeit in Korea siehe Kapitel V.)

Abb. 233: Antoinette Sontag 1904.

Ausgewählte Bibliographie:
- AA, Korea I, Bd. 37: ‚Brief von E. Lehmann aus Tsingtau an Frl. Sontag vom 10. Juli 1907'.
- AA, Korea I, Bd. 38, R 18938, ‚Schreiben von Wendschuch aus Seoul an Fürst von Bülow vom 3. April 1909'.
- AA, Korea I, Bd. 38: ‚Bericht von Vizekonsul Dr. Fritz Wendschuch aus Seoul vom 3 April 1909 an Reichkanzler von Bülow.'
- Allen: S. 42.
- „Ausflug nach Korea". In: *Shanghaier Nachrichten,* Beilage zum *„Ostasiatischen Lloyd",* Jg. 23, Nr. 39, 24.9.1909, S. 276–279.
- Claer, Alexander von: Bericht aus dem Jahre 1904. Unveröffentlichtes Manuskript, S. 25–27, 32, 35, 36.
- Claussen-Wunsch, Gertrud (Hrsg.): *Dr. med. Richard Wunsch. Arzt in Ostasien.* Büsingen/Hochrhein 1976, S. 68, 74f, 103, 110, 113, 114, 115, 119, 120, 130, 132, 134, 135, 154, 155, 159, 160, 164, 165, 175, 197, 200, 235.
- *D&C*: 1889–1890.
- „Fräulein Sontag". In: *OL*, Jg. 23, 24.9.1909, S. 625: Korea.
- Genthe, Siegfried: *Korea. Reiseschilderungen.* Berlin 1905. (= *Genthes Reisen.* Hrsg. von Dr. Georg Wegener. *Band 1: Korea.* Berlin 1905), S. 232.
- Kroebel, Emma: *Wie ich an den koreanischen Kaiserhof kam. Reise-Eindrücke und Erinnerungen.* Berlin 1909, S. 112, 132–137.
- Militär-politischer Bericht über Korea von Vizeadmiral Bendemann vom 7.10.1901.
- *OL*, Jg. 23, 6.8.1909, S. 283: Vermischtes.
- Choe Jong-go 최종고: *Han-deok gyoseopsa* 韓獨交涉史. Geschichte der deutsch-koreanischen Beziehungen. Seoul 1983, S. 193–197.
- *Gu han-guk oegyo munseo* 舊韓國外交文書, *deogan* 德案 2, Nr. 3027 (Anlage), 3030, 3071.

Wunsch, Richard (Dr. med.) (富彦士 Bu-eon-sa)
(4.8.1869 Hirschberg [Schlesien] – 13.3.1911 Tsingtau, China)
Hofarzt von Kaiser Gojong

Am 2. November 1901 kommt Dr. Richard Wunsch nach Korea und ist bis April 1905 als Leibarzt von Kaiser Gojong tätig. Anschließend führt ihn sein Weg zunächst nach Japan und von dort weiter nach Tsingtau, China, wo er am 13. März 1911 an Fleckentyphus stirbt.

(Zu einer ausführlicheren Darstellung von Richard Wunsch und seiner Tätigkeit in Ostasien siehe Kapitel V.5.)

Abb. 234: Richard Wunsch.

Ausgewählte Bibliographie:
- Allen: Supplement, S. 7, 9.
- „Asien. Die Japaner in Korea". In: *Tägliche Rundschau* vom 14.7.1905, S. 233.
- „Asien". In: *Augsburger Abendzeitung* vom 2.7.1903, S. 147.
- Claer, Alexander von: Bericht aus dem Jahre 1904. Unveröffentlichtes Manuskript, S. 21, 23.
- Claussen-Wunsch, Gertrud (Hrsg.): *Dr. med. Richard Wunsch. Arzt in Ostasien*. Büsingen/Hochrhein 1976.
- *D&C*: 1902–1906.
- „Der russisch-japanische Krieg. Die Japaner in Korea". In: *Schlesische Zeitung*, April 1905, S. 208.
- „Doktor Wunsch". In: *Deutsche Japanpost*, März 1911, S. 348.
- „Ein Nachruf für Dr. Wunsch". In *OL*, Jg. 25, 31.3.1901, S. 314.
- „Korea". In: *Deutsche Japanpost*, Nr. 27 (1905), S. 74.
- „Lokales und Provinzielles". In: *Bote aus dem Riesengebirge*, 1903, S. 147.
- „Mitteilungen". In: *Medizinische Klinik*, 29.1.1905, S. 197.
- *OL*, Jg. 15, 22.11.1901, S. 1001: Korea; 13.12., S. 1064: Korea; Jg. 22, 29.5.1908, S. 1025: PN; Jg. 25, März 1911, S. 290: PN.
- „The British Legation at Tokyo and its Medical Officer". In: *The General Press*, Cutting Ass. Ltd., 13.4.1906, S. 255.
- *The Korea Review*, Vol. 1 (Nov. 1901), S. 503: News Calendar; Vol. 2 (Jan. 1902), S. 31f: News Calendar; Vol. 5 (Apr. 1905), S. 160: News Calendar.
- *Gu han-guk oegyo munseo* 舊韓國外交文書, *deogan* 德案 2, Nr. 2550, 2563, 2668, 2676, 2682f, 3032.

Zimmern (?)

In der *Kölnischen Zeitung* vom 5. Januar 1886 ist unter dem Titel „Aus Korea" u. a. zu lesen: „Die für uns unangenehme und unerfreuliche Thatsache bleibt bestehen, dass außer Herrn v. Möllendorff noch vier andere Deutsche (Arnous, Claassen, Kniffler und Zimmern) aus dem koreanischen Dienste entlassen wurden. …"

Im Falle des genannten Herrn Zimmern scheint es sich allerdings um einen Irrtum des Reporters zu handeln, da es im Bericht von Budler an Bismarck vom 9. Dez. 1885 aus Seoul heißt: „Durch die von mir bereits gemeldete Herabminderung des Personals des Zollamtes sind die deutschen Reichsangehörigen Schulze, Kniffler, Arnous und Claassen betroffen worden. ..."

Diese am direkten Geschehen entstandene Primärquelle von Vizekonsul Budler und die Tatsache, dass Zimmern in keinem der *Directories* aus jener Zeit – im Gegensatz zu Schulze, Kniffler und Claassen – erwähnt wird, lässt darauf schließen, dass er weder im Zollwesen, noch einem anderen koreanischen Dienstverhältnis gestanden hat und es sich daher um einen Irrtum oder Fehler des Korrespondenten der Kölnischen Zeitung handelt.

Ausgewählte Bibliographie:
- AA, Korea I, Bd. 7: ‚Schreiben aus Seoul von Budler an Bismarck vom 5. Dez. 1885'.
- „Aus Korea" In: *Kölnische Zeitung* vom 5. Jan. 1886.

VII.3. Militär und Adel

Abeken, Hans von
Kapitän zur See

Als Korvettenkapitän und Kommandant von S. M. Kanonenboot „Tiger" nimmt er den deutschen Ministerresidenten und Generalkonsul in Seoul, Conrad von Saldern, in Chemulpo an Bord und bringt ihn nach Shanghai, wo sie am 19. Dezember 1905 einlaufen.

Ausgewählte Bibliographie:
- *OL*, Jg. 13, 10.10.1898, S. 30: PN; Jg. 19, 29.12.1905, S. 1188: PN; Jg. 20, 29.6.1906, S. 1226: PN; 7.12., S. 1065: PN; Jg. 21, 1.2.1907, S. 200: PN.

Adalbert Ferdinand Berenger Viktor, Prinz von Preußen
(14.7.1884 Potsdam – 22.9.1948 La-Tour-de-Peiltz, Schweiz)
Dritter Sohn Kaiser Wilhelms II.

Nach abgeschlossener Ausbildung als Marineoffizier tritt Prinz Adalbert im Oktober 1903 die Ausreise nach Ostasien an, um auf S. M. Großem Kreuzer „Hertha" im Range eines Leutnants zur See Dienst zu tun und seine Ausbildung auf

Abb. 235: Prinz Adalbert von Preußen.

einem Kriegsschiff fortzusetzen. Während seines einjährigen Aufenthaltes in Ostasien von November 1903 bis November 1904 besucht er vom 5. bis 6. Mai 1904 Chemulpo und Seoul. Aufgrund des im Februar 1904 ausgebrochenen militärischen Konflikts zwischen Japan und Russland, reist Prinz Adalbert inkognito nach Korea. In Begleitung des Kommandanten, Kapitän zur See Malte von Schimmelmann, und einiger Offiziere der „Hertha" stattet er Seoul nur einen flüchtigen Besuch ab und sticht am 6. Mai nachmittags wieder in See.

Ausgewählte Bibliographie:
– Biographie in Wikipedia.
– *OL*, Jg. 17, 28.8.1903, S. 321; 16.10., S. 596; 23.10., S. 764; 20.11., S. 807; 27.11., S. 851; 4.12., S. 893; 11.12., S. 942; 23.12., S. 1026: PN; Jg. 18 (1904), S. 25, 157, 523, 652, 694, 923, 1067: PN; Jg. 19, (1905), S. 114, 670: PN.
– *The Korea Review*, Vol. 4, No. 5 (May 1904), S. 220: News Calendar.
– *Wer ist's 1914*, S. 26.

Alvensleben, Otto Udo Constantin Karl Werner von
(9.9.1877 Stargard [Pommern] – 15.3.1945 Koseeger [Pommern])
Korvettenkapitän

Als Oberleutnant zur See auf S. M. Kanonenboot „Jaguar", Kommandant Korvettenkapitän Wilbrandt, läuft von Alvensleben mit dem Kanonenboot am 15. Dezember 1902 den Hafen von Chemulpo an. Das Schiff muss aber schon nach wenigen Stunden die Weiterreise nach Shanghai antreten, wo es am 16. Dezember eintrifft.

Ausgewählte Bibliographie:
– Internet: www.von-alvensleben.com/html/hauptseite.html.
– *OL*, Jg. 15, 3.5.1901, S. 375: PN; 12.7., S. 596: PN; Jg. 16, 25.12.1902, S. 1055: PN und „Flotte und Heer"; Jg. 17, 2.1.1903, S. 30: Korea; 3.4.1903, S. 559: PN.

Aschenborn, Richard Heinrich Anton Louis Karl
(19.1.1848 Hermsdorf [Schlesien] – 16.2.1935 Kiel)
Vizeadmiral

Als Korvettenkapitän und Kommandant von S. M. Kreuzer „Nautilus" unternimmt Aschenborn vermutlich im Jahre 1885 in Begleitung eines koreanischen Lotsen und Dolmetschers mehrere Vermessungsfahrten an der Südküste Koreas.

Ausgewählte Bibliographie:
– „Recognoscirungsfahrten und Vermessungen S. M. Kr. ‚Nautilus' an der Südküste Koreas". In: *Annalen der Hydrographie und maritimen Meteorologie*, Hamburg, Jg. 14 (1886), S. 159f.

Bassenge
Dr. med.
Oberarzt, Angehöriger der ostasiatischen Besatzungsbrigade in Tsingtau, reist 1902 für ein paar Wochen auf Urlaub nach Korea und Japan.

Ausgewählte Bibliographie:
- Claussen-Wunsch, Gertrud (Hrsg.): *Dr. med. Richard Wunsch. Arzt in Ostasien.* Büsingen/Hochrhein 1976, S. 134.
- *OL*, Jg. 15, 14.6.1901, S. 512: Kommandirungen für die Besatzungstruppen.

Baudissin, Friedrich Graf von
(3.3.1852 Gut Schierensee [Kreis Rendsburg, Schleswig-Holstein] – 5.2.1921)
Admiral

Als Korvettenkapitän und Kommandant von S. M. Kanonenboot „Iltis" kommt er gegen Ende Juli 1894 zum ersten Mal nach Chemulpo. Nach dem Untergang der „Kowshing"[395] am 25. Juli, nimmt er den Überlebenden Constantin von Hanneken, Adjutant und Militärberater von Li Hongzhang, drei Tage später an Bord und bricht mit ihm und etwa der Hälfte der geretteten 200 chinesische Soldaten am 30. Juli nach China auf, wo sie am 1. August in Chefoo anlangen.

9 Jahre später betritt Baudissin zum zweiten Male koreanischen Boden, diesmal als zweiter Admiral des Kreuzergeschwaders im Range eines Konteradmirals und Kommandant von S. M. Großem Kreuzer „Hansa" am 22. Juli 1903. Dabei stattet er Seoul für ein paar Tage einen Besuch ab und hat durch die Vermittlung von Ministerresident von Saldern zusammen mit ihm und zehn seiner Offiziere eine Audienz beim Kaiser.

Abb. 236: Großer Kreuzer „Hansa" um 1901.

Ausgewählte Bibliographie:
- Claussen-Wunsch, Gertrud (Hrsg.): *Dr. med. Richard Wunsch. Arzt in Ostasien.* Büsingen/Hochrhein 1976, S. 149.
- Hanneken, Constantin von: „Episoden aus dem chinesisch-japanischen Kriege. I. Der Untergang der Kau-Shing". In: *Deutsche Rundschau*, Bd. 86 (1896), S. 36–54.

---

[395] Ein von China gecharterter britischer Dampfer, der am 25. Juli 1894 mit ca. 1.100 chinesischen Soldaten an Bord von dem japanischen Geschützten Kreuzer „Naniwa" versenkt wird. (Siehe: **Hanneken, Constantin von**).

- *OL*, Jg. 6, 30.9.1892, S. 810: PN; Jg. 8, 9.3.1893, S. 367: PN; 31.8.1894, S. 839: PN; 7.9., S. 858: PN; 21.9., S. 901: PN; Jg. 9, 5.10.1894, S. 9: PN; Jg. 16, 8.8.1902, S. 637: PN; 3.10., S. 803: PN; 24.10., S. 868: PN; Jg. 17, 13.3.1903, S. 437: PN; 4.7., S. 98: PN; 31.7., S. 167: PN; 11.9., S. 401: PN; 16.10., S. 596: PN; Jg. 18, 20.5.1904, S. 870: PN; Jg. 25, Feb. 1911, S. 123 PN.
- „S. M. S. ‚Hansa' in Jokohama". In: *OL*, Jg. 17 (1903), S. 636f.
- *Wer ist's 1914*, S. 70.
- *Gu han-guk oegyo munseo* 舊韓國外交文書, *deogan* 德案 2, Nr. 502f, 2887.

Bauer
Marineoffizier

Als Korvettenkapitän und Kommandant von S. M. Kleiner Kreuzer „Geier" kommt er am 27. August 1901 nach Pusan und hält sich mehrere Tage dort auf.

Ausgewählte Bibliographie:
- AA, Korea I, Bd. 32: ‚Bericht über Pusan von Korvettenkapitän Bauer aus Tsingtau vom 5. Sep. 1901.'
- AA, Korea I, Bd. 32: ‚Bericht von Korvettenkapitän Bauer aus Wusung vom 17. Sep. 1901.'
- Bundesarchiv-Militärarchiv Freiburg: RM3 / 3158: ‚Geheim! Bericht über Fusan. Geschwader-Tagesbefehl vom 22. August d. Js. Abs. 2', von Korvettenkapitän Bauer.

Becker
Marineoffizier

Kapitän zur See und Kommandant von S. M. Kreuzerkorvette „Arcona", besucht im Gefolge des deutschen Kreuzergeschwaders vom 11.–23. Juli 1897 Korea. (Siehe: **Diederichs, Otto von**)

Ausgewählte Bibliographie:
- „Der Besuch des deutschen Geschwaders in Korea". In: *OL*, Jg. 11, 13.8.1897, S. 1451f.
- Franzius, Georg: *Kiautschou. Deutschlands Erwerbung in Ostasien*. 2. Aufl., Berlin o. J. (ca. 1899–1900), S. 16.
- *OL*, Jg. 11, 2.4.1897, S. 837: PN.
- „S. M. Schiffe auf der ostasiatischen Station". In: *OL*, Jg. 11, 18.6.1897, S. 1193.

Bendemann, Felix Eduard Robert Emil von
(5.8.1848 Dresden – 31.10.1915 Berlin-Halensee)
Admiral

Als Vizeadmiral und Chef des Kreuzergeschwaders von 1900–1902 hält sich Bendemann vom 21. bis zum 26. September 1901 mit seinem Flaggschiff S. M. Großer Kreuzer „Fürst Bismarck" und dem Torpedoboot „S91" in Korea auf. Am 23. reist er mit drei Offizieren seines Stabes, dem Kommandanten seines Flaggschiffes, Kapitän zur See Graf von Moltke, und weiteren drei Offizieren der „Fürst Bismarck" und des Torpedobootes „S91" nach Seoul. Am darauffolgenden Tag wird er mit seiner Begleitung und dem Legationssekretär der deutschen Gesandtschaft in Peking Bohlen und Halbach, der sich auf Durchreise in Seoul befindet, in einer Audienz vom Kaiser empfangen. Am 24. kehrt Bendemann auf sein Flaggschiff nach Chemulpo zurück und empfängt am nächsten Tag den Kronprinzen und andere hohe koreanische Würdenträger, die sich den Großen Kreuzer „Fürst Bismarck" ausgiebigst ansehen wollen. Früh am Morgen des 25. September lichtet das Flaggschiff seine Anker, um nach Tsingtau zu dampfen.

Ausgewählte Bibliographie:
- „Abschiedsfeier für Vizeadmiral Bendemann". In: *OL*, Jg. 15 (1901), S. 963f.
- Allen: Supplement, S. 7.
- Bundesarchiv-Militärarchiv Freiburg: RM3 / 3158: ‚Militärpolitischer Bericht über Korea von Vizeadmiral Bendemann':
- „Das Offiziercorps des Kreuzergeschwaders". In: *OL*, Jg. 14 (1900), S. 616f.
- *NDB*, Bd. 2, S. 37f.

Abb. 237: Großer Kreuzer Fürst Bismarck.

- *OL*, 13, 16.12.1899, S. 1141: PN; Jg. 14, 2.3.1900, S. 158: PN; Jg. 15, 19.7.1901, S. 614: PN; 23.8., S. 717: PN; 30.8., S. 740: PN; 13.9., S. 788: PN; 20.9., S. 812: PN; 27.9., S. 830; 25.10., S. 913; 1.11., S. 934; 8.11., S. 964; 27.12., S. 1098: PN; Jg. 16, 3.1.1902, S. 12; 10.1., S. 32; 17.1., S. 55; 31.1., S. 94; 7.2., S. 115; 14.2., S. 135; 21.2., S. 155; 14.3., S. 212; 21.9., S. 747; 31.10., S. 890: PN; Jg. 17, 5.6.1903, S. 903; 10.7., S. 62; 20.11., S. 808: PN; Jg. 20, 18.5.1906, S. 936.
- „Vizeadmiral Bendemann in Port Arthur und Korea". In: *OL*, Jg. 15 (1901), S. 849.
- *Gu han-guk oegyo munseo* 舊韓國外交文書, *deogan* 德案 2, Nr. 2502, 2506.

Bey *(oder:* Ley*)*
Dr. med.

Stabsarzt des 2. Bataillons im 1. Infanterie-Regiment der Besatzungsbrigade in Tsingtau, kommt am 6. Mai 1902 nach Seoul und wird am nächsten Tag zusammen mit Leutnant von Jena von Dr. Richard Wunsch bei Frl. Sontag zum Diner eingeladen.

Ausgewählte Bibliographie:
- Claussen-Wunsch, Gertrud (Hrsg.): *Dr. med. Richard Wunsch. Arzt in Ostasien*. Büsingen/Hochrhein 1976, S. 115.
- „Kommandirungen für die Besatzungstruppen". In: *OL*, Jg. 15, 14.6.1901, S. 512.

Blanc, Louis von
(12.5.1832–9.1.1903 Weimar)
Admiral

Als Kapitän und Kommandant von S. M. Gedeckter Korvette „Stosch" bringt er Max von Brandt zu den Verhandlungen des ersten deutsch-koreanischen Vertrages im Juni 1882 nach Korea.

Ausgewählte Bibliographie:
– *BJDN*, Bd. 8 (1903), Totenliste 1903, S. 14.
– Brandt, Max von: *Dreiunddreissig Jahre in Ost-Asien*. Bd. 3, S. 237.
– „Der Freundschafts- und Handelsvertrag zwischen Deutschland und Korea". In: *Daheim*, Jg. 1883, Beilage 2.

Böhmack
Marineoffizier

Leutnant zur See auf S. M. Kleinem Kreuzer „Geier", im April 1904 in Chemulpo.

Ausgewählte Bibliographie:
– Zu sehen auf einem Foto, aufgenommen auf S. M. S. Kleiner Kreuzer „Geier" im April 1904. Im Besitz von Frau Claussen-Wunsch.

Breusing, Alfred
(15.7.1853–5.10.1914)
Admiral

Als Konteradmiral und Chef des deutschen Kreuzergeschwaders von November 1905 bis Mai 1907 in Tsingtau, kommt Breusing an Bord seines Flaggschiffes S. M. Großer Kreuzer „Fürst Bismarck" am 3. Nov. 1906 nach Chemulpo. Am folgenden Tag reist er nach Seoul und wird von Kaiser Gojong in Audienz empfangen. Am 5. November sticht er in Chemulpo in See, um nach Tsingtau zurückzudampfen.

Ausgewählte Bibliographie:
– *OL*, Jg. 19, 29.12.1905, S. 1188: PN; Jg. 20, 9.11.1906, S. 884: PN; Jg. 21, 8.2.1907, S. 238; 26.4., S. 736; 17.5., S. 879: PN.
– *Wer ist's 1914*, S. 194.

Brussatis, Reinhold
(10.2.1855–22.4.1928)
Konteradmiral

Als Korvettenkapitän und Kommandant von S. M. Kleiner Kreuzer „Cormoran" begleitet er während eines Besuchs des Kreuzergeschwaders vom 11. bis zum 23. Juli 1897 in Korea Vizeadmiral Otto von Diederichs auch nach Seoul und wird dort mit den anderen Marineoffizieren von Kaiser Gojong am 19. Juli in Audienz empfangen. (Siehe: ***Diederichs, Otto von***).

Ausgewählte Bibliographie:
- „Der Besuch des deutschen Geschwaders in Korea". In: *OL*, Jg. 11, 13. Aug. 1897, S. 1451f.
- Franzius, Georg: *Kiautschou. Deutschlands Erwerbung in Ostasien*. 2. Aufl., Berlin o. J. (ca. 1899–1900), S. 16.
- *OL*, Jg. 11, 23.10.1896, S. 100: PN; Jg. 13, 21.1.1899, S. 320: PN.
- „S. M. S. Schiffe auf der Ostasiatischen Station". In: *OL*, Jg. 11, 18. Juni 1897, S. 1193.

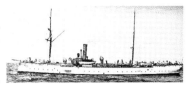

Abb. 238: S. M. S. „Cormoran".

Büchsel, Ernst
Korvettenkapitän

Als Oberleutnant zur See auf S. M. Kanonenboot „Jaguar", Kommandant Korvettenkapitän Wilbrandt, läuft Büchsel mit dem Kanonenboot am 15. Dezember 1902 den Hafen von Chemulpo an. Das Schiff muss aber schon nach wenigen Stunden die Weiterreise nach Shanghai antreten, wo es am 16. Dezember eintrifft.

Ausgewählte Bibliographie:
- *Wer ist's 1914*: S. 216.
- *DBJ*, Überleitungsband 1917–1920, S. 742.
- *OL*, Jg. 16, 14.3.1902, S. 214: PN; 25.12., S. 1055: PN und „Flotte und Heer"; Jg. 17, 3.4.1903, S. 559: PN.

Diederichs, Otto von
(7.9.1843 Minden [Westfalen] – 8.3.1918)
Admiral

Erhält im Jahre 1897 als Konteradmiral den Oberbefehl über die Kreuzerdivision, die am 14. November 1897 Kiautschou in Besitz nimmt. Für diese Aktion zum Vizeadmiral befördert, wird er gleichzeitig vom 23. November 1897 bis zum 15. April 1899 zum Chef des Kreuzergeschwaders in Ostasien ernannt In dieser Zeit stattet er mit seinem Geschwader, das aus S. M. Kreuzer „Kaiser", seinem Flaggschiff, S. M. Kleinem Kreuzer „Prinzeß Wilhelm", S. M. Kreuzerkorvette „Arcona", S. M. Kreuzer „Cormoran" und S. M. Kreuzer „Irene" besteht, Korea im Juni 1897 einen mehrtägigen Besuch ab. Während vier seiner Kreuzer bereits am 11. Juni im Hafen von Chemulpo einlaufen, kommt Diederichs auf S. M. S. „Irene" erst am Abend des 16. Juni nach, da er vorher auf Besuch in Peking war.

Abb. 239: S. M. S. „Irene".

Am Morgen des 18. Juni fährt er in Begleitung von vier Kommandanten und 16 weiteren Offizieren mit einem kleinen Dampfer nach Seoul. Am darauffolgenden Tag besichtigen sie die Stadt und werden in Audienz von König Gojong empfangen. Am 20. Juli reisen die Herren in Begleitung Konsul Kriens nach Chemulpo zurück, wo am nächsten Tag die erste deutsche Taufe der Zwillingstöchter von Carl Wolter stattfindet. Vizeadmiral Diederichs und Konsul Krien übernehmen dabei die Patenschaft. Am 23. Juni ist der Besuch des Geschwaders schließlich beendet. Während S. M. S. „Cormoran" mit Korvettenkapitän Brussatis Richtung China dampft, begeben sich die anderen Schiffe mit Vizeadmiral von Diederichs nach Hakodate.

Ausgewählte Bibliographie:
- Allen: S. 36.
- Biographie in Wikipedia.
- Claussen-Wunsch, Gertrud (Hrsg.): *Dr. med. Richard Wunsch. Arzt in Ostasien*. Büsingen/Hochrhein 1976, S. 311.
- „Der Besuch des deutschen Geschwaders in Korea". In: *OL*, Jg. 11, 13.8.1897, S. 1451f.
- Franzius, Georg: *Kiautschou. Deutschlands Erwerbung in Ostasien*. 2. Aufl., Berlin o. J. (ca. 1899–1900), S. 134.
- Kroebel, Emma: *Wie ich an den koreanischen Kaiserhof kam. Reise-Eindrücke und Erinnerungen*. Berlin 1909, S. 78.
- Lensen, Georg Alexander: *Ballance of Intrigue*, Bd. 2, S. 727f, 734.
- *OL*, Jg. 11, 14.5.1897, S. 1029; 11.6., S. 1159; 17.9., S. 1608: PN; Jg. 13, 4.3.1899, S. 400; 15.4., S. 498; 22.4., S. 567; 12.8., S. 785; 4.11., S. 1019: PN; Jg. 14, 2.2.1900, S. 82: PN.
- „S. M. Schiffe auf der Ostasiatischen Station". In: *OL*, Jg. 11, 18. Juni 1897, S. 1193.
- *The Korean Repository*, Vol. 4 (July 1897), S. 280: Notes and Comments.

du Bois

Marineoffizier

Kapitän zur See und Kommandant S. M. Kleiner Kreuzer „Irene". Während des Besuchs des Kreuzergeschwaders mit Vizeadmiral von Diederichs vom 16. bis zum 23. Juli 1897 in Korea. (Siehe: ***Diederichs, Otto von***)

Ausgewählte Bibliographie:
- „Der Besuch des deutschen Geschwaders in Korea". In: *OL*, Jg. 11, 13.8.1897, S. 1451f.
- Franzius, Georg: *Kiautschou. Deutschlands Erwerbung in Ostasien*. 2. Aufl., Berlin o. J. (ca. 1899–1900), S. 16.
- *OL*, Jg. 10, 8. Mai 1896, S. 708f: Marine-Nachrichten; Jg. 11, 26.2.1897, S. 686; 2.4., S. 837; 21.5., S. 1060: PN.
- „S. M. Schiffe auf der ostasiatischen Station". In: *OL*, Jg. 11, 18.6.1897, S. 1193.

Fielitz
Marineoffizier

Als Flaggleutnant auf S. M. Großem Kreuzer „Fürst Bismarck", vom 21. bis zum 26. September 1901 mit Vizeadmiral Bendemann in Chemulpo und Seoul. (Siehe: **Bendemann, Felix**).

Ausgewählte Bibliographie:
- „Das Offizierkorps des Kreuzergeschwaders". In: *OL*, Jg. 14, 10.8.1900, S. 616f.
- *OL*, Jg. 13, 14.10.1899, S. 962: PN; Jg. 15, 29.11.1901, S. 1021: PN; Jg. 16, 14.3.1902, S. 212: PN; Jg. 28, 8.5.1914, S. 418: PN.
- „Vizeadmiral Bendemann in Port Arthur und Korea". In: *OL*, Jg. 15, 4.10.1901, S. 849.
- *Gu han-guk oegyo munseo* 舊韓國外交文書 , *deogan* 德案 2, Nr. 2502.

Fluder
Marinesoldat

Obermatrose auf S. M. Gedeckter Korvette „Leipzig", die Generalkonsul Eduard Zappe zwecks Verhandlungen zum deutsch-koreanischen Vertrag von Japan nach Korea bringt. Am 27. Oktober 1883 erreicht das Schiff Chemulpo, und die Obermatrosen Fluder und Hess begleiten Zappe als Ordonanzen nach Seoul.

Ausgewählte Bibliographie:
- Mayet, Paul: „Ein Besuch in Korea im October 1883". In: *MOAG*, Bd. 4, Heft 3 (Sep. 1884), S. 18–28.

Frantzius, Ernst von
(4.6.1850–23.3.1910)
Konteradmiral

Als Kapitän zur See und Kommandant S. M. Kreuzerkorvette „Alexandrine" läuft er am 2. Oktober 1892 in den Hafen von Chemulpo ein. Mit seinem Adjutanten Graf von Posadowsky-Wehner und seinem Zahlmeister Leutnant zur See Gemsky stattet er Seoul eine Besuch ab und ist Gast bei Konsul Ferdinand Krien. Am 8. Oktober werden die Marineoffiziere von Krien in einer Audienz dem König vorgestellt. Am 11. Oktober sticht die „Alexandrine" wieder in See, um nach Chefoo zu fahren.

Abb. 240: S. M. S. „Alexandrine".

Ausgewählte Bibliographie:
- AA, Korea I, Bd. 12, R 18912, ‚Bericht von Krien aus Seoul vom 12. Sep. 1892'.
- *The Korean Repository*, Vol. 1 (Oct. 1892), S. 321f: Editorial Notes.

Geißler, Richard
(20.6.1848 [Westfalen] – 28.9.1922)
Vizeadmiral

Ab dem 15. Februar 1902 ist Vizeadmiral Geißler Chef des Kreuzergeschwaders in Tsingtau. Seine Ablösung erfolgt am 5. Januar 1904 durch Curt von Prittwitz und Gaffron. In den Jahren 1902 bis 1903 besucht er mehrmals im Verlaufe von Rundreisen mit seinem Flaggschiff S. M. Großer Kreuzer „Fürst Bismarck" Korea. Das erste Mal läuft er am 7. Sep. 1902 in den Hafen von Chemulpo. Kurz vorher wurde auf „Roze Island" (Wolmi-do) eine Salutbatterie aufgestellt, die den Salut einlaufender Kriegsschiffe erwidern soll. Vizeadmiral Geißler ist bei seinem Eintreffen der erste, dem auf diese Weise in Korea Willkommen geheißen wird. Eine geplante Audienz beim Kaiser in der Hauptstadt muss jedoch abgesagt werden, da Geißler zur Hilfe des in Not geratenen Schiffes S. M. Kanonenboot „Tiger" schon am 8. September wieder auslaufen muss. Am 15. September kehrt er von Tsingtau nach Korea zurück und wird zusammen mit anderen Offizieren seines Flaggschiffes und Stabes von Kaiser Gojong in einer Audienz empfangen.

Seine zweite Reise nach Korea führt ihn von Tsuruga in Japan am 18. August 1903 nach Masanpo, dem heutigen Masan) im Süden der Halbinsel. Dort hält sich Geißler ein paar Tage auf und sticht am 22. Aug. in Richtung Tsingtau in See.

Einen Monat später, am 21. September 1903, läuft S. M. Großer Kreuzer „Fürst Bismarck" erneut in den Hafen von Chemulpo ein. Auch dieses Mal muss eine erbetene Audienz bei Kaiser Gojong in Seoul kurzfristig wieder abgesagt werden aufgrund veränderter Befehle aus Kiautschou, so dass Geißler am 23. September Korea wieder verlassen muss. Diesmal jedoch kehrt er nicht zurück, um die abgesagte Audienz nachzuholen.

Ausgewählte Bibliographie:
- Allen: Supplement, S. 12.
- Claussen-Wunsch, Gertrud (Hrsg.): *Dr. med. Richard Wunsch. Arzt in Ostasien.* Büsingen/Hochrhein 1976, S. 134.
- *OL*, Jg. 14, 17.8.1900, S. 635: PN; Jg. 15, 1.3.1901, S. 188; 1.11., S. 934; 8.11., S. 964: PN; Jg. 16, 31.1.1902, S. 94; 21.2., S. 155; 7.3., S. 193; 5.9., S. 721; 12.9., S. 747; 26.9., S. 786; 14.11., S. 928: PN; Jg. 17, 19.6.1903, S. 976; 26.6., S. 1010; 3.7., S. 1046f; 10.7., S. 62; 17.7., S. 98; 24.7., S. 130; 31.7., S. 167; 14.8., S. 240; 21.8., S. 278; 4.9., S. 359; 18.9., S. 438; 25.9., S. 478; 9.10., S. 560; 23.10., S. 638; 30.10., S. 678; 6.11., S. 723; 20.11., S. 808: PN; Jg. 18, 20.5.1904, S. 870; 2.9., S. 401: PN.
- *Gu han-guk oegyo munseo* 舊韓國外交文書 , *deogan* 德案 2, Nr. 2740f, 2745f, 2910f.

Gemsky

Marineoffizier

Als Leutnant zur See und Zahlmeister auf S. M. Kreuzerkorvette „Alexandrine" begleitet er Konteradmiral Frantzius vom 2.–11. Oktober 1892 nach Korea. (Siehe: *Frantzius, Ernst* von)

Ausgewählte Bibliographie:
- AA, Korea I, Bd. 12, R 18912, ‚Bericht von Krien aus Seoul vom 12. Sep. 1892'.
- *The Korean Repository*, Vol. 1 (Oct. 1892), S. 321f: Editorial Notes.

Georg Franz Joseph Luitpold Maria, Prinz von Bayern
(2.4.1880 München – 31.5.1943 Rom)
Mitglied der Wittelsbacher Königsfamilie, Oberst, katholischer Priester

Kommt am 15. April 1903 auf S. M. Kanonenboot „Iltis" nach Chemulpo und reist inkognito unter dem Namen ‚Graf von Wartenberg' nach Seoul, begleitet von Konsul Dr. Weipert. In der Hauptstadt wird er von Kaiser Gojong in Audienz empfangen und stattet der deutschen Schule von Johannes Bolljahn und der koreanischen Musikschule unter Leitung von Franz Eckert einen Besuch ab. Am 18. April macht der Prinz mit seinem Reisebegleiter Prof. Dr. Heinrich Mayr aus München unter der Führung von Dr. Richard Wunsch einen Ausflug in die nördlich gelegenen Berge (kor. Bukhan-san) von Seoul. Am 20. April fährt er weiter nach Japan, um dort wieder mit Prinz und Prinzessin Rupprecht von Bayern[396] zusammenzutreffen, mit denen er vor seinem Koreabesuch bereits China bereist hat.

---

[396] Rupprecht Maria Luitpold Ferdinand, Kronprinz von Bayern (1869–1955 Schloss Leutstetten bei Starnberg) und Herzogin Maria Gabriele (1878–1912).

Ausgewählte Bibliographie:
- „Asien". In: *Augsburger Abendzeitung*, 2. Juli 1903, S. 147.
- Claussen-Wunsch, Gertrud (Hrsg.): *Dr. med. Richard Wunsch. Arzt in Ostasien*. Büsingen/Hochrhein 1976, S. 147.
- *OL*, Jg. 17, 2.1.1903, S. 32; 13.2., S. 237; 27.2.; 6.3., S. 397; 13.3., S. 437; 27.3., S. 519; 24.4., S. 678; 1.5., S. 714; 29.5., S. 867; 3.7., S. 1046: PN.
- *Wer ist's 1914*, S. 4.
- Wikipedia.
- *Gu han-guk oegyo munseo* 舊韓國外交文書, *deogan* 德案 2, Nr. 2850, 2856, 2944.

Abb. 241: Prinz Georg von Bayern.

Halm
Heeresoffizier

Leutnant, Angehöriger der 1. ostasiatischen Besatzungs-Brigade in Tsingtau, stattet im Mai 1904 Seoul einen Besuch ab und hat mit dem Kommandanten S. M. Kleinem Kreuzer „Geier" und anderen Offizieren des Kreuzers sowie Vizekonsul Dr. Ney und Ministerresident von Saldern eine Audienz beim Kaiser.

Ausgewählte Bibliographie:
- *OL*, Jg. 17, 25.9.1903, S. 479: Flotte und Heer.
- *Gu han-guk oegyo munseo* 舊韓國外交文書, *deogan* 德案 2, Nr. 2959.

Hanneken, Constantin von
(1853 oder 1854 Trier – 1925 Tianjin, China)
Preußischer Heeresoffizier, Militärberater in China, Industrieller

Als Adjutant und Militärberater mit Generalsrang von Generalgouverneur Li Hongzhang bekommt Hanneken von Li den Auftrag, sich als „Privatperson" auf der „Kowshing", einem englischen Dampfer unter Kapitän Galsworthy, der von China für Truppentransporte gechartert ist, kurz vor Ausbruch des Chinesisch-Japanischen Krieges nach Korea zu begeben, um die dortigen Befestigungen zu inspizieren und die Situation zu erkunden. Die chinesischen Soldaten waren von der koreanischen Regierung zur Unterstützung bei ihrer Bekämpfung der *Donghak*-Rebellion[397] angefordert worden. Auf dem Wege nach Asan wird

---

[397] Eine 1860 von Choe Che-u (1824–1864) ins Leben gerufene Gruppierung, die sich hauptsächlich als „östliche Lehre" (*Donghak*) gegen die westliche Lehre des Christentums, aber auch gegen den dogmatischen Konfuzianismus richtet. Alle Schichten der Bevölkerung nehmen an dieser Bewegung teil, die durch Bauernunruhen und Volkserhebungen im ganzen Land 1894 eskaliert.

die „Kowshing" kurz vor ihrem Ziel am 25. Juli 1894 von dem japanischen Geschützten Kreuzer „Naniwa" unter Kapitän Tōgō[398], versenkt. Von 1.100 Mann Besatzung und Soldaten kann sich Hanneken mit weiteren 200 Mann auf eine kleine Insel retten. Am 28. Juli segelt

Abb. 242: Geschützter Kreuzer „Naniwa" 1887.

Hanneken mit einem kleinen Boot nach Chemulpo, wo ihn der Kommandant S. M. Kanonenboot „Iltis", Korvettenkapitän Baudissin, an Bord nimmt. Am nächsten Tag lädt der Kapitän 120 der geretteten chinesischen Soldaten an Bord und bringt Hanneken und sie am 30. Juli nach Chefoo, wo sie am 1. August anlangen. Die Versenkung der „Kowshing" gab unmittelbar Anlass für den Ausbruch des Krieges zwischen Japan und China.

Ausgewählte Werke:
– „Episoden aus dem chinesisch-japanischen Kriege. I. Der Untergang der Kau-Shing". In: *Deutsche Rundschau*, Bd. 86 (1896), S. 36–54. (Fortsetzung: S. 382–403; Bd. 87 (1896), S. 355–377).

Ausgewählte Bibliographie:
– Kuo, Sung-ping: *Chinese Reaction to Foreign Encroachment. With special Reference to the First Sino-Japanese War and Its Immediate Aftermath*. Phil Diss., Columbia University, Ann Arbor 1982, S. 85–90.
– *OL*, Jg. 8, 3.8.1894, S. 762; Jg. 9, 12.10.1894, S. 28; 24.5., S. 562; Jg. 13, 18.3.1899, S. 480; 8.7., S. 707.
– Schmidt, Vera: *Aufgabe und Einfluß der europäischen Berater in China: Gustav Detring (1842–1913) im Dienste Li Hung-changs*. Wiesbaden 1984, S. 36–41.
– „Sinking of the Kowshing". In: www.russojapanesewar.com/kowshing.html.

Hassenpflug, Luis
(1.12.1831 Kassel – 11.10.1878 auf Malta)
Marineoffizier

Deutscher Offizier in der österreichischen Kriegsmarine und später Leutnant zur See an Bord von S. M. Schraubenfregatte „Hertha", begleitet im Juni 1871 das englische Kanonenboot „Ringdove" nach Korea, um zwei Briten und einen Deutschen namens Brinckmann aus angeblicher Gefangenschaft der Koreaner zu befreien. Dabei stellt sich

---

[398] Admiral Marquis Tōgō Heihachirō (1848–1934), auch Sieger der Seeschlacht von Tsushima, 1905.

jedoch heraus, dass Brinckmann, der mit den beiden Engländern nach Korea gesegelt war, um das Wrack des gestrandeten deutschen Schoners „Chusan" zu bergen, nicht gefangen, sondern von Chinesen auf der Rückfahrt nach China ermordet worden ist. (Siehe: *Schölke* und *Brinckmann*)

Ausgewählte Bibliographie:
- „Aus Korea". In: *Allgemeine Zeitung* Augsburg, München 1871, Nr. 280, Beilage vom 7. Okt. 1871, S. 4937f.
- „Ein deutscher Conflict mit Korea". In: *Allgemeine Zeitung* Augsburg, München 1871, Beilage, S. 4393f.

Heinrich Albert Wilhelm, Prinz von Preußen
(14.8.1862 Potsdam – 20.4.1929 Hemmelmarck [Schleswig-Holstein])
Bruder von Kaiser Wilhelm II., Großadmiral, Generalfeldmarschall

Als Chef der 2. Division des ostasiatischen Kreuzergeschwaders im Range eines Konteradmirals besucht Prinz Heinrich mit seinem Flaggschiff, S. M. Großer Kreuzer „Deutschland", Kommandant Korvettenkapitän Müller, vom 28. Juli bis zum 6. August 1898 das erste Mal im Hafen von Pusan die koreanische Halbinsel. Sein zweiter Besuch führt ihn ein knappes Jahr später am 8. Juni 1899 zunächst nach Chemulpo, wo er nach einem Salut von 21 Schuss beim Einlaufen unter allen Ehren an Land von Vizekonsul Reinsdorf und einer Delegation hoher koreanischer Regierungsvertreter willkommen geheißen wird. In Begleitung von 6 Offizieren, 1 Stabsarzt, 1 Stabsoboisten, 10 Musikanten, 1 Unteroffizier und 28 Marinesoldaten begibt er sich am folgenden Tag nach Seoul und wird dort um 18 Uhr vom König und vom Kronprinzen in einer Audienz mit anschließendem Diner empfangen. Am 11. Juni besucht Prinz Heinrich während einer Stadtbesichtigung auch die deutsche Schule mit ihrem Direktor, Johannes Bolljahn. Am Morgen des darauffolgenden Tages bricht er in Begleitung von acht Herren und dem deutschen Konsul, Ferdinand Krien, unter Führung von Carl Wolter zu Pferde auf, um das drei Tagesritte von Seoul entfernte deutsche Goldbergwerk in Danggogae zu besichtigen. Nach ausgiebiger Inspektion des Bergwerks, langt der Prinz am Nachmittag des 18. Juni wieder in Seoul an, wo er nochmals vom König empfangen wird. Tags darauf kehrt er nach Chemulpo zurück und

Abb. 243: Prinz Heinrich von Preußen.

wird abends von Carl Wolter zum Abschied zu einem Diner eingeladen, an dem sämtliche Deutsche der Hafenstadt teilnehmen. Am 20. Juni sticht Prinz Heinrich mit seinem Flaggschiff S. M. Großer Kreuzer „Deutschland" in aller Frühe wieder in See, um nach Tsingtau zurückzukehren.

Ausgewählte Bibliographie:
- Allen: S. 39, 41.
- „Besuch Seiner Koeniglichen Hoheit des Prinzen Heinrich in Seoul". In: *OL*, Jg. 13, 1. Juli 1899, S. 687f.
- Bolljahn, Johannes: „Das koreanische Schulwesen". In: *Deutsche Zeitschrift für Ausländisches Unterrichtswesen*. Leipzig, Jg. 5, H. 3 (April 1900), S. 192–209.
- Genthe, Siegfried: *Korea. Reiseschilderungen*. Berlin 1905, S. 137.
- Knochenhauer, Bruno: „Koreanische Reiseerinnerungen". In: *Westermann's Jahrbuch der illustrirten Deutschen Monatshefte*, Bd. 151, Braunschweig 1931, S. 285–288.
- Kroebel, Emma: *Wie ich an den koreanischen Kaiserhof kam*. Berlin 1909, S. 107.
- *LDG*, S. 527.
- OL, Jg. 13, 3.10.1898, S. 10; 10.10., S. 30; 24.10., S. 69; 28.11., S. 169; 12.12., S. 207; 4.3.1899, S. 400; 22.4., S. 567; 3.6., S. 622; 10.6., S. 635; 24.6., S. 672; Juli 1899, S. 750; 11.1899, S. 1019: PN.
- *The Korea Review*, Vol. No. 4 (April 1904), S. 174: News Calendar.
- „Von der Reise des Prinzen Heinrich nach Korea". In: *OL*, Jg. 13, 15. Juli 1899, S. 721f.
- *Wer ist's 1914*, S. 26.
- Wikipedia: Heinrich von Preußen.
- Wolter, Carl: „Korea, einst und jetzt". In: *Mitteilungen der Geographischen Gesellschaft in Hamburg*, Bd. 17 (1901), S. 77.
- *Gu han-guk oegyo munseo* 舊韓國外交文書 , *deogan* 德案 2, Nr. 2068, 2072, 2076, 2110.

Herbig, Otto
(11.4.1848 Berlin – 31.12.1909 Bad Freienwalde [Brandenburg])
Konteradmiral

Als Korvettenkapitän und Kommandant von S. M. Gedeckter Korvette „Leipzig" bringt Herbig Generalkonsul Eduard Zappe von Nagasaki zu Vertragsverhandlungen nach Korea. Das Schiff verlässt Nagasaki am 21. Oktober 1883 und erreicht drei Tage später, am 24. Oktober den Hafen von Chemulpo. Am 1. Dezember, fünf Tage nach Unterzeichnung des deutsch-koreanischen Vertrages, sticht Herbig mit der „Leipzig" wieder in See und fährt über Pusan nach Nagasaki zurück. (Siehe: *Zappe, Eduard*)

Ausgewählte Werke:
- „Mit S. M. S. „Leipzig" in Korea". In: *Deutsche Rundschau*, Bd. 42 (1885), S. 459.

Ausgewählte Bibliographie:
- „Aus den Reiseberichten S. M. S. „Leipzig", Korv.-Kapt. Herbig". In: *Annalen der Hydrographie und maritimen Meteorologie*, Jg. 12 (1844), S. 190–193.
- *BJDN*, Bd. 14 (1909), Totenliste 1909, S. 36.
- Mayet, P.: „Ein Besuch in Korea im October 1883". In: a. a. O., S. 18–28.
- Moellendorff, R. von: *P. G. von Moellendorff. Ein Lebensbild*. Leipzig 1930, S. 66.

Herzog
Dr. med.

Von Mai 1901 bis Anfang März 1903 als Marine-Oberassistenzarzt auf S. M. Kanonenboot „Jaguar", stattet Dr. Herzog im Dezember 1902 Chemulpo einen Besuch ab. Von dort fährt das Schiff weiter nach Shanghai, wo es am 16. Dezember eintrifft.

Ausgewählte Bibliographie:
- *OL*, Jg. 15, 3.5.1901, S. 375: PN; Jg. 16, 25.12.1902, S. 1055: PN; Jg. 17, 20.2.1903, S. 317: PN.

Hess
Marinesoldat

Obermatrose auf S. M. Gedeckter Korvette „Leipzig", die Generalkonsul Eduard Zappe aus Japan zu den deutsch-koreanischen Vertragsverhandlungen von Oktober bis November 1883 nach Korea bringt. Die Obermatrosen Hess und Fluder begleiten Zappe als Ordonanzen nach Seoul. (Siehe: *Eduard Zappe*)

Ausgewählte Bibliographie:
- Mayet, Paul: „Ein Besuch in Korea im October 1883". In: *MOAG*, Bd. 4, Heft 3 (Sep. 1884), S. 28.

Hoffmann
Dr. med.

Seit September 1902 als Oberstabsarzt auf S. M. Großen Kreuzer „Hansa" kommandiert, besucht Dr. Hoffmann im Sommer 1903 das erste Mal Chemulpo. Dabei reist er nach Seoul und ist zu Gast bei seinem Landsmann, Dr. Richard Wunsch. Im Januar 1904 läuft S. M. S. „Hansa" mit Kommodore von Holtzendorff als Kommandant ein zweites Mal in den Hafen von Chemulpo ein.

Ausgewählte Bibliographie:
- Claussen-Wunsch, Gertrud (Hrsg.): *Dr. med. Richard Wunsch. Arzt in Ostasien.* Büsingen/Hochrhein 1976, S. 149, 167.
- *OL*, Jg. 16, 19.9.1902, S. 765: PN.

Hoffmann
Marineoffizier

Vom Herbst 1901 bis zum Sommer 1903 als Korvettenkapitän Kommandant von S.M. Kleinem Kreuzer „Seeadler" besucht Hoffmann vom 22. bis zum 30. November 1901 Chemulpo und Seoul. In Seoul, wo sie sich am 23. und 24. sowie vom 25. bis zum 27. November aufhalten, besichtigen sie die Stadt unter Führung von Dr. Richard Wunsch. Am 25. wird der Kommandant mit fünf seiner Offiziere und dem deutschen Vertreter, Konsul Heinrich Weipert, in Audienz vom Kaiser empfangen. Am 30. November fährt das Schiff weiter nach Nagasaki.

Ausgewählte Bibliographie:
- AA, Korea I, Bd. 32, R 18932, ‚Bericht von Weipert aus Seoul vom 30. Nov. 1901 an Graf von Bülow'.
- Claussen-Wunsch, Gertrud (Hrsg.): *Dr. med. Richard Wunsch. Arzt in Ostasien.* Büsingen/Hochrhein 1976, S. 84f.
- *OL*, Jg. 15, 19.7.1901, S. 615: PN; Jg. 17, 10.7.1903, S. 63: Flotte und Heer.
- *Gu han-guk oegyo munseo* 舊韓國外交文書, *deogan* 德案 2, Nr. 2570, 2573f.

Hoffmann, Max
(25.1.1869 Homberg an der Efze [Nordhessen] – 8.7.1927 Bad Reichenhall)
Generalmajor, Diplomat

Im Jahre 1905 fungiert Hoffmann im Range eines Hauptmanns als militärischer Berater der 1. japanischen Armee in der Mandschurei. Während des Russisch-Japanischen Krieges landen am 5. Mai 1905 japanische Truppen der 3. Armee von General Nogi[399] auf der Liaodong-Halbinsel. Einige Tage

Abb. 244: Max Hoffmann.

---

[399] Nogi Maresuke (1849–1912), General in der Kaiserlichen Armee Japans. Am 13.9.1912 begehen Nogi Maresuke und seine Frau Shizuko durch *seppuku* (vulgär Harakiri) Selbstmord, um dem verstorbenen Kaiser Mutsuhito (Meiji) in den Tod zu folgen.

darauf treffen auf der Durchreise zum Kriegsschauplatz ausländische Offiziere, die als Militärbeobachter zugelassen sind, für einige Tage in Chemulpo ein. Außer dem deutschen Militärattaché in Tōkyō, Major Günther von Etzel, ist Hoffmann einer von ihnen.

Ausgewählte Bibliographie:
– Claer, Alexander von: Bericht aus dem Jahre 1904. Unveröffentlichtes Manuskript.
– Wikipedia: Max Hoffmann.

Holtzendorff, Henning Rudolf Adolf Karl von
(9.1.1853 Prenzlau – 7.6.1919 Jagow [Uckermark])
Großadmiral

Als Kapitän zur See mit Status eines Kommodore löst Holtzendorff im November 1903 Konteradmiral Baudissin ab, den zweiten Admiral des Kreuzergeschwaders. Damit tritt er bereits sein 6. Kommando in Ostasien an. Kurz vor Ausbruch des Russisch-Japanischen Krieges wird sein Flaggschiff S.M. Großer Kreuzer „Hansa" angesichts der ernsten politischen Lage nach Korea befohlen, nachdem bereits England und Amerika Kriegsschiffe nach Chemulpo und Gesandtschaftswachen nach Seoul entsandt haben. Am 18. Januar 1904 stattet Dr. Richard Wunsch Kommodore Holtzendorff und den Offizieren der „Hansa" im Hafen von Chemulpo einen Besuch ab. Nach einer anschließenden Fahrt nach Port Arthur kehrt das Schiff am 26. Januar nach Tsingtau zurück.

Abb. 245: Henning von Holtzendorff.

Ausgewählte Bibliographie:
– Claussen-Wunsch, Gertrud (Hrsg.): *Dr. med. Richard Wunsch. Arzt in Ostasien*. Büsingen/Hochrhein 1976, S. 167.
– *NDB*, Bd. 9. S. 557f.
– *OL*, Jg. 11. April 1897, S. 837: PN; Jg. 14, 17.8.1900, S. 635: PN; Jg. 17, 10.7.1903, S. 62; 13.11., S. 764; 20.11., S. 808: PN; Jg. 18 (1904), S. 215: PN; Jg. 25, 10.2.1911, S. 123: PN.
– Wikipedia: Henning von Holtzendorff.

Huss, Hans
Marineoffizier

Als Korvettenkapitän und Kommandant des Kanonenbootes „Bussard" seit April 1902 liegt Huss vom 9. bis zum 15. März 1904 mit seinem Schiff im Hafen von Chemulpo vor Anker.

Ausgewählte Bibliographie:
- AA, Korea I, Bd. 35, R 18935, ‚Militärpolitischer Bericht von Korvettenkapitän Huss über seinen Aufenthalt in Chemulpo vom 9.–15. März 1904'.
- Claer, Alexander von: Bericht aus dem Jahre 1904. Unveröffentlichtes Manuskript.
- *OL*, Jg. 13, 10.10.1898, S. 30; 8.4.1899, S. 478; 22.4., S. 510: PNJ; Jg. 15, 3.5.1901, S. 375; 5.7., S. 575: PN; Jg. 16, 14.3.1902, S. 213; 11.4., S. 296: PN; Jg. 17, 2.1.1903, S. 32: PN.

Ingenohl, Gustav Heinrich Ernst Friedrich von
(30.6.1857 Neuwied – 19.12.1933 Berlin)
Admiral

Als Konteradmiral befehligt Ingenohl von Mitte 1909 bis zum 6. Juni 1910 für ein Jahr das ostasiatische Kreuzergeschwader. In dieser Zeit besucht er vom 21. bis zum 24. September 1909 Korea. Am 21. September läuft er mit seinem Flaggschiff S. M. Großer Kreuzer „Scharnhorst" von Port Arthur kommend in den Hafen von Chemulpo ein. Am nächsten Tag teilt ihm Generalkonsul Dr. Krüger, der aus Seoul nach Chemulpo gekommen war, mit, dass eine geplante Audienz bei Kaiser Gojong wegen Choleragefahr abgesagt worden sei. Daraufhin reist Ingenohl am 23. in Zivilkleidung mit seinem Stab und einigen Offizieren der „Scharnhorst" nach Seoul und besichtigt die Hauptstadt. Am darauf folgenden Tag sticht das Flaggschiff in Richtung Tsingtau wieder in See.

Ausgewählte Bibliographie:
- AA, Korea I, Bd. 38, R 18938, ‚Bericht von Krüger aus Seoul vom 27. Sep. 1909 an Reichskanzler von Bethmann-Hollweg'.
- *OL*, Jg. 8, 21.9.1894, S. 901; 28.9., S. 919: PN; Jg. 9, 12.10.1894, S. 29; 19.10., S. 46; 30.11., S. 155: PN; Jg. 15, 19.7.1901, S. 614; 15.11., S. 981; 6.12., S. 1043: PN; Jg. 16, 11.4.1902, S. 296: PN; 5.12., S. 997: Flotte und Heer; Jg. 17, 10.7.1903, S. 63; 28.8., S. 321: PN; Jg. 24, 21.1.1910, S. 72; 25.2., S. 207; 17.6., S. 619; 11.11., S. 470: PN.

Jena, Freiherr von
Heeresoffizier

Leutnant, Angehöriger des ostasiatischen Infanterie-Regiments, kommt mit Stabsarzt Dr. Bey (oder Ley) am 6. Mai 1902 nach Seoul, wo sie Gäste von Dr. Richard Wunsch sind, der sie für den nächsten Tag zum Diner bei Frl. Sontag einlädt.

Ausgewählte Bibliographie:
- Claussen-Wunsch, Gertrud (Hrsg.): *Dr. med. Richard Wunsch. Arzt in Ostasien*. Büsingen/Hochrhein 1976, S. 115.

Klöbe, Adolf
(1867–?)
Kapitän zur See

Als Korvettenkapitän und Kommandant des Kanonenbootes „Jaguar" hält sich Klöbe mit seinem Schiff Anfang November 1904 für eine Woche in Chemulpo auf. In der Nacht vom 3. auf den 4. November spielt Dr. Richard Wunsch mit Kapitän Klöbe, Stabsarzt Dr. Kreyenberg und dem I. Offizier bis 2 Uhr morgens Skat.

Ausgewählte Bibliographie:
- Claussen-Wunsch, Gertrud (Hrsg.): *Dr. med. Richard Wunsch. Arzt in Ostasien.* Büsingen/Hochrhein 1976, S. 197.
- *OL*, Jg. 15, 18.10.1901, S. 889: PN.

Knipping Friedrich
Korvettenkapitän

Abb. 246: S. M. S. „Geier".

Seit Ende Juli 1901 Fähnrich zur See auf S. M. Kleinem Kreuzer „Geier" und ehemaliger Schüler von Johannes Bolljahn, dem jetzigen Direktor der deutschen Sprachschule in Seoul. Korvettenkapitän Bauer, Kommandant S. M. S. „Geier", dampft am 27. August 1901 nach Pusan und hält sich für einige Tage dort, um Rekognoszierungsuntersuchungen vorzunehmen und über die Lage in Pusan zu berichten.

Ausgewählte Bibliographie:
- AA, Korea I, Bd. 32: ‚Bericht von Bauer aus Wusung vom 17. Sep. 1901'.
- AA, Korea I, Bd. 32: ‚Bericht von Korvettenkapitän Bauer aus Tsingtau vom 5. Sep. 1901'.
- *OL*, Jg. 15, 12.7.1901, S. 596; 4.10., S. 850: PN; Jg. 17, 3.4.1903, S. 558: PN.

Köhler, Heinrich
(3.7.1824–21.6.1882)
Konteradmiral

Als Kapitän zur See und Kommandant von S. M. Schraubenfregatte „Hertha" bringt Köhler Max von Brandt am 1. Juni 1870 von Yokohama nach Pusan. (Siehe: **Brandt, Max von**)

Ausgewählte Bibliographie:
- Brandt, Max von: *Dreiunddreissig Jahre in Ostasien.* Bd. 2, S. 365ff.

Kohlhauer, Eugen
(1850 Wetzlar – 23.9.1904)
Korvettenkapitän, Schriftsteller, Maler

Am 18. September 1883 fährt Kohlhauer als Marineoffizier auf S. M. Gedeckter Korvette „Leipzig" von China aus zunächst zur koreanischen Insel Geomun-do, wo er am 22. September ankommt. Einige Tage später geht die Fahrt weiter nach Nagasaki. Hier hat der Kommandant der „Leipzig" den Auftrag, Generalkonsul Eduard Zappe mit Dolmetscher Hermann Budler am 21. Oktober an Bord zu nehmen, um sie als Unterhändler zu Verhandlungen für den deutsch-koreanischen Vertrag nach Korea zu bringen. Am 24. Oktober 1883 läuft das Schiff in den Hafen von Chemulpo ein. Während der Dauer der Verhandlungen bleibt die „Leipzig" vor Anker liegen, und Kohlhauer hat Gelegenheit, Chemulpo und Seoul näher kennenzulernen. Nach erfolgreichem Vertragsabschluss fährt die „Leipzig" nach Nagasaki zurück. (Siehe: ***Zappe, Eduard***)

Ausgewählte Werke:
- „Ein Besuch in Port Hamilton und Chemulpo (Korea)". In: *Globus*, Bd. 67, Nr. 17 (April 1895), S. 261–266.
- *Hans Unverzagt der Schiffstakler*. Hannover 1901.

Ausgewählte Bibliographie:
- *BJDN*, Bd. 10 (1905), Totenliste 1904, S. 60.

Korn
Marineoffizier

Als Marine-Zahlmeister auf S. M. Kanonenboot „Jaguar", Kommandant Korvettenkapitän Wilbrandt, läuft Korn mit dem Kanonenboot am 15. Dezember 1902 den Hafen von Chemulpo an. Das Schiff muss aber schon nach wenigen Stunden die Weiterreise nach Shanghai antreten, wo es am 16. Dezember eintrifft.

Ausgewählte Bibliographie:
- *OL*, Jg. 16, 25.12.1902, S. 1055: PN und „Flotte und Heer".

Kreyenberg
Dr. med.

Oberassistenzarzt auf S. M. Kanonenboot „Jaguar", hält sich im November 1904 für eine Woche in Chemulpo auf. Dr. Richard Wunsch schlägt Kreyenberg zu seinem Nachfolger vor, doch kann das Vorhaben nicht realisiert werden.

Ausgewählte Bibliographie:
- Claussen-Wunsch, Gertrud (Hrsg.): *Dr. med. Richard Wunsch. Arzt in Ostasien.* Büsingen/Hochrhein 1976, S. 197, 219.
- *OL*, Jg. 16, 14.3.1902, S. 214: PN; Jg. 17, 20.2.1903, 317: PN; Jg. 22, 7.2.1908, S. 275: PN.

Kroebel, Ernst
Hauptmann

Kurz nach der Besitzergreifung Kiautschous durch Admiral Otto von Diederichs am 14. November 1897 wird Hauptmann Kroebel durch den Bataillons-Kommandeur des mobilen Seebataillons die Verwaltung des Kantinenwesens der ostasiatischen Besatzungsbrigade übertragen. Daraufhin reist Kroebel, Ehemann von Emma Kroebel aus Berlin, noch im November 1897 seiner Frau nach Ostasien voraus und siedelt sich im Februar 1898 als erster europäischer Kolonist in Tsingtau an. Auf einer Reise nach Korea, vermutlich mit Oskar von Truppel, im November 1904 macht er die Bekanntschaft von Frl. Sontag, die daraufhin seine Frau nach Seoul einlädt, um sie im Jahre 1905 für knapp ein Jahr am Hofe zu vertreten. Während dieser Zeit reist Kroebel mehrere Male in die koreanische Hauptstadt.

Ausgewählte Bibliographie:
- AA, Korea I, Bd. 37: ‚Bericht von Dr. Krüger aus Seoul vom 7. Okt. 1907'.
- Kroebel, Emma: *Wie ich an den koreanischen Kaiserhof kam. Reise-Eindrücke und Erinnerungen.* Berlin 1909, Vorwort.
- Siehe Foto in: Claussen-Wunsch, Gertrud (Hrsg.): *Dr. med. Richard Wunsch. Arzt in Ostasien.* Büsingen/Hochrhein 1976, ohne Seitenangabe, in der Mitte des Buches. (Siehe auch S. 179, Abb. 161)

Kühne, Robert
(19.4.1868–30.1.1947)
Vizeadmiral

Als Kapitänleutnant und 1. Offizier seit Mitte 1900 auf S. M. Kanonenboot „Jaguar" liegt er mit dem Schiff am 15. Dezember 1902 in Chemulpo vor Anker. Nach wenigen Stunden muss das Schiff aber wieder die Weiterreise nach Shanghai antreten, wo es am 16. Dezember eintrifft.

Ausgewählte Bibliographie:
- „Das Offizierkorps des Kreuzergeschwaders". In: *OL*, Jg. 14, 10.8.1900, S. 616f.
- *OL*, Jg. 16, 25.12.1902, S. 1055: PN und „Flotte und Heer".

Küsel, Hans
(28.2.1870–14.6.1951)
Konteradmiral

Als Korvettenkapitän bis zum Herbst 1907 zum Kommandant S. M. Kanonenboot „Iltis" ernannt, hält sich Küsel mit seinem Schiff vom 7. bis zum 14. September 1906 in Chemulpo auf. Aus Anlass des Geburtstages von Kaiser Gojong ergeht an ihn in dieser Zeit die Aufforderung, in Seoul zu erscheinen, um an einer Audienz des Kaisers teilzunehmen.

Abb. 247: S. M. S. „Iltis".

Ausgewählte Bibliographie:
AA, Korea I, Bd. 36: ‚Schreiben von Vizekonsul Dr. Ney aus Seoul vom 18. Sep. 1906'.
– „Das Offizierkorps des Kreuzergeschwaders". In: *OL*, Jg. 14, 10.8.1900, S. 616f.
– *OL*, Jg. 21, 12.7.1907, S. 76: PN.

Lessel, Johann Friedrich August von
(1.5.1873 Berlin –?)
Marineoffizier

Als Kapitänleutnant auf S. M. Kleinem Kreuzer „Geier" liegt von Lessel im April 1904 mit seinem Schiff im Hafen von Chemulpo auf Anker.

Ausgewählte Bibliographie:
– Zu sehen auf einem Foto, aufgenommen auf S. M. S. „Geier" im April 1904 in Korea. Das Foto befindet sich im Besitz von Frau Claussen-Wunsch.

Lützow
Marineoffizier

Als Oberleutnant zur See auf S. M. Kanonenboot „Jaguar", Kommandant Korvettenkapitän Wilbrandt, läuft Lützow mit dem Kanonenboot am 15. Dezember 1902 den Hafen von Chemulpo an. Das Schiff muss aber schon nach wenigen Stunden die Weiterreise nach Shanghai antreten, wo es am 16. Dezember eintrifft.

Ausgewählte Bibliographie:
– *OL*, Jg. 15, 12.7.1901, S. 596: PN; Jg. 16, 25.12.1902, S. 1055: PN; Jg. 17, 2.1.1903, S. 30; 3.4., S. 559: PN.

Maltzahn, Freiherr von
Marineoffizier

Als Kapitänleutnant auf S. M. Gedeckter Korvette „Leipzig", Kommandant Korvettenkapitän Herbig, begleitet er Generalkonsul Eduard Zappe zu Vertragsverhandlungen nach Korea. Vom 23. Oktober bis zum 1. Dezember 1883 liegt das Schiff im Hafen von Chemulpo vor Anker. In dieser Zeit macht Maltzahn verschiedene meteorologische Beobachtungen, die er später veröffentlicht.

Ausgewählte Bibliographie:
- „Aus den Reiseberichten S. M. S. „Leipzig", Korv.-Kapt. Herbig". In: *Annalen der Hydrographie und maritimen Meteorologie*, Hamburg, Jg. 12 (1884), S. 190.
- Mayet, Paul: „Ein Besuch in Korea im October 1883". In: *MOAG*, Bd. 4, H. 3 (Sep. 1884), S. 27.

Mittelstaedt, Xaver von
Kapitän zur See

Als Korvettenkapitän und Kommandant S. M. Kanonenboot „Tiger" läuft von Mittelstaedt am 4. Juli 1901 in den Hafen von Chemulpo ein, um sowohl chinesischen Gerüchten von Unruhen an der koreanischen Grenze nachzugehen, als auch Informationen zu einem geplanten Besuch von Vizeadmiral Bendemann in Korea einzuholen. Vom 6. bis zum 7. Juli ist er während eines Besuchs in Seoul inkognito Gast bei Konsul Dr. Heinrich Weipert. Am 8. Juli sticht S. M. S. „Tiger" in Richtung Tsingtau wieder in See.

Ausgewählte Bibliographie:
- AA, Korea I, Bd. 32: ‚Bericht von Konsul Weipert aus Seoul vom 8. Juli 1901 an Reichskanzler von Bülow'.
- *OL*, Jg. 16, 14.3.1902, S. 213; 30.5., S. 440: PN.

Moltke, Heinrich Karl Leonhard Graf von
(15.9.1854 Lauenburg an der Elbe – 9.4.1922)
Vizeadmiral

Als Kapitän zur See und Kommandant von S. M. Großem Kreuzer (Panzerkreuzer) „Fürst Bismarck" von Mai 1900 bis zum 22. November 1901 ist von Moltke mit Vizeadmiral Bendemann vom 21. bis zum 26. September 1901 in Chemulpo und Seoul. (Siehe: **Bendemann, Felix**)

Ein zweites Mal besucht Graf von Moltke als Konteradmiral im März 1905 die koreanische Halbinsel und reist mit einigen seiner Offi-

Abb. 248: Offiziercorps des Panzerkreuzers „Fürst Bismarck" mit Vizeadmiral von Moltke vor der deutschen Gesandtschaft im März 1905.

ziere nach Seoul, wo ihm vom Ministerresidenten Conrad von Saldern am 15. März eine Party in der deutschen Gesandtschaft gegeben wird.

Ausgewählte Bibliographie:
- *OL*, Jg. 14, 11.5.1900, S 336; 10.8., S. 616f: PN; Jg. 15, 22.11.1901, S. 1002; 6.12., S. 1043: PN.
- „Vizeadmiral Bendemann in Port Arthur und Korea". In: *OL*, Jg. 15, 4. Okt. 1901, S. 849.
- *Wer ist's 1914*, S. 1141.
- *Gu han-guk oegyo munseo* 舊韓國外交文書 , *deogan* 德案 2, Nr. 2502.

Müller, Georg Alexander von
(24.3.1854 Chemnitz – 18.4.1940 Hangelsberg an der Spree)
Admiral

Als Kapitän zur See und Kommandant von S. M. Großem Kreuzer „Deutschland" vom 31. Dezember 1898 bis Februar 1900 bringt Müller Prinz Heinrich zu einem Besuch nach Korea und hält sich zu diesem Zweck zunächst vom 8. bis zum 20. Juni 1899 mit seinem Schiff in Chemulpo auf. Ein zweites Mal liegt er mit der „Deutschland" von Mitte Juli bis Mitte August 1899 im Hafen von Wonsan vor Anker.

Ausgewählte Bibliographie:
- „Besuch Seiner Koeniglichen Hoheit des Prinzen Heinrich in Seoul". In: *OL*, Jg. 13, 1. Juli 1899, S. 687f.
- *NDB*, Bd. 18., S. 391f.
- Obenheimer: „Ansteuerung des Hafens von Gensang; Ansteuerung des Hafens von Fusan; Ansteuerung der Masanpho-Föhrde; – aus dem Reisebericht S. M. S. ‚Irene'". In: *Annalen der Hydrographie und maritimen Meteorologie*, Hamburg, Jg. 28 (1900), S. 49–51.
- *OL*, Jg. 6, 6.11.1891, S. 87; 20.11., S. 120; 23.9.1892, S. 797; 30.9., S. 810: PN; Jg. 13, 31.12.1898, S. 265; 9.1.1899, S. 287; 18.11., S. 1060: PN; Jg. 14, 9.2.1900, S. 101; 20.4., S. 283: PN.
- Wikipedia: Georg Alexander von Müller

Obenheimer, Ernst
Marineoffizier

Fregattenkapitän und Kommandant von S. M. Kleinem Kreuzer „Irene", läuft im Juli 1899 in Wonsan, Pusan und Masanpo ein.

Ausgewählte Werke:
- „Ansteuerung des Hafens von Gensang; Ansteuerung des Hafens von Fusan; Ansteuerung der Masanpho-Föhrde; – aus dem Reisebericht S. M. S. ‚Irene'". In: *Annalen der Hydrographie und maritimen Meteorologie*, Hamburg, Jg. 28 (1900), S. 49–51.

Ausgewählte Bibliographie:
- Franzius, Georg: *Kiautschou. Deutschlands Erwerbung in Ostasien*. 2. Aufl., Berlin o. J. (ca. 1899–1900), S. 135.
- OL, Jg. 13, 10.10.1898, S. 30; 7.10.1899, S. 938: PN; Jg. 14, April 1900, S. 303: PN.

Platen-Hallermund, Oskar Rudolf Karl Marius Graf von
(18.3.1865 Seelendorf an der Ostsee – 14.4.1957 Weissenhaus)
Vizeadmiral, letzter Hofmarschall Kaiser Wilhelms II.

Als Korvettenkapitän und Kommandant von S. M. Kanonenboot „Iltis" bis Juli 1903 bringt er Prinz Georg von Bayern am 15. April 1903 nach Chemulpo und folgt ihm in Begleitung seines 1. Offiziers am 18. nach Seoul, um an einem Diner bei Konsul Dr. Weipert teilzunehmen. Am 20. April sticht die „Iltis" in Richtung Japan wieder in See. (Siehe: *Georg, Prinz von Bayern*)

Ausgewählte Bibliographie:
- „Asien". In: *Augsburger Abendzeitung* vom 2.7.1903.
- OL, Jg. 16, 8.8.1902, S. 638: PN; Jg. 17, 1.5.1903, S. 714: PN; 10.7., S. 63: Flotte und Heer; Jg. 25, 13.10.1911, S. 318: PN.

Posadowsky-Wehner, Harry Graf von
(17.8.1869–5.11.1923)
Kapitän zur See

Als Leutnant zur See und Adjutant von Kapitän von Frantzius auf S. M. Kleinem Kreuzer „Alexandrine", der vom 2. bis zum 11. Oktober 1892 in Chemulpo vor Anker liegt, hat er zusammen mit dem Kapitän, dem Zahlmeister der „Alexandrine", Leutnant zur See Gemsky, und Konsul Ferdinand Krien am 8. Oktober in Seoul eine Audienz bei König Gojong.

Ausgewählte Bibliographie:
- OL, Jg. 20 (1906), S. 550; 15.6., S. 1129: PN; Jg. 21, 12.7.1907, S. 76: PN.
- *The Korean Repository*, Vol. 1, (Oct. 1892), S. 322: Editorial Notes.

Poten (oder:) ***Porten***
Heeresoffizier

Oberleutnant Poten, Angehöriger des 63. Königlich Preußischen Artillerie-Regiments, besucht im April 1904 Seoul und hat zusammen mit einigen Offizieren von S. M. Kleinem Kreuzer „Geier", dem Militärattaché an der deutsche Gesandtschaft, Major von Claer, und Konsul Ferdinand Krien eine Audienz bei Kaiser Gojong.

Ausgewählte Bibliographie:
- Claussen-Wunsch, Gertrud (Hrsg.): *Dr. med. Richard Wunsch. Arzt in Ostasien.* Büsingen/Hochrhein 1976, S. 177.
- *Gu han-guk oegyo munseo* 舊韓國外交文書 , *deogan* 德案 2, Nr. 2950.

Prittwitz und Gaffron, Bernhard Otto Curt von
(16.7.1849 Gut Sitzmannsdorf [Schlesien] – 16.2.1922 Berlin-Wilmersdorf)
Admiral, Mitglied des ehemaligen preußischen Herrenhauses

Abb. 249: Curt von Prittwitz und Gaffron.

Am 1. Oktober 1903 erhält Prittwitz als Konteradmiral seine Ernennung zum Chef des ostasiatischen Kreuzergeschwaders mit dem Großem Kreuzer (Panzerkreuzer) „Fürst Bismarck" als Flaggschiff. Am 16. November 1903 übernimmt er sein neues Kommando von Vizeadmiral Geißler in Wusung und wird selbst am 27. Januar 1904 zum Vizeadmiral befördert. Im September 1904 läuft Prittwitz mit S. M. Großem Kreuzer „Fürst Bismarck" in den Hafen von Chemulpo ein und wird am 9. September in Seoul von Kaiser Gojong in einer Audienz begrüßt. Bis zum 11. November 1905 bleibt er Chef des Kreuzergeschwaders.

Ausgewählte Bibliographie:
- Claussen-Wunsch, Gertrud (Hrsg.): *Dr. med. Richard Wunsch. Arzt in Ostasien.* Büsingen/Hochrhein 1976, S. 163, 193.
- *DBJ*, Bd. 4 (1922), S. 366.
- *OL*, Jg. 17, 20. Nov. 1903, S. 808: PN.
- *Wer ist's 1914*, S. 1308f.
- Wikipedia: Curt von Prittwitz und Gaffron
- *Gu han-guk oegyo munseo* 舊韓國外交文書 , *deogan* 德案 2, Nr. 2985.

Puttfarken, Hans
(1866–?)
Kapitän zur See

Als Korvettenkapitän und Kommandant von S. M. Kleinem Kreuzer „Seeadler" von 1904 bis 1906 läuft Puttfarken im Januar 1905 mit seinem Schiff Chemulpo an und besichtigt Seoul.

Abb. 250: Ausritt 1905. *Auf den Pferden, von rechts*: Conrad von Saldern (deut. Ministerresident) auf dem Schimmel, William Daniel August Andersson Grebst (Königlich Schwedischer Offizier und Schriftsteller aus Stockholm, 1875–1920), Dr. Richard Wunsch (Leibarzt König Gojongs), Hans Puttfarken (Korvettenkapitän und Kommandant von S. M. Kleinem Kreuzer „Seeadler"). Aufgenommen im Garten der deutschen Gesandtschaft Anfang Januar 1905.

Ausgewählte Bibliographie:
– Claussen-Wunsch, Gertrud (Hrsg.): *Dr. med. Richard Wunsch. Arzt in Ostasien*. Büsingen/Hochrhein 1976, S. 202.

Riemer, Gustav Adolph
(9.7.1842 Saarlouis – 4.3.1899 Dessau)
Marineoffizier, Fotograf

Von April 1881 bis November 1883 als Zahlmeister auf S. M. Gedeckter Korvette „Stosch", begleitet Riemer Max von Brandt im Mai 1882 zu den Verhandlungen des ersten deutsch-koreanischen Vertrages nach Korea. Nach erfolgreichem Abschluss, macht Riemer von den Delegierten einige Aufnahmen und kann damit als erster deutscher Fotograf in Korea bezeichnet werden.

Ausgewählte Werke:
– *Marine. Reise S. M. S. „Hertha" nach Ost-Asien und den Südsee-Inseln*. Berlin 1878. (Fotoalbum)
– *Reise S. M. S. Stosch nach China und Japan. 1881–1883*. Photographirt und herausgegeben von G. Riemer. Leipzig (o. J.), (Fotoalbum).

Ausgewählte Bibliographie:
– Brandt, Max von: *Dreiunddreissig Jahre in Ost-Asien*, Bd. 3, S. 243.
– „Der Freundschafts- und Handelsvertrag zwischen Deutschland und Korea". In: *Daheim*, zweite Daheim-Beilage zu Nr. 2, Leipzig 1883.

Risse
Marineoffizier

Von Mai 1901 bis April 1903 als Marine-Ingenieur auf S. M. Kanonenboot „Jaguar" liegt er mit dem Schiff am 15. Dezember 1902 in Chemulpo vor Anker. Nach wenigen Stunden muss das Schiff die Weiterreise nach Shanghai antreten, wo es am 16. Dezember eintrifft.

Ausgewählte Bibliographie:
– *OL*, Jg. 15, 3.5.1901, S. 375: PN; Jg. 16, 25.12.1902, S. 1055: PN und „Flotte und Heer"; Jg. 17, 3.4.1903, S. 559: PN.

Rötger, Fritz
(6.7.1848–26.7.1913)
Konteradmiral

Korvettenkapitän und Kommandant S. M. Kanonenboot „Iltis", das nach dem „Gapsin-Coup"[400] Anfang Dezember 1884 vom 22. Dezember 1884 bis zum 1. Februar 1885 zum Schutz der deutschen Konsulats- und Reichsangehörigen im Hafen von Chemulpo vor Anker liegt.

Ausgewählte Bibliographie:
– AA, Korea I, Bd. 4: ‚Schreiben von Zembsch aus Seoul vom 9. Dez. 1884 an Generalkonsul Lührsen in Shanghai'.
– AA, Korea I, Bd. 4: ‚Bericht von Budler aus Seoul vom 31. Jan. 1885 an Reichskanzler Bismarck'.
– *OL*, Jg. 6, 4.3.1892, S. 348; 9.9., S. 764: PN.

Rose, C.
Heeresoffizier

Hauptmann, Kaiserlich deutsche Gesandtschaftswache in Peking, kommt Ende Juli oder Anfang August 1906 auf Urlaubsreise zu Studienzwecken nach Korea.

Ausgewählte Bibliographie:
– „Eine Unterredung mit dem Stadthalter von Korea, Marquis Ito". In: *OL*, Jg. 20 (1906), S. 359f.

---

[400] Koreanisch: *Gapsin jeongbyeon* (甲申政變), begann unter Führung des Aktivisten Kim Ok-gyun (1851–1894) und war ein gescheiterter Umsturzversuch der pro-japanischen Partei. Mit Hilfe chinesischer Truppen konnte die koreanische Regierung innerhalb von drei Tagen den Coup d'État vereiteln.

Roth, J.
Heeresoffizier
Hauptmann, Reisebegleiter von Dr. med. Arthur Berger, der im Februar 1903 auf Besuch in Korea weilt.

Ausgewählte Bibliographie:
- Berger, A.: *Aus einem verschlossenen Paradiese*. 3. Aufl., Berlin 1924, S. 13f.

Rudolf
Soldat des Heeres
Gefreiter, begleitet Major von Claer als sein Bursche 1904–1905 nach Korea. (Siehe: **Claer, Alexander von**)

Ausgewählte Bibliographie:
- Claer, Alexander von: Bericht aus dem Jahre 1904. Unveröffentlichtes Manuskript.

Sarnow, Georg
(25.11.1850–30.3.1935)
Konteradmiral

Abb. 251: S. M. S. „Arcona".

Kapitän zur See und Kommandant von S. M. Gedeckter Korvette „Arcona", vom 1. bis zum 11. Juni 1896 mit seinem Schiff im Hafen von Chemulpo. Am 4. Juni reist er in Begleitung seines Navigationsoffiziers und seines Adjutanten nach Seoul und ist zu Gast bei Konsul Ferdinand Krien. Am 5. Juni wird er mit seinen Offizieren von König Gojong in der russischen Gesandtschaft empfangen, in der er sich seit seiner Flucht am 11. Feb. 1896 befindet. Am 11. Juni dampft S. M. S. „Arcona" wieder nach China ab.

Ausgewählte Bibliographie:
- AA, Korea I, Bd. 23: ‚Militärmaritimer und militärpolitischer Bericht von Sarnow über Korea aus Chefoo vom 19. Juni 1896'.
- *The Independent*, 독립신문 (*Dongnip sinmun*), Vol. 1, No. 27, 6. June 1896: Brief Notice.
- *OL*, Jg. 9, 12.10.1894, S. 28; 8.3.1895, S. 379; 27.9.1895, S. 918: PN.

Schaumann, Karl
(9.10.1865–23.6.1938)
Vizeadmiral

Als Kapitänleutnant auf S. M. Großem Kreuzer „Fürst Bismarck" begleitet er Vizeadmiral Bendemann während seines Besuchs in Korea vom 21. bis zum 26. September 1901 nach Seoul und wird am 24. vom Kaiser in Audienz empfangen. Das Flaggschiff S. M. S. „Fürst Bismarck" dampft am 26. September von Chemulpo früh morgens ab, um nach Tsingtau zu fahren.

Ausgewählte Bibliographie:
- *OL*, Jg. 13, 14.10.1899, S. 962: PN; Jg. 14, 10.8.1900, S. 617: PN; Jg. 16, 14.3.1902, S. 213: PN.
- *Gu han-guk oegyo munseo* 舊韓國外交文書 , *deogan* 德案 2, Nr. 2502.

Schimmelmann, Malte Benjamin Freiherr von
(1.4.1859 Petersdorf [Schlesien] – 8.7.1916)
Vizeadmiral

Als Kapitän zur See und Kommandant von S. M. Schraubenfregatte „Hertha" befindet sich Schimmelmann vom 5. bis zum 6. Mai 1904 in Chemulpo und Seoul. Zu dieser Zeit dient Prinz Adalbert von Preußen als Leutnant zur See auf seinem Schiff und reist mit einigen Offizieren der „Hertha" inkognito in die koreanische Hauptstadt. (Siehe: *Adalbert, Prinz von Preußen*)

Ausgewählte Bibliographie:
- *OL*, Jg. 18, Mai 1904, S. 923: PN; Jg. 19, 16.6.1905, S. 1117: PN.
- *Wer ist's 1909*, S. 1225.

Seckendorff, Freiherr von
Heeresoffizier

Leutnant, Angehöriger der ostasiatischen Besatzungsbrigade in Tsingtau, 1. Infanterie-Regiment, begleitet im Dezember 1902 Frau Rosalie von Möllendorff und deren Tochter nach Korea, wo sie in Audienz von Kaiser Gojong empfangen werden.

Ausgewählte Werke:
- *Deutscher Posten Langfang: deutscher Fleiß, deutsche Arbeit, deutsche Kraft gebieten der Welt Achtung; erbaut 1901–1902 vom II. Batl. 3. Ostas. Inft. Regts. Major Auwärter und 7. Kompagnie 2. Ostas. Inft. Regts. Hauptmann Beyer, beiden gewidmet*. Langfang 1902.

Ausgewählte Bibliographie:
- *OL*, 15, 14.6.1901, S. 512: PN; Jg. 16, 12.12.1902, S. 1018: PN.

Sedelmeyer
Dr. med.
Oberstabsarzt, Angehöriger des ostasiatischen Kreuzergeschwaders. Ende Mai bis Anfang Juni 1901 hält sich Dr. Sedelmeyer auf Reisen in Korea auf. Von Chemulpo über Seoul führt ihn sein Weg zur deutschen Goldmine nach Danggogae und anschließend weiter nach Tianjin und Peking.

Ausgewählte Bibliographie:
- *OL*, Jg. 15, 14.6.1901, S. 514: PN.
- *Gu han-guk oegyo munseo* 舊韓國外交文書, *deogan* 德案 2, Nr. 2438–2441.

Studnitz, *Ernst von*
(1862–1907)
Fregattenkapitän

Korvettenkapitän und Kommandant von S. M. Kleinem Kreuzer „Geier", im April 1904 in Chemulpo und Seoul. Während eines Diners in Seoul beim deutschen Gesandten von Saldern bietet Studnitz Dr. Richard Wunsch an, ihn mit seinem Schiff nach Kiautschou hin und auch wieder zurückzubringen. Wunsch nimmt das Angebot an und verbringt Anfang Mai zwei Wochen Urlaub in Tsingtau. Am 10. Mai 1904 verlässt Korvettenkapitän Studnitz Tsingtau und setzt Dr. Wunsch am nächsten Tag wieder in Chemulpo an Land.

Abb. 252: Ernst von Studnitz.

Ausgewählte Bibliographie:
- Claer, Alexander von: Bericht aus dem Jahre 1904. Unveröffentlichtes Manuskript.
- Claussen-Wunsch, Gertrud (Hrsg.): *Dr. med. Richard Wunsch. Arzt in Ostasien*. Büsingen/Hochrhein 1976, S. 177, 182f, 183f.
- *OL*, Jg. 17, 10.7.1903, S. 63: Flotte und Heer.

Thiele, *Adolf*
(28.11.1853–5.8.1941)
Konteradmiral

Kapitän zur See und Kommandant von S. M. Kleinem Kreuzer „Prinzeß Wilhelm", mit dem deutschen Kreuzergeschwader unter dem Kommando von Vizeadmiral Otto von Diederichs vom 11. bis zum 23. Juli 1897 in Chemulpo und Seoul. (Siehe: ***Diederichs, Otto von***)

Ausgewählte Bibliographie:
- „Der Besuch des deutschen Geschwaders in Korea". In: *OL*, Jg. 11, 13.8.1897, S. 1451f.
- Franzius, Georg: *Kiautschou. Deutschlands Erwerbung in Ostasien*. 2. Aufl., Berlin o. J. (ca. 1899–1900), S. 16.
- *OL*, Jg. 10, 3.7.1896, S. 908; 31.7., S. 1015: PN; Jg. 11, 22.1.1897, S. 563; 2.4., S. 837: PN.
- „S. M. Schiffe auf der ostasiatischen Station". In: *OL*, Jg. 11 (1896/97), 18. Juni 1897, S. 1193.

Wiencke, Oswald
Korvettenkapitän

Von Mai 1901 bis April 1903 als Oberleutnant zur See auf S. M. Kanonenboot „Jaguar", Kommandant Korvettenkapitän Wilbrandt, liegt Wiencke mit dem Schiff am 15. Dezember 1902 in Chemulpo vor Anker. Nach wenigen Stunden muss das Schiff die Weiterreise nach Shanghai antreten, wo es am 16. Dezember eintrifft.

Ausgewählte Bibliographie:
- *OL*, Jg. 15, 3.5.1901, S. 375. PN, Jg. 16, 14.3.1902, S. 214: PN; 25.12., S. 1055: PN und „Flotte und Heer"; Jg. 17, 3.4.1903, S. 559: PN.

Wilbrandt, Karl
(12.12.1864–6.5.1928)
Vizeadmiral

Als Korvettenkapitän und Kommandant des Kanonenbootes „Jaguar", das er am 20. November 1902 übernommen hat, läuft Wilbrandt am 15. Dezember desselben Jahres in den Hafen von Chemulpo ein. Das Schiff muss aber schon nach wenigen Stunden die Weiterreise nach Shanghai antreten, wo es am 16. Dezember eintrifft.

Ausgewählte Bibliographie:
- *OL*, Jg. 16, 14.3.1902, S. 214; 5.12., S. 996; 25.12., S. 1055: PN und „Flotte und Heer"; Jg. 17, 3.4.1903, S. 558: PN.

Wilke
Marineoffizier

Als Marine-Stabsingenieur hat Wilke auf dem Großen Kreuzer „Hansa", dem Flaggschiff des zweiten Admirals des Kreuzergeschwaders, Konteradmiral Graf von Baudissin, die Position eines Leitenden Ingenieurs. Am 22. Juli 1903 läuft die „Hansa" in den Hafen von Chemulpo ein. Das Schiff bleibt dort für ein paar Tage vor Anker liegen. Bei einem Besuch in Seoul gehört Wilke zu einem der zehn Offiziere der „Hansa", die mit Baudissin vom Kaiser in Audienz empfangen werden. (Siehe: ***Baudissin, Friedrich Graf von***)

Ausgewählte Bibliographie:
- Claussen-Wunsch, Gertrud (Hrsg.): *Dr. med. Richard Wunsch. Arzt in Ostasien*. Büsingen/Hochrhein 1976, S. 149, 380.
- *OL*, Jg. 16, 2.5.1902, S. 357: PN; Jg. 17, 20.2.1903, S. 317: PN.

Zeye, Hugo
(21.3.1852 Beeskow [Brandenburg] – 11.12.1909 Kiel)
Vizeadmiral

Als Kapitän zur See und Kommandant von S. M. Großem Kreuzer „Kaiser", dem Flaggschiff von Vizeadmiral von Diederichs, während eines Besuchs des Kreuzergeschwaders vom 11. bis zum 23. Juli 1897 in Chemulpo und Seoul. (Siehe: ***Diederichs, Otto von***)

Ausgewählte Bibliographie:
- *BJDN*, Bd. 14 (1909), Totenliste 1909, S. 104.
- „Der Besuch des deutschen Kreuzergeschwaders in Korea". In: *OL*, Jg. 11, 13.8.1897, S. 1451f.
- Franzius, Georg: *Kiautschou. Deutschlands Erwerbung in Ostasien*. 2. Aufl., Berlin o. J. (ca. 1899–1900), S. 16, 27.
- Lensen, Georg Alexander: *Ballance of Intrigue. International Rivalry in Korea & Manchuria, 1884–1899*. Tallahassee 1983, Vol. 2, S. 719, 722.
- *OL*, Jg. 10, 8.5.1896, S. 708f: Marine-Nachrichten; Jg. 11, 22.1.1897, S. 563; 23.4., S. 931: PN.
- „S. M. Schiffe auf der ostasiatischen Station". In: *OL*, Jg. 11 (1896/97), 18. Juni 1897, S. 1193.
- *Wer ist's 1909*, S. 1598.

Abb. 253: S. M. S. „Kaiser" auf dem Weg nach Ostasien 1895.

VII.4. Kaufleute, Ingenieure und Bergleute

Alberts, H. A.

Arbeitet in den Jahren 1899 bis 1901 in der deutschen Goldmine in Danggogae.

Ausgewählte Bibliographie:
- *D&C*: 1900, 1901.
- *Gu han-guk oegyo munseo* 舊韓國外交文書 , *deogan* 德案 2, Nr. 2042f.

Bauer, Louis
(1861 Annaberg [Sachsen] – 1905 Berlin)
Bergassessor

Von 1898 bis zu ihrer Schließung Ende 1903 ist Bauer Direktor der deutschen Goldmine in Danggogae. Im Juni 1899 ist Prinz Heinrich drei Tage bei ihm in der Mine zu Besuch. Im Dezember 1903 fährt Bauer mit der Transsibirischen Eisenbahn nach Berlin zurück.

Ausgewählte Bibliographie:
– „Besuch Seiner Koeniglichen Hoheit des Prinzen Heinrich in Seoul". In: *OL*, Jg. 13, 1. Juni 1899, S. 687f.
– *D&C*: 1900–1904.
– E-Mail von Prof. Andreas Pistorius, dem Urgroßneffen von Louis Bauer, vom 19.3. und 3.4.2007.
– Genthe, Siegfried: *Korea. Reiseschilderungen*. Berlin 1905, S. 129, 144.
– Hamilton, Angus: *Korea. Das Land des Morgenrots*. Leipzig 1904, S. 214.
– „Von der Reise des Prinzen Heinrich nach Korea". In: *OL*, Jg. 13, 15. Juli 1899, S. 721f.
– *Gu han-guk oegyo munseo* 舊韓國外交文書, *deogan* 德案 2, Nr. 2060–2063, 2273f.

Abb. 254: Weihnachts- und Neujahrskarte von Prinz Heinrich an Louis Bauer 1902.

Baumann, Paul Friedrich (裵禹萬 Bae-u-man)
Kaufmann

Teilhaber der Firma E. Meyer, bzw. Wolter & Co., nachweislich ab Beginn des Jahres 1899 als Vertreter der Firma bis 1915 in Korea tätig. Baumann heiratet am 7. Oktober 1905 in der französischen Kathedrale in Seoul Elise Vincart, die Tochter von Madame und Monsieur Léon Vincart (1848–1914), dem belgischen Vertreter in Korea. Léon Vincart lässt in Chemulpo als Hochzeitsgeschenk für seine Tochter die „Villa Wespelaer" errichten. Dort werden Baumann und seiner Frau sechs Kinder geboren: Werner, Eitel, Ermgard, Gretchen, Olga und Wilhelmine.

Ausgewählte Bibliographie:
– Claussen-Wunsch, Gertrud (Hrsg.): *Dr. med. Richard Wunsch. Arzt in Ostasien*. Büsingen/Hochrhein 1976, S. 372.
– *D&C*: 1899–1911.
– *JD*: 1911–1915.
– *The Korea Review*, Vol. 5, No. 9 (Sep. 1905), S. 356: „News Calendar".

– *Gu han-guk oegyo munseo* 舊韓國外交文書 , *deogan* 德案 2, Nr. 2036, 2225f, 2331f.

Abb. 255: Hochzeit von Paul Baumann und Elise Vincart am 7. Okt. 1905. *Erste Reihe von links*: Frl. Marie Vincart, Elise Vincart (die Braut), ganz rechts: Léon Vincart (belg. Generalkonsul, Vater der Braut). *Zweite Reihe von links*: Hayashi Gonsuke (jap. Minister), Conrad von Saldern (deut. Minsiterresident), K. T. Tseng (Außerordentlicher Gesandter Chinas), Paul Baumann (der Bräutigam), Frau Marie Vincart, Frl. Theresa Brinckmeier, Frl. Baumann, Miss Joly (Lehrerin für Fremdsprachen im Kaiserl. Haushalt), Frau Monaco. *Dritte Reihe von links*: Carl Wolter, Sir John Newell Jordan (engl. Ministerresident), *dahinter*: H. Porter (engl. Konsulatsassistent), unbekannt, Victor Collin de Plancy (franz. Minister), unbekannt, Attilio Monaco (ital. Ministerresident und Generalkonsul), Edwin Vernon Morgan (US Außerordentlicher Gesandter und Minister) und Dr. Gottfried Ney (deut. Vizekonsul).

Blockhus, M.

Arbeitet in den Jahren 1900 und 1901 in der deutschen Goldmine in Danggogae.

Ausgewählte Bibliographie:
– *D&C*: 1900, 1901.

Brenner

Ingenieur

Erhält im Jahre 1907 eine Bergwerkskonzession von der koreanischen Regierung im Distrikt Seoncheon in der nordkoreanischen Provinz Pyongan-bukdo, die später, nach 1914, von Japan konfisziert wird. Bis 1934 versucht Brenner vergebens, gegenüber den Japanern seine Ansprüche geltend zu machen.

Ausgewählte Bibliographie:
– Private Information von Herrn Rudolf Goosmann.

Brombach, R.

Arbeitet ab Ende 1902 in der deutschen Goldmine in Danggogae bis zu ihrer Schließung Ende 1903.

Ausgewählte Bibliographie:
– *D&C*: 1903, 1904.

Dreyr, J.
Arbeitet in den Jahren 1901 und 1902 in der deutschen Goldmine in Danggogae.

Ausgewählte Bibliographie:
– *D&C*: 1902.

Ebena, R.
Obersteiger

An den deutschen Minen in Seoncheon von ihren Anfängen Ende 1907 bis zum Jahre 1910 tätig.

Ausgewählte Bibliographie:
– *D&C*: 1908–1910.

Ginsberg, A.
Obersteiger

Einer der Leiter der deutschen Minen in Seoncheon von 1908 bis 1909.

Ausgewählte Bibliographie:
– *D&C*: 1909.

Gorschalki, A. F. (高率基 Go-sol-gi)
Kaufmann

Kommt im Januar 1884 zunächst nach Chemulpo und startet dort einen Handel. Gleichzeitig fungiert er als Auktionator und Kommissionär. Als der Vertrag von August Maertens als Direktor der „Korean Silk Association" am 6. Mai 1889 abläuft, übernimmt Gorschalki noch im gleichen Jahr die Leitung der Seidenraupenzucht und der Maulbeerbaumplantage in Chemulpo. Diese Posten hat er bis 1892 inne. Einige Jahre später, vermutlich Anfang 1895, zieht Gorschalki nach Seoul um und eröffnet in Jeong-dong ein Handelswarengeschäft. Auch hier ist er wiederum als Auktionator und Kommissionär tätig. Ab 1911 lebt er bis zu seinem Tode als Rentner in Seoul und wird auf dem Ausländerfriedhof beigesetzt.

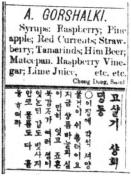

Abb. 256: Reklame von Gorschalki auf Englisch und Koreanisch im Juni 1896.

Ausgewählte Bibliographie:
- Allen: S. 13.
- *D&C*: 1887–1896. – JP: 1911.
- *JD*: 1911, S. 353.
- *Meiklejohn's*: 1889, 1890.
- *The Independent.* 독립신문 (*Dongnip sinmun*), Vol. 1, 1896.
- *Gu han-guk oegyo munseo* 舊韓國外交文書 , *deogan* 德案 1, Nr. 951, 997–1012, 1077, 1290, 1298; *deogan* 德案 2, Nr. 1997, 2035, 2694, 2773ff, 3040ff, 3071.

Heckscher, R.
Kaufmann

Ab 1908 bis 1910 Angestellter der Firma E. Meyer & Co, bzw. Carl Wolter & Co. in Chemulpo.

Ausgewählte Bibliographie:
- *D&C*: 1908–1910.

Henkel, Hermann
Kaufmann

Nachweislich ab 1900 bis 1915 Angestellter und Teilhaber der Firma E. Meyer, bzw. Carl Wolter & Co. in Chemulpo.

Ausgewählte Bibliographie:
- *D&C*: 1905–1911.
- *JP*: 1911–1915.
- Kugelmann, Willibald: „Gründungsbericht der Abtei St. Benedikt in Seoul, ihrer Verlegung nach Tokwon und Tätigkeit der Benediktiner im apost. Vikariat Wonsan". In: Kaspar, Adelhard; Berger, Placidus: *Hwan Gab*. Münsterschwarzach 1973, S. 83, 87.
- *OL*, Jg. 13, 26.8.1899, S. 820: PN.
- Persönliche Mitteilung von Schwester Immaculata (Tochter von Amalie Eckert / Martel) aus Daegu vom 5.4.1984
- *The Korea Review*, Vol. 2, No. 8 (Aug. 1902), S. 360: „News Calendar"; Vol. 3, No. 9 (Sep. 1903), S. 414: „News Calendar.
- *Gu han-guk oegyo munseo* 舊韓國外交文書 , *deogan* 德案 2, Nr. 2225f, 2303f.

Henschel, Otto F. E. (Vgl. Kategorie VII.2.)
Angestellter im Zolldienst, Kaufmann

Von 1901 bis 1908 zunächst als Lotse und Zollrevisor in Pusan tätig, repräsentiert er im Jahre 1908 ebenfalls die deutsche Firma aus Chemulpo, E. Meyer & Co., in dieser südlichen Hafenstadt. Nach seinem

Ausscheiden aus dem koreanischen Zolldienst ist Henschel ab 1909 als Mitarbeiter der Firma Carl Wolter & Co. zunächst in Pusan und ab 1910 in Chemulpo (bis nachweislich 1915).

Ausgewählte Bibliographie:
- AA, Korea I, Bd. 35: ‚Schreiben von Salderns aus Seoul vom 11. Feb. 1904'.
- *D&C*: 1901–1911.
- *JD*: 1911–1915.
- Zabel, Rudolf: *Meine Hochzeitsreise durch Korea während des russisch-japanischen Krieges.* Altenburg 1906, S. 98f.
- AA, Korea I, Bd. 35: ‚Schreiben von Graf Arco-Valley vom 18. Feb. 1904 aus Tokio'.

Abb. 257: Familie Henschel im August 1926. *Von rechts*: Otto F. E. Henschel, seine japanische Frau, ihr Sohn Fritz Henschel

Jlling
Bergingenieur

Kommt im Frühjahr 1888 nach Korea, um die geologischen Verhältnisse des Landes und die Bergwerke zu untersuchen.

Ausgewählte Bibliographie:
- Kraus, Friedrich: „Das Königreich Korea". In: *Unsere Zeit*, Bd. 1 (1889), S. 70.

Kegel, Friedrich Wilhelm
Bergingenieur

Reist zusammen mit Obersteiger Paul Anfang November 1901 nach Korea. Bei seiner Ankunft in Chemulpo trifft er Dr. Richard Wunsch wieder, den er bereits in Shanghai kennengelernt hat. Daraus entsteht eine sehr enge Freundschaft, die bis zum Tode von Dr. Wunsch im Jahre 1911 andauert. Am 4. November brechen Kegel und Paul mit einer Karawane von Chemulpo aus nach Danggogae, ihrem Ziel, auf, wo sie zwei Tage später ankommen. Bis Ende 1903 ist Kegel dort als leitender Ingenieur tätig.

Abb. 258: Bergingenieur Kegel auf Tigerjagd in Danggogae im Mai 1903.

Eine zweite Reise führt Kegel Ende 1907 nach Korea. Diesmal ist er an den deutschen Minen in Seoncheon wiederum als leitender Ingenieur bis 1911 tätig.

Ausgewählte Bibliographie:
- Claussen-Wunsch, Gertrud (Hrsg.): *Dr. med. Richard Wunsch. Arzt in Ostasien.* Büsingen/Hochrhein 1976, S. 56, 61, 114, 149, 158, 159, 178, 185, 257, 336.
- *D&C*: 1902–1904, 1908–1911.
- *Gu han-guk oegyo munseo* 舊韓國外交文書, *deogan* 德案 2, Nr. 2899f.

Kegel, W. C.
Bergingenieur
Assistent des leitenden Ingenieurs Friedrich Wilhelm Kegel von Ende 1907 bis 1911 an den deutschen Minen in Seoncheon. (Vermutlich der Bruder von Friedrich Wilhelm Kegel).
Ausgewählte Bibliographie:
- *D&C*: 1908–1911.

Kessler, H.
Elektroingenieur
Im Jahre 1908 Angestellter und Unterschriftsberechtigter der Zweigniederlassung der deutschen Firma Siemens-Schuckert Kankoku Denki Gomei Kaisha[401] in Chemulpo. Das Management der Firma war Carl Wolter übertragen.
Ausgewählte Bibliographie:
- *D&C*: 1908.

Kieschke, A.
Bergingenieur
In den Jahren 1908 bis 1909 als Ingenieur aus Cottbus an den deutschen Minen in Seoncheon tätig.

Ausgewählte Bibliographie:
- Brief von A. Kieschke an seinen Vater Gottlob Kieschke in Cottbus.
- *D&C*: 1909.

Abb. 259: Brief von Kieschke aus Seoncheon um 1908

---

[401] Siemens-Schuckert, auch Siemens-Schuckertwerke, war eine Firma, die hauptsächlich Flugzeuge herstellte. Daraus entwickelte sich sowohl die spätere Firma Siemens, als auch die Bayerischen Motoren-Werke, oder kurz: BMW.

Knochenhauer, Bruno
Bergassessor, Hütteninspektor, Königlicher Bergrat

Kommt im Februar 1898 in Begleitung seines Assistenten Zimmermann von Shanghai nach Korea, um das Gebiet für die im Jahr zuvor von der deutschen Firma E. Meyer & Co. erworbene Minenkonzession auszuwählen. Nach drei Expeditionen sowohl in den Süden als auch in den Norden des Landes, entscheidet er sich für Danggogae, einen kleinen Ort in der Nähe des Dorfes Danghyeon, im Bezirk Gimhwa der Provinz Gangwon. Am 20. Juni 1899 reist er in Begleitung von Prinz Heinrich von Preußen nach Tsingtau weiter.

Ausgewählte Werke:
– „Korea. Vortrag gehalten in der Abteilung Berlin-Charlottenburg der Deutschen Kolonial-Gesellschaft". *Verhandlungen 1900/01*, Heft 4, Berlin 1901, S. 74–124.
– „Koreanische Reiseerinnerungen". In: *Westermann's Jahrbuch der illustrirten Deutschen Monatshefte*, Bd. 151, Braunschweig 1931, S. 285–288.

Ausgewählte Bibliographie:
– „Besuch Seiner Koeniglichen Hoheit des Prinzen Heinrich in Seoul". In: *OL*, Jg. 13, 1. Juli 1899, S. 687f.
– Claussen-Wunsch, Gertrud (Hrsg.): *Dr. med. Richard Wunsch. Arzt in Ostasien.* Büsingen/Hochrhein 1976, S. 178.
– Genthe, Siegfried: *Korea. Reiseschilderungen.* Berlin 1905, S. 124, 132.
– Hamilton, Angus: *Korea. Das Land des Morgenrots. Nach seinen Reisen geschildert von Angus Hamilton.* Leipzig 1904, S. 213.
– *Gu han-guk oegyo munseo* 舊韓國外交文書, *deogan* 德案 2, Nr. 1935f.

Krapf, J.
Von 1901 bis 1902 als Mitarbeiter an der deutschen Mine in Danggogae.

Ausgewählte Bibliographie:
– *D&C*: 1902.

Kreutziger, F.
Von 1899 bis 1902 an der deutschen Mine in Danggogae tätig.

Ausgewählte Bibliographie:
– *D&C*: 1900, 1901.

Lührs, Carl Otto (呂士 Yeo-sa)
(1863 Hamburg –?)
Kaufmann

Mitarbeiter, später stellvertretender Chef und Teilhaber der Firma E. Meyer & Co. in Chemulpo, läuft mit dem deutschen Dampfer „Hever" (kor. 希化船 „Huihwa-seon") aus Nagasaki auf seiner Fahrt nach Korea zunächst am 11. Juli 1886 die Hafenstadt Mokpo an, um dort Reis zu laden. Am 13. Juli erreicht er nachmittags um 2:30 Uhr seinen Bestimmungsort Chemulpo. Dort wird er von Robert Seitz und Carl Wolter empfangen, die er aktiv beim Aufbau der Firma unterstützt. Im Jahre 1899 heiratet er in Nagasaki Dora Boeddinghaus die Tochter von Carl Ernst Boeddinghaus, des Gründers der in Nagasaki etablierten deutschen Firma gleichen Namens. Am 17. Oktober 1900 werden ihnen in Chemulpo Zwillinge geboren, die Töchter Erna und Marta. Anderthalb Jahre später, im Januar 1902, kommt ein drittes Töchterchen zur Welt namens Marie. Carl Lührs bleibt mit seiner Familie bis zum Jahre 1908 in Korea.

Ausgewählte Bibliographie:
- Briefe von Carl Lührs aus Chemulpo an seine Eltern vom 17. Juli 1886 und 26. Okt. 1886.
- Claussen-Wunsch, Gertrud (Hrsg.): *Dr. med. Richard Wunsch. Arzt in Ostasien.* Büsingen/Hochrhein 1976, S. 80, 100, 101, 103, 154, 186, 376.
- *D&C*: 1887–1907.
- Genthe, Siegfried: *Korea. Reiseschilderungen.* Berlin 1905, S. 72.
- *Meiklejohn's*: 1889, 1890.
- *The Korea Review*, Vol. 1, No. 5 (May 1901), S. 271: „News Calendar"; Vol. 2, No. 1 (Jan. 1902), S. 32: „News Calendar".
- *The Korean Repository*, Vol. 3 (1896), S. 180: Notes and Comments.

Maschmeyer, Ludwig
Bergingenieur

Nachdem Maschmeyer am 29. April 1899 mit dem Reichspostdampfer „Preußen" des Norddeutschen Lloyd aus Europa kommend in Shanghai eintrifft, wird einen Monat später, am 27. Mai 1899, für ihn als neuer Angestellter der Goldmine in Danggogae von Vizekonsul Felix Reinsdorf in Seoul eine Reisegenehmigung dorthin beantragt. Maschmeyer ist bis Ende 1900 oder Anfang 1901 an der deutschen Mine als Ingenieur tätig.

Ausgewählte Bibliographie:
- *D&C*: 1900.
- *OL*, Jg. 13, 29.4.1899, S. 530: PN; Jg. 15, 3.5.1901, S. 376: PN.
- *Gu han-guk oegyo munseo* 舊韓國外交文書, *deogan* 德案 2, Nr. 2065f.

Meyer, G.
Kaufmann

Angestellter der Firma E. Meyer & Co., bzw. Carl Wolter & Co. in den Jahren 1908 bis 1912.

Ausgewählte Bibliographie:
- *D&C*: 1908–1910.
- *JP*: 1911, 1912.

Meyer, Heinrich Constantin Eduard (麥爾 Maek-i), (梅爺 Mae-ya)
(1841 Hamburg – 1926 Hamburg)
Kaufmann

Abb. 260: Heinrich Meyer und Paul Baumann in Chemulpo um 1910.
Von links: Elise Baumann mit erstem Sohn Werner, Heinrich Constantin Eduard Meyer und Paul Baumann mit zweitem Sohn Eitel.

Chef des großen Handelshauses E. Meyer & Co. aus Hamburg mit Zweigniederlassungen in London, Hongkong, Tientsin, Shanghai, Hankou und Chemulpo. Zu Beginn des Jahres 1886 wird Meyer zum ersten deutschen Honorarkonsul für Korea in Hamburg ernannt, was er bis November 1905 bleibt. Daraufhin stattet er selbst Ende 1886, Anfang 1887 Korea einen Besuch ab und wird in Seoul von König Gojong in Audienz empfangen. Im Jahre 1907 verkauft Meyer seine Filiale in Chemulpo an Carl Wolter, der sie in Carl Wolter & Co. umbenennt. Zu diesem Zweck kommt er nochmals Anfang 1907 nach Korea, nachdem er für einige Monate bereits Nord- und Mittelchina bereist hat. Am 9. Februar 1907 tritt Meyer von Shanghai aus die Heimreise über Hongkong an.

Ausgewählte Bibliographie:
- Allen: S. 21.
- Claussen-Wunsch, Gertrud (Hrsg.): *Dr. med. Richard Wunsch. Arzt in Ostasien*. Büsingen/Hochrhein 1976, S. 42, 376.
- Domschke, R. Andreas [et al.]: „Die koreanischen Bestände in deutschen Museen". In: *Bilanz einer Freundschaft. Hundert Jahre deutsch-koreanische Beziehung*. Bonn 1984, S. 93.
- Kraus, Friedrich: „Das Königreich Korea". In: *Unsere Zeit*, Bd. 1 (1889), S. 68.
- Meyer, H. C. Eduard. In: *Seiyo jinmei jiten* 西洋人名字典 , Tōkyō 1964, S. 9.
- *OL*, Jg. 21, 15.2.1907, S. 282: PN.
- *Gu han-guk oegyo munseo* 舊韓國外交文書 , *deogan* 德案 1, Nr. 419, 536, 562; *deogan* 德案 2, Nr. 2419.

Mörsel, Ferdinand Heinrich (毛世乙 Mo-se-eul)
(Vgl. Kategorie VII.2)
(1844 Danzig – 1908 Tsingtau, China)
Angestellter im Zolldienst, Meteorologe, Kaufmann, Publizist

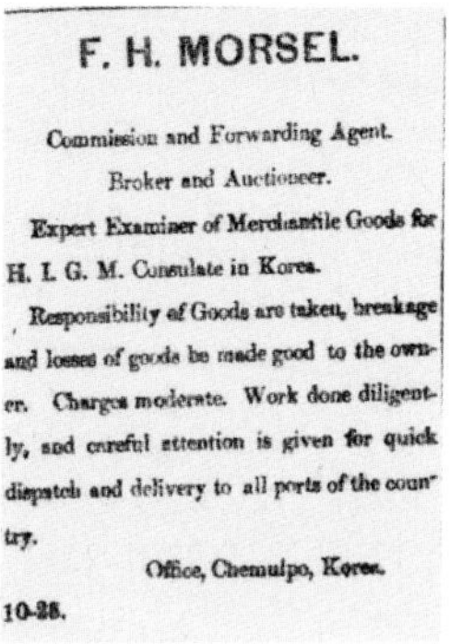

F. H. MORSEL.

Commission and Forwarding Agent.
Broker and Auctioneer.
Expert Examiner of Merchantile Goods for
H. I. G. M. Consulate in Korea.
Responsibility of Goods are taken, breakage
and losses of goods be made good to the owner. Charges moderate. Work done diligently, and careful attention is given for quick dispatch and delivery to all ports of the country.
Office, Chemulpo, Korea.
10-88.

Abb. 261: Reklame F. H. Mörsel im November 1896.

Nach seinem 8-jährigen Dienst im koreanischen Seezollwesen gründet Mörsel im Jahre 1892 eine eigene Firma in Chemulpo und ist obendrein als Kommissionsagent, Makler, Auktionator und lizenzierter Lotse tätig. 1894 arbeitet er zusätzlich als Agent für die „Standard Life Insurance Company". Während eines Heimaturlaubs vom Winter 1897 bis Juni 1898 wird er für seine verdienstvolle Arbeit besonders als Lotse, der viele russische Schiffe sicher in den Hafen leitete, vom Zaren mit einem goldenen Orden mit St. Stanislas-Band ausgezeichnet. Im Jahre 1903 setzt er sich im Alter von 59 Jahren in Chemulpo zur Ruhe und wird in den „*Directories*" bis 1909 als Rentner gelistet. Er stirbt in der Hauptstadt der deutschen Kolonie in China, Tsingtau, im Jahre 1908.

Verfasste in *The Korean Repository*:
– „Chinampo and Mokpo". Vol. 4 (Sep. 1897), S. 334–338.
– „Climatical Notes. Climatical Records for Chemulpo for the 2nd and 3rd Quarters", 1896. Vol. 3 (1896), S. 460f.
– „Climatical Notes". Vol. 4 (Feb. 1897), S. 76f.
– „Eventful Days of 1892, and Most Critical Days of the Present Century". Vol. 1 (March 1892), S. 86–88.
– „Events Leading to the Emeute of 1884". Vol. 4, (March 1897), S. 95–98; (April 1897), S. 135–140, (June 1897), S. 212–219.
– „Loss of the Idzumo-Maru". Vol. 1 (April 1892), S. 122–124.
– „Meteorological Report for February. Chemulpo". Vol. 2 (April 1895), S. 152.
– „Prospect of More Open Ports". Vol. 2 (July 1895), S. 249–251.
– „Quarterly Climatical Report". Vol. 3 (1896), S. 179.
– „Review of the Trade of Corea for 1891 in Comparison with that of 1890". Vol. 1 (June 1892), S. 189–193.
– „Wölung Do". Vol. 2 (Nov. 1895), S. 412f.

Ausgewählte Bibliographie:
– Allen: S. 12.
– *D&C*: 1884–1909.
– Dinklage, L. E.: „Beitrag zur Kenntnis des Klimas in Korea". In: *Annalen der Hydrographie und maritimen Meteorologie*, Hamburg, Jg. 19 (1891), S. 33–40.

- Hesse-Wartegg, Ernst von: *Korea. Eine Sommerreise nach dem Lande der Morgenruhe 1894*. Dresden und Leipzig 1895, S. 158, 184.
- Lensen, Georg Alexander: *Ballance of Intrigue. International Rivalry in Korea & Manchuria, 1884–1899*, Tallahassee 1983, S. 358, Anm. 56, S. 361, Anm. 88.
- *Meiklejohn's*: 1886–1890.
- *OL*, Jg. 13, 7.10.1898, S. 935: Korea.
- *The Independent*, 독립신문 (*Dongnip sinmun*), Vol. 1, No. 12, May 2, 1896: Brief Notice; No. 97, Nov. 17, 1896: Local Items.
- *The Korea Review*, Vol. 1, No. 8 (Aug. 1901), S. 358: „News Calendar"; Vol. 2, No. 6 (June 1902), S. 266: „News Calendar"; Vol. 3, No. 1 (Jan. 1903), S. 31: „News Calendar".
- *The Korean Repository*, Vol. 5 (June 1898), S. 239: Notes and Comments.
- *Gu han-guk oegyo munseo* 舊韓國外交文書 , *deogan* 德案 1, Nr. 1004, 1010, 1016, 1037, 1041, 1043f, 1055, 1058, 1061, 1069, 1071, 1076f, 1079, 1083f, 1087, 1090, 1093, 1095, 1097, 1128f, 1279, 1292, 1296, 2277, 2294, 2313, 2326, 2431.

Oberlein, C. F.
Kaufmann

Mitarbeiter der Firma China & Japan Trading Co. in Nagasaki und Ōsaka, einer amerikanischen Handelsfirma mit Hauptsitz in New York, kommt am 14. Juli 1892 im Rahmen einer Geschäftsreise nach Chemulpo.

Ausgewählte Bibliographie:
- *The Korean Repository*, Vol. 1 (July 1892), S. 236: Record of Events.

Paul, W.
Obersteiger

Reist zusammen mit Bergingenieur Friedrich Wilhelm Kegel Anfang November 1901 nach Korea. Am 4. November brechen sie mit einer Karawane von Chemulpo aus nach Danggogae, ihrem Ziel, auf, wo sie zwei Tage später ankommen. Bis zur Schließung der Mine Ende 1903 ist Paul mit Kegel dort tätig.

Ausgewählte Bibliographie:
- Claussen-Wunsch, Gertrud (Hrsg.): *Dr. med. Richard Wunsch. Arzt in Ostasien*. Büsingen/Hochrhein 1976, S. 80.
- *D&C*: 1902–1904.

Rautenkrantz, P.
Kaufmann

In den Jahren 1889 bis 1890 in der Firma E. Meyer & Co. in Chemulpo angestellt.

Ausgewählte Bibliographie:
- *D&C*: 1889, 1890.
- *Meiklejohn's*: 1889, 1890.

Remmert, A.
Von vermutlich Ende 1901 bis 1902 an der deutschen Mine in Danggogae beschäftigt.
Ausgewählte Bibliographie:
- *D&C*: 1902.

Schirbaum, Paul Henri Theodor
(14.11.1874 Hamburg –
20.10.1965 Hamburg)
Kaufmann

Gebürtiger Hamburger, erster Sohn von Gottfried Heinrich Andreas Schirbaum und Johanna Elisabeth Henriette, geb. Meyer. Im Alter von 25 Jahren tritt Paul Schirbaum am 30. Mai 1900 als Handlungsgehilfe von Hamburg aus die Ausreise nach Ostasien an

Abb. 262: Familie Schirbaum um 1913.

und erreicht auf dem Reichspostdampfer des Norddeutschen Lloyds „König Albert" im Juli 1900 Shanghai. Von dort geht die Reise weiter nach Korea, wo Schirbaum Mitarbeiter und Teilhaber der Firma E. Meyer & Co. in Chemulpo wird und sich am 2. August im deutschen Konsulat in Seoul registrieren lässt. Nach Übernahme der Firma durch Carl Wolter im Oktober 1907 und dessen Heimkehr nach Deutschland im folgenden Jahr, wird Schirbaum die Leitung der Firma Carl Wolter & Co. übertragen. Mit 37 Jahren heiratet Paul Schirbaum am 10. November 1911 in Chemulpo die 25-jährige Japanerin Ishi Iwanaga (1886–1969) aus Aino-mura in der Präfektur Bezirk Nagasaki. Die standesamtliche deutsche Trauung findet am 13. Januar 1912 im Konsulat in Seoul durch Generalkonsul Dr. Krüger statt. 1949 ist Schirbaum noch in Korea für die Firma „Sechang yanghaeng" tätig. Auch den Ausbruch des Koreakrieges im Jahre 1950 erlebt er in Incheon mit und berichtet darüber in einem Artikel von C. Miller mit dem Titel „Ein Hamburger war dabei", erschienen in der Zeitung *Die Welt* am 18. September 1950. Kurze Zeit später zieht er mit seiner Frau nach Yokohama. Erst am 19. April 1963 kehrt er mit seiner Frau nach Deutschland zurück und wohnt bis zu seinem Tode am 20. Oktober 1965 bei seiner dritten Tochter Lotte und ihrem Ehemann Raimund Reuter in Hamburg, Klosterallee 80.

Ausgewählte Bibliographie:
– Anmeldebestätigung des Einwohnermeldeamtes der Stadt Hamburg.
– „Ausflug nach Korea". In: *Shanghaier Nachrichten*, Beilage zu „Der Ostasiatische Lloyd", Jg. 23, Nr. 39, 24. Sep. 1909, S. 276–279.
– *D&C*: 1902–1911.
– Heirats- und Todesurkunde von Paul Schirbaum.
– *JD*: 1911–1915.
– „Korean Taste of Western Music Traces Back to 1901". In: *The Korea Times*, 13. Aug. 1982, S. 5.
– Kuh, Kih-Seong: „Die kulturellen Beziehungen zwischen Deutschland und Korea in Vergangenheit und Gegenwart". (Referat). In: *Die deutsch-koreanischen Beziehungen, Symposium, Bonn 1981*.
– *OL*, Jg. 14, 20.7.1900, S. 538: PN.
– Persönliche Mitteilungen von Rolf Schirbaum, dem Enkel von Paul Schirbaum.
– Todesurkunde von Ishi Schirbaum.
– Zachert, Susanna: „Erinnerungen, Erlebnisse und Eindrücke in Korea zu verschiedenen Zeiten (1908–1920), 1972, 1977, 1984)". In: 한 (*Han*) *Korea. Kulturmagazin*, Jg. 1985, Heft 8, S. 179–181.
– *Gu han-guk oegyo munseo* 舊韓國外交文書 , *deogan* 德案 2, Nr. 2474f.

Schlerfer, C. A.

Von vermutlich Ende 1899 bis 1900 an der deutschen Mine in Danggogae tätig.

Ausgewählte Bibliographie:
– *D&C*: 1900.

Schlüter, F. H.

Kaufmann

Vermutlich seit Ende 1907 bis 1908 Angestellter der Firma Carl Wolter & Co. in Chemulpo.

Ausgewählte Bibliographie:
– *D&C*: 1908.

Schneider, O.

Kaufmann

In den Jahren 1907 bis 1909 Mitarbeiter bei E. Meyer & Co., bzw. Carl Wolter & Co. in Chemulpo.

Ausgewählte Bibliographie:
– *D&C*: 1907–1909.

Schröter, Carl
Kaufmann

Mitarbeiter bei der Firma E. Meyer & Co. in Chemulpo von 1892 bis zum Jahre 1895.

Ausgewählte Bibliographie:
– *D&C*: 1892–1895.

Seifer, C.
Obersteiger

Vermutlich seit Ende 1907 bis zum Jahre 1908 an den deutschen Minen in Seoncheon tätig.

Ausgewählte Bibliographie:
– *D&C*: 1908.

Seitz, Robert (史爾師 Sa-i-sa)
Kaufmann

Kommt zusammen mit Carl Wolter am 6. Juni 1884 nach Korea, um eine Filiale der Firma E. Meyer & Co. in Chemulpo zu gründen. Seitz ist bis 1890 in Korea tätig.

Abb. 263: Villa der Firma Meyer / Wolter & Co. in Chemulpo.

Ausgewählte Bibliographie:
– Allen: S. 14.
– Brief von Carl Lührs aus Chemulpo an seine Eltern vom 17. Juli 1886.
– *D&C*: 1885–1890.
– *Meiklejohn's*: 1886–1890.
– *Gu han-guk oegyo munseo* 舊韓國外交文書 , *deogan* 德案 1, Nr. 671

Strizic, F.

Von 1900 bis zur Schließung Ende 1903 an der deutschen Goldmine in Danggogae tätig.

Ausgewählte Bibliographie:
– *D&C*: 1900–1904.

Tomaschevsky, Th.
Arbeitet von Ende 1901 an der deutschen Goldmine in Danggogae bis zu ihrer Schließung Ende 1903.

Ausgewählte Bibliographie:
– *D&C*: 1902–1904.

Weber, F.
Obersteiger

Als einer der Leiter von Ende 1908 bis 1909 an den deutschen Minen in Seoncheon tätig.

Ausgewählte Bibliographie:
– *D&C*: 1909.

Wörtmann
Bergingenieur

Kommt 1886 nach Korea, um die geologischen Verhältnisse und die Bergwerke des Landes zu untersuchen.

Ausgewählte Bibliographie:
– Kraus, Friedrich: „Das Königreich Korea". In: *Unsere Zeit*, Bd. 1 (1889), S. 70.

Wolter, Carl Andreas (華爾德 Hwa-i-deok)
(1858 Hamburg – 1916 Garmisch-Partenkirchen)
Kaufmann

Abb. 264: Carl Wolter.

Teilhaber der Firma E. Meyer & Co., Hamburg. Trifft am 6. Juni 1884 zusammen mit Robert Seitz auf dem englischen Dampfer „Nanzing" aus Shanghai kommend in Chemulpo ein, um auf Anraten von Möllendorff dort eine Filiale der Hamburger Firma aufzubauen. Damit hat er großen Erfolg, und Wolter macht die Firma zu einer der bedeutendsten ausländischen Handelsfirmen in ganz Korea. Im Jahre 1907 übernimmt er die Firma von H. C. Eduard Meyer, benennt sie am 1. Januar 1908 in Carl Wolter & Co. um und eröffnet in Pusan eine Zweigniederlassung. Noch im gleichen Jahr kehrt er mit seiner Frau und seinen acht Kindern nach Deutschland, Hamburg, zurück und übergibt die Leitung der Firma an seinen Teilhaber Paul Schirbaum.

(Zu einer ausführlichen Darstellung Wolters und der deutschen Firma Meyer & Co. siehe Kapitel V.2.)

Ausgewählte Werke:
- „Korea, einst und jetzt". In: *Mitteilungen der Geographischen Gesellschaft in Hamburg*, Bd. 17 (1901), S. 63–77.

Ausgewählte Bibliographie:
- Allen: S. 14.
- „Ausflug nach Korea". In: *Shanghaier Nachrichten*, Beilage zu „Der Ostasiatische Lloyd", Jg. 23, Nr. 39, 24. Sep. 1909, S. 276–279.
- Brief von Carl Lührs aus Chemulpo an seine Eltern vom 17. Juli 1886.
- Claussen-Wunsch, Gertrud (Hrsg.): *Dr. med. Richard Wunsch. Arzt in Ostasien*. Büsingen/Hochrhein 1976, S. 42, 44, 45, 46, 48, 49, 55, 56, 57, 58, 80, 81, 86, 88, 89, 97, 126, 127, 152, 156, 198, 217, 218.
- *D&C*: 1885–1911.
- „Der Besuch des deutschen Geschwaders in Korea". In: *OL*, Jg. 11 (1896/97), 13. Aug. 1897, S. 1451f.
- Deuchler, Martina: *Confucian Gentlemen and Barbarian Envoys. The Opening of Korea, 1875–1885*. Seattle, London 1977, S. 190f.
- Ehlers, Otto E.: *Im Osten Asiens*. Berlin 1905, S. 308f, 362.
- Genthe, Siegfried: *Korea. Reiseschilderungen*. Berlin 1905, S. 72, 82.
- *JD*: 1911–1915.
- Kim, Dalchoong: *Korea's Quest for Reform and Diplomacy in the 1880's: with special reference to Chinese Intervention and Control*. Phil. Diss., Medford 1972, S. 464 Anm., 485, 486.
- Kleiner, Jürgen: „Paul Georg von Möllendorff. Ein Preuße in koreanischen Diensten". In: *Zeitschrift der Deutschen Morgenländischen Gesellschaft*. Sonderdruck, Bd. 133, H. 2, Wiesbaden 1983, S. 413, 418, 420.
- Kuh, Kih-Seong: „Die kulturellen Beziehungen zwischen Deutschland und Korea in Vergangenheit und Gegenwart". (Referat). In: *Die deutsch-koreanischen Beziehungen, Symposium 1981*, S. 19–29.
- Leifer, Walter: „Paul-Georg von Möllendorff – Gelehrter und Staatsmann in einer Übergangszeit". In: Leifer, Walter (Hrsg.): 묄렌도르프 („P. G. von Möllendorff"). Seoul 1983, S. 82.
- *Meiklejohn's*: 1886–1890.
- Moellendorff, R. von: *P. G. von Moellendorff. Ein Lebensbild*. Leipzig 1930, S. 65, 70.
- *OL*, Jg. 13, 18.3.1899, S. 430f: PN; 7.10., S. 935f: Korea; Jg. 14, 27.7.1900, S. 563: Korea; 31.8., S. 686: PN; Jg. 22, 18.9.1908, S. 557: PN.
- *The Independent*. 독립신문 (*Dongnip sinmun*), Vol. 1, No. 2, Apr. 9, 1896: Local Items; No. 14, May 7, 1896: Brief Notice; No. 106, Dec. 8, 1896: Local Items.
- *The Korea Review*, Vol. 2, No. 9 (Sep. 1902), S. 411: „News Calendar"; Vol. 3, No. 9 (Sep. 1903), S. 414: „News Calendar".
- *The Korean Repository*, Vol. 2 (June 1895), S. 240: „Notes and Comments"; (July 1895), S. 278: „Notes and Comments"; Vol. 3 (1896), S. 88: Births; Vol. 4 (July 1897), S. 270: „Notes and Comments"; (Dec. 1897), S. 479: „Notes and Comments"; Vol. 5 (June 1898), S. 240: Births.
- „Übersicht der Presse Ostasiens". In: *OL*, Jg. Sep. 1899, S. 858f.

- „Von der Reise des Prinzen Heinrich nach Korea". In: *OL*, Jg. 13, 15. Juli 1899, S. 721f.
- Zachert, Susanna: „Erinnerungen, Erlebnisse und Eindrücke in Korea zu verschiedenen Zeiten (1908–1920, 1972, 1977, 1984)". In: Kuh, K. S. (Hrsg.): 한 (*Han*) *Korea. Kulturmagazin*, Jg. 1985, Heft 8, S. 179–184.
- Choe Jong-go 최종고: *Han-deok gyoseopsa* 韓獨交涉史. („Geschichte der deutsch-koreanischen Beziehungen"). Seoul 1983, S. 192f.
- *Gu han-guk oegyo munseo* 舊韓國外交文書, *deogan* 德案 1, Nr. 196ff; *deogan* 德案 2, Nr. 1833, 1938, 1956.

Zimmermann (沈梅晩 Chim-mae-man)
Bergingenieur

Assistent von Bergassessor Bruno Knochenhauer, kommt im Februar 1898 nach Korea, um bei der Auswahl eines geeigneten Geländes für ein deutsches Goldbergwerk mitzuwirken. Am 20. Juni 1899 verlässt er das Land. (Siehe: ***Knochenhauer, Bruno***)

Ausgewählte Bibliographie:
- Knochenhauer, Bruno: „Korea". Vortrag gehalten in der Abteilung Berlin-Charlottenburg der Deutschen Kolonial Gesellschaft. *Verhandlungen 1900/01*, Heft 4, Berlin 1901, S. 83.
- *Gu han-guk oegyo munseo* 舊韓國外交文書, *deogan* 德案 2, Nr. 1833, 1835, 1935, 1937.

VII.5. Professoren, Dozenten und Wissenschaftler

Bälz, Erwin Otto Eduard von (Prof. Dr. med.)
(13.1.1849 Bietigheim-Bissingen [Württemberg] – 31.8.1913 Stuttgart)
Internist, Anthropologe, Leibarzt der Kaiserlichen japanischen Familie

Abb. 265: Erwin von Bälz um 1882.

Von 1876 bis 1905 ist Bälz Dozent für Innere Medizin an der Universität in Tōkyō und Arzt am Kaiserlich japanischen Hof. Während seiner langjährigen Tätigkeit in Japan hat Bälz mehrmals Gelegenheit, die koreanische Halbinsel zu besuchen. Das erste Mal reist er im Sommer 1899 nach Seoul und Pusan und nimmt dabei ethnologische Untersuchungen vor. Ein zweiter Besuch führt ihn Mitte Oktober 1902 erneut nach Seoul, wo er in Seoul mit Pfarrer Hackmann aus Shanghai zusammentrifft. Seinen Plan, eine längere Studienreise durch Korea durchzuführen, muss Bälz kurzfristig aufgeben, da er ans Krankenbett der Mutter des japanischen Tennōs zurückberufen wird. Ein halbes Jahr später holt er seinen ursprünglichen Plan jedoch nach und reist im Rahmen einer ausgedehnten Studienreise zunächst von Japan aus für über zwei Monate ins benachbarte Kaiserreich. Vom 22. April bis zum 3. Juli 1903 hält er sich diesmal in Korea auf und macht mit Dr. Richard Wunsch, dem er die Stellung als Leibarzt von König Gojong vermittelt hatte, vom 9. bis zum 27. Mai eine Expedition hauptsächlich zu anthropologischen und ethnographischen Zwecken ins Innere des Landes. Während der Reise besuchen sie u. a. das deutsche Goldbergwerk in Danggogae, Wonsan und das Diamantengebirge. Am 3. Juli reist Bälz von Chemulpo weiter über Chefoo und Peking nach Tsingtau, wo er am 20. Juli einen Vortrag über die Völkerrassen in Ostasien hält. Zurück in Japan berichtet er während einer Sitzung der OAG am 28. Oktober 1903 in einem Vortag auch über seine Forschungsreise mit Dr. Richard Wunsch in Korea.

Ausgewählte Werke:
- „Das erste Panzerschiff und andere koreanische Erfindungen". In: *Marine Rundschau*, Berlin, H. 12 (1902), S. 1318–1323.
- „Die Menschenrassen in Ostasien". In: *Mitteilungen der Anthropologischen Gesellschaft Wien*, Bd. 39 (1909), S. 18–30.
- „Die Menschentypen in Ostasien". In: *Kosmos*, Bd. 6 (1909), H. 5.
- *Die Ostasiaten*. Stuttgart 1918.
- „Dolmen und alte Königsgräber in Korea". In: *Zeitschrift für Ethnologie*, Bd. 42 (1911), S. 776–781.
- „Japan und Korea". In: *Marine Rundschau*, Jg. 11, H. 7 (1901), S. 780–785.
- „Korea von seinen Anfängen bis zu seinem Ende". In: *Frankfurter Zeitung und Handelsblatt*, Jg. 55, Nr. 272, erstes Morgenblatt, 2. Okt. 1910; Nr. 274, erstes Morgenblatt, 4. Okt. 1901; Nr. 278, erstes Morgenblatt, 8. Okt. 1910; Nr. 293, erstes Morgenblatt, 23. Okt. 1910.
- „Koreas geschichtliche und politische Rolle in Ostasien". In: *Jahresbericht des württembergischen Vereins für Handelsgeographie*, Stuttgart, Bd. 24/25 (1906), S. 140–143.
- „Menschenrassen in Ostasien, mit spezieller Rücksicht auf Japan". In: *Zeitschrift für Ethnologie*, Bd. 33 (1901), S. 166–189, 393f.
- „Über die Rassenelemente in Ostasien". In: *Mitteilungen der Deutsch-Ostasiatischen Gesellschaft*, Jg. 8, Bd. 2 (1900), S. 227–235.
- „Über Dolmen in Korea". In: *OL*, Jg. 25 (1911).
- „Zur Rasse der Japaner und Koreaner". In: *Verhandlungen der Gesellschaft Deutscher Naturforscher und Ärzte, Versammlung 78*, Teil 2, S. 311 (= Korrespondenzblatt der Deutschen Gesellschaft für Anthropologie, Ethnologie und Urgeschichte, Bd. 37, 1906).

Artikel in *MOAG*:
- „Besessenheit, religiöse Ekstase und Verwandtes in Japan", Bd. 2, S. 453f.
- „Die religiöse Ekstase". Bd. 4, S. 421.
- „Festrede auf Philipp Franz von Siebold". Bd. 2, S. 392–397.

- „Japanische Badeanstalten". Bd. 4, S. 395.
- „Japanischer Bandwurm". Bd. 2, S. 151f.
- „Kiodens historischer Roman: Der treue Ritter Uto Yasukata nebst biographischen Bemerkungen über den Verfasser und andere zeitgenössische Schriftsteller des 18. Jahrhunderts". Bd. 5, S. 282–284.
- „Lebensdauer der Japaner". Bd. 4, S. 398.
- „Nikko im Herbst". Bd. 4, S. 293.
- „Ueber die in Japan vorkommenden Infectionskrankheiten". Bd. 3, S. 295–318.
- „Ueber einige unbeschriebene japanische Krankheiten. I. Das japanische Ueberschwemmungs- oder Flussfieber". Bd. 2, S. 409–415.
- „Vorkommen von Parasiten bei Menschen in Japan". Bd. 5, S. 346f.
- „Vortrag über die Ernährung der Japaner vom volkswirtschaftlichen Standpunkt". Bd. 4, S. 295–297, 397.
- „Vortrag über die Verbesserung der japanischen Rasse". Bd. 4, S. 292.

Ausgewählte Bibliographie:
- Bälz, Toku: Erwin Bälz: *Das Leben eines deutschen Arztes im erwachenden Japan*. Stuttgart 1931.
- *BJDN*, Bd. 18.
- Claussen-Wunsch, Gertrud (Hrsg.): *Dr. med. Richard Wunsch. Arzt in Ostasien*. Büsingen/Hochrhein 1976, S. 41, 43, 62, 126, 134, 141, 146, 149f.
- Meissner, Kurt: *Deutsche in Japan 1639–1960*. Tōkyō 1961, S. 45, 51, 70, 102.
- *NDB*, Bd. 1, S. 520f.
- *OL*, Jg. 6, 5.8.1892, S. 688; 19.8., S. 719; Jg. 9, 1.3.1895, S. 361; Jg. 10, 13.12.1895, S. 231; Jg. 15, 27.12.1901, S. 1098; Jg. 16, 5.9.1902, S. 722; 17.10., S. 845; Jg. 17, 23.1.1903, S. 156; 1.5., S. 714; 17.7., S. 95: Korea; 31.7., S. 168; Jg. 19, 16.6.1905, S. 1117: PN; Jg. 27, 24.1.1913; 21.3., S. 279; 5.9., S. 206.
- „Professor Dr. Baelz †". In: *OL*, Jg. 27 (Sep. 1913), S. 221f.
- „S. M. S. „Hansa" in Jokohama". In: *OL*, Jg. 17 (1903), S. 636f.
- *Gu han-guk oegyo munseo* 舊韓國外交文書, *deogan* 德案 2, Nr. 2085, 2087f, 2090–2092, 2097.

Bockenheimer, Philipp (Prof. Dr. med.) (26.5.1875 Frankfurt am Main – 1935) Privatdozent und Arzt aus der Berliner Charité Hobbyreisender, bricht in Begleitung von Hermann Pickenbach am 5. Januar 1908 in Genua zu einer Asienreise nicht nur zum Vergnügen auf, sondern auch als Arzt zu Forschungszwecken auf den Gebieten chirurgischer Krankheiten der Tropen, aber auch der Anthropologie, Ethnologie und Geographie. Nach Durch-

Abb 266: Philipp Bockenheimer 1908.

querung des Suezkanals geht es zunächst über Ceylon (Sri Lanka) in die deutsche Kolonie nach China, Kiautschou. Von Tsingtau geht die Reise weiter nach Chefoo, Tianjin), Peking, wieder zurück nach Tianjin und Chefoo, von dort nach Port Arthur und Mukden (heutiges Shenyang) und schließlich gegen Ende Mai 1908 über den Yalu nach Uiju. Nach einer Übernachtung geht die Fahrt per Zug weiter nach Seoul, wo sie sich mehrere Tage aufhalten und unter Führung des deutschen Vertreters Dr. Friedrich Krüger die Hauptstadt ansehen. Am 26. Mai 1908 feiert Bockenheimer in Seoul seinen 33. Geburtstag und reist noch in derselben Nacht mit seinem Begleiter per Zug nach Pusan, wo sie am 27. früh morgens ankommen und am gleichen Tag gegen Mittag mit dem japanischen Dampfer „Iki-Maru" in Richtung Shimonoseki in See stechen.

Ausgewählte Werke:
– *Rund um Asien.* Leipzig 1909.
– *Rund um Südamerika. Alte und neue Städte.* (= Reihe: *Reisen und Abenteuer*, Bd. 46), Leipzig 1929.
– *Atlas of clinical surgery, with special reference to diagnosis and treatment for practitioners and students.* Translated into English by Charles Frederic Marshall. New York 1908, Vol. 1–3.

Gottsche, Carl Christian (Prof. Dr. phil.) (葛德施 Gal-deok-si)
(1.3.1855 Altona – 2.10.1909 Eppendorf, bei Hamburg)
Mineraloge und Geologe

Professor am Kolonialinstitut in Hamburg, Direktor des Mineralogisch-Geologischen Instituts, Direktor des Naturhistorischen Museums in Hamburg und in den Jahren 1882 bis 1884 Professor für Mineralogie und Geographie an der Universität Tōkyō. Während seines Lehrauftrages in Japan wird Prof. Gottsche von Paul Georg von Möllendorff beauftragt, die Verhältnisse koreanischer Bodenschätze zu untersuchen. Nach einem kurzen Besuch in Korea Ende 1883, der zu

Abb. 267: Carl Christian Gottsche.

Vorbereitungen und Informationen dient, bereist Gottsche von April bis Dezember 1884 in zwei ausgedehnten Expeditionen alle acht Provinzen des Landes und betreibt dabei intensive geologische, aber auch entomologische Studien. Seine Sammlung von Süßwasser-Konchylien stellt er nach seiner Rückkehr nach Deutschland dem zoologischen Museum in Berlin zur Verfügung.

Ausgewählte Werke:
- „Die Endmoränen und das marine Diluvium Schleswig-Holstein's im Auftrag der Geographischen Gesellschaft in Hamburg untersucht von Dr. C. Gottsche". In *Mitteilungen der Geographischen Gesellschaft Hamburg*, Jg. 13 (1897), S. 1–57; Jg. 14 (1898), S. 1–74.
- „Die tiefsten Glacialablagerungen der Gegend von Hamburg". In: *Mitteilungen der Geographischen Gesellschaft Hamburg*, Jg. 13 (1897), S. 131–140.
- „Geologische Skizze von Korea". In: *Sitzungsberichte der Preussischen Akademie der Wissenschaften*, Berlin 1886, Bd. 2, S. 857–873.
- „Korea und seine Nachbarn". In: *Mitteilungen des Vereins für Erdkunde*, Leipzig 1886, S. 32ff.
- „Über den Mineralreichtum in Korea". In: *Mitteilungen der Geographischen Gesellschaft*, Jena, Bd. 8 (1890), S. 1–20.
- „Ueber Land und Leute in Korea". (Vortrag gehalten am 3. Okt. 1885) In: *Verhandlungen der Gesellschaft für Erdkunde zu Berlin*, Jg. 13 (1886), Nr. 5, S. 246–262.
- „Vorgänge auf geographischem Gebiet. (Veröffentlichungen der Forschungsreise von Dr. Gottsche nach Korea)". In: *Verhandlungen der Gesellschaft für Erdkunde zu Berlin*, Jg. 12, Nr. 7 (1885), S. 388

Ausgewählte Bibliographie:
- Allen: S. 14.
- *BJDN*, Bd. 14 (1909), Totenliste 1909, S. 29.
- „Die gegenwärtigen Zustände von Korea". In: *Globus*, Bd. 49, Nr. 9 (1886), S. 140.
- Eckardt, Andre: *Wie ich Korea erlebte*. Frankfurt 1950, S. 44.
- Hellwald, Friedrich von: „Korea". In: *Oesterreichische Monatsschrift für den Orient*, Nr. 3, 15. März 1887, S. 33.
- „Korea. Geschichte, Land und Leute". In: *Das Ausland*, Bd. 58, Nr. 3, 19. Jan. 1885, S. 41.
- Kraus, Friedrich: „Das Königreich Korea". In: *Unsere Zeit*, Bd. 1 (1889), S. 66–74.
- Martens, Eduard von: „Neue Süsswasser-Conchylien aus Korea". In: *Sitzungsberichte der Gesellschaft Naturforschender Freunde zu Berlin*, Berlin 1894, Nr. 8, S. 207–217.
- Meissner, Kurt: *Deutsche in Japan 1639–1960*. Tōkyō 1961, S. 49.
- Moellendorff, R. von: *P. G. von Moellendorff. Ein Lebensbild*. Leipzig 1930, S. 57, 76.
- „Prof. Dr. Carl Gottsche. Nachruf". In: *Vossische Zeitung*, 15. Okt. 1909, S. 42.
- *Gu han-guk oegyo munseo* 舊韓國外交文書, *deogan* 德案 1, Nr. 400, 550.

Gramatzky, August Julius Wilhelm Paul (Dr. phil.)
(13.1.1862–1942)
Sprachlehrer

Mitbegründer der „Wa-Doku-Kai" (Deutsch-Japanische Gesellschaft in Berlin, 1888–1912), ab Oktober 1898 deutscher Sprachlehrer an der *kōtō-gakkō* (Höhere Schule) in Yamaguchi und an der „Tokio Gaikokugo-Gakkō" („Tokyo School of Foreign Languages"), reist im Mai 1900 von Shimonoseki aus für eine Woche nach Korea. In Chemulpo trifft er zufällig Johannes Bolljahn, mit dem er zusammen nach Seoul fährt. Dort besucht er u. a. die deutsche Schule seines Kollegen und wird anschließend von einem Schüler von Bolljahn in der Hauptstadt herumgeführt, wobei die Unterhaltung auf Deutsch geführt wird. Von Chemulpo aus tritt Gramatzky einige Tage später die Rückreise über Mokpo und Pusan nach Japan an.

Ausgewählte Werke:
– *Inoue Tetsujirō: Kurze Übersicht über die Entwicklung der philosophischen Ideen in Japan*. Übersetzt aus dem Französischen von August Gramatzky, Berlin 1897.
– *Kokinwakashū maki no dai roku Tōkagami Fuyu no Uta ··· Altjapanische Winterlieder aus dem Kokinwakashū (Grundschrift, Umschrift und Übersetzung) nebst Motooris Prosaumschreibung (Grundschrift und Umschrift), Wörter- und Formenverzeichnis und Zusammenstellung der chinesischen und japanischen Schriftzeichen (Sōsho und Hiragana) ··· (Aus T'oung-Pao)*, phil. Diss. Halle a. S. 1892–93, Nr. 61, Leiden 1892.
– *Briefe eines Japaners aus Deutschland. Von Sazanami Sanzin*; übersetzt von A. Gramatzky. Bremen 1904.
– „Von Berlin nach Japan". In: *Ost-Asien*, Jg. 1, Nr. 11 (Feb. 1899), S. 496f.
– „Briefe aus Korea". In: *Ost-Asien*, Jg. 3, Nr. 29 (Aug. 1900), S. 218f; Nr. 30 (Sep. 1900), S. 261f; Nr. 31 (Okt. 1900), S. 312f.
– „Pilzjagd im Herzen Japans". In: *OL*, Jg. 23, 5.2.1909, S. 287f.

Ausgewählte Bibliographie:
– „Dr. August Gramatzky". In: *Ost-Asien*, Jg. 1, Nr. 5 (Aug. 1898), S. 224f: Vermischtes.
– „Dr. phil. August Gramatzky". In: *Ost-Asien*, Jg. 1, Nr. 4 (Juli 1898), S. 171.
– „Herr Dr. August Gramatzky". In: *Ost-Asien*, Jg. 2, Nr. 19 (Okt. 1899), S. 317: Vermischtes.
– *OL*, Jg. 13, 28.10.1899, S. 999: PN.

Hefele, Karl (Prof. Dr. rer. nat.)
(31.3.1863 Augsburg – 8.3.1904 Bad Reichenhall)
Königlich-Bayerischer Forstmeister, Dozent im Staatsforstverwaltungsdienst

Abb. 268: Karl Hefele.

In den Jahren 1901 bis 1903 als Professor der Forst- und Staatswissenschaft Berater am Landwirtschaftsministerium in Tōkyō, unternimmt Hefele 1903 von Japan aus eine dreimonatige Exkursion in den Norden des Landes und nach Sibirien. Auf seinem Rückweg kommt er über die Mandschurei und einen Teil Chinas ebenfalls nach Korea. Von Chefoo aus in Chemulpo angekommen, erreicht er noch am selben Abend mit dem Zug die Hauptstadt, wo er mit seinem japanischen Begleiter einige Tage zur Besichtigung bleibt. Anschließend geht die Reise weiter nach Pusan und von dort nach Japan zurück. Zu einer geplanten, ausführlicheren Forschungsreise nach Korea kommt es nicht mehr, da Hefele schon 1904 nach Deutschland zurückkehrt.

Ausgewählte Werke:
– „Aus dem Osten. Reisen in Sachalin, Ostsibirien, der Mandschurei, China und Korea". In: *MOAG*, Bd. 9, Teil 2 (1902), S. 169–272.
– „Der Wald in Japan". In: *Forstwirtschaftliches Centralblatt*, Berlin und Heidelberg, 1903.
– „Die zukünftige Bewirtschaftungsform des japanischen Waldes". In: *Bulletin of the College of* Agriculture, Uni. Tōkyō, Vol. 5.
– „Forstliche Reiseeindrücke in Japan". In: *MOAG*, Bd. 9 (1903)
– „Wald- und Wasserwirtschaft". In: *Bulletin of the College of Agriculture*, Uni. Tōkyō, Vol. 5.

Ausgewählte Bibliographie:
– „Dr. Karl Hefele – Königlich-Bayerischer Forstmeister". In: *Chiemgau-Blätter*. Unterhaltungsbeilage zum Traunsteiner Tagblatt, Nr. 22, 4. Juni 2005.
– „Dr. Karl Hefele – Königlich-Bayerischer Forstmeister":
www.traunsteiner-tagblatt.de/includes/mehr_chiemg.php?id=442
– „Forstmeister Dr. Karl Hefele". In: *Forstwirtschaftliches Centralblatt, Berlin und Heidelberg*, Bd. 26, Nr. 7 (Juli 1904), S. 369–371.
– Meissner, Kurt: *Deutsche in Japan 1639–1960*. Tokyo 1961, S. 49.

Herz, Otto
(1853 Hoyerswerda [Schlesien] – Ende Juli 1905 St. Petersburg)
Entomologe

Kustos am Zoologischen Museum der Kaiserlichen Akademie der Wissenschaften in St. Petersburg, unternimmt im Jahre 1884 eine Forschungsreise nach Ostasien. Während seines Aufenthaltes in Nagasaki lässt er von seinem ursprünglichen Plan einer Forschungsreise im Amur-Gebiet ab und entschließt sich, stattdessen die noch wenig erschlossene Halbinsel Korea in lepidopterologischer Hinsicht zu untersuchen. Vom 31. Mai bis zum 10. September 1884 hält er sich hauptsächlich in einem kleinen Dorf namens Pungdong in der Nähe von Gimhwa, Provinz Gangwon, im Norden Koreas auf, um Insekten zu sammeln. Aufgrund von ausbrechenden Unruhen muss Herz das Dorf fluchtartig verlassen und geht für kurze Zeit nach Seoul.

Ausgewählte Werke:
– „Lepidoptera von Korea". In: *Ezhegodnik Zoologicheskogo Muueia Imperatorkoi Akademii Nauk*. [Annuaire du Musée Zoologique de l'Académie Impériale des Science]. St. Petersburg, Bd. 9 (1904), S. 263–390.

Ausgewählte Bibliographie:
– *BJDN*, Bd. 10 (1905), Totenliste 1905, S. 183.
– Ganglbauer, Ludwig: „Die Borkenkäfer der Halbinsel Korea". In: *Horae Societatis Entomologicae Rossicae*. St. Petersburg, Bd. 20 (1886/87), S. 131.
– Heyden, L. von: „Verzeichnis der von Otto Herz auf der chinesischen Halbinsel Korea gesammelten Coleopteren". In: *Horae Societatis Entomologicae Rossicae*, St. Petersburg, Bd. 21 (1887), S. 243.

Jagor, Andreas Fedor (Dr. rer. nat.)
(1816 Berlin – 1900)
Ethnologe und Anthropologe

Einer der Direktoren des Museums für Völkerkunde und Kunstgewerbe-Museums in Berlin, bekannter Wissenschaftler, Forschungsreisender und Schriftsteller, besucht im Oktober 1892 auf seinem Weg zur Weltausstellung in Chicago zum zweiten Mal die koreanische Halbinsel. Trotz seines hohen Alters widmet er sich eine ganze Woche der Flora auf den Hügeln um die Stadt Seoul und verlässt das Land am 16. Oktober auf dem japanischen Dampfer „Owari Maru" in Richtung Nagasaki.

Ausgewählte Werke:
– „Die Badagas im Nilgiri-Gebirge"; In: *Zeitschrift für Ethnologie*, Bd. 8 (1876), S. 190–204.
– *Reisen in den Philippinen*. Berlin 1873.
– *The Former Philippines through Foreign Eyes*. New York 1875.
– *Travels in the Philippines*. London 1873.

Ausgewählte Bibliographie:
– Allen: S. 25.
– *The Korean Repository*, Vol. 1 (Oct. 1892), S. 321: „Editorial Notes"; S. 324: Record of Events.

Janson, Johannes Ludwig (Prof. Dr. med. vet.)
(1849–1914)
Veterinär

In den Jahren 1880 bis 1902 ist Janson als Professor für Veterinärmedizin an der „Komaba Agricultural School", der ursprünglichen Schule der Abteilung für Agrikultur an der Universität Tōkyō tätig. Zusammen mit dem Historiker Professor Ludwig Riess besucht er auf seinem Weg nach Port Arthur, von wo aus beide Professoren die Heimreise nach Deutschland antreten wollen, im Oktober 1902 Chemulpo und Seoul.

Ausgewählte Bibliographie:
– Claussen-Wunsch, Gertrud (Hrsg.): *Dr. med. Richard Wunsch. Arzt in Ostasien.* Büsingen/Hochrhein 1976, S. 128, 134, 223.
– Meissner, Kurt: *Deutsche in Japan 1639–1960.* Tokyo 1961, S. 45, 51.
– *OL*, Jg. 16, 5.9.1902, S. 722: PN.
– Sakamoto, I.: „In Memory of the 115th Anniversary of J. L. Janson's Visit to Japan". In: *Japanese Journal of Veterinary History*, No. 36 (1999).
– *The Korean Repository*, Vol. 1 (Aug. 1892), S. 264.
– Wikipedia: en.wikipedia.org/wiki/O-yatoi_gaikokujin.

Mayet, Paul (Prof. Dr. rer. pol.)
(11.5.1846 Berlin – 20.1.1920 Berlin)
Statistiker, Sozialpolitiker

Während seines Aufenthalts in Japan von Januar 1876 bis zum 17. Juni 1893 ist Mayet als Lehrer für Deutsch und Latein an der Medizinischen Akademie in Tōkyō tätig, besonders aber auch als Ratgeber in finanziellen Angelegenheiten im Ministerium für Landwirtschaft, Handel und Gewerbe. In dieser Zeit unternimmt er gelegentliche Studienreisen in Japan. Im Oktober 1883 hat er Gelegenheit, auch Korea einen Besuch abzustatten, als er Generalkonsul Eduard Zappe auf seiner Reise zu den deutsch-koreanischen Vertragsverhandlungen nach Korea begleitet. Während seines Aufenthalts vom 24. Oktober bis zum 1. Dezember verbringt er die meiste Zeit in Seoul.

Ausgewählte Werke:
– „Ein Besuch in Korea im October 1883". In: *MOAG*, Bd. 4, Heft 3 (Sep. 1884), S. 18–28; Fortsetzung: „Ein Besuch in Corea". Heft 33 (Aug. 1885), S. 146–152.

Ausgewählte Bibliographie:
– *DBE*, Bd. 6, S. 829.
– „Deutsches Wirken im Japan der Meiji-Zeit. 1. Dr. Paul Mayet". In: *Nippon. Zeitschrift für Japanologie*, Jg. 1, Heft 4 (Okt. 1935), S. 217–224.
– „Die gegenwärtigen Zustände von Korea". In: *Globus*, Bd. 49, Nr. 9 (1886), S. 140.

– Meissner, Kurt: *Deutsche in Japan 1639–1960*. Tōkyō 1961, S. 54.
– *OL*, Jg. 6, 29.7.1892, S. 673: PN.

Mayr, Heinrich (Prof. Dr. rer. nat.)
(29.10.1854 Landsberg am Lech – 24.1.1911 München)
Forstbotaniker

Ab 1893 Dozent an der staatswirtschaftlichen Fakultät der Universität München mit Lehrstuhl für Waldbau und forstliche Produktionslehre. Vorher ist Mayr von 1888 bis 1891 als Berater am Landwirtschaftsministerium und Professor für das Fach Botanik an der Akademie für Land- und Forstwirtschaft in Tōkyō tätig. In dieser Zeit studiert er während ausgedehnter Forschungsreisen die Flora Japans. Auf seiner dritten Weltreise begleitet Mayr in den Jahren 1902–1903 die Prinzen Rupprecht und Georg von Bayern nach Ostasien. Vom 15. bis zum 20. April 1903 besuchen er und Prinz Georg Chemulpo und Seoul. In der Hauptstadt werden sie von Kaiser Gojong in Audienz empfangen und unternehmen unter Führung von Dr. Richard Wunsch einen Ausflug in die Bukhan-Berge, eine Bergkette im Norden von Seoul. (Siehe: **Georg, Prinz von Bayern**)

Ausgewählte Werke:
– *Aus den Waldungen Japan's. Beiträge zur Beurtheilung der Anbaufähigkeit und des Werthes der Japanischen Holzarten im deutschen Walde und Vorschläge zur Aufzucht derselben im forstlichen Kulturbetriebe.* München 1891
– *Das Harz der Nadelhölzer. Seine Entstehung, Vertheilung, Bedeutung und Gewinnung. Für Forstmänner, Botaniker und Techniker,* (Sonderabdruck aus Zeitschrift für Forst- und Jagdwesen, 1893), Berlin 1894
– *Die Waldungen von Nordamerika, ihre Holzarten, deren Anbaufähigkeit und forstlicher Werth für Europa im allgemeinen und Deutschland insbesondere.* München 1890
– *Entstehung und Vertheilung der Secretions-Organe der Fichte und Lärche. Eine vergleichende anatomische Studie*, Habilitationsschrift, (Separat-Abdruck aus Botanisches Centralblatt, Band XX/1884), Kassel 1885
– „Ergebnisse forstlicher Anbauversuche mit japanischen, indischen, russischen und selteneren amerikanischen Holzarten in Bayern", In: *Forstwissenschaftliches Centralblatt*, 20/1898, Hamburg 1898
– *Fremdländische Wald- und Parkbäume für Europa.* Berlin 1906
– *Monographie der Abietineen des Japanischen Reiches (Tannen, Fichten, Tsugen, Lärchen und Kiefern). In systematischer, geographischer und forstlicher Beziehung.* München 1890
– *Polyporus betulinus und Polyporus laevigatus, zwei Parasiten der Birke,* Diss. Kassel 1884.
– *Waldbau auf naturgesetzlicher Grundlage. Ein Lehr- und Handbuch.* Berlin 1909

Ausgewählte Bibliographie:
- Claussen-Wunsch, Gertrud (Hrsg.): *Dr. med. Richard Wunsch. Arzt in Ostasien.* Büsingen/Hochrhein 1976, S. 147.
- Hofmann, Amerigo: *Aus den Waldungen des fernen Ostens.* Wien, Leipzig 1913, S. 2.
- Meissner, Kurt: *Deutsche in Japan 1639–1960.* Tokyo 1961, S. 49, 54.
- *OL*, Jg. 17, 23.1.1903, S. 156; 1.5., S. 714: PN.
- Rubner, Heinrich: „Heinrich Mayr". In.: *Hundert bedeutende Forstleute Bayerns (1875 bis 1970). Mitteilungen aus der Staatsforstverwaltung Bayerns.* Bayerisches Staatsministerium für Ernährung, Landwirtschaft und Forsten, München 1994, S. 239–241.
- *Gu han-guk oegyo munseo* 舊韓國外交文書, *deogan* 德案 2, Nr. 2850, 2856.

Müller, Friedrich Wilhelm Karl (Prof. Dr. phil.)
(21.1.1863 Neudamm bei Frankfurt/Oder – 18.4.1930 Berlin)
Orientalist und Ethnologe

Direktor der ostasiatischen Abteilung des Museums für Völkerkunde in Berlin und seit 1906 ordentliches Mitglied der preußischen Akademie der Wissenschaften, reist im Jahre 1901 zu Studien- und Sammelzwecken nach China, Japan und Korea. 1923 initiierte er die Gründung der Zeitschrift *Asia Major* als ein Forum der deutschen Orientalistik mit und förderte ebenfalls die Säkularausgabe von Philipp Franz von Siebolds „Nippon".

Ausgewählte Werke:
- *Beschreibung einer von G. Meissner zusammengestellten Batak-Sammlung.* [Asien, Indonesien, Niederländisch-Ostindien, Sumatra], 1893.
- „Eine soghdische Inschrift in Ladakh". In: *Sitzungsberichte der Preußischen Akademie der Wissenschaften. Philosophisch-historische Klasse (1925)*, S. 371f
- *Handschriften-Reste in Estrangelo-Schrift aus Turfan, Chinesisch-Turkistan.* Verlag der Königlichen Akademie der Wissenschaften, Berlin 1904.
- „Neutestamentliche Bruchstücke in soghdischer Sprache". In: *Sitzungsberichte der Preußischen Akademie der Wissenschaften,* Bd. 13 (1907), S. 260–270.
- *Soghdische Texte I.* Verlag der Königlichen Akademie der Wissenschaften, Berlin 1913.
- *Soghdische Texte II.* Verlag der Königlichen Akademie der Wissenschaften, Berlin 1934.

Ausgewählte Bibliographie:
- *NDB*, Bd. 18, S. 381f.

Rathgen, Karl (Prof. Dr. rer. pol.)
(6.12.1856 Weimar – 6.11.1921 Hamburg)
Nationalökonom, Gründungsrektor der Universität Hamburg
In den Jahren 1882 bis 1890 unterrichtet Rathgen an der „Kaiserlichen Universität Tokio" öffentliches Recht, Statistik und Verwaltungswissenschaften. Zusätzlich ist er als Berater des japanischen Ministeriums für Landwirtschaft und Handel tätig. Während einer mehrwöchigen Reise durch Korea und China ist er gegen Ende Juli 1886 zu Gast bei Carl Wolter in Chemulpo. Ende August fährt Rathgen via Yokohama nach Tōkyō zurück.

Ausgewählte Werke:
– *Die Japaner in der Weltwirtschaft*. Leipzig 1911.
– *Die Japaner und ihre wirtschaftliche Entwicklung*. Leipzig 1905.
– *Japans Volkswirtschaft und Staatshaushalt*. Leipzig 1891.
– *Staat und Kultur der Japaner*. Bielefeld, Leipzig 1907.

Ausgewählte Bibliographie:
– Wikipedia: Karl Rathgen.
– Brief von Carl Lührs aus Chemulpo an seine Eltern vom 24. Juli 1886.

Richthofen, Ferdinand Paul Wilhelm Dieprand Freiherr von (Prof. Dr. phil.)
(5.5.1833 Carlsruhe [Oberschlesien] – 6.10.1905 Berlin)
Geologe, Geograph und Forschungsreisender

Abb. 269: Ferdinand von Richthofen.

In den Jahren 1868 bis 1872 bereist Richthofen als erster deutscher Forscher fast alle Provinzen Chinas. Seine publizierten Forschungsergebnisse bringen ihm Weltruhm ein. Auf einer seiner ausgiebigen Reisen gelangt er am 9. Juni 1869 mit seinem belgischen Dolmetscher auch in das neutrale Gebiet zwischen China und Korea, wo es drei Mal im Jahr gestattet ist, einen Marktverkehr zwischen beiden Ländern zu unterhalten. Eine Anzahl von etwa 300 anwesenden Koreanern bietet Richthofen Gelegenheit, auch ethnologische Beobachtungen zu machen und später über Physiognomie, Haartracht, Kleidung, Sprache, Essgewohnheiten, Wohnungen usw. der Koreaner zu berichten. Bei einer Unterhaltung mit einigen koreanischen Händlern erfährt er einiges über die Landesverhältnisse und lernt von ihnen die koreanischen Zahlwörter von 1 bis 1.000. Im Gegenzug versucht er, ihnen die deutschen Zahlen beizubringen, was einigermaßen gelingt. Den Plan, die Grenze zu überschreiten und Korea selbst zu betreten, gibt er schnell wieder auf, nachdem ihm alle Koreaner, die er daraufhin anspricht, versichern, dass er bei diesem Wagnis sofort seinen Kopf verlieren würde.

Ausgewählte Werke:
- *Auswahl aus F. v. Richhofens Tagebüchern aus China* / besorgt von Fritz Gansberg. Braunschweig 1924 (2. Aufl.).
- *China, Ergebnisse eigener Reisen (5 Bände mit Atlas, 1877–1912).*
- „China, Japan and Korea". In: *Geographical Journal*, Vol. 4, No. 6 (1894), S. 556.
- „Der Friede von Schimonoseki in seinen geographischen Beziehungen". In: *Geographische Zeitschrift*, Bd. 1 (1895), S. 19–39.
- „Der Schauplatz des Krieges zwischen Japan und China". In: *Verhandlungen der Gesellschaft für Erdkunde zu Berlin*, Bd. 21 (1894), S. 456–476.
- *Entdeckungsreisen in China: 1868–1872; die Ersterforschung des Reiches der Mitte / Ferdinand von Richthofen.* Hrsg. von Klaus-Dietrich Petersen, Stuttgart [1984].
- *Führer für Forschungsreisende: Anleitung zu Beobachtungen über Gegenstände d. phys. Geographie u. Geologie.* Berlin 1886.
- „Geomorphologische Studien aus Ostasien I-IV". In: *Sitzungsberichte der Preussischen Akademie der Wissenschaften, Physikalisch-mathematische Klasse, 1900–1903.*
- [Gendai] *Chirigaku no kadai to hōhō / Rihitohofen.* Kunimatsu Hisaya hencho. Tōkyō 1976. [„Aufgaben und Methoden der heutigen Geographie", Japanisch].
- *Schantung und seine Eingangspforte Kiautschou.* Berlin 1898.

Ausgewählte Bibliographie:
- „Die gegenwärtigen Zustände von Korea". In: *Globus*, Bd. 49, Nr. 9 (1886), S. 139.
- Meissner, Kurt: *Deutsche in Japan 1639–1960.* Tōkyō 1961, S. 20, 25, 26.
- *NDB*, Bd. 21, S. 534f.
- *OL*, Jg. 20 (1906), S. 137: Vermischtes.
- „Schreiben des Freiherrn von Richthofen über seine Reise zur Grenze von Korea und in der Provinz Hu-nan". In: *Zeitschrift der Gesellschaft für Erdkunde zu Berlin*, Jg. 5 (1870), S. 317–331.

Riess, Ludwig (Prof. Dr. phil.)
(1.12.1861 Deutsch Krone, jetzt Walcz in Polen – 27.12.1928 Springfield, Ohio)
Historiker

Abb. 270: Ludwig Riess.

Von 1887 bis 1902 ist Riess Dozent an der Abteilung für Geschichtswissenschaft in der Literarischen Fakultät der „Kaiserlichen Universität Tokio" und legt durch seine Tätigkeit den Grundstein zur modernen Geschichtswissenschaft in Japan. Auf seinem Rückweg nach Deutschland besucht er zusammen mit seinem Kollegen für Veterinärmedizin, Professor Janson, im Oktober 1902 für einige Tage Chemulpo und Seoul. Im August 1909 kehrt Riess noch einmal für kurze Zeit nach Japan zurück. Er stirbt 1928 in Springfield (Ohio).

Ausgewählte Werke:
- *Allerlei aus Japan.* 2 Bde., Berlin 1904–1908.
- *Der Stufengang des deutschenglischen Gegensatzes* (*Der Tag des Deutschen.* Heft 5.). 1917.
- *Die Entwicklung des modernen Japans.* 1914
- *Die Politik Pauls IV. und seiner Nepoten. Eine weltgeschichtliche Krisis des 16. Jahrhunderts.* 1909.
- *Die Ursachen der Vertreibung der Portugiesen aus Japan, 1614–1639.* 1898.
- *Englische Geschichte, hauptsächlich in neuester Zeit*, 1926
- *Georg Webers Weltgeschichte. Vollständig neu bearbeitet von Ludwig Riess.* 1918.
- *Geschichte des Wahlrechts zum englischen Parlament im Mittelalter.* Leipzig 1885.
- *Historik. Ein Organ geschichtlichen Denkens und Forschens.* Bd. I, Berlin u. Leipzig 1912.
- *History of the English factory at Hirado, 1613–1622: With an introductory chapter on the origin of English enterprise in the Far East.* 1898.
- *Lectures in English constitutional history.* 1891
- *Notes of a course of lectures on universal history.* Seishibunsha 1893.

Ausgewählte Bibliographie:
- Claussen-Wunsch, Gertrud (Hrsg.): *Dr. med. Richard Wunsch. Arzt in Ostasien.* Büsingen/Hochrhein 1976, S. 128, 134, 223.
- Kentaro, Hayashi: „Ludwig Riess, einer der Väter der Geschichtswissenschaft in Japan". In: Kreiner, Josef (Hrsg.): *Bonner Zeitschrift für Japanologie, Bd. 3: Japansammlungen in Museen Mitteleuropas.* Bonn 1981, S. 31–45.
- *OL*, Jg. 16, 5.9.1902, S. 722: PN; Jg. 23 (Aug. 1909), S. 282: PN.

Thieß, Karl (Prof. Dr. phil.)
(19.9.1870 Löbejün [bei Halle an der Saale] – 28.9.1941 Köln)
Staatswissenschaftler, Professor an der Technischen Hochschule Danzig

Abb. 271: Karl Thiess. Porträt von Helene von der Leyen 1924.

1908 trat Thieß in die Verwaltung der Südmandschurischen Eisenbahngesellschaft in Tōkyō ein. Dort ernannte man ihn zum volkswirtschaftlichen Rat im japanischen Reichseisenbahnamt. Diesen Posten hat er bis zu seiner Rückkehr nach Deutschland im

Jahre 1911 inne. Im Sommer 1909 befindet sich Thieß auf der Durchreise für einige Tage in Korea.

Ausgewählte Werke:
- *Deutsche Schiffahrt und Schiffahrtspolitik der Gegenwart*. Leipzig 1904.
- *Deutsche Schiffahrt und Schiffahrtspolitik*. 1907.
- *Die Bedeutung industrieller Betätigung für den Staat*. Köln 1925.
- *Die Preisbildung im Kriege*. Berlin 1916.
- *Die Weltspur der Eisenbahn*. 1913.
- *Geschichtsabriß der deutschen Schiffahrt im 19. Jahrhundert, zugleich Darstellung der Entwicklung der Hamburg-Amerika-Linie*. 1901.
- *Handel und Genossenschaften*. Halberstadt 1928.
- *Hochschulbildung für Unternehmer*. 1914.
- *Sozialpolitische Leistungen der deutschen landwirtschaftlichen Genossenschaften*. 1898/99.
- *Universität im Kampf: 2 Rektoratsreden*. Köln 1924.
- Zahlungsbilanz und Fremdenverkehr: Vortrag auf d. 7. Hauptversammlung d. Reichsverbandes d. Deutschen Hotels, Restaurants u. verwandter Betriebe am 14. Dezember 1927 in Berlin. Berlin 1928.

Ausgewählte Bibliographie:
- AA, Korea I, Bd. 38: ‚Bericht aus Seoul vom 29. Sep. 1910'.
- Meissner, Kurt: *Deutsche in Japan 1639–1960*. Tōkyō 1961, S. 66.

Wirth, Albrecht (Prof. Dr. phil.)
(8.3.1866 Frankfurt am Main – 26.6.1936 Tittmoning [Oberbayern])
Historiker, Sprachforscher, Ethnologe, Weltreisender und Publizist

Startet zu seiner ersten mehrjährigen Studienreise im Jahre 1892, die ihn nach Südafrika, in die USA, nach Mexiko und schließlich nach Ostasien führt. 1894 besucht Wirth während des Chinesisch-Japanischen Krieges als Kriegskorrespondent die Südmandschurei und zum ersten Mal auch Korea. Auf seiner zweiten großen Weltreise, die 1899 beginnt, führt ihn sein Weg über Armenien, Persien und Indien nach Südafrika, um Zeuge des Burenkrieges zu werden. Im Jahre 1900 reist Albrecht Wirth durch Turkestan und die Mongolei nach Peking und kommt schließlich zum zweiten Mal nach Korea.

Ausgewählte Werke:
- *Abriß der Geschichte Afrikas*. 1900.
- *Abriß der Weltgeschichte*. 1900.
- „Arische und anarische Forschung". In: *Jahrbuch der Münchner Orientalischen Gesellschaft 1915/16*.
- *Auf und Ab der Völker*. 1919.
- *Aus orientalischen Chroniken*. 1894.
- *Aus Übersee und Europa*. Berlin 1902.
- *Auswärtige Politik*. 1912.

- *Das Wachstum der Vereinigten Staaten von Amerika und ihre auswärtige Politik*. Bonn 1899.
- *Der Balkan. Seine Länder und Völker in Geschichte, Kultur, Politik, Volkswirtschaft, und Weltverkehr*. Stuttgart 1914.
- *Der Weltverkehr*. Frankfurt a. M. 1905.
- *Deutsche Abenteurer*. 1922.
- *Deutsche Zusammenbrüche und ihre Überwindung*. 1930.
- *Deutschtum der Erde*. 1920.
- *Deutschtum und die Türkei*. 1911.
- *Die Entscheidung über Marokko*. Stuttgart 1911.
- *Die Entwicklung Asiens von den ältesten Zeiten bis zur Gegenwart*. 1901.
- „Die Entwicklung Korea, mit kurzer Beschreibung der koreanischen Rasse, der Geschichte Koreas, der Körpergestalt der Koreaner, der Sitten, des Steuerwesens, der Klassenaufteilung und der Stellung der Ausländer in Korea". In: *Asien*, Bd. 3 (1903/04), S. 6–9.
- *Die Entwicklung Russlands*. Berlin 1901.
- *Die gelbe und slawische Gefahr*. 1905.
- *Die Geschichte des Weltkrieges. Militärisch, politisch und wirtschaftlich*, 2 Bde., Stuttgart 1919.
- „Die Hand des Mikado über Korea". In: *Allgemeine Zeitung* Augsburg, München, Jg. 113, Nr. 19 (1910).
- „Die Rassenfrage in Ostasien und Ozeanien". In: *Die Umschau*, Jg. 11, Nr. 10 (1898), S. 172.
- „Ein japanisches Festlandreich". In: *Nord und Süd*, Nr. 19 (1911), S. 4–19.
- *Entwicklung der Deutschen*. Halle 1918.
- *Gang der Weltgeschichte*. Gotha 1913.
- *Geschichte Asiens und Osteuropas*. Halle 1905.
- *Geschichte der Türken*. Stuttgart 1912.
- *Geschichte der Türken*. Stuttgart 1922.
- *Geschichte des Deutschen Volkes für das deutsche Volk*. Stuttgart 1916.
- *Geschichte des russischen Reiches von 600 v. Chr. bis 1920 n. Chr.* Hamburg 1920.
- *Geschichte Formosas*. 1898.
- *Geschichte Sibiriens und der Mandschurei*. 1898.
- *Geschichte Südafrikas*. 1897.
- *Im Wandel der Jahrtausende. Eine Weltgeschichte in Wort und Bild als Hrsg.*, Stuttgart 1890.
- „Japanische Kolonien". In: *Deutsche Kolonialzeitung*, Bd. 26 (1909), S. 867f.
- *Kurze Weltgeschichte*. Hamburg 1917.
- *Männer, Völker und Zeiten – Eine Weltgeschichte in einem Bande*. Hamburg 1911.
- *Männer, Völker, Zeiten*. Berlin 1912.
- *Nationale Revolutionen*. München 1925.
- *Ostasien in der Weltgeschichte*. 1900.
- *Rasse und Volk*. Halle 1914.
- *Streiflichter zur Weltpolitik*. 1908.

- *Türkei, Österreich, Deutschland*. Stuttgart 1912.
- *Völkische Weltgeschichte (1879–1933)*. Braunschweig 1934.
- *Volkstum und Weltmacht in der Geschichte*. München 1901.
- *Vorderasien und Ägypten. In Historischer und politischer, kultureller und wirtschaftlicher Hinsicht*. Stuttgart 1916.
- *Was muß Deutschland an Kolonien haben? Deutschland und der Orient*. Frankfurt 1918.
- *Weltenwende*. 1922.
- *Weltgeschichte der Gegenwart*. Berlin 1904.
- „Zustände in Korea". In: *Deutsche Export-Revue*, 1902, S. 561f.

Ausgewählte Bibliographie:
- Wikipedia: Albrecht Wirth.

VII.6. *Weltgeistliche[402], Ordensgeistliche[403] und Ordensbrüder[404]*

Bauer, Columban (Gottfried)
(28.7.1887 Oberscheidenthal [Nähe Freiburg] – 27.10.1971 Rottenmünster [Baden-Württemberg])
Benediktiner

Nachdem Gottfried Bauer als Bruder Columban im Kloster St. Ottilien am 10. Okt. 1909 seine Ordensgelübde abgelegt hat, wird er bereits einen Monat später, am 7. November, mit weiteren drei Brüdern und zwei Patres aus St. Ottilien nach Korea ausgesandt. Am 28. Dezember 1909 kommen sie in Chemulpo an, um am Aufbau einer Benediktiner-Mission mitzuwirken. Nach 26-jähriger Tätigkeit im fernen Korea betritt Columban Bauer am 23. November 1926 wieder seine Heimat. Er stirbt am 27. Oktober 1971 in Rottenmünster und wird im Kloster St. Ottilien zur letzten Ruhe gebettet.

Ausgewählte Bibliographie:
- Kugelmann, Willibald: „Gründungsbericht der Abtei St. Benedikt in Seoul, ihrer Verlegung nach Tokwon und Tätigkeit der Benediktiner im apost. Vikariat Wonsan". In: Kaspar, Adelhard; Berger, Placidus: *Hwan Gab*. Münsterschwarzach 1973, S. 81.

---

[402] Weltgeistliche sind Priester, die keinem Orden angehören und in der Regel in einer Pfarrei tätig sind.

[403] Ordensgeistliche haben die Priesterweihe empfangen und werden Pater („Vater"; lat. Plural patres) genannt.

[404] Siehe Fußnote 331.

- Persönliche Mitteilungen von Bruder David, Archivar des Klosters St. Ottilien.
- Renner, Frumentius: „Die Berufung der Benediktiner nach Korea und Manchukuo". In: Renner, Frumentius (Hrsg.): *Der fünfarmige Leuchter.* St. Ottilien 1971, Bd. 2, S. 398f.

Cramer
Marinepfarrer

Als Besatzungsmitglied von S. M. Schraubenfregatte (Gedeckte Korvette) „Hertha" begleitet er Max von Brandt am 1. Juni 1870 nach Pusan. Ein zweites Mal betritt Cramer im Mai 1871 an der Westküste koreanischen Boden. Den dritten Besuch macht er schließlich ebenfalls mit der „Hertha" im Juli 1871.

Ausgewählte Werke:
- „Über die Reise der kaiserlichen Corvette ‚Hertha', insbesondere nach Korea. (Sitzungsbericht vom 15. Februar 1873)". In: *ZEV*, Jg. 5 (1873), S. 49–57.

Eckardt, Andre (Ludwig Otto Andreas) (Prof. Dr. phil.)
(21.9.1884 München – Januar 1974 Tutzing [Bayern])
Benediktiner

Kommt mit Pater Cassian Niebauer und weiteren vier Ordensbrüdern am 28. Dezember 1909 in Chemulpo an, um in Korea eine Benediktiner-Mission aufzubauen. Im Laufe seines fast 20-jährigen Aufenthalts in Ostasien – die meiste Zeit davon in Korea – betreibt er intensive Studien der koreanischen Sprache, Geschichte, Literatur, etc. Während der japanischen Okkupationszeit wird er als Deutschlehrer an höheren Schulen eingesetzt und lehrt von 1923 bis 1928 an der Keijo-Universität, der Vorgängerin der heutigen Seoul National-Universität, Sprachen und Kunstgeschichte. Um die Jahreswende 1928/29 kehrt er nach Deutschland zurück und begründet im Jahre 1950 als Professor am Ostasiatischen Seminar in München die deutsche Koreanistik.

Ausgewählte Werke:
Monographien:
- *China: Geschichte u. Kultur.* 2. Aufl., Freudenstadt 1968.
- *Das Ohr des Dionys: Oper in 3 Akten. Operntext.* Starnberg 1961.
- *Das Schulwesen Koreas.* Phil. Diss., Braunschweig 1931.
- *Die Ginsengwurzel.* Eisenach 1955.
- *Die neue Weltschrift Safo als Einheitszeichenschrift der Völker: Einführung.* Starnberg 1962.
- *Die Vision des Johannes: Apokalypt. Bühnenfestspiel.* Starnberg 1960.
- *Geschichte der koreanischen Kunst.* Leipzig 1929.
- *Geschichte der koreanischen Literatur.* Stuttgart; Berlin; Köln; Mainz 1968.

- *Grammatik der koreanischen Sprache*. 5. Aufl., Heidelberg 1984.
- *Japan: Geschichte u. Kultur*. 2. Aufl., Freudenstadt 1968.
- *Korea*. Nürnberg 1972.
- *Koreanisch und Indogermanisch: Untersuchungen über die Zugehörigkeit des Koreanischen zur indogermanischen Sprachfamilie*. Heidelberg 1966.
- *Koreanische Keramik*. Bonn 1970 (=*Abhandlungen zur Kunst-, Musik- und Literaturwissenschaft*; Bd. 93).
- *Koreanische Konversationsgrammatik mit Lesestücken und Gesprächen. Schlüssel zur koreanischen Konversationsgrammatik*. 2 Bde., Heidelberg 1923.
- *Koreanische Märchen und Erzählungen. Zwischen Halla- und Päkdusan*. Missionsverlag St. Ottilien. Oberbayern 1929.
- *Kreuzgedanken*. Starnberg 1965.
- *La nouvelle écriture Safo, une écriture universelle unissant les peuples*. Starnberg 1956.
- *La nuova scrittura mondiale Safo, una comunicazione pacifica tra i popoli*. Starnberg 1956.
- *Laotse: Unvergängliche Weisheit*. München und Basel 1957 (= *Glauben und Wissen*; Nr. 18).
- *Laotses Gedankenwelt: Nach d. Tao-te-king*. Baden-Baden und Frankfurt a. M. 1957.
- *Musik, Lied, Tanz in Korea*. Bonn 1968 (= *Abhandlungen zur Kunst-, Musik- und Literaturwissenschaft*, Bd. 51).
- *Philosophie der Schrift*. Heidelberg 1965.
- *Safo: Kleines Wörterbuch z. Sinnschrift Safo. Deutsch-Umschrift-Safo*. München 1968.
- *Studien zur koreanischen Sprache*. Heidelberg 1965.
- *The world writing system Safo*. Starnberg 1956.
- *Übungsbuch der koreanischen Sprache*. 3. Aufl., Heidelberg 1983.
- *Vietnam: Geschichte u. Kultur*. Darmstadt 1968.
- *Wie ich Korea erlebte*. Frankfurt a. M. und Bonn 1950.
- *Wörterbuch der deutsch-koreanischen Sprache*. 3. Aufl., Heidelberg 1987.
- *Wörterbuch der koreanisch-deutschen Sprache*. 3. Aufl., Heidelberg 1986.

Aufsätze in verschiedenen Zeitschriften:
- „Das Drachenjahr Ostasiens". In: *Missionsblätter, St. Ottilien*, Jg. 22 (1928), S. 151–156.
- „Das große Königsgrab Yangwon's. Ein Beitrag zur koreanischen Kunstgeschichte". In: *Ostasiatische Zeitschrift*, Jg. 13 (1926), S. 64ff.
- „Das Knaben- und Priesterseminar des Apostolischen Vikariats Wonsan". In: *Katholische Missionen*, Jg. 55 (1927), S. 265–269.
- „Das koreanische Schach". In: *Mitteilungen des Vereins für Völkerkunde*, Leipzig 1931.
- „Der chinesische Kriegsgott". In: *Missionsblätter, St. Ottilien*, Jg. 30 (1926), S. 103–105, 134f, 172–175.
- „Der letzte Kaiser von Korea". In: *Missionsblätter, St. Ottilien*, Jg. 31 (1927), S. 210.214.

- „Der Ursprung der koreanischen Schrift". In: *MOAG*, BD. 17 (1929), Teil C, S. 1–20.
- „Der Zodiakal – Tierkreis in der koreanischen Kunst des 9. Jahrhunderts". In: *Ostasiatische Zeitschrift*, Jg. 14 (1927), S. 189–195.
- „Die Arche Noah in koreanischer Übersetzung". In: *Missionsblätter, St. Ottilien*, Jg. 18 (1913/14), S. 169–171.
- „Die Familie in Japan und Korea". In: *Semaine d'Ethnologie Religieuse* (Internationale Woche für Religionsethnologie), *5. Session, 16.–22. Sep. 1929*, Paris 1930.
- „Die Katholische Kirche in Korea". In: *Akademische Missionsblätter*, Münster, 1926, S. 34–40. (Ebenso in: *Katholische Missionen*, Jg. 53 (1923/24), S. 225–229, 250–252.)
- „Die Katholische Kirche in Ostasien. Zum Jubiläum des Heiligen Franz Xaver". In: *Katholische Missionen*, Jg. 50 (1921/22), S. 215–219, 231–235.
- „Die Konfutse Verehrung in Korea". In: *Historisch-Politische Blätter für das katholische Deutschland*, Bd. 153 (1914), S. 416–432.
- „Die koreanisch-chinesische Fibel". In: *Missionsblätter, St. Ottilien*, Jg. 18 (1913/14), S. 172–175.
- „Die koreanische Buchstabenschrift". In: *Schrifttum der Erde*, 1932.
- „Die koreanische Himmelsreligion (Tschongdokyo)". In: *Weltmission der katholischen Kirche*, 1921.
- „Die koreanischen Einsiedler von Badogon in der Mandschurei". In: *Katholische Missionen*, Jg. 54 (1926), S. 250f.
- „Die koreanischen Universitäten". In: *Akademische Blätter*, 1922.
- „Die Zahlen in der koreanischen Sprache". In: *Mitteilungsblatt der Gesellschaft für Völkerkunde*, Leipzig, Nr. 2 (1933), S. 16–18.
- „Ein neuer Schintotempel in Korea". In: *Missionsblätter, St. Ottilien*, Jg. 30 (1926), S. 270–273.
- „Eine deutsche Benediktinerabtei in Korea". In: *Ostasien Rundschau*, Jg. 13 (1932), S. 12–15.
- „Gang durch Koreas Geschichte". In: *Asienberichte*, Jg. 5 (1949), H. 19, S. 21.
- „Ginseng, die geheimnisvolle Heilwurzel in Fernost". In: *Heil- und Gewürzpflanzen*, Bd. 16 (1935), S. 94–104.
- „Ginseng. Die Wunderwurzel des Ostens". In: *Festschrift P. Wilhelm Schmidt*, Wien 1928, S. 220–231. (Ebenso in: *Ostasien-Revue*, Jg. 12 (1931), S. 538–541.)
- „Koreanische Musik". In: Asia Major, Leipzig 1930. (Ebenso in: *MOAG*, Bd. 24 (1930), Teil 1, B).
- „Koreanische Poesie". In: *Der Gral*, Jg. 18 (1023), S. 102–106.
- „Koreanische Sprache und Schrift und die Erfindung der Buchdruckerkunst 1403". In: *Der Geist des Ostens*, Bd. 2 (1914), S. 288–303, 364–371.
- „Koreanische Sprichwörter". In: *Der Geist des Ostens*, Bd. 1 (1913), S. 757–759.
- „Koreanische Volkspoesie. Gesang beim Reispflanzen". In: *Der Gral*, Jg. 21 (1926), S. 178–182.
- „Koreas Land und Leute". In: *Missionsblätter, St Ottilien*, Jg. 31 (1927), S. 84f.

- „Ludwig Chang und die christliche Kunst in Korea". In: *Die christliche Kunst*, Jg. 25 (1929), S. 174–185.
- „Quelpart und die südlichste Missionsstation Koreas". In: *Katholische Missionen*, Jg. 42 (1914), S. 203.
- „Quelpart, die merkwürdigste Insel Ostasiens". In: *Zeitschrift für Erdkunde*, Bd. 9 (1941), S. 742–750.
- „Sam Ginseng in koreanischer und indogermanischer Überlieferung" In: *Forschung und Fortschritte*, 1948.
- „Schintoismus in Korea". In: *Katholische Missionen*, Jg. 61 (1933), S. 249–251, 277f, 306f.
- „Unserem Mitgliede Franz Eckert dem Pionier deutscher Musik in Japan zum Gedächtnis". In: *MOAG*, Bd. 21 (1927), zwischen Heft D und Heft E.
- *Unter dem Odongbaum*. Eisenach 1951.
- „Verehrung Buddhas in Korea". In: *Der Geist des Ostens*, Bd. 2 (1914), S. 34–47, 146–158.
- „Vom Geisterglauben in Korea". In: *Ostasiatischer Beobachter*, Jg. 6 Folge 60 (1938), S. 29f.
- „Was die Koreaner erzählen". In: *Missionsblätter, St. Ottilien*, Jg. 16 (1911/12), S. 165f.
- „Zum Kampf um die ostasiatische Kultur und Weltanschauung". In: *Lumen Caecis*, St. Ottilien, 1928, S. 237–268.
- „Zur Kulturgeschichte Koreas. Die Ginsengwurzel". In: *Universitas*, Stuttgart, Jg. 2 (1947), S. 933–942.

Ausgewählte Bibliographie:
- Huwe, Albrecht: „André Eckardt. Deutschlands erster Koreanist". In: *Bilanz einer Freundschaft. Hundert Jahre deutsch-koreanische Beziehungen*. Bonn 1984, S. 39f.
- Kugelmann, Willibald: „Gründungsbericht der Abtei St. Benedikt in Seoul, ihrer Verlegung nach Tokwon und Tätigkeit der Benediktiner im apost. Vikariat Wonsan". In: Kaspar, Adelhard; Berger, Placidus: *Hwan Gab*. Münsterschwarzach 1973, S. 81.
- Renner, Frumentius: „Die Berufung der Benediktiner nach Korea und Manchukuo". In: Renner, Frumentius (Hrsg.): *Der fünfarmige Leuchter*. St. Ottilien 1971, Bd. 2, S. 398.
- Riekel, August: *Koreanica. Festschrift Prof. Dr. André Eckardt zum 75. Geburtstag*. Baden-Baden 1960.

Enshoff, Dominikus (Franz)
(18.4.1868 Perl (Nähe Trier) – 14.9.1939 Rottweil, Baden-Württemberg)
Benediktiner

Franz Enshoff legt am 25. Mai 1890 im Kloster St. Ottilien als Bruder Dominikus die Ordensgelübde ab und wird bereits ein Jahr später, am 31. Juli 1891, zum Priester geweiht. Bald zieht es ihn als Missionar in die Ferne, und er wird am 18. Januar 1892 nach Daressalam entsandt.

Am 15. April 1895 ist er zurück im heimatlichen Kloster und bleibt dort bis er erneut mit Pater Bonifatius Sauer am 11. Januar 1909 ausgesandt wird. Diesmal geht es ins ferne Königreich Korea, das sie schließlich am 25. Februar 1909 mit der Landung in Chemulpo erreichen. In Korea treffen sie die Vorbereitungen zum Aufbau einer Benediktiner-Mission. Nachdem sie gemeinsam ein Grundstück für das erste Kloster in Seoul ausgesucht haben, muss Dominikus Enshoff aufgrund seines Gesundheitszustandes jedoch schon am 8. August desselben Jahres wieder nach Deutschland zurückkehren, wo er am 24. September 1909 im Kloster St. Ottilien anlangt.

Ausgewählte Werke:
– *Die Benediktiner-Mission in Korea*. St. Ottilien 1909.
– „Koreanische Erzählungen". In: *Zeitschrift des Vereins für Volkskunde*, Bd. 21 (1911), S. 355–367; Bd. 22 (1912), S. 69–79.

Ausgewählte Bibliographie:
– „Bayerische Benediktiner im Lande der ‚erhabenen Morgenruhe'". In: *Missions-Blätter*, Jg. 14, H. 8 (Mai 1910), S. 123f.
– „Brief des P. Bonifazius Sauer von seiner Reise nach Korea". In: *Missions-Blätter*, Jg. 13, H. 7 (Apr. 1909), S. 109–111; H. 8 (Mai 1909), S. 118–121.
– „Deutsche Missionare in Korea". In: *OL*, Jg. 23 (1909), S. 934.
– Graf, Olaf: „Abtbischof Bonifatius Sauer OSB. Lebensbild des Gründers der Benediktinermission in Korea". In: Kaspar, Adelhard; Berger, Placidus: a. a. O., S. 67–79.
– Kugelmann, Willibald: „Gründungsbericht der Abtei St. Benedikt in Seoul, ihrer Verlegung nach Tokwon und Tätigkeit der Benediktiner im apost. Vikariat Wonsan". In: Kaspar, Adelhard; Berger, Placidus: *Hwan Gab*. Münsterschwarzach 1973, S. 81.
– Persönliche Mitteilungen von Bruder David, Archivar des Klosters St. Ottilen.
– Renner, Frumentius: „Die Berufung der Benediktiner nach Korea und Manchukuo". In: Renner, Frumentius (Hrsg.): *Der fünfarmige Leuchter*. St. Ottilien 1971, Bd. 2, S. 398.
– Sauer, Bonifaz: „Ein Besuch in einem koreanischen Bonzenkloster". In: *Missions-Blätter*, Bd. 13, Nr. 11 (Aug. 1909), S. 169–172.

Abb. 272:
Dominikus Enshoff
– Die Benediktinermission in Korea.

Fangauer, Paschalis (Johann Baptist)
(8.1.1882 Eglfing [Nähe Regensburg, Bayern] – 16.4.1950 Oksadeok, Nordkorea)
Benediktiner

Als eines von elf in strenger Gottesfurcht erzogenen Kindern folgt Johann Baptist Fangauer seinem älteren Bruder, der bereits im Jahre 1900 in das Kloster St. Ottilien eingetreten war und als Bruder Barnabas für die Klostergärtnerei zuständig ist, im Sommer 1905 nach. Da er bereits mehrere Jahre als Gärtnergehilfe ausgebildet worden ist, arbeitet er zunächst im Kloster unter seinem Bruder in der Gärtnerei. Als Bruder Paschalis legt er am 20. Oktober 1907 die Ordensgelübde ab und wird mit weiteren drei Brüdern und zwei Patres aus St. Ottilien am 7. November 1909 nach Seoul ausgesandt. Am 28. Dezember 1909 kommen sie in Chemulpo an, um am Aufbau der ersten Benediktiner-Mission in Seoul mitzuwirken. Damit gehört Paschalis Fangauer zum Team der Gründungsmitglieder dieses beginnenden Klosters im fernen Korea. Über seine Tätigkeit in Korea wird Folgendes berichtet:

„Er legte überall, wohin der Gehorsam ihn rief, Gemüse- und Obstgärten an und pflegte den Weinbau. Im Ersten Weltkrieg wurde er zum Militär nach Tsingtau einberufen und kam in japanische Gefangenschaft (1914–1920). Bruder Paschalis kam bei der Aufhebung Tokwons zunächst ins Gefängnis nach Pjöngjang und dann nach Oksadeok, wo er am 16. Apr. 1950 an Unterernährung gestorben ist."[405]

Ausgewählte Bibliographie:
- Kugelmann, Willibald: „Gründungsbericht der Abtei St. Benedikt in Seoul, ihrer Verlegung nach Tokwon und Tätigkeit der Benediktiner im apost. Vikariat Wonsan". In: Kaspar, Adelhard; Berger, Placidus: *Hwan Gab*. Münsterschwarzach 1973, S. 81.
- Renner, Frumentius: „Die Berufung der Benediktiner nach Korea und Manchukuo". In: Renner, Frumentius (Hrsg.): *Der fünfarmige Leuchter*. St. Ottilien 1971, Bd. 2, S. 398.
- Schicksal in Korea. *Deutsche Missionäre berichten*. St. Ottilien, 2. Aufl. 1974, S. 73f.

Flötzinger, Ildefons (Andreas)
(20.7.1879 Taiding [Oberbayern] – 20.3.1952 Oksadeok, Nordkorea)
Benediktiner

Nachdem er u. a. das Schreinerhandwerk erlernt hat, tritt der vielseitig ausgebildete Andreas Flötzinger 1906 ins Kloster St. Ottilien ein und

---

[405] Moll, Helmut (Hrsg.): *Zeugen für Christus*. Bd. 2, Paderborn 1999, S. 1183.

beginnt am 4.10.1907 sein Noviziat als Bruder Ildefons. Zwei Jahre später legt er am 10. Oktober 1909 die Profess ab. Noch im gleichen Jahr wird er zusammen mit weiteren drei Brüdern und zwei Patres aus St. Ottilien nach Seoul ausgesandt. Dort betreten sie am 28. Dezember 1909 in Chemulpo koreanischen Boden, um zunächst in Seoul eine Benediktiner-Mission zu errichten. Aufgrund seiner Ausbildung als Schreiner, wird Ildefons Flötzinger Lehrmeister in der dortigen Handwerkerschule. Er erleidet 1952 in einem nordkoreanischen Konzentrationslager in Oksadeok den Hunger- und Erfrierungstod. Mit einem gesamten Aufenthalt in Korea von über 52 Jahren ist Flötzinger der am längsten in Korea residierende Deutsche.

Ausgewählte Bibliographie:
- Kugelmann, Willibald: „Gründungsbericht der Abtei St. Benedikt in Seoul, ihrer Verlegung nach Tokwon und Tätigkeit der Benediktiner im apost. Vikariat Wonsan". In: Kaspar, Adelhard; Berger, Placidus: *Hwan Gab*. Münsterschwarzach 1973, S. 81.
- Renner, Frumentius: „Die Berufung der Benediktiner nach Korea und Manchukuo". In: Renner, Frumentius (Hrsg.): *Der fünfarmige Leuchter*. St. Ottilien 1971, Bd. 2, S. 398.
- *Schicksal in Korea. Deutsche Missionäre berichten*. St. Ottilien, 2. Aufl. 1974, S. 78.

Gützlaff, Carl Friedrich August (郭實獵 , kor. Gwak-sil-yeop; P Guo Shila)
(8.7.1803 Pyritz [Pommern] – 9.8.1851 Hongkong)
Evangelischer Missionar

Als Missionar in Hongkong und Macao schließt sich Gützlaff 1832 einer Handelsexpedition der Ostindischen Kompanie unter Führung von Hugh Hamilton Lindsay (1802–1881) auf der „Lord Amherst" als Dolmetscher, Arzt und Prediger an. Das Schiff, das Ende Februar von Macao aus losgelt, erreicht am 17. Juli 1832 die Westküste Koreas, an der sich Gützlaff als nachweislich erster Deutscher sowie erster lutheranischer Missionar einen Monat lang aufhält und vergeblich versucht, mit dem Land Handelbeziehungen zu knüpfen. Dabei verteilt er nicht nur religiöse Schriften in chinesischer Sprache, sondern pflanzt auch gelegentlich Kartoffeln an und erklärt der Bevölkerung ihren Nutzen sowie ihre Kultivierung. Er stirbt 1851 in Hongkong.

Ausgewählte Werke:
- *Journal of Three Voyages along the Coast of China, in 1831, 1832, & 1833, with Notices of Siam, Corea, and the Loo-Choo Islands. To which is prefixed an Introductory Essay on the Policy, Religion, etc. of China*, by The Rev. W. Ellis. London 1834.

Ausgewählte Bibliographie:
- Allen: S. 5.
- Gutzlaff, Charles: *Journal of Three Voyages along the Coast of China, in 1831, 1832, & 1833, with Notices of Siam, Corea, and the Loo-Choo Islands*. London 1834.
- „Gützlaff, Karl Friedrich August". In: Embacher, Friedrich: *Lexikon der Reisen und Entdeckungen*. Leipzig 1882, S. 134f.
- Klein, Thoralf; Zöllner, Reinhard (Hrsg.): *Karl Gützlaff (1803–1851) und das Christentum in Ostasien: Ein Missionar zwischen den Kulturen*. Nettetal 2005.
- Lane-Pool, Stanley: *The Life of Sir Harry Parkes*. London, New York 1894, Bd. 1, S. 4f, 54–57.
- *NDB*, Bd. 6, S. 292.
- Schlyter, Herman: *Der China-Missionar Karl Gützlaff und seine Heimatbasis*. Lund 1976.
- Schlyter, Herman: *Karl Gützlaff als Missionar in China*. Lund, Copenhagen 1946.
- Walravens, Hartmut: *Karl Friedrich Neumann (1793–1870) und Karl Friedrich August Gützlaff (1803–1851): zwei deutsche Chinakundige im 19. Jahrhundert*. Wiesbaden 2001.
- Winner-Lüdecke, Marianne: *Karl Gützlaff – ein vergessener Rufer?* Bad Liebenzell 1981.

Hackmann, Heinrich Friedrich (Prof.)
(31.8.1864 Gaste bei Osnabrück – 13.7.1935 Hildesheim)
Lutherischer Theologe, Religionshistoriker, Sinologe

Abb. 273: Heinrich Friedrich Hackmann.

Von April 1894 bis Oktober 1901 ist Hackmann zunächst als Pfarrer der evangelischen Gemeinde in Shanghai tätig und unternimmt anschließend bis 1903 ausgedehnte Reisen, um die vielfältigen Formen des Buddhismus zu erforschen. Eine dieser Forschungsreisen führt ihn auch nach Korea, wo er von Ende September bis Mitte Oktober 1902 verschiedene Tempel im Innern des Landes besucht. Das Ergebnis seiner Forschungen gibt Hackmann nach seiner Rückkehr nach Europa im Jahre 1903 in zahlreichen Publikationen bekannt, die religionsgeschichtlich einen bedeutenden Wert darstellen.

Ausgewählte Werke:
- *Am Strand der Zeit. Ausgewählte Predigten*. Berlin 1911.
- *An den Grenzen von China und Tibet. Vom Omi bis Bhamo. Wanderungen an den Grenzen von China, Tibet und Birma*. Halle a. S. 1905.
- *Chinesische Philosophie*. München 1927.
- *Der Buddhismus in China, Korea und Japan*. Halle a. S. 1905.

- *Der Buddhismus.* Tübingen 1906.
- *Der südliche Buddhismus und der Lamaismus.* Tübingen 1906.
- *Der Ursprung des Buddhismus und die Geschichte seiner Ausbreitung.* Tübingen 1917.
- *Die 300 Mönchsgebote des chinesischen Taoismus.* Amsterdam 1931.
- *Die Zukunftserwartung des Jesaja.* Diss., Göttingen 1893.
- *Laien-Buddhismus in China. Das Lung Shu Ching T'u Wen des Wang Jih Hsiu.* Gotha, Stuttgart 1924.
- Religionen und heilige Schriften. Berlin 1914.
- *Welt des Ostens.* Berlin 1912.

Ausgewählte Bibliographie:
- Claussen-Wunsch, Gertrud (Hrsg.): *Dr. med. Richard Wunsch. Arzt in Ostasien.* Büsingen/Hochrhein 1976, S. 128, 134.
- „Der Traum von fernen Ländern ging in Erfüllung. Pfarrer Heinrich Hackmann wirkte von 1894–1901 in Schanghai" [Teil I und II]. In: *Hildesheimer Allgemeine Zeitung,* Beilage „Aus der Heimat", 2.12.1995 und 6.1.1996.
- NDB, Bd. 9, S. 413f.
- OL, Jg. 8, 30.3.1894, S. 421; 20.4., S. 475; Jg. 13, 21.10.1899, S. 975; Jg. 15, 18.10.1901, S. 888; 8.11., S. 965; Jg. 16, 17.10.1902, S. 845; Jg. 17, 20.2.1903, S. 316; 27.3., S. 519; 13.11., S. 764; 11.12., S. 942; Jg. 25, Jan. 1911, S. 14; Jg. 27, 21.11.1913, S. 467: PN.
- Strachotta, Fritz-Günter: *Religiöses Ahnen, Sehnen und Suchen. Von der Theologie zur Religionsgeschichte. Heinrich Friedrich Hackmann 1864–1935.* Frankfurt a. M. [et al.] Oktober 1997. (= *Studien und Texte zur „Religionsgeschichtlichen Schule",* Hrsg. von Gerd Lüdemann, Bd. 2)

Huber, Martin (Karl)

(25.11.1882 Dächingen [Nähe Tübingen] – 26.1.1910 Seoul)
Benediktiner

Nachdem Karl Huber am 4. Oktober 1909 in St. Ottilien als Bruder Martin seine Gelübde abgelegt hat, wird er bereits einen Monat später, am 7. November, mit weiteren drei Brüdern und zwei Patres aus St. Ottilien nach Korea ausgesandt. Am 28. Dezember 1909 betreten sie in Chemulpo koreanischen Boden, um in Seoul die erste Benediktiner-Mission zu gründen. Huber stirbt jedoch am 26. Januar 1910 in Seoul an Typhus, den er sich auf dem Schiff während der Reise nach Korea zugezogen hat und findet in Waegwan (Seoul) seine letzte Ruhestätte.

Ausgewählte Bibliographie:
- „Korea. Die Benediktinermission in Söul". In: *Die katholischen Missionen,* Bd. 38 (1909/10), S. 169: Nachrichten aus den Missionen.
- Kugelmann, Willibald: „Gründungsbericht der Abtei St. Benedikt in Seoul, ihrer Verlegung nach Tokwon und Tätigkeit der Benediktiner im apost. Vikariat Wonsan". In: Kaspar, Adelhard; Berger, Placidus: *Hwan Gab.* Münsterschwarzach 1973, S. 81.

- Persönliche Mitteilungen von Bruder David, Archivar des Klosters St. Ottilien.
- Renner, Frumentius: „Die Berufung der Benediktiner nach Korea und Manchukuo". In: Renner, Frumentius (Hrsg.): *Der fünfarmige Leuchter.* St. Ottilien 1971, Bd. 2, S. 398f.

Müller, K. Friedrich
Marinepfarrer

Kaplan des deutschen Kreuzergeschwaders in Ostasien, besucht mit Admiral Otto von Diederichs, zu dessen Stab er als Marinepfarrer gehört, vom 11. bis zum 23. Juni 1897 Chemulpo und Seoul. Am 23. Juli tauft Pfarrer Müller in Chemulpo während der ersten deutschen Taufe in Korea die Zwillingstöchter von Carl Wolter. Dabei steht Admiral Otto von Diederichs Pate für Jean Clara Johnston, und Konsul Ferdinand Krien übernimmt die Patenschaft für Marion Pauline Harriet. (Siehe: **Diederichs, Otto von**)

Ausgewählte Werke:
- *Im Kantonlande. Reisen und Studien auf Missionspfaden in China.* Berlin 1903.

Ausgewählte Bibliographie:
- „Der Besuch des deutschen Geschwaders in Korea". In: *OL*, Jg. 11, 13. Aug. 1897, S. 1451f.
- *OL*, Jg. 13, 10.10.1898, S. 30: PN; Jg. 14, 13.4.1900, S. 262: PN.
- „S. M. Schiffe auf der ostasiatischen Station". In: *OL*, Jg. 11, 18.6.1897, S. 1193.
- *The Korean Repository,* Vol. 4 (July 1897), S. 280: „Notes and Comments".

Niebauer, Cassian (Georg)
(16.2.1882 Regensburg – 21.3.1966 Regensburg)
Benediktiner

Nachdem Georg Niebauer am 21. Oktober 1906 in St. Ottilien als Bruder Cassian seine Ordensgelübde abgelegt hat, wird er am 26. Juli 1909 zum Priester geweiht. Zusammen mit Pater Andre Eckardt und vier Ordensbrüdern aus St. Ottilien wird er am 7. November 1909 nach Korea ausgesandt. Dort betreten sie am 28. Dezember 1909 in Chemulpo koreanischen Boden, um zunächst in Seoul eine Benediktiner-Mission aufzubauen. Cassian Niebauer kehrt am 20. August 1928 nach Deutschland zurück und wird erneut ins Ausland gesandt. Diesmal in die USA, in die Abtei Newton in New Jersey. Ca. 1953 tritt er aus dem Orden aus.

Ausgewählte Bibliographie:
- Kugelmann, Willibald: „Gründungsbericht der Abtei St. Benedikt in Seoul, ihrer Verlegung nach Tokwon und Tätigkeit der Benediktiner im apost. Vikariat Wonsan". In: Kaspar, Adelhard; Berger, Placidus: *Hwan Gab*. Münsterschwarzach 1973, S. 81.
- Persönliche Mitteilungen von Bruder David, Archivar des Klosters St. Ottilien.
- Renner, Frumentius: „Die Berufung der Benediktiner nach Korea und Manchukuo". In: Renner, Frumentius (Hrsg.): *Der fünfarmige Leuchter*. St. Ottilien 1971, Bd. 2, S. 398f.

Sauer, Bonifatius (Josef)
(10.1.1877 Oberufhausen [Hessen] – 7.2.1950 Pyeongyang, Nordkorea)
Benediktiner, Abtbischof

Abb. 274: Abtbischof Bonifatius Sauer.

Als Sohn einfacher Landleute im oberhessischen Oberufhausen (Bistum Fulda) legt Josef Sauer im Missionsklosters St. Ottilien als Bruder Bonifatius am 4. Februar 1900 die Ordensgelübde ab. Noch im Herbst desselben Jahres kann er die Maturaprüfung zu Münster in Westfalen nachholen und wird – philosophische Studien sind schon vorausgegangen – nach drei weiteren Jahren am 26. Juli 1903 zu Dillingen zum Priester geweiht. Die ausgezeichnete Begabung und die Treue des jungen Klerikers zu seinen Idealen mögen die Oberen veranlasst haben, ihm schon bald nach seiner Weihe die Leitung des dortigen Ordensstudienheimes anzuvertrauen, das im Jahre 1889 gegründet wurde und nach seinem und Fuldas Patron St. Bonifatiuskolleg benannt ist. Mit dem Ruf nach Korea, initiiert durch den französischen Erzbischof in Seoul, Gustave Charles Marie Mutel (1854–1933)[406], wird Bonifatius Sauer gleichzeitig die Leitung und Vorbereitung zum Aufbau eines Klosters in Seoul übertragen. Von St. Ottilien mit dieser Aufgabe zusammen mit Pater Dominikus Enshoff am 11. Jan. 1909 in den Fernen Osten ausgesandt, kommt er am 25. Februar 1909 in Korea an, um seine Arbeit zu beginnen. Von 1909 bis 1913 ist er Prior, 1913 bis 1927 Abt des Benediktiner-Klosters in Seoul, ab 1920 Apostolischer Vikar von Wonsan und ab dem 17. November 1927 Abt-Bischof in Deokwon, Provinz Süd-Hamgyeong. Im Mai 1949 wird das Kloster von der nordkoreanischen Volksregierung geschlossen und die Patres und Mönche in

---

[406] Gustave Charles Marie Mutel (8.3.1854–22.1.1933), von 1890 bis 1933 Bischof der katholischen Diozöse in Seoul und dort gestorben.

Gefangenschaft genommen. Bischof Sauer stirbt am 7. Februar 1950 im Zuchthaus in Pyeongyang an den Folgen der Gefangenschaft.

Ausgewählte Werke:
- „Brief des P. Bonifazius Sauer von seiner Reise nach Korea". In: *Missions-Blätter*, St. Ottilien, Jg. 13, H. 7 (Apr. 1909), N. F., S. 109–111.; H. 8 (Mai 1909), N. F., S. 118–121.
- „Deutsche Benediktiner in Korea". In: *Priester und Mission*, Mergentheim 1929, S. 28.
- „Die Benediktinermission in Korea". In: *Benediktusbote*, Jg. 4 (1929/30), S. 363–366.
- „Die Entwicklung Wonsan und die Mission". In: *Katholische Missionen*, Jg. 58 (1930), S. 241f.
- „Ein Besuch in einem koreanischen Bonzenkloster". In: *Missions-Blätter*, H. 11 (Aug. 1909), S. 169–172.
- „Mein erster Sonntag in Söul". In: *Missions-Blätter, St. Ottilien*, Jg. 13, H. 9 (Juni 1909), N. F., S. 136–138.
- „Missionsbrief. (Nachrichten aus den Missionen: Korea)". In: *Die Katholischen Missionen*, Bd. 38 (1909/10), S. 61f, 151, 167–169, 176, 226, 293f, 304.
- „Schule und Katechistenprobleme im apostolischen Vikariat Wonsan, Korea". In: *Katholische Missionen*, Jg. 59 (1931), S. 131–135.
- „Segensreiche Tätigkeit der Missionsbenediktinerinnen (aus Wonsan, Korea)". In: *Stimmen aus den Missionen*, Basel 1908, S. 331–340.

Ausgewählte Bibliographie:
- „Deutsche Missionare in Korea". In: *OL*, Jg. 23 (1909), S. 934.
- „Die Benediktinermission in Korea". In: *OL*, Jg. 25 (1911), S. 215.
- Enshoff, Dominikus: *Die Benediktiner-Mission in Korea*. St. Ottilien 1909.
- Graf, Olaf: „Abtbischof Bonifatius Sauer OSB. Lebensbild des Gründers der Benediktinermission in Korea". In: Kaspar, Adelhard; Berger, Placidus: *Hwan Gab*. Münsterschwarzach 1973, S. 67–79.
- Kugelmann, Willibald: „Gründungsbericht der Abtei St. Benedikt in Seoul, ihrer Verlegung nach Tokwon und Tätigkeit der Benediktiner im apost. Vikariat Wonsan". In: Kaspar, Adelhard; Berger, Placidus: *Hwan Gab*. Münsterschwarzach 1973, S. 81.
- Renner, Frumentius: „Die Berufung der Benediktiner nach Korea und Manchukuo". In: Renner, Frumentius (Hrsg.): *Der fünfarmige Leuchter*. St. Ottilien 1971, Bd. 2, S. 398f.
- *Schicksal in Korea. Deutsche Missionäre berichten*. St. Ottilien, 2. Aufl. 1974, S. 117f.
- „Unsere Benediktiner-Missionäre im Lande der Morgenstille". In: *Missionsblätter der Benediktinermissionäre in Fryburg und Uznach*, Jg. 52, Nr. 5 (Mai 1948), S. 100–104.
- Weber, Norbert: *Im Lande der Morgenstille*. St. Ottilien 1923, S. 9, 442.

Stenz, Georg Maria
(1869 Horhausen [Westerwald] – 1928)
Angehöriger der Steyler Missionare[407]
Seit 1893 katholischer Missionar in der chinesischen Provinz Schantung, wo er sich intensiv auch mit der Religion und den Sitten der dortigen Bevölkerung beschäftigt. Nach der Jahrhundertwende (zwischen 1900 und 1903, genauer Zeitpunkt unbekannt) besucht er für kurze Zeit Korea.

Abb. 275: Georg Maria Stenz.

Ausgewählte Werke:
– *Beiträge zur Volkskunde Süd-Schantungs*. Leipzig 1907. (= *Veröffentlichungen des städtischen Museums für Völkerkunde zu Leipzig, Heft 1*).
– *Chinesisch-deutsches Wörterbuch*. Yenchowfu [Schantung] 1928.
– *Der Bauer in Schantung*. Steyl 1906.
– *Erlebnisse eines Missionars in China*. Trier 1899.
– *In der Heimat des Konfuzius. Skizzen, Bilder und Erlebnisse aus Schantung*. Steyl 1902.
– *In Korea, dem Lande der „Morgenstille". Kurze Schilderungen von Missionaren*. Reutlingen 1904.
– *In Schantung. Kleine Erzählungen aus dem Leben der Missionare und Christen*.
– *Ins Reich des Drachen unter Banner des Kreuzes*. Ravensburg 1906.
– *Kleine deutsche Grammatik*. 9. Aufl., Shantung 1934.
– *Richard Henle aus der Gesellschaft des Göttlichen Wortes, Missionar in China. Ermordet am 1. November 2897. Ein Lebensbild*. Steyl 1904.

Ausgewählte Bibliographie:
– Puhl, Stephan: *Georg M. Stenz SVD: (1869–1928); Chinamissionar im Kaiserreich und in der Republik*. Hrsg. von Roman Malek, Nettetal 1994.

Wilhelm
Pater aus dem Elsass
Angehöriger der „Missions Étrangères"[408], kommt gegen 1896 nach Korea und wirkt als Missionar im Norden des Landes. Nachdem die

---

[407] 1875 von dem deutschen katholischen Priester Arnold Janssen (1837–1909) in Steijl (Niederlande) gegründete Ordensgemeinschaft zur Förderung der christlichen Mission in nichtchristlichen Ländern. Sitz des Generalsuperiors seit 1928 in Rom.
[408] Die „Société des Missions Étrangères de Paris (MEP)", auf Deutsch: Gesellschaft des Pariser Missionsseminars, ist eine katholische Gesellschaft apostolischen Lebens mit Sitz in Paris. Sie wurde in den Jahren 1658/63 von Monseigneur François Pallu und Monseigneur Pierre Lambert de la Motte

Benediktiner Ende 1909 in Korea Fuß gefasst haben, ist ihnen Pater Wilhelm bei ihrer Gründung behilflich. 1914 hält er sich im Benediktiner-Kloster in St. Ottilien auf und wird anschließend Seelsorger in seiner Heimat.

Ausgewählte Bibliographie:
- Renner, Frumentius: „Die Berufung der Benediktiner nach Korea und Manchukuo". In: Renner, Frumentius (Hrsg.): *Der fünfarmige Leuchter.* St. Ottilien 1971, Bd. 2, S. 399.
- Weber, Norbert: *Im Lande der Morgenstille. Reise-Erinnerungen an Korea.* St. Ottilien 1916. (2. Aufl. 1923), S. 325.

VII.7. Abenteurer, Reisende, Schriftsteller

Abegg, Waldemar (Dr. jur.)
(1873 Berlin – 17.7.1961 Hamburg)
Verwaltungsjurist und Amateurfotograf

Am 14. April 1905 bricht Abegg von Berlin aus zu einer Weltreise auf, die ihn nach Amerika, Kanada, Japan, Korea (1906), China, Indonesien, Indien und Ceylon führt. Die ursprünglich für ein Jahr geplante Reise, die er von seinem Vater aufgrund seiner 1896 mit magna cum laude absolvierten Promotion erhält, verlängert er um sechs Monate. In seinen umfangreichen Aufzeichnungen beschreibt Abegg jedes Land recht ausführlich, verliert über Korea jedoch kein Wort. Von seiner Reise bringt er über 3.000 Photographien mit, darunter auch etliche aus Korea.

Ausgewählte Bibliographie:
- Vasold, Manfred: *Waldemar Abegg. Eine Reise um die Welt im Jahre 1905.* Braunschweig 1988.
- Wikipedia: Waldemar Abegg.

Berger, Arthur (Dr. med.)
(1871–1946)
Passionierter Jäger, Reiseschriftsteller, Weltenbummler

Berger startet am 21. Oktober 1902 von Berlin aus eine Weltreise, die ihn in Begleitung seines Freundes J. Roth im Frühjahr 1903 ebenfalls nach Korea führt.

---

gegründet, um Geistliche und Laien für die Missionierung von Indochina zu gewinnen und auszubilden.

Ausgewählte Werke:
- *Afrikanischer Wildniszauber: Bilder aus der Tierwelt unserer einstigen afrikanischen Kolonien und einiger Nachbargebiete.* Leipzig 1938.
- *Aus einem verschlossenen Paradiese.* 3. Aufl., Berlin 1924.
- *Belauschte Tierwelt: Ein Bilderwerk mit Text aus dem Leben der Tiere.* Berlin 1930.
- *Das Blockhaus am Chandlarsee: Ein Abenteurerbuch.* Leipzig 1922.
- *Das lustige Jägerbuch.* Berlin 1931.
- *Der heilige Nil.* Berlin 1935.
- *Der Kampf um den Nordpol.* Bielefeld 1931.
- *Erlebnisse auf dem heiligen Nil.* Darmstadt 1929.
- *Großwildjagd in allen Zonen: Abenteuerliche Erlebnisse berühmter Jäger.* Berlin 1939.
- *Herr der Wildnis: Lebensschicksale eines Löwen.* Berlin 1940.
- *Huli, Flink und andere Tiergeschichten.* Neudamm 1926.
- *Im Reiche des Polarbären: eine Jagdexpedition im Eismeer.* Berlin 1924.
- *Im Zauberbann des Kilimandscharo.* Berlin 1935.
- *In Afrikas Wildkammern als Forscher und Jäger.* 2. Aufl., Berlin 1922.
- *In Dschungel und Steppe und anderes: Wanderjahre eines Jägers und Naturforschers.* Berlin 1921.
- *In Dschungel und Steppe.* Berlin 1927.
- *Jack ringt sich durch.* Berlin 1937.
- *Jochen Petersens Abenteuer in Indien und Sumatra.* Leipzig 1922.
- *Kampf um Afrika.* Berlin 1938.
- *Mit den wilden Baggara am blauen Nil.* Berlin 1935.
- *Mit Sven Hedin durch Asiens Wüsten.* Berlin 1932.
- *Neuseeland.* Berlin 1934.
- *Pumbo, das Rüsseltier.* Berlin 1941.
- *So sah ich die Welt.* Berlin 1942.
- *Südseemalanga. Als Gast der Sonnenkinder auf Samoa.* Berlin 1932.
- *Tiergeschichten aus Übersee.* Berlin 1944.
- *Wildparadies Afrika.* Berlin 1943.
- *Wunderwelt der Südsee.* Berlin 1941.

Ausgewählte Bibliographie:
- *KLK*, Jg. 51 (1949), S. 43.

Brass, Emil

Brass verlässt am 8. September 1891 auf einem kleinen chinesischen Dampfer Chefoo, um zunächst nach Chemulpo zu dampfen, wo er sich zehn Tage lang aufhält. Am 18. September reist er weiter nach Seoul, wo er zu Gast bei Vizekonsul Felix Reinsdorf ist. Zwei Tage später bricht er in Begleitung von Carl Wolter zu einer Reise durch das Innere des Landes auf und besucht dabei zahlreiche buddhistische Tempel. Am 12. Oktober erreichen sie ihr Ziel Wonsan. Brass fährt von dort aus am 15. Oktober mit einem russischen Dampfer nach Sibirien, kommt aber auf seinem Rückweg nach China noch einmal für wenige Stunden nach Wonsan und hat als letztes Gelegenheit, auch der südlichen Hafenstadt Pusan einen kurzen Besuch abzustatten.

Ausgewählte Werke:
- *Aus dem Reiche der Pelze*. 2 Bde., Berlin 1911. Bd 1: *Geschichte des Rauchwarenhandels*; Bd. 2: *Naturgeschichte der Pelztiere*.
- *Aus der Tierwelt*. Berlin 1916.
- *Nutzbare Tiere Ostasiens: Pelz- u. Jagdtiere, Haustiere, Seetiere*. Neudamm 1904.
- *Rauchwaren-Merkblatt*. Neudamm 1926 (= *Merkblätter der Gesellschaft für Jagdkunde*, Nr. 22)
- „Reise durch Korea". (Vortrag gehalten von Consul Emil Brass) In: *Export*, Bd. 15, Nr. 11 (1893), S. 105f, 119–121, 136f, 167–170.

Abb. 276: Straßenbild von Pusan 1904.

Brunhuber, Robert (Dr. phil.)
(31.8.1878 Köln – Anfang Januar 1909)
Journalist, Zeitungskundler, Asienforscher, Dozent

Als Asienforscher unternimmt Brunhuber mehrere Reisen in den Fernen Osten. Eine davon führt ihn im Jahre 1907 von Japan kommend auch nach Korea, wo er sich im April und Mai aufhält. Im September 1908 bricht Brunhuber in Begleitung von Karl Schmitz von Deutschland aus erneut zu geographischen und ethnographischen Studien nach Asien auf. Im November führt ihn seine Expedition von Burma ins schwer zugängliche chinesisch-tibetische Grenzgebiet am Oberlauf des Salween, das für seine halbwilden Stämme als extrem unsicher gilt. Im Januar 1909 werden Brunhuber und sein Begleiter Schmitz von dem als besonders gefährlich geltenden Stamm der Lissu ermordet.

Ausgewählte Werke:
- *An Hinterindiens Riesenströmen*. Mit einem Vorwort von Sven Hedin. Berlin 1912.
- *Das moderne Zeitungswesen. System der Zeitungslehre*. Leipzig 1907.
- *Die heutige Sozialdemokratie: Eine kritische Wertung ihrer wissenschaftlichen Grundlagen und eine soziologische Untersuchung ihrer praktischen Parteigestaltung*. Jena 1906.
- „Korea und Japan". In: *Preußische Jahrbücher*, Bd. 129 (1907), S. 494–510.

Ausgewählte Bibliographie:
- „Zur Ermordung von Dr. Brunhuber und Schmitz". In: *OL*, Jg. 23 (1909), S. 879f: Vermischte Nachrichten.

- „Die Forschungsreise der Deutschen Brunhuber und Schmitz". In: *OL*, Jg. 24 (1910), S. 78–80.
- „Über die Ermordung von Dr. Brunhuber und Dr. Schmitz". In: *Globus*, Bd. 95, Nr. 21, 10. Juni 1909, S. 340; Bd. 96, Nr. 17, 4. Nov. 1909, S. 274f; Bd. 97, Nr. 4, 27. Jan. 1910, S. 67f; Bd. 98, Nr. 3, 21. Juli 1910, S. 50f.
- *BJDN*, Bd. 14 (1909), „Totenliste" 1909, S. 15.
- „Ermordung zweier Deutscher in Yünnan". In: *OL*, Jg. 23, 28.5.1909, S. 1073f: Vermischte Nachrichten.

Ehlers, Otto Ehrenfried

(31.1.1855 Hamburg – September 1895 Neuguinea)
Gutsbesitzer, Forschungsreisender und Schriftsteller

Nachdem Ehlers 1888 und 1889 mehrere Expeditionen nach Ostafrika gemacht hat, begibt er sich aus Gesundheitsgründen im Jahre 1890 in den Norden Indiens. Bis zu seiner Rückkehr nach Deutschland 1893 bereist er Kaschmir, Nepal, Burma und einen Teil Südostasiens. 1892 führt ihn sein Weg über China auch nach Korea. Am 15. Oktober 1892 kommt er in Chemulpo an, fährt zwei Tage später nach Seoul und bereist bis Ende Oktober das Land. Am 26. Oktober fährt er nach Japan weiter, wo er den Winter verbringt. Bei einem Versuch, 1895 Neuguinea zu durchqueren, wird er von seinen Begleitern erschossen (entgegen einiger Meldungen, nach denen er ertrunken sei); seine Tagebücher und Aufzeichnungen gehen verloren.

Abb. 277: Otto Ehrenfried Ehlers.

Ausgewählte Werke:
- *An indischen Fürstenhöfen*. 2 Bde., Berlin 1894.
- *Im Osten Asiens*. Berlin 1896.
- *Im Sattel durch Indochina*. 2 Bde., Berlin 1894.
- *Kornähren der Poesie*. Norden 1888. Gedichte.
- *Reisebilder aus Indien und China*. Dortmund 1929. (= *Dichtung und Wissen*, Bd. 18).
- *Samoa die Perle der Südsee, à jour gefasst*. Berlin 1895.

Ausgewählte Bibliographie:
- Allen: S. 25.
- „Fortschritte der geographischen Forschungen und Reisen im Jahre 1892". In: *Deutsche Rundschau für Geographie und Statistik*, H. 11 (Aug. 1893), S. 481–500.
- „Kleine Mittheilungen aus allen Erdtheilen. Asien". In: *Deutsche Rundschau für Geographie und Statistik*, Jg. 15, H. 3 (Dez. 1892), S. 140.
- *OL*, Jg. 6, 3.6.1892, S. 546; 26.8., S. 734f; Jg. 9, 19.7.1895, S. 713; Jg. 10, 27.12.1895, S. 276; 3.1.1896, S. 296; 17.1., S. 343; 7.2., S. 413f; Jg. 11, 27.8.1897, S. 1513; 8.9., S. 1546: PN.

- *The Korean Repository*, Bd. 1 (Oct. 1892), S. 320: Editorial Notes; S. 324: „Record of Events".
- Wikipedia: Otto Ehrenfried Ehlers.

Genthe, Siegfried
(26.10.1870 Berlin – 8.3.1904 nahe bei Fes, Marokko)
Reiseschriftsteller und Korrespondent

Abb. 278: Siegfried Genthe.

Seit dem 1. Januar 1898 als Journalist bei der *Kölnische Zeitung*, einer der wichtigsten überregionalen Tageszeitungen des deutschen Kaiserreiches, ist Genthe ab Juni desselben Jahres zunächst als Auslandskorrespondent der Zeitung in New York und Washington tätig. Ein Jahr später wird er nach Samoa entsandt, um das sich im Rahmen der politischen Expansionen westlicher Mächte Deutschland, England und Nordamerika rangen. Ausgelöst durch den Boxeraufstand erklärt China Mitte 1900 den westlichen Mächten den Krieg. Genthe begleitet daraufhin das internationale Expeditionskorps und berichtet von den Kriegsschauplätzen in Tianjin und Peking. Anschließend reist er im Sommer 1901 nach Korea und hält sich dort mehrere Monate auf. Während dieser Zeit unternimmt er ausgiebige Reisen im ganzen Land und besucht ebenfalls die Insel Jejudo, die bis zu der Zeit nur von sehr wenigen Ausländern betreten worden ist. Auf abenteuerliche Weise besteigt Genthe bei dieser Gelegenheit als erster Ausländer den Gipfel des Halla-san. Am 8. März 1904 wird er in der Nähe von Fes (Marokko) ermordet.

Ausgewählte Werke:
- *Korea. Reiseschilderungen*. Hrsg. von Georg Wegener. (= *Genthes Reisen*, Bd. 1), Berlin 1905.
- *Marokko. Reiseschilderungen. Mit 18 Ansichten und Aufnahmen des Verfassers*. Hrsg. von Georg Wegener. (= Genthes Reisen, Bd. 2), Berlin 1906.

Ausgewählte Bibliographie:
- Claussen-Wunsch, Gertrud (Hrsg.): *Dr. med. Richard Wunsch. Arzt in Ostasien*. Büsingen/Hochrhein 1976, S. 101, 103, 145.
- *OL*, Jg. 15, 12.7.1901, S. 595: PN.

Gottberg, Otto von
(1867–?)
Korrespondent und Schriftsteller

Gottberg kommt während des Russisch-Japanischen Krieges 1904–1905 als Kriegsberichterstatter mehrerer deutscher Blätter nach Korea.

Ausgewählte Werke:
- *Als Adjutant durch Frankreich und Belgien.* Berlin o. J.
- *Brautfahrt im Kreuzerkrieg.* Berlin, Wien 1918.
- *Brautfahrt im Kreuzerkrieg.* Kriminalroman. Berlin, Wien 1918.
- *Dämon Afrika*: Roman. Berlin 1926.
- *Der verschwundene Kohinor.* Berlin, Wien 1917.
- „Die Deutschen am goldenen Tor. Eine Skizze aus dem zerstörten San Fransicsco". In: *Die Woche,* Berlin, 2. Juni 1906, Nr. 22, S. 933.
- *Die Entwicklung eines amerikanischen Völkerrechts: (Beiträge zur Geschichte der panamerikanischen Bewegung).* Königsberg im Preisgau 1928.
- *Die Helden von Tsingtau.* Berlin, Wien 1915.
- *Die Spionin.* Roman. Berlin 1914.
- *Die weiße Villa*: Roman. Berlin 1919.
- *Die werdende Macht.* Roman. Berlin 1916.
- *Frauenschneider Gutschmidt.* Roman. Berlin 1916.
- *Frontoffiziere.* Roman. Berlin, Wien 1917.
- *Grüner Rasen, blaue Wellen*: Roman. Berlin; Braunschweig; Hamburg 1919.
- *Hans Hellers Höllenfahrt: Erlebnisse in franz. Kriegsgefangenschaft.* Berlin 1917.
- *Kaiserglanz: Roman aus den Tagen des alten Herrn.* Berlin: *Tägliche Rundschau* 1920.
- *Kreuzfahrten und U-Bootstaten.* Berlin 1915.
- *Kriegsgetraut.* Roman. Berlin 1916.
- *Liebesglut*: Roman. 4. Aufl., Berlin 1918.
- *Mit den Japanern über den Jalu.* Berlin 1904.
- *Torpedobootsleben. Oder: Eine Nacht auf dem Torpedoboot.* Berlin 1912.

Ausgewählte Bibliographie:
- Claer, Alexander von: Bericht aus dem Jahre 1904. Unveröffentlichtes Manuskript.
- Claussen-Wunsch, Gertrud (Hrsg.): *Dr. med. Richard Wunsch. Arzt in Ostasien.* Büsingen/Hochrhein 1976, S. 175.

Illies, Carl jr.

(8.3.1876 Yokohama – 19.3.1935 Hamburg)

Kaufmann

Abb. 279: Carl Illies jr. 1908.

Der in Yokohama geborene Sohn von Carl Illies sen. (1840–1910), der 1880 die von Louis Kniffler und Hermann L. Gildemeister am 1. Juli 1859 gegründete deutsche Firma L. Kniffler & Co. in Nagasaki übernimmt und sie in C. Illies & Co. umbenennt. Damit gilt C. Illies & Co. als ältestes ausländisches Unternehmen, das seit der Pionierzeit in Japan heute noch existiert. Im Jahre 1907 unternimmt Carl Illies jr. eine Geschäftsreise, die ihn von Japan aus nach Korea, in die Mandschurei und nach Sakhalin führt. Während seines Aufenthaltes in Korea besucht er die Städte Chemulpo, Seoul und Pusan.

Ausgewählte Bibliographie:
- www.illies.de
- Persönliche Mitteilungen von Michael Hennig, Präsident von Korea Illies Engineering Co. LTD in Seoul.

Jacobsen
Kapitän und Forschungsreisender

Anfang März 1885 bricht Jacobsen von Sibirien zu einer Reise auf, die hauptsächlich einer völkerkundlichen Sammlung dient. Vom 9. bis 11. März besucht er zu diesem Zweck koreanische Dörfer, die auf russischem Gebiet in der Nähe des Amur liegen. Am 22. April 1885 stattet er Wonsan und am 24. Pusan einen Besuch ab.

Ausgewählte Bibliographie:
- Genest, Otto: „Kapitän Jacobsen's Besuch bei den Koreanern". In: *Globus*, Bd. 52, Nr. 4 (1887), S. 58–61; S. 71–75.

Klocke, Eduard
(1869 Soest –?)
Redakteur, Hobbyornithologe

Gegen Mitte 1904 unternimmt Klocke eine Reise von Japan aus entlang der Küsten Koreas und besucht für kurze Zeit auch Seoul und Pyeongyang.

Abb. 280: Pyeongyang und der Daedong 1907.

Im Mai 1905 erhält er Gelegenheit zu einer zweiten Koreareise. Am 25. Mai 1905 wird in Seoul die Eisenbahnstrecke Seoul-Pusan eingeweiht, zu der Klocke als einziger Europäer aus Japan eine offizielle Einladung erhält. Kurze Zeit darauf geht er nach China, wo er etwas über drei Jahre als Redakteur des in Tientsin erscheinenden *Tageblatts für Nord-China* tätig ist. Im Oktober 1908 kehrt Klocke nach Deutschland zurück. 1936 ist er Redakteur in Hannover und Mitglied der Deutschen Ornithologischen Gesellschaft.

Ausgewählte Werke:
- „Bosminopsis in Japan. Nebst Bemerkungen über einige andere japanische Cladoceren und den Hakonesee". In: *Annotationes zoologicae Japonenses*, Jg. 4, Nr. 5, 25.9.1903, S. 123–135.
- *Finkenbüchlein für alle Vogelfreunde*. Hannover o. J.
- „Koreanische Reiseeindrücke". In: *OL*, Jg. 19, 14. Juli 1905, S. 72–75.
- „Tiergeographische Studien über Hokkaido". In: *Annotationes zoologicae Japonenses*, Jg. 5, Nr. 2, 18.5.1904, S. 57–112.
- *Was geht in China vor? Ein Führer durch die Wirrnisse in Ostasien; Kulturelle, wirtschaftliche und politische Entwicklungsgeschichte Chinas; Überblick über die Ereignisse seit dem Sturze der Mandschu-Dynastie; Heutige Lage.* Hannover 1928.

Ausgewählte Bibliographie:
- *OL*, Jg. 22, 9. Okt. 1908, S. 703: PN.

Krieger, Michael (Dr. phil.)

Dr. Krieger, der im Dienst des Gouvernements in Tsingtau angestellt ist, besucht im Juni 1903 für einige Tage Seoul und inspiziert dabei mehrere koreanische Schulen.

Ausgewählte Werke:
- Behme, Friedrich; Krieger, Michael: *Führer durch Tsingtau und Umgebung*, Wolfenbüttel 1904.

Ausgewählte Bibliographie:
- *OL*, Jg. 17, 17. Juli 1903, S. 95: Korea.

Abb. 281: Koreanische Schule 1904.

Lehmann, Ewald (Dr. jur.)
Richter, gebürtig aus Köslin in Pommern

Von 1905 bis 1914 als Kriegsgerichtsrat bei der Justizverwaltung des Gouvernements Tsingtau, kommt Lehmann im Frühjahr 1907 auf einer Urlaubsreise nach Korea und bleibt für ein paar Tage in der Pension von Frl. Sontag in Seoul, um sich die Hauptstadt anzuschauen. Im August 1914 dient er im Range eines Hilfs-Oberleutnants als Führer des 2. Zuges des Landsturms, gerät im November 1914 in japanische Gefangenschaft, die er zunächst in einem Lager in Ōsaka und ab dem 19. Februar 1917 in einem Lager auf der kleinen Insel Ninoshima in der

Nähe von Hiroshima verbringt. Im Dezember 1919 wird er aus der Gefangenschaft entlassen.

Ausgewählte Bibliographie:
- AA, Korea I, Bd. 37: ‚Schreiben von Dr. Krüger aus Seoul vom 7. Okt. 1907';
- AA, Korea I, Bd. 37: ‚Schreiben von E. Lehmann aus Tsingtau vom 10. Juli 1907 an Frl. Sontag'.

Lenzmann, Robert
Hamburger Kaufmann

Unternimmt vom Oktober 1909 bis März 1910 eine sechsmonatige Ostasienreise, die ihn nach China, Korea, Japan, Singapur, Burma, Indien und Ceylon führt. Lenzmann ist Mitinhaber des Handelshauses Carlowitz & Co., das mit als erstes nach China ging und sich dort zu einem der führenden deutschen Handelshäuser in Ostasien entwickelt.
- Information von Herrn Thomas Ulbrich.

Lucius von Ballhausen, Otto Freiherr von
(30.11.1867 Klein Ballhausen [Thüringen] – 12.7.1932 Klein Ballhausen)

Schreibt unter dem Pseudonym „Globetrott" einen Reisebericht mit dem Titel „*An des 19. Jahrhunderts Neige in Japan, China und Java*". Auf dem Weg von Japan nach China läuft sein Schiff im Juni 1896 die Häfen Pusan und Chemulpo an. Obwohl sein Dampfer nur 24 Stunden Aufenthalt hat, reist Lucius von Ballhausen mit Hilfe von Carl Wolter im Eilmarsch nach Seoul und ist dort für wenige Stunden zu Gast bei Konsul Ferdinand Krien.

Ausgewählte Werke:
- Globetrott: *An des 19. Jahrhunderts Neige in Japan, China und Java*. Braunschweig 1902.

Ausgewählte Bibliographie:
- Brief von Herrn Dr. W. Grundmann aus Berlin vom 28.3.1998.
- Internet: www.erfurt-web.de/LuciusRobertFreiherrVonBallhausen.

Magnus, Friedrich

Seine erste Reise nach Korea unternimmt Magnus im Jahre 1891 und stattet dabei Chemulpo und Seoul einen Besuch ab. 1902 bereist er die gleichen Städte ein zweites Mal und wird in der Hauptstadt von Kaiser Gojong und dem Kronprinzen in Audienz empfangen.

Ausgewählte Werke:
- „Ein Besuch am Hofe von Korea". In: *Globus*, Bd. 82, Nr. 10 (Sep. 1902), S. 158–161.

Oppert, Ernst Jacob
(5.12.1832 Hamburg – 19.9.1903 Hamburg)
Kaufmann

Als Hamburger Kaufmann seit 1851 zunächst in Hongkong und drei Jahre später in Shanghai versucht Oppert im Jahre 1866 zweimal vergeblich (Juni und August), mit Korea in eine Handelsbeziehung zu treten. Eine dritte Expedition, die man eher als „Raubzug" denn als eine Handelsreise bezeichnen muss, unternimmt Oppert im April-Mai 1868. Für den misslungenen Versuch bei dieser dritten Exkursion, die Gebeine des Vaters des koreanischen Herrschers zu stehlen, wird Oppert ein Jahr später vom Oberlandesgericht in Hamburg zu drei Monaten Gefängnis und einer Geldstrafe verurteilt. Seine koreanischen Abenteuer veröffentlicht er sowohl in englischer Sprache unter dem Titel *„A Forbidden Land"*, erschienen 1879 in London als auch auf Deutsch: *„Ein verschlossenes Land"*, Leipzig 1880.

Ausgewählte Werke:
– *A Forbidden Land. Voyages to Corea.* London 1879.
– *Ein verschlossenes Land: Reisen nach Corea; nebst Darstellung der Geographie, Geschichte, Producte und Handelsverhältnisse des Landes, der Sprache und Sitten seiner Bewohner.* Leipzig 1880.
– *Erinnerungen eines Japanesen.* Leipzig 1898.
– *Ostasiatische Wanderungen. Skizzen und Erinnerungen aus Indien, China, Japan und Korea.* Leipzig 1898.

Ausgewählte Bibliographie:
– Allen: S. 6, 7.
– Hauschild-Thiessen, Renate: „Ernst Oppert (1832–1903). Ein Hamburger beschreibt Korea". In: *Hamburgische Geschichts- und Heimatblätter.* Verein für Hamburgische Geschichte. Hamburg 1988/92, Bd. 12 (Oktober), S. 99–101.
– Hesse-Wartegg, Ernst von: *Korea. Eine Sommerreise nach dem Lande der Morgenruhe 1894.* Dresden und Leipzig 1895, S. 83.
– Hulbert, Homer B.: *The Passing of Korea. Reprint,* Seoul 1969, S. 298.
– „Korea. Geschichte, Land und Leute". In: *Das Ausland,* Bd. 58, Nr. 3, 19. Jan. 1885, S. 70.
– „Korea". In: *Oesterreichische Monatsschrift für den Orient,* Jg. 11, Nr. 2, 15. Feb. 1885, S. 27.
– „Korea". In: *ÖMO,* Jg. 11, Nr. 2, 15. Feb. 1885, S. 25–29.
– Oppert, Ernst Jacob. In: *The Jewish Encyclopedia,* Bd. 9, S. 419.
– Oppert. In: *The Korea Review,* Vol. 1 (May 1901), S. 210: „Odds and Ends".

Paske, J.
Reist 1902 oder 1903 nach Korea, um hauptsächlich in Seoul die verschiedenen koreanischen Schultypen sowie die staatlichen Sprachenschulen zu inspizieren.

Ausgewählte Werke:
– „Das koreanische Schulwesen". In: *Der Ferne Osten*, Bd. 2 (1903), S. 65–71.

Pickenbach, Hermann
Fabrikant aus Berlin

Reisebegleiter von Prof. Dr. Philipp Bockenheimer, beginnt am 5. Januar 1908 von Genua aus eine Asienreise, die ihn über China und die Mandschurei an die Nordgrenze Koreas führt. Mitte Mai 1908 überqueren sie den Yalu, statten der Hauptstadt einen Besuch ab und reisen er am 27. Mai von Pusan nach Japan weiter.

Ausgewählte Bibliographie:
– Bockenheimer, Philipp: *Rund um Asien*. Leipzig 1909, S. 23.

Richthofen-Seichau, Wilhelm Karl Eugen Samuel Ulrich Graf von
(11.4.1873 Ohlau [Schlesien] – 5.6.1922)
Gutsbesitzer und Reiseschriftsteller

Kommt in Begleitung des Militärattachés der deutschen Gesandtschaft in Peking im Juni 1900 nach Seoul und bleibt für ein paar Tage in der Hauptstadt.

Ausgewählte Werke:
– *Chrysanthemum und Drache. Vor und während der Kriegszeit in Ostasien. Skizzen aus Tagebüchern. Gewidmet dem Geographen Ferdinand von Richthofen*. Berlin 1902.

Ausgewählte Bibliographie:
– *Gu han-guk oegyo munseo* 舊韓國外交文書 , *deogan* 德案 2, Nr. 2229, 2231, 2233, 2235, 2349, 2351, 2359.

Roth, J.
Hauptmann a. D. und Weltenbummler

Reisebegleiter von Dr. med. Arthur Berger, schließt sich diesem in Amerika zu einer Weltreise an, die sie im Frühjahr 1903 ebenfalls nach Korea führt.

Ausgewählte Bibliographie:
– Berger, A.: *Aus einem verschlossenen Paradiese. Dritte, durchgesehene und erweiterte Auflage von „Eine Welt- und Jagdreise"*. Berlin 1924, S. 13.

Schanz, Moritz
(12.12.1853 Treuen [Mecklenburg-Vorpommern] – 28.10.1922 Chemnitz)
Kaufmann, Forschungsreisender, Kolonialpolitiker
In den Jahren 1891 bis 1903 unternimmt Schanz zahlreiche wirtschaftliche Studienreisen in alle fünf Erdteile. Unter anderem bricht er Ende Oktober 1894 von Deutschland erstmals zu einer einjährigen Asienreise auf, die ihn Ende Juni bis Anfang Juli 1895 auch nach Korea führt. Dabei hat er Gelegenheit die Städte Chemulpo, Seoul, Pusan und Wonsan zu besichtigen. Als Vertreter der sächsischen Industrie mit einer Handelskommission 1897 bis 1898 erneut in Ostasien, betritt er (vermutlich) Ende 1897 zum zweiten Mal in Chemulpo und Seoul koreanischen Boden. (Siehe: „Andere" – ‚*Deutsche Handelskommission*').

Abb. 282: Blick vom Osttor auf Seoul um 1895.

Ausgewählte Werke:
– *Baumwoll-Anbau, -Handel und –Industrie in den Vereinigten Staaten von Nordamerika*. Berlin 1915.
– *Die Baumwolle in Ägypten und im englisch-ägyptischen Sudan*. Berlin 1913.
– *Die Baumwolle in Ostindien*. Berlin 1913.
– *Die Baumwolle in Russisch-Asien*. Berlin 1914.
– *Ein Zug nach Osten*. Bd. 1: *Reisebilder aus Indien, Birma, Ceylon, Straits Settlements, Java, Siam*. Bd. 2: *Reisebilder aus China, Korea, Ostsibirien, Japan, Alaska und Canada*. Hamburg 1897.
– *Ost- und Süd-Afrika*. Berlin 1902.
– *West-Afrika*. Berlin 1903.

Ausgewählte Bibliographie:
– *DBE*, Bd. 8, S. 761.
– *DBJ*, Bd. 5 (1923), S. 446.
– „Die deutsche Handelsmission für Ostasien". In: *Ost-Asien*, Jg. 1, Nr. 2 (Mai 1898), S. 68f.
– *OL*, Jg. 11, 26.2.1897, S. 686: Vermischtes; 9.4., S. 869: Vermischtes.
– *Wer ist's 1909*, S. 1210.

Sussmann, August
Kommerzienrat und Hobbyethnologe

Der gebürtige Leipziger Kaufmann und Mitarbeiter des Ledergroßhandels Weinoldt & Lange August Sussmann tritt Ende August 1906 eine Reise über Russland nach Ostasien an, um vornehmlich Volkstrachten zu sammeln. Ende 1906 führt ihn sein Weg ebenfalls nach Korea.

Ausgewählte Werke:
- *Eine Reise nach Brasilien im Jahre 1910 über Nordamerika, Westindien, dann via Uruguay, Argentina, Magelhaensstraße, Punta Arenas u. zurück auf gleicher Route*. Bremen, Leipzig 1910.
- *Eine Reise nach Südamerika*. Leipzig 1908.

Ausgewählte Bibliographie:
- *OL*, Jg. 20, 18. Sep. 1906, S. 605: PN.

Wertheimer, Fritz (Dr. rer. Pol.)
(12.12.1884 Bruchsal – September 1964 Freiburg)
Politikwissenschaftler, Journalist und Reiseschriftsteller

Zwischen 1907 und 1914 ist Wertheimer zunächst als Korrespondent der Frankfurter Zeitung im In- und Ausland, zuletzt auch in Japan und China tätig. Während dieser Zeit reist er Ende 1909 nach Korea und besichtigt ausgiebig die Hauptstadt des Landes.

Ausgewählte Werke:
- „Blicke in die Hauptstadt Koreas". In: *OL*, Jg. 24, 28. Jan. 1910, S. 106–108.
- *Deutsche Leistungen und deutsche Aufgaben in China*. Berlin 1913.
- *Deutschland und Ostasien*. Stuttgart, Berlin 1914.
- *Deutschland, die Minderheiten und der Völkerbund*. Berlin 1926.
- *Die Helden von Postawy: Aus den Tagen der russischen Entlastungs-Offensive*. Frankfurt a. M. 1916.
- *Die Herbstoffensive der 131er 1915 und die Schlacht bei Postawy*. Schleswig, 1917.
- *Durch Ukraine und Krim*. Stuttgart 1918.
- *Hindenburgs Mauer im Osten*. Stuttgart, Berlin 1916.
- *Im polnischen Winterfeldzug mit der Armee Mackensen*. 3. Aufl., Stuttgart, Berlin 1915.
- *Kultur- und Wirtschaftspolitik in der Volkstumspflege*. München 1931.
- *Kurland und die Dünafront*. 2. Aufl., Stuttgart, Berlin 1916.
- Reise durch Kurland: Verwaltung Oberbefehlshaber Ost; Ausschnitte aus d. *Frankfurter Zeitung* 1915–1916. Frankfurt a. M. 1915–1916.
- *Von der Weichsel bis zum Dnjestr: Neue Kriegsberichte*. Stuttgart, Berlin 1915.
- *Von deutschen Parteien und Parteiführern im Ausland*. Berlin 1930.
- „Zur Organisation des Auswanderungswesens: Deutsches Ausland-Institut Stuttgart". In: *Der Auslandsdeutsche*, Jg. 4, H. 1 (März 1921), Nr. 5.

Ausgewählte Bibliographie:
- *KLK*, Jg. 47 (1934), S. 913.
- *OL*, Jg. 26, 31.5.1912, S. 471: PN.

Wigand

Kommt Mitte März 1905 von Tsingtau nach Korea und besichtigt für einige Tage Chemulpo und Seoul. In der Hauptstadt findet er Unterkunft in der Pension von Frl. Sontag, wird in Begleitung von Ministerresident Konrad von Saldern in Audienz von Kaiser Gojong empfangen und besichtigt die deutsche Schule von Johannes Bolljahn. Von Chemulpo aus fährt er schließlich wieder zurück nach Tsingtau.

Ausgewählte Werke:
- „Eine Audienz beim Kaiser von Korea". In: *Die Flotte*, Jg. 10, Nr. 3 (März 1907), S. 37–39.
- „Leben der Europäer in Tsingtau". In: *Die Flotte*, Jg. 8, Nr. 3 (März 1905).

Zabel, Carl Hugo Rudolf
(1.11.1876 Wollin [Sachsen] –?)
Schriftsteller, Forschungsreisender

Abb. 283: Rudolf Zabel.

Zunächst als Redakteur des *Ostasiatischer Lloyd* in Shanghai tätig, unternimmt Zabel später fast ununterbrochen Reisen im Innern Chinas, der Mandschurei, Sibiriens, Japans, Marokkos, Mittelasiens, Indiens und Turkestans, wovon zahlreiche kleinere Publikationen in verschiedenen Tageszeitungen, aber auch umfangreichere Reiseberichte Zeugnis geben. Nach Korea führen ihn zwei besondere Anlässe: Während er den Auftrag erhält, während des Russisch-Japanischen Krieges als Kriegskorrespondent auf japanischer Seite vom Schauplatz der Ereignisse zu berichten, ist die Reise nach Korea gleichzeitig seine Hochzeitsreise. Im Jahre 1904 bricht er mit seiner jungen Braut Bertha Magdalena, geb. Faerber, von Europa aus auf, um über Japan auf die koreanische Halbinsel zu gelangen. Einen ausführlichen Bericht dieser Reise veröffentlicht Zabel im Jahre 1906 unter dem Titel: *„Meine Hochzeitsreise nach Korea während des russisch-japanischen Krieges"*.

Ausgewählte Werke:
- *Das heimliche Volk: Erlebnisse eines Forschungsreisenden am Lagerfeuer und vor den Höhlen und Urvolkes der Tarahumare-Indianer*. Berlin 1928.
- *Durch die Mandschurei und Sibirien. Reisen und Studien*. Leipzig 1902.

- *Erlebnisse berühmter Forscher unter den Wilden von Ozeanien, Indien und Afrika. Klassische Schilderungen aus der Völkerkunde in der eigenen Darstellung der Entdecker.* Gesammelt und Herausgegeben von Rudolf Zabel. Hamburg 1910.
- *Im Kampfe um Konstantinopel und die wirtschaftliche Lage der Türkei während des Weltkrieges: Auf Gallipoli; An den Dardanellen.* Leipzig 1916.
- *Im muhammedanischen Abendlande. Tagebuch einer Reise durch Marokko.* 2. Aufl., Altenburg 1905.
- *In unruhiger Zeit in Marokko.* Köln 1012.
- *Meine Hochzeitsreise durch Korea während des russisch-japanischen Krieges.* Altenburg 1906.

Ausgewählte Bibliographie:
- *Wer ist's 1914*, S. 1900.

VII.8. Besatzung ziviler Schiffe

Abb. 284: Schiffe vor Wolmi-do im Hafen von Chemulpo 1910.

Allmacher, F.

Erster Maschinist auf dem koreanischen Dampfer „Hai Riong" (kor. „Haeryong-ho"), nachweislich in den Jahren 1889–1890 in Chemulpo wohnhaft.

Ausgewählte Bibliographie:
- *D&C*: 1889, 1890.
- *Meiklejohn's*: 1889, 1890.

Bruhn, A.

1892 Kapitän des koreanischen Küstendampfers „Hai Riong".

Ausgewählte Bibliographie:
- *D&C*: 1892.

Closter, N.

Erster Offizier auf dem koreanischen Dampfer „Hai Riong", nachweislich 1889 bis 1890 in Chemulpo ansässig.

Ausgewählte Bibliographie:
- *Meiklejohn's*: 1889, 1890.
- *D&C*: 1889, 1890.

Dethlefsen

1885 Kapitän des Dampfers „Hever" (kor. „Huihwa-seon"), der für die Firma Meyer & Co. zweimal monatlich zwischen Shanghai, Nagasaki, Pusan und Chemulpo verkehrt. Gleichzeitig fungiert die „Hever" als koreanischer Postdampfer. Nicht eindeutig geklärt hingegen ist die Nationalität von Dethlefsen.

Ausgewählte Bibliographie:
- „Aus Korea". In: *Kölnische Zeitung*, Nr. 205, 26. Juni 1885.

Herzberg, C.

Zweiter Maschinist auf dem koreanischen Dampfer „Hai Riong", nachweislich in den Jahren 1889 und 1890 in Chemulpo wohnhaft.

Ausgewählte Bibliographie:
- *D&C*: 1889, 1890.
- *Meiklejohn's*: 1889.

Jagemann, P. (耶桂萬 Ya-gye-man)

Abb. 285:
S. S. (= Dampfer) „Changnyong".

Erster Maschinist, nachweislich ab 1889 auf dem von der deutschen Firma E. Meyer & Co. gecharterten Dampfer „Signal" und vom 25. November 1892 bis zum 1. Februar 1896 auf dem koreanischen Dampfer „Changnyong" (vormals „Signal") tätig. Seinen Wohnsitz hat Jagemann in dieser Zeit in Chemulpo.

Ausgewählte Bibliographie:
- *D&C*: 1890–1896.
- *Meiklejohn's*: 1889, 1890.
- *Gu han-guk oegyo munseo* 舊韓國外交文書, *deogan* 德案 1, Nr. 1640, 1646, 1664, 1674.

Koch, J. A.

1887 Kommandant des Dampfers „Hanyang", eines koreanischen Küstendampfers der „Corean Merchants' Steamship Co." mit Sitz in Seoul.

Ausgewählte Bibliographie:
- *D&C*: 1887.

Meyer, F.

In den Jahren 1887 bis 1889 Kapitän des koreanischen Dampfers „Haeryong", von 1889 bis 1893 Kommandant des Dampfers der Firma Meyer & Co. „Signal" („Changnyong") und von 1894 bis 1896 Kapitän des Küstendampfers „Chow Chow-foo" (kor. „Jojubu-ho"), wohnhaft in Chemulpo.

Ausgewählte Bibliographie:
– *D&C*: 1887–1896.
– *Meiklejohn's*: 1889, 1890.

Möller

Kapitän des 648-Tonnen-Dampfers „China", der unter der Flagge des Norddeutschen Bundes am 28. April 1868 von Shanghai aus in See sticht, um Ernst Oppert über Nagasaki zu seinem „Raubzug" nach Korea zu bringen.

Ausgewählte Bibliographie:
– Oppert, Ernst: *Ein verschlossenes Land. Reisen nach Corea*. Leipzig 1880, S. 276ff.

Schölke

Kapitän des deutschen Schoners „Chusan", verlässt im Juni 1871 Chefoo und erleidet Schiffbruch bei dem Versuch, die koreanische Halbinsel auf dem Weg zu einem Hafen in der russischen Passiet-Bucht zu umschiffen. Wegen dichten Nebels und einer starken Strömung läuft sein Schiff an der Südküste Koreas auf Grund, wobei sich die Mannschaft auf eine kleine Insel retten kann. Durch den heftigen Ruck und der großen Verwirrung, die an Bord es Schiffes durch den Schiffbruch herrscht, löst sich versehentlich ein Geschütz und zerschmettert Kapitän Schölke einige Finger, die amputiert werden müssen. Während die meisten chinesischen Seeleute über den Landweg durch Korea nach China zurückkehren, zieht Schölke es vor, mit den zwei Rettungsbooten des Schoners eine Durchschiffung des Gelben Meeres (kor. Hwanghae) zu wagen. Unterwegs wird er von dem amerikanischen Kriegschiff USS „Palos" aufgegriffen und an Bord genommen.

Ausgewählte Bibliographie:
– „Ein deutscher Conflict mit Korea". In: *Allgemeine Zeitung* Augsburg, München 1871, Beilage vom 7. Sep. 1871, S. 4393f.
– Neff, Robert: „The Wreck of the Schooner Chusan. An early German encounter in Korea". Published 2007–11–10 in: english.ohmynews.com.

Schulze, F. W. (蕭鬱始 So-ul-si)
(Vgl. Kategorie VII.2.)
Im Jahre 1890 ist Schulze als Kapitän des koreanischen Dampfers „Chackang" mit Wohnsitz in Chemulpo gelistet.

Ausgewählte Bibliographie:
– *Meiklejohn's*: 1890.

Tesselsen
Erster Offizier auf dem für die deutsche Firma E. Meyer & Co. laufenden Dampfer „Signal", gelistet 1890 in Chemulpo. (Deutsche Nationalität nicht nachgewiesen!)

Abb. 286: Landungssteg in Chemulpo 1903.

Ausgewählte Bibliographie:
– *Meiklejohn's*: 1890.

Tessensohn, F.
In den Jahren 1894 und 1895 als Kapitän des koreanischen Küstendampfers „Changnyong" mit Wohnsitz in Chemulpo gelistet.

Ausgewählte Bibliographie:
– *D&C*: 1894, 1895.

Thomsen
Gebürtiger Holsteiner, Kapitän der „Genkai Maru", eines Postschiffs der japanischen Dampfergesellschaft „Nippon Yūsen Gaisha", bringt den österreichischen Reiseschriftsteller Ernst von Hesse-Wartegg im Sommer 1894 mit seinem Schiff von Nagasaki nach Pusan.

Ausgewählte Bibliographie:
– Hesse-Wartegg, Ernst von: *Korea. Eine Sommerreise nach dem Lande der Morgenruhe 1894.* Dresden, Leipzig 1895, S. 1.

Abb. 287: Im Hafen von Pusan 1903.

Timm, C.
Erster Offizier auf dem Dampfer „Signal", der von der Firma E. Meyer & Co. gechartert ist. Gelistet im Jahre 1889, wohnhaft in Chemulpo.

Ausgewählte Bibliographie:
– *Meiklejohn's*: 1889.

VII.9. Andere

Austrasicus
(Bei diesem Namen scheint es sich um ein Pseudonym zu handeln).
Im Sommer 1903 schreibt Austrasicus einen Artikel, der 1904 in mehreren Teilen in der „Unterhaltungsbeilage zur *Täglichen Rundschau*" aus Berlin unter dem Titel: „Aus Japan und Korea" veröffentlicht wird. Darin erwähnt er, dass er in beiden Ländern gewesen sei und sich intensiv mit deren Kultur und Geschichte auseinandergesetzt habe.

Ausgewählte Werke:
– „Aus Japan und Korea". In: Unterhaltungsbeilage zur *Täglichen Rundschau*, Berlin, Nr. 133, 2. Juli 1904, S. 609–611; Nr. 154, 4. Juli 1904, S. 613f; Nr. 156, 6. Juli 1904, S. 621–623; Nr. 157, 7. Juli 1904, S. 625f; Nr. 158, 8. Juli 1904, S. 629–631; Nr. 159, 9. Juli 1904, S. 633f.

Bartels, W.
Zu Besuch in Seoul im September 1907. Bartels ist zu sehen auf einem Foto mit Vizekonsul Dr. Gottfried Ney und Hauptmann Hermann Sander im Garten des deutschen Generalkonsulats in Seoul.

Abb. 288: *Von links*: Koreanischer Dolmetscher, W. Bartels, Vizekonsul Dr. Gottfried Ney, Hauptmann Hermann Sander am Brunnen im Garten des deut. Konsulats im März 1907.

Brinckmann
Nachdem der deutsche Schoner „Chusan" mit Kapitän Schölke Anfang Juni 1871 auf einer Insel an der Südküste Koreas gestrandet und die Besatzung nach China zurückgekehrt war, wird das Wrack in Chefoo an zwei Engländer versteigert. (Siehe: **Schölke**). Die neuen Besitzer segeln unmittelbar danach mit einer Dschunke zur angegebenen Stelle nach Korea, wo sie Ende Juni 1871 ankommen. Der in China ansässige Deutsche Brinckmann befindet sich ebenfalls in ihrer Begleitung. Während die beiden Engländer auf der Insel an Land gehen und sofort von den dortigen Behörden gefangen genommen werden, bleibt Brinck-

mann an Bord und segelt nach Aufforderung der Koreaner wieder ab. Auf der Rückreise nach China wird der Deutsche jedoch von der chinesischen Besatzung ermordet und über Bord geworfen. (Siehe: **Hassenpflug, Luis**).

Ausgewählte Bibliographie:
- „Aus Korea". In: *Allgemeine Zeitung* Augsburg, München Nr. 280, Beilage vom 7. Okt. 1871, S. 4937f.
- „Ein deutscher Conflict mit Korea". In: *Allgemeine Zeitung* Augsburg, München 1871, Beilage vom 7. Sep. 1871, S. 4393f.
- Neff, Robert: „The Wreck of the Schooner Chusan. An early German encounter in Korea". Published 2007–11–10 in: english.ohmynews.com.

Buse

Abb. 289: Deutsch-Asiatische Bank Shanghai 1890.

Gegen Ende des Jahres 1903 richtet sich Kaiser Gojong mit der Bitte an Ministerresident Conrad von Saldern, ihm bei der Einrichtung eines Kontos in Deutschland behilflich zu sein, um einen Teil seines Privatvermögens im Ausland sicher anzulegen. Saldern tritt daraufhin mit dem Direktor der Deutsch-Asiatischen Bank in Shanghai[409], Herrn Buse, in Verbindung, der Anfang 1904 nach Seoul kommt und zunächst Gold und japanische Banknoten in einem Gesamtwert von 180.000 Yen erhält. Diese Summe legt die Deutsch-Asiatische Bank in deutschen Wertpapieren an und deponiert sie unter dem Namen „Effekten des Kaiserlich Koreanischen Staatsschatzes" bei der Diskonto Gesellschaft in Berlin.

Ausgewählte Bibliographie:
- AA, Korea I, Bd. 37: ‚Schreiben von Generalkonsul Krüger aus Seoul vom 7. Okt. 1907'.

---

[409] Die Deutsch-Asiatische Bank wird am 12. Feb. 1889 von einem Syndikat von sieben deutschen Groß- und sechs Privatbanken, darunter die Deutsche Bank, als eine spezielle Institution für den ostasiatischen Markt mit Hauptsitz in Shanghai gegründet. Filialen in anderen Teilen Chinas, in Indien, Japan sowie Singapur folgen bald. Am 8. Juni 1906 erhält die Bank vom Reichskanzler die Konzession, zunächst auf eine Dauer von 15 Jahren in China ihre eigenen Banknoten herauszugeben.

Crons, Walther
Sachverständiger für Seidengewerbe aus Krefeld, Angehöriger der „Deutschen Handelskommission". (Siehe dort).

Ausgewählte Bibliographie:
- „Die deutsche Handelsmission für Ostasien". In: *Ost-Asien*, Jg. 1, Nr. 2 (Mai 1898), S. 68f.
- *OL*, Jg. 11, 20.2.1897, S. 686; 9.4., S. 869: Vermischtes.

„Deutsche Handelskommission"
Am 28. Januar 1897 bricht eine deutsche Handelskommission zu wirtschaftlichen Studienzwecken nach Ostasien auf. In dieser Zeit verbringen die Mitglieder hauptsächlich je fünf Monate in China und Japan. Aber auch Korea wird anschließend, vermutlich gegen Ende 1897, ein Besuch abgestattet, der sich jedoch ausschließlich auf die Städte Chemulpo und Seoul beschränkt. Nach einer Reisedauer von insgesamt 13 Monaten kehrt die Handelskommission im März 1898 nach Deutschland zurück.

Ihre Mitglieder setzen sich aus folgenden Personen zusammen:
- Fr. Krause-Wichmann aus Saarbrücken: Leiter und Sachverständiger für Maschinenwesen.
- Alexander Keussen aus Krefeld: Sachverständiger für Seidengewerbe.
- Walther Crons aus Krefeld: Sachverständiger für Seidengewerbe.
- Alexander Jores aus Krefeld: Sachverständiger für Seidengewerbe.
- Georg Hartig aus Dresden: Sachverständiger für Wolle.
- Georg Reinhard aus Worms: Sachverständiger für Leder.
- Moritz Schanz aus Chemnitz: Vertreter der sächsischen Industrie.
- Max Görtz aus Mülfort: Sachverständiger für Baumwolle.
- Hermann Schumacher aus Berlin: Sekretär und Hauptberichterstatter.

Bereits während ihres Aufenthaltes in China erkrankt Max Görtz und muss vorzeitig nach Deutschland zurückkehren, so dass er an dem kurzen Koreabesuch nicht teilnehmen kann.

Ausgewählte Bibliographie:
- „Die deutsche Handelsmission für Ostasien". In: *Ost-Asien*, Jg. 1, Nr. 2 (Mai 1898), S. 68f.
- *OL*, Jg. 11, 20.2.1897, S. 686; 9.4., S. 869: Vermischtes.

„Deutscher Deserteur"

Im Juni 1905 wird ein desertierter deutscher Marinesoldat in Suwon verhaftet und auf sein Schiff zurückgebracht.

Abb. 290: Matrosen S. M. S. „Hansa" in Shanghai um 1901.

Ausgewählte Bibliographie:
- *The Korea Review*, Bd. 5 (June 1905), S. 234: „News Calendar".

„Deutsches Kindermädchen"

Am 25. Dezember 1901 lernt Richard Wunsch anlässlich einer Dinerparty beim englischen Konsul in Chemulpo die 21-jährige deutsche Erzieherin von Carl Wolters Kindern kennen. Wunsch nennt jedoch nicht ihren Namen.

Ausgewählte Bibliographie:
- Claussen-Wunsch, Gertrud (Hrsg.): *Dr. med. Richard Wunsch. Arzt in Ostasien.* Büsingen/Hochrhein 1976, S. 89.

„Deutsche Leibwache"

Aufgrund eskalierender machtpolitischer Streitigkeiten innerhalb der einzelnen Parteien des Landes, zahlreicher Unruhen bei der Bevölkerung und vor allem einem misslungenen Vergiftungsanschlag[410] verliert Kaiser Gojong sein Vertrauen in die eigene Palastwache. Auf sein Geheiß engagiert daraufhin Clarence R. Greathouse[411], ausländischer Berater des Monarchen, in Shanghai eine Schutzwache von 30 Ausländern. Die Truppe setzt sich aus je neun Engländern und Amerikanern,

---

[410] „Ueber den Giftmordversuch auf den Kaiser von Korea". In: *Ost-Asien*, Jg. 1, Nr. 9 (Dez. 1898), S. 409.
[411] Vormals US-Generalkonsul in Yokohama, wird am 30. Aug. 1890 zum Berater der koreanischen Regierung ernannt. Aufgrund der ausländischen Schutzwache für den Kaiser zieht er sich den Zorn der Bevölkerung zu, da man die Einstellung der Ausländer als eine Verletzung des Nationalgefühls betrachtet und dazu noch befürchtet, das Ansehen der einheimischen Schutzleute und Soldaten werde in der Öffentlichkeit dadurch verlieren.

je fünf Deutschen und Franzosen sowie zwei Russen zusammen. Nach ihrer Ankunft in Seoul am 17. September 1898 erhebt sich indes ein derartiger Sturm der Entrüstung gegen die Anstellung von Fremden als kaiserliche Schutzwache, dass sich die Regierung gezwungen sieht, die ausländische Leibwache bereits zehn Tage später, am 27. September, wieder zu entlassen.

Ausgewählte Bibliographie:
- Allen: S. 39.
- „Eine fremde Leibwache für den Kaiser von Korea". In: *Ost-Asien*, Jg. 1, Nr. 9 (Dez. 1898), S. 410.
- „King of Korea's Protector. Clarence R. Greathouse, His American Adviser, Recruits a Body Guard of Foreigners". In: *New York Times*, 10. Sep. 1898, S. 7.
- Lee, Kwang-rin: *The Role of Foreign Military Instructors in the Later Period of the Yi Dynasty.* In: *International Conference on the Problems of Modernization in Asia. June 28 – July 7, 1965.* Report. Seoul 1965, S. 246.

„Deutsche Seeleute"

Für seine dritte Expedition nach Korea im April/Mai 1898 chartert Ernst Oppert von der Firma Siemssen & Co. in Shanghai den 648-Tonnen-Dampfer „China". Da dieser zu groß ist, um in Korea in eine Flussmündung fahren zu können, wird ihm vom ältesten deutschen Handelshaus in China, der Firma Wm. Pustau & Co., noch der kleine Dampfer „Greta" zur Verfügung gestellt. Als sie am 28. April 1898 in Shanghai in See stechen, sind außer dem Kapitän der „China", Möller, dem französischen Missionar Féron und dem Amerikaner Jenkins noch weitere acht europäische Seeleute von der Partie: vier Deutsche, zwei Schweden und zwei Italiener. Während seines „Raubzuges" in Korea kommt es zu einem Gefecht mit koreanischen Soldaten. In dessen Verlauf werden zwei philippinische Matrosen getötet und einer der preußischen Seeleute verwundet.

Ausgewählte Bibliographie:
- Hauschild-Thiessen, Renate: „Ernst Oppert (1832–1903). Ein Hamburger beschreibt Korea". In: *Hamburgische Geschichts- und Heimatblätter. Hamburg 1988/92*, Bd. 12 (Oktober), S. 104f.

Gatermann

Macht am 8. Juni 1902 mit Richard Wunsch einen Ausflug in das Bukhan-Gebirge im Norden von Seoul. (Über Nationalität oder Beruf von Gatermann ist nichts bekannt!).

Ausgewählte Bibliographie:
- Claussen-Wunsch, Gertrud (Hrsg.): *Dr. med. Richard Wunsch. Arzt in Ostasien.* Büsingen/Hochrhein 1976, S. 116.

Hartig, Georg

Sachverständiger für Wolle aus Dresden, Angehöriger der „Deutschen Handelskommission". (Siehe dort).

Ausgewählte Bibliographie:
- „Die deutsche Handelsmission für Ostasien". In: *Ost-Asien*, Jg. 1, Nr. 2 (Mai 1898), S. 68f.
- *OL*, Jg. 11, 20.2.1897, S. 686; 9.4., S. 869: Vermischtes.

Jores, Alexander

Sachverständiger für Seidengewerbe aus Krefeld, Mitglied der „Deutschen Handelskommission". (Siehe dort).

Ausgewählte Bibliographie:
- „Die deutsche Handelsmission für Ostasien". In: *Ost-Asien*, Jg. 1, Nr. 2 (Mai 1898), S. 68f.
- *OL*, Jg. 11, 20.2.1897, S. 686; 9.4., S. 869: Vermischtes.

Kempener, von

Am 9. Mai 1902 ist von Kempener bei Konsul Heinrich Weipert in Seoul eingeladen. (Nähere Angaben sind über ihn nicht bekannt).

Ausgewählte Bibliographie:
- Claussen-Wunsch, Gertrud (Hrsg.): *Dr. med. Richard Wunsch. Arzt in Ostasien.* Büsingen/Hochrhein 1976, S. 115.

Keussen, Alexander

Sachverständiger für Seidengewerbe aus Krefeld, reist mit der „Deutschen Handelskommission" (siehe dort) nach Ostasien.

Ausgewählte Bibliographie:
- „Die deutsche Handelsmission für Ostasien". In: *Ost-Asien*, Jg. 1, Nr. 2 (Mai 1898), S. 68f.
- *OL*, Jg. 11, 20.2.1897, S. 686; 9.4., S. 869: Vermischtes.

Kochem

Am 9. Mai 1902 ist Kochem bei Konsul Heinrich Weipert in Seoul eingeladen. (Nähere Angaben sind über ihn nicht bekannt).

Ausgewählte Bibliographie:
- Claussen-Wunsch, Gertrud (Hrsg.): *Dr. med. Richard Wunsch. Arzt in Ostasien.* Büsingen/Hochrhein 1976, S. 115.

Krause-Wichmann, Fr.

Maschinenbauingenieur aus Saarbrücken, Leiter der „Deutschen Handelskommission". (Siehe dort).

Ausgewählte Bibliographie:
- „Die deutsche Handelsmission für Ostasien". In: *Ost-Asien*, Jg. 1, Nr. 2 (Mai 1898), S. 68f.
- *OL*, Jg. 11, 20.2.1897, S. 686; 9.4., S. 869: Vermischtes.

Müller

Abb. 291: Frl. Sontag mit Besuchern vor ihrer Pension im November 1904.

Im November 1904 stattet der Gouverneur von Kiautschou, Oskar von Truppel, der koreanischen Hauptstadt einen Besuch ab. Während dieser Zeit lädt Frl. Sontag den Gouverneur und andere Herren zu einem Frühstück in ihre Pension ein. Aus diesem Anlass wird ein Foto auf den Stufen von Frl. Sontags Pension gemacht, auf dem neben Oskar von Truppel, Antoinette Sontag, Ernst Kroebel, Conrad von Saldern, Gottfried Ney, Amalie Eckert und Paul Schirbaum auch Hauptmann Müller und die Herren Stender und Strauss zu sehen sind.

Ausgewählte Bibliographie:
- Siehe Foto in: Claussen-Wunsch, Gertrud (Hrsg.): *Dr. med. Richard Wunsch. Arzt in Ostasien.* Büsingen/Hochrhein 1976, ohne Seitenangabe, in der Mitte des Buches.

Reinhard, Georg

Sachverständiger der Lederindustrie aus Worms, Angehöriger der „Deutschen Handelskommission". (Siehe dort).

Ausgewählte Bibliographie:
- „Die deutsche Handelsmission für Ostasien". In: *Ost-Asien*, Jg. 1, Nr. 2 (Mai 1898), S. 68f.
- *OL*, Jg. 11, 20.2.1897, S. 686; 9.4., S. 869: Vermischtes.

Schanz, Moritz (Vgl. Kategorie VII.7.)

Als Vertreter der sächsischen Industrie reist Schanz mit der „Deutschen Handelskommission" (siehe dort) ein zweites Mal nach Korea.

Ausgewählte Bibliographie:
- „Die deutsche Handelsmission für Ostasien". In: *Ost-Asien*, Jg. 1, Nr. 2 (Mai 1898), S. 68f.
- *OL*, Jg. 11, 20.2.1897, S. 686; 9.4., S. 869: Vermischtes.

Schmidt, von

Frl. von Schmidt ist am 9. Mai 1902 bei Konsul Heinrich Weipert in Seoul eingeladen. (Weitere Angaben zu ihrer Person sind nicht bekannt).

Ausgewählte Bibliographie:
- Claussen-Wunsch, Gertrud (Hrsg.): *Dr. med. Richard Wunsch. Arzt in Ostasien.* Büsingen/Hochrhein 1976, S. 115.

Schmidt, N.

Inspektor der Polizei

Als Mitglied des kommunalen Rates der Ausländer von Chemulpo ist Schmidt im Jahre 1887 Inspektor der Polizei und kommandiert eine Truppe von jeweils vier chinesischen und koreanischen Polizisten.

Ausgewählte Bibliographie:
- *D&C*: 1887.

Schumacher, Hermann (Dr. jur.)

Sekretär und Hauptberichterstatter der „Deutschen Handelskommission". (Siehe dort).

Ausgewählte Bibliographie:
- „Die deutsche Handelsmission für Ostasien". In: *Ost-Asien*, Jg. 1, Nr. 2 (Mai 1898), S. 68f.
- *OL*, Jg. 11, 20.2.1897, S. 686; 9.4., S. 869: Vermischtes.

Stender

Zu sehen auf einem Foto, das anlässlich des Besuchs von Oskar von Truppel im November 1904 auf den Stufen von Frl. Sontags Pension aufgenommen wird.

Ausgewählte Bibliographie:
- Siehe Foto in: Claussen-Wunsch, Gertrud (Hrsg.): *Dr. med. Richard Wunsch. Arzt in Ostasien.* Büsingen/Hochrhein 1976, ohne Seitenangabe, in der Mitte des Buches.

Strauss

Zu sehen auf einem Foto, das anlässlich des Besuchs von Oskar von Truppel im November 1904 auf den Stufen von Frl. Sontags Pension aufgenommen wird.

Ausgewählte Bibliographie:
– Siehe Foto in: Claussen-Wunsch, Gertrud (Hrsg.): *Dr. med. Richard Wunsch. Arzt in Ostasien.* Büsingen/Hochrhein 1976, ohne Seitenangabe, in der Mitte des Buches.

Vogel

Deutscher Oberst a. D., Agent der Firma Krupp für China, empfängt zusammen mit Carl Wolter die österreichische Delegation der K. u. K. Fregatte „Zrinyi" auf ihrem Weg nach Seoul am 24. September 1890 und begleitet diese bis zu ihrer Abreise von Chemulpo am 1. Oktober desselben Jahres. Die Gespräche der Delegation mit den koreanischen Behörden in Seoul dienen der Vorbereitung zu einem Handelsvertrag zwischen Korea und Österreich-Ungarn, der dann am 15. Juli 1892 abgeschlossen wird.

Ausgewählte Bibliographie:
– Benko, Jerolim Freiherr von: *Die Reise S. M. Schiffes „Zrinyi" nach Ost-Asien (Yangse-kiang und Gelbes Meer) 1890–1891.* Wien 1894, S. 340, 351.
– Mitteilung von Herrn Werner Koidl aus Wien in einer E-Mail vom 9. März 2002.

VII.10. Familienmitglieder

Baumann, Elise
Geb. Vincart, Tochter des belgischen Generalkonsuls in Seoul Léon Vincart, heiratet am 7. Oktober 1905 in Seoul den Kaufmann und Teilhaber der deutschen Firma Meyer & Co. Paul Friedrich Baumann. (Siehe S. 308, Abb. 255).

Baumann, Frl.
Schwester von Paul Friedrich Baumann, zu sehen auf einem Foto anlässlich der Hochzeit ihres Bruders mit Elise Vincart am 7. Oktober 1905 in Seoul.

Abb. 292: Elise Baumann mit ihren sechs Kindern. *Von links*: Elise Baumann, Werner, Eitel, Ermgard, Gretchen, Olga und Wilhelmine

Brinckmeier, Hatsu
(?–1937 Incheon)
Japanische Ehefrau von Robert Hans Carl Brinckmeier. 1937 in Incheon gestorben.

Brinckmeier, Theresa
Tochter von Robert und Hatsu Brinckmeier.

Eckert, Mathilde
(1852–1934)
Geb. Huch, Ehefrau von Musikdirektor Franz Eckert, kehrt 1920 zusammen mit Johannes Bolljahn nach Deutschland, Sudoll (ab 1936 in Trachkirch umbenannt), Kreis Ratibor, Oberschlesien, zurück.

Kinder der Familie Eckert:

1. **Eckert, Amalie**
   (31.12.1876 Wilhelmshaven – 21.4.1959 Portland) Erste Tochter von Mathilde und Franz Eckert. Heiratet am 7. Februar 1905 in der französischen Kathedrale in Seoul Herrn Emile Martel (4.12.1874–19.9.1949 Seoul), Leiter der französischen Sprachschule. Ihr Mann stirbt 1949 in Seoul. Zusammen haben sie 5 Kinder:
   1. Marie Louise (Schwester Immaculata: 4.3.1906 Seoul – 5.12.1988 Taegu)
   2. Marie Antoinette (23.4.1907–?)
   3. Charles (1.3.1909–?)

Abb. 293: Amalie Martel (Eckert) mit 1. Tochter Marie Louise 1907.

4. François (26.9.1910–?)
5. Marguerite (1.7.1912–12.12.1995)

Verfasste:
– This is my Life. Unveröffentlichtes Tagebuch.

2. **Eckert, Anna-Irene**
Zweite Tochter von Mathilde und Franz Eckert. Heiratet am 29. Dezember 1904 in der französischen Kathedrale in Seoul Herrn Adhémar Delcoigne, den belgischen Berater im koreanischen Innenministerium.
3. **Eckert, Franz**, erster Sohn, (23.9.1879–?), Ingenieur.
4. **Eckert, Karl**, zweiter Sohn, Lehrer.
5. **Eckert, Georg**, dritter Sohn, Post-Beamter.
6. **Eckert, Elisabeth**
(23.9.1887 Tōkyō–19.9.1997 Friedrichshafen)
Dritte Tochter von Mathilde und Franz Eckert. Heiratet am 28. Dez. 1907 in Seoul Herrn Paul Otto Franz Mensing, einen Kapitän der „Hamburg-Amerikanische Packetfahrt-Actien Gesellschaft (HAPAG)" aus Canton mit späterem Wohnsitz in Hankow. Aus der Ehe gehen zwei Kinder hervor: Tochter Annaliese (geb. 15.9.1908 Seoul) und Sohn Hans (geb. in Canton, gest. in Friedrichshafen).

Abb. 294: Hochzeit von Elisabeth Eckert und Otto Mensing am 28. Dezember 1907. (Quelle: Im Besitz des Autors).
Erste Reihe von links: Johannes Bolljahn (Direktor der deutschen Schule), Elisabeth Eckert (die Braut), Otto Mensing (Bräutigam), jap. Kindermädchen mit Marie Louise (1. Tochter von Amalie und Emile Martel), Amalie Martel (1. Tochter von Mathilde und Franz Eckert), Emile Martel (Direktor der französischen Schule). *Zweite Reihe, hinter dem Brautpaar, links*: Mathilde Eckert (Mutter der Braut), rechts: Franz Eckert (Vater der Braut, Direktor der kaiserlichen Hofkapelle). *Hintere Reihe von links:* chin. Bediensteter, jap. Kindermädchen mit Marie Antoinette (2. Tochter von Amalie und Emile Martel), Herr Schneider (mit Zylinder, Freund der Familie Mensing aus Shanghai), Paul Schirbaum (Teilhaber der Firma Meyer & Co.) und Monsieur Alphonse Trémoulet (franz. Berater am kor. Hof).

Geißler

Frau von Vizeadmiral Richard Geißler, auf Besuch in Korea im Juli 1903 mit Admiral Friedrich Graf von Baudissin.

Abb. 295: Dongdae-mun (Osttor) in Seoul um 1905.

Gorschalki, Ida

Ehefrau des deutschen Kaufmanns A. F. Gorschalki. Nachdem ihr Ehemann in Seoul gestorben ist, kehrt Ida Gorschalki nach Deutschland zurück. In Swinemünde trifft sie nach 1920 den ehemaligen Direktor der deutschen Sprachschule in Seoul, Johannes Bolljahn, und heiratet ihn.

Gottsche

Ehefrau von Prof. Dr. Carl Christian Gottsche, begleitet ihren Mann auf seiner Reise im August 1883 von Japan nach Korea.

Henkel, H.

Aus Macao stammende Portugiesin, geb. dos Remedios, „Anita" genannte Ehefrau des deutschen Kaufmanns Hermann Henkel, Angestellter und Teilhaber der Firma E. Meyer, bzw. Carl Wolter & Co. in Chemulpo.

Henschel

Japanische Ehefrau von Otto F. E. Henschel, der ab 1901 zunächst im koreanischen Zolldienst in Pusan und ab 1909 bei der Firma Wolter & Co. in Chemulpo angestellt ist.

Kalitzky, Emily

Ehefrau des Kanzlisten im deutschen Konsulat in Seoul, Friedrich August Kalitzky. Das Grab der Eheleute Kalitzky befindet sich auf dem Ausländerfriedhof in Seoul.

Abb. 296: Frau Henschel im August 1926.

Kochem

Die Eheleute Kochem sind im Mai 1902 zu Besuch in Seoul.

Kraus

Ehefrau von Friedrich Kraus, dem Direktor der koreanischen Münze, zusammen mit ihrem Mann und ihrem sechs Monate alten Sohn vom 8. November 1885 bis zum 22. April 1888 in Korea.

Krüger, Dorothea

Seit dem 15. September 1896 Ehefrau von Generalkonsul Dr. Friedrich Krüger, geb. von Bardeleben. Tochter des berühmten Chirurgen aus Berlin, Prof. Dr. med. Heinrich von Bardeleben, Geheimer Obermedizinalrat und Professor an der Universität und der Medizinisch-Chirurgischen Akademie für das Militär in Berlin.

Lührs, Dora

Geb. Boeddinghaus, Tochter von Carl Ernst Boeddinghaus, des Gründers der in Nagasaki etablierten deutschen Firma gleichen Namens. Heiratet 1899 in Nagasaki Carl Otto Lührs, den deutschen Kaufmann und späteren stellvertretenden Chef und Teilhaber der Firma E. Meyer & Co. in Chemulpo. 1908 kehren sie nach Deutschland zurück.

Kinder der Familie Lührs:
1. **Lührs, Erna** (Zwillingstochter), geb. 17.10.1900 in Chemulpo.
2. **Lührs, Marta** (Zwillingstochter), geb. 17.10.1900 in Chemulpo.
3. **Lührs, Marie,** dritte Tochter, geb. im Januar 1902 in Chemulpo.

Maertens

Ehefrau von August H. Maertens, dem Direktor der „Korean Silk Association" von Ende 1884 bis Mai 1889. Von 1887 bis 1890 als einzige Deutsche Frau in Chemulpo gelistet.

Möllendorff, … von

Schwester von Paul Georg von Möllendorff, kommt in Begleitung von Rosalie von Möllendorff im Herbst 1883 nach Korea.

Möllendorff, Rosalie von

Geb. Holthausen aus Werden, einem Vorort der heutigen Stadt Essen, seit 1877 Ehefrau von Paul Georg von Möllendorff. Nachdem sie bereits die

Abb. 297: Rosalie von Möllendorff mit ihren ersten zwei Töchtern vor ihrem Haus in Seoul 1885.

Zeit vom Herbst 1883 bis zum 05. Dezember 1885 mit ihrem Mann in Korea verbracht hat, kehrt sie noch einmal im Dezember 1902 nach Korea zurück. Auf ihrer Reise dorthin wird sie von Leutnant von Seckendorf und einer ihrer drei Töchter begleitet. Ihr Aufenthalt ist jedoch nur von kurzer Dauer und beschränkt sich auf Chemulpo und Seoul.

Mörsel

Ehefrau von Ferdinand Heinrich Mörsel.

Mörsel

Tochter von Ferdinand Heinrich Mörsel, heiratet am Montag, den 14. September 1896 in der englischen Kirche in Jong-dong, Seoul, Mr. Hopkins, einen Angestellten im koreanischen Seezollamt in Chemulpo. Die Trauung wird vom britischen Bischof Charles John Corfe (1843–1921) vorgenommen.

Müller, Marga

Geb. Doertenbach, seit dem 27 Dezember 1906 verheiratet mit dem Vizekonsul im Generalkonsulat in Shanghai, Max Müller. Im Oktober 1908 begleitet sie ihren Ehemann auf einer Urlaubsreise nach Korea, der Mandschurei und Nordchina.

Prittwitz und Gaffron, Ella von

Geschiedene Limburger, geb. Kästner, seit dem 24. Februar 1896 Ehefrau von Dr. jur. Wilhelm von Prittwitz und Gaffron, dem Legationssekretär an der deutschen Gesandtschaft in Peking, im September und Oktober 1899 auf einer Urlaubsreise mit ihrem Mann in Korea.

Schirbaum, Ishi

(14.4.1886 Aino-mura, Japan – 6.10.1969 Hamburg)

Die in Aino-mura, einem kleinen Ort in der japanischen Präfektur Nagasaki auf der Insel Kyūshū, geborene Ishi Schirbaum (Geb. Iwanaga), heiratet am 10. November 1911 in Chemulpo den deutschen Kaufmann und Teilhaber der Firma E. Meyer, bzw. Carl Wolter & Co., Paul Schirbaum. Am 13. Jan. 1912 findet die standesamtliche Trauung im deutschen Konsulat in Seoul durch Generalkonsul Dr. Friedrich Krüger statt. Aus der Ehe gehen fünf Kinder hervor. Nach Ausbruch des Koreakrieges zieht Ishi Schirbaum mit ihrem Mann zunächst nach Yokohama und im April 1963 schließlich nach Hamburg. Dort wohnen sie bei ihrer dritten Tochter Lotte und ihrem Ehemann Raimund Reuter in der Klosterallee 80.

Die Kinder der Familie Schirbaum[412]

1. **Schirbaum, Iki Johanna**, erste Tochter, geboren am 14. August 1904 in Chemulpo.
2. **Schirbaum, Fuji Susanna**
(27.3.1908 Chemulpo – 1.4.2001 Bonn)
Die in Chemulpo (Korea) geborene zweite Tochter von Ishi und Paul Schirbaum, wächst zusammen mit ihrem Bruder Gottfried ab 1920 bei ihrer Tante Anna Sophie in Hamburg auf. Susanna Schirbaum studiert unter dem Begründer der deutschen Japanologie Prof. Karl Florenz (10.1.1865–9.2.1939) in Hamburg und lernt dabei ihren späteren Ehemann, den Japanologen Prof. Dr. Dr. h. c. Herbert Zachert (28.4.1908–11.11.1979), kennen. 1933 begleitet sie ihren Mann nach Matsumoto in der Präfektur Nagano, wo Prof. Zachert bis 1941 lehrt. Das Kriegsende erlebt Frau Zachert mit ihren Kindern in Karuizawa. 1947 wird die Familie nach Berlin zwangsrepatriiert, und 1960 siedeln sie schließlich nach Bonn um, wo ihr Mann den ersten Lehrstuhl des neu gegründeten Seminars für Orientalische Sprachen übernimmt.
3. **Schirbaum, Gottfried**
(30.10.1911 Chemulpo – 4.3.1975).
In Chemulpo geborener erster Sohn von Ishi und Paul Schirbaum. 1920 bringt Paul Schirbaum seinen Sohn zu seiner Schwester Anna Sophia (geb. 20.3.1871) nach Hamburg, wo er aufwächst, die Schule und zunächst ein Jura- und später ein Medizin-Studium mit einer Promotion am 17. September 1941 absolviert. Am 13. Juli 1935

---

[412] Obwohl in der Liste lediglich Deutsche aufgeführt sind, die bis 1910 in Korea waren, sollen im Falle der Familie Schirbaum dennoch der Vollständigkeit halber an dieser Stelle alle Kinder genannt werden. Die Angaben zu den einzelnen Personen hat der Autor zum Teil Rolf Schirbaum zu verdanken, einem Enkel von Paul Schirbaum.

heiratet er in der Heilandskirche Hamburg Uhlenhorst und hat mit seiner Frau Elli sechs Kinder:
1. Christa, geb. 8.6.1935
2. Peter, geb. 23.5.1939
3. Renate, geb. 3.2.1941
4. Rolf, geb. 21.1.1943
5. Wolfgang, geb. 12.12.1944
6. Gottfried, geb. 7.5.1953

Abb. 298: Wolmi-do und der davor gelegene Hafen von Chemulpo 1910.

4. *Schirbaum, Lotte*, dritte Tochter, geb. am 13. Juli 1913 in Chemulpo, gest. 28. Okt. 1989.
5. *Schirbaum, Hermann*, zweiter Sohn, geb. am 1920 in Chemulpo, gest. 1950.
Während des Koreakrieges wird Hermann Schirbaum von nordkoreanischen Soldaten verschleppt und stirbt auf dem Marsch in die Gefangenschaft an Erschöpfung.

Wolter, Jane Erving Hannay
(19.7.1871 Glasgow UK –?)
Geb. Jonathan, Tochter eines englischen Kaufmanns mit Handelsfirma in Shanghai, heiratet im Jahre 1895 in Shanghai den deutschen Kaufmann, Teilhaber der Firma E. Meyer & Co. und späteren Inhaber der Firma Wolter & Co., Carl Andreas Wolter, und begleitet ihn am 10. Mai 1895 nach Korea. 1908 reist die Familie Wolter nach Deutschland, Hamburg.

Kinder der Familie Wolter:
1. **Jean Clara Johnston** (Zwilling), geb. 30.3.1896 in Shanghai
2. **Marion Pauline Harriet** (Zwilling), geb. 30.3.1896 in Shanghai
3. **Clara Rosalinde**, geb. 18.6.1898 in Chemulpo

4. *James Carl*, geb. 8.3.1900 in Chemulpo
5. *Elsa Alice*, geb. 3.3.1902 in Chemulpo
6. *Carl Constantin Anton*, geb. 13.12.1903 in Chemulpo
7. *Gladys Ida*, geb. 7.12.1905 in Chemulpo
8. *Ada Maud*, geb. 14.8.1907 in Chemulpo

Zabel, Bertha Magdalena

Geb. Faerber, begleitet im Jahre 1904 ihren Ehemann Carl Hugo Rudolf Zabel, Schriftsteller und Forschungsreisender, von Europa aus zu einer Reise nach Ostasien, die sie über Japan auch nach Korea führt.

Abb. 299: Familienmitglieder der ausländischen Community auf einem Picknick um 1912.

VIII. Abkürzungsverzeichnis

- a. a. o.   am angegebenen Ort
- AA   Akten des Politischen Archivs des Auswärtigen Amtes Bonn
- ADB   *Allgemeine Deutsche Biographie*
- Anm.   Anmerkung
- Aufl.   Auflage
- BBKL   *Biographisch-bibliographisches Kirchenlexikon*
- Bd.   Band
- Bde.   Bände
- belg.   belgisch
- BHdAD   *Biographisches Handbuch des deutschen Auswärtigen Dienstes*
- BJDN   *Biographisches Jahrbuch und deutscher Nekrolog*
- chin.   chinesisch
- D&C   *The Directory & Chronicle*
- DBE   *Deutsche Biographische Enzyklopädie*
- DBI   *Deutscher Biographischer Index*
- DBJ   *Deutsches Biographisches Jahrbuch*
- deut.   deutsch
- Ed.   Editor
- engl.   englisch
- et al.   et alii = und andere
- franz.   französisch
- geb.   geborene
- GPEK   *Die Grosse Politik der Europäischen Kabinette*
- H.   Heft
- HIJMS   His Imperial Japanese Majesty's Ship
- H. M. S.   His/Her Majesty's Ship (britisches Kriegsschiff)
- Hrsg.   Herausgeber, herausgegeben
- ibid.   ibidem
- IJN   Imperial Japanese Navy
- ital.   italienisch
- jap.   japanisch
- JD   *The Japan Directory*
- JE   *The Jewish Encyclopedia*
- Jg.   Jahrgang
- Jh.   Jahrhundert
- jr.   junior
- KJ   *Korea Journal*
- KLK   *Kürschners Deutscher Literatur-Kalender*
- Komp.   Kompilator
- kor.   koreanisch
- LDG   *Lexikon der deutschen Geschichte*
- LOC   Library of Congress

- Meiklejohn's *Meiklejohn's Japan Directory*
- MOAG *Mitteilungen der Deutschen Gesellschaft für Natur- und Völkerkunde Ostasiens*
- NDB *Neue Deutsche Biographie*
- o. J. ohne Jahr
- o. O. ohne Ort
- OL *Der Ostasiatische Lloyd*
- ÖMO *Österreichische Monatsschrift für den Orient*
- PN Personalnachrichten
- Reg. Regierung, regiert
- russ. russisch, -e, -er, -es
- S. M. Kr. Seiner Majestät Kreuzer
- S. M. Seiner Majestät (deutsches Kriegsschiff)
- S. M. S. Seiner Majestät Schiff (deutsches Kriegsschiff)
- S. S. Steamship
- TKBRAS *Transactions of the Royal Asiatic Society,* Korea Branch
- USS United States Ship (US-amerikanisches Kriegsschiff)
- Vol. Volume
- ZDMG *Zeitschrift der Deutschen Morgenländischen Gesellschaft*
- ZEV *Zeitschrift für Ethnologische Verhandlungen*
- ZfG *Zeitschrift für Geschichtswissenschaft*
- ZMR *Zeitschrift für Missionskunde und Religionswissenschaft*

IX. LITERATURVERZEICHNIS

Biographien und andere Nachschlagewerke:

ADB
Allgemeine Deutsche Biographie.
Auf Veranlassung Seiner Majestät des Königs von Bayern herausgegeben durch die historische Kommission bei der königlichen Akademie der Wissenschaften. 65 Bände, München 1875–1912.

Allen
Allen, Horace N.: *A Chronological Index. Some of the Chief Events in the Foreign Intercourse of Korea. From the Beginning of the Christian Era to the Twentieth Century.* Compiled by Horace N[ewton] Allen, Seoul 1901.
Supplement to „*A Chronological Index*", Including the Years 1901 and 1902.
Ebenfalls erschienen in:
Allen, Horace N.: *Korea: Fact and Fancy. Being a Republication of Two Books Entitled „Korean Tales" and „A Chronological Index".* Seoul 1904.
(In der vorliegenden Arbeit wurde das erstgenannte Werk verwendet.)

BBKL
Friedrich Wilhelm Bautz (ab Band 3 fortgeführt von Traugott Bautz): *Biographisch-bibliographisches Kirchenlexikon*, 14 Bände, Hamm 1975ff.

BHdAD
Biographisches Handbuch des deutschen Auswärtigen Dienstes 1871–1945.
Hrsg. vom Auswärtigen Amt, Historischer Dienst. Paderborn, München, Wien, Zürich. Bd. 1 (A-F, 2000), Bd. 2 (G-K, 2005), Bd. 3 (L-R, 2008).

BJDN
Biographisches Jahrbuch und deutscher Nekrolog.
Hrsg.: Anton Bettelheim. Berlin: Reimer, 1897–1903, 5 Bde.; 1904–1913, Jg. 6, 1901 – Jg. 18, 1913.

D&C
The Directory & Chronicle for China, Japan, Corea, Indo-China, Straits Settlements, Malay States, Siam, Netherlands India, Borneo, The Philippines, &c. The Hongkong Daily Press Office, Hongkong and London, 1862–1910.
Since 1911:
Directory & Chronicle for China, Japan, Straits Settlements, Indo-China, Philippines, etc. The Hongkong Daily Press Office, Hongkong and London, 1911 ff.

DBE
Deutsche Biographische Enzyklopädie.
2., überarbeitete und erweiterte Ausgabe. Hrsg. von Walther Killy und Rudolf Vierhaus. München und Leipzig 2005–2007, Bde. 1–10.

DBI
Deutscher Biographischer Index.
3., kumulierte und erweiterte Ausgabe. Bearbeitet von Victor Herrero Mediavilla. München 2004, Bde. 1–8.

DBJ
Deutsches Biographisches Jahrbuch.
Herausgegeben vom Verbande der deutschen Akademien und von Hermann Christern. Berlin und Leipzig: Deutsche Verlagsanstalt Stuttgart, 1925–1932. Überleitungsband 1–2; Bd. 3–5 und 10–11. (Mehr nicht erschienen)

Embacher
Embacher, Friedrich: *Lexikon der Reisen und Entdeckungen.* Leipzig 1882. (Reprint: Amsterdam 1961)

JD
The Japan Directory for Tokyo, Yokohama, Kobe, Osaka, Kyoto, Nagasaki, Nagoya, Shidzuoka, Nemuro, Kushiro, Otaru, Niigata, Hakodate, Sapporo, Moji, Shimonoseki, Formosa and Korea. Printed and Published by the „Japan Gazette" Co., Yokohama. (1908, 1911–1915).

JE
The Jewish Encyclopedia.
A Descriptive Record of the History, Religion, Literature, and Customs of the Jewish People from the Earliest Times to the Present Day. Prepared by More than Four Hundred Scholars and Specialists. New York, London 1901–1906, Vol. 1–12.

KLK
Kürschners Deutscher Literatur-Kalender:
[Nebst] Nekrolog 1901–1935 und 1936–1970, Jg. 29–52. Berlin: Gruyter, 1907–1952.

LDG
Lexikon der deutschen Geschichte.
Personen, Ereignisse, Institutionen. Von der Zeitwende bis zum Ausgang des 2. Weltkrieges. Unter Mitarbeit von Historikern und Archivaren herausgegeben von Gerhard Taddey. Stuttgart: Alfred Kröner, 1983.

Meiklejohn's
Meiklejohn's Japan Directory, Lists of Firms, etc., at the Open Ports of Japan and Corea; Japanese Government Departments; the Peerage of Japan; an Alphabetical List of Foreign Residents in Japan and Corea; and an Appendix of Useful Information. Printed and Published by R. Meiklejohn & Co., Yokohama. (1886, 1889, 1890)

NDB
Neue Deutsche Biographie.
Herausgegeben von der historischen Kommission bei der Bayerischen Akademie der Wissenschaften. Berlin 1953 ff, Bde. 1 ff.

Wer ist's 1909
Wer ist's? Zeitgenossenlexikon enthaltend Biographien nebst Bibliographien. Angaben über Herkunft, Familie, Lebenslauf, Werke, Lieblingsbeschäftigungen, Parteiangehörigkeit, Mitgliedschaft bei Gesellschaften, Adresse. Andere Mitteilungen von allgemeinem Interesse. Zusammengestellt und herausgegeben von Herrmann A. L. Degener. 4. Ausgabe. Vollkommen neu bearbeitet und wesentlich erweitert. Leipzig: H. A. Ludwig Degener, 1909.

Wer ist's 1914
Unsere Zeitgenossen. *Wer ist's?* Biographien von rund 20.000 lebenden Zeitgenossen. Angaben über Herkunft, Familie, Lebenslauf, Veröffentlichungen und Werke, Lieblingsbeschäftigungen, Parteiangehörigkeit, Mitgliedschaft bei Gesellschaften, Adresse. Andere Mitteilungen von allgemeinem Interesse. Begründet, herausgegeben und redigiert von Herrmann A. L. Degener. 7. Ausgabe. Vollkommen neu bearbeitet und bedeutend erweitert. Leipzig: H. A. Ludwig Degener, 1914.

Zeitschriften und andere Periodika:

- *Allgemeine Zeitung* Augsburg (München).
- *Annalen der Hydrographie und maritimen Meteorologie.* Hamburg.
- *Augsburger Abendzeitung*: politischen, historischen und gemeinnützlichen Inhalts. Augsburg 1826 ff.
- *Das Ausland.* Wochenschrift für Länder- und Völkerkunde. Stuttgart und München.
- China-Archiv. Hrsg. vom Deutsch-Chinesischen Verbande E. V., Berlin
- *Daheim.* Leipzig.
- *Deutsche Export-Revue.* Berlin 1901–1917.
- *Deutsche Japanpost.* Yokohama 1902–1914.
- *Deutsche Rundschau.* Leipzig [et al.] 1874–1964.
- *Deutsche Rundschau für Geographie und Statistik.* Wien, Pest, Leipzig 1878/79–1914/15, Bde. 1–37.
- *Deutsche Zeitschrift für ausländisches Unterrichtswesen.* Leipzig 1895 ff.
- *Der Ferne Osten.* Shanghai
- *Die Flotte.* Monatsblatt des Deutschen Flotten-Vereins und des Hauptverbandes Deutscher Flotten-Vereine im Auslande. Berlin.
- *Globus.* Illustrierte Zeitschrift für Länder- und Völkerkunde. Mit besonderer Berücksichtigung der Anthropologie und Ethnologie. Braunschweig. Begründet 1862 von Karl Andree. [Später]: *Globus.* Illustrierte Zeitschrift für Länder- und Völkerkunde. Vereinigt mit der Zeitschrift „Das Ausland" und „Aus allen Weltteilen". Braunschweig.
- *The Independent*, 독립신문 (*Dongnip sinmun*). A Journal of Korean Commerce, Politics, Literature, History and Art. Issued every Tuesday, Thursday, and Saturday. Seoul 1896 ff.
- *Die katholischen Missionen.* Illustrirte Monatschrift im Anschluß an die Lyoner Wochenschrift des Vereins der Glaubensverbreitung. Freiburg im Breisgau, Bonn 1873–1998.
- *Kölnische Zeitung.*
- *Korea Journal.* Seoul (***KJ***)
- *The Korean Repository.* Hrsg. von F. Ohlinger, Bde. 1–5, Seoul 1892–1898.
- *The Korea Review.* Hrsg. von Holmer B. Hulbert, Bde. 1–6, Seoul 1901–1906.
- *Meyers Historisch-Geographischer Kalender.* Leipzig, ab 1897.

- *Missions-Blätter.* Illustrierte Zeitschrift für das katholische Volk. Organ der St. Benediktus-Missions-Genossenschaft zu St. Ottilien (Post Seltendorf, Oberbayern) und der dort errichteten Herz-Jesu-Bruderschaft.
- *Missionsblätter der Benediktinermissionäre in Fryburg und Uznach.* Uznach.
- *Mitteilungen der Deutschen Gesellschaft für Natur- und Völkerkunde Ostasiens.* 1873 ff, Tokyo. (***MOAG***)
- *Mitteilungen der Geographischen Gesellschaft in Hamburg.* Hamburg und Stuttgart 1878 ff.
- *Mitteilungen des Vereins für Erdkunde*, Leipzig.
- *Nippon.* Zeitschrift für Japanologie, Berlin.
- *Der Ostasiatische Lloyd.* Organ für die deutschen Interessen im fernen Osten. 德文新報. Hrsg.: C. Fink. Verlag: Der Ostasiatische Lloyd, Komm. Ges. in Shanghai. Druck der Deutschen Druckerei und Verlagsgesellschaft in Shanghai. Shanghai 1886 (Tageszeitung), ab 1899–1916 (Wochenzeitung). (***OL***)
- *Österreichische Monatsschrift für den Orient.* Hrsg. vom Orientalischen Museum in Wien, 1875–1918. (***ÖMO***)
- *Orientalisches Archiv.* Illustrierte Zeitschrift für Kunst, Kulturgeschichte und Völkerkunde der Länder des Ostens. Leipzig.
- *Ost-Asien.* Monatsschrift für Handel, Industrie, Politik, Wissenschaft, Kunst, etc., Berlin.
- *Preußische Jahrbücher.* Berlin 1858–1935.
- *Proceedings of the Royal Geographical Society and Monthly Record of Geography* New Monthly Series, London, Vol. 1 (1879) – Vol. 14 (1892).
- *Transactions of the Royal Asiatic Society*, Korea Branch, Seoul. (***TKBRAS***)
- *Die Umschau.* Übersicht über die Fortschritte und Bewegungen auf dem Gesamtgebiet der Wissenschaft, Technik, Literatur und Kunst. Hrsg. von Dr. J. H. Bechhold, Frankfurt a. M.
- *Unsere Zeit.* Deutsche Revue der Gegenwart. Monatsschrift zum Conversations-Lexikon. Herausgegeben von Friedrich Bienemann, Leipzig, Brockhaus 1865–1891.
- *Verhandlungen der Gesellschaft für Erdkunde zu Berlin.* Berlin 1873–1901.
- *Westermann's Jahrbuch der illustrirten Deutschen Monatshefte.* Braunschweig (Jetzt: Westermanns Monatshefte)
- *Zeitschrift der Gesellschaft für Erdkunde zu Berlin.* Berlin 1866–1944.
- *Zeitschrift der Deutschen Morgenländischen Gesellschaft.* Hrsg. von Ewald Wagner. Wiesbaden (***ZDMG***)
- *Zeitschrift für Ethnologie*: Organ der Berliner Gesellschaft für Anthropologie, Ethnologie und Urgeschichte. Berlin [et al.] 1869 ff.
- *Zeitschrift für Ethnologie, Verhandlungen.* (***ZEV***)
- *Zeitschrift für Geschichtswissenschaft.* Berlin 1953 ff. (***ZfG***)
- *Zeitschrift für Missionskunde und Religionswissenschaft.* Organ des Allgemeinen Evangelisch-Protestantischen Missionsvereins. Berlin 1886–1939. (***ZMR***)

Literatur in westlichen Sprachen:

Primärquellen:
- „Abschiedsfeier für Vizeadmiral Bendemann". In: *OL*, Jg. 15 (1901), S. 963f.
- Akten des Politischen Archivs des Auswärtigen Amtes Bonn (**AA**)
  China 22: Kiautschou und die deutschen Interessen in Schantung, Bd. 18.
  Deutschland 135, Nr. 30: Die Ministerresidentur (das Konsulat) in Seoul, Bd. 1.
  Japan 20, Nr. 3: Japanisch-koreanisches Vertrags-Protokoll vom 23. Feb. 1904(Japanisches Protektorat über Korea) und japanisch-koreanisches Abkommen vom 22. Aug. 1904. Bde. 1–3.
  Korea 1: Allgemeine Angelegenheiten, 1874–1910, Bde. 1–38.
  R 18901-R 18938.
  Korea 2: Die Besitznahme von Port Hamilton durch die Engländer, Bde. 1–3.
  Bd. 1: R 18939, 8.4.1885–31.7.1885.
  Bd. 2: R 18940, 1.8.1885–31.12.1886.
  Bd. 3: R 18941, 1.1.1887 – Dez. 1904.
  Korea 3: Beziehungen Koreas zu Russland und China, Bde. 1–4.
  Bd. 1: R 18942, 15.8.1885–2.10.1887.
  Bd. 2: R 18943, 3.10.1887–31.3.1893.
  Bd. 3: R 18944, 1.4.1893–31.8.1901.
  Bd. 4: R 18945, 1.9.1901 – Sep. 1909.
  Korea 6: Die Christen in Korea, Bd. 1.
  Bd. 1: R 18950, Aug. 1886 – Mai 1910.
  Korea 7: Fremde Vertretung in Korea, Bd. 1–3.
  Bd. 1: R 18951, Apr. 1887–6.9.1894.
  Bd. 2: R 18952, 7.9.1894–28.2.1903.
  Bd. 3: R 18953, 1.3.1903 – Mai 1910.
  Korea 8: Entsendung koreanischer Missionen nach Europa und Amerika, Bde. 1–2.
  Bd. 1: R 18954, Okt. 1887–31.12.1888.
  Bd. 2: R 18955, 1.1.1889 – Feb. 1906.
  Korea 10: Die koreanische Frage, Bde. 1–10,
  R 18957 – R 18966, Juni 1901 – Aug. 1910.
  Korea: Akten betreffend das Unterrichtswesen in Korea, Bd. 1 vom Dezember 1897.
- Appenzeller, H. G.: „The Opening of Korea: Admiral Shufeldt's Account of it". In: *The Korean Repository*, Bd. 1, (Feb. 1892), S. 57–62.
- „Asien". In: *Augsburger Abendzeitung*, 2. Juli 1903, S. 147.
- „Aus den Reiseberichten S. M. S. ‚Leipzig', Korv.-Kapt. Herbig". In: *Annalen der Hydrographie und maritimen Meteorologie*, Hamburg, Jg. 12 (1844), S. 190–193.
- „Aus Korea". In: *Allgemeine Zeitung* Augsburg, München 1871, Nr. 280, Beilage vom 7. Okt. 1871, S. 4937f.
- „Aus Korea". In: *Kölnische Zeitung*, Nr. 205, 26. Juni 1885.
- „Aus Korea". In: *Kölnische Zeitung* vom 5. Jan. 1886.

- „Ausflug nach Korea". In: *Shanghaier Nachrichten*, Beilage zu *Der Ostasiatische Lloyd*, Jg. 23, Nr. 39, 24. Sep. 1909, S. 276–279.
- Austrasicus: „Aus Japan und Korea". In: Unterhaltungsbeilage zur *Täglichen Rundschau*, Berlin, Nr. 133, 2. Juli 1904, S. 609–611; Nr. 154, 4. Juli 1904, S. 613f; Nr. 156, 6. Juli 1904, S. 621–623; Nr. 157, 7. Juli 1904, S. 625f; Nr. 158, 8. Juli 1904, S. 629–631; Nr. 159, 9. Juli 1904, S. 633f.
- Bälz, Toku: Erwin Bälz: *Das Leben eines deutschen Arztes im erwachenden Japan*. Stuttgart 1931.
- „Bayerische Benediktiner im Lande der ‚erhabenen Morgenruhe'". In: *Missions-Blätter*, Jg. 14, H. 8 (Mai 1910), S. 123f.
- „Die Benediktinermission in Korea". In: *OL*, Jg. 25 (1911), S. 215.
- Benko, Jerolim Freiherr von: *Die Reise S. M. Schiffes „Zrinyi" nach Ost-Asien (Yangse-kiang und Gelbes Meer) 1890–1891*. Wien 1894.
- Berger, A.: *Aus einem verschlossenen Paradiese*. Dritte, durchgesehene und erweiterte Auflage von *„Eine Welt- und Jagdreise"*. Berlin 1924.
- „Der Besuch des deutschen Geschwaders in Korea". In: *OL*, Jg. 11 (1896/97), 13. Aug. 1897, S. 1451f.
- „Besuch Seiner Koeniglichen Hoheit des Prinzen Heinrich in Seoul". In: *OL*, Jg. 13, 1. Juli 1899, S. 687f.
- Bird Bishop, Isabella: *Korea and Her Neighbors: A Narrative of Travel, with an Account of the Recent Vicissitudes and Position of the Country*. London 1898.
- Bockenheimer, Philipp: *Rund um Asien*. Leipzig 1909.
- Bolljahn, Johannes: „Das koreanische Schulwesen". In: *Deutsche Zeitschrift für Ausländisches Unterrichtswesen*. Leipzig, Jg. 5, H. 3 (April 1900), S. 192–209.
- Bolljahn, Johannes: „Das Schulwesen in Korea". In: *Zeitschrift für Philosophie und Pädagogik*. Langensalzen, April 1899, S. 125–127.
- Brandt, Max von: *Dreiunddreissig Jahre in Ost-Asien. Erinnerungen eines deutschen Diplomaten*. 3 Bände. Leipzig 1900–1901.
- „Brief des P. Bonifazius Sauer von seiner Reise nach Korea". In: *Missions-Blätter*, Jg. 13, H. 7 (Apr. 1909), S. 109–111; H. 8 (Mai 1909), S. 118–121.
- Briefe von Carl Lührs aus Chemulpo an seine Eltern vom 17. Juli 1886, 24. Juli 1886 und 26. Okt. 1886.
- Brunhuber, Robert: „Korea und Deutschland. Die wirtschaftliche Lage". In: *Frankfurter Allgemeine Zeitung* vom 8. Aug. 1907.
- Brunhuber, Robert: „Korea und Japan". In: *Preußische Jahrbücher*, Bd. 129 (1907), S. 494–510.
- Campell, Charles W: „A Journey through North Korea to the Ch'ang-Pai Shan". In: *Proceedings of the Royal Geographical Society and Monthly Record of Geography*, March 1892, S. 1–21.
- Claer, Alexander von: Bericht aus dem Jahre 1904. Unveröffentlichtes Manuskript.
- Claer, Alexander von: Bericht aus dem Jahre 1906. Unveröffentlichtes Manuskript.
- Claer, Alexander von: Militärbericht Nr. 16 aus Seoul vom 15. Mai 1904.

- Cramer: „Über die Reise der kaiserlichen Corvette ‚Hertha', insbesondere nach Korea. (Sitzungsbericht vom 15. Feb. 1873)". In: *Zeitschrift für Ethnologische Verhandlungen*, Jg. 5 (1873), S. 49–57.
- *Curt Netto 1847–1909. Aquarelle und Zeichnungen aus Japan 1873–1885. Ausstellung im japanischen Kulturinstitut Köln vom 6. bis 23. Mai 1980.* (Ausstellungskatalog), Köln 1980.
- Dallet, Charles: *Histoire de l'Église de Corée*. Paris 1874, 2 Bde., Reprint: Seoul 1975.
- „Die deutsche Handelsmission für Ostasien". In: *Ost-Asien*, Jg. 1, Nr. 2 (Mai 1898), S. 68f.
- „Deutsche Missionare in Korea". In: *OL*, Jg. 23 (1909), S. 934.
- „Deutsches Wirken im Japan der Meiji-Zeit. 1. Dr. Paul Mayet". In: *Nippon. Zeitschrift für Japanologie*, Berlin, Jg. 1, Heft 4 (Okt. 1935), S. 217–224.
- Dinklage, L. E.: „Beitrag zur Kenntnis des Klimas in Korea". In: *Annalen der Hydrographie und maritimen Meteorologie*, Hamburg, Jg. 19 (1891), S. 33–40.
- „Doktor Wunsch". In: *Deutsche Japanpost*, März 1911, S. 348.
- „Dr. August Gramatzky". In: *Ost-Asien*, Jg. 1, Nr. 5 (Aug. 1898), S. 224f: Vermischtes.
- „Dr. Karl Hefele – Königlich-Bayerischer Forstmeister". In: *Chiemgau-Blätter*. Unterhaltungsbeilage zum *Traunsteiner Tagblatt*, Nr. 22, 4. Juni 2005.
- „Dr. phil. August Gramatzky". In: *Ost-Asien*, Jg. 1, Nr. 4 (Juli 1898), S. 171.
- Eckardt, Andre: *Wie ich Korea erlebte*. Frankfurt 1950.
- Eckert, Franz: „Die japanische Nationalhymne". In: *MOAG*, Bd. 3, H. 23 (März 1881), S. 131.
- Ehlers, Otto E.: *Im Osten Asiens*. 2. Aufl., Berlin 1896.
- „Ein deutscher Conflict mit Korea". In: *Allgemeine Zeitung* Augsburg, München 1871, Beilage vom 7. Sep. 1871, S. 4393f.
- „Ein deutsches Goldbergwerk in Korea". In: *OL*, Jg. 21, 15. März 1907, S. 457.
- „Ein Nachruf für Dr. Wunsch". In *OL*, Jg. 25, 31. März 1901, S. 314.
- „Eine fremde Leibwache für den Kaiser von Korea". In: *Ost-Asien*, Jg. 1, Nr. 9 (Dez. 1898), S. 410.
- „Eine Unterredung mit dem Stadthalter von Korea, Marquis Ito". In: *OL*, Jg. 20 (1906), S. 359f.
- Enshoff, Dominikus: *Die Benediktiner-Mission in Korea*. St. Ottilien 1909.
- „Errichtung eines Ehrengrabes für Freiherrn von Ketteler in Münster". In: *OL*; Jg. 16, 4.4.1902, S. 278.
- „Foreign Interests in Korea". In: *The Japan Daily Mail*, Yokohama, Tuesday, April 3, 1900.
- „Die Forschungsreise der Deutschen Brunhuber und Schmitz". In: *OL*, Jg. 24 (1910), S. 78–80.
- Franzius, Georg: *Kiautschou. Deutschlands Erwerbung in Ostasien*. 2. Auflg., Berlin o. J. (ca. 1899–1900).
- „Fräulein Antoinette Sontag". In: *OL*, Jg. 23, 24. Sep. 1909, S. 625.

- „Der Freundschafts- und Handelsvertrag zwischen Deutschland und Korea". In: *Daheim*, zweite Daheim-Beilage zu Nr. 2, Leipzig 1883.
- Ganglbauer, Ludwig: „Die Borkenkäfer der Halbinsel Korea". In: *Horae Societatis Entomologicae Rossicae*. [*Jetzt:* Trudy Russkago Entomogočeskago Obščestra, Sankt Peterburge], St. Petersburg, Bd. 20 (1886/87), S. 131–138.
- „Die gegenwärtigen Zustände von Korea". In: *Globus*, Bd. 49, Nr. 9 (1886), S. 139–142; Bd. 10 (1886), S. 151–154.
- Genest, Otto: „Kapitän Jacobsen's Besuch bei den Koreanern". In: *Globus*, Bd. 52, Nr. 4 (1887), S. 58–61; S. 71–75.
- Genthe, Siegfried: *Korea. Reiseschilderungen*. Berlin 1905. (= *Genthes Reisen*. Hrsg. von Dr. Georg Wegener. *Band 1: Korea*. Berlin 1905).
- Globetrott: *An 19. Jahrhunderts Neige in Japan, China und Java*. 2 Bde., Braunschweig 1902.
- Gottsche, Carl: „Korea und seine Nachbarn". In: *Mitteilungen des Vereins für Erdkunde*, Leipzig 1886, S. 32ff.
- Gottsche, C.: „Ueber Land und Leute in Korea". (Vortrag gehalten am 3. Okt. 1885) In: *Verhandlungen der Gesellschaft für Erdkunde zu Berlin*, Jg. 13 (1886), Nr. 5, S. 246–262.
- Gramatzky, A.: „Briefe aus Korea". In: *Ost-Asien*, Jg. 3, Nr. 29 (Aug. 1900), S. 218f; Nr. 30 (Sep. 1900), S. 261f; Nr. 31 (Okt. 1900), S. 312f.
- *Die Grosse Politik der Europäischen Kabinette 1871–1914. Sammlung der Diplomatischen Akten des Auswärtigen Amtes. Im Auftrage des Auswärtigen Amtes herausgegeben von Johannes Lepsius, Albrecht Mendelssohn Bartholdy, Friedrich Thimme*. Berlin, 3. Aufl., 1924 ff. (**GPEK**)
  Bd. 9: *Der Nahe und der Ferne Osten*.
  Bd. 17: *Die Wendung im Deutsch-Englischen Verhältnis*.
  Bd. 19: *Der Russisch-Japanische Krieg*.
  Bd. 32: *Die Mächte und Ostasien 1909–1914*.
- „Gützlaff, Karl Friedrich August". In: *ADB*, Bd. 10 (1879), S. 236f.
- „Gützlaff, Karl Friedrich August". In: Embacher, Friedrich: *Lexikon der Reisen und Entdeckungen*. Leipzig 1882, S. 134f.
- Gutzlaff, Charles: *Journal of Three Voyages along the Coast of China, in 1831, 1832, & 1833, with Notices of Siam, Corea, and the Loo-Choo Islands*. London 1834. Reprint: New York o. J.
- Hall, Basil: *Account of a voyage of discovery to the western coast of Corea and the Great Loochoo Island*. London 1818.
- Hamel, Hendrik: „An Account of the Shipwreck of a Dutch Vessel on the Coast of the Isle of Quelpaert, Together with the Description of the Kingdom of Corea". In: *TKBRAS*, Bd. 9 (1918), S. 91–148.
- Hamilton, Angus: *Korea. Das Land des Morgenrots. Nach seinen Reisen geschildert von Angus Hamilton*. Autorisierte Übersetzung aus dem Englischen. Leipzig 1904.
- „Handel-, Freundschafts- und Schiffahrtsvertrag zwischen dem Reich und dem Königreich Korea. Vom 26. November 1883." In: *Stenographische Berichte über die Verhandlungen des Deutschen Reichstags. 5. Legislaturpe-*

riode, 4. Session. 1884: Bd. 4, Anlagen zu den Verhandlungen des Reichstages: Aktenstück Nr. 171:, S. 1303–1322.
- Hanneken, Constantin von: „Episoden aus dem chinesisch-japanischen Kriege. I. Der Untergang der Kau-Shing". In: *Deutsche Rundschau*, Bd. 86 (1896), S. 36–54, 382–403; Bd. 87 (1896), S. 355–377.
- Hefele, K.: „Aus dem Osten. Reisen in Sachalin, Ostsibirien, der Mandschurei, China und Korea". In: *MOAG*, Bd. 9, Teil 2 (1902), S. 169–272.
- Hellwald, Friedrich von: „Korea". In: *Oesterreichische Monatsschrift für den Orient*, Nr. 2, 15. Feb. 1887, S. 17–21; Nr. 3, 15. März 1887, S. 33–38.
- Herbig, Otto: „Mit S. M. S. ‚Leipzig' in Korea". In: *Deutsche Rundschau*, Bd. 42 (1885), S. 459.
- *Hermann Sander. Die Reisen des Deutschen Hermann Sander durch Korea, Mandschurei und Sachalin 1906–1907.* Eine Fotoausstellung. Gestiftet von seinem Enkel Stefan Sander. The National Folk Museum, Seoul, Juni 2006.
- „Herr Dr. August Gramatzky". In: *Ost-Asien*, Jg. 2, Nr. 19 (Okt. 1899), S. 317: Vermischtes.
- Herz, Otto: „Lepidoptera von Korea". In: *Ezhegodnik Zoologicheskogo Muueia Imperatorkoi Akademii Nauk*. [Annuaire du Musée Zoologique de l'Académie Impériale des Science]. St. Petersburg, Bd. 9 (1904), S. 263–390.
- Hesse-Wartegg, Ernst von: *Korea. Eine Sommerreise nach dem Lande der Morgenruhe 1894*. Dresden und Leipzig 1895.
- Hofmann, Amerigo: *Aus den Waldungen des fernen Ostens. Forstliche Reisen und Studien in Japan, Formosa, Korea und den angrenzenden Gebieten Ostasiens*. Wien, Leipzig 1913.
- Hulbert, Holmer B.: *The Passing of Korea*. New York 1906.
- „Die Hungersnot in Korea". In: *OL*, Jg. 23, 12. März 1909, S. 532: Vermischte Nachrichten.
- „Die jüngsten Ereignisse in Korea". In: *Das Ausland*, Bd. 57 (1885), S. 396–399, 413f.
- „King of Korea's Protector. Clarence R. Greathouse, His American Adviser, Recruits a Body Guard of Foreigners". In: *New York Times*, 10. Sep. 1898, S. 7.
- Klocke, Eduard: „Koreanische Reiseeindrücke". In: *OL*, Jg. 19, 14. Juli 1905, S. 72–75.
- Knochenhauer, Bruno: „Korea". Vortrag gehalten in der Abteilung Berlin-Charlottenburg der Deutschen Kolonial-Gesellschaft. *Verhandlungen 1900/01*, Heft 4, Berlin 1901, S. 74–124.
- Knochenhauer, Bruno: „Koreanische Reiseerinnerungen". In: *Westermann's Jahrbuch der illustrirten Deutschen Monatshefte*, Bd. 151, Braunschweig 1931, S. 285–288.
- Königsmarck, Hans von: *Japan und die Japaner. Skizzen aus dem Fernen Osten*. Anhang: Der russisch-japanische Krieg. Berlin 1905.
- Kohlhauer: „Ein Besuch in Port Hamilton und Chemulpo (Korea)". In: *Globus*, Bd. 67, Nr: 17 (April 1895), S. 261–266.
- „Kommandirungen für die Besatzungstruppen". In: *OL*, Jg. 15 (1901), 14. Jun. 1901, S. 512f.

- Konsul Emil Brass: „Reise durch Korea". In: *Export*, Bd. 15, Nr. 11, Berlin 1893: Vereinsnachrichten, 4 Fortsetzungen.
- „Korea. Die Benediktinermission in Söul". In: *Die katholischen Missionen*, Bd. 38 (1909/10), S. 169: Nachrichten aus den Missionen.
- „Korea". In: *Oesterreichische Monatsschrift für den Orient*, Jg. 11, Nr. 2, 15. Feb. 1885, S. 25–29, 56–61.
- „Korea. Geschichte, Land und Leute". In: *Das Ausland*, Bd. 58, Nr. 3, 19. Jan. 1885, S. 41–22, 70–74, 85–88.
- Kraus, Friedrich: „Das Königreich Korea". In: *Unsere Zeit*, Bd. 1 (1889), S. 66–74.
- Kroebel, Emma: *Wie ich an den koreanischen Kaiserhof kam. Reise-Eindrücke und Erinnerungen*. Berlin 1909.
- Magnus, Friedrich: „Ein Besuch am Hofe von Korea". In: *Globus*, Bd. 82, Nr. 10 (Sep. 1902), S. 158–161.
- Martens, Eduard von: „Neue Süsswasser-Conchylien aus Korea". In: *Sitzungsberichte der Gesellschaft Naturforschender Freunde zu Berlin*, Berlin 1894, Nr. 8, S. 207–217.
- Mayet, Paul: „Ein Besuch in Korea im October 1883". In: *MOAG*, Bd. 4, Heft 3 (Sep. 1884), S. 18–28. Fortsetzung: „Ein Besuch in Corea". Heft 33 (Aug. 1885), S. 146–152.
- McKenzie, F. A.: *Korea's Fight for Freedom*. New York 1920.
- Moellendorff, R[osalie]. von: *P. G. von Moellendorff. Ein Lebensbild*. Leipzig 1930.
- Morris, Fritz: „Sailor Princes of Today". In: *Munsey's Magazine*, Vol. 22, No. 5, Feb. 1900.
- Obenheimer: „Ansteuerung des Hafens von Gensang; Ansteuerung des Hafens von Fusan; Ansteuerung der Masanpho-Föhrde; – aus dem Reisebericht S. M. S. ‚Irene'". In: *Annalen der Hydrographie und maritimen Meteorologie.* Hamburg, Jg. 28 (1900), S. 49–51.
- „Das Offizierkorps des Kreuzergeschwaders". In: *OL*, Jg. 14 (1900), 10. Aug. 1900, S. 616f.
- „Oppert". In: *The Korea Review*, Vol. 1 (May 1901), S. 210: Odds and Ends.
- Oppert, Ernst: *A Forbidden Land*. London 1879.
- Oppert, Ernst: *Ein verschlossenes Land. Reisen nach Corea. Nebst Darstellung der Geographie, Geschichte, Producte und Handelsverhältnisse des Landes, der Sprache und Sitten seiner Bewohner.* Leipzig 1880.
- „P. G. von Möllendorff †". In: *OL*, Jg. 15, 26. Apr. 1901, S. 352f.
- „Professor Dr. Baelz †". In: *OL*, Jg. 27 (Sep. 1913), S. 221f.
- „Reise durch Korea". (Vortrag gehalten von Consul Emil Brass). In: *Export*, Bd. 15, Nr. 11 (1893), S. 105f, 119–121, 136f, 167–170.
- Richthofen, Ferdinand von: „China, Japan and Korea". In: *Geographical Journal*, London, Vol. 4, No. 6 (1894), S. 556–561.
- Sauer, Bonifaz: „Ein Besuch in einem koreanischen Bonzenkloster". In: *Missions-Blätter*, Bd. 13, Nr. 11 (Aug. 1909), S. 169–172.

- Schanz, Moritz: *Ein Zug nach Osten*. Bd. 1: *Reisebilder aus Indien, Birma, Ceylon, Straits Settlements, Java, Siam*. Bd. 2: *Reisebilder aus China, Korea, Ostsibirien, Japan, Alaska und Canada*. Hamburg 1897.
- „Schreiben des Freiherrn von Richthofen über seine Reise zur Grenze von Korea und in der Provinz Hu-nan". In: *Zeitschrift der Gesellschaft für Erdkunde zu Berlin*, Jg. 5 (1870), S. 317–331.
- „S. M. Schiffe auf der ostasiatischen Station". In: *OL*, Jg. 11 (1896/97), 18. Juni 1897, S. 1193.
- *Stenographische Berichte über die Verhandlungen des Deutschen Reichstags*. Berlin 1871 ff.
- Stenz, Georg Maria: *In Korea, dem Lande der „Morgenstille". Kurze Schilderungen von Missionaren*. Reutlingen 1904. (= *Steyler Unterhaltungsbibliothek für Jung und Alt*, Bd. 19).
- „Totenfeierlichkeiten für den verstorbenen kaiserlichen Gesandten Freiherrn von Ketteler". In: *Nachrichten Aus Kiautschou, Beiblatt zum „Ostasiatischen Lloyd"*, Nr. 32, 10.8.1900, S. 171f.
- „Trauerfeier für Freiherrn von Ketteler". In: *OL*, Jg. 15, 28.6.1901, S. 552.
- „Ueber das Abschiedsessen im ‚Deutschen Hause' in der Hauptstadt Mexico zu Ehren des Gesandten Freiherrn Clemens von Ketteler". In: *OL*; jg. 13, 15.7.1899, S. 722f.
- „Ueber den Giftmordversuch auf den Kaiser von Korea". In: *Ost-Asien*, Jg. 1, Nr. 9 (Dez. 1898), S. 409.
- „Über die Ermordung von Dr. Brunhuber und Dr. Schmitz". In: *Globus*, Bd. 95, Nr. 21, 10. Juni 1909, S. 340; Bd. 96, Nr. 17, 4. Nov. 1909, S. 274f; Bd. 97, Nr. 4, 27. Jan. 1910, S. 67f; Bd. 98, Nr. 3, 21. Juli 1910, S. 50f.
- „Uebergabe des Ketterler-Denkmals in Peking". In: *OL*, Jg. 17, 28.1.1903, S. 195–197.
- „Unsere Benediktiner-Missionäre im Lande der Morgenstille". In: *Missionsblätter der Benediktinermissionäre in Fryburg und Uznach*, Jg. 52, Nr. 5 (Mai 1948), S. 100–104.
- „Vizeadmiral Bendemann in Port Arthur und Korea". In: *OL*, Jg. 15, 4. Okt. 1901, S. 849.
- „Von der Reise des Prinzen Heinrich nach Korea". In: *OL*, Jg. 13, 15. Juli 1899, S. 721f.
- „Vorgänge auf geographischem Gebiet. (Veröffentlichungen der Forschungsreise von Dr. Gottsche nach Korea)". In: *Verhandlungen der Gesellschaft für Erdkunde zu Berlin*, Jg. 12, Nr. 7 (1885), S. 388.
- Weber, Norbert: *Im Lande der Morgenstille. Reise-Erinnerungen an Korea*. St. Ottilien 1916.
- Wertheimer, Fritz: „Blicke in die Hauptstadt Koreas". In: *OL*, Jg. 24, 28. Jan. 1910, S. 106–108.
- Wigand: „Eine Audienz beim Kaiser von Korea". In: *Die Flotte*, Jg. 10, Nr. 3 (März 1907), S. 37–39.
- Wirth, Albrecht: „Die Entwicklung Korea, mit kurzer Beschreibung der koreanischen Rasse, der Geschichte Koreas, der Körpergestalt der Koreaner, der

Sitten, des Steuerwesens, der Klassenaufteilung und der Stellung der Ausländer in Korea". In: *Asien*, Bd. 3 (1903/04), S. 6–9, 38–40.
- Wirth, Albrecht: „Die Rassenfrage in Ostasien und Ozeanien". In: *Die Umschau*, Jg. 11, Nr. 8 (19. Feb. 1898), S. 127–131; Nr. 9 (26. Feb. 1898), S. 145–148; Nr. 10 (1898), S. 169–173; Nr. 11 (1898), S. 192–196.
- Wirth, Albrecht: „Zustände in Korea". In: *Deutsche Export-Revue*, Berlin 1902, S. 561f, 600–602.
- Wolter, Carl: „Korea, einst und jetzt". In: *Mitteilungen der Geographischen Gesellschaft in Hamburg*, Bd. 17 (1901), S. 63–77.
- Zabel, Rudolf: *Meine Hochzeitsreise durch Korea während des russisch-japanischen Krieges.* Altenburg 1906.
- „Zur Ermordung von Dr. Brunhuber und Schmitz". In: *OL*, Jg. 23 (1909), S. 879f: Vermischte Nachrichten.

Sekundärliteratur:

- Bae, Kichan: *Korea at the Crossroads: The History and Future of East Asia*. Translated by Kim Jin. Seoul 2007.
- Bautz, Friedrich Wilhelm: „Gützlaff, Karl". In: *BBKL*, Bd. 2 (1990), Spalten 389f.
- Below, Johannes: „1898–1911: Die erste deutsche Sprachschule in Seoul". In: Below, Johannes (Hrsg.): *Deutsche Schulen in Korea. Die deutsch-koreanischen Beziehungen im Überblick*. Waegwan 1998, S. 52–56.
- Choi, Chong Ko: „Paul-Georg von Möllendorff und das koreanische Recht". In: Leifer, Walter (Hrsg.): 묄렌도르프 (P. G. von Möllendorff). Seoul 1983, S. 191–210.
- Choi, Dong-hi: „The Life and Thought of Ch'oe Che-u". In: *KJ*, Vol. 11, No. 9 (Sep. 1974), S. 25–31.
- Choi, Dong-hi: „Tonghak Movement and Chundo-gyo". In: *KJ*, Vol. 3, No. 5 (May 1963), S. 14–19.
- Cho, Ki-Jun: „The Impact of the Opening of Korea on Its Commerce and Industry". In: *KJ*, Vol. 16, No. 2 (Feb. 1976), S. 27–44.
- Choi, Mun Hyung: „The Onslaught of Imperialist Powers and Its Influence in Korea". In: *KJ*, Vol. 24, No. 3 (March 1984), S. 4–23.
- Chon, Clemens-Stephanus: *Geschichte der katholischen Kirche in Korea*. Waegwan, Seoul 1989.
- Choi, Suk-woo: „Korean Catholicism Yesterday and Today". In: *KJ*, Bd. 24, Nr. 8 (Aug. 1984), S. 4–13.
- Clark, Allen D. und Clark, Donald N.: *Seoul – Past and Present – A Guide to Yi T'aejo's Capital*. Seoul 1969.
- Claussen-Wunsch, Gertrud (Hrsg.): *Dr. med. Richard Wunsch: Arzt in Ostasien. Authentische Berichte über Medizin und Zeitgeschehen von 1901 bis 1911 in Korea, Japan und China aus der Feder des kaiserlich-koreanischen Hofarztes.* Herausgegeben und erläutert von Gertrud Claussen-Wunsch. Büsingen/Hochrhein 1976.
- Claussen-Wunsch, Gertrud (Hrsg.): *Fremde Heimat Korea*. München 1983.

- Cory, Ralph M.: „Some Notes on Father Gregorio de Cespedes, Korea's First European Visitor". In: *TKBRAS*, Vol. 27 (1937), S. 1–55.
- Dettmer, Hans A.: *Grundzüge der Geschichte Japans*. Darmstadt 1985.
- Deuchler, Martina: *Confucian Gentlemen and Barbarian Envoys. The Opening of Korea, 1875–1885*. Seattle, London 1977.
- „Der Deutsche, der Nationalhymnen für Asien schrieb". In. *Ost-Dienst*. Die unabhängige deutsche Ostkorrespondenz, Hamburg. Beilage: Korea-Dienst, Nr. 143 (Mai 1983).
- Domschke, R. Andreas [et al.]: *Die koreanischen Bestände in deutschen Museen. In: Bilanz einer Freundschaft. Hundert Jahre deutsch-koreanische Beziehung*. Herausgegeben vom Komitee 100 Jahre deutsch-koreanische Beziehungen. Bonn 1984, S. 86–100.
- Eckardt, Andre: „Unserem Mitgliede Franz Eckert, dem Pionier deutscher Musik in Japan zum Gedächtnis". In: *MOAG*, Bd. 21 (1927), zwischen Heft D und E.
- Eckert, Carter J. [et al.]: „Korea Old and New". A History. Seoul 1990.
- Eichhorn, Werner: „Geschichte Chinas". In: Barloewen, Wolf-D. v. (Hrsg.): *Abriss der Geschichte außereuropäischer Kulturen*, Bd. 2*: Nord- und Innerasien, China, Korea, Japan*, bearbeitet von Hans Findeisen, Bertold Spuler, Werner Eichhorn, Roger Goepper, Bruno Lewin, Horst Hammitzsch. München, Wien 1964, S. 85–161.
- Go, Byong Ik: „Hintergründe der Einstellung von Paul-Georg von Möllendorff". In: Leifer, Walter (Hrsg.): 묄렌도르프 („P. G. von Möllendorff"). Seoul 1983, S. 110–123.
- Gompertz, G. St. G. M.: „Some Notes on the Earliest Western Contacts with Korea". In: *TKBRAS*, Vol. 33 (1957), S. 41–54.
- Goosmann, Rudolf: „Es begann mit einem Telegramm". In: *Koreana*, Jg. 7, H. 3 (1976), S. 17–19.
- Graf, Olaf: „Abtbischof Bonifatius Sauer OSB. Lebensbild des Gründers der Benediktinermission in Korea". In: Kaspar, Adelhard; Berger, Placidus: *Hwan Gab*. Münsterschwarzach 1973, S. 67–79.
- Graf, Olaf: „Die Anfänge des Christentums in Korea". In: Renner, Frumentius (Hrsg.): *Der fünfarmige Leuchter*. St. Ottilien 1971, Bd. 2, S. 367–498.
- Grayson, James Huntley: *Early Buddhism and Christianity in Korea*. Leiden 1985.
- Grayson, James Huntley. *Korea: A Religious History*. Revised Edition, London 2002.
- Hall, John Whitney: *Das Japanische Kaiserreich*. Fischer Weltgeschichte Bd. 20, Frankfurt 1968.
- Hammitzsch, Horst: „Geschichte Japans". In: Barloewen, Wolf-D. v. (Hrsg.): *Abriss der Geschichte außereuropäischer Kulturen*, Bd. 2: *Nord- und Innerasien, China, Korea, Japan*, bearbeitet von Hans Findeisen, Bertold Spuler, Werner Eichhorn, Roger Goepper, Bruno Lewin, Horst Hammitzsch. München, Wien 1964, S. 240–319.
- Han, Woo-Keun: *The History of Korea*. Translated by Lee Kyung-shik, edited by Grafton K. Mintz. Seoul 1981.

- Hauschild-Thiessen, Renate: „Ernst Oppert (1832–1903). Ein Hamburger beschreibt Korea". In: *Hamburgische Geschichts- und Heimatblätter*. Verein für Hamburgische Geschichte. Hamburg 1988/92, Bd. 12 (Oktober), S. 99–114.
- Heyden, L. von: „Verzeichnis der von Otto Herz auf der chinesischen Halbinsel Korea gesammelten Coleopteren". In: *Horae Societatis Entomologicae Rossicae*. [*Jetzt:* Trudy Russkago Entomogočeskago Obščestra, Sankt Peterburge], St. Petersburg, Bd. 21 (1887), S. 243–273.
- Hsüh, Immanuel Chung-yueh: „The Secret Mission of the Lord Amherst on the China Coast, 1832". In: *Harvard Journal of Asiatic Studies*, Cambridge, Vol. 17 (June 1954), nos. 1 and 2.
- Hulbert, Homer B.: *The Passing of Korea*. Reprint, Seoul 1969.
- Huwe, Albrecht: „André Eckardt. Deutschlands erster Koreanist". In: *Bilanz einer Freundschaft. Hundert Jahre deutsch-koreanische Beziehungen*. Herausgegeben vom Komitee 100 Jahre deutsch-koreanische Beziehungen. Bonn 1984, S. 39f.
- Joe, Wanne J.: *Traditional Korea. A Cultural History*. Seoul 1972.
- Jones, G. H.: „The Japanese Invasion". In: *The Korean Repository*, Vol. 1, S. 10–16, 46–50, 116–121, 147–152, 182–188, 217–222, 308–311.
- Jones, Heber Geo.: „The Taiwon Gun". In: *The Korean Repository*, Vol. 5, No. 7 (July 1898), S. 241–250.
- Kalton, Michael C.: „An Introduction to Silhak". In: *KJ*, Vol. 15, No. 5 (May 1975), S. 29–46.
- Kane, Daniel C.: „Bellonet and Roze: Overzealous Servants of Empire and the 1866 French Attack on Korea". In: *Korean Studies*, Vol. 23, University of Hawaii, June 1999, S. 1–23.
- Kang, Thomas Hosuck: „Confucian Behavior toward the Modernization of Korea, 1864–1910". In: *KJ*, Vol. 13, No. 7 (July 1973), S. 4–15.
- Kaspar, Adelhard; Berger, Placidus: *Hwan Gab. 60 Jahre Benediktinermission in Korea und in der Mandschurei*. Münsterschwarzach 1973 (= *Münsterschwarzacher Studien*. Herausgegeben von Missionsbenediktinern der Abtei Münsterschwarzach, Bd. 15).
- Kentaro, Hayashi: „Ludwig Riess, einer der Väter der Geschichtswissenschaft in Japan". In: Kreiner, Josef (Hrsg.): *Bonner Zeitschrift für Japanologie*, Bd. 3: *Japansammlungen in Museen Mitteleuropas. Geschichte, Aufbau und gegenwärtige Probleme*. Bonn 1981, S. 31–45.
- Kim, Dalchoong: *Korea's Quest for Reform and Diplomacy in the 1880's: with special reference to Chinese Intervention and Control*. Phil. Diss., Medford 1972.
- Kim, Kwang-Soo: *Der Außenhandel Japans und Koreas unter besonderer Berücksichtigung Deutschlands 1890–1914*. Dissertation, Heidelberg 1968.
- Kim, Jang-Soo: *Korea und der „Westen" von 1860 bis 1900. Die Beziehungen Koreas zu den europäischen Großmächten, mit besonderer Berücksichtigung der Beziehungen zum Deutschen Reich*. Frankfurt a. M., Bern, New York 1986.

- Kim, Yong-choon: „An Analysis of Early Ch'eondogyo Thought". In: *KJ*, Vol. 17, No. 10 (Oct. 1977), S. 41–46.
- Kim, Young-Sik: „A Brief History of the US-Korea Relations Prior to 1945". A Paper Presented at the University of Oregon, May 15, 2003.
- Kim, Zae-Quan: „Möllendorff und die Industrialisierung Koreas". In: Leifer, Walter (Hrsg.): 묄렌도르프 (P. G. von Möllendorff). Seoul 1983, S. 272–289.
- King, John W.: *The China Pilot. The Coasts of China, Korea, and Tartary; the Sea of Japan, Gulfes of Tartary and Amur, and Sea of Okhotsk; and the Babuyan, Bashi, Formosa, Meiaco-Sima, Lu-Chu, Landrones, Bonin, Japan, Sachalin, and Kuril Islands.* By John W. King, Master, R. N. Thrid Edition, London 1861.
- Klein, Thoralf; Zöllner, Reinhard (Hrsg.): *Karl Gützlaff (1803–1851) und das Christentum in Ostasien: Ein Missionar zwischen den Kulturen.* Nettal 2005.
- Kleiner, Jürgen: *Korea auf steinigem Pfad.* Berlin 1992.
- Kleiner, Jürgen: Korea. *Betrachtungen über ein fernliegendes Land.* Frankfurt a. M. 1980.
- Kleiner, Jürgen: „Paul Georg von Möllendorff. Ein Preuße in koreanischen Diensten". In: *Zeitschrift der Deutschen Morgenländischen Gesellschaft.* Sonderdruck, Bd. 133, Heft 2, Wiesbaden 1983, S. 343–434.
- Kneider, Hans-Alexander: „Deutsche Botschafts- und Konsulatsangehörige in Korea bis zum Jahre 1910". In: *Han-guk oegug-eo daehakgyo nonmunjip* 한국외국어대학교 ' 논문집 , 제 33 집 (Bd. 33), *Seoul* 2001, S. 575–598.
- Koh, Byong-ik: „The Role of Westerners Employed by the Korean Government in the Late Yi Dynasty". In: *International Conference on the Problems of Modernization in Asia, June 28 – July 7. 1965*, Seoul, Korea University, S. 249–257.
- Köllner, Patrick: „Die deutsch-koreanischen Beziehungen von 1945 bis zur Gegenwart". In: Below, Johannes (Hrsg.): *Deutsche Schulen in Korea. Die deutsch-koreanischen Beziehungen im Überblick.* Waegwan 1998, S. 75–119.
- „Korean Relations with Japan. Special Envoys". In: *The Korea Review*, Vol. 3, No. 11 (Nov. 1903), S. 492–497.
- „Korean Taste of Western Music Traces Back to 1901". In: *The Korea Times*, 13. Aug. 1982, S. 5.
- Kugelmann, Willibald: „Gründungsbericht der Abtei St. Benedikt in Seoul, ihrer Verlegung nach Tokwon und Tätigkeit der Benediktiner im apost. Vikariat Wonsan". In: Kaspar, Adelhard; Berger, Placidus: *Hwan Gab*. Münsterschwarzach 1973 (= *Münsterschwarzacher Studien.* Herausgegeben von Missionsbenediktinern der Abtei Münsterschwarzach, Bd. 15), S. 80–111.
- Kuh, K. S.: „100 Jahre deutsch-koreanische Beziehungen". In: Kuh, K. S. (Hrsg.): 한 *Korea.* Kulturmagazin, Jg. 1983, H. 3, S. 7–23.
- Kuh, Kih-Seong: „Die kulturellen Beziehungen zwischen Deutschland und Korea in Vergangenheit und Gegenwart". (Referat). In: *Die deutsch-koreanischen Beziehungen, Symposium 1981* (= *Schriften der deutsch-koreanischen Gesellschaft e. V., Bonn*), S. 19–29.

- Kuo, Sung-ping: *Chinese Reaction to Foreign Encroachment. With special Reference to the First Sino-Japanese War and Its Immediate Aftermath*. Phil Diss., Columbia University, Ann Arbor 1982.
- Lane-Pool, Stanley: *The Life of Sir Harry Parkes*. London, New York 1894.
- Lee, Grant S.: „Persecution and Success of Roman Catholic Church in Korea". In: *KJ*, Vol. 28, No. 1 (Jan. 1988), S. 16–27.
- Lee, Hong-jik: *Die Handelsverträge Koreas mit den europäischen Staaten. Aus: Moderne koreanische Geschichte.* Bd. 1: *Die Regierungszeit der Bedrängnis (1863–1895)*. Aus dem Koreanischen von R. Andreas Domschke. In: 한 Kulturmagazin, Jg. 1982, H. 1, S. 134–155.
- Lee, Ki-baik: *A New History of Korea*. Translated by Edward W. Wagner with Edward J. Shultz. Seoul 1984.
- Lee, Kwang-rin: „The Role of Foreign Military Instructors in the Later Period of the Yi Dynasty". In: *International Conference on the Problems of Modernization in Asia. June 28 – July 7, 1965*. Asiatic Research Center, Korea University, Seoul 1965, S. 241–248.
- Lee, Sun-keun: „Some lesser-known facts about Taewongun and his foreign policy". In: *TKBRAS*, Vol. 39 (Dec. 1962), S. 23–46.
- Lee, Yur-Bok: *West goes East. Paul Georg von Möllendorff and Great Power Imperialism in Late Yi Korea*. Honolulu 1988.
- Ledyard, Gari: *The Dutch Come to Korea. An Account of the Life of the First Westerners in Korea (1653–1666)*. Seoul 1971.
- Leifer, Walter: „Paul-Georg von Möllendorff – Gelehrter und Staatsmann in einer Übergangszeit". In: Leifer, Walter (Hrsg.): 묄렌도르프 (P. G. von Möllendorff). Seoul 1983, S. 57–91.
- Leifer, Walter (Hrsg.): 묄렌도르프 („P. G. von Möllendorff"). Seoul 1983.
- Lensen, Georg Alexander: *Ballance of Intrigue. International Rivalry in Korea & Manchuria, 1884–1899*. 2 Bde., Tallahassee 1983.
- Lewin, Bruno: „Geschichte Koreas". In: Barloewen, Wolf-D. v. (Hrsg.): *Abriss der Geschichte außereuropäischer Kulturen, Bd. 2: Nord- und Innerasien, China, Korea, Japan*, bearbeitet von Hans Findeisen, Bertold Spuler, Werner Eichhorn, Roger Goepper, Bruno Lewin, Horst Hammitzsch. München, Wien 1964, S. 199–239.
- Matzat, Wilhelm: *Das „Sprachwunder". Emil Krebs (1867–1930). Dolmetscher in Peking und Tsingtau. Eine Lebensskizze*. Tsingtau.org, 2007.
- Meissner, Kurt: *Deutsche in Japan 1639–1960*. Tōkyō 1961 [=*MOAG*, Supplement Bd. 26].
- Meissner, Kurt: „Unwissenschaftliches aus der „Gelehrtenkolonie" in Tokyo in den 89er Jahren". In: *Nachrichten der OAG*, Nr. 65.
- Min, Byong Ha: „Möllendorff und die traditionelle koreanische Gesellschaft". In: Leifer, Walter (Hrsg.): 묄렌도르프 (P. G. von Möllendorff). Seoul 1983, S. 125–140.
- Moll, Helmut (Hrsg.): *Zeugen für Christus: das deutsche Martyrologium des 20. Jahrhunderts*. 2 Bde., Paderborn 1999.
- Morse, Hosea Ballou: *The International Relations of the Chinese Empire*. 3 Vols., hier: Vol. 3: *The Period of Subjection 1894–1911*. London 1918.

- „Nachrichten über Möllendorff". In: *Kölnische Zeitung*, zweites Blatt, erste Abendausgabe, Nr. 246, 4. Sep. 1888.
- Nahm, Andrew C.: Korea. *A History of the Korean People. Tradition and Transformation*. New Jersey, Seoul 1988.
- Nahm, Andrew C.: „Korea and Tsarist Russia: Russian Interest, Policy, and Involvement in Korea, 1884–1904". In: *KJ*, Vol. 22, No. 6 (June 1982), S. 4–19.
- Nahm, Andrew C.: „Korean-American Relations, 1866–1978; A Critical Examination". In: *KJ*, Vol. 18, No. 12 (Dec. 1978); S. 14–25.
- Nelson, M. Frederick: *Korea and the old Orders in East Asia*. New York 1945.
- *Ostasiatischer Verein Hamburg-Bremen zum 60jährigen Bestehen. 13. März 1900–13. März 1960*. Hrsg. vom Ostasiatischen Verein Hamburg-Bremen e. V. Hamburg 1960.
- Pantzer, Peter; Saaler, Sven: *Japanische Impressionen eines Kaiserlichen Gesandten. Karl von Eisendecher im Japan der Meiji-Zeit*. München, Tōkyō 2007.
- Park, Chan Il: „Thesen zur Wirtschaftspolitik und zum Wirtschaftskonzept Möllendorffs". In: Leifer, Walter (Hrsg.): 묄렌도르프 (P. G. von Möllendorff). Seoul 1983, S. 239–255.
- Paske, J.: „Das koreanische Schulwesen". In: *Der Ferne Osten*, Shanghai, Bd. 2 (1903), S. 65–71.
- Renner, Frumentius (Hrsg.): *Der fünfarmige Leuchter. Beiträge zum Werden und Wirken der Benediktinerkongregation von St. Ottilien*. Bd. 2: *Klöster und Missionsfelder der Kongregation von St. Ottilien*. St. Ottilien 1971.
- Renner, Frumentius: „Die Berufung der Benediktiner nach Korea und Manchukuo". In: Renner, Frumentius (Hrsg.): *Der fünfarmige Leuchter. Beiträge zum Werden und Wirken der Benediktinerkongregation von St. Ottilien*. Bd. 2: *Klöster und Missionsfelder der Kongregation von St. Ottilien*. St. Ottilien 1971, S. 391 434.
- Riekel, August: *Koreanika. Festschrift Prof. Dr. André Eckardt zum 75. Geburtstag*. Baden-Baden 1960.
- Ro, Paul M.: „Zum 60jährigen Jubiläum des Benediktinerordens in Korea". In: Kaspar, Adelhard; Berger, Placidus: *Hwan Gab*. Münsterschwarzach 1973, S. 63–66.
- Roberts, John G.: *Black Ships and Rising Sun; the Opening of Japan to the West*. New York 1971.
- Rutt, Richard: *James Scarth Gale and his History of the Korean People*. 2. Aufl., Seoul 1982.
- *Schicksal in Korea. Deutsche Missionäre berichten*. St. Ottilien, 2. Aufl. 1974.
- Schieder, Theodor: „Das europäische Staatensystem als Regulator der Weltpolitik". In: Schieder, Theodor (Hrsg.): *Handbuch der europäischen Geschichte*. 7 Bde., Stuttgart 1968. Bd. 6: *Europa im Zeitalter der Nationalstaaten und Europäischen Weltpolitik bis zum Ersten Weltkrieg*, S. 53–78.

- Schlyter, Herman: *Der China-Missionar Karl Gützlaff und seine Heimatbasis: Studien über das Interesse des Abendlandes an der Mission des China-Pioniers Karl Gützlaff und über seinen Einsatz als Missionserwecker*, Lund 1976.
- Schlyter, Herman: *Karl Gützlaff als Missionar in China*. Lund, Copenhagen 1946.
- Schmidt, Vera: *Aufgabe und Einfluß der europäischen Berater in China: Gustav Detring (1842–1913) im Dienste Li Hung-changs*. Wiesbaden 1984 (= *Veröffentlichungen des Ostasien-Instituts der Ruhr-Universität Bochum,* Bd. 34*)*.
- Schmidt-Lermann, Hans: Alexander von Claer. Lebenslauf. München o. J. (unveröffentlicht).
- Seoul Main Customs (Hrsg.): *1885 Dispatches from Chemulpo. 1st January @ 30th September 1885*. Seoul, December 2007.
- *Shanghai of To-day. A Souvenir Album of Fifty Vandyke Gravure Prints of the ‚Model Settlement'*. Shanghai 1930.
- „S. M. S. „Hansa" in Jokohama". In: *OL*, Jg. 17 (1903), S. 636f.
- „S. M. S. Schiffe auf der Ostasiatischen Station". In: *OL*, Jg. 11, 18. Juni 1897, S. 1193.
- Sohn, Pow-key [et al.]: *The History of Korea*. Seoul 1982.
- Stingl, Werner: *Der Ferne Osten in der deutschen Politik vor dem Ersten Weltkrieg (1902–1914)*. 2 Bde., Frankfurt/Main 1978.
- Stoecker, Helmuth: „Zur Politik Bismarcks in der englisch-russischen Krise". In: *Zeitschrift für Geschichtswissenschaft*, Berlin, Jg. 4 (1956), S. 1187–1202.
- Swartout, Robert R.: *Mandarins, Gunboats, and Power Politics: Owen Nickerson Denny and the International Rivalries in Korea*. University of Hawaii Press (November 1980).
- Vasold, Manfred: Waldemar Abegg. *Eine Reise um die Welt im Jahre 1905*. Braunschweig 1988.
- Vianden, Hermann Heinrich: *Die Einführung der deutschen Medizin im Japan der Meiji-Zeit*. Düsseldorf 1985, S. 134–137.
- Wiethoff, Bodo: *Grundzüge der älteren chinesischen Geschichte*. Darmstadt 1971 (= Wissenschaftliche Buchgesellschaft Darmstadt: Grundzüge, Bd. 20).
- Won, Yu-han: „A study on the introduction of German coinage techniques to Korea". In: *KJ*, Vol. 14, No. 11, Seoul 1974, S. 4–11.
- Woo, Chul-Koo: „Centenary of Korean-French Relations". In: *KJ,* Vol. 26, No. 6 (June 1986), S. 4–16.
- Zachert, Susanna: „Erinnerungen, Erlebnisse und Eindrücke in Korea zu verschiedenen Zeiten (1908–1920, 1972, 1977, 1984)". In: Kuh, K. S. (Hrsg.): 한 (*Han*) *Korea*. Kulturmagazin, Jg. 1985, Heft 8, S. 179–184.
- Zoe, Cincaid: „Composer of Japan's National Anthem Organized Bands Here. In: *The Japan Advertiser,* Tōkyō, 7. Dez. 1926, S. 10.
- Zühlke, Herbert: *Die Rolle des Fernen Ostens in den politischen Beziehungen der Mächte 1895–1905*. Berlin 1929.

Literatur in asiatischen Sprachen:

Koreanisch:

- *Bullyeo jiji aneun <je 2(i)-ui ae-gukga> akbo bal-gyeon* 불려지지 않은 < 제 2 의 愛國歌 > 악보 발견 . („Noten der 2. nicht gespielten Nationalhymne entdeckt."). In: *Joseon ilbo* 조선일보 (Choson Ilbo), Seoul, 1. Dez. 1985.
- Choe Jong-go 최종고 : *Han-dok gyoseopsa* 韓獨交涉史 . („Geschichte der deutsch-koreanischen Beziehungen"). Seoul 1983.
- Choe Seong-no 최석로 (Ed.): *Sajin-euro bon joseonsidae* 사진으로 본 조선 시대 („Die Choson-Dynastie anhand von Fotos dargestellt"). *Minjok-ui sajincheop* 민족의 사진첩 . („Fotoalbum zur Volkskunde"). Seoul 1995.
- Choe Seong-no 최석로 (Ed.): *Sajin-euro bo-neun joseonsidae* 사진으로 보는 朝鮮時代 („Die Choson-Dynastie anhand von Fotos dargestellt"). *Saenghwal-gwa pungsok* 생활과 풍속 („Leben und Sitten"), Seoul 1994.
- Choe Seong-yeon 崔聖淵 : *Incheon hyangto-saryo. Gaehang-gwa yanggwal-lyeokjeong* 仁川鄕土史料 . 開港과 洋館歷程 („Incheon: Material zur Heimatgeschichte. Öffnung des Hafens und Chronik westlicher Häuser"). Incheon 1959.
- *Dae-gugeo sajeon* 대국어사전 („Koreanischer Duden"). *Han-gugeo sajeon pyeonchan hoe-pyeon* 한국어사전편찬회편 (Komp.), Seoul 1981.
- *Ekereuteu-ui <daehan je-guk ae-gukga>* 에케르트의 < 대한제국애국가 > („Eckerts <Kaiserlich Koreanische Nationalhymne>"). In: *Eumak donga* 음악동아 (*Musik-Zeitschrift*), Seoul, Januar 1986, S. 102–104.
- *Gojong sillok* 高宗實錄 („Annalen von König Gojong") 37 卷 (*gwon*), 35 年 (*nyeon*) 1898, 光武 2 年 (*gwangmu 2 nyeon*). (Bd. 37, 35. Jahr, 1898: 2. Jahr Gwangmu).
- *Gu han-guk oegyo munseo. Deogan.* 舊韓國外交文書 , 德案 („Alte Dokumente betreffend auswärtige Angelegenheiten zwischen Deutschland und Korea"). 2 Bde. (1882–1906). *Koryo daehakgyo Asea munje yeon-guso.* 高麗大學校亞細亞問題硏究所 (Asiatisches Forschungsinstitut der Universität Koryo) (Komp.). Seoul 1966.
- *Guksa daesajeon* 國史大事典 („Koreanisches Geschichtslexikon"), Yi Hong-jik 李弘稙 (Komp.), 2 Bde., Seoul 1981.
- *Hamel, Hendrik* 하멜, 헨드릭 : *Hwaseon jeju-do nanpa-gi* 화선 제주도 난파기 („Bericht über den Schiffbruch des holländischen Seglers auf Jeju-do."). Ins Koreanische übersetzt von Yi Byeong-do 이병도 . Seoul 1975.
- *Han-guk geun-hyeondaesa sajeon* 한국근현대사사전 („Lexikon zur koreanischen Geschichte des 19. Jh. und der Moderne 1860–1990"). *Han-guksa sajeon pyeonchanhoe pyeon* 한국사사전편찬회 편 (Komp.). Seoul 1990.
- *Han-guk go-jung sesa sajeon. Guseokgi-1860* 한국고중세사사전 . 구석기 -1860 („Lexikon zur koreanischen Geschichte des Altertums und Mittelalters. Von der Steinzeit bis 1860"). *Han-guksa sajeon pyeonchanhoe* 한국사사전편찬 회 (Komp.). Seoul 1995.
- *Han-guk haesa-munje yeon-guso* 한국해사문제연구소 (Korea Maritime Research Institute) (Hrsg.): *Ireobeorin hangjeok: Daehan hae-gun gongsa-ui 40 nyeon 1950–1988* 잃어버린 航跡 : 大韓海運公社의 40 年 1950–1988.

(„Vergessenes Kielwasser: 40 Jahre koreanische Marine 1950–1988"). *A History of Korea Line Corporation 1950–1988*. Seoul 2001.
- Hong I-seop 洪以燮 : *Han-guk oegyosa – sipgusegi huban ihu-ui gukje gwan-gye-reul jungsim hayeo* 韓國外交史 – 十九世紀後半以後의 國際關係를 中心하여. („Diplomatische Geschichte Koreas – Internationale Beziehungen in der zweiten Hälfte des 19. Jh."). In: *Han-guk munhwasa daegye* 韓國文化史 大系 („Abriss zur kulturellen Geschichte Koreas"), II, Seoul 1965, S. 389–534.
- Jang Sa-hun 張師勛. *Yeo-myeong-ui dongseo eumak* 黎明의 東西音樂 („Anfänge der östlichen und westlichen Musik"). Seoul 1974.
- Jeon Seong-hwan 전성환 : *Hwangje-ui myeong-eul bada minyeonghwan-i gasa-reul jieun Eckert-ui <daehan je-guk ae-gukga>* 황제의 명을 받아 민영환이 가사를 지은 에케르트의 < 대한제국 애국가 > („Eckerts Kaiserlich Koreanische Nationalhymne: Auf Befehl des Kaisers mit einem Volkslied von Min Yeong-hwan erschaffen"). In: *Eumak donga* 음악동아 (*Musik-Zeitschrift*), Seoul, Jan. 1986, S. 102–104.
- Jeon, Hae-jong 全海宗 : *Han-chung kwan-gyesa yeon-gu* 韓中關係史研究 („Studien zur koreanisch-chinesischen Beziehung"). Seoul 1970.
- Jeong Jae-ryun 鄭載崙 : *Han-geo mannok* 閑居漫錄 („Beiläufige Bemerkungen über ein Leben in Abgeschiedenheit"). In: Yi Byeong-do 李丙燾 : *Hamel pyoryu-gi* 하멜 漂流記 („Bericht über Hamels Schiffbruch"). Seoul 1954, S. 95.
- Kim Hyo-jeon 김효전 (金孝全): *Guhanmal-ui gwallip dogeo hakgyo.* 구한말의 관립 독어학교. („Die Staatliche Deutsche Schule im alten Korea"), 2000.11.30. (o. O.)
- Kim Jeong-dae 김정대 : *Gojong dogilin uisa bun-swi.* 고종의 독일인 의사 분쉬. („Dr. Wunsch: deutscher Arzt Kaiser Gojongs"). Seoul 1999.
- Kim Won-mo 金源模 , Chung Sung-Kil 鄭成吉 (Ed.): *Han-guk-ui baengnyeon. Geundae han-guk [1871–1910]* 韓國의 百年. 近代韓國 [1871–1910]. („100 Jahre Korea. Korea im 19. Jh. 1871–1910"). *Korea One Hundred Years Ago. Photographs*. Seoul 1989.
- NamGung-Yo-yeol 南宮堯悅 : *Guhanmal irae ‚yangak 80 nyeonsa' jeongni.* 舊韓末이래 , 洋樂 80 年史 • 정리 („Zusammenfassung der 80-jährigen Geschichte westlicher Musik im alten Korea"). In: *Han-guk ilbo* 한국일보 , Seoul, 14.7.1982.
- National Geographic (Hrsg.): *Sajin-euro bo-neun yet han-guk. Eunja-ui nara* 사진으로 보는 옛 한국. 은자의 나라. *Korea, The Hermit Nation. A rare glimpse of old Korea through the lens of National Geographic*. Seoul 2002.
- Seoul bonbu se-gwan 서울본부세관 (Hrsg.): *1885 Dispatches from Chemulpo. 1st January @ 30th September 1885. Bonyeokbon* 본역본 (Übersetzte Version). Seoul, 12.2007.
- *Seoul se-gwan gaecheong 100 ju-nyeon gi-nyeom. Se-gwan yeoksa sajincheop* 서울세관개청 100 주년기념. 세관역사사진첩. („100 Jahre Zollamt Seoul. Fotoalbum zur Geschichte des Zollwesens"). Kim Sung-Soo 김성수 (Komp.), Seoul 2007.

- *Silhak-ui baldal* „실학의 발달" („Entwicklungsgeschichte der „Silhak"). In: *Han-guk go-jung sesa sajeon* 한국고중세사사전 („Lexikon zur koreanischen Geschichte des Altertums und Mittelalters"). *Han-guksa sajeon pyeonchanhoe* 한국사사전편찬회 (Komp.), Seoul 1995, S. 473–499.
- *Sunjo sillok* 純祖實錄 („Annalen von König Sunjo"): 32 권 (*gwon*), 32 년 (*nyeon*) 1832 道光 12 년 (*do-gwang 12 nyeon*). (Bd. 32, 32. Jahr, 1832: 12. Jahr Do-gwang).
- Yi Bae-yong 李培鎔 : *Guhanmal dogil-ui gwangsan i-gwon-gwa danghyeon-geumgwang* 舊韓末 獨逸의 鑛山利權과 當峴金鑛 („Deutschlands Bergbaukonzession im alten Korea und die Goldmine in Danghyeon"). In: *Ihwa sahak yeon-gu, Bd. 12* 梨花史學研究 12 권 („Magazin des Ihwa-Instituts zur Geschichtsforschung"), Seoul 1981, S. 13–22.
- Yi Byeong-do 李丙燾 : *Hamel pyoryu-gi* 하멜 漂流記 („Bericht über Hamels Schiffbruch"). Seoul 1954.
- Yi Gwang-rin 李光麟 : *Han-guk gaehwasa yeon-gu* 韓國開化史研究 („Studien zu Koreas Zeit der Aufklärung"), Seoul 1969.
- Yi Gwang-rin 李光麟: *Han-guksa gangjwa. Geundae-pyeon* 韓國史講座. 近代篇 („Koreanische Geschichte. Die Moderne"), Bd. 5, Seoul 1986.
- Yi Gyu-tae 李圭泰 : *Daedonggang-ui mi-guk bae* 대동강의 미국 배 („Ein amerikanisches Schiff auf dem Daedong"). In: *Joseon ilbo, daewae gwan-gye* 조선일보, 대외관계 („Choson Ilbo, auswärtige Angelegenheiten"), Seoul, 30. Okt. 2002.
- Yi Mae-rang 李每浪 : *Han-guk eumaksa* 韓國音樂史 („Koreanische Musikgeschichte"), Seoul 1985.
- Yi Yu-seon 李宥善 : *Han-guk yangak palsimnyeonsa* 韓國洋樂八十年史 („80 Jahre westliche Musik in Korea"). Seoul 1968. (Bes. S. 129–143, 194–201).
- Yun Haeng-im 尹行恁 : *Seokjae-go* 碩齋藁 [*Schriftstellername von Yun Haeng-im*], *gwon* 권 9 (Bd. 9). In: Yi Byeong-do 李丙燾 : *Hamel pyoryu-gi* 하멜 漂流記 („Bericht über Hamels Schiffbruch"). Seoul 1954, S. 98.

Japanisch:

- Baron Clemens von Ketteler. In: *Seiyō jinmei jiten* 西洋人名字典 („Biographisches Lexikon okzidentaler Personen"), Tōkyō 1964, S. 14.
- Franz Eckert. In: *Nihon rekishi daijiten* 日本歷史大事典 („Lexikon zur japanischen Geschichte"), Bd. 19, S. 290.
- Meyer, H. C. Eduard. In: *Seiyō jinmei jiten* 西洋人名字典 („Biographisches Lexikon okzidentaler Personen"), Tōkyō 1964, S. 9.
- Nōmura Kōichi 野村光一 : *Franz Eckert. Ongaku kyōiku no suishin* フランツ・エッケルト － 音樂敎育の推進 (Franz Eckert: Antriebskraft zur Musikerziehung). In: *Ongaku oyatoi gaikokujin* 音樂お雇い外国人 („Ausländische Angestellte im Musikbereich"), Bd. 10. Tōkyō 1971, S. 143–161.
- *Ongaku jiten* 音樂事典 („Musiklexikon"). Tōkyō.

Internetlinks:

A: Zum Text

- Alvensleben, Otto von: http://www.von-alvensleben.com/html/hauptseite.html
- Amerikanische Expedition 1871: http://www.shinmiyangyo.org/
- Auszüge aus dem Bericht von William Robert Broughton: http://www.british.henny-savenije.pe.kr/
- Biografie von William Robert Broughton: http://www.famousamericans.net/williamrobertbroughton/
- Bismarck: http://www.encyclopedia.com/topic/Otto_von_Bismarck.aspx
- Dr. Karl Hefele – Königlich-Bayerischer Forstmeister: http://www.traunsteiner-tagblatt.de/includes/mehr_chiemg.php?id=442
- Etzel, Günther von: http://www.geocities.com/veldes1/etzel.html
- Etzel, Günther von: http://www.vonetzel.com
- Hatzfeld-Trachenberg, Alexander von: http://pages.prodigy.net/ptheroff/gotha/hatzfeldt.html
- Hintze, Julius F.: http://freepages.misc.rootsweb.ancestry.com/~schipp/Memorials/hintze.html
- HMS Providence: http://www.british.henny-savenije.pe.kr/
- Hongwu: http://en.wikipedia.org/wiki/Hongwu_Emperor
- Hübinette, Tobias: Koreans in Europe. http://www.orient.su.se/korean/koreans.html
- Ketteler, Clemens von: http://www.deutsche-schutzgebiete.de/ketteler.htm
- Kowshing: http://www.russojapanesewar.com/kowshing.html
- La Pérouse: http://www.cartography.henny-savenije.pe.kr/degaloupe.htm
- Lucius von Ballhausen: http://www.erfurt-web.de/LuciusRobertFreiherrVonBallhausen
- Lüthje, Uwe:Tagebuchs-Auszug betreffend die Reise S.M.S. „Hertha" nach Ost-Asien und den Südsee-Inseln 1874–1877 im Museum für Völkerkunde der Universität Kiel. http://publikationen.ub.uni-frankfurt.de/volltexte/2007/4551/
- Montag, Reinhard: Das Lexikon der deutschen Generale. In: Internet: http://www.lexikon-deutschegenerale.de
- Neff, Robert: The Wreck of the Schooner Chusan. [Part 1] An early German encounter in Korea. http://english.ohmynews.com/articleview/article_view.asp?menu=c10400&no=380921&rel_no=1
- Neff, Robert: The Wreck of the Schooner Chusan. [Part 2] The murder of Mr. Brinckmann. http://english.ohmynews.com/articleview/article_view.asp?menu=c10400&no=380995&rel_no=1
- Oksadeok: http://am.bridgeplatform.co.kr:80/gallery/view.asp?seq=80003&page=20
- Savenije, Henny: Hendrick Hamel: http://www.henny-savenije.pe.kr/index.html
- Savenije, Henny: In the wake of the Portuguese. http://www.hendrick-hamel.henny-savenije.pe.kr/holland3.htm

- Savenije, Henny: Jan Janse Weltevree. In: Internet: http://www.hendrick-hamel.henny-savenije.pe.kr/holland14.htm
- Savenije, Henny: Kartographie: http://www.cartography.henny-savenije.pe.kr/degaloupe.htm
- Sillok: http://sillok.history.go.kr/inspection/inspection.jsp?mTree=0&id=kwa
- St. Ottilien: http://www.erzabtei.de/
- Truppel, Oskar von: http://biographien.tsingtau.org/index.php?tag=gouverneur
- Truppel, Oskar von: http://de.wikipedia.org/wiki/Truppel
- USS Princess Royal: http://en.wikipedia.org/wiki/USS_Princess_Royal_(1863)
- Wikipedia: http://www.wikipedia.org/

B: Nachweise zu den Abbildungen

- Alte Karte 18. Jh.: http://www.angangi.com/omchosun.htm
- An Jung-gun: http://kdaq.empas.com/knote/view.html?num=289506&d=0&l=&ps=kl&pq=
- Andre Eckardt: http://www.korea.uni-bonn.de/eckardt.htm
- Audienzhalle: http://flickr.com/photos/8246681@N03/2453662490
- Baelz: http://www.stadtmuseum.bietigheim-bissingen.de/Dauerausstellung.378.0.html
- Basil Hall: http://original.britannica.com/eb/article-9038906/Basil-Hall
- Baumann Hochzeit, Baumann-Kinder: http://www.bloggen.be/tilloenk/archief.php?ID=563
- Bismarck: http://www.encyclopedia.com/topic/Otto_von_Bismarck.aspx
- Bockenheimer: http://www.das-klassische-china.de/Reisen/Unterhaltsame%20Uebersicht/indatei2.htm#1908Bocken
- Boher: http://joongangdaily.joins.com/article/view.asp?aid=2889934
- Bonifatius Sauer: http://www.fotoautor.de/Kofering_Schloss/Egglfing/Egglfing_2/Benediktiner/benediktiner.html
- Bonifatius Sauer: http://www.inkamana.org/ohio/bishops.htm
- Bonifatius Sauer: http://link.allblog.net/8982726/
- Brandt: http://www.china1900.info/literatur.htm
- Brandt: http://www-ee.stanford.edu/~gray/html/amykorea/amykorea_6.html
- Chastan: http://newsaints.faithweb.com/martyrs/Korea1.htm
- Chefoo: http://www.dennisgeorgecrow.com/china/?section=D05_china_treaty_ports
- Cheoljong: http://eroom.korea.com/post/board.aspx?bid=tou_281591&mode=list&cate=1498435&view=blog&page=2
- DAB: http://www.geocities.com/zhihguo/buildingZ.html
- Daewon-gun: http://blog.empas.com/docex2/read.html?a=18088779
- Daewon-gun: http://kdaq.empas.com/qna/view.html?n=8164568
- Denny: http://www.historylink.org/essays/output.cfm?file_id=8444
- Denny: http://www.mvonline.com/founders/founders-02.html
- Deshima Modell: http://www.ltcm.net/~telkamp/japan/japan-nag.html#nagasaki
- Diplomaten: http://www.bloggen.be/tilloenk/archief.php?ID=563

- Eckardt: http://www.korea.uni-bonn.de/eckardt.htm
- Eckert: http://culturedic.daum.net/dictionary_search.asp?query=william
- Franke: http://www.umass.edu/wsp/sinology/persons/franke.html
- Gruppenfoto 1903: http://www.bloggen.be/tilloenk/archief.php?ID=569
- Gyeongbok-gung: http://enjoyjap.egloos.com/39107
- Hackmann: http://wwwuser.gwdg.de/~aoezen/Archiv_RGS/hackmann_noframe.htm
- Hefele: http://www.traunsteiner-tagblatt.de/includes/mehr_chiemg.php?id=442
- Hirobumi: http://www.jacar.go.jp/english/nichiro/cloud_itohhirobumi.htm
- HMS Ringdove: http://www.battleships-cruisers.co.uk/r_n_gunboats.htm
- Holme, Ringer: http://enews.incheon.go.kr/publish/php/articleview.php?idx=528&diaryDate=2005-08-04
- Holtzendorff: http://www.hrvatski-vojnik.hr/hrvatski-vojnik/1392007/podlistak.asp
- Horace Newton Allen: http://kcm.kr/dic_view.php?nid=39473&key=&kword=horace&page=
- Inoue Kaoru: http://www.britannica.com/EBchecked/topic/288858/Inoue-Kaoru#
- Kaiser Wilhelm II: http://www.deutschlanddokumente.de/hhzKaiserWilhelmII.htm
- Kaiserlich koreanische Familie: http://gwmodernkorea.blogspot.com/2008/02/king-kojongs-secret-letter-to-german.html
- Ketteler: http://www.blubie.de/cixi.html
- Kiautschou: http://www.schiffe-maxim.de/Kiautschou.htm
- Komura Jutarō: http://www.ndl.go.jp/portrait/e/datas/83.html
- König Sejong: http://blog.daum.net/jkh6792/14452537
- Königin Myeongseong: http://en.wikipedia.org/wiki/Empress_Myeongseong_of_Korea
- Konishi: http://baike.baidu.com/view/89363.htm
- Koreanische Hymne: http://100.empas.com/dicsearch/pimage.html?s=&i=243539002&en=243539&q=
- Koreanische Kaiserfamilie: http://blog.empas.com/ojhan12/read.html?a=28128716
- Koreanische Tigerjäger: http://flickr.com/photos/24443965@N08/2419972390/
- Korean man: http://kdaq.empas.com/qna/view.html?n=5615095&sq=Rubens&bw=
- Kowshing: http://www.lewrockwell.com/rogers/rogers206.html
- Krupp: http://www.stahlgewitter.com/18_03_27.htm
- La Pérouse: http://www.adb.online.anu.edu.au/biogs/A020072b.htm
- Li Hongzhang: http://www.gutenberg.org/files/10649/10649-h/Illus0492.jpg
- Li Hongzhang: http://www.taiwandocuments.org/liaotung.htm
- Ma: http://www.hoodong.com/wiki/???
- Matrosen: http://www.sms-hansa.de/
- Maubant: http://newsaints.faithweb.com/martyrs/Korea1.htm
- Max von Brandt und Max Heard: http://www-ee.stanford.edu/~gray/html/amykorea/amykorea_1.html

413

- Minbi: http://english.chosun.com/w21data/html/news/200505/200505090012.html
- Mutel: http://www.mdsd.or.kr/html/md/md_info2.asp
- Otto von Möllendorff: http://www.senckenberg.de/root/index.php?page_id=295
- Prinz Georg: http://www.geneall.net/D/per_page.php?id=18751
- Prinz Heinrich: http://ingeb.org/Lieder/zummeere.html
- Prinz Heinrich: http://www.kiel.de/kultur/stadtarchiv/erinnerungstage1.php?id=83
- „Prinz Heinrich": http://www.schiffe-maxim.de/Prinz_heinrich.htm
- Privatschreiben Gojongs: http://english.chosun.com/w21data/html/news/200802/200802210015.html
- Reinsdorf-Gruppe: http://www.gkn-la.com/master_timeline.htm
- Richthofen: http://www.uni-leipzig.de/campus2009/jubilaeen/2005/index.html
- Robert Hart: http://www.qub.ac.uk/home/Alumni/CampaignforQueens/DonorRoll/EarlyBenefactorProfiles/SirRobertHart/
- Russische Legation: http://kr.blog.yahoo.com/staege2001/folder/9.html
- Sammlung-Moffett: http://www.atla.com/digitalresources/results.asp?pagenumber=1&cl1=KOREAMIS
- Sauer: http://www.inkamana.org/ohio/bishops.htm#Sauer
- Seeschlacht bei Tsushima: http://news.webshots.com/photo/2711872320015913979eltvwa
- Shufeldt: http://www.arlingtoncemetery.net/rwshufeldt-usn.htm
- Siebold: http://www.wereldomroep.nl/actua/nl/wetenschap/japan000515.html
- S.M. Torpedoboot „S 91": http://www.deutsche-schutzgebiete.de/webpages/S.M.%20Torpedoboot.jpg
- S.M.S. „Alexandrine: http://www.battleships-cruisers.co.uk/carola_class.htm#Alexandrine
- S.M.S. „Arcona": http://de.wikipedia.org/wiki/SMS_Arcona_(1885)
- S.M.S. „Bussard": http://vimpel.boinaslava.net/index.php?module=busard
- S.M.S. „Cormoran": http://vimpel.boinaslava.net/index.php?module=busard
- S.M.S. „Deutschland": Schwesterschiff „Kaiser": http://en.wikipedia.org/wiki/SMS_Kaiser_(1875)
- S.M.S. „Fürst Bismarck": http://en.wikipedia.org/wiki/SMS_Fürst_Bismarck_(1896)
- S.M.S. „Geier": http://vimpel.boinaslava.net/index.php?module=busard
- S.M.S. ."Hansa": http://en.wikipedia.org/wiki/SMS_Hansa_(1898)
- S.M.S. „Hertha" (1864): http://de.wikipedia.org/wiki/SMS_Hertha_(1864)
- S.M.S. „Hertha" (1897): http://www.kreuzergeschwader.de/kreuzer/hertha.htm
- S.M.S. „Iltis" (1878): Schwesterschiff „Hyäne": http://de.wikipedia.org/wiki/SMS_Hyäne
- S.M.S. „Iltis" (1898): Schwesterschiff „Panther": http://cs.wikipedia.org/wiki/SMS_Panther
- S.M.S. „Irene": http://cgi.ebay.es/Foto-Marine-Schiffe-Kreuzerkorvette-SMS-Irene_W0QQitemZ130240391327QQihZ003QQcategoryZ34648QQcmdZViewItem

- S.M.S. „Jaguar": http://www.kreuzergeschwader.de/stationsschiffe/jaguar.htm
- S.M.S. „Kaiser": http://www.battleships-cruisers.co.uk/battleships1.htm
- S.M.S. „Leipzig": http://www.battleships-cruisers.co.uk/leipzig_class.htm
- S.M.S. „Luchs": http://www.the-weatherings.co.uk/pccship0119.htm
- S.M.S. Nautilus: Schwesterschiff „Albatross": http://de.wikipedia.org/wiki/SMS_Adler_(1883)
- S.M.S. „Prinzeß Wilhelm": http://www.sullacrestadellonda.it/esplorazioni/IVcenten.htm
- S.M.S. „Scharnhorst": http://www.historyofwar.org/Pictures/pictures_SMS_Scharnhorst.html
- S.M.S. „Seeadler": http://vimpel.boinaslava.net/index.php?module=busard
- S.M.S. „Stosch": http://www.geocities.com/glupscherle/shipsection
- S.M.S. „Tiger": http://www.kreuzergeschwader.de/stationsschiffe/tiger.htm
- S.M.S. „Wolf": http://de.wikipedia.org/wiki/SMS_Wolf_(1878)
- Sommerpalast: http://b.baidu.com/history/id=2957112
- Sontag Hotel: http://blog.empas.com/ojhan12/read.html?a=27073828&c=1544670
- „Sperwer": http://www.hamelkorea.com/id6.html
- Stenz: http://www.das-klassische-china.de/Reisen/Unterhaltsame%20Uebersicht/ index.htm#1893%20Stenz
- Studnitz: http://www.maritimequest.com/warship_directory/germany/pages/cruisers/sms_geier_1894_ernst_von_studnitz.htm
- Taufe: http://home.cainchon.or.kr/mansu1/lee2.htm
- Thiess: http://rektorenportraits.uni-koeln.de/bildbeschreibungen/karl_thiess#e372
- Tianjin (Tientsin): http://www.dennisgeorgecrow.com/china/?section=D05_china_treaty_ports&id=1229
- Tigerjäger: http://flickr.com/search/?q=Old+Korea&m=text
- Tokugawa Ieyasu: http://www.tendai.org/i_tendai_buddhism/history.html
- Tongsinsa: http://www.njoyschool.net/chehum3/camp_in/templet.asp?Bidx=3&Midx=5&Gidx=345
- Toyotomi Hideyoshi: http://horse.shrine.net/samurai/hideyoshi_e.html
- Truppel: http://www.banknoty.com/index.php?go=show_art&id=4&title=Ostatnie_swieta_w_Tsingtau
- USS Monocacy: http://thoey.tripod.com/hoey/stories/marines.html
- USS Shenandoah: http://www.geocities.com/Vienna/5047/yangpathistory.html
- USS Wachusett: http://americancivilwar.com/tcwn/civil_war/Navy_Ships/USS_Wachusett.html
- Villa Meyer: http://enews.incheon.go.kr/article/php/articleview.php?idx=1706&section=11&diaryDate=2006-05-25
- Vincart, Baumann: http://www.bloggen.be/tilloenk/archief.php?ID=563
- Wade: http://www.lib.cam.ac.uk/mulu/wadebio.html
- Weltevree: http://home.planet.nl/~taylorpj/derijp1.html
- Wikimedia: http://commons.wikimedia.org [Percival Lowell, Erzabtei St. Ottilien, Sieg of Pusan, Johann Adam Schall von Bell, Kato Kiyomasa,

FrigatePallada, Putyatin, Gojong, Prince Albert Wilhelm Heinrich of Prussia, Schantung Kiautschou, Tsingtau 1909]
- Xavier: http://www.library.fordham.edu/whatsnew/jesuit.html
- Yi Ha-eung: http://blog.empas.com/docex2/read.html?a=18088779
- Yi Jun: http://www.donga.com/fbin/output?n=200702170051
- Yi Sun-sin: http://kdaq.empas.com/qna/view.html?n=6075277
- Yi Yong-gu: http://100.empas.com/dicsearch/pimagelist.html?s=&i=250512&tp=4
- Zabel: http://www.das-klassische-china.de/Reisen/Unterhaltsame%20Uebersicht/indatei2.htm

X. Appendix 1

Schiffe des ostasiatischen Kreuzergeschwaders in Korea

Die folgende Übersicht stellt keine Liste sämtlicher Kriegsschiffe des deutschen ostasiatischen Kreuzergeschwaders dar, sondern listet lediglich diejenigen Schiffe auf, die im Rahmen ihres Einsatzes in Ostasien bis 1910 die Halbinsel Korea angelaufen haben. Die Liste ist alphabetisch geordnet und enthält folgende Angaben zu den Schiffen: Typ, Werft, Stapellauf, Indienststellung, Dauer des Auslandseinsatzes (**sofern auch Ostasien angelaufen wird**) sowie Besatzung.

Seiner Majestät Schiffe (S. M. S.)

Alexandrine:
- **Kreuzerkorvette**; Kaiserliche Werft Kiel.
- Stapellauf: 7.2.1885.
- Indienststellung: 6.10.1886.
- Auslandseinsatz: 15.4.1889 bis 25.5.1895.
- 1904 Hafenschiff.
- Am 27.5.1907 zum Verkauf freigegeben; für 148.000 M verkauft.
- 1907 in Danzig abgewrackt.
- **Besatzung:** *25 Offiziere, 152–157 Matrosen.*

Arcona:
- **Kreuzerkorvette**; Kaiserliche Werft Danzig.
- Stapellauf: 7.5.1885.
- Indienststellung als Reserveschiff: 1.12.1886.
- Auslandseinsatz: 4.5.1892–27.5.1899.
- 11.1.1902 umbenannt in „Mercur".
- 1904 Hafenschiff.
- 22.6.1905 zum Verkauf freigegeben.
- 12.1905 verkauft für 145.000 M.
- 1906 in Danzig abgewrackt.
- **Besatzung:** *25 Offiziere, 257–268 Matrosen.*

Bussard:

- **Kleiner Kreuzer**; Kaiserliche Werft Danzig.
- Stapellauf: 23.1.1890.
- Indienststellung: 1.5.1891.
- Auslandseinsatz: 15.8.1891 bis 26.2.1910.
- 1899–1900 zur Überholung auf der Werft in Danzig.
- Am 25.10.1912 aus der Liste der Kriegsschiffe gestrichen.
- 1913 in Hamburg abgewrackt.
- **Besatzung:** *9 Offiziere, 152–157 Matrosen.*

Cormoran:

- **Kleiner Kreuzer** IV. Klasse; Kaiserliche Werft Danzig.
- Stapellauf: 17.5.1892.
- Indienststellung: 25.7.1893.
- 16.10.1894 bis 13.9.1903 und Mai 1909 bis 7.4.1917 im Ausland.
- 1907 bis 1908 zur Überholung auf der Werft in Danzig.
- Ab 24.2.1913 Kanonenboot.
- 6.–10. August 1914 in Tsingtau zum Hilfskreuzer umgerüstet; am 14.12. in Guam interniert und dort am 7.4.1917 von der Besatzung gesprengt.
- **Besatzung:** *9 Offiziere, 152–157 Matrosen.*

Deutschland:

- **Panzerfregatte**; Samuda Brothers Werft, Poplar bei London.
- Stapellauf: 12.9.1874.
- Indienststellung: 7.8.1875.
- 1894–1897 Umbau zum Großen Kreuzer.
- Auslandseinsatz vom 16.12.1897–9.3.1900.
- 3.5.1904 Hafenschiff.
- 22.11.1904 Umbenennung in „Jupiter".
- Am 21.5.1906 aus der Liste der Kriegsschiffe gestrichen.
- 1908 Zielschiff.
- 1908 verkauft für 120.000 M; 1909 in Hamburg abgewrackt.
- **Besatzung:** *36 Offiziere, 620 Matrosen* (Als Flaggschiff zusätzlich 9 Offiziere, 48 Matrosen).

Fürst Bismarck:

- **Großer Kreuzer**; Kaiserliche Werft Wilhelmshaven.
- Stapellauf: 25.9.1897.
- Indienststellung 1.4.1900 (offizielle Übernahme).
- Auslandseinsatz vom 1.4.1900 bis 13.6.1909.
- 1914 Küstenschutz.
- 1916 Maschinenschulschiff in Kiel.
- 17.6.1919 zum Verkauf angeboten; verkauft an eine Dortmunder Firma.
- 1919–1920 in Schacht-Audorf abgewrackt.
- **Besatzung:** *36 Offiziere, 585 Matrosen* (Als Geschwaderflaggschiff zusätzlich 14 Offiziere, 62 Matrosen).

Geier:

- **Kleiner Kreuzer**; Kaiserliche Werft Wilhelmshaven.
- Stapellauf: 18.10.1894.
- Indienststellung: 24.10.1895.
- Auslandseinsatz vom 9.12.1897 bis 16.3.1905 und vom 2.5.1911 bis 7.11.1914.
- Am 7.11.1914 in Honolulu interniert. 1918 von den USA beschlagnahmt und als Kanonenboot USS „Carl Schurz" in Dienst gestellt.
- Am 21.6.1918 an der Küste von North-Carolina gesunken.
- **Besatzung:** *9 Offiziere, 152–157 Matrosen.*

Hansa:

- **Großer geschützter Kreuzer**; Kreuzer II. Klasse; AG Vulcan in Stettin.
- Stapellauf: 12.3.1898.
- Indienststellung: 20.4.1899.
- Auslandseinsatz vom 16.8.1899 bis Oktober 1906.
- 1909 Schulschiff für Seekadetten und Schiffsjungen.
- 1914 eingesetzt für den Küstenschutz.
- 1915 Wohnschiff Werft Kiel.
- Am 6.12.1919 aus der Liste der Kriegsschiffe gestrichen.
- 1920 in Audorf-Rendsburg abgewrackt.
- **Besatzung:** *31 Offiziere, 446 Matrosen.*

Hertha:

- **Hölzerne gedeckte Korvette**; Schraubenfregatte; Königliche Werft Danzig.
- Stapellauf: 1.10.1864.
- Indienststellung: 1.11.1865.
- Auslandseinsatz vom 14.9.1867 bis 29.10.1882.
- Am 12.8.1884 aus der Liste der Kriegsschiffe gestrichen.
- Kohlenhulk für Torpedoboote.
- 1902 für 45.600 M verkauft und in Swinemünde abgewrackt.
- **Besatzung:** *35 Offiziere, 345 Matrosen.*

Hertha 2:

- **Großer geschützter Kreuzer**; Kreuzer II. Klasse; AG Vulcan in Stettin.
- Stapellauf: 14.4.1897.
- Indienststellung: 23.7.1897.
- Auslandsdienst: 18.9.1898 bis 12.5.1905.
- 1906–1908 überholt auf der Werft in Kiel.
- 1908 Schulschiff für Seekadetten und Schiffsjungen.
- 1914 eingesetzt zum Küstenschutz.
- 1915 Wohnschiff Flugstation Flensburg.
- Am 6.12.1919 aus der Liste der Kriegsschiffe gestrichen.
- 1920 in Audorf-Redensburg abgewrackt.
- **Besatzung:** *31 Offiziere, 446 Matrosen.*

Iltis:

- **Kanonenboot I. Klasse**; Kaiserliche Werft Danzig.
- Stapellauf: 18.9.1878.
- Indienststellung: 2.3.1880.
- Auslandseinsatz vom 1.7.1880 bis 23.7.1896.
- Am 23.7.1896 im Taifun im Gelben Meer gesunken: 71 Tote.
- **Besatzung:** *5 Offiziere, 80 Matrosen.*

Iltis 2:

- **Kanonenboot**; Schichau in Danzig.
- Stapellauf: 4.8.1898.
- Indienststellung: 1.12.1898.
- Auslandseinsatz vom 6.2.1899 bis 28.9.1914.
- Am 28.9.1914 in Kiautschou gesprengt (Kriegsausbruch).
- **Besatzung:** *9 Offiziere, 121 Matrosen.*

Irene:

- **Kreuzerkorvette**; AG Vulcan in Stettin.
- Stapellauf: 23.7.1887.
- Indienststellung: 1.4.1888 (aktiver Dienst).
- Auslandseinsatz vom 17.11.1894 bis 22.9.1901.
- 1903–1907 Umbau auf der Kaiserlichen Werft Wilhelmshaven.
- Am 17.2.1914 aus der Liste der Kriegschiffe gestrichen.
- 1914 Beischiff für U-Boote in Kiel, ab 1917 in Wilhelmshaven.
- 1921 verkauft und in Rüstringen abgewrackt.
- **Besatzung:** *28 Offiziere, 337 Matrosen.*

Jaguar:

- **Kanonenboot**; Schichau in Danzig.
- Stapellauf: 19.9.1898.
- Indienststellung: 4.4.1899.
- Auslandseinsatz vom 1.6.1899 bis 7.11.1914.
- 7.11.1914 in Kiautschou gesprengt (Kriegsausbruch)
- **Besatzung:** *9 Offiziere, 121 Matrosen.*

Kaiser:

- **Panzerfregatte**, Geschwaderflaggschiff; Samuda Brothers Werft in London.
- Stapellauf: 19.3.1874.
- Indienststellung: 13.2.1875 Flotte.
- Von 1891 bis 1895 Umbau bei Samuda Brothers in London zum Großen Kreuzer.
- Auslandseinsatz vom 4.5.1895 bis 21.9.1899 im Ausland.
- Ab 3.5.1904 Hafenschiff.
- Am 12.10.1905 Umbenennung in „Uranus".
- Am 21.5.1906 aus der Liste der aktiven Kriegsschiffe gestrichen; Wohnschiff.
- 1920 in Harburg abgewrackt.
- **Besatzung:** *32 Offiziere, 568 Matrosen* (Als Geschwaderflaggschiff zusätzlich: 9 Offiziere, 47 Matrosen).

Leipzig:

- **Eiserne gedeckte Korvette**; Kreuzerfregatte, AG Vulcan in Stettin.
- Stapellauf: 13.9.1875.
- Indienststellung: 1.6.1877.
- Auslandseinsatz vom 17.11.1877 bis Frühjahr 1893.
- 1885–1888 Umbau auf der Kaiserlichen Werft in Wilhelmshaven.
- Am 27.8.1894 aus der Liste der aktiven Kriegsschiffe gestrichen; Maschinenhulk in Wilhelmshaven.
- 1920 in Wilhelmshaven gesunken; gehoben und 1921 an Hattingen verkauft und in Wilhelmshaven abgewrackt.
- **Besatzung:** *39 Offiziere, 386 Matrosen.*

Luchs:

- **Kanonenboot**; Kaiserliche Werft Danzig.
- Stapellauf: 18.10.1899.
- Indienststellung: 15.5.1900.
- Auslandseinsatz vom 7.7.1900 bis 28.9.1914.
- Am 28.9.1914 in Kiautschou gesprengt (Kriegsausbruch).
- **Besatzung:** *9 Offiziere, 121 Matrosen.*

Nautilus:

- **Hölzernes Kanonenboot**; Kaiserliche Werft Danzig.
- Stapellauf: 31.8.1871.
- Indienststellung: 4.6.1873 (aktiver Dienst).
- Auslandseinsatz vom 8.8.1874 bis 7.12.1888, u. a. für Vermessungen eingesetzt.
- Am 14.12.1896 aus der Liste der aktiven Kriegsschiffe gestrichen.
- 1905 für 11.000 M verkauft und in Swinemünde abgewrackt.
- **Besatzung:** *5 Offiziere, 98 Matrosen.*

Prinzeß Wilhelm:

- **Kreuzerkorvette**; kleiner Kreuzer, Friedrich Krupp AG Germaniawerft Kiel-Gaarden, vormals Norddeutsche Schiffbau AG Kiel.
- Stapellauf: 22.9.1887.
- Indienststellung: 13.11.1889 Flotte.
- Auslandseinsatz vom 27.4.1895 bis 22.7.1899.
- Am 17.2.1914 aus der Liste der Kriegsschiffe gestrichen.
- Zum Verkauf freigegeben und am 26.11.1921 für 909.000 M verkauft.
- 1922 in Wilhelmshaven abgewrackt.
- **Besatzung:** *17 Offiziere, 357 Matrosen.*

S91:

- **Großes Torpedoboot**; Schichau Werft in Elbing.
- Stapellauf: 25.9.1899.
- Indienststellung für das Ausland: 24.4.1900 bis 1902, danach in der Torpedo-Flotille.
- Am 4.9.1914 umbenannt in „T91", Küstenschutz; 1915 Tender, Reichsmarine.
- Am 22.3.1921 zum Verkauf freigegeben, am 25.5.1921 nach Düsseldorf verkauft und 1926 abgewrackt.
- **Besatzung:** *20 Offiziere, 55 Matrosen.*

Scharnhorst:

- **Großer Kreuzer**; Panzerkreuzer, Werft Blohm & Voss in Hamburg.
- Stapellauf: 22.3.1906.
- Indienststellung: 24.10.1907.
- Auslandseinsatz als Flaggschiff des Ostasiatischen Kreuzergeschwaders vom 1.4.1909 bis 8.12.1914.
- November 1914 Teilnahme an der Schlacht bei Coronel, chilenische Küste, unter Admiral Graf Maximilian von Spee.
- Am 8.12.1914 während der Schlacht bei den Falklandinseln vom britischen Geschwader versenkt.
- **Besatzung:** *860 Offiziere und Matrosen.*

Seeadler:

- **Kleiner ungeschützter Kreuzer**; Kaiserliche Werft Danzig.
- Stapellauf als „Kaiseradler": 2.2.1892.
- Indienststellung: 15.3.1893. Schon vorher, am 27.6.1892, umbenannt in „Seeadler".
- Auslandseinsatz vom 19.10.1899 bis 18.3.1914.
- Fungiert ab 6.5.1914 als Kanonenboot.
- 1914 Minenhulk in Wilhelmshaven.
- Explodierte am 19.4.1917 und sank.
- **Besatzung:** *9 Offiziere, 152–157 Matrosen.*

Stosch:

- **Gedeckte Korvette**; Kreuzerfregatte, AG Vulcan in Stettin.
- Stapellauf: 8.10.1877.
- Indienststellung als Flaggschiff Ostasien: 1.4.1881.
- Auslandseinsatz vom 15.4.1881 bis 21.12.1885.
- 1888 Schulschiff für Seekadetten und Schiffsjungen.
- Am 27.5.1907 zum Verkauf freigegeben, verkauft und abgewrackt.
- **Besatzung:** *18 Offiziere, 386 Matrosen.*

Tiger:

- **Kanonenboot**; Kaiserliche Werft Danzig.
- Stapellauf: 15.8.1899.
- Indienststellung: 3.4.1900.
- Auslandseinsatz vom 16.6.1900 bis 29.10.1914.
- Am 31.10.1914 in Tsingtau gesprengt und gesunken.
- **Besatzung:** *9 Offiziere, 121 Matrosen.*

Wolf:

- **Kanonenboot I. Klasse**; Kaiserliche Werft Wilhelmshaven.
- Stapellauf: 21.3.1878.
- Indienststellung: 1.10.1878
- Auslandseinsatz u. a. für Vermessungen vom 26.10.1878 bis 18.7.1905.
- Am 3.2.1906 aus der Liste der Kriegsschiffe gestrichen.
- Reparaturschiff in Danzig.
- Am 26.4.1919 nach Düsseldorf verkauft und abgewrackt.
- **Besatzung:** *5 Offiziere, 80 Matrosen.*

XI. Appendix 2

Offiziere der 1. Kreuzer-Division während ihres Besuches in Korea vom 11. bis 23. Juli 1897

Divisions-Chef: Konteradmiral Otto von Diederichs

Stab:
	Kapitänleutnant von Ammon:	Flaggleutnant
	Leutnant zur See Graf von Zeppelin:	Signaloffizier
	Maschineningenieur Jacobsen:	Divisionsingenieur
	Oberstabsarzt 2. Klasse Dr. Schubert:	Divisionsarzt
	Justizrat Fielitz:	Divisionsauditeur
	Marine-Oberzahlmeister Ringe:	Divisionszahlmeister
	Marine-Pfarrer Müller:	Divisionspfarrer

S. M. S. „Kaiser", Geschwaderflaggschiff: Kommandant Kapitän zur See Hugo Zeye

Korvettenkapitän:	Pustan
Kapitänleutnants:	Lietzmann, Meurer
Leutnants zur See:	Langemak, Rohardt, Schlicht, Kettner
Unterleutnants zur See:	Prinz zu Yssenburg und Büdingen, Nippe, Schmid, Soffner, Brandt, Breuer, Roehr
Premierleutnant:	Freiherr von Steinäcker
Maschineningenieur:	Jacobsen
Oberstabsarzt 2. Klasse:	Dr. Schubert
Assistenzarzt 2. Klasse:	Dr. Hagenah
Marine-Zahlmeister:	Landwehr

S. M. S. „Irene", Kreuzerkorvette: Kommandant Kapitän zur See du Bois

Kapitänleutnants:	Gessler, von Bentheim
Leutnants zur See:	Pohl, von Schönberg, Rössler, von Diederichs
Unterleutnants zur See:	Tepfer, Luppe, Schultz, Geidies, von Schlick
Maschineningenieur:	Vogel
Stabsarzt:	Dr. von Schab
Assistenzarzt 2. Klasse:	Dr. Wiemann
Marinezahlmeister:	Stamm

S. M. S. „Prinzeß Wilhelm", Kreuzerkorvette: Kommandant Kapitän zur See Adolf Thiele

Kapitänleutnants:	Bruch, von Lengerke
Leutnants zur See:	von Kameke, Harder, Lüdecke, Freiherr von Bibra, Loof, Schultz
Unterleutnants zur See:	von Rosenstiel, Graf von Mörner, von Gorden
Maschineningenieur:	Hessemer
Stabsarzt:	Dr. Nuszkowski

Assistenzarzt 2. Klasse: Dr. Fontane
Marinezahlmeister: Weisser

S. M. S. „Arcona", Korvette: Kommandant Kapitän zur See Becker
Kapitänleutnants: Poock, Kutscher
Leutnants zur See: Zenker, Siemens, Isendahl
Unterleutnants zur See: Kurtz, Irmer
Maschinenunteringenieur: Weigmann
Stabsarzt: Dr. Ratz
Marinezahlmeister: Solf

S. M. S. „Cormoran", Leichter Kreuzer: Kommandant Korvettenkapitän Reinhold Brussatis
Kapitänleutnant: Jasper
Leutnants zur See: Lübbert, Fischer, Freiherr von Müffling
Unterleutnant zur See: Hoffmann
Maschinenunteringenieur: Schneider
Assistenzarzt 1. Klasse: Dr. Brachmann
Marine-Unterzahlmeister: Weber

XII. Sachglossar

Ashikaga-bakufu	足利幕府
Beifanghua	北方話
bug-in	北人
byeongja horan	丙子胡亂
champan	參判
Changryong-ho	蒼龍號
cheokhwabi	斥和碑
Choji-jin	草芝鎭
Chongmyo	宗廟
Choson	朝鮮
Chow Chow-foo	潮州府號
chungin	中人
Daehan je-guk	大韓帝國
Daehan je-guk ae-gukga	大韓帝國 愛國歌
Daehan Maeil Sinbo	大韓每日申報
Daewon-gun	大阮君
Daimyō	大名
dangbaekjeon	當百錢
Deokseong yeo-junghakgyo	德城女中學教
Donghak	東學
Dongnip hyeophoe	獨立協會
Dongnip sinmun	독립신문
eulmi sa-byeon	乙未事變
gasa	歌詞
Genkai Maru	玄海丸
Goseung	高升
Guangdonghua	廣東話
guanhua	官話
gyeoldujeon	結頭錢
Gyujanggak	奎章閣
Haeryong-ho	海龍號
hakushaku	伯爵
Hangeul	한글
Hanseong bin-gwan	漢城賓館
Hanyang-ho	漢陽號
Hongbeom sipsajo	洪範十四條
Hou Jin	後金
Huihwa-seon	希化船
Hwanghae	黃海
Ihwa hakdang	梨花學當
Ihwa jeonmunhakgyo	梨花 專門學教
Ihwa yanghaeng	怡和洋行
Ihwa yeoja godeung hakgyo	梨花女子高等學校

Ihwa yeojung	梨花女中
Iljinhoe	一進會
Jayu-gongwon	自由公園
Jeongdong gurakbu	貞洞俱樂部
jeongmyo horan	丁卯胡亂
Jojubu-ho	潮州府號
Joyang-ho	朝陽號
Kanagawa jōyaku	神奈川条約
Kimi ga yo	君が代
Kōkatō-jiken	江華島事件
Koryo	高麗
kōshaku	侯爵
Kowshing	高升
kyorin	交隣
Meiji ishin	明治維新
ming chao	明朝
muban	武班
munban	文班
nam-in	南人
Namseung-ho	南陞號
Nichibei Washin jōyaku	日米和親条約
Nippon Yūsen Gaisha	日本郵船会社
noron	老論
Nuzhen	女眞
qing chao	清朝
Rikugun Toyama Gakkō	陸軍富山学校
sadae	事大
sampo	三浦
sarim	士林
sasaek	四色
Sechang yanghaeng	世昌洋行
Sengoku jidai	戰國時代
Seoul Yego	서울 藝高
seoweon	書院
seowon cheolpye	書院撤廢
sinmiyangyo	辛未洋擾
Sontaekbuin ga	孫擇夫人家
Sontaekyang jeo	孫擇孃邸
soron	少論
swaeguk jeongchaek	鎖國政策
Taepyeong-no	太平路
Tennō	天皇
tongsinsa	通信使
uibyeong	義兵
uiijeongbu	議政府
Unyang-ho sa-geon	雲揚號事件

Unyō-kan	雲揚號
waegu	倭寇
waegwan	倭館
wakō	倭寇
wiman joseon	衛滿朝鮮
yangban	兩班
Yanghwajin oeinmyoji	楊花津 外人墓地
yuan chao	元朝
Yuanmingyuan	圓明園
Yueyu	粵語
yurim	儒林

XIII. Glossar asiatischer Ortsnamen

- Aino mura (愛の村): kleiner Ort in der Präfektur Nagasaki (長崎県), im Westen von Kyūshū (九州) gelegen.
- Amoy: heutiges Xiamen (廈門), eine Küstenstadt im Südosten Chinas, im Süden der Provinz Fujian (福建). Ihr Zentrum liegt auf einer dem Festland vorgelagerten Insel gleichen Namens.
- Amur: chin. 黑龍江, P Heilong Jiang, zu Deutsch „Schwarzer Drachen-Fluss", 2.824 km langer Strom, der die Grenze im Nordosten Chinas zu Russland bildet und in den nördlichen Pazifik mündet.
- Andong (安東): Stadt in der südkoreanischen Provinz Nord-Gyeongsang (慶尚北道 Gyeongsang-bukdo).
- Bak-dong (磚洞): alter Bezirk in Seoul, unmittelbar in der Nähe des Gyeongbok-Palastes (景福宮 Gyeongbok-gung), heutiger Bezirk Susong-dong (壽松洞), im Distrikt Jongno-gu (鐘路區).
- Baek-dong (栢洞): alter Name für den heutigen zentralen Bezirk Hyehwa-dong (惠化洞) im Seouler Distrikt Jongno-gu (鐘路區).
- Beijing siehe Peking
- Broughton-Bay: Ostkoreabucht, Bucht vor der nordkoreanischen Hafenstadt Wonsan (元山).
- Bukhan-Berge (北漢山 Bukhan-san): eine Bergkette im Norden von Seoul.
- Bukhan-sanseong (北漢山城): eine Bergfestung im Norden von Seoul im Bukhan-Gebirge (北漢山).
- Busanpo (富山浦): alter Name der südkoreanischen Hafenstadt Pusan (釜山).
- Bupyeong (富平): ein ehemaliger Bezirk in der alten Hafenstadt Chemulpo (濟物浦), ein Distrikt (區) im heutigen Incheon (仁川).
- Changdeok-gung (昌德宮): Changdeok-Palast, literarisch: „Palast der blühenden Tugend". Ein Palast im Osten des Seouler Stadtkerns im Distrikt Jongno-gu (鐘路區) gelegen. Erbaut in den Jahren 1405 bis 1412 war er der bevorzugte Palast vieler Monarchen der Choson-Dynastie. Der letzte Kaiser Koreas, Sunjong (純宗), lebte hier bis zu seinem Tode im Jahre 1926.
- Chefoo: heutiges Yantai (煙台), bezirksfreie Stadt in der ostchinesischen Provinz Shandong (山東; im Deutschen häufig Schantung geschrieben).
- Chekiang (浙江): in der älteren Literatur Name für Zhejiang, Küstenprovinz im Osten Chinas.
- Chemulpo (濟物浦): nach dem revidierten Transkriptionssystem Jemulpo geschrieben, früherer Hafen an der Westküste Koreas, ein Bezirk der heutigen Hafenstadt Incheon (仁川) in der Provinz Gyeonggi-do (京畿道).
- Chihli (直隸; P Zhili): auch Pechihli (北直隸; P Beizhili), im Deutschen häufig Tschili geschrieben, seit 1928 Hebei (河北), eine nördliche Provinz in China.
- Chungcheong-do (忠清道): die Provinz (=*do*) Chungcheong im mittleren Teil Südkoreas.
- Chungcheong-namdo (忠清南道): Süd-Chungcheong-do.

- Chungcheong-bukdo (忠清北道): Nord-Chungcheong-do.
- Daedong-gang (大同江): der 450,3 km lange Fluss Daedong in Nordkorea, mündet in der Hafenstadt Nampo (南浦) in der nordkoreanischen Provinz Süd-Pyeongan (平安南道 Pyeongan-namdo) an der Mündung des Taedong.
- Daegu (大邱): Stadt im Süden der koreanischen Halbinsel, in der Provinz Gyeongsang-do (慶尙道).
- Dagelet-Island*:* Insel Ulleung-*do* (鬱陵島), etwa 120 km östlich Koreas im Japanischen oder Ost-Meer gelegen.
- Dairen (大連; P Dalian): jap. Dairen und russ. Dalian oder Dalny, Hafenstadt in der Provinz Liaoning (遼寧), im Nordosten Chinas.
- Danggogae (當고개): kleiner Ort etwa 180 km nordöstlich von Seoul in der nordkoreanischen Provinz Gangwon (江原道 Gangwon-*do*), im Distrikt Gimhwa (金化郡 Gimhwa-*gun*), in der Nähe des Dorfes Danghyeon (當峴里 Danghyeon-*ri*).
- Danghyeon-*ri* (當峴里): Dorf in der Provinz Gangwon (江原道 Gangwon-*do*), im Distrikt Gimhwa (金化郡 Gimhwa-*gun*), Nordkorea.
- Deshima (出島; auch Dejima): Holländisch Desjima oder Deshima, fächerförmige kleine, künstliche Insel in der Bucht von Nagasaki (長崎), auf Befehl des Shōgun Tokugawa Icmitsu (德川 家光 1604–1651) im Jahre 1634 ursprünglich für portugiesische Händler erbaut, diente später hauptsächlich den Holländern als Handelsposten. Während der Abschließung Japans in der Edo-Zeit (1603–1868) war sie die einzige Handelsstation in Japan für den Handel zwischen Japan und Europa.
- Deoksu-gung (德壽宮): Deoksu-Palast, literarisch: „Palast des tugendhaften langen Lebens". Ein Palast im Seouler Bezirk Jeong-dong (貞洞). 1608 wurde der 15. Herrscher der Choson-Dynastie, Prinz Gwanghae (光海君, Reg. 1608–1623) in diesem Palast gekrönt und benannte ihn 1611 in Gyeongun-gung (慶運宮) um. Nachdem Kaiser Gojong (高宗) 1907 dem Thron entsagt und sich in den Palast zurückzogen hatte, gab sein Sohn, Kaiser Sunjong (純宗), dem Palast seinen alten Namen zurück, um damit seinem Wunsch nach einem langen Leben für seinen Vater Ausdruck zu verleihen.
- Deokwon (德源): kleiner Ort in der Nähe der nordkoreanischen Hafenstadt Wonsan (元山).
- Dongdae-mun (東大門) oder Heungin-mun (興仁門): großes Osttor, eines der vier alten Haupttore in der Stadtmauer um Seoul.
- Dongnae (東萊): heutiger Bezirk der südkoreanischen Hafenstadt Pusan (釜山).
- Eunsan (殷山): ein Bezirk in der nordkoreanischen Provinz Süd-Pyeongan (平安南道).
- Formosa: alter Name für Taiwan (chin. 臺灣 Taiwan, taiwanes. 大圓 Tai-oan).
- Fujian (福建): auch Fuchien oder Fukien, Provinz an der Südostküste Chinas.
- Fuzhou (福州): auch Foochow, Fuchow, Futschou oder Fuh-chau in älterer westlicher Literatur, Hauptstadt der Provinz Fujian (福建) im Südosten Chinas.

- Ganghwa (江華): vormals Gangdo (江都), Hauptstadt der gleichnamigen Insel (江華島 Ganghwa-do) an der Westküste im Mündungsdelta des Hangang (漢江).
- Ganghwa-do (江華島): die Insel (島 do) Ganghwa an der Westküste im Mündungsdelta des Han (漢江).
- Gangwon-do (江原道): Provinz (道 do) Gangwon an der Ostküste Süd- und Nordkoreas.
- Geomun-do (巨文島): in älterer Literatur auch Port Hamilton, die Insel Geomun vor der südlichen Hafenstadt Yeosu (麗水), in der Provinz Süd-Jeolla (全羅南道).
- Geumgang-san (金剛山): zu Deutsch Diamantengebirge, eine Bergkette in Nordkorea.
- Gimhwa-gun (金化郡): ein Distrikt (郡 gun) in der nordkoreanischen Provinz Gangwon (江原道).
- Golf von Bohai (渤海): auf deutsch auch Bohai-Meer genannt, ein Randmeer des Gelben Meeres im Nordosten von China. Bedeutende Städte am Golf sind Tianjin (天津, ehemals Tientsin) und Dalian (大連, ehemals Dairen).
- Golf von Pechihli (北直隸; P Beizhili): heutiges Bohai (渤海), auch Bohai-See, Bohai-Meer oder Bohai-Golf; ein Golf im Gelben Meer an der Nordostküste Chinas. In der Literatur bis zum frühen 20. Jh. unter den Namen Golf von Chihli (直隸) oder Golf von Pechihli (北直隸) bekannt. Chihli und Pechihli beziehen sich auf alte Namen für die nordchinesische Provinz Hebei (河北).
- Guangdong (廣東): auf deutsch auch Kanton, eine Provinz im Süden Chinas.
- Gwanghwa-mun (光化門): Eingangstor zum Gyeongbok-Palast (景福宮) in Seoul.
- Gwangseong (光城): Festung auf der Insel Ganghwa (江華島).
- Gyeongbok-gung (景福宮): Gyeongbok-Palast, ein Palast im Norden von Seoul, im heutigen Distrikt Jongno-gu (鐘路區). Seine Konstruktion begann im Jahre 1394, und er ist der größte Palast der Choson-Dynastie. 1867 ließ der Regent Daewon-gun (大阮君) den Palast auf 330 Gebäude ausbauen. Nach der Ermordung von Königin Myeongseong (明成皇后) 1895 verließ König Gojong (高宗) den Palast und zog nach seinem einjährigen Aufenthalt in der russischen Gesandtschaft in den Gyeongun-Palast ((慶運宮).
- Gyeonggi-do (京畿道): Provinz um die Hauptstadt Seoul.
- Gyeongheung (慶興): kleine Hafenstadt in der Provinz Hamgyeong-do (咸鏡道), an der Ostküste Nordkoreas.
- Gyeonghui-gung (慶熙宮): der Gyeonghui-Palast; im Westen des Seouler Stadtkerns in der Nähe des Westtores gelegen.
- Gyeongju (慶州): Hauptstadt der Silla-Dynastie (新羅 57 v. Chr.- 935), Stadt im Südosten Südkoreas, nördliche Gyeongsang-Provinz (慶尚北道).
- Gyeongsang(-do) (慶尚道): die Provinz Gyeongsang im Südosten der Halbinsel Korea.
- Gyeongsang-bukdo (慶尚北道): die Provinz Nord-Gyeongsang.
- Gyeongsang-namdo (慶尚南道): die Provinz Süd-Gyeongsang.

- Gyeongseong (鏡城): Stadt in der Provinz Nord-Hamgyeong (咸鏡北道) im Osten Nordkoreas, nahe der Küste gelegen.
- Gyeongun-gung (慶運宮): alter Name des heutigen Deoksu-Palastes (德壽宮 Deoksu-gung) im Seouler Bezirk Jeong-dong (貞洞). [Siehe: Deoksu-gung (德壽宮)].
- Gyeongwon (慶源): Stadt in der Provinz Nord-Hamgyeong (咸鏡北道), im äußersten Nordzipfel Nordkoreas an der Grenze zu Russland.
- Hadong-gun (河東郡): der Distrikt Hadong Berg Halla, im äußersten Süden der koreanischen Halbinsel, in der Provinz Süd-Gyeongsang (慶尙南道).
- Hakodate (函館): heutige drittgrößte Stadt von Hokkaidō (北海道), der nördlichsten der vier japanischen Hauptinseln und Verwaltungssitz der Unterpräfektur Oshima (渡島支廳).
- Halla-san (漢拏山): ein erloschener Vulkan auf der Insel Jeju-do (濟州島) und mit einer Höhe von 1.950 m der höchste Berg Südkoreas.
- Hamgyeong-do (咸鏡道): Hamgyeong war eine Provinz im Nordosten der koreanischen Halbinsel. Sie wurde 1413 gegründet und 1896 in die nördliche und südliche Hamgyeong-Provinz geteilt.
- Hamgyeon-bukdo (咸鏡南道): nördliche Hamgyeong-Provinz.
- Hamgyeong-namdo (咸鏡南道): südliche Hamgyeong-Provinz.
- Han-gang (漢江): Han, mit 497,5 km der viertlängste Fluss in Korea und der zweitlängste in Südkorea. Er fließt durch die südkoreanische Hauptstadt Seoul, dann nach Nordwesten, wo er die Grenze zu Nordkorea bildet, und mündet vor der Insel Ganghwa-do (江華島) ins Gelbe Meer.
- Hankow (漢口 P Hankou): ehemalige eigenständige Stadt, heute ein Distrikt (區 -*qu*), bildet zusammen mit den Distrikten Wuchang (武昌區) und Hanyang (漢陽區) das heutige Wuhan (武漢), Hauptstadt der zentral chinesischen Provinz Hubei (湖北).
- Hanseong (漢城): alter Name der Stadt Seoul ab 1395.
- Hanyang (漢陽): alter Name der Stadt Seoul von 1308 bis 1395.
- Hapjeong(-dong) (合井洞): ein Bezirk im Westen von Seoul, im Distrikt Mapo-gu (麻浦區).
- Hiroshima (広島): Hafenstadt an der Seto-Inlandsee im Südwesten der japanischen Hauptinsel Honshū (本州) und Verwaltungssitz der gleichnamigen Präfektur Hiroshima.
- Hoehyeon-dong (會賢洞): ein zentraler Bezirk im Seouler Distrikt Jung-gu (中區).
- Hongju (洪州): Stadt an der Westküste Südkoreas, in der Provinz Süd-Chungcheong (忠清南道).
- Hongkong (香港 P Xianggang): Kantonesisch Heunggong, Englisch Hong Kong, zu Deutsch: „Duftender Hafen", heutige Sonderverwaltungszone und ehemalige britische Kolonie an der Südküste Chinas an der Mündung des Perlflusses (chin. 珠江 P Zhujiang oder Zhu Jiang).
- Hwanghae-do (黃海道): ehemalige Provinz im Zentrum Koreas. Sie wurde 1395 gegründet und 1954 in Nord-Hwanghae (黃海北道 Hwanghae-bukdo) und Süd- Hwanghae (黃海南道 Hwanghae-namdo) geteilt.

- Hwaryeong (和寧): anderer Name für Yeongheung (永興), eine Stadt im Süden der Provinz Hamgyeong-namdo (咸鏡南道).
- Hyehwa-dong (惠化洞): Hyehwa, ein zentraler Bezirk im Seouler Distrikt Jung-gu (中區).
- Incheon (仁川): Hafenstadt 28 km westlich von Seoul an der Westküste Südkoreas, in der Provinz Gyeonggi-do (京畿道).
- Ja-gang-do (慈江道): die nordkoreanische Grenzprovinz Ja-gang zu China.
- Jangsan-got (長山串): bekannte Felsformation an der nordkoreanischen Westküste im Bezirk Yongyeon-myeon (龍順面), Provinz Hwanghae-do (黃海道).
- Jeju-do (濟州島): Jeju-do (auch: Cheju), subtropische Vulkaninsel südlich der koreanischen Halbinsel. Sie ist die größte südkoreanische Insel und war in alter westlicher Literatur auch unter dem Namen Quelpaert bekannt.
- Jeolla-do (全羅道): Provinz im Süden der koreanischen Halbinsel.
- Jeolla-bukdo (全羅北道): Provinz Nord-Jeolla.
- Jeolla-namdo (全羅南道): Provinz Süd-Jeolla.
- Jeong-dong (貞洞): der zentrale Bezirk Jeong im Seouler Distrikt Jung-gu (中區).
- Jilin (吉林): auch Chilin, Kirin oder mandschurisch Girin ula, eine Provinz im Nordosten Chinas, an der Grenze zu Nordkorea.
- Jung-gu (中區): Jung, ein Distrikt in Seoul.
- Kanagawa-ken (神奈川県): Präfektur Kanagawa im Süden der Region Kantō (関東地方) der japanischen Insel Honshū (本州).
- Kanton (廣州 P Guangzhou): Hauptstadt der Provinz Guangdong (廣東) im Süden Chinas, im Deutschen auch als Provinz Kanton bekannt.
- Karuizawa-machi (軽井沢町): Gemeinde im Kitasaku Distrikt (北佐久郡) in der japanischen Präfektur Nagano (長野県) auf Honshū (本州).
- Kiautschou (膠州 P Jiaozhou): von 1898 bis 1914 deutsche Kolonie im Süden der Shandong-Halbinsel (山東半島) an der chinesischen Ostküste. Es umfasste die Kiautschou-Bucht und die beiden die Bucht abschließenden Halbinseln und hatte eine Größe von 552 km². Die Hauptstadt war Tsingtau (青島), im chinesischen Pinyin Qingdao geschrieben.
- Kōbe (神戸): Hauptstadt der Präfektur Hyōgo (兵庫県) im Westen der Region Kansai (関西地方) auf der japanischen Hauptinsel Honshū (本州).
- Kyōto (京都): In der (heutigen) Region Kansai (関西) auf der Hauptinsel Honshū (本州) gelegen. Von 794 bis 1867 kaiserliche Residenzstadt und von 794 bis 1192 und von 1333 bis 1568 Hauptstadt Japans.
- Kyūshū (九州): Mit einer Fläche von 35.640 km² drittgrößte und südlichste der vier Hauptinseln Japans.
- Liaodong siehe Liaotung
- Liaotung (遼東 P Liaodong), Halbinsel der nordöstlichen Provinz Liaoning (遼寧), zwischen dem Golf von Korea (Koreabai) im Osten und dem Golf von Bohai (渤海) im Westen, mit den Hafenstädten Lüshunkou (旅順口, ehemals ***Port Arthur***) und Dalian (大連 ***Dairen***).
- Macao (chin. 澳門 P Aomen; portugiesisch: Macau): eine in der Nähe von Hongkong (香港) gelegene ehemalige portugiesische Kolonie. Im Jahr 1999

wurde sie als zweite Sonderverwaltungszone in die Volksrepublik China integriert.
- Mapo-gu (麻浦區): Mapo, ein Distrikt in Seoul.
- Masanpo (馬山浦): alter Name der heutigen Hafenstadt Masan (馬山) an der Küste im Süden Koreas, Verwaltungssitz der Provinz Süd-Gyeongsang (慶尙南道).
- Matsumoto (松本): Stadt in der Präfektur Nagano (長野縣) im Zentrum von Honshū (本州), der Hauptinsel von Japan.
- Mokpo (木浦): eine Stadt in der Provinz Süd-Jeolla (全羅南道) im äußersten Südwesten Koreas.
- Mukden: heutiges Shenyang (沈阳), Hauptstadt der Provinz Liaoning (遼寧) im Nordosten Chinas.
- Mulberry Palace: eingezäuntes Grundstück und Teil des Gyeonghui-Palastes (慶熙宮 Gyeonghui-gung) in Seoul, innerhalb der Stadtmauer am Westtor (西大門 Seodae-mun) gelegen. Dort pflanzte August Maertens ab 1884 Maulbeerbäume an, was dem Gebäude seinen Namen gab.
- Myeong-dong (明洞): Myeongm, ein zentraler Bezirk im Seouler Distrikt Jung-gu (中區).
- Naeipo (乃而浦): oder Jepo (薺浦), Stadt im Distrıkt Changwon (昌原郡), Ungcheon (熊川), östlich von Jinhae (鎭海), in der Provinz Süd-Gyeongsang (慶尙南道).
- Namdae-mun (南大門) oder Sungye-mun (崇禮門): großes Südtor, eines der vier alten Haupttore in der Stadtmauer um Seoul.
- Nagano-ken (長野縣): Präfektur Nagano in der Region Chūbu (中部地方) auf der japanischen Hauptinsel Honshū (本州).
- Nagasaki (長崎): Präfektur und größte Stadt der Präfektur Nagasaki (長崎県) an der Südwestküste der japanischen Hauptinsel Kyūshū (九州).
- Namhae-do (南海島): Namhae, Insel an der Südküste Koreas, im heutigen „Hallyeo-Haesang National Park" (閑麗海上國立公園 – Hallyeo haesang gungnip gongwon), in der Provinz Süd-Gyeongsang (慶尙南道).
- Nanjing siehe Nanking
- Nanking (南京 P Nanjing): Hauptstadt von Jiangsu (江蘇), einer Provinz im Osten Chinas, am Gelben Meer gelegen.
- Niuzhuang siehe Newchang
- Newchwang (牛莊 P Niuzhuang): heutiges Yingkou (营口), zweitgrößte Hafenstadt im Norden Chinas nach Dalian (大連), in der nordöstlichen Provinz Liaoning (遼寧) gelegen.
- Ningbo siehe Ningpo
- Ningpo (寧波 P Ningbo): Küstenstadt der ostchinesischen Provinz Zhejiang (浙江).
- Ninoshima (似島): eine kleine Insel in der Seto-Inlandsee (瀬戸内海 Seto Naikai), in der Nähe von Hiroshima (広島).
- Oeyeon-do (外煙島): Oeyeon, Insel an der Westküste Südkoreas, in der Provinz Süd-Chungcheong (忠清南道 Chungcheong-namdo).

- Oksadeok (玉砂탕): kleiner Ort tief in den Bergen in der nordkoreanischen Provinz Ja-gang-do (慈江道) im Distrikt Seonggan (城干郡 Seonggan-gun), 5,4 km nordwestlich des Dorfes Ssangbang (雙芳里).
- Ōsaka (大阪): Stadt in der Region Kansai im Zentrum der japanischen Hauptinsel Honshū (本州) an der Mündung des Yodogawa (淀川).
- Peking (北京 P Beijing): Hauptstadt der Volksrepublik China mit einer über dreitausendjährigen Geschichte. Zu Deutsch bedeutet der Name: Nördliche Hauptstadt.
- Port Arthur: heutiges Lüshunkou (旅順口), ein Bezirk der chinesischen Hafenstadt Dalian (大連) in der nordöstlichen Provinz Liaoning (遼寧).
- Port Hamilton: heutige Insel Geomun-do (巨文島), vor der südlichen Hafenstadt Yeosu (麗水) gelegen, in der Provinz Süd-Jeolla (全羅南道 Jeollanamdo).
- Port Lazarev: heutige nordkoreanische Hafenstadt Wonsan (元山), Hauptstadt der Provinz Gangwon (江原道).
- Possiétbucht: „Peters des Großen Bai, Meerbusen des Japan. Meers an der Südspitze des russ.-sibir. Küstengebietes, besteht aus 6 großen Buchten, bes. der Ussuri-, Amur- und Possietbucht; mit der Meerenge Östlicher Bosporus, an deren einer Bucht (Goldenes Horn) der Hafen von Wladiwostok liegt." Zitiert nach: Brockhaus' Kleines Konversations-Lexikon, 5. Aufl., Leipzig 1911, Bd. 2, S. 386.
- Pungdong (楓洞): kleiner Ort im Distrikt Gimhwa (金化郡 Gimhwa-gun), Provinz Gangwon (江原道 Gangwon-do), Nordkorea.
- Pungyang-hyeon (豊攘縣): alter Name aus der Koryo-Dynastie (高麗 918–1392) für das heutige Dorf Songneung (松陵里) im Bezirk Jin-geon (眞乾面), in der Nähe der Stadt Namyangju (南楊州), Provinz Gyeonggi (京畿道).
- Pusan (釜山): nach dem revidierten Transkriptionssystem Busan, in alter westlicher Literatur oft auch Fusan geschrieben, größte Hafenstadt Südkoreas, im Süden der Halbinsel in der Provinz Süd-Gyeongsang (慶尚南道 Gyeongsang-namdo) gelegen.
- Pyeongchang-dong (平倉洞): ein zentraler Bezirk im Norden des Seouler Stadtkerns, im Distrikt Jongno(-gu) (鐘路區).
- Pyeongan-do (平安道): Provinz Pyeongan im Nordwesten der koreanischen Halbinsel mit Pyeongyang (平壤) als Hauptstadt. 1896 wurde das Gebiet in die heutigen Provinzen Nord-Pyeongan (平安北道) und Süd-Pyeongan (平安南道) geteilt.
- Pyeongyang (平壤): Hauptstadt Nordkoreas, im Nordwesten der Halbinsel gelegen.
- Quelpaert: Name der südlichen, subtropischen Insel Jeju-do (濟州島) in älterer westlicher Literatur.
- Qingdao siehe Tsingtau
- Roze-Island: Name in älterer westlicher Literatur für Wolmi(-do) (月尾島), eine Insel vor Chemulpo (濟物浦), einem heutigen Bezirk der Hafenstadt Incheon (仁川).

- Ryūkyū-Archipel (jap. 琉球列島 Ryūkyū-*rettō*): eine zu Japan gehörende Inselkette im Ostchinesischen Meer (Pazifischer Ozean) südwestlich von Japan, die sich über 1.200 km zwischen Kyūshū (九州) und Taiwan (chin. 臺灣, taiwanes. 大圓) erstreckt.
- Sang(-dong) (尙洞): ein ehemaliger Bezirk in Seoul, im heutigen zentralen Bezirk Namchang-dong (南倉洞) im Distrikt Jung-gu (中區) gelegen.
- Schantung siehe Shandong
- Seodae-mun (西大門) oder Donui-mun (敦義門): großes Westtor, eines der vier alten Haupttore in der Stadtmauer von Seoul.
- Seoncheon-gun (宣川郡): Seoncheon, ein Distrikt in der Provinz Nord-Pyeongan (平安北道) in Nordkorea.
- Seongjin (城津): alter Name der heutigen Stadt Gimchaek (金策) in der Provinz Nord-Hamgyeong (咸鏡北道) in Nordkorea.
- Seoul (서울): Hauptstadt Südkoreas, von 1308 bis 1395 Hanyang (漢陽), ab 1395 Hanseong (漢城) und seit 1945 Seoul genannt.
- Shandong (山東): im Deutschen häufig Schantung geschrieben, eine Provinz im Osten Chinas.
- Shanghai (上海): bedeutendste moderne Industriestadt der Volksrepublik China an der Ostküste. Shanghai liegt im Mündungsgebiet des Jangtse (auch Yangtse, chin. 長江 Chang Jiang, zu Deutsch: „Langer Fluss", oder 揚子江 P Yangzi Jiang, wovon sich die früher im Deutschen häufig benutzte Bezeichnung „Jangtsekiang" ableitet) am Huangpu-Fluss (黃浦江). Die Nachbarprovinzen sind Jiangsu (江蘇) im Nordwesten und Zhejiang (浙江) im Südwesten.
- Shimoda (下田): Stadt und Seehafen in der japanischen Präfektur Shizuoka (静岡県) in der Region Chūbu (中部地方) auf der Insel Honshū (本州).
- Shimonoseki (下関): Stadt in der Präfektur Yamaguchi (山口県) am südwestlichen Zipfel von Honshū (本州).
- Sir James Hall Inseln: eine Bezeichnung in alter westlicher Literatur für die drei Inseln Baengnyeong (白翎島), Daecheong (大青島) und Socheong (小青島), die dem heutigen Incheon (仁川) an der Westküste Koreas im Distrikt Ongjin (甕津郡) vorgelagert sind.
- Soan-dong (小安洞): heutiger zentraler Bezirk Anguk-dong (安國洞) im Seouler Distrikt Jongno(-gu) (鐘路區).
- Suwon (水原): Hauptstadt der koreanischen Provinz Gyeonggi (京畿道 Gyeonggi-do).
- Tanegashima (種子島): Insel im Süden der Präfektur Kagoshima (鹿児島県) auf der Insel Kyūshū (九州).
- Tianjin siehe Tientsin
- Tientsin (天津 P Tianjin): zu Deutsch „Himmelsfurt", wichtige Hafenstadt an der Küste im Norden Chinas, südöstlich von Peking (北京).
- Tokio (東京): Tōkyō, Hauptstadt Japans, in der Region Kantō (関東地方) im Osten der Insel Honshū (本州).
- Toyama (富山): Stadt und Verwaltungssitz der Präfektur Toyama (富山県) auf Honshū (本州).

- Tsingtau (青島 P Qingdao): Zu Deutsch „Grüne Insel"; Hafenstadt in der ostchinesischen Provinz Shandong (山東), ehemals Hauptstadt der deutschen Kolonie Kiautschou (膠州).
- Tsuruga (敦賀): Stadt in der japanischen Präfektur Fukui (福井県), Region Chūbu (中部地方), im zentralen Teil der Insel Honshū (本州).
- Tsushima (対馬): Insel im Japanischen Meer bzw. Ostmeer. Sie liegt in der Koreastraße zwischen Korea und der japanischen Insel Kyūshū (九州) und gehört zur Präfektur Nagasaki (長崎県).
- Tumen: auch Tuman, kor. 豆滿江 Duman-gang, Fluss in Nordostasien. Er entspringt im Changbai-Gebirge (kor. 長白山 Jangbaek-san) und mündet nach 521 km ins Japanische Meer bzw. Ostmeer. Entlang des Tumen verläuft die nordkoreanische Grenze zu China und Russland.
- Uiju (義州): heutiges Sinuiju (新義州) in Nordkorea, Hauptstadt der Provinz Nord-Pyeongan (平安北道), Grenzstadt zu China.
- Ulleung-do (鬱陵島): Ulleung, in älterer Literatur auch Dagelet-Island, Insel im Japanischen Meer / Ostmeer, etwa 120 Kilometer vom Festland der koreanischen Halbinsel entfernt.
- Uraga (浦賀): Stadt und Hafen am Eingang der Tōkyō-Bucht (東京湾), auf der östlichen Seite der Miura-Halbinsel (三浦半島) in der Präfektur Kanagawa (神奈川県) gelegen.
- Ussuri: chin. 烏蘇里江 Wusuli-jiang, 588 km langer rechter Nebenfluss des Amur (黑龍江 Heilong-jiang) in Russland und China.
- Waegwan (倭館里): Kleinstadt in der koreanischen Provinz Nord-Gyeongsang (慶尙北道), im Distrikt Chilgok (漆谷郡), Bezirk Waegwan (倭館邑).
- Wolmi-do (月尾島): Wolmi, in älterer westlicher Literatur auch Roze-Island genannt, Insel vor Chemulpo (濟物浦), ein Bezirk der heutigen Hafenstadt Incheon (仁川) an der Westküste Koreas.
- Wonsan (元山): in älterer westlicher Literatur auch Port Lazarev, nordkoreanische Hafenstadt und Hauptstadt der Provinz Gangwon (江原道 *-do*).
- Wusung (吳淞 P Wusong): auch Woosung, ehemaliger Vorhafen von Shanghai (上海), integriert in den heutigen Shanghaier Distrikt Baoshan (寶山區).
- Yalu: kor. 鴨綠江 Amnok-gang, Grenzfluss zwischen der Volksrepublik China und Nordkorea. Er entspringt auf 2.500 m Seehöhe im Changbai-Gebirge (長白山 Changbai-shan, kor. 白頭山 Baekdu-san) und fließt nach 813 km zwischen den Städten Dandong (丹東 Dandong) im Nordosten Chinas und Sinuiju (新義州), Hauptstadt der Provinz Nord-Pyeongan (平安北道) an der nördlichen Grenze zu China, in das Gelbe Meer (kor. 黃海 Hwanghae, oder Westmeer: 西海 Seohae).
- Yamaguchi (山口): Hauptstadt der Präfektur Yamaguchi (山口県) in der Region Chūgoku (中国地方) im äußersten Westen von Honshū (本州).
- Yanji (延吉, kor. Yeon-gil): Hauptstadt des „Autonomen koreanischen Bezirks Yanbian" (chin. 延邊朝鮮族自治州 Yanbian Chaoxiazu Zizhizhou) in der heutigen Provinz Jilin (吉林) im Nordosten Chinas.
- Yantai (煙台): bezirksfreie Stadt in der ostchinesischen Provinz Shandong (山東), in älterer westlicher Literatur häufig Chefoo genannt.

- Yeompo (鹽浦): Stadtteil des heutigen Ulsan (蔚山) in der Provinz Süd-Gyeongsang (慶尙南道), zwischen Jangsaengpo (長生浦) und Bangeojin (方魚津), im Osten der Stadt.
- Yeongjong-do (永宗島): Insel an der Westküste Koreas, vor der Hafenstadt Incheon (仁川) gelegen, in der Provinz Gyeonggi (京畿道).
- Yeongheung (永興): Stadt im Süden der nordkoreanischen Provinz Hamgyeong-namdo (咸鏡南道).
- Yeongheung-Bucht (永興灣): Bucht vor der nordkoreanischen Hafenstadt Wonsan (元山).
- Yeosu (麗水): Hafenstadt im Süden Koreas, in der Provinz Süd-Jeolla (全羅南道).
- Yokohama (横浜): Stadt und Verwaltungssitz der japanischen Präfektur Kanagawa (神奈川県), in der südlichen Kantō Region (関東地方) der Hauptinsel Honshū (本州). Yokohama zählt zu einem Teil des heutigen Ballungsgebietes von Tōkyō (東京).
- Yongyeon-myeon (龍順面): ein Bezirk in der nordkoreanischen Provinz Hwanghae (黃海道).
- Zhejiang (浙江): in älterer westlicher Literatur auch Chekiang genannt, Küstenprovinz im Osten Chinas.

XIV. NAMENSINDEX

[*Hinweis:* Ein **Fettdruck** der Seitenzahl weist auf eine wichtige Nennung der Person im Text hin, bei *kursiven Zahlen* wird der Name in einer Fußnote genannt und ein „**a**" hinter einer Seitenzahl bedeutet eine Namensnennung in der Unterschrift einer Abbildung!]

Abahai 23, 24a
Abegg, Waldemar **353**
Abeken, …von **273**
Adalbert Ferdinand Berenger Viktor, Prinz von Preußen **273**, **274**, 303
Ahrendts, F. L. **251**
Akechi Mitsuhide (明智 光秀) 21
Alberts, H. A. **306**
Alexander II. Nikolajewitsch, Zar von Russland 60
Allen, Horace Newton *42*, *45*, *138*, *152*, *161*, 211a, 236a
Allmacher, F. **367**
Alvensleben, Otto Udo Constantin Karl Werner von **274**
Amherst, Lord William Pitt 43, 44a
Amrhein, Andreas 181, 182
An Jung-geun (安重根) *172*, 218, 219a
Arendt, Carl Hermann Julius Eduard 91, **237**, 239
Arnous, H. G. **251**, 254, 270, 272, 273
Aschenborn, Richard Heinrich Anton Louis Karl **274**
Ashikaga Takauji (足利 尊氏) *16*
Athich 181
Austrasicus **371**

Bälz, Erwin Otto Eduard 159, 160, 165, **323**, **324**
Bardeleben, Heinrich von 383
Bartels, W. **371**
Bassenge **275**
Baudissin, Friedrich A. Chl. H. Graf von **275**, 285, 290, 305, 306, 381
Bauer **276**, 292
Bauer, Columban 184, **339**

Bauer, Louis 130, **307**
Baumann, (Schwester von Paul Friedrich Baumann) 308a, 315a, **380**
Baumann, Paul Friedrich 132, 133a, 135a, 184, **307**, 308a, 315a, 380
Becker **276**, 426
Belcher, Edward 45, 46
Bell, Henry H. 52, 53
Bell, Johann Adam Schall von 65, 66
Bellenot, Henri de 50
Below, Johannes 142
Bendemann, Felix Eduard Robert Emil von 238, **276**, **277**, 281, 296, 303
Bereswinda 181
Berger, Arthur 302, **353**, 363
Bern, Fritz Heinrich **225**
Bey (Ley) **277**, 291
Bielert, J. **252**
Bismarck, Otto Eduard Leopold Fürst von 9, 58, 59, 60, 98, 99, 117, 190, 273
Blanc, Louis von 90, 93a, 238, **278**
Blockhus, M. **308**
Bockenheimer, Philipp **325**, **326**, 363
Boeddinghaus, Carl Ernst 314, 383
Boher, J. 178, 179a
Böhmack **278**
Bohlen und Halbach, Gustav Georg Friedrich Maria von **238**, 277
Bolljahn, A. K. W. **252**
Bolljahn, Johannes **136**, **137**, **138**, **139**, **140**, **141a**, **142**, **143**, **144**, **145**, 155, 157, 163, 164, 178, **252**, 283, 286, 292, 328, 366, 380, 381a, 382
Bonaparte, Napoléon 44
Bottig, Hedwig 158

Brandt, Max August Scipio von 58, 59, **82**, **83**, 90, 92, 93, 94, 96, 103, 104, 105, 237, **238**, **239**, 244, 245, 278, 292, 300, 340
Brass, Emil 354
Brenner **308**
Breusing, Alfred **278**
Brinckmann **87**, **88**, **89**, 285, 286, **371**
Brinckmeier, Hatsu 225, **380**
Brinckmeier, Robert Hans Carl 163, **225**, **254**
Brinckmeier, Theresa 225, 308a, **380**
Brombach, R. **308**
Broughton, William Robert 42, 43a
Bruhn, A. **367**
Brunhuber, Robert **355**
Brussatis, Reinhold **278**, 280, 426
Budler, Hermann 96, **225**, **226**, 229, 232, 235, 250, 273, 293
Büchsel, Ernst **279**
Bülow, Bernhard Heinrich Martin Karl von *130*, *144*, 176, *202*, 203, *207*, 210, 214, *218*
Bunsen, Olga 74
Burnett, R. R. 106
Buse 215, **372**
Butler, G. A. 106

Calais, Adolph Nicolas 31
Campbell 85, 87, 89
Carletti, Francesco 37
Cécille, Jean-Baptiste Thomas Médée 46
Céspedes, Gregorio de **34**, **35**, **36**
Chastan, Jacques-Honoré 46
Cheoljong (哲宗) 26, 31
Chiu, S. 133
Choe Je-u (崔濟愚) 191, 192
Claassen, H. **227**, **254**, 270, 272, 273
Claer, Alexander Karl August von 174, 175, **227**, 299, 302
Closter, N. **367**
Coates, Georg **242**
Collin de Plancy, Victor 211a, 224a, 236a, 308a
Corea, Antonio 37

Corfe, Charles John 384
Cramer 83, **84**, **86**, **340**
Crons, Walther 373

Dagelet, Joseph Lepaute 42
Daewon-gun (大阮君) (Yi Ha-eung) **26**, **27**, **28**, **29**, **30**, **31**, **32**, **33**, 53, 55, 56, 58, 60, 78, 80, 194, 197, 199
Delcoigne, Adhémar 158, 381
Denny, Owen Nickerson 113, 114, 264
Deokhye Ongju (德惠翁主) 222a
Dethlefsen **368**
Deutsche Handelskommission **373**
Deutsche Leibwache **374**, **375**
Deutsche Seeleute **375**
Deutscher Deserteur **374**
Deutsches Kindermädchen **374**
Diederichs, Otto von 191, 276, 278, **279**, **280**, *294*, 304, 306, 349, 425
Diedricht, Claus 112, **254**, 260, 268
Dipper, Edmund 165, 166
Domke, Max Julius **228**
Dreyr, J. **309**
du Bois **280**, 425

Ebena, R. **309**
Eckardt, Andre 149, 156, 184, 185, 186, **340**, 349
Eckert, Amalie 138, 157, 164, 179a, 377, **380**, 381a
Eckert, Anna-Irene 158, **381**
Eckert, Franz 138, 141, **145**, **146**, **147**, **148**, **149**, **150**, **152**, **153**, **154**, **155**, **156**, **157**, 163, 252, **255**, 283, 380, 381
Eckert, Franz (Sohn) 157, 381
Eckert, Georg 158, 381
Eckert, Karl 158, 381
Eckert, Elisabeth (Liesbeth) 158, 381
Eckert, Mathilde 252, **380**
Ehlers, Otto Ehrenfried 124, 257, **356**
Eisendecher, Karl von 63, 164, 90
Eishō Kōtaigō (英照皇太后) 147
Enshoff, Dominikus 183, 184, **343**, **344**, 350

Etzel, Franz Hermann Günther von 231a, **242**, **243a**, 290
Eulenburg, Friedrich Albrecht Graf zu 9

Fangauer, Paschalis 184, **345**
Febiger, John Carson 53
Fenton, John William 147
Féron, Stanislas 31, 53, 78, 79, 80, 375
Fielitz **281**, 425
Florenz, Karl 385
Flötzinger, Ildefons 184, 187a, **345**, **346**
Fluder 96, 250, **281**, 288
Foucan Eion 35
Franke, Alwin Wilhelm Otto **243**
Frantzius, Ernst von **281**, 283, 298
Friedrich Wilhelm III, König von Preußen 69

Gatermann **375**
Geißler (Frau von Richard Geißler) **381**
Geißler, Richard **282**, 299
Gemsky 281, **283**, 298
Genthe, Siegfried 124, 140, 141, **357**
Georg Franz Joseph Luitpold Maria, Prinz von Bayern **283**
Gerards, Theodoric 38
Gersdorff, Ludwig von 101
Gildemeister, Hermann L. 358
Ginsberg, A. **309**
Goffe, H. 127
Gogeisl, Anton 67
Gojong (高宗) 27, 56, 57a, 58, 100, 107, 109, 112, 113, 114, 150, 152, 154, 155, 158, 169, 173, 175, 193, 194, 197, 198, 199, 201, 206, 207, 208a, 212, 213, 215, 216, 218, 219, 222a, 247, 248, 249, 264, 272, 278, 279, 280, 282, 283, 291, 295, 298, 299, 300a, 302, 303, 315, 324, 332, 361, 366, 372, 374
Goltz, Conrad Freiherr von der **244**
Gorschalki, A. F. 145, 163, **309**, 382
Gorschalki, Ida 145, **382**
Gottberg, Otto von **357**
Gottsche, (Frau von Carl Gottsche) **382**
Gottsche, Carl Christian 111, 259, **326**, 382
Gramatzky, August **328**
Greathouse, Clarence R. 374
Grebst, William Daniel August Andersson 300a
Grünau, Curt Otto Werner von **244**
Grundmann, W. **257**
Gu In-hu (具仁壴) 38
Gwon, Vinzent 36
Gützlaff, Carl Friedrich August 45, **68**, **69**, 70, 71, 72, *73*, 74, **346**

Hackmann, Heinrich Friedrich 323, **347**
Hagiwara S. 224a, 236a
Hall, Basil 42, 43, 44
Hallerstein, August Ferdinand Haller von 67
Hallifax, T. E. 137
Halm **284**
Hamel, Hendrick **39**, *40*, **41**, 68
Hamilton, Angus 127
Han Gyu-seol (韓圭卨) 206
Hanneken, Constantin von 275, **284**, **285**
Hart, Robert 101, 102a, 105, 113, 115
Hartig, Georg 373, **376**
Hassenpflug, Luis **87**, **88**, **285**, 372
Hatzfeld-Trachenberg, Alexander Maria Hermann Melchior Graf von **245**
Hayashi Gonsuke (林權助) 206, 217, 224a, 236a, 308a
Hayashi Hiromori (林広守) 148
Heard, Augustine 239
Heard, Helen Maxima 239, 244
Heckscher, R. 132, **310**
Hefele, Karl **329**
Heinrich Albert Wilhelm, Prinz von Preußen 118, 203a, **286**, **287**
Heinsen, Rudolph 78

Helferich, Heinrich 160
Helm, Paul 112, **257**
Henkel, H. **382**
Henkel, Hermann 132, 184, **310**, 382
Hennessy, John Pope 102
Henschel (jap. Ehefrau von Otto Henschel) **382**
Henschel, Otto F. E. 132, **257**, **310**, **311**
Herbig, Otto 95, 151, 250, **287**, 296
Herz, Otto **329**, **330**
Herzberg, C. **368**
Herzog **288**
Hess 96, 250, 281, **288**
Hesse-Wartegg, Ernst von 123, 258, 370
Hintze, Julius F. **258**
Hoffmann (Dr. med.) **288**
Hoffmann (Korvettenkapitän) **289**, 426
Hoffmann, Max 242, **289**, **290**
Hogarth, George 49
Holmes, E. Hamilton 211a, 236a
Holthausen, Rosalie (Rosalie von Möllendorff) 102, **383**
Holtzendorff, Henning Rudolf Adolf Karl von 288, **290**
Holz, J. C. A. **258**
Hong Dae-yong (洪大容) 67
Hopkins 384
Huang Taiji (皇太極) 23, 24
Huber, Martin 184, **348**
Huss, Hans **290**
Hyojong (孝宗) 38

Ieiri Kakitsu (家入嘉吉) 198
Illies, Carl **358**, **359**
Ingenohl, Gustav Heinrich Ernst Friedrich von **291**
Injo (仁祖) 23, 38, 65
Inoue Kaoru (井上馨) 197
Inoue Yoshika (井上良馨) 61
Itō Hirobumi (伊藤博文) 172, 193, 206, 215, 218, 219

Jacobsen **359**, 425
Jagemann, P. **368**

Jagor, Andreas Feodor **330**
James 76
Jang In-hwan (張仁煥) *215*
Jänicke, Johannes 69
Janson, Johannes Ludwig **331**, 336
Jardine, William 116
Jena, von 277, **291**
Jenkins 79, 80, 375
Jeon Bong-jun (全捧準) 194, 195a
Jeong Jae-ryun (鄭載崙) 38, *39*
Jeon Myeong-un (田明雲) *215*
Jlling **311**
Jo Byeong-sik (趙秉式) 146
Jo Du-sun (趙斗淳) 31
Jo Yeong-ha (趙寧夏) 91, 93, 106
Joly 308a
Jordan, Sir John Newell 211a, 224a, 236a, 308a
Jores, Alexander 373, **376**

Kalitzky, Emily **382**
Kalitzky, Friedrich August **228**
Kämpfer, Engelbert 158
Katō Kiyomasa (加藤清正) 36
Kegel, Friedrich Wilhelm 132a, **311**, 317
Kegel, W. C. **312**
Kempener, … von **376**
Kempermann, Peter 117, 226, **229**, 235, 236
Kessler, H. **312**
Ketteler, Clemens August Freiherr von 91, 239, **245**
Keussen, Alexander 373, **376**
Kieschke, A. **312**
Kikuchi Kenjō (菊池謙讓) 198
Kim Hong-jip (金弘集) 91, 92a, 93a, 96, 198
Kim Yun-sik (金允植) 105, 106, 112, 167
Klocke, Eduard **359**, **360**
Klöbe, Adolf **292**
Kniffler 111, 254, **259**, 270, 272, 273
Kniffler, Louis 259, 358
Knight, Francis P. 58, 59
Knipping, Friedrich **292**

443

Knochenhauer, Bruno **313**, 323
Koch, J. A. **368**
Kochem (Frau) 382
Kochem (Herr) **376**, 382
Kögler, Ignatius 66, *67*
Köhler **84**, **85**, **86**, **292**
Komura Jutarō (小村壽太郎) 199, 200
Königsmarck, Hans Graf von **246**
Kofoed, N. C. **259**
Kohlhauer, Eugen **293**
Konishi Yukinaga (小西行長) 35, 36
Korn **293**
Krapf, J. **313**
Kraus (Frau von Friedrich Kraus) **382**
Kraus, Friedrich 112, 254, **260**, 268, 382
Krause-Wichmann, Fr. 373, **377**
Krebs (Krebbs), C. **260**
Kreutziger, F. **313**
Kreyenberg 292, **293**
Krieger, Michael **360**
Krien, Ferdinand 114, 117, 129, 130, 136, 138, 163, 194, 201, 202, **229**, 232, 247, 280, 282, 286, 298, 299, 302, 349, 361
Kroebel, Emma *154*, 174, 176, 177a, 178, **260**, **261**
Kroebel, Ernst 179a, 217, 260, **294**, 377
Krüger, Dorothea **382**
Krüger, Friedrich 118, 184, 210, 215, 217, 220, **230**, **231**, 235, 291, 318, 326, 384
Krupp, Bertha 238
Krupp von Bohlen und Halbach (Siehe: Bohlen und Halbach) **238**
Kugelmann, Willibald 184, 185
Kühne, Robert **294**
Kujō Asako (九条夙子) 147
Kunitomo Shigeaki (國友重章) 197
Küsel, Hans **295**

Laucht, H. W. **261**
La Pérouse, Jean-François de Galaup, comte de 42
Lee Ki-baek 206
Lehmann, Ewald 217, **360**
Lenzmann, Robert **361**
Lessel, Johann Friedrich August von **295**
Li Hung-chang (李鴻章) 65
Lindholm, K. H. von **261**
Lindsay, Hugh Hamilton 45, 71, 346
Lobanow-Rostowski, Aleksej Borisowitsch 200
Low, Frederick Ferdinand 54
Lucius von Ballhausen, Otto Freiherr von **361**
Lührs, Carl Otto 123, **313**, **314**, 383
Lührs, Dora **383**
Lührs, Erna **383**
Lührs, Marta **383**
Lührs, Marie **383**
Lührss, G. F. W. **261**
Lützow **295**

Ma Chien-chung (馬建忠) 91
Maasberg, C. A. **261**
Maertens, (Frau von August Maertens) **383**
Maertens, August H. 111, **262**, 309
Magnus, Friedrich **361**
Maltzahn, Freiherr von **296**
Mannheimer, P. E. **263**
Martel, Charles *145*
Martel, Emile 138, 142, 157, 164, 380, 381a
Martel, François 380
Martel, Marie Antoinette 380
Martel, Marie Louise 380
Martel, Marguerite 380
Maschmeyer, Ludwig **314**
Matheson, James 116
Maubant, Pierre-Philibert 46
Maxwell, Murray 42, 43a
Mayers 88, 89
Mayet, Paul 96, 250, **331**
Mayr, Heinrich 283, **332**
McLeod, John 44
Megata Tanetaro (目賀田 種太郎) 236a

Meincke, Max **247**
Meissner, Kurt 10
Mensing, Otto 158
Meyer, C. A. **263**
Meyer, F. 369
Meyer, G. 132, **314**
Meyer, Heinrich Constantin Eduard 112, 116, 117, 118, 119, 122, 123, 124, 126, 127, 128, 129a, 130, 131, 132, 160, 209, 234, 254, 257, 262, 307, 310, 313, 314, **315**, 317, 318, 319, 320, 321, 368, 370, 380, 382, 383, 384, 386
Min Cheol-hun (閔哲勳) 207
Min Jong-muk (閔鍾默) 136
Min Yeong-hwan (閔泳煥) 150, 151a, 170
Min Yeong-mok (閔泳穆) 97, 222
Minbi (閔妃) 168
Mittelstaedt, Xaver von **296**
Miura Gorō (三浦梧楼) 197, 198
Möllendorff, ... von (Schwester von P. G. von Möllendorff) **383**
Möllendorff, Emma von 101
Möllendorff, Georg Heinrich von 101
Möllendorff, Otto Franz 102
Möllendorff, Paul Georg von 96, 100, 101, 102, 103, 104, 105, 106, 107, 108, 109, 110, 111, 112, 113, 114, 115, 116, 127, 128, 129, 134, 137, 168, 223, 251, 254, 257, 259, 260, 261, 262, **264**, 266, 268, 270, 272, 321, 326, 383
Möllendorff, Rosalie von 151, 168, 303, **383**
Möller 369, 375
Moltke, Heinrich Karl Leonhard Graf von 277, **296**, 297a
Monaco (Frau von Attilio Monaco) 224a, 308a
Monaco, Attilio 236a, 308a
Morgan, Edwin Vernon 308a
Mörsel (Frau von F. H. Mörsel) **384**
Mörsel (Tochter von F. H. Mörsel) **384**

Mörsel, Ferdinand Heinrich **266**, **267**, **316**, 384
Müller, Friedrich Wilhelm Karl **333**
Müller, Georg Alexander von 286, **297**
Müller, Marga **384**
Müller, Max **247**, 384
Müller, K. Friedrich **349**, 425
Mumm von Schwarzenstein, Alfons Freiherr 165, 214
Mutel, Gustave-Charles-Marie 182, 187, 350
Myeongseong (明成皇后 -*hwanghu*) = Minbi (閔妃) 168

Naito, K. 132
Newell, Mary 69
Ney, Gottfried 118, 179a, 210, 215, 230, **231**, 233, 236, 284, 295, 308, 371, 377
Niebauer, Cassian 184, 340, **349**
Nishi Tokujirō (西德二郎) 200
Nogi Maresuke (乃木希典) 289
Nurhaci (奴兒哈赤) 23

Obenheimer, Ernst **298**
Oberlein, C. F. **317**
Oda Nobunaga (織田 信長) 20
Odilia 181
Oppert, Alma Elisabeth Gertrud 74
Oppert, Emil David 74
Oppert, Ernst Jacob 49, 53, 54, **73**, **74**, **75**, **76**, **77**, **78**, **79**, **80**, **362**, 369, 375
Oppert, Julius Eduard 74
Oppert, Henriette 74
Oppert, Hermann David 74
Ottilia 181

Paddock, Gordon 211a, 224a, 236a
Page 49
Pak Gyu-su (朴珪壽) 49
Pak Yeon (朴燕, 朴淵 oder 朴延) (Weltevree) 38
Parkes, Harry Smith 94a, 95, 96, 97
Paske, J. *138*, *141*, *142*, **363**
Paul, W. 132a, 311, **317**

Pavlow, Alexander 224a
Perry, Matthew Calbraith 32, 33, 58
Philipps 211a
Pickenbach, Hermann 325, **363**
Pieters, Jan 38
Pinto, Fernão Mendez 34, 35a
Platen-Hallermund, Oskar Rudolf Karl Marius Graf von **298**
Posadowsky-Wehner, Harry Graf von 281, **298**
Poten (oder) Porten **299**
Porter, H. 211a, 236a, 308a
Prahl, J. **268**
Preston, W. B. 49
Prittwitz und Gaffron, Bernhard Otto Curt von 282, **299**
Prittwitz und Gaffron, Ella von **384**
Prittwitz und Gaffron, Wilhelm von **247**
Probst 78
Putjatin, Evfimii Vasil'evich 33, 47, 48
Puttfarken, Hans **300**

Raaben, de 224a
Radolin, Fürst Hugo von 202
Rathgen, Karl **334**
Rautenkrantz, P. 123, **317**
Reimers, W. **268**
Reinhard, Georg 373, **377**
Reinsdorf, Ludwig Wilhelm Felix 117, 229, **232**, 234, 286, 314, 354
Remmert, A. **318**
Richter 116
Richthofen, Ferdinand Paul Wilhelm Dieprand Freiherr von **81**, **82**, *203*, **334**
Richthofen-Seichau, Wilhelm Karl Eugen Ulrich Graf von **363**
Ridel, Félix Clair 31, 50, 76
Riedt, C. 112, 254, 260, **268**
Riemer, Gutav Adolph 93, **300**
Riess, Ludwig 331, **335**, **336**
Risse **301**
Rogers, John 54, 55, 86
Roosevelt, Theodore 205
Rosen, Roman Romanovitch 200
Rötger, Fritz **301**
Rose, C. **301**
Rosenbaum, Joseph 111, 223
Rosenbaum, S. 268
Roth, J. **302**, 353, **363**
Rowan, Stephen Clegg 53
Roze, Pierre-Gustave 50, 51
Rubens, Peter Paul 37
Rudolf **302**

Saldern, Conrad von 118, 131, 142, *144*, 175, 179a, 207, *209*, 211, *212*, 215, 224a, 231, **233**, **234**, 236a, 273, 275, 284, 297, 300a, 304, 308a, 366, 372, 377
Sander, Hermann Gustav Theodor 231a, 243a, **248**, 371
Sarnow, Georg **302**
Sauer, Bonifatius 183, 184, 186, 187, 188a, 189, 221, 344, **350**, **351**
Schanz, Moritz **364**, 373, **377**
Schaumann, Karl **303**
Schimmelmann, Malte Benjamin Freiherr von 274, **303**
Schirbaum, Fuji Susanna **385**
Schirbaum, Gottfried **385**
Schirbaum, Hermann 126, **386**
Schirbaum, Iki Johanna **385**
Schirbaum, Ishi **384**
Schirbaum, Lotte **386**
Schirbaum, Paul 125, 126, 132, 133a, 134, 135a, 179a, **318**, 321, 377, 381
Schlerfer, C. A. **319**
Schlüter, F. H. **319**
Schlyter, Hermann 71
Schmidt, von **378**
Schmidt, C. H. **234**
Schmidt, N. **378**
Schmidt, W. **269**
Schneider, O. **319**
Schölke **84**, **85**, **86**, **369**, 371
Schoenicke, J. F. **269**
Scholl, Marie 160, 164, 165
Schröter, Carl **320**

Schulze, F. W. 119, 254, **270**, 273, **370**
Schumacher, Hermann 373, **378**
Seckendorff, Freiherr von *194*, **303**
Sedelmeyer **304**
Seifer, C. **320**
Seitz, Robert 314, **320**, 321
Seo Jae-pil (徐載弼) 170, 171
Seredin-Sabatin, Afanasy Ivanovich (Aleksey) 171
Shufeldt, Robert Wilson 52, 63, 65, 89
Siebold, Alexander von 158
Siebold, Heinrich von 158
Siebold, Philipp Franz von **67**, **68**, 158, 333
Sohyeon (昭顯) 66
Solf, Wilhelm 221
Song Byeong-jun (宋秉畯) 219
Sontag (Schwester von Antoinette Sontag) 167
Sontag, Antoinette 163, **167**, **168**, **169**, **170**, **171**, **172**, **173**, **174**, **175**, **176**, **177**, **178**, 179a, 184, 208, 216, 217, 249, 260, 261, **271**, 277, 291, 294, 360, 366, 377, 378, 379
Stackelberg, Gustavus Count de 224a
Starich 85, 87, 89
Steinbeck, Isaak 119
Stender 161a, 377, **378**
Stenz, Georg Maria **352**
Stevens, Durham White 215, 236a
Strauss 179a, 377, **379**
Strelbitsky 162
Strizic, F. **320**
Studnitz, Ernst von **304**
Sunheon hwanggwibi Eombi (純獻皇貴妃 嚴妃) 222a
Sunjo (純祖) *72*
Sunjong (純宗) 213, 220, 222
Sussmann, August **365**

Takahashi Genji 197
Tanaka, H. 132
Terauchi Masatake (寺内正毅) 218, 219

Tesselsen **370**
Tessensohn, F. **370**
Thiele, Adolf **304**
Thieß, Karl **336**, **337**
Thomas, Robert J. 49
Thomsen **370**
Timm, C. **370**
Ting Ju-ch'ang (丁汝昌) 91
Tokugawa Ieyasu (德川家康) *16*
Tomaschevsky, Th. **321**
Toyotomi Hideyoshi (豊臣秀吉) 16, 21, 22, 35
Trémoulet, Alphonse 207, 381a
Treutler, Carl Georg von 137
Trummler, Konrad **249**
Truppel, Oskar von 172, 178, 179a, **249**, 294, 377, 378, 379
Tseng K. T. 211a, 236a, 308a

Vincart, Elise 224a, 307, 308a, 380
Vincart, Léon 211a, 224a, 236a, 307, 308a, 380
Vincart, Marie (Frau von Léon Vincart) 224a, 308a
Vincart, Marie (Tochter von Léon und Marie Vincart) 224a, 308a
Virchow, Rudolf 160
Vogel **379**

Wade, Thomas Francis 64
Waeber, Carl Iwanowitsch 162, 167, 168, 169, 177, 199, 271
Wang Yung-ho 104
Weber, F. **321**, 426
Weber, Norbert 182, 186
Weipert, Heinrich 110, 117, 146, 152, 232, 233, **234**, 283, 289, 296, 298, 376, 378
Weltevree, Jan Janse (Pak Yeon) **37**, **38**, **39**
Wendschuch, Fritz 175, 176, 178, 230, **235**
Wertheimer, Fritz **365**
Whittall, James 75, 76
Wiencke **305**
Wigand **366**

447

Wilbrandt, Karl 274, 279, 293, 295, **305**
Wilhelm **352**
Wilhelm II, Kaiser des Deutschen Reiches 9, 99, 118, 201, 202a, 205, 207, 208, 273, 286, 298
Wilke **305**
Willis, Georg O. 90
Wilson 49
Winter, Georg 160
Wirth, Albrecht **337**
Wörtmann **321**
Wolter, Ada Maud 135, 387
Wolter, Carl Andreas **116**, **119**, **120**, **122**, **123**, **124**, **126**, **127**, **128a**, **129**, **130**, **131**, **132**, **134**, **135**, 280, 286, 287, 308a, 312, 314, 315, 318, 320, **321**, 334, 349, 354, 361, 374, 379, 386
Wolter, Carl Constantin Anton 135, 387
Wolter, Clara Rosalinde 135, 386
Wolter, Elsa Alice 135, 387
Wolter, Gladys Ida 135, 387
Wolter, Henriette Pauline Elisabeth 135
Wolter, James Carl 135, 387
Wolter, Jane Erving Hannay 386
Wolter, Jean Clara Johnston 135, 386
Wolter, Johann Heinrich 135
Wolter, Marion Pauline Harriet 135, 386
Wunsch, Friedrich 159
Wunsch, Richard 5, 142, 155, **158**, **159**, **160**, **161**, **162**, **163**, **164**, **165**, **166**, 172, 177, 178, **272**, 277, 283, 288, 289, 290, 291, 292, 293, 300, 304, 311, 324, 332, 374, 375

Xavier, Francisco de 35

Yamagata Aritomo (山縣有朋) 200
Yeongjo (英祖) 26
Yi Gyeong-sik (李耕植) 198
Yi Ha-eung (李昰應) (Daewon-gun) 26, 27
Yi I-myeong (李頤命) 66, 67
Yi Jo-yeon (李祖淵) 96
Yi Jun-yong (李俊鎔) 199
Yi Jun (李儁) 212, 213a
Yi Myeong-bok (李明福), Gojong (高宗) 26, 56
Yi Sang-jae (李商在) 170
Yi Sang-seol (李相卨) 212, 213a
Yi Seong-gye (李成桂) 12, 13, 14, 18
Yi Sun-sin (李舜臣) 22
Yi Wi-jong (李瑋鍾) 212, 213a
Yi Wan-yong (李完用) 219, 220a
Yi Yong-gu (李容九) 219
Yi Yun-yong (李允用) 153
Yongle (永樂) *13*
Yuan Shikai (袁世凱) 113a, 114
Yun Chi-ho (尹致昊) 170
Yun Haeng-im (尹行恁) 39

Zabel, Bertha Magdalena 366, **387**
Zabel, Carl Hugo Rudolf **366**, 387
Zachert, Herbert 385
Zappe, Carl Eduard 95, 96, 97, 151, 222, 225, **250**, 281, 287, 288, 293, 296, 331
Zembsch, Otto 98, 117, 190, 226, **235**
Zeye, Hugo **306**, 425
Zhang Juzheng (張樹聲) 90
Zimmermann 313, **323**
Zimmern **272**, 273

XV. Bild-Quellen

Abb. 1: Yi Seong-gye. (Quelle: en.wikipedia.org/wiki/Taejo_of_Choson)
Abb. 2: Karte von Korea aus der 2. Hälfte des 18. Jh. (Quelle: Alte Karte 18. Jh., www.angangi.com)
Abb. 3: Kaiser Hongwu, Porträt aus dem 14. Jh. (Quelle: en.wikipedia.org/wiki/Hongwu)
Abb. 4: Percival Lowell: *Choson, the Land of the Morning Calm: A Sketch of Korea*. Boston 1885. (Quelle: Percival Lowell, wikimedia)
Abb. 5: Kyūshū, Tsushima und die koreanische Südküste.
Abb. 6: Toyotomi Hideyoshi. (Quelle: en.wikipedia.org/wiki/Toyotomi_Hideyoshi)
Abb. 7: Ostasien und die Ryūkyū-Inseln.
Abb. 8: Koreanische *yangban*. (Quelle: en.wikipedia.org/wiki/Yangban)
Abb. 9: Oda Nobunaga. (Quelle: en.wikipedia.org/wiki/Oda_Nobunaga)
Abb. 10: Landung japanischer Invasionstruppen in Pusan. Gemälde aus dem 17. Jh. (Quelle: Sieg of Pusan, wikimedia)
Abb. 11: Admiral Yi Sun-sin. (Quelle: Yi Sun-sin, kdaq.empas.com)
Abb. 12: Nurhaci. (Quelle: de.wikipedia.org/wiki/Nurhaci)
Abb. 13: Huang Taiji – Abahai. (Quelle: en.wikipedia.org/wiki/Hong_Taiji)
Abb. 14: Koreanische Delegation (*tongsinsa*) nach Japan, Gemälde eines unbekannten Künstlers aus dem 17. Jh. (Quelle: Tongsinsa, www.njoyschool.net)
Abb. 15: König Cheoljong. (Quelle: Cheoljong, eroom.korea.com)
Abb. 16: Yi Ha-eung 1869. (Quelle: Yi Ha-eung, blog.empas.com)
Abb. 17: Gyeongbok-Palast 1915. (Quelle: Gyeongbok-gung, enjoy-jap.egloos.com)
Abb. 18: Daewon-gun. (Quelle: en.wikipedia.org/wiki/French_Campaign_against_Korea,_1866)
Abb. 19: Ein Teil des zerstörten Sommerpalastes. (Quelle: Sommerpalast, b.baidu.com)
Abb. 20: Deshima in der Bucht von Nagasaki, Ölbild von 1820. (Quelle: en.wikipedia.org/wiki/Dejima)
Abb. 21: Matthew Calbraith Perry um 1856. (Quelle: Matthew C. Perry, LOC, digital ID: cph 3g07502)
Abb. 22: Fernao Mendes Pinto. (Quelle: de.wikipedia.org/wiki/Fernão_Mendes_Pinto)
Abb. 23: Der christliche General Konishi Yukinaga. (Quelle: Konishi, baike.baidu.com)
Abb. 24: Katō Kiyomasa. (Quelle: Kato Kiyomasa, wikimedia)
Abb. 25: Rubens: Mann in koreanischer Kleidung, 1617. (Quelle: Korean man, kdaq.empas.com)
Abb. 26: Statue von Jan Janse Weltevree in De Rijp, Holland. (Quelle: Weltevree, home.planet.nl)

Abb. 27: Nachbau von Hamels Schiff „Sperwer". (Quelle: „Sperwer", www.hamelkorea.com)
Abb. 28: Modell von Nagasaki und Deshima. Nagasaki Municipal Museum. (Quelle: Deshima Modell, www.ltcm.net)
Abb. 29: Jean-François de Galaup, comte de La Pérouse. (Quelle: La Pérouse, www.adb.online.anu.edu.au)
Abb. 30: William Robert Broughton. Ölgemälde eines unbekannten Malers um 1800. (Quelle: de.wikipedia.org/wiki/Bild:William_Robert_Broughton)
Abb. 31: Sir Murray Maxwell. (Quelle: en.wikipedia.org/wiki/Murray_Maxwell)
Abb. 32: Lord William Pitt Amherst. (Quelle: en.wikipedia.org/wiki/William_Amherst,_1st_Earl_Amherst)
Abb. 33: Basil Hall. (Quelle: Basil Hall, original.britannica.com)
Abb. 34: Zeichnung von Basil Hall 1816. (Quelle: Basil Hall 1818, S. 17)
Abb. 35: Carl Friedrich August Gützlaff. (Quelle: de.wikipedia.org/wiki/Karl_Gützlaff)
Abb. 36: Pierre-Philibert Maubant. (Quelle: Maubant, newsaints.faithweb.com)
Abb. 37: Jacques-Honoré Chastan. (Quelle: Chastan, newsaints.faithweb.com)
Abb. 38: Laurent-Joseph-Marius Imbert. (Quelle: fr.wikipedia.org/wiki/Laurent_Imbert)
Abb. 39: Jean-Baptiste Thomas Médée Cécille. (Quelle: fr.wikipedia.org/wiki/Jean-Baptiste_Cécille)
Abb. 40: Russische Fregatte Pallada. (Quelle: FrigatePallada, wikimedia)
Abb. 41: Jewfimi Wassiljewitsch Putjatin. (Quelle: Putyatin, wikimedia)
Abb. 42: USS „General Sherman". (Prinzess Royal) 1862. (Quelle: en.wikipedia.org/wiki/USS_Princess_Royal_ (1863)
Abb. 43: Pierre-Gustave Roze um 1866. (Quelle: en.wikipedia.org/wiki/Pierre-Gustave_Rozc)
Abb. 44: Die Französische Fregatte „La Guerrière" 1865 im Hafen von Nagasaki. (Quelle: en.wikipedia.org/wiki/French_Campaign_against_Korea,_1866)
Abb. 45: Admiral Roze mit der Besatzung der Fregatte „La Guerrière" um 1865. (Quelle: en.wikipedia.org/wiki/French_Campaign_against_Korea,_1866)
Abb. 46: Robert Wilson Shufeldt. (Quelle: Shufeldt, www.arlingtoncemetery.net)
Abb. 47: USS „Wachusett". (Quelle: USS Wachusett, americancivilwar.com)
Abb. 48: Stephen Clegg Rowan. (Quelle: en.wikipedia.org/wiki/Stephen_Clegg_Rowan)
Abb. 49: USS „Shenandoah". (Quelle: USS Shenandoah, www.geocities.com)
Abb. 50: Frederick Ferdinand Low. (Quelle: en.wikipedia.org/wiki/Frederick_Low)

Abb. 51: Admiral John Rogers bei der Lagebesprechung zur Expedition gegen Korea 1871. (Quelle: Kim/Chung 1989, S. 25)
Abb. 52: Gefallene Koreaner 1871. (Quelle: Kim/Chung 1898, S. 26)
Abb. 53: Kriegsgefangene Koreaner an Bord der „Colorado" 1871. (Quelle: Kim/Chung 1898, S. 27)
Abb. 54: Regent Daewon-gun. (Quelle: Sammlung – Moffett, www.atla.com)
Abb. 55: König Gojong, Gemälde von Hubert Vos 1898. (Quelle: Gojong, wikimedia)
Abb. 56: Otto von Bismarck 1873. (Quelle: de.wikipedia.org/wiki/Otto_von_ Bismarck)
Abb. 57: Max von Brandt um 1868. (Quelle: Nederlands Scheepvaartmuseum, Amsterdam)
Abb. 58: Zar Alexander II. (Quelle: de.wikipedia.org/wiki/Alexander_II._ (Russland)
Abb. 59: Inoue Yoshika. (Quelle: en.wikipedia.org/wiki/Inoue_Yoshika)
Abb. 60: Landung japanischer Soldaten der „Unyō-kan" auf Kanghwa 1875 Holzschnitt 1877. (Quelle: en.wikipedia.org/wiki/Ganghwa_Island_ incident)
Abb. 61: Karl von Eisendecher um 1900 als Gesandter in Karlsruhe. (Quelle: Politisches Archiv des Auswärtigen Amtes, Berlin)
Abb. 62: Sir Thomas Francis Wade. (Quelle: Wade, www.lib.cam.ac.uk)
Abb. 63: Li Hongzhang 1892. (Quelle: Otto E. Ehlers, 2. Aufl. 1896)
Abb. 64: Johann Adam Schall von Bell. (Quelle: en.wikipedia.org/wiki/ Johann_Adam_Schall_von_Bell)
Abb. 65: Philipp Franz von Siebold. (Quelle: Siebold, www.wereldomroep.nl)
Abb. 66: Friedrich Wilhelm III, König von Preußen. (Quelle: en.wikipedia.org/wiki/Frederick_William_III_of_Prussia)
Abb. 67: Carl Friedrich August Gützlaff. (Quelle: en.wikipedia.org/wiki/ Gutzlaff_Street)
Abb. 68: Der sog. Gützlaff Signalturm am Bund in Shanghai 1928. (Quelle: Shanghai of To-day, plate 3).
Abb. 69: Firma Jardine Matheson & Co. in Shanghai 1928. (Quelle: Shanghai of To-day, plate13)
Abb. 70: Flagge des Norddeutschen Bundes.
Abb. 71: Ernst Oppert – Ein verschlossenes Land. Reisen nach Corea. Leipzig 1880. (Quelle: Im Besitz des Autors)
Abb. 72: Eine Marktszene im Jahr 1907. (Quelle: Fotoalbum – Hermann Sander, S. 212)
Abb. 73: Ferdinand Freiherr von Richthofen. (Quelle: en.wikipedia.org/wiki/ Ferdinand_von_Richthofen)
Abb. 74: Max von Brandt: Die Zukunft Ostasiens. Stuttgart 1903. (Quelle: Brandt, www.china1900.info)
Abb. 75: S. M. S. „Hertha". (Quelle: de.wikipedia.org/wiki/SMS_Hertha_ (1864))
Abb. 76: Golf von Bohai und das Gelbe Meer.
Abb. 77: S. M. S. „Hertha". (Quelle: SMS Hertha, wapedia.mobi)

Abb. 78: Insel Ganghwa-do und das Han-gang-Delta.
Abb. 79: H. M. S. „Ringdove". (Quelle: HMS Ringdove, www.battleships-cruisers.co.uk)
Abb. 80: S. M. S. „Stosch". (Quelle: SMS Stosch, www.geocities.com)
Abb. 81: S. M. S. „Wolf". (Quelle: de.wikipedia.org/wiki/SMS_Wolf_(1878))
Abb. 82: Clemens August Freiherr von Ketteler. (Quelle: de.wikipedia.org/wiki/Klemens_von_Ketteler)
Abb. 83: Chemulpo und die vorgelagerte Insel Wolmi-do im Winter um 1894. (Quelle: Bird Bishop 1898, S. 30)
Abb. 84: Ma Jianzhong. (Quelle: Ma, www.hoodong.com)
Abb. 85: Ding Ruchang. (Quelle: en.wikipedia.org/wiki/Ding_Ruchang)
Abb. 86: Kim Hong -jip. (Quelle: Kim/Chung 1989, S. 45)
Abb. 87: Max von Brandt und der erste deutsch-koreanische Vertrag am 30.6.1882. Stich nach einer Aufnahme von Gustaf Adolph Riemer, Zahlmeister der „Stosch". *Von links*: Die chinesischen Vertreter Ma Jianzhong und Ding Ruchang, die koreanischen Bevollmächtigten Kim Hong-jip und Jo Yeong-ha, Kommodore Louis von Blanc, Max von Brandt und ein Offizier von S. M. S. „Stosch". (Quelle: „Der Freundschafts- und Handelsvertrag zwischen Deutschland und Korea". In: Daheim 1882).
Abb. 88: Blick auf Chefoo um 1885. (Quelle: Chefoo, www.dennisgeorgecrow.com)
Abb. 89: Sir Harry Smith Parkes um 1870. (Quelle: en.wikipedia.org/wiki/Harry_Smith_Parkes)
Abb. 90: Eduard Zappe. (Quelle: Karl von Eisendecher, 2. Photoalbum: Porträts)
Abb. 91: S. M. S. „Leipzig". (Quelle: SMS Leipzig, www.battleships-cruisers.co.uk)
Abb. 92: Deutsch-koreanischer Vertrag in deutscher Ausfertigung mit Unterschrift von Zappe. (Quelle: Deutsche Botschaft Seoul)
Abb. 93: Deutsch-koreanischer Vertrag in chinesischer Ausfertigung. (Quelle: Deutsche Botschaft Seoul)
Abb. 94: Akte betr. deutsch-koreanischer Vertrag von 1883. (Quelle: Deutsche Botschaft Seoul)
Abb. 95: Otto von Bismarck um 1895. (Quelle: en.wikipedia.org/wiki/Otto_von_Bismarck)
Abb. 96: Li Hongzhang. (Quelle: Li Hung-chang, www.taiwandocuments.org)
Abb. 97: Paul Georg von Möllendorff. (Quelle: Im Besitz des Autors)
Abb. 98: Sir Robert Hart. (Quelle: Robert Hart, www.qub.ac.uk)
Abb. 99: Otto Franz von Möllendorff. (Quelle: Otto von Möllendorff, www.senckenberg.de)
Abb. 100: *Der Ostasiatische Lloyd*. (Quelle: Im Besitz des Autors)
Abb. 101: Max von Brandt. (Quelle: Im Besitz des Autors)
Abb. 102: Sir Robert Hart. (Quelle: en.wikipedia.org/wiki/Sir_Robert_Hart,_1st_Baronet)

Abb. 103: Kim Yun-sik. (Quelle: Kim/Chung 1989, S. 16)
Abb. 104: Insel Wolmi-do vor Chemulpo um 1900. (Quelle: Kim/Chung 1989, S. 298)
Abb. 105: Audienzhalle im Gyeongbok-Palast. (Quelle: Audienzhalle, flickr.com)
Abb. 106: Paul Georg von Möllendorff in koreanischer Tracht. (Quelle: de.wikipedia.org/wiki/Paul_Georg_von_Möllendorff)
Abb. 107: Beamte des Auswärtigen Amtes vor Möllendorffs Haus 1884. (Quelle: Kim/Chung 1989, S. 50)
Abb. 108: Li Hongzhang. (Quelle: www.gutenberg.org)
Abb. 109: Owen Nickerson Denny. (Quelle: Denny, www.mvonline.com)
Abb. 110: Yuan Shikai. (Quelle: en.wikipedia.org/wiki/Yuan_Shikai)
Abb. 111: Reichspostdampfer „Prinz Heinrich" des Norddeutschen Lloyd. (Quelle: „Prinz Heinrich", www.schiffe-maxim.de)
Abb. 112: Hausflagge der Firma Meyer & Co. (Quelle: Directory & Chronicle 1907)
Abb. 113: Heinrich Constantin Eduard Meyer. (Quelle: Sammlung – Rolf Schirbaum, Hamburg)
Abb. 114: Otto von Bismarck um 1887. (Quelle: Bismarck, www.encyclopedia.com)
Abb. 115: Prinz Heinrich von Preußen. (Quelle: Prince Heinrich of Prussia, wikimedia)
Abb. 116: Chemulpo 1897. (Quelle: Sammlung – Moffett, www.atla.com)
Abb. 117: Ein Teil von Chemulpo um 1890. (Quelle: Kim/Chung 1989, S. 304)
Abb. 118: Geschäftiges Treiben am Pier von Chemulpo 1904. (Quelle: Kim/Chung 1989, S. 299)
Abb. 119: Holme, Ringer & Co. in Chemulpo um 1895. (Quelle: Holme, Ringer, enews.incheon.go.kr)
Abb. 120: Foreign Settlement in Chemulpo mit der Villa der Firma Meyer & Co. auf dem Hügel 1902. (Quelle: Kim/Chung 1989, S. 302)
Abb. 121: Blick auf das Foreign Settlement in Chemulpo mit der Villa Johnston links und der Villa der Firma Meyer & Co. rechts auf dem Hügel um 1908. (Quelle: Im Besitz des Autors)
Abb. 122: Blick auf den Hafen von Chemulpo 1904. (Quelle: Kim/Chung 1989, S. 297)
Abb. 123: Blick auf den Hafen von Chemulpo um 1904. (Quelle: Kim/Chung 1989, S. 304)
Abb. 124: Belegschaft der Firma Meyer & Co. um 1907. Karl Wolter: 8. Person von links. (Quelle: Sammlung – Rolf Schirbaum, Hamburg)
Abb. 125: Veranda und Turm der Villa Meyer Co. in Chemulpo. (Quelle: Villa Meyer, enews.incheon.go.kr)
Abb. 126: Koreanische Tigerjäger um 1899. (Quelle: Tigerjäger, flickr.com)
Abb. 127: Bergingenieur Kegel und Obersteiger Paul auf Bärenjagd in Danggogae im Dezember 1902. (Quelle: Claussen-Wunsch: *Fremde Heimat Korea*, S. 8.)

Abb. 128: Paul Schirbaum (links) und Paul Baumann vor der Firma Wolter & Co. um 1910. (Quelle: Sammlung – Rolf Schirbaum, Hamburg)
Abb. 129: Carl Wolter, Paul Schirbaum und Paul Baumann um 1907. (Quelle: Sammlung – Rolf Schirbaum, Hamburg)
Abb. 130: Taufzeugnis von Carl Wolter von 1858. (Quelle: Beglaubigte Kopie im Besitz des Autors)
Abb. 131: Johannes Bolljahn 1904. (Quelle: Im Besitz des Autors)
Abb. 132: Johannes Bolljahn mit seinen Schülern vor der Deutschen Schule um 1900. (Quelle: Sammlung – Andreas Pistorius, Mannheim
Abb. 133: Johannes Bolljahn mit Schülern vor der deutschen Schule in Seoul um 1900. (Quelle: Sammlung – Andreas Pistorius, Mannheim)
Abb. 134: Johannes Bolljahn und seine Schüler 1907. (Quelle: Fotokatalog – Hermann Sander, S. 181).
Abb. 135: Franz Eckert. (Quelle: Im Besitz des Autors)
Abb. 136: Noten und Text zum Kimigayo. (Quelle: en.wikipedia.org/wiki/Kimi_ga_Yo)
Abb. 137: Aquarell von Curt Netto. Vorentwurf zum Umschlag der Noten zu Eckerts japanischer Nationalhymne. (Quelle: Curt Netto, Ausstellungskatalog 1980, S. 26)
Abb. 138: Min Yeong-hwan. (Quelle: Kim/Chung 1989, S. 51)
Abb. 139: Straße in Seoul mit der Kathedrale in Myeong-dong im Hintergrund, 1902. (Quelle: Kim/Chung 1989, S. 142)
Abb. 140: Franz Eckert mit Militärkapelle im Pagoda-Park. (Quelle: Eckert, culturedic.daum.net)
Abb. 141: Kaiserlich Koreanische Nationalhymne von Franz Eckert. (Quelle: Koreanische Hymne, 100.empas.com)
Abb. 142: Bezirk an der Taepyeong-li-Straße mit dem Südtor im Hintergrund um 1895. (Quelle: Kim/Chung 1989, S. 102)
Abb. 143: Titelbild von Siebolds Flora Japonica. (Quelle: de.wikipedia.org/wiki/Philipp_Franz_von_Siebold)
Abb. 144: Erwin Baelz um 1895. (Quelle: en.wikipedia.org/wiki/Erwin_Bälz)
Abb. 145: Dr. med. Richard Wunsch. (Quelle: Claussen-Wunsch 1976)
Abb. 146: Hapag-Reichspostdampfer „Kiautschou". (Quelle: Kiautschou, www.schiffe-maxim.de)
Abb. 147: Richard Wunsch mit Bediensteten vor seinem Haus um 1903. (Quelle: Claussen-Wunsch 1976)
Abb. 148: Tagebuch von Amalie Martel (Eckert). (Quelle: Im Besitz des Autors)
Abb. 149: Tsingtau 1912 mit Lage des Faber-Hospitals. (Quelle: en.wikipedia.org/wiki/Qingdao)
Abb. 150: Foreign Settlement in Tianjin (Tientsin) um 1887. (Quelle: Tientsin, www.dennisgeorgecrow.com)
Abb. 151: Russische Gesandtschaft in Seoul um 1895. (Quelle: Russische Gesandtschaft, kr.blog.yahoo.com)
Abb. 152: Porträt von Königin Myeongseong. (Quelle: Minbi, english.chosun.com)

Abb. 153: Changdeok-Palast 1910. (Quelle: Choe Seong-no 1995, S. 18)
Abb. 154: Gyeongun-Palast in Jeong-dong. (Quelle: Kim/Chung 1989, S. 69)
Abb. 155: Blick auf Seoul von der russischen Legation. Fotographie von William Henry Jackson 1895. (Quelle: LOC, digital ID: wtc 4a03772)
Abb. 156: Die Pension von Frl. Sontag. (Quelle: Sontag Hotel, blog.empass.com)
Abb. 157: Fürst Itō Hirobumi. (Quelle: Hirobumi, www.jacar.go.jp)
Abb. 158: Die Mörder von Königin Min 1895. (Quelle: en.wikipedia.org/wiki/Empress_Myeongseong_of_Korea)
Abb. 159: Gojongs Räumlichkeiten in der russischen Gesandtschaft. (Quelle: Russische Legation, kr.blog.yahoo.com)
Abb. 160: Antoinette Sontag (oben rechts) und Emma Kroebel (unten rechts) 1905. (Quelle: Emma Kroebel 1909)
Abb. 161: Gouverneur Truppel zu Besuch bei Frl. Sontag im November 1904. *Von links*: Stender, Conrad von Saldern. *Obere Reihe von links*: Hauptmann Ernst Kroebel, Paul Schirbaum, Hauptmann Müller, Strauss. *In der Mitte*: Antoinette Sontag, Oskar von Truppel, Amalie Eckert. *Unten rechts*: Dr. Gottfried Ney. (Quelle: Claussen-Wunsch 1976)
Abb. 162: Reklame von J. Boher für sein übernommenes Sontag Hotel. (Quelle: Boher, joongangdaily.joins.com)
Abb. 163: Pater Andreas Amrhein. (Quelle: de.wikipedia.org/wiki/Andreas_Amrhein)
Abb. 164: Erzabtei St. Ottilien. (Quelle: Erzabtei St. Ottilien, wikimedia)
Abb. 165: Bischof Gustave Charles Mutel. (Quelle: Mutel, www.mdsd.or.kr)
Abb. 166: Kleines Osttor in Seoul 1907. (Quelle: Fotokatalog – Hermann Sander, S. 172)
Abb. 167: Das Benediktinerkloster in Hyewha-dong um 1920. (Quelle: Kim/Chung 1898, S. 138)
Abb. 168: Andre Eckardt. (Quelle: Eckardt, www.korea.uni-bonn.de)
Abb. 169: Erzabt Norbert Weber. (Quelle: Norbert Weber 1916)
Abb. 170: Katholische Gemeinde in Deokwon um 1940. *Erste Reihe Mitte*: Abtbischof Bonifatius Sauer, *links neben ihm* Pater Ildefons Flötzinger. (Quelle: Bonifatius Sauer, link.allblog.net)
Abb. 171: Bonifatius Sauer mit Benediktiner-Schwestern in Wonsan um 1930. (Quelle: Bonifatius Sauer, link.allblog.net)
Abb. 172: Abtbischof Bonifatius Sauer mit Benediktinern in Deokwon um 1938. (Quelle: Bonifatius Sauer, www.fotoautor.de)
Abb. 173: *Gu hanguk oegyo munseo, deokan* 1. (Quelle: Im Besitz des Autors)
Abb. 174: Insel Geomun-do zwischen Yeosu und Jeju.
Abb. 175: Gwanghwa-mun, das Tor zum Gyeongbok-Palast, um 1895. (Quelle: Sammlung – Moffett, www.atla.com)
Abb. 176: Versenkung des Transporters „Kowshing". (Quelle: Kowshing, www.lewrockwell.com)
Abb. 177: Jeon Bong-jun auf dem Weg ins Gefängnis 1895. (Quelle: Kim/Chung 1989, S. 41)

Abb. 178: Karte der Provinz Schantung mit dem deutschen Pachtgebiet Kiautschou und seiner Hauptstadt Tsingtau. (Quelle: Schantung Kiautschou, wikimedia)
Abb. 179: Inoue Kaoru. (Quelle: Inoue Kaoru, www.britannica.com)
Abb. 180: Miura Gorō. (Quelle: en.wikipedia.org/wiki/Miura_Gorō)
Abb. 181: Russische Gesandtschaft in Jeong-dong 1896. (Quelle: Hulbert 1906)
Abb. 182: Komura Jutarō. (Quelle: Komura Jutarō, www.ndl.go.jp)
Abb. 183: Yamagata Aritomo. (Quelle: en.wikipedia.org/wiki/Yamagata_Aritomo)
Abb. 184: Roman Romanowitsch Rosen um 1882. (Quelle: Karl von Eisendecher, 2. Photoalbum: Porträts)
Abb. 185: Gyeongun-Palast in Jeong-dong mit der russischen Legation im Hintergrund um 1904. (Quelle: Im Besitz des Autors)
Abb. 186: Kaiser Wilhelm II. (Quelle: Kaiser Wilhelm II., www.deutschlanddokumente.de)
Abb. 187: Prinz Heinrich von Preußen. (Quelle: Prinz Heinrich, ingeb.org)
Abb. 188: Port Arthur 1907. (Quelle: Fotoalbum – Hermann Sander, S. 85)
Abb. 189: Japanische Darstellung der Seeschlacht bei Tsushima. (Quelle: Seeschlacht bei Tsushima, news.webshots.com)
Abb. 190: Theodore Roosevelt. (Quelle: en.wikipedia.org/wiki/Theodore_Roosevelt)
Abb. 191: Japanische Generalresidentur in Seoul um 1906. (Quelle: Carpenter Collection, LOC, digital ID: cph 3c02972)
Abb. 192: Privates Hilfegesuch Kaiser Gojongs an Kaiser Wilhelm II. (Quelle: Privatschreiben Gojongs, english.chosun.com)
Abb. 193: Blick auf Seoul mit dem deutschen Konsulat rechts im Bild 1907. (Quelle: Fotoalbum – Hermann Sander, S. 170)
Abb. 194: Deutsches Generalkonsulat in Seoul. (Quelle: Im Besitz des Autors)
Abb. 195: Mitglieder des diplomatischen Corps vor der amerikanischen Gesandtschaft in Seoul am 23. Mai 1905. *Von links*: Gordon Paddock (US Legationssekretär und Generalkonsul), Hauptmann Philipps (Kommandant der engl. Gesandtschaftsgarde), E. Hamilton Holmes und H. Porter (Assistenten im engl. Konsulat), Léon Vincart (belg. Generalkonsul), Sir John Newell Jordan (engl. Ministerresident), K. T. Tseng (Außerordentlicher Gesandter Chinas), Horace Newton Allen (US Minister), Victor Collin de Plancy (franz. Minister), Conrad von Saldern (deut. Ministerresident), unbekannter chin. Legationssekretär. (Quelle: Léon Vincart, www.bloggen.be)
Abb. 196: Uibyeong 1906. (Quelle: en.wikipedia.org/wiki/Righteous_army)
Abb. 197: Yi Jun und die Mission zum Haag. *Von links*: Yi Jun, Yi Sang-seol und Yi Wi-jong. (Quelle: Yi Jun, www.donga.com)
Abb. 198: Kaiser Sunjong in Uniform 1909. (Quelle: Kim/Chung 1989, S. 6)
Abb. 199: Deutsch-Asiatische Bank in Shanghai 1895. (Quelle: de.wikipedia.org/wiki/Deutsch-Asiatische_Bank)
Abb. 200: Tsingtau 1909. (Quelle: Tsingtau 1909, wikimedia)

Abb. 201: Terauchi Masatake. (Quelle: en.wikipedia.org/wiki/Terauchi_Masatake)
Abb. 202: An Jung-geun. (Quelle: An Jung-gun, kdaq.empas.com)
Abb. 203: Yi Yong-gu. (Quelle: Yi Yong-gu, 100.empas.com)
Abb. 204: Yi Wan-yong. (Quelle: en.wikipedia.org/wiki/Lee_Wan-Yong)
Abb. 205: Vertrag vom 22. August 1910, unterzeichnet von Yi Wan-yong und besiegelt von Kaiser Sunjong. (Quelle: en.wikipedia.org/wiki/Japan-Korea_Annexation_Treaty)
Abb. 206: Die koreanische Kaiserfamilie um 1918. (Quelle: Kaiserlich koreanische Familie, gwmodernkorea.blogspot.com). *Von links:* Kronprinz Uimin (Uimin Taeja, 1897–1970), 7. Sohn von Kaiser Gojong, als Kaiserlicher Prinz Yeong (Yeong Chinwang) letzter Kronprinz Koreas. **Sunjong** (1874–1926), 4. Sohn von Kaiser Gojong, als Kaiser Yunghui letzter Monarch des Landes. **Gojong, Kaiser Gwangmu** (1852–1919). **Sunheon hwanggwibi Eombi** (1854–1911), Kaiserliche Palastdame und Konkubine von Kaiser Gojong, Mutter von Prinz Yeong. **Prinzessin Deokhye Ongju** (1912–1989), 4. Tochter von Kaiser Gojong.
Abb. 207: Gruppenfoto im Garten der japanischen Gesandtschaft am 6. Juni 1903. (Quelle: Gruppenfoto 1903, www.bloggen.be). *Hintere Reihe von links*: Alexander Pavlow (russ. Minister), Frau Monaco (Ehefrau des ital. Ministerresidenten Attilio Monaco), Léon Vincart (belg. Generalkonsul), Gustavus Count de Stackelberg (russ. Admiral), Sir John Newell Jordan (engl. Ministerresident), Victor Collin de Plancy (franz. Minsister, äußerst rechts), de Raaben (russ. Oberst, vor Jordan und Plancy stehend). *Die Damen, sitzend von links*: Frl. Marie Vincart, Frau Marie Vincart, Frau de Raaben, Frau Pavlow, Frl. Elise Vincart. *Vorderste Reihe von links*: Hayashi Gonsuke (jap. Minister), Gordon Paddock (US Generalkonsul), Conrad von Saldern (deut. Ministerresident), S. Hagiwara (jap. Legationssekretär).
Abb. 208: Hermann Budler (rechts) im Konsulat bei der Arbeit um 1885. (Quelle: 최종고 (Choe Jong-go) 1983)
Abb. 209: Tor zum deutschen Konsulat in Seoul um 1903. (Quelle: Kim/Chung 1989, S. 59)
Abb. 210: Deutsches Generalkonsulat 1907. (Quelle: Fotoalbum – Hermann Sander, S. 180)
Abb. 211: Hauptmann Sander – Vizekonsul Ney – Major von Etzel in Seoul 1906. (Quelle: Fotoalbum – Hermann Sander, S. 178)
Abb. 212: Vizekonsul Felix Reinsdorf 1899. (Quelle: 최종고 (Choe Jong-go) 1983)
Abb. 213: Conrad von Saldern mit Pferden am Hintertor des deutschen Konsulats 1904. Im Hintergrund rechts das Südtor (Namdae-mun). (Quelle: Kim/Chung 1989, S. 107)
Abb. 214: Die deutsche Flagge wird gehisst – Konsul Weipert am deutschen Konsulat 1902. (Quelle: Im Besitz des Autors)

Abb. 215: Fotographie von Diplomaten im Garten der japanischen Gesandtschaft 1905. (Quelle: Diplomaten, www.bloggen.be). *Erste Reihe von links*: Gordon Paddock (US Legationssekretär und Generalkonsul), Léon Vincart (belg. Generalkonsul), Attilio Monaco (ital. Ministerresident und Generalkonsul), Victor Collin de Plancy (franz. Minister), Hayashi Gonsuke (jap. Minister), Horace Newton Allen (US Minister), Sir John Newell Jordan (engl. Ministerresident), K. T. Tseng (Außerordentlicher Gesandter Chinas). *Mittlere Reihe von links*: S. Furuya (jap. Attachée), S. Kokubu (jap. Zweiter Sekretär), F. Berteaux (franz. Legationssekretär), L. Brown (Rang unbekannt), S. Hagiwara (jap. Legationssekretär), Conrad von Saldern (deut. Ministerresident). *Hinterste Reihe von links*: Durham White Stevens (amerik. Ratgeber für Japan im Kaiserl. Auswärtigen Amt), Douin (franz. Offizier), Baron Megata Tanetaro (jap. Finanzberater der kor. Regierung), K. Mimashi (jap. Konsul), E. Hamilton Holmes und H. Porter (Assistenten im engl. Konsulat), Dr. Gottfried Ney (deut. Vizekonsul).

Abb. 216: Gustav Krupp von Bohlen und Halbach 1918. (Quelle: Krupp, www.stahlgewitter.com)

Abb. 217: Max von Brandt 1892. (Quelle: Brandt, www-ee.stanford.edu)

Abb. 218: Hochzeit von Max von Brandt und Helen Maxima Heard am 15. April 1893 in Seoul. (Quelle: Brandt, www-ee.stanford.edu)

Abb. 219: Major von Etzel (rechts) und Hauptmann Sander auf Sachalin 1906. (Quelle: Fotoalbum – Hermann Sander, S. 66)

Abb. 220: Alwin Wilhelm Otto Franke. (Quelle: Franke, www.umass.edu)

Abb. 221: Clemens August Freiherr von Ketteler. (Quelle: Ketteler, www.blubie.de)

Abb. 222: Hermann Sander mit koreanischem Händler im September 1906. (Quelle: Fotoalbum – Hermann Sander, S. 156)

Abb. 223: Hermann Sander, September 1906. (Quelle: Fotoalbum – Hermann Sander, S. 151)

Abb. 224: Oskar von Truppel. (Quelle: Truppel, www.banknoty.com)

Abb. 225: Johannes Bolljahn 1907. (Quelle: Im Besitz des Autors)

Abb. 226: Franz Eckert. (Quelle: Im Besitz des Autors)

Abb. 227: Angestellte im Seezollamt in Pusan 1890. (Quelle: National Institute of Korean History)

Abb. 228: Emma Kroebel. (Quelle: Kroebel 1909)

Abb. 229: Mulberry Palace um 1899. (Quelle: Sammlung – Moffett)

Abb. 230: Paul Georg von Möllendorff. (Quelle: de.wikipedia.org/wiki/Paul_Georg_von_Möllendorff)

Abb. 231: Owen Nickerson Denny. (Quelle: Denny, www.historylink.org)

Abb. 232: Blick auf den Hafen von Wonsan 1895. (Quelle: Wonsan, LOC, digital ID: wtc 4a02775)

Abb. 233: Antoinette Sontag 1904. (Quelle: Kroebel 1909)

Abb. 234: Richard Wunsch. (Quelle: Sammlung – Claussen-Wunsch)

Abb. 235: Prinz Adalbert von Preußen. (Quelle: Morris 1900)

Abb. 236: Großer Kreuzer „Hansa" um 1901. (Quelle: de.wikipedia.org/wiki/ SMS_Hansa_(1898))
Abb. 237: Großer Kreuzer Fürst Bismarck. (Quelle: en.wikipedia.org/wiki/ SMS_Fürst_Bismarck_(1896))
Abb. 238: S. M. S. „Cormoran". (Quelle: SMS Cormoran, vimpel.boinaslava.ne)
Abb. 239: S. M. S. „Irene". (Quelle: SMS Irene, www.battleships-cruisers.co.uk)
Abb. 240: S. M. S. „Alexandrine". (Quelle: SMS Alexandrine, www.battleships-cruisers.co.uk)
Abb. 241: Prinz Georg von Bayern. (Quelle: Prinz Georg, www.geneall.net)
Abb. 242: Geschützter Kreuzer „Naniwa" 1887. (Quelle: en.wikipedia.org/wiki/Japanese_cruiser_Naniwa)
Abb. 243: Prinz Heinrich von Preußen. (Quelle: Prinz Heinrich, www.kiel.de)
Abb. 244: Max Hoffmann. (Quelle: en.wikipedia.org/wiki/Max_Hoffmann)
Abb. 245: Henning von Holtzendorff. (Quelle: Holtzendorff, www.hrvatski-vojnik.hr)
Abb. 246: S. M. S. „Geier". (Quelle: SMS Geier, vimpel.boinaslava.net)
Abb. 247: S. M. S. „Iltis". (Quelle: SMS Iltis (1898), www.wereldoorlog1418.nl)
Abb. 248: Offiziercorps des Panzerkreuzers „Fürst Bismarck" mit Vizeadmiral von Moltke vor der deutschen Gesandtschaft im März 1905. (Quelle: Kroebel 1909, S. 103)
Abb. 249: Curt von Prittwitz und Gaffron. (Quelle: de.wikipedia.org/wiki/Curt_von_Prittwitz_und_Gaffron)
Abb. 250: Ausritt 1905. (Quelle: Kopie im Besitz des Autors). *Auf den Pferden, von rechts*: Conrad von Saldern (deut. Ministerresident) auf dem Schimmel, William Daniel August Andersson Grebst (Königlich Schwedischer Offizier und Schriftsteller aus Stockholm, 1875–1920), Dr. Richard Wunsch (Leibarzt König Gojongs), Hans Puttfarken (Korvettenkapitän und Kommandant von S. M. Kleinem Kreuzer „Seeadler"). Aufgenommen im Garten der deutschen Gesandtschaft Anfang Januar 1905.
Abb. 251: S. M. S. *„Arcona"*. (Quelle: de.wikipedia.org/wiki/SMS_Arcona_(1885))
Abb. 252: Ernst von Studnitz. (Quelle: Studnitz, www.maritimequest.com)
Abb. 253: S. M. S. „Kaiser" auf dem Weg nach Ostasien 1895. (Quelle: SMS Kaiser, www.battleships-cruisers.co.uk)
Abb. 254: Weihnachts- und Neujahrskarte von Prinz Heinrich an Louis Bauer 1902. (Quelle: Sammlung – Andreas Pistorius, Mannheim)
Abb. 255: Hochzeit von Paul Baumann und Elise Vincart am 7. Okt. 1905. (Quelle: Baumann Hochzeit, www.bloggen.be). *Erste Reihe von links*: Frl. Marie Vincart, Elise Vincart (die Braut), ganz rechts: Léon Vincart (belg. Generalkonsul, Vater der Braut). *Zweite Reihe von links*: Hayashi Gonsuke (jap. Minister), Conrad von Saldern (deut. Minsiterresident), K. T. Tseng (Außerordentlicher Gesandter Chi-

nas), Paul Baumann (der Bräutigam), Frau Marie Vincart, Frl. Theresa Brinckmeier, Frl. Baumann, Miss Joly (Lehrerin für Fremdsprachen im Kaiserl. Haushalt), Frau Monaco. *Dritte Reihe von links*: Carl Wolter, Sir John Newell Jordan (engl. Ministerresident), *dahinter*: H. Porter (engl. Konsulatsassistent), unbekannt, Victor Collin de Plancy (franz. Minister), unbekannt, Attilio Monaco (ital. Ministerresident und Generalkonsul), Edwin Vernon Morgan (US Außerordentlicher Gesandter und Minister) und Dr. Gottfried Ney (deut. Vizekonsul).

Abb. 256: Reklame von Gorschalki auf Englisch und Koreanisch im Juni 1896. (Quelle: The Independent, Vol. 1, No. 31)

Abb. 257: Familie Henschel im August 1926. (Quelle: Sammlung – Rolf Schirbaum, Hamburg). *Von rechts*: Otto F. E. Henschel, seine japanische Frau, ihr Sohn Fritz Henschel

Abb. 258: Bergingenieur Kegel auf Tigerjagd in Danggogae im Mai 1903. (Quelle: Sammlung – Claussen-Wunsch)

Abb. 259: Brief von Kieschke aus Seoncheon um 1908.

Abb. 260: Heinrich Meyer und Paul Baumann in Chemulpo um 1910. (Quelle: 최석로 (Choe Seong-no) 1994, S. 169). *Von links*: Elise Baumann mit erstem Sohn Werner, Heinrich Constantin Eduard Meyer und Paul Baumann mit zweitem Sohn Eitel.

Abb. 261: Reklame F. H. Mörsel im November 1896. (Quelle: The Independent, Vol. 1, November)

Abb. 262: Familie Schirbaum um 1913. (Quelle: Sammlung – Rolf Schirbaum, Hamburg)

Abb. 263: Villa der Firma Meyer / Wolter & Co. in Chemulpo. (Quelle: Sammlung – Rolf Schirbaum, Hamburg)

Abb. 264: Carl Wolter. (Quelle: Sammlung – Rolf Schirbaum, Hamburg)

Abb. 265: Erwin von Bälz um 1882. (Quelle: Karl von Eisendecher, 2. Photoalbum: Porträts)

Abb. 266: Philipp Bockenheimer 1908. (Quelle: Bockenheimer 1909)

Abb. 267: Carl Christian Gottsche. (Quelle: Meyers historisch-geographischer Kalender: Freitag, den 11. Okt. 1912)

Abb. 268: Karl Hefele. (Quelle: Hefele, www.traunsteiner-tagblatt.de)

Abb. 269: Ferdinand von Richthofen. (Quelle: Richthofen, www.uni-leipzig.de)

Abb. 270: Ludwig Riess. (Quelle: en.wikipedia.org/wiki/Ludwig_Riess)

Abb. 271: Karl Thiess. Porträt von Helene von der Leyen 1924. (Quelle: Thiess, rektorenportraits.uni-koeln.de)

Abb. 272: Dominikus Enshoff – Die Benediktinermission in Korea. (Quelle: Im Besitz des Autors)

Abb. 273: Heinrich Friedrich Hackmann. (Quelle: Hackmann, wwwuser.gwdg.de)

Abb. 274: Abtbischof Bonifatius Sauer. (Quelle: Sauer, www.inkamana.org)

Abb. 275: Georg Maria Stenz. (Quelle: Stenz, www.das-klassische-china.de)

Abb. 276: Straßenbild von Pusan 1904. (Quelle: Kim/Chung 1989, S. 293)

Abb. 277: Otto Ehrenfried Ehlers. (Quelle: de.wikipedia.org/wiki/Otto_Ehrenfried_Ehlers)
Abb. 278: Siegfried Genthe. (Quelle: Genthe 1905)
Abb. 279: Carl Illies jr. 1908. (Quelle: Firmenarchiv C. Illies & Co., Hamburg)
Abb. 280: Pyeongyang und der Daedong 1907. (Quelle: Fotoalbum – Hermann Sander, S. 237)
Abb. 281: Koreanische Schule 1904. (Quelle: Kim/Chung 1989, S. 232)
Abb. 282: Blick vom Osttor auf Seoul um 1895. (Quelle: Sammlung – Moffett)
Abb. 283: Rudolf Zabel. (Quelle: Zabel, www.das-klassische-china.de)
Abb. 284: Schiffe vor Wolmi-do im Hafen von Chemulpo 1910. (Quelle: 김성수 (Kim Sung-Soo) 2007, S. 20)
Abb. 285: S. S. (= Dampfer) „Changnyong". (Quelle: 김성수 (Kim Sung-Soo) 2007, S. 22)
Abb. 286: Landungssteg in Chemulpo 1903. (Quelle: Kim/Chung 1989, S. 297)
Abb. 287: Im Hafen von Pusan 1903. (Quelle: Kim/Chung 1989, S. 288)
Abb. 288: *Von links*: Koreanischer Dolmetscher, W. Bartels, Vizekonsul Dr. Gottfried Ney, Hauptmann Hermann Sander am Brunnen im Garten des deut. Konsulats im März 1907. (Quelle: Fotoalbum – Hermann Sander, S. 181)
Abb. 289: Deutsch-Asiatische Bank Shanghai 1890. (Quelle: DAB, www.geocities.com)
Abb. 290: Matrosen S. M. S. „Hansa" in Shanghai um 1901. (Quelle: Matrosen, www.sms-hansa.de)
Abb. 291: Frl. Sontag mit Besuchern vor ihrer Pension im November 1904. (Quelle: Kroebel, 1909, S. 97)
Abb. 292: Elise Baumann mit ihren sechs Kindern. (Quelle: Baumann-Kinder, www.bloggen.be). *Von links*: Elise Baumann, Werner, Eitel, Ermgard, Gretchen, Olga und Wilhelmine
Abb. 293: Amalie Eckert 1904. (Quelle: Im Besitz des Autors)
Abb. 294: Hochzeit von Elisabeth Eckert und Otto Mensing am 28. Dezember 1907. (Quelle: Im Besitz des Autors).
Erste Reihe von links: Johannes Bolljahn (Direktor der deutschen Schule), Elisabeth Eckert (die Braut), Otto Mensing (Bräutigam), jap. Kindermädchen mit Marie Louise (1. Tochter von Amalie und Emile Martel), Amalie Martel (1. Tochter von Mathilde und Franz Eckert), Emile Martel (Direktor der französischen Schule). *Zweite Reihe, hinter dem Brautpaar, links*: Mathilde Eckert (Mutter der Braut), rechts: Franz Eckert (Vater der Braut, Direktor der kaiserlichen Hofkapelle). *Hintere Reihe von links:* chin. Bediensteter, jap. Kindermädchen mit Marie Antoinette (2. Tochter von Amalie und Emile Martel), Herr Schneider (mit Zylinder, Freund der Familie Mensing aus Shanghai), Paul Schirbaum (Teilhaber der Firma Meyer & Co.) und Monsieur Alphonse Trémoulet (franz. Berater am kor. Hof).
Abb. 295: Dongdae-mun (Osttor) in Seoul um 1905. (Quelle: Kim/Chung 1989, S. 101)

Abb. 296: Frau Henschel im August 1926. (Quelle: Sammlung – Rolf Schirbaum)
Abb. 297: Rosalie von Möllendorff mit ihren ersten zwei Töchtern vor ihrem Haus in Seoul 1885. (Quelle: Seoul Main Customs 2007, S. 201)
Abb. 298: Wolmi-do und der davor gelegene Hafen von Chemulpo 1910. (Quelle: 최석로 (Choe Seong-no) 1994, S. 82)
Abb. 299: Familienmitglieder der ausländischen Community auf einem Picknick um 1912. (Quelle: Sammlung – Rolf Schirbaum)

Wenn Ihnen dieses Buch gefallen hat, interessieren Sie vielleicht auch die folgenden Veröffentlichungen der OAG (Tokyo) im IUDICIUM Verlag (München) zur Geschichte der Deutschen in Ostasien

BERT BECKER
GEORG MICHAELIS. EIN PREUßISCHER JURIST IM JAPAN DER MEIJI-ZEIT
Briefe, Tagebuchnotizen, Dokumente 1885–1889
2001 · ISBN 978-3-89129-650-9 · 678 S., 74 Abb. und vier Landkarten, geb. · EUR 30,—

ALBERT UND LINA MOSSE
FAST WIE MEIN EIGEN VATERLAND. BRIEFE AUS JAPAN 1886–1889
Hg. von Shirō Ishii, Ernst Lokowandt, Yūkichi Sakai
1995 · ISBN 978-3-89129-273-0 · 535 S., 18 Abb., geb. · EUR 50,—

WOLFGANG MICHEL
VON LEIPZIG NACH JAPAN. DER CHIRURG UND HANDELSMANN CASPAR SCHAMBERGER (1623–1706)
1999 · ISBN 978-3-89129-442-0 · 304 S., 55 Abb., kt. · EUR 19,50

HOLMER STAHNCKE (HG.)
PREUßENS WEG NACH JAPAN. JAPAN IN BERICHTEN VON MITGLIEDERN DER PREUßISCHEN OSTASIENEXPEDITION 1860–61
2000 · ISBN 978-3-89129-287-7 · 262 S., 27 Abb., kt. · EUR 16,50

IUDICIUM Verlag GmbH
Postfach 701067 • D-81310 München • Hans-Grässel-Weg 13 • D-81375 München
Tel. +49 (0)89 718747 • Fax +49 (0)89 7142039 • info@iudicium.de
Bestellungen richten Sie bitte an Ihre Buchhandlung oder an den Verlag.
iudicium **Das Gesamtverzeichnis finden Sie im Internet unter www.iudicium.de**